中国文化建设实务

CHINESE CULTURE CONSTRUCTION PRACTICE

本书编委会　主编

经济日报出版社

人心方面，传统文化所提供的生活规范、德行价值以及文化归属感，起着其他文化要素所不能替代的作用；几千年以人为本的传统文化，在心灵稳定、精神向上、社会和谐方面发挥了重要而积极的作用。但是，在现代社会生活中，传统的价值有些可以直接应用，有些则必须加以改造，并因应时代问题和需要，重新加以整理、概括，使之成为新的时代的核心价值。

中国是一个具有几千年文化传统的国度，因此，中国的大学作为高等教育的单位，在整体上必须服务于民族文化的传承，对民族文化的复兴勇于担当。大学教育作为推进文化传承创新的基地，肩负着重要的文化使命。一方面，大学教育以青年学生为对象，必须始终贯彻文化育人的方针，换言之，文化传承要体现在大学的文化育人的实践。大学必须以稳健而丰富的中华文化价值观对学生加以引导，使学生对民族文化有较深的体认和认同。价值观的教化责任使得大学成为文化陶养和价值教化的重要场所。另一方面，大学的科学研究，必须把文化传承创新置于重要地位，由于优秀文化传承和思想文化创新，不是指科学技术而是指思想文化，因此大学的人文社会学科成为文化传承创新理论和学术研究的主力军。长久以来，大学文史哲学科研究的主要任务，正是"掌握前人的文化成果"，注重文化传承，大学的人文学科研究也一贯重视基础研究中的学术创新；但是如何在文化传承的基础上进行思想文化创新，受到的重视还不够。事实上，由大学的教育职能所决定，文化传承的学术研究需要向现实贴近，向思想创新发展，既要充分地、学术地掌握古人思想理论的旧义，还要在批判地继承基础上，加以发展，创立新知，以推广于当代社会文化的实践，满足社会文化建设的需求。

三、文化传承创新应该破除制度性障碍

对于文化传承创新，政府部门、高等学校、社会各界要达成共识。

（一）要破除人文社会科学发展繁荣的制度性障碍

一般来说，广义的文化指的是人类在社会历史发展过程中所创造的物质财富和精神财富的总和。狭义的文化特指精神财富，包括语言、哲学、艺术、宗教、道德等与精神文明相关的东西。这里的文化最大的特点就是"随风潜入夜，润物细无声"，无处不在、无时不有，潜移默化地、时时刻刻地影响着人们的世界观、价值观、人生观，影响着人们的思维方式、行为方式、生活方式。

人文社会科学既是一种知识体系，很大程度上也是一种价值体系，是精神文化中最为精致的部分，承担着启蒙思想、传承文明、教化育人、改善制

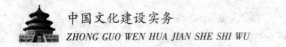
度、规范行为、丰富生活、陶冶情操、促进人的全面和谐发展、推动社会全面进步等重要作用。大学要履行好文化传承创新的职能，就必须在人文社会科学的发展繁荣方面有所作为。全社会更应该为人文社会科学的发展繁荣创造良好的制度环境和政策环境。

2004 年中共中央发布《关于进一步繁荣发展哲学社会科学的意见》后，应该说全社会对人文社会科学的重要性已经基本形成共识。但是"重理轻文"的认识和做法还在不同层面、不同程度上存在，对人文社会科学的制度性歧视仍然没有消除。党中央提出的哲学社会科学与自然科学同样重要"、"培养高水平的哲学社会科学家与培养高水平的自然科学家同样重要"的精神在具体工作中还没有得到真正地落实，还没有相应的制度措施加以保障。

比如，在奖励制度上，自然科学有若干个国家级大奖，而人文社会科学领域一个奖也没有；在机构设置上，自然科学领域宏观上有中国科协，微观上有国家级实验室和研发中心，而人文社会科学领域没有；在人事制度上，自然科学领域设有院士制度，但人文社会科学领域没有院士制度，一批作出杰出贡献的，具有开拓性、奠基性学术成就的人文社会科学学者和他们的研究成果没有得到应有的、公正的评价。这两年国家进行人事制度改革，理工科的院士自动进入一级教授岗，但人文社会科学的一级教授岗位至今尚未落实；在评价制度上，重工具理性，轻价值理性，过于强调量化指标，往往以论文的数量和发表论文的杂志档次以及承担研究项目和研究经费的数量作为评价的主要依据，忽视了人文社会科学自身的特点；在经费投入上，人文社会科学人才培养和科学研究的经费投入不足的问题长期存在并且日益突出；在一些综合性的学术机构的人员构成上，也是自然科学家占绝对优势，人文社会科学家比例甚微，往往成为陪衬。

在经济全球化、政治多极化、文化多样化的背景下，在世界大发展大变革大调整的时期，国与国之间实力的比较，已经不再单纯表现为经济总量的多少，而更多地体现在知识创新能力和文化引领水平上，体现在国际影响力和话语权上，体现在一个国家的文化软实力上，而在一个国家文化软实力的形成和扩散过程中，人文社会科学无疑起着重要的、不可替代的作用，是增强文化软实力和中华文化的国际影响力的重要途径和核心要素之一。美国学者约瑟夫·奈提出的以文化和意识形态吸引力为核心的"软实力"包括四个方面：文化影响力、意识形态影响力、制度安排上的影响力和外交事务中的影响力，这些方面都在人文社会科学范畴之中。国家和社会应该高度重视人文社会科学在文化传承创新和增强文化软实力方面的独特而重要作用，消除对人文社会科学存在的各种制度上和认识上的歧视、偏见，促进人文社会科学的发展繁荣，只有这样，才能更好地发挥大学文化传承创新的职能。

（二）要破除继承和弘扬优秀传统文化的制度性障碍

文化传承创新，首先就是要传承文化。文化传承是文化创新的基础和前提，没有文化的传承，文化创新也就成了无源之水、无本之木。党的十七大报告中提出"弘扬中华文化，建设中华民族共有精神家园"，胡总书记在这次讲话中也特别指出要"掌握前人积累的文化成果，扬弃旧义，创立新知，并传播到社会、延续至后代"。可见，继承和弘扬优秀传统文化，推动文化传承创新，已经成为党和国家在文化领域和高等教育领域中的一项战略性决策。而重振国学、开展国学教育正是贯彻这一战略决策的重要举措。中国人民大学于2005年成立新中国第一家国学院，高举重振国学的大旗，明确宣示要传承、弘扬、创新优秀传统文化，成为当年文化教育界的一件大事。此后，清华大学、复旦大学、武汉大学、厦门大学等国内众多高校也都在以不同形式跟进，可以说，开展国学教育和研究已经成为不少大学自觉履行文化传承创新职能的重要举措，也成为新时期国家文化建设和高等教育改革发展的一个崭新增长点。但是，随着国学教育的蓬勃兴起，国学学科与学位的设立问题日益突出，已经成为制约国学教育进一步深入发展的"瓶颈"，成为大学更好地履行文化传承创新职能的又一个制度性障碍。

在现行的并不是那么科学却又刚性很强的学科管理制度下，曾在多个场合呼吁增设国学学科，在学科体系中为优秀传统文化的继承和弘扬，为国学教育的深入开展能够争取一个"户口"。现有的学科制度和学科体系是"全盘西化"的结果，不能够完全涵盖国学的学科特质，以此来传承传统学术必然是削足适履，摆脱不了肢解"国学"之弊。例如，经学与子学是中国传统学术的重要内容，但在文、史、哲的分科体制下，经学、子学并没有其独立的位置，而被分割到文、史、哲等不同学科之中，结果只能是得其一偏，难窥整体。此外，这种人为的割裂与分离，是特定历史时期的产物，它忽视了中国传统人文学术所特有的融会贯通的学术特质，割裂了义理、考据、辞章之学。

是否设立国学学科，的确是当前学科制度设计上面临的新情况、新问题，具有较强的学术性和创新性，但是中外的历史经验和现实状况都表明，设置国学学科并不是前无古人的。国家政策部门应该允许探索，允许试点，简单地用泛民主化的投票方式粗暴地决定具有很强学术性问题的取舍，由不同学科背景的专家进行通讯评议，未经讨论或未经充分介绍和反复讨论，在信息

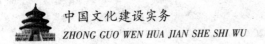

不对称和不完全的情况下就投票，根本不进行扎扎实实的调查研究，是不负责任或推卸责任的表现。即使通过专家投票的方式来作出决定，也应该深入调研，充分介绍，详细讨论，反复协商，甚至公开辩论，让投票的专家深入了解设立国学学科的背景、问题的实质和分歧的原因，在此基础上再进行投票。党中央多次号召要继承和弘扬优秀传统文化，我们也口口声声说自己拥有五千年悠久文明，但在实际工作和制度设计上却漠视自己传统文化的整合性教育与研究，不让"国学"在我们现行的学科体系中合法落上"户口"，没有在制度层面上给它的传承与发展留出必要的空间，有些匪夷所思。

四、多元构建传承人保护与传承机制

传承人在非遗工作中的重要性人所共知，无论是英雄史涛的说唱者、精湛的工艺美术大师，无论是礼仪节庆的组织者、实施者，还是口传身授出神入化的表演艺术家，可以说，技艺就在他们身上，没有他们，就没有非物质文化遗产的传承。

（一）政府主导　发挥职能部门作用

政府主导是非遗工作的重要原则，对传承人要有足够的资金支持，使他们有地位、有尊严，心无旁骛，专心致志搞传承，一心一意带徒弟。一方面着力提高传承人的物质待遇。经过多年努力，从今年开始，中央财政转移支付资金已达 6.2298 亿元。对国家级传承人的年补助也由 2008 年的 8000 元提高到现在的 1 万元；我们将继续扶持那些技术含量高，却面对传承场所简陋、招徒带徒困难的项目和传承人。另一方面，抓住有利时机动员公众参与。借助宣传贯彻《非遗法》颁布实施一周年为契机，通过举办节庆活动等形式，以完善代表性传承人制度为抓手，增强全民的文化自觉和参与意识。同时注重引入激励机制，2009 年文化部会同人事部授予 35 名国家级传承人"全国非遗保护先进工作者"称号，享受省部级劳模待遇，对传承人是重要激励。今年文化部开始探索引入民间资本进入非遗领域，颁发评选"薪传奖"，并将陆续采取资金补贴、政府采购和后期奖励等多种形式，在传承场所规划用地、材料购置税赋减免和选徒带徒方面真正关心他们，扶持一批具有重要示范和引导带动作用的传承人。

（二）薪火相传　重视传承人队伍建设

记忆因人而存在，传承人是活态传承和动态传承的关键。所有项目，不论采取何种方式，都应是围绕着传承人，最终落实到传承人的保护上。传承人的管理和传承队伍建设，形势不容乐观。首先要保护好传承人。现今的

1488 名国家级传承人队伍，年龄结构老化问题严重，截至目前已去世 100 余位，抢救性保护迫在眉睫。其次有针对性扶持。国家级代表性传承人的扶持计划已经纳入《国家"十二五"时期文化改革发展规划纲要》，职能部门将细化成具体的工作安排，进一步改善传承人的教育培训、传艺带徒、场所设施等条件；还有遵循传承规律。组织专家跟踪研究当前非遗传承三种常见的家族式、师徒式、社会化传承方式，特别关注社会价值观和生活方式改变对传统非遗传承造成的影响，重点解决"招不来、留不住、传不下"等重点问题。最后关注队伍建设。定期组织传承人开展活态展示、定期交流、表彰奖励等活动，做到有组织，有活动，有声音，使他们感到自己是体制内的人。

（三）动态管理　完善传承人保护机制

起步于新世纪的非遗保护工作，随着人们认识的提高和深化，非遗保护已由单项保护提升到科学保护的新阶段。我们将陆续出台一系列配套制度和办法，改善传承人保护机制。

一是借鉴国际规范修订现行的分类体系。组织专家参照国际规范，遵循非遗恒定和流变特性，挖掘文化内涵，对 10 个门类的划分进行部分修正和调整，研究规律，列出标准，制定管理规范。二是完善代表性传承人制度。量化传承活动的内容、方式和社会影响等标准，定期组织相关领域专家对传承人进行考核评定，对成绩突出的师傅和成绩优异的徒弟进行奖励；同时加强对传承人的教育培训，更新知识结构，提高素质觉悟。三是完善四级名录体系。发挥政府的权威认定和示范引导作用，遵循项目传承规律，项目和传承人有进有出，保持队伍适当规模和梯次结构，真正实现科学评价和动态管理。

五、让红旗渠精神世代相传

红旗渠自 20 世纪 60 年代修建投运以来，经历了几十年的风雨沧桑，她的水利灌溉哺育了百万林州人民，她的文化旅游富满太行人间，她的精神催生出了战天斗地的艰苦创业三部曲。2010 年红旗渠纪念馆又被评为首批全国廉政教育基地，林州市还要投资 2.6 亿元重修红旗渠。要想充分发挥好红旗渠的优势，使其精神永放光芒，世代相传，搞好建设和宣传势在必行。

一是精神传承、丰富内涵。时过境迁、今非昔比，但艰苦创业的传统没变，和与时俱进、科学发展构成了现时的精神统领。20 世纪 60 年代是大干快上、多快好省、力争上游，尽快改变一穷二白的落后面貌；今天是科学发展、快速发展、和谐发展，早日建成民生幸福的和谐小康社会。红旗渠精神不但要继承和发扬，更需要丰富和发展，扩建改造和重修红旗渠既是对水利工程

的维护，更是科学发展、构建和谐社会的本质要求，因此，我们要宣传好、总结好、运用好红旗渠精神的无穷力量。

二是大事办好、好事办实。重修红旗渠是功在当代利在千秋的大好事，既能进一步弘扬老一辈留下的宝贵精神财富，还能成为引领全市人民从富有走向幸福的金钥匙。维护运行工程，修复毁坏工程，建设新开工程。完善干渠、支渠、斗渠、毛渠功能，修复补漏水池、水塘、水库，最大限度地发挥渠水的作用，使工业、农业、畜牧业等行业都能享受人工天河的甘霖滋润；领导带头、措施得力、组织有序、科学规划、效果显著，让老百姓看在眼里乐在心上，有干头、有奔头、有想头。

三是注重实效、综合发展。投入重金重修红旗渠，顺民意得民心，重修后首先要管理好、维护好、运作好。其次要建立长效机制，实现制度化、规范化、常态化。第三要拉长产业链条，大力发展旅游业、养殖业、种植业，只有利用足红旗渠的功能，发挥足红旗渠的作用，才能做深、做实、做大、做强，实现产业综合发展。

四是用好资金、搞好监督。实现这项神圣而光荣的使命很不容易，不能轰轰烈烈地展开，最后稀里糊涂地结束，要做成世纪工程、廉洁工程、民心工程，经得起历史和实践的考验。纪检监察部门要充分发挥好监督职能，做好事前、事中、事后的监督审计，始终让各级领导干部、工程管理人员、施工队伍保持清醒的头脑，真正把每一分钱用在刀刃上，绝对不能出现有损红色精神的权钱交易现象发生。

六、廓清"武德文化"的传承路径

浩如烟海的兵书典籍，群星璀璨的兵家名将，荡气回肠的经典战役等，共同创造了我国古代灿烂的军事文化，而武德文化则是其中最耀眼的部分。所谓"武德"，即是从武、用武、尚武之应有德性，泛指在以军事为基础的活动中形成的与之相适应的相对稳定的伦理思想、道德传统、政治意识、价值观念、心理素质和行为品质的总和。

中华传统武德文化凝聚着强烈的民族认同感、归宿感，是传承民族品格的永恒主题，是形成和发展先进军事文化的重要血脉和源泉。当前，传承与发展中华传统武德首先应廓清优化传承的路径。

强化战备忧患的民族认知。历史上，因战备意识淡薄而导致丧权辱国的例子比比皆是。唐太宗文武并重，创下"贞观之治"的美誉，将中国传统农业社会推向鼎盛，之后歌舞升平，兵制废弛，虽有"开元盛世"之余晖，但至"安史之乱"后，强盛一时的大唐王朝终一蹶不振。清朝开国之际，八旗兵所向无敌，然而入主中原后，这群昔日的骁勇之士逐渐蜕变成为一群毫无战斗力的乌合之众，最终酿成有国无防、外敌入侵的悲剧。瑞士军事家若米尼在《战争艺术论》中说："假使在一个国家里，那些牺牲生命、健康和财产去保卫祖国的勇士们，还不如那些包税者和交易所的生意人受到尊重，那么这个国家就一定是非常可悲的！"中华传统武德文化是兵民一体的统一，有着其他任何职业道德所无法比拟的极其广泛的民众性、社会性。尤其是武德文化中所蕴涵的"辞不忘国，先国后己"的爱国主义情操，"位卑未敢忘忧国"的强烈忧患意识，哺育了历代忠贞为国的铮铮将士，熔铸了伟大的中华民族之魂，成为团结和激励中华各族人民发愤图强、实现民族复兴的强大精神动力，也是当前我们强化全民国防教育的宝贵资源。

重塑尚武阳刚的民族风范。我军素以作战骠勇、以气克刚、以劣胜优而著称于世。这种富于战斗精神的阳刚文化，曾令多少强敌胆战心惊，至今仍是我军遏制战争、捍卫和平的强大"威慑力"。但和平日久的生活环境也在日日考验着我们的尚武精神。历史上罗马帝国强盛时，人民普遍崇尚勇敢精神和尚武精神，随着罗马日渐强大，罗马人逐渐丧失了这种美德，不再以服兵役为光荣，开始追求安逸奢靡的生活，而把服兵役的义务交给了雇佣兵：哥特人、埃鲁尔人和高卢人，于是罗马帝国的衰亡不可避免。社会和民众对军队的关心和支持，是对军人的最高奖赏，是军心士气最深厚的源泉。不崇拜英雄的民族，不会英雄辈出。社会和民众对军队和军人的评价越公正，态度越积极，军队士气就越高昂；反之，军人对自己流血牺牲的价值就会发生怀疑。瑞士军事家若米尼曾指出："如果政府不采取措施培养人民的尚武精神，那么它为建设军队而采取的一切最好的措施也都将是徒劳的。"未来主流社会除了应该是一个物质极大丰富、法制非常健全的社会，更应该是一个激荡着阳刚之气、充斥着尚武精神、高扬着爱国主义主旋律的社会。

创新励士治气的制度机制。《司马法》中提出"凡战，以力久，以气胜"。当前，有少数官兵认为"现代战争靠装备、战斗精神难作为"，只要武器装备上去战斗精神自然而然就会强起来；反之，武器装备上不去，战斗精神再过硬也没有多少用。这种认知是十分片面的，在实践中也是十分有害的。信息化战场上先进武器固然是赢得战争胜利的重要砝码，但对战争胜负起决定性因素的仍然是人。因此，要通过教育使官兵辩证地看待物质力量与精神因素的关系，大力培养官兵自觉学习与运用高科技装备的勇气与信心，不断更新知识和技能，努力实现人与武器的最佳结合。

第五节　农村文化服务体系

一、农村文化的概念分析

（一）农村文化的概念

对农村文化的准确、全面理解需要追溯到"文化"的含义。英国人类学家爱德华？泰勒曾对文化做出经典权威的定义："文化，就其在民族志中的广义而言，是一个复合的整体，它包含知识、信仰、艺术、道德、法律、习俗和个人作为社会成员所必需的其他能力及习惯。"泰勒对文化的定义，是将文化看做一个由知识、信仰、道德、习俗等七个方面组成的集合体。国内学者陈筠泉也曾对文化作过比较精确的定义：文化本质上是创造价值的活动，是体现在人类创造的物质财富和精神财富中的，以价值体系为核心的一整套规范的结构和功能的统一。陈筠泉对文化的定义，指出文化具有一个核心——价值体系，并认为文化是一整套规范的结构与功能的统一体。根据以上对于文化的经典定义并结合农村文化自身的特点，笔者认为农村文化是适合于农业生产生活方式，能够为农村提供秩序规范，体现农民终极关怀的一整套娱乐方式、道德规范和意义体系。农村文化可以划分为三个层次，即农村实体性文化、规范性文化和信仰性文化，三者是由外而内、相互联系、交织作用的文化集合体。下面首先对信仰性文化、规范性文化、实体性文化作一简单的定义。

所谓"信仰性文化"是指农民精神最高层面的文化思考，是个人关于人与社会、人与自然界之间本质关系的根本思考。我们可以将其简单地划分为价值信仰和宗教信仰两个方面：其在价值信仰方面表现为农民对于自己人生终极价值的追求，是关于个人与他人、个人与社会之间关系的根本认识，是农民为人处世的根本原则与基本坚持；其在宗教信仰方面表现为自己对生命意义的终极追问，是关于如何面对死亡以及延续生命意义。信仰性文化好比贺雪峰教授提到的"本体性价值"，其"关心的是人与自己内心的对话，是一个人给自己生命意义的答案，是要处理个人与灵魂的关系问题，涉及人生的根本关怀和意义，是一个人得以安身立命的基础"。价值信仰和宗教信仰二者共同关心的都是如何将有限的生命转化成无限人生意义。

所谓"规范性文化"是指农村文化能够为村庄提供一整套公共规则、村规民约、公共舆论、道德规范和行为准则，从而使村庄具有规范秩序。吴淼曾对农村文化作出这样的理解与定义："提供和证明一套能够保障人们生活并使之富有意义的社会秩序，经过时间的流历和沉淀，适应农村场域、社会结构和技术水平的社会行为模式逐渐棋化与定型，形成界定个人与个人、个人与群众、个人与社会的行为准则，使农民在乡村社会中获得生活的位置和规范。内化了乡村价值的农村文化，对行为提供道德和伦理的解释，以社会舆论和心理感受为奖惩机制，从而使人们的行为保持在乡村秩序的范围之内，充当着新制度主义意义上的'非正式制度'的角色。"我认为吴淼对农村文化的定义与理解非常精辟和深刻，但是其定义并没有完全涵盖农村文化的全部内涵和外延，如果将其定义作为"规范性文化"或道德规范层面似乎更为恰当。

所谓农村"实体性文化"是指在农村特有的生产生活环境之下形成的，农民参与的、乡土性质的文化娱乐活动形式。它包括日常娱乐活动、节日剧场化表演以及各种民间仪式。实体文化包括：农村文化设施、文化人才、文化组织、文化活动等等。这也就是我们国家当前推进农村文化建设的主要内容。需要指出的是，本文在此所指的实体文化有两个特征：一是其外在性，即主要是指公共文化活动、公共文化资源、公共文化组织等外在可视的公共文化；二是公共性，本文所指的实体性文化特指"公共文化"，即超出个人或家庭单位即村庄、社区或多个村庄范围之内的文化活动（诸如庙会）、文化资源（诸如村庄文化活动中心）。在此我们将农村实体性文化分为：农村公共文化活动、农村公共文化设施以及农民公共文化组织三个方面。

（二）实体性、规范性、信仰性文化：相互关系与交织作用

以上我们对信仰性文化、规范性文化、实体性文化三个层面的文化作了一个简单的定义，那么在农村文化建设之中信仰性文化、规范性文化、实体性文化三者各自扮演着什么角色、发挥着怎样的作用，而三者之间又存在着怎样的相互关系呢？下面做一具体讨论。

1. 信仰性文化

信仰性文化对规范性文化和实体性文化从某种程度上而言具有决定作用。首先，信仰性文化缺失容易导致规范性文化名存实亡甚至解体。目前农村家庭伦理与社会道德均出现不同程度的滑坡，对于此种现象我们可以从社会转型理论之中得到解释，但是社会转型背后的更深层次的原因是农民信仰的失守。实际上，无论是社会道德危机、家庭伦理危机，还是文化危机，归根结

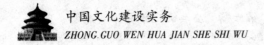

底是信仰危机。规范性文化与信仰性文化犹如高楼大厦与底层基石，人类道德规范的大厦必须以坚定的信仰为基石才能坚不可摧。道德规范是人类行为的监督者和检查者，信仰则是人类道德规范的支撑者和捍卫者。尽管我国农村社会的法律制度不断完善，并通过宣传教化构建起一整套道德规范，但是我们通过调查发现，有的农村地区道德伦理、社会风气每况愈下；有的农村地区虽然形式上还认同道德规范，但实际却是言行不一、阳奉阴违。这主要是因为农民信仰性文化的缺失，导致形式上认同的道德规范无法内化于内心进而转化为实际行动。因此，重塑农村道德伦理、公共规则等规范性文化就必须从培育农民的价值信仰做起。信仰性文化一旦重建起来，农民在追求世俗物质利益的时候，就会有所节制；在日常生活之中就会对价值信仰或宗教信仰保持一种敬畏，坚守起码的道德底线，规范性文化就很容易形成。

不但如此，信仰文化对农村实体性文化重建亦有一定的促进作用。拥有统一坚定信仰的社会必然会将信仰作为其追求的最高境界，其神圣性和超越性会将村庄农民的精神纽带和文化认同紧密维系在一起，为了实现价值信仰的剧场化、情景化体验与感受，农民必然会通过公共文化的形式将其表达出来，这就可以遏制农村公共文化的衰弱。而且这种文化形式一般说来都是健康向上的，其形式的背后一般都有一定的意义解释作为支撑，从而让农民从繁忙的农事、纷繁的世俗之中体会一种宗教般的宁静，感受一种超越性、神圣性文化的洗礼，同时有充裕的时间反省一下自身的言行得失。实际上中国农民举行的某些传统民间文化活动、风俗仪式，其背后都有一种宗教信仰、价值信仰作为其意义解释和价值建构。反观当下中国农村许多传统民间性文化活动（诸如花灯、舞龙、祭祀、修族谱等）的衰败与农民信仰性文化的失守不无关系，因为农民不再信奉"儒家伦理"、"祖先崇拜"、"神灵崇拜"，各种传统文化活动自然会因为失去意义支撑而日渐衰弱。

2. 规范性文化

首先，规范性文化发育越是良好的社会，信仰性文化就越趋于稳定和统一。规范性文化是价值信仰这一精神高层次的文化在村庄日常生产生活、人际关系、伦理道德方面的具体化、情景化和外在化，农民正是在村庄现实生活之中通过遵守道德规范和公共规则，来践行自己的价值信仰；与此同时，农民在这一价值信仰外在化的过程中会不断强化着和坚定着自己的价值信仰，道德伦理越是高尚的人，越会不断提高自己的道德修养、提升自己人生信仰的境界，如此循环往复，农民的价值信仰就会不断趋于稳定和执著。

其次，规范性文化健全的村庄更容易发展繁荣的实体性文化。规范性文

化发育良好的村庄，村民之间只需依靠公共舆论和心理体验就可以作为奖惩机制来实现村庄秩序和社会和谐，村民之间伦理有序、道德良好，在此种和谐的人际关系之下，村民对村庄共同体有一种天然的亲近感、归属感和依附感，相对而言就更容易组织起来开展公共文化活动，建立公共文化组织等等。

3. 实体性文化

首先，实体性文化对规范性文化的形成具有重要促进作用。实体性文化发育良好的村庄，可以通过日常公共性的文化活动、文化组织经常聚集在一起，村民借此机会相互沟通，相互交流，由此达到村民之间的相互了解和熟悉，进而形成公共性舆论；在与他人的交往和彼此互动之中，逐渐稳定地界定自己与他人、自己与群体、自己与社会的关系和规则，不断修正自己的言行，从而逐步建构起村庄公共性的道德规范和公共规则，形成规范性文化。

其次，实体性文化对于坚定农民的价值信仰亦有一定的意义。实体性文化通过剧场化、情景化的表演和再现，将农民的价值信仰抑或宗教信仰以通俗的方式表达出来，不断唤醒着农民心灵深处那神圣的、纯洁的坚持与信仰，让农民在庄严肃穆的各种仪式、表演之中暂且将世俗纷繁、生存压力、工作忙碌抛掷一边，享受一刻宗教般的宁静和超然，让自己的灵魂得到一次神圣的洗礼，从而坚定着和强化着农民心中的价值信仰。

总之，信仰性文化、规范性文化与实体性文化三者之间是由内而外、由里及表迭次扩展并相互联系、相互作用的文化体系。信仰性文化是农村文化之中最为稳定的文化因子，它居于整个农村文化体系的核心，对规范性文化、实体性文化在某种程度上说具有决定性作用。一个社会如果没有一套稳定、统一的价值信仰体系，那么它的规范性文化因缺乏核心价值就很难形成，实体性文化也会因为缺乏剧场化表演的意义支撑而趋向衰弱；规范性文化实际上是价值信仰这一高层次精神文化在村庄日常生产生活、人际关系、伦理道德方面的具体化、情景化和外在化，农民正是通过村庄现实生活之中的道德、舆论践行着自己的价值信仰；实体性文化则是规范性文化的剧场化再现，即通过日常的公共文化活动和节日表演化的民俗仪式，将村庄的行为准则、公共舆论和伦理道德以及农民的物质生产生活行为进行剧场化再现，从而使农民在村庄公共文化娱乐活动、民俗仪式之中感受体验生活意义、公共规范、伦理道德，并逐渐将其内化为自己的道德观和价值观，强化和坚定着自己的价值信仰。同时在这个过程中农民通过自己生产生活的情景化再现，以通俗的方式展示着农民自己的文化价值理念和对生活的热爱理解，并从中获得农民的身份确认，强化着对乡村共同体的认同。在这一过程中农民会感受到作

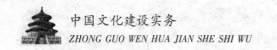

为生产生活主体的幸福感和快乐感。

（三）我国当前农村公共文化服务严重不足

在封建社会，受物质条件的限制，口口相传的私塾教育和民间说唱表演艺术成了农村公共文化服务的主要内容和形式。新中国成立初期，受计划经济管理体制的影响，我国政府统一提供公共物品，包括公共文化服务，于20世纪50年代初期，各地诞生了乡镇文化站，各种文艺演出小分队和表演活动。虽然这是一种供给不足、内容单一、高度同化的文化服务，但由于当时政府过于注重文化为政治服务，各种文化设施在农村得到了蓬勃发展。以至到了70年代初，农村电影院、流动电影放映队、剧团、广播室以及流动的民间杂耍演出团体陆续出现，并于80年代形成高潮。随着改革开放的深入，农村经济的复苏，农民收入逐年增加，收音机、电视机、收录机、音响等各类家电逐渐普及。随后农村文艺人才流动变化、人们的工作中心和兴趣转移到经济建设上来，农村公共文化服务日渐衰退。近几年来，农村取消农业税，可支配收入减少，文化站到了名存实亡的尴尬境地，有些地方的文化站在乡镇综合配套改革中被撤并，因此很难实现公共文化服务目标。农村公共文化服务主要表现为以下四缺乏。

1. 公共文化服务设施缺乏

目前，全国多数基层公共文化服务设施老化，不少县级图书馆、影剧院、文化馆、博物馆都是20世纪七、八十年代所建，馆藏资料数量稀少、资料陈旧、管理粗放，已经没法满足基层群众的文化需要。截至2004年7月，全国农村38240个乡镇中有23687个文化站需要新建、改建。从有关部门的统计资料来看，农村文化机构显著不足。

有些基础好的村虽然有图书资料室，但也多疏于管理流于形式，没有发挥应有的作用。很多文化服务部门只有依靠出租门店寻求收入。原有的一些公共文化服务场地、房屋、设施、设备有的被变卖，有的遗失、损坏，资产流失现象严重。中西部有些贫困地区甚至根本没有这些基本设施，内地乡镇一级也很少有群众文化公共文化服务设施。

2. 农村群众文化活动贫乏

在内地，随着农村原有的文艺人才结婚生育或者离开原来居住地而无法组织文艺活动，或者因为他们年龄身体的缘故不再适宜从事文艺表演，再由于当前很多地方的青壮年纷纷外出打工，农村里所剩的多是大龄高龄群众和上学的少年，这一结果促成许多传统文化正被淡忘，元宵节、端午节、春节期间的一些民间文艺活动也逐渐销声匿迹，带有浓郁地方色彩的文化艺术正在消亡。闲暇时间农民除了看电视就是打牌、打麻将，有些农村甚至六合彩、聚众赌博和各种封建丑恶现象又沉渣泛起。农民的思想意识也有了较大的变化，农村纯洁的人际关系开始变得容易出现种种新障碍、新摩擦，依靠传统文化所维系的稳固的农村社会秩序出现松动。"文化下乡"成了一个迫切需要引导的政府行为，成了个别地区的一些领导干部形式主义的应景之作，农村看电影普遍困难。在沿海经济发达地区，农民注意力完全转移到发家致富上来，大多数人少有心思享受农村文化服务，一部分青年群众进入城市文化消费领域，失去了严格意义上的农村公共文化服务。

3. 农村公共文化产品粗糙

就全国范围来说，农民能够读得懂、用得上书籍不多，真正是面向农村发行的报刊屈指可数，有些所谓的"文化下乡"也是一个形象工程，资料稀少，内容陈旧、实用性差，农民并不感兴趣。当前为数不多的所谓农村题材的电视剧多不能够真实描写农村实际，反映农民的思想和情感，难以产生共鸣。有些文艺作品文化消费取向错误意识形态模糊，特别是有的大众传媒把"通俗"变为"庸俗"，把"娱乐"变为"愚弄"，混淆了是非善恶美丑的界限，存在诸多误导，是不负责任的"糊弄"。很多农村地方宽带没有拉通，有的甚至电视接收信号都不稳定，网络色情和电视暴力尚难以杜绝。迷信和宗教活动开始逐渐占领农民的业余时间。总体上，政府部门没能够向基层提供足够的文化精品和优质的文化服务，农村公共文化服务处于自生自灭、放任自流状态，这必须引起高度警惕和重视。

4. 农村文艺人才十分匮乏

1985 年中共中央办公厅、国务院办公厅曾联合下文，把乡镇文化站中符合条件的工作人员录用为国家干部，此举极大地调动了基层文化工作者的热情，使他们很快成为基层文艺中坚力量。各民间文艺团体在节日期间演出频繁，表现活跃。当前乡镇文化站缺乏动力也有不少是缺乏能力，民间团体因为演员婚姻、职业变动、市场因素等原因解散，民间表演艺人"传——帮——带"的自发性和积极性减少。国家公布的第一批 518 项国家级非物质文化遗产中很多到了必须尽快抢救的境地，地方文化资源日渐枯竭，人才培养后继乏人。文化艺术缺少吸引力，导致农村青年从事文化服务的内在动力缺失。农村难以产生自己的乡土人才，国家大中专毕业生也很难在农村找到成长进步的土壤。从"内"产生不了，从"外"引不进来，无论是专业还是业余的人才都是凤毛麟角。

（四）农村文化建设：实体性、规范性、信仰性文化三维共建

实体性、规范性、信仰性文化是农村文化的三个层面，三者是相互联系、交织作用，不可分割的统一体。如果只是注重实体性文化建设，而忽视其他两个文化层面的培育，那么农村文化建设仍然难以取得成效。因此，农村文化建设必须注重从实体性、规范性、信仰性文化三个层面共建，并相互配合、形成合力。

1. 人民公社时期农村文化建设：历史的启示与反思

在这里回顾一下人民公社时期的农村文化建设历程，或许对我们今天的农村文化建设有一定的借鉴意义。

人民公社时期在农村实行动员式、行政嵌入式、灌输教化式的文化建设，其合理性有待商榷，但是其注重对农民价值信仰的宣传教育，并强调从信仰性文化、规范性文化、实体性文化三个层面建设农村文化，笔者认为这一点对我们今天的农村文化建设无疑具有一定的借鉴意义。在信仰性文化层面，为了证明人民公社制度合法性和调动农民生产积极性，国家向农民描绘出一幅人人平等、物质生活高度富裕的未来美好生活图景，从而将实现共产主义、社会主义的价值信仰取代儒家伦理信仰以及其他民间信仰，灌输到农民的思想意识之中，极具正义性和道义感的价值目标与长久以来就蕴藏在中国农民心中的理想社会蓝图高度契合，从而激发起他们建设社会主义的高度积极性和巨大热情；在规范性文化层面，为了顺利推动农业合作化和人民公社化运动，以更好地服务于国家城市化和工业化建设，依靠行政主导力量自上而下向村民灌输社会主义激进的集体主义的道德伦理，并摧枯拉朽式地摧毁了传统的家族结构与家族观念，打击了传统的家庭观念以及族权、父权思想，"从而使农民忠诚的对象从家庭转移到集体，最终到国家那里。将农民从家庭忠诚的成员变为原子化的公民"，满足了国家政权建设和意识形态渗透的需要；在实体性文化层面，为了实现国家权力语言时刻在场和国家意识形态的强大渗透，农村基层通过"节日狂欢式文化活动"、"政治动员式文艺表演"、"社会主义教育运动式的活动和聚会"等形式，既填补了农民生产之余精神生活的空虚，又通过剧场化表演、行政聚会式的文化活动将人们对共产主义价值信仰的追求以及对集体主义道德的忠诚渗透到农民文化娱乐活动和日常生产生活之中。人民公社时期的农村文化建设属于"行政嵌入式"的文化建设，只注重将国家意识形态、核心价值渗透到农民思想意识之中，而忽视了农民主体的文化需要，因而总体而言其文化建设是失败的；但是其中也不乏我们今天农村文化建设值得借鉴的地方，比如国家从实体性文化、规范性文化、信仰性文化三个层面全面开展农村文化建设，国家权力将自己一整套核心价值体系和意识形态植入农民的信仰之中（当然这种过于直接干预的方式是错误的），并运用行政式的实体性文化形式建构起符合国家目标和国家利益的规范性文化，从而推动着国家主导的"有规划的社会变迁"。反观当下农村文化建设，将农村文化建设狭隘地理解为实体性文化建设，只注重文化设施、文化投资、文化人才方面的硬件建设，而对于规范性文化、信仰性文化几乎放任自流、毫不作为，文化建设自然很难有所成效。我们如此说，并非是要将人民公社时期那一套国家权力直接干预文化的方法照搬过来，而是说国家应该通过媒体广播、宣传教育以及法律手段、经济手段等各种非直接方式将国家的主流核心价值观渗透到农民信仰性文化体系之中，从而在整个社会形成统一的核心价值体系，并通过各种实体性文化建设，增强农民间互动，形成公共舆论、公共规则，建立教育宣传机制、利益奖惩机制、法律机制，引导农村规范性文化建设，建构良好的道德规范体系。这对于处于社会转型期间信仰空白抑或迷茫、道德规范缺失的农村社会尤为重要。

2. 实体性、规范性、信仰性文化：三维共建

（1）在实体性文化方面，第一，加强农村公共文化设施、公共文化组织建设，并引导农民开展各种丰富多彩、健康向上的文化活动，以此建构农村实体性文化的实体基础；国家应大力扶持和发展乡村传统的优秀文化活动形式，诸如秧歌、舞龙等民间性、本土性的文化活动，实现现代性文化与传统优秀文化的有效衔接和互动，建构起新型的中国内源式的农村文化建设模式。第二，建立健全农村公共文化服务的财政体制。以促进农村文化服务均等化为导向，优化农村文化服务的财政投入结构；明确各级政府在农村文化服务供给上的权利和责任，促进管制型政府向公共服务型政府转变。第三，改革创新农村文化服务管理体制。既有的农村文化管理体制是在计划经济体制之下形成的，至今仍然保留着比较浓厚的农村文化产品"计划"生产和供给的特点。政府习惯于把官僚体制之中的行政命令运用于农村文化产品的生产和供给，而忽视了文化自身的发展规律和农民的文化需要。据此，农村文化体制改革应该从以下三个方面入手：一是创新党对农村文化的领导方式，同时注重农村文化的商品属性和意识形态属性；二是改革政府对农村文化工作的管理方式，实行政企分开、政事分开、管办分离；三是明确各层级政府在农村文化服务方面的责任与分摊机制；四是建立农村文化建设的绩效考核评价机制。

（2）在规范性文化方面，以社会主义道德为引导，建立符合农村实际的道德调控体系。首先，需要因地制宜地建立起一整套与社会主义道德体系、共产主义价值信仰相融合的制度化、可操作化村庄道德体系，包括各种宣传、

教育、奖惩、评价机制等等。具体而言，就是建构起传统与现代相衔接、相融合的道德伦理，并以此与农民的生活习惯、人际交往方式相结合，以开展"模范村庄"、"文明农户"、"先进个人"等为评比内容的荣誉评比机制，构筑起村庄、农产、个人三维一体的道德教育网络。

其次，公共舆论与农村法制相结合，二者优势互补、相得益彰。一方面，引导村庄形成符合社会主义道德规范的公共舆论，以此为心理软性约束加强农民的道德自律意识，遏制乡村道德滑坡和伦理失范；另一方面，在公共舆论构建的基础之上辅之以法律制度，打击各种危害社会伦理风气的违法犯罪行径，以此匡扶正义、惩恶扬善，从而培育起与社会主义道德体系相融合的法制环境。

（3）在信仰性文化方面，应注重从价值信仰和宗教信仰两个方面协调均衡地重塑农民的信仰性文化。在价值信仰方面，与时俱进地建构社会主义核心价值体系，并将之渗透到农民价值信仰之中。构建社会主义核心价值体系的关键是要实现社会主义市场经济与中国传统儒家伦理有效衔接和融合，避免传统文化与现代文化的断裂；并根据社会发展的要求，不断将农村社会之中的现代性合理因素纳入到核心价值体系之中来，以获得新阶层、新势力对其的信仰与认同。然后在确立核心价值体系之后，国家应通过媒体广播、节日欢庆、学校教育、象征符号、文化服务等各种方式将核心价值体系潜移默化地渗透到农民道德规范、公共文化乃至日常生产生活之中，以此形成农民乃至全体中国人民的信仰认同。

在宗教信仰方面，国家需要警惕基督教文化在乡村的迅速蔓延。宗教信仰作为信仰性文化，对农民的道德规范、公共文化具有强大的渗透作用，一旦宗教信仰出现异化，势必对中国农村本土文化结构形成强大冲击。目前中国农村的宗教生态发展不平衡，地下基督教发展过于膨胀甚至猖獗，影响着中国民族文化安全。诚如张化所言："当今世界，宗教被许多国家作为对外扩大影响、扩张势力的重要因素，成为文化战略的重要手段或支撑。基督教被作为美国等西方国家对外扩张的重要价值支撑和软实力的构成。"同时他认为，一些外来宗教迅速蔓延的国家和地区应根据宗教自身发展的规律，以相应的政策举措和良好的宗教生态来抵御外来宗教的渗透，并以日本、韩国和我国台湾为例进行了说明。据此，中国宗教政策的一个战略任务就是在社会主义核心价值体系的引导下，恢复各种民间信仰，保持宗教生态的和谐均衡，以满足农民多种不同信仰的需要，并实现民族文化和民间信仰对基督教的同化。具体而言，就是发展本土性宗教信仰（如道教、佛教、儒教），明确神灵崇拜、祖先崇拜等各种民间信仰的合法地位，而不要将其定义为"封建迷信"予以歧视甚至取缔，以此促进中国乡村本土宗教文化的完整发育，抵制外来宗教信仰文化对中国农村传统文化的渗透和冲击。

二、从农民文化需求看农村文化工作的重点

农村文化工作是社会主义新农村建设的重要内容，而农村文化工作的重点应该紧紧围绕"满足农民文化需求"这一目标。目前中国农民的文化需求表现出求知欲强烈、传统性浓厚、村落性明显、归属感深厚等诸多特点，而农村文化工作还不能完全满足农民的这些文化需求。因此，新农村建设中，文化工作需要进一步从农民的实际需求出发，重视乡镇文化站的软件建设，进一步地将工作重心下移到村、到户，同时需要高度重视对民间文化的发掘和利用。

"乡风文明"是社会主义新农村建设的重要内容，而"乡风文明"的社会主义新农村建设中，文化建设又占据极其重要的地位。其中，政府的文化工作在新农村的文化建设中无疑又是重中之重。满足农民文化生活的实际需要是农村文化工作的目标，文化工作的重点显然应紧紧围绕这一目标。这表明：要做好农村文化工作，必须首先深入了解农民的文化需求。了解农民文化需求不仅是农村文化工作的基础，也是科学确定农村文化工作重点的最重要的依据。

（一）农民文化需求的内容与特点

实地调查的结果表明：农民的文化需求中，并非只有"休闲娱乐"这一点，而是包含着学习科学知识、维护社会公德、满足情感需求等众多丰富的内容。其中所表现出来的求知欲、传统性、归属感等特点，更是农村文化工作所不可或缺的参考。

1. 掌握实用技术，了解新鲜事物

受现代社会信息丰富的影响以及各地农村具体情况的制约，农民文化需求的内容复杂多样，但主要的内容可以概括为掌握实用技术与了解新鲜事物、维护传统美德与净化社会风气、喜欢村落活动与渴望情感归属这三个方面。

一般认为，农民较为传统，不爱学习，很难接受新生事物。而实际情况恰恰相反。农民在文化生活和需求中都将实用技术放在极为重要的位置。实地调查中，对于"你最想买什么类型的书籍或杂志"这一问题，农民的第一选择惊人一致：实用技术。这表明：他们对新生事物，尤其是与自己的生活密切相关的新鲜的经验、技术等极为关注，极欲学习和了解。

与渴望实用技术相似，农民对新知识、新事物的兴趣也日益浓厚。进入新世纪，由于城乡互动频繁，广播电视普及，农村早已不再消息闭塞。国内外大量的信息源不断地传入农村，传进农民的大脑。对此，他们倍感新奇，急欲了解，特别是对于那些新奇事物、高新技术。这说明，了解外面的世界，特别是高新科技等新鲜事物已经成为当前农民文化需求的重要内容。

2. 维护传统美德，净化社会风气

文化活动是农民文化需求最真实的反映。而农村文化活动给人的第一感觉，是农民最喜欢、最需要传统气息浓厚的民间文化。传统节日里，农民走亲访友、请客送礼，依然遵循诸多传统礼仪。还有，农民群众维护中华传统美德的需求非常强烈，对不尊重老人、铺张浪费等行为的深恶痛绝是这一需求的最突出表现。他们希望中华传统的"尊老、节约"等美德尽快回归的愿望非常迫切。

另外，农民也普遍抱怨社会风气不好，其中，"黄、赌成风"、"人情消费太多太重"、"婚丧等事大操大办、盲目攀比"是他们抱怨的三项主要内容。这其实也从另一个侧面印证了农民对维护传统美德和优良社会风气的渴求。

需要指出的是，农民偏爱传统文化，但并不总是受传统文化的束缚。对于现代文化，他们也同样重视。农民非常希望学习、了解实用技术，市场经济观念越来越强，娱乐时也非常喜欢影碟机、MP3 等现代化设备。

3. 喜欢村落活动，渴望情感归属

所谓村落活动，是指农民最喜欢的就近、多样及经常性的文化活动。

调查发现，对于文化活动的空间，农民最希望近距离的文化活动，最好就是在本村或临近村庄举行的活动。至于活动规模大小他们并不在乎，仅仅希望能经常有。对于老人及妇女儿童来说，这一希望更为强烈。另外，面对传统单调的农村文化活动方式，农民也不可避免地会借用一切可以借用的其他传统的活动方式。即使这些方式有点不光彩，有些封建迷信色彩，他们也不得不利用。如老年人以及亲友聚会时打麻将，还有烧纸钱、扎纸马等一些丧葬礼仪。

所谓"渴望情感归属"，就是美国心理学家马斯洛"需要层次理论"中所说的渴望"社交需要"，它包括：①社交欲望，即希望和喜欢的人保持友谊与忠诚的伙伴关系，希望得到互相的关爱等；②归属感，即希望自身在情感上有所归属，成为某团体的一员，在个人有困难时能互相帮助。希望有熟识的友人能倾吐心里话、说说意见，甚至发发牢骚。

虽然每个农民都可独自开展文化活动，自我满足文化需求，但他们却普

遍更加希望参加团体性的文化活动，并希望自己能够亲自参与到文化活动中去，在该团体中占据一席之地，以体现自己的存在价值。宗族活动在农村的普遍存在，就是农民这一强烈归属感的典型表现。农民参加宗族活动，显然是要确定自己在血缘上（肉体上）的群体归属——亲属团体。而中国人对这一天然团体的认同感极强，因而它也自然而然地成了人们的情感归属团体。还有，一些中老年人在被问及"为何对电视节目不感兴趣"时，他们回答说"永远只是旁观者"。这其实也从反面证明了农民更希望能亲自参与其中的文化活动。

（二）目前农村文化工作的重点及问题

1. 农村文化工作现状

近几年，随着中央相关政策的出台，农民精神文化生活问题倍受各级政府及有关专家、学者的关注，农村文化建设亦由此得到蓬勃发展。为繁荣农村文化，满足农民文化生活需要，各级政府积极行动，在机构改革、经费投入以及特色文化建设等方面都进行了积极地努力。

（1）乡镇文化站的体制改革。目前的乡镇综合配套改革中，原先的广播站、电视转播、文化站、甚至党校和体育机构等多被精筛、合并成一个文化机构，有的地方叫"文化广播电视中心"（简称"文广中心"），有的地方叫"文化中心"，也有的地方虽然改革了，但名称还未变，还叫"文化站"。管理体制方面，有的地方除人员减少外，其他未变。有的地方则人员、经费都减少。还有的地方不仅经费、人员减少，人员的事业编制也被取消，从而转制成为自主经营、自负盈亏的社会中介机构。政府改变对文化机构的投入方式，实行公益性文化事业项目采购，变人头经费为事业经费，变"养人"为"养事"和"养项目"。

（2）基础设施建设。文化基础设施建设是农村文化工作中最为显著、也最有成绩的举措。近几年，各地农村纷纷加大资金投入，进一步加强县（市）文化馆、图书馆和乡镇文化站的基础设施建设。江苏从 2002 年开始到 2005年，每年安排专项资金 1000 万元，扶持老区、欠发达地区文化设施建设，并在省基建经费中安排专项资金 2730 万元，分四年扶持无房或面积不达标的文化馆、图书馆建设。山东省级财政每年拨 500 万元用于基层文化设施建设，2004 年增加到 800 万元，重点扶持贫困县的文化馆、图书馆的建设。2005年，江西省也划拨农村文化事业专项资金 6000 万元，用于农村文化基础设施等方面的建设。

（3）特色文化建设。特色文化建设是农村文化工作的又一重要内容。近几年，各地充分利用自己的特色文化资源，创造出许多基层群众喜闻乐见、并且在全国都很著名的特色文化。江苏常熟市开展的农村特色文化建设，其经验曾受到中宣部、中央文明办的肯定，新华社《国内动态清样》也作了专题介绍，也正是在总结常熟特色文化建设经验的基础上，江苏启动了"特色文化之乡、特色文化团队、特色文化家庭和特色文化明星"的"四特"评选活动，并专门制定、印发了《江苏省特色文化建设评选命名活动实施意见》。广东湛江市立足本地文化底蕴深厚、传统文化资源丰富的实际，探索以农村自身所具有的某种特色文化为切入点，大力开展创建"特色文化村"活动。以区域特色文化为主流渠道，积极推动先进文化进村入户。四川省都江堰市的清明放水节，不仅吸引了越来越多的农民和旅游者的积极参与，而且在获得经济网报的同时，当地的文化建设也得到了明显加强。

2. 农村文化工作与农民文化需求之间的差距

调查也表明，目前农村的文化工作，虽然举措得力，成绩明显，但依然只能满足农民群众的部分文化需求。也就是说，当前农村文化工作与农民文化需求之间还有一定的差距。

（1）文化工作还不能满足农民最基本的求知需求

求知是农民文化生活的重要内容之一，而目前的农村文化工作在这一方面还难以满足农民的需求。

政府的农村文化工作中有一项非常重要的任务，那就是"普及科学文化知识，传递经济信息，为群众求知致富，促进当地经济建设服务"。这是政府公共服务工作的重要内容。而从目前农村的现实来看，政府的文化工作显然还不能满足农民最基本的求知要求。广播影视里休闲娱乐内容太多，知识宣讲或技术培训等内容极少，许多地区甚至看不到专门的农业电视频道或节目。县（市）图书馆及乡镇文化站的图书室长期以来由于受到经费等条件制约，也普遍存在图书陈旧、无钱订阅报刊杂志等问题。近几年，虽然图书馆、图书室的硬件设施有了显著改善，但图书器材等软件建设依然未能跟上。每年新购图书极为有限，并且，极为有限的这些新书也多不实用或看不懂，以至多年来绝大多数农民群众都没有去图书馆或图书室借书的经历。

（2）文化工作还难以满足农民维护优秀传统道德的需要

在当前的许多农村，集市上色情表演太多，色情、暴力影视（含碟片）泛滥、赌博成风。农民人情往来的礼金越来越多，已经成为日常生活的沉重负担。相当多的农民在操办婚事、丧事以及建房时不顾自身财力，讲排场，盲目攀比。受传统文化的影响，农民对这些消极的、腐朽没落的文化活动及

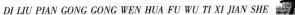

不良的社会风气深恶痛绝。在自己的力量不足以阻止这些文化泛滥的情况下，他们迫切希望政府的文化部门能迅速采取果断措施进行坚决查处、取缔和纠正。但调查表明：对于农村淫秽书籍、碟片等不健康出版物的泛滥以及网吧、游戏室的违规经营等，农民很少见到乡镇的文化和公安部门下来查处，令他们意见纷纷。对于封建迷信、邪教活动、人情往来中的攀比活动以及虐待老人行为等不良社会风气，也很难见到政府科学普及、宏扬正气、典型宣传等方面的工作举措。

（3）文化工作还难以满足农民自娱自乐的需要

温饱问题的解决，闲暇时间的增多，导致农民精神文化生活的需要越来越强烈。市场经济体制及现代价值观的逐步确立，又使农民传统的生存价值边缘化，导致他们越来越偏向弱势群体。这样的背景下，他们更是有着证明自己人生意义的强烈需求。农民非常喜欢自娱自乐式的文化活动，喜欢亲身参与，原因即在于此。而目前的农村文化工作还没能顾及农民的这一需求，一年一两次的文化下乡活动更是将农民群众当做"旁观者"，很少让农民参与。

（4）文化工作还不能满足农民"就近、经常、多样"的文化活动需求

农民群众喜欢的文化活动大多规模小、次数多，且地点就在村庄。而文化站每年客观上只能组织一两次大型活动，且离大多数农民居住的村庄较远。

新一轮乡镇合并之后，农村的乡镇范围变大了不少。许多农民的住处与乡镇政府所在地的距离扩大了许多，有的甚至超过10公里。因此，乡镇文化站在政府所在地举办的文化活动，对农民的吸引力已经越来越小。

此外，在文化活动形式单调的情况下，农民不得已而借用的一些娱乐方式（如打麻将等），因为涉嫌赌博等不良行为，农村文化工作不仅不会满足农民的需求，而且还会受到文化工作的反对。

（三）从文化需求看新农村文化工作的重点

乡镇文化站改革、文化基础设施建设以及特色文化建设无疑是未来几年我国新农村文化工作的重点。但从农民文化需求的角度来看，这几个重点显然还不够，还远远不能满足农民文化生活需求。并且，有些重点虽然抓住了，但是在针对重点所采取的措施上显然又没能抓住重点，如文化站改革。

1. 修正乡镇文化站改革的重点

乡镇文化站改革无疑是目前农村文化工作的重点。但改革的重点在哪里？目前的文化工作显然还没能全部抓住，还有亟须修正之处。

首先，改革不能改变文化站性质，不应削弱其职能。满足农民群众精神

文化生活需要是建设社会主义和谐社会的重要任务，是政府应尽的义务。而建设比较完备的农村公共文化服务体系是政府满足农民群众精神文化生活需要的主要工作、主要手段。目前承担这一重要任务的，显然是乡镇文化站。因此，文化站应该是政府公益性的公共文化服务机构，其性质不能改变，职能也不应削弱，经费更应主要来自政府。

当然，由于现阶段乡镇文化站的处境的确尴尬，改革理所应当，引入竞争机制亦属必然。但形成这种尴尬局面的原因，一是政府工作中的忽视，致使文化站活动经费越来越少，各项活动难以展开。二是文化站自身队伍建设滞后，丧失开展文化宣传和群众文化活动的能力。因此，在文化站的具体改革中，确保文化站的性质不变，确保政府投入及时、充足以及提升文化工作者自身素质以适应工作要求，才是目前文化站改革的重点。

其次，文化站的软硬件建设应受到同等重视。文化站的基础设施建设非常必要，但只重视基础设施建设显然还远远不够。原因很简单，文化活动的内容、方式、阵地，以及文化工作人员的能力建设等才是农村文化建设中的重中之重。如果缺少这些，再好的文化基础设施建设也只能是"为人作嫁"。

2. 工作重心下移，进村入户

如果说乡镇文化站是新农村文化工作的指挥所，那么，村文化室以及农民文化户则是新农村文化工作的主阵地。只建指挥所而不关心主阵地显然不合情理。

农村文化活动偏向于小型多样活动、就近活动以及经常性活动，也就是偏向于在村庄内可以频繁举行的活动。这就要求农村文化工作的重心必须进一步下移，必须做到进村入户。在重视乡镇文化站建设的同时，更进一步地重视行政村的文化建设，重视农村文化户建设。

推进农村文化工作重心的"进村入户"，必然要求基层政府将村文化室、文化户建设列入文化工作的重要内容。其中，对于文化室、文化户基础设施建设的配套（鼓励性）投入、对于文化室、文化户的面积、设备、活动安排以及活动内容等，应该制订明确标准。此外，在目前农村文化活动方式还很单一的情况下，对于农村一些传统文化活动方式，政府的文化工作需要给予谨慎对待、宽容对待。

3. 充分挖掘、利用优秀的传统文化资源

这里所谓的民间文化，是指由基层群众创造的、反映他们自己的心声、并由他们集体参与的文化。它是一个与"大众文化"相对应的概念。民间文化有很强的在地性，受区域文化的影响和制约。而大众文化恰好是要尽量摆

脱在地性。民间文化的目的有娱乐、有训喻、有宣泄，而大众文化的首要目的是赚钱。同样，民间文化一般不关心市场前景，而大众文化首先考虑的就是市场前景。

调查表明，民间文化目前依然是农村文化的主体，因此，新农村建设中的文化工作必须予以高度重视。重视民间文化建设，也不仅仅只是重视特色文化建设，最重要的还是传承和弘扬农村优秀的传统文化。因为直至今日，传统文化活动还依然是农村文化活动的主体。

另外，从民间文化的角度来发展农村的文化产业，也很有可能达到事半功倍的效果。从目前中国农村的实际情况看，民间文化很可能是农村文化产业的极佳增长点。传统节日文化用品、农村红白喜事用品以及农村传统手工艺品等，都是农村文化产业发展的绝佳优势。因此，今后几年，新农村建设中的文化工作可以深入挖掘并不断创新农村传统文艺节目及手工艺品，提升其经济价值。

三、农村民生文化需求与路径

"民生文化"是指满足人基本生存和发展需要的文化建设，这个问题近来引起学界和管理部门的高度关注。党的十七届三中全会指出，社会主义文化建设是社会主义新农村建设的重要内容。繁荣农村文化，坚持用社会主义先进文化占领农村阵地，满足农民日益增长的精神文化需求，提高农民思想道德素质，是农村文化建设的重要任务。

（一）当前农村民生文化需求表现和存在问题

从总体上来说，目前农村文化建设与经济社会的协调发展及农民群众的精神文化需求还不相适应，在发展过程中还面临着许多困难和问题。

农村精神文化缺位，休闲娱乐文化形式单一化。经过几年的新农村建设，农民的增收有了明显的效果，经济状况和生活水平有了极大的改善。但是，目前农村精神文化生活极为贫乏，形式十分单调。农忙时节，村民结束一天的劳作后，其主要的文化休闲娱乐形式是串门聊天和看电视；农闲的时候，一些村民忙于打工赚钱，而另一些人找不到致富门路，无事可做，便以打麻将、玩扑克来消磨时光，且多数带有赌博的性质。目前农村的其他文化生活形式，如扭秧歌、赶庙会、赶集、"文化下乡"，其活动的次数和范围都十分有限，一些偏远村落甚至没有。因此，无论从内容上还是形式上，目前我国农村文化生活都很贫乏和单调，这种状况根本不能满足农民群众对精神文化生活的需要。

农村文化阵地建设薄弱，基础文化设施较匮乏。多年来，由于只重视经济建设，不重视文化发展，特别是农村文化的发展，导致农村文化基础设施落后，经费不足，经营困难。到目前为止，全国农村文化站几乎是普及了，但却没有发挥其应有的作用。目前，农民对农村文化活动广场的需求十分强烈，绝大多数省份农村尚未拥有村级文化广场，其他文化娱乐设施更是凤毛麟角，有的又形同虚设。很多农民群众不得不自发组织文娱活动，如晚上自发组织扭秧歌、唱歌、跳舞等，但即使是这种自发的农民娱乐活动，也经常因为活动场所和活动设施以及使用村委会电费等问题，不得不经常中断。很多村子即使有群众文化活动场所，但因为缺少专人负责组织开展农民文化生活，不能按时按需投放使用，许多文化设施发挥不了应有的作用，严重制约了农民精神文化生活的发展。

技能文化教育缺位，无法满足农民自身生存和发展的需求。我国农民的受教育程度普遍较低，整体文化素质较低下。根据 2010 年《中国农村统计年鉴》，中国总计乡村从业人员 46875 万人，高中（中专）及以上劳动力受教育程度只占到农村劳动力总数的 16.70%。而目前，现代农业已经替代传统农业，农业科学知识的普及和农业新成果、新技术的转化与推广速度很快，这样就出现了一个问题，农民原有的文化知识和能力已经不能完全满足新农村建设的需要，许多农民明显感觉现有的知识不够用，迫切希望能有机会继续学习，掌握实用的农业技术。很多农民有强烈的求知欲望，希望通过各种渠道了解国家大事、国家惠农政策，学习法律知识、农业科学技术，甚至身体健康保健知识等。可是当前我国农村针对农民的专业文化需要的培训学习活动很少，技能文化教育处于缺位状态，目前农民的这种需要普遍得不到满足。

基层政府对农民民生文化管理不到位，资金投入有限。这主要表现在基层行政管理体制不顺、机制不活，文化队伍比较薄弱。目前很多地区文化系统机构建设滞后，县城两馆建设基础薄弱，农村文化发展不平衡，基层文化队伍建设薄弱，文化专业人才缺乏，文化干部管理缺乏有效机制，制约了农村文化的建设和发展。调查结果表明，一些乡镇、村领导对农村文化建设的重要性缺乏必要的认识，存在着重经济建设、轻文化建设的现象。这些都严重影响农民群众开展文化活动的积极性，很多地区不乏优秀的农民艺术家，但由于得不到村领导的重视，开展文化活动、组织文化团体等均受到诸多限制。此外，文化站干部业务不专、人员老化、青黄不接现象十分严重，而且大部分乡镇文化站干部都是半路出家，未受过专门学校的培训。同时，由于基层文化部门条件差、待遇低，以及编制的制约，长期以来也无法吸收年富力强的人员充实到文化站当中，特别是在社会主义市场经济的冲击下，不少乡镇文化站的工作人员因事业经费紧、经济待遇相对较差，总是不安心本职工作，"身在曹营心在汉"的现象普遍存在，势必影响到整个农村文化建设工作。

（二）推进农村民生文化建设路径

随着我国经济建设的不断加快，上述多方面农村民生文化需求与当前农村文化贫瘠的现状形成了鲜明对比，全方位加强农村文化阵地建设，努力改变农民群众的精神风貌已成为当务之急。

发挥政府在农村文化生活建设中的领导作用，提高对农村文化建设工作重要性的认识。农村的文化建设问题，因素有很多，但是根子在城乡分割的二元经济社会结构。乡镇以上的各级政府及其财政事实上是围绕城市来运转的，谈发展、讲改革、定政策有意无意地几乎都是以城市为出发点和落脚点。在改善农村文化生活现状的工作中，政府应担当起在农村现代文化建设中的责任，积极帮助农民开展丰富多彩的农村文化生活，为农村文化建设提供坚实的保障。各级政府尤其是村政府，要充分认识加强农村文化建设对于新农村建设的重要性，切实做好宣传、教育和引导工作，把加强农村文化建设列入重要议事日程，不要不理不睬，或仅流于口头和表面，应真正从思想上重视、行动上落实、财力上支持。政府出面组织会极大地鼓舞农民参与精神文化活动的积极性，这也是保持农村社会稳定，增强村民凝聚力的有效途径。

加大对农村精神文化建设的资金投入，促进农村精神文化事业的良性发展。农村文化建设是当代社会主义文化事业的一部分，必须有一定的资金作支撑。政府应该有专项投入，帮助各个村建立文化广场和配备文化设施，同时，要通过转移支付给各个村子提供专项经费开展文化活动。政府把农村文化建设列入财政预算，加大投入的同时，可以拓宽投资渠道，建立具有特色的农村文化产业融资体制，加快农村文化设施建设步伐。要充分利用国家重视加强新农村建设和农村文化建设的大好机遇，逐步建立起多渠道的农村文化建设投资体制，积极开发农村文化市场，吸纳非文化企业向文化产业投资，建立一个包括政府拨款、融资、集资、社会捐助、赞助、基金等完善的可靠的资金保障体系，吸引社会各界特别是企业界的各种捐资，有组织地引导农村文艺团体和文艺人才开展健康有益的文化娱乐活动，实现农村文化事业的良性循环。

加强农村基础文化设施建设，改善农村精神文化活动条件。有关部门应该制定农村文化生活投入的资金保障制度。乡镇、村一级的基层领导，强调

经济建设的同时，要提高对文化建设的重视，按比例逐年加大对农村文化事业的投入，不断加强农村文化阵地建设，建立健全集图书阅览、科技培训、宣传教育、影视播放、文艺演出、文体活动于一体的农村文化活动中心，让农民闲暇时间有所去。同时多组织农业技术、文化生活培训，购置文体器材，丰富农民文化生活。农村文化教育经费有专人负责管理，专款专用，每年有计划地办一些农民真正得实惠的文化项目。

加强农村文化队伍建设，开创农村文化建设新格局。重视农村文化从业人员的培养，发挥农村文化能人、文艺骨干的积极作用，提高他们的政治、生活待遇。积极挖掘本地文化艺术资源，扶持民间文艺团体，发展农民业余文艺演出队，培育优秀民间文艺人才，鼓励和支持他们繁荣农村文化事业。抓农民素质提升，开创农村包括社会伦理思想、道德风尚、文化艺术、教育、医疗、卫生、体育等各方面的"大文化"建设的新格局，注意面向全体农民，实行全面发展，让农民在致富奔小康的进程中真正尝到文化的甜头，真切体会到文化的价值。

发扬传统文化优势，加强特色文化建设。在新的历史条件下，农村文化建设与传统文化发扬存在一个矛盾问题，很多地区开展农村文化建设没有同传统文化保护结合起来，问题的关键是必须树立辩证、科学而又务实的态度，将农村文化建设与保护传统文化结合起来，积极开发民间文化，通过对传统文化形式和载体的创新，赋予其新的动力。为此，国家和各省市应该通过文化产业政策引导各地区突出地方文化特色，开展丰富多彩的群众文化活动。各地区镇村充分利用传统文化优势，因势利导，推陈出新，充分利用节假日、农闲等时间和庙会、集市等场所，举办歌咏会、文艺演出、戏曲表演等活动，将群众喜爱的传统文化、民俗文化融入到精神文化生活建设之中。

农村精神文化建设是一项长期而艰巨的任务，常抓不懈才能出成果，持之以恒才能见成效。只有农村文化资源得到了充分开发和利用，才有利于维护改革、发展、稳定的大局，有利于加强农村精神文明建设，有利于增强农村的综合实力，加快新农村建设的步伐，确保坚持科学发展观构建社会主义和谐社会的目标顺利实现。

四、"文化乡村"建设的思考

农村文化是农民的精神家园。农村建设全面小康社会，就是既要让农民过上殷实富足的物质生活，又要让农民享有健康丰富的文化生活。"文化乡村"是文化强市建设的有机组成部分。以"文化乡村"建设为载体，着力推进农村文化建设，对于满足农民群众的文化需求，促进农村经济发展，培育新型农民，加快农村全面小康社会和现代化建设步伐，具有十分重要的意义。农村文化源远流长，底蕴深厚，按照党中央关于推动社会主义文化大发展大繁荣，"更好满足人民精神需求、丰富人民精神世界、增强人民精神力量，为继续解放思想、坚持改革开放、推动科学发展、促进社会和谐提供坚强思想保证、强大精神动力、有力舆论支持、良好文化条件"的要求，推进"文化乡村"建设要着力做好以下几点。

一是正确认识和处理传统文化与现代文化的关系，做好用社会主义核心价值体系引领农村文化发展的文章，唱响社会主义先进文化主旋律。从人类文明史看，农耕文化是文化的本源，农村文化体现着生生不息的民族精神。然而，农村传统文化有精华也有糟粕，必须充分挖掘农村传统文化的精髓，提炼和汲取其精华，并与现代科学文化相结合，古为今用、推陈出新，激发农村文化活力，从而使社会主义先进文化更加深入人心，推动农村社会主义精神文明全面发展，开创农民文化创造活力持续迸发、农村社会文化生活更加丰富多彩、农民基本文化权益得到更好保障、农民思想道德素质和科学文化素质全面提高的新局面，建设农民共有精神家园，为农村文明进步作出更大贡献。同时，社会主义核心价值体系是兴国之魂，是社会主义先进文化的精髓，决定着中国特色社会主义发展方向。必须强化对农民的教育引导，努力创新方式方法，健全制度保障，把社会主义核心价值体系融入农民教育、农村精神文明建设全过程，坚持用社会主义核心价值体系引领农民，增进社会共识，形成共同理想信念、强大精神力量、基本道德规范。

二是正确认识和处理农村文化与城市文化的关系，做好以城市文化辐射农村的文章，加快建立以城带乡的文化发展新机制。城市是在漫长的人类文明创造中逐步发展形成的，是人流、物流、财富流、信息流等社会要素的聚集地，也是人类文化的荟萃之所。城市文化在社会文化中具有极其重要的主导作用，充分发挥城市文化对农村的辐射作用，是推进文化乡村建设的重要途径。要建立以城带乡的文化联动机制，合理配置城乡文化资源，鼓励城市对农村进行文化帮扶，把支持农村文化建设作为创建文明城市基本指标。鼓励文化单位面向农村提供流动服务、网点服务，推动媒体办好农村版和农村频率频道，扶持文化企业以连锁方式加强基层和农村文化网点建设，推动电影院线、演出院线向市县延伸，支持演艺团体深入基层和农村演出。认真总结经验，推进"双千结对、共建文明""千企联千村"、文化科技卫生"三下乡"、"送欢乐到农村"、"城乡文化结亲"等活动经常化、制度化。

　　三是正确认识和处理政府主导与农民主体的关系，做好充分发挥农民主体作用的文章，加快培育新型农民。文化是民族的血脉，文化的实质是一种精神力量，运用先进文化引领人们前进方向、凝聚奋斗力量，推动党和人民事业向前发展，具有不可替代的重大作用。长期以来，由于城乡二元体制的影响，农村文化建设严重落后于城市，也严重滞后于农村经济发展，资金投入不足，基础设施落后，文化产品、文化服务供给匮乏。当前，我市已进入城乡融合发展的新阶段，着力推进城乡基本公共文化服务均等化，是一个涉及经济社会发展全局的重大问题，也是各级政府的重要职责。要充分发挥政府的主导作用，做好农村文化发展的"顶层设计"，在发展规划、资金投入、设施建设、人才培养、管理体制机制等方面统筹谋划，努力构建农村公共文化服务体系，不断提升农村公共文化产品供给能力和服务水平，努力使广大农民群众享有更加充分的文化产品和服务。积极搭建公益性文化活动平台，依托重大节庆和民族民间文化资源，组织开展群众乐于参与、便于参与的文化活动；支持群众依法兴办文化团体，精心培育植根群众、服务群众的文化载体和文化样式；及时总结来自群众、生动鲜活的文化创新经验，推广大众文化优秀成果，营造鼓励文化创造的良好氛围，让蕴藏于农民群众中的文化创造活力得到充分发挥。农民群众既是农村文化的享受者，更是农村文化的建设者、创造者，是农村文化建设的活力之源，要在政府的主导下充分发挥农民群众建设农村文化的主体作用。首先，在制定农村文化发展规划中，要坚持农民群众的广泛参与，充分听取意见要求，集中农民群众的智慧。其次，充分发挥政府引导和财政资金"四两拨千斤"的作用，动员民间资金和力量参与和支持农村文化建设，通过政策扶持，鼓励农民自建文化大院、文化公园、文化广场，自办图书室、文化室、电影放映队、农民剧团等，组织开展丰富多彩的群众性文化活动，引导农民群众在农村文化建设中自我表现、自我教育、自我服务。再次，高度重视农村文化人才队伍的建设，积极培养农民文化骨干，重视发现和培养扎根基层的乡土文化能人、民族民间文化传承人特别是非物质文化遗产项目代表性传承人，鼓励和扶持群众中涌现出的各类文化人才和文化活动积极分子，促进他们健康成长、发挥骨干作用。壮大农村文化志愿者队伍，鼓励专业文化工作者和社会各界人士参与农村文化建设和农民群众文化活动，形成专兼结合的基层文化工作队伍。

　　四是正确认识和处理农村文化建设与经济发展的关系，做好文化与经济融合发展的文章，加快农村文化产业发展。随着人类进入知识经济时代，文化逐渐成为一种资源、一种资本，成为生产力，文化与经济的融合，对于经济的发展产生了极其重要的影响，文化正逐步成为极具潜力的产业。从我市各地实践看，农村文化与经济的融合正逐步成为农村发展、农业增产、农民增收的有效途径。农村文化与经济融合发展，其基本要求是在农村物质产品及服务产品生产、销售过程中投入更多的文化产品作为生产资料，从而极大地提升各类物质产品及服务产品的增加值，进而提高市场竞争力，以获取最大的经济效益和社会效益。要深入开展创建农村文化特色村活动，挖掘整合农村文化资源，包括地理文化、民族文化、村落文化、姓氏文化、名人文化、建筑文化、耕作文化、民间工艺、民间艺术、民俗文化、山水生态文化等等，通过整理、提炼以及与现代文化的结合，把这些文化资源转化为文化产品，并融入农产品、乡村工业产品及其生产、销售过程中，融入旅游、观光、休闲、度假、娱乐等服务产品中，不断推进农村文化产业经济的发展。

五、农村社区公益性文化建设路径

农村社区公益性文化建设作为一项服务农民、保障农民基本文化权益的惠民工程，涉及到政治、经济、社会等诸多因素，是一项复杂的文化系统工程。在国家大力提倡科学发展观与农村和谐社区建设的今天，广大农民对文化的需求呈现出多样化、多层次的状态，但是作为党和政府来说，始终要把关注的目光投向绝大多数人的基本的文化权益和基本的文化需求，要满足这两个基本需求，就要大力发展农村社区公益性文化建设。而推动农村社区公益性文化建设，必须从科学发展观的不同视角要求出发，作出正确的路径选择，就是要充分体现"以民为本"与"全面协调可持续发展"的理念，大力发展农村经济与创新投入机制，努力做到统筹兼顾。

（一）农村社区公益性文化建设的战略意义

党的十七届三中全会指出，要"坚持用社会主义先进文化占领农村阵地，满足农民日益增长的精神文化需求，提高农民思想道德素质。"作为文化事业的重要组成部分，农村社区公益性文化建设事关我国广大农民的文化权益和需求，它既是社会主义新农村建设的内在要求，也是构建和谐社会的迫切需要。具体说来，其战略意义主要表现在以下几个方面：

1. 传承创新民族文化传统，凝聚和提升民族精神的内在需求

公益性文化的精粹必然包含优秀的传统文化和民族精神。由于中国传统文化发端于农耕文化，从某种意义上说"中国的文化之根在农村"。农村传统文化资源极为丰富，它们经过历史的沉淀，已经扎根于农村的广阔土地，成为新农村建设的精神血脉和延续基因。"乡土社区文化"乃是"中国现代社区

文化建设之根"。如何挖掘、整理、利用和创新农村传统文化资源，赋予农村传统文化以时代特征和崭新面貌，促其自我发展、自我完善、自我超越，实现农村文化时代性与民族性的统一，笔者认为，以农村社区为合理切入点，以公益性文化建设为具体内容，让农村社区公益性文化工程扎实推进，是条切实可行的途径。

2. 巩固党的执政基础、推进农村政治民主进程的内化要求

农村的稳定和良性发展，直接关系到党的路线、方针、政策的全面贯彻落实和政权的稳定。农村社区稳定需要依靠硬性的综合治理，也需要软性的文化建设。农村社区公益性文化建设，一方面可以通过文化的教化和观念的引导，在实现农民文化权益提升农民文化素质的同时，也使社会主义主流意识形态和核心价值深入民心、内化入心；另一方面农村社区公益性文化建设可以折射出文化民生意识。因此，坚持民生理念，切实解决好农民在文化方面最关心、最直接、最现实的利益问题，对于巩固党在农村的执政基础、提高党的执政能力、推进农村政治民主进程和社会主义国家的长治久安，意义重大而深远。

3. 发展农村经济、提升农村文化力的迫切需要

综合国力的竞争，根本上是经济实力的竞争，但实质上是文化力的竞争。文化力是指一个国家文化发展和文化积累所形成的现实力量，对经济、政治和社会生活等各方面所产生的作用力、影响力和辐射力。公益性文化无论在精神还是在物质方面，都包含着巨大的文化作用力。我国是一个农业大国，农村经济的发展不可忽视其公益性文化的强大作用力，这是因为：任何经济的发展都是从理论突破开始的，都是以知识、科技、文化为先导的，只有通过文化建设，才能激发生产力中最活跃的人的因素，为农村经济发展提供强大的精神动力和智力支持。

4. 保障农民基本文化权益、实现农民人文素养的追求目标

保障公民的基本文化权益，是社会文明进步的重要标志。十七大报告强调指出，要把发展公益性文化事业作为保障人民基本文化权益的主要途径，它可以从一个侧面起到调节社会分配并体现社会公平的重要作用。在我国，城乡文化发展很不平衡，社会经济发展城市中心化，农村农民的文化权益则边缘化，而且长期以来处于弱势地位。深入统筹城乡文化发展，深度聚焦农村社区，深切关注社区农民出身，深情倾注人文关怀，实施以人为本的农村社区公益性文化建设刻不容缓。

5. 建设文明农村、打造和谐社区的动力需求

社会主义精神文明建设包括思想道德建设和教育科学文化建设，公益性

文化是社会主义精神文化建设不可缺少的重要组成部分，它不仅可以提升人们的审美水平、道德与文化素养，而且有利于净化社会环境与社会风气、规范生产秩序与社会行为，特别是在调节社会关系、化解社会矛盾，构建和谐社会中能够起到潜移默化、润物无声的独特作用。同时，公益性文化建设是精神文明建设的主要支撑，能促使村民在思想观念、人文素质、生活方式、风俗习惯、劳动形式、人际关系等方面得到整体改善或提升。

（二）农村社区公益性文化建设的问题及原因

近年来，随着国家对农村文化建设的日益重视，农村社区公益性文化建设取得了一定的成就，虽在一定程度上满足了农民对公益性文化的基本需求，但与广大农民对文化多样性、多层次的要求仍相距甚远。农村社区公益性文化建设作为一个庞大的系统工程，涉及方方面面，其存在的主要问题及其原因现分析如下：

1. 重视不够，推动不力

在社会主义新农村建设中，我国广大农村社区文化建设呈现出参差不齐的特点。由于各地思想观念、重视程度、投入力度等方面存在的差别，特别是部分农村领导干部对农村社区文化建设认识不够，重经济轻文化的"一手硬"、"一手软"现象比较突出，认为只要经济上去了，文化建设无关紧要，甚至认为搞文化建设是华而不实，是与经济建设相"对立的"，还有的乡镇领导为了追求政绩，把有限的财力大部分用于经济建设项目上，无暇顾及农村文化生活；而村干部基本没有进行文化建设的思想意识，认为文化建设是上面的事，是城里人的事，农民本身文化水平不高，只要勤劳致富吃饱穿暖就行了，没必要再花钱搞什么文化建设。

2. 地区差异大，发展不平衡

农村社区公益性文化建设水平与当地经济发展水平关系密切，一般说来，经济基础好的地区对文化产品和服务的需求量大，农村居民普遍期待健康的文化生活，发展文化事业的愿望强烈；经济薄弱地区对公共文化产品的需求量小，关注文化事业的程度相对要低。不少传统封闭地区的农民认为，只要有钱赚、有活干，有没有文化生活无所谓。经济发展水平的差异导致文化服务体系建设水平差距进一步拉大，发展很不平衡。形成这种状况的原因，主要是由于各地生产力发展水平、劳动负担与受现代思想影响的程度不同，农民接触各类文化信息与参与文化活动的机会也大不相同，加之各地传统的文化观念不同，文化娱乐消费方式的差别都直接造成了农村社区公益性文化建设的不平衡。

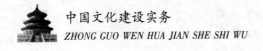

3. 基础设施缺乏，建设水平较低

长期以来城乡二元制的客观存在，农村文化建设的政策不多，投入较少，导致农村社区公益性文化基础设施的落后与缺乏，加之现有的文化基础设施缺乏有效的管理，开发利用程度偏低，农村社区公益性文化内容贫乏，难以产生吸引力。一是由于基层政府财力有限，对农村社区公益性文化基础设施建设的投入严重不够；二是村级集体经济薄弱，不少地区基本上是没有任何村级的财政收入，做任何投资都需靠上级拨款，无力进行农村文化建设；三是社会力量参与支持农村文化建设氛围不浓，积极性不高，导致了农村社区公益性文化的基础设施缺乏，建设水平较低。

4. "建" "管" 协调不力，功效发挥不佳

目前经济发达的农村社区进行公益性文化工程建设积极性较高，但在"建"与"管"的关系上处理不好，常常存在着只建不管的现象，无法发挥应有的功效。绩效评价对于农村文化建设起着监督管理和激励约束的作用。但调查表明，当代中国农村文化建设评估工作机制不健全，评价标准存在着"形式主义倾向"，往往存在着只建不管的现象，缺乏事后的反馈监控机制，一些已建成的农村文化设施很难得到有效利用。特别是在部分农村社区，仍沿袭于计划经济下的传统文化管理模式，由于权属不清，责任不明，管理由政府决定，人员由政府任命，存在着"亲情化"、"子弟化"的用人模式，造成谁都管，谁都不负责的局面，无法实现农民群众日益增长的文化生活需求的目标。

5. 目标责任意识缺乏，自主创新能力不足

有相当一部分基层文化工作者仅满足于应付日常的工作完成，其主动性积极性不高，终身学习意识缺乏，无法达到知识更新与工作创新的需要。主要表现为：一是存在着文化"专干不专职"的现象。一些乡镇文化干部大多为兼职，常年承担行政工作任务，难以有时间和精力组织开展文化活动。二是农村文化专干学历层次普遍不高，文化素质偏低，在职人员长期得不到培训学习，甚至原有的文化专业人员纷纷跳槽，整体状况堪忧。三是农村文化单位准入门槛与待遇不高，很难吸引优秀的人才，大多数村级没有文化管理员，文化工作没有"脚"，难以站稳，各项文化活动的正常开展受到了制约，实现文化的自主创新就无从谈起。

（三）农村社区公益性文化建设路径

农村社区公益性文化建设作为一项系统工程，应坚持以科学发展观为指导，将其置于整个经济社会发展的全局中去谋划，具体问题具体分析，以政

府组织和投入为主导，以社会力量参与为补充，以服务农民和提高农民素质为目的，为农民群众提供优质的公益性文化服务。

1. 农村社区公益性文化建设的基础是发展农村经济与创新投入机制

首先，各级政府要形成"农村文化大发展，经济发展要先行"的共识，稳步推进农村社区公益性文化事业的建设发展。农村经济发展水平决定与制约着农村社区公益性文化建设水平的高低。只有经济发展了，农民收入增加了，才能增强农村文化建设的"造血"功能，进而为农村文化建设提供有力的财政支持，驱动农民的文化消费。为此，必须采取有效措施，将农村社区公益性文化建设列入经济与社会发展战略规划，提高农村社区的整体经济发展水平，从根本上解决制约建设与发展的"瓶颈"。

其次，创新投入机制，广掘活水之源，扎实推进农村社区公益性文化基础设施建设。公益性文化工程建设必须在依靠政府主导力量的同时，广泛吸纳社会力量，进行社会融资。一方面，应千方百计地加大政府对公益性文化事业的有效投入，为公益性文化事业提供更多的资金；同时，还应提高政府投资的实际应用效率，避免重复建设。另一方面，应积极鼓励社会资本投资、捐助公益性文化事业，通过合理的方式向社会和个人集资，并可建立相应的基金会组织，有效地吸收社会募捐资金，最大限度地为公益事业发展谋取足够的经费。

2. 农村社区公益性文化建设要充分体现以民为本的理念

首先，农村社区公益性文化建设，要尊重农民的主体地位，充分调动农民的积极性与创造性，将知识性、教育性有机地融为一体。中共中央《关于构建社会主义和谐社会若干重大问题的决定》明确指出："加强公益性文化设施建设……优先安排关系群众切身利益的文化建设项目，突出抓好广播电视村村通工程、社区和乡镇综合文化站（室）工程、全国文化信息资源共享工程"。党中央对公益性文化设施建设的精神，充分体现了以人为本，始终把最广大人民的"求富、求知、求善、求乐"的总体文化需求作为出发点和落脚点，做到发展为了人民、发展依靠人民、发展成果由人民共享，促进人的全面发展。

其次，加强文化法制建设，保障农民平等参与和享有文化的权利，努力建设一支农民自己的文化骨干队伍，促进农村社区公益文化事业繁荣发展。一个社会的现代化离不开政治现代化和文化现代化，因此，在大力发展农村生产力的同时，必须把思想道德文化、科学技术文化和政治文化的建设有机协调起来，必须加强文化法制建设，为农村社区文化事业发展营造良好的外部环境，保障不同地区的农民都平等地参与和享有文化的权利。同时，应立足当地，努力建设一支农民文化骨干队伍。各级政府要因地制宜，积极完善传统文化的传承机制，充分发挥民间文化艺人、文化能人在传承民间文化、繁荣农村文化方面的作用，并对其实施个性化培养，使其真正成为农村文化队伍中的骨干。

3. 农村社区公益性文化建设要充分体现全面协调可持续发展的理念

首先，农村社区公益性文化建设要纳入到当地发展的总体规划之中，有计划、分步骤地稳步推进。要着眼长远，立足当前，科学制定农村社区公益性文化建设规划，充分体现城乡一体、定位清晰、功能互补、衔接协调的公益性文化建设的鲜明特色；统筹不同地区文化资源，协调县、镇、村三级文化活动，明确各自工作目标，落实配套措施，促成各类文化资源要素的全面整合与有效利用，充分发掘新的公共文化资源；切实增强农村社区公益性文化建设的责任感和使命感，进一步加强组织领导，形成上下贯通、职能对应、职责明确、高效运转的领导体制和工作机制。

其次，深化改革，形成合力，扎实推进公益性文化事业的全面健康协调发展。文化建设是一项系统工程，各级政府部门要切实提高认识、理清思路、抓好落实。计划、财政、劳动、人事等部门，要充分发挥各自的职能，各司其职，各尽其责，团结协作，密切配合，深化农村财政金融体制与土地流转制度的改革，确保机构、人员、经费、制度和工作的"五到位"；健全文化、科技、卫生"三下乡"与农村文化队伍培养的长效机制，坚持"引进来"与"送出去"的人才发展战略，同时要贴近群众生产生活实际，坚持业余自愿、形式多样、健康有益、便捷长效的原则，充分利用农闲、节日和集市，大力发展农村地域特色文化，增强社区公益性文化的吸引力与感染力。

4. 农村社区公益性文化建设要努力做到统筹兼顾

首先，坚持"四位一体"的和谐理念，统筹农村社区公益性文化建设健康发展。文化是人生存和发展的基本条件，作为人类创造的成果，它反过来又作用于人的生活环境，可以促进经济、政治与社会的全面发展。中国特色社会主义事业总体布局是一个有机整体，经济建设为政治、文化、社会发展提供物质基础和硬件条件；政治建设为经济、文化、社会发展提供民意基础和制度保障；文化建设为经济、政治、社会发展提供精神动力和智力支持；社会建设则为经济、政治、文化发展提供和谐的环境和有力的支撑。因此，农村社区公益性文化建设应坚持胡锦涛提出的"四位一体"建设思想，强化文化建设的思想先导、舆论支持和思想保证作用，把文化建设放在更加突出的战略地位，使之与经济建设、政治建设和社会建设共同统一于中国特色的社会主义伟大建设实践之中。

　　其次，坚持"城乡一体化"的建设目标，扎实推进农村社区公益性文化建设。"城乡一体化"就是要求城乡统筹发展，而文化统筹是城乡统筹的重要内容。要达到社区公益性文化工程建设的城乡同步推进，政府就必须协调各有关部门形成文化建设合力，着眼于基本公共文化服务的均衡化，实施"以城带乡"、"以工促农"的发展策略，加大协调和支持力度，增加对农村社区公益性文化的投入，减免或优惠有关农村地区公益性文化活动方面的费用，加大对欠发达地区、贫困山区、革命老区的文化扶持力度，提高社会力量参与文化、投资文化、支持文化的积极性。同时，在农村社区公益性文化建设中，要改变重建设、轻管理的状况。各类文化设施是公益性文化事业建设与发展的基础，也是文化活动的重要载体与平台。因此，我们在重视建设的同时，必须认真制定与落实各项管理制度和措施，体现建设与管理效益，保证各类文化设施与载体功能作用的充分发挥。

第三章　我国公共文化服务体系建设

第一节　我国公共文化服务体系建设的主要成就

1. 初步形成覆盖城乡的公共文化设施体系

截至 2010 年年底，全国共有公共图书馆 2884 个，其中省级馆 37 个，设置率为 119%，地（市）级馆 334 个，设置率为 100%，县（市）级馆 2512 个，设置率为 88%；文化馆（含群众艺术馆）3264 个，其中省级馆 31 个，设置率为 100%，地（市）级馆 343 个，设置率为 103%，县（市）级馆 2890 个，设置率为 101%；乡镇（街道）文化站 40118 个，设置率为 102%。此外，全国博物馆总数达到 2435 所，艺术表演场馆 2112 处。从总体上看，经过长期持续的努力，目前我国基本上形成了中央省地县乡公共文化设施体系。

2. 全国文化建设总投入实现五年"翻一番"

"十一五"时期，全国文化事业费（不含基本建设投资和文化管理部门行政运行经费）总计 1220.40 亿元，是"十五"时期的 2.46 倍；年均增长 19.3%，是改革开放以来增长速度最快的时期。2010 年和 2005 年相比，城市文化建设投入增长 110.24%，农村文化建设投入增长 140.98%，均实现了投入总量五年"翻一番"的目标。人均文化事业费 2005 年为 10.23 元，2010 年增加到 24.11 元，同比增长 135.6%，同样实现了五年"翻一番"。

3. 近 5 万所"四馆一站"全面实现"免费开放"

2008 年，全国公共博物馆（含纪念馆）率先实现免费开放，至 2009 年，实现免费开放的博物馆（纪念馆）已达 1743 所。截至 2010 年，中央财政三年累计补助博物馆（纪念馆）免费开放资金 60 亿元。"十二五"规划纲要把公共文化纳入基本公共服务范畴，2011 年年初，财政部、文化部发布《关于推进全国美术馆、公共图书馆、文化馆（站）免费开放工作的意见》，全国46000 多所"三馆一站"免费开放设施空间场地、免费提供基本服务和辅助性配套服务的目标在 2011 年年底全部实现。中央财政按照地级馆每馆 50 万元、县级馆每馆 20 万元、乡镇综合文化站每站 5 万元的基本服务经费补贴标准，西部地区补助 80%，中部地区补助 50%，东部地区以奖代补，当年共支付补助经费 18.22 亿元。2011 年 11 月，中央财政 2012 年度"三馆一站"免费开放补助经费的 80%（16 亿元）已经预拨到位。截至 2011 年，中央财政累计投入百亿元以上资金支持全国近 5 万所城乡公共文化服务设施，使之实现了零门槛开放和免费提供基本服务。公共文化设施免费开放是我国公共文化服务体系建设实现历史性转折的标志，是公共文化服务真正走向"公共"的标志。

4. 重大文化惠民工程显著提升公共文化产品和服务供给能力

全国文化信息资源共享工程和数字图书馆推广工程使公共文化服务具备了数字资源提供能力和远程服务能力，成为我国公共数字文化体系的骨干工程。截至 2010 年年底，文化共享工程县级支中心达到 2814 个，覆盖了全国96% 的县；乡镇服务点达到 15221 个，覆盖了全国 44% 的乡镇；与全国农村党员干部现代远程教育合作共建村级基层服务点 75 万个。文化共享工程的数字资源总量已达 108TB。2010 年，国家图书馆实施了"县级数字图书馆推广计划"，通过文化共享工程的服务网络，将国家图书馆优秀数字资源推送到全国每一个县。在此基础上，"十二五"期间文化部、财政部在全国实施数字图书馆推广工程，建设互联互通的分级分布式数字图书馆资源库群，形成数字图书馆服务体系。2011 年，中央财政安排转移支付经费 4980 万元，对中西部省份省、市两级数字图书馆的硬件设备购置予以补助。

此外，送书下乡工程和流动舞台车工程的实施，使基层文化资源更加丰富。春雨工程以文化志愿服务形式把大舞台、大展台和大讲堂送到了边疆少数民族地区。中华古籍保护计划和非物质文化遗产保护工作顺利推进，设立"文化遗产日"，文化遗产得到有效保护。

5. 改善和创新服务方式，公共文化服务水平明显提高

以"苏州模式"、"嘉兴模式"为代表的图书馆总分馆制探索在深化。如苏州市在创建国家公共文化服务体系示范区过程中，将苏州图书馆在市区创

造的总分馆经验推广到"大苏州"范围，构建由市区和县（市）两个公共图书馆总分馆体系构成的资源共享、协同采编、统一检索、一卡通用、覆盖城乡的公共图书馆总分馆体系。截至 2011 年，全市总分馆体系已包括 103 所公共图书馆。嘉兴市以创建国家公共文化服务体系示范项目——"城乡一体化的公共图书馆服务体系建设"为契机，从在"大嘉兴"范围内形成"中心馆—总分馆体系"、乡镇分馆向村级延伸、组建跨系统的图书馆服务联盟、整合公共文化服务资源四个方面，深化具有嘉兴特色的公共图书馆总分馆体系。同时，多种形式的图书馆服务体系实现方式不断涌现。如流通点建设、流动服务体系建设、跨地域或跨系统的图书馆服务联盟、联合服务、基于计算机网络的服务体系等。

群众文化活动体系化、经常化，参与群众文化活动成为提升幸福指数的重要方面。江苏吴江的区域文化联动、浙江的"文化走亲"，带动了区域文化的交流与融合，丰富了人民群众的文化生活。河北邯郸的"欢乐乡村农村文化工程"、浙江萧山的"十大金色文化工程"、贵州遵义的"四在农家"活动，内容不同，形式各异，但都是具有明显体系化特征的群众文化活动形态。

现代信息技术应用创新了公共文化服务方式与手段。公共图书馆在现代信息技术应用方面走在前列。截至 2010 年，全国省级公共图书馆数字资源总量已近 700TB，市级公共图书馆数字资源总量超过 200TB，国家数字图书馆数字资源保有量到 2011 年已达 560TB。各级公共图书馆拥有计算机近 15 万台，普遍具有数字资源提供能力。依托计算机和网络的远程检索、阅览、参考咨询、资源推送等服务方式和手段走向普及。手机图书馆、移动阅读器在许多图书馆进入主流业务范畴。"城市街区 24 小时自助图书馆"由点到面，作为固定图书馆的有益补充，在我国已有广泛应用。数字文化馆的研究和实践开始引起重视。

文化部"群星奖"评奖活动已举办了 15 次，推出 3500 多件获奖作品。"中国文化艺术之乡"第一批命名 963 个，第二批命名 528 个。落实中国少儿歌曲推广计划，举办了 4 届中国少年儿童合唱节。举办了 13 届"永远的辉煌"——中国老年合唱节。

6. 法规政策建设取得突破，公共文化法治化水平有所提高

全国人大颁布《非物质文化遗产法》，《公共图书馆法》立法进程加快。国家发展和改革委员会、住房和城乡建设部、国土资源部、国家质量监督检验检疫总局、国家标准化管理委员会等多个部门与文化部联合颁布了一批规范公共文化服务设施规划、建设和服务的标准，如 2008 年颁布的公共图书馆

和文化馆的"建设用地指标"与"建设标准"，2012年年初以国家标准形式颁布的《公共图书馆服务规范》。地方性公共文化法规政策建设发挥着先行先试、探索路径、积累经验的作用。如上海、山东、江西、新疆等地先后出台的公共图书馆服务规范，为作为国家标准的《公共图书馆服务规范》的制定提供了借鉴，积累了经验；《广东省公共文化促进条例》和《江苏省农村公共文化服务管理办法》的出台，拉开了我国加强公共文化立法的序幕。

第二节　我国公共文化服务体系建设存在的突出问题

我国公共文化服务体系建设取得了显著成绩，但同时必须看到，目前的公共文化服务总体水平不高，与经济社会发展的进程和水平不相适应，与广大人民群众日益增长的精神文化需求不相适应，与底蕴深厚的文化资源强国地位不相适应，与社会主义文化强国的目标要求不相适应。

1. 一些基层地方党委政府没有真正树立科学发展意识和正确政绩观，对文化建设特别是公共文化服务体系建设重视不够，缺乏文化自觉

一些地方政府和部门，没有把文化建设放在应有的位置，单纯追求GDP增长，存在着对公共文化服务体系建设轻视、忽视、偏视的现象。许多地方没有建立科学发展考核评价体系，没有将公共文化服务体系建设成效纳入领导干部政绩考核体系，没有纳入当地经济社会发展规划。文化"说起来重要，干起来次要，忙起来不要"的现象在基层还比较普遍。

2. 公共文化服务体系建设投入总量少、比重低，城乡、区域不平衡突出，实现公共文化服务均等化的任务非常艰巨

文化事业费占国家财政总支出的比重，多年在0.3%~0.4%徘徊。2010年，全国文化事业费总计323.04亿元，占国家财政总支出的0.36%，约相当于教育事业费的1/30，卫生事业费的1/13，科技事业费的1/9，是改革开放以来的新低。文化事业经费投入的城乡差距和区域差距较大。2010年各级财政对农村文化投入共计116.41亿元，占全国文化事业费的36%；中东部地区文化事业经费投入占全国总投入的76%，西部地区仅占全国的24%。全国人均文化事业费24.11元，其中中部地区15.64元，只相当于全国平均水平的64.9%。尽管西部地区人均文化事业费23.8元，高于中部地区，但仍低于全国平均水平。

3. 公共文化设施不完善，管理和服务水平不高

各地加大投入，建成不少规模大、标准高的公共文化设施，但由于配套资金和措施不到位，一些建成的设施处于"空壳"状态，难以正常运行服务。在文化资源和服务提供上，尚未建立以群众文化需求为导向的供给模式。公共文化产品的新形式、新内容不多，缺乏广大群众喜闻乐见、丰富多彩的文化产品。与人民群众日益增长的多样化精神文化需求相比，设施不完善，产品和服务供给水平不足。2010 年全国公共图书馆人均藏书 0.46 册，远低于联合国教科文组织和国际图联《公共图书馆服务发展指南（2001）》中提出的人均 1.5~2.5 册的建议性标准。2010 年我国平均 42 万人拥有一所文化馆，日本在 2008 年时平均 7700 人就拥有一所公民馆。

4. 基层公共文化队伍数量不足，结构不合理，专业素质偏低

基层文化单位缺乏稳定的专业化队伍，能力和素质难以适应新时期基层文化建设的需要。在乡镇综合文化站，无编制、无人员、无经费的"三无"现象较为严重，文化专干不专职、不专业、不专心的"三不专"现象也十分突出。培训机制不健全、培训经费匮乏，难以保证队伍素质的提高。

5. 公共文化资源缺乏统筹，难以发挥整体效益

公共文化服务体系建设存在多头管理、条块分割等问题，行政管理部门各自为政，管理中错位、越位、缺位现象同时并存，公共财政资金投向难以集中，造成公共文化资源分散，有限资源缺乏有效整合，重复建设和资源浪费现象严重。

6. 政策法规体系不完善，政策落实不到位

公共文化服务建设缺乏制度化、系统化的法律法规，政策落实不力。国家"十一五"规划纲要中提出的建立公共文化服务专项资金或基金、从城市住房开发投资中提取 1% 用于社区公共文化设施建设、公益性捐赠的税收优惠等政策措施尚未得到普遍落实。鼓励社会力量参与公共文化服务体系建设的政策力度不够、实施细则不完善、税收减免的程序和手续过分繁杂，导致社会力量参与公共文化服务体系建设的积极性不高，参与程度非常有限。

第三节　我国公共文化服务体系建设面临的挑战和机遇

立足当前，展望未来，我国公共文化服务体系建设挑战和机遇并存。主要表现如下。

1. 落实科学发展观、推动经济发展方式转变带来的挑战与机遇

经济社会的发展，始终是我国公共文化服务体系建设重要的宏观背景和发展基础。纵观当今世界，经济风险明显增多，我国经济发展中不平衡、不协调、不可持续问题仍很突出。面向全球化，未来相当长的时期，我国经济社会发展的主调是"稳增长、调结构、保民生、促稳定"。其中，科学发展是主题，转变经济发展方式是主线。转变经济发展方式就是要把粗放式经济增长转变为集约式经济增长；把单纯追求 GDP 量的增长，转变为更加注重优化经济结构、提高经济质量；把只重经济发展转变为经济发展与人的全面发展并重，在不断提高人民群众物质生活水平的同时，注重提高文化生活水平，丰富精神世界，让文化更多地体现"发展"的意义。转变经济发展方式，为我国公共文化服务体系建设提出了新的挑战和机遇。在落实科学发展观、促进经济增长方式转变的背景下，公共文化服务将在承担更多责任的同时，发挥更大作用，获得更广阔的发展空间。

2. 面对西方文化冲击，构建社会主义核心价值体系带来的挑战与机遇

改革开放以来，中国文化转型一直在加速之中，西方文化的冲击加快了这一进程，使得国人的价值信仰、生活态度、道德观念都发生了巨大变化。价值观作为文化的灵魂，涉及人们对生活的意义、目的等的理解，也决定着人们的道德理想、思维方式、生活态度乃至审美取向。不同民族因不同的传统、制度等形成的不同的文化价值观，是区分不同文化和文明类型的重要标志。价值观是文化塑造心灵、引领风尚、服务大众、推动社会健康发展的重要力量，是民族凝聚力的重要源泉，更是民族共有的精神家园。十七届六中全会通过的《决定》提出文化改革发展以构建社会主义核心价值体系为根本任务，深刻地揭示了社会主义核心价值体系在文化建设中的灵魂作用，体现了对文化建设规律以及当代意识形态错综复杂的博弈与发展状况的深刻认识。构建社会主义核心价值体系，为未来公共文化服务体系建设提出重大的挑战，也创造了新的发展机遇。公共文化服务要始终围绕社会主义核心价值观构建和民族共有精神家园的营造而展开，这是公共文化服务体系建设服务和贡献于社会主义文化强国建设的关键。

3. 城市化快速发展，人民群众文化需求急剧增长带来的挑战与机遇

中国城市化发展速度惊人。2011 年，中国城镇人口占总人口的比重超过50%，意味着我国数千年来以农村人口为主的城乡人口结构发生了重大逆转，进入了以城市社会为主的新成长阶段。这种变化不是一个简单的人口百分比数的变化，本质上是人们的生产方式、职业结构、消费行为、生活方式、价值观念所发生的深刻变化。就公共文化服务来看，城市化带来更多集中居住的城市人口，更复杂的人口结构，更频繁的人口流动，更多样的文化需求。由于我国长期以来城乡二元结构的制约，工作和居住在城市中的原农业户籍者大多还处于"半城市化"状态。公共文化服务体系建设如何适应城市化发展的要求，加大建设力度，拓展服务内容，创新服务形式和手段，不断提高公共文化服务的覆盖水平，不断提高公共文化产品和服务的供给能力，不断提升公共文化服务的公平性和均衡性，是未来公共文化服务体系建设应当着力解决的问题。

4. 幅员辽阔，区域发展不平衡带来的挑战与机遇

我国幅员辽阔，各地发展水平不同，地区差异很大，为公共文化服务体系建设带来了挑战和机遇。鉴于文化传统、人口差异等因素，即便经济规模相近，文化需求也可能不一样，因此，在一些涉及国家全局性的政策制定中，如确定文化类的转移支付项目、实施免费开放等重大文化政策，要照顾地区差异，避免"一刀切"。各地如何因地制宜，生产适合本地情况的公共文化产品，采用适合本地的公共文化服务模式，形成本地的公共文化服务特色，是未来公共文化服务体系建设必须面对的问题。

5. 财政实力增长，服务型政府建设带来的挑战与机遇

2010 年，中国经济规模已经位居全球第二，成为世界上最具影响力的发展中经济体。经济的发展和财力的增强，使国家能够拿出更多的钱来解决民生问题，也为公共文化体系建设带来了强有力的经济保障。这种变化，对公共文化服务体系建设也有一定的挑战，主要表现在两个方面。一是如何提高文化投入效率。我国的文化投入一直存在效率不高的问题，这是影响各级政府，尤其是地方政府投入公共文化建设积极性的重要原因之一。如何在加大投入的同时，提高投入使用的效率和综合效益，真正让纳税人的钱用到实处，是公共文化服务体系建设面临的新挑战。二是如何合理划分各级政府的事权责任和支付责任。由于国税和地税的分流，我国中央政府和地方政府各有不同的财权，也承担着不同的职能和任务。就公共文化服务体系建设来说，如何处理好府际关系，区分中央政府和地方政府的公共文化服务职能，将财权与事权进行更好的划分和结合，各尽其职，共同推动公共文化服务体系建设，是服务型政府不能回避的问题。

6. 现代信息技术发展带来的挑战与机遇

网络技术、数字技术、新媒体技术的推广应用，为公共文化产品的生产、

组织、提供、传播、消费等各个环节提供了技术支撑保障和技术创新空间，也给未来公共文化服务体系建设带来了挑战和机遇。中办、国办 2006 年 5 月印发的《2006～2020 年国家信息化发展战略》，从国家发展战略的层面对文化信息化做出部署，明确要求改善公共文化信息服务，加快文化信息资源整合，加强公益性文化信息基础设施建设，完善公共文化信息服务体系，将文化产品送到千家万户。十七届六中全会的《决定》对文化改革发展中发展健康向上的网络文化，以及构建技术先进、传输快捷、覆盖广泛的现代传播体系提出了明确要求。今天的公共文化服务体系建设，不仅需要固定设施体系、流动服务体系，还需要数字服务体系；今天的公共文化机构，不仅需要传统服务方式和手段，还需要数字资源提供能力和远程服务能力；数字图书馆、数字博物馆、数字文化馆、移动阅读、掌上服务等，改变的不仅仅是文化的载体形式，更是在改变着人们利用公共文化服务设施、享受公共文化服务的方式。在公共文化服务体系建设中如何实现文化和科技的融合，如何打造公共文化服务体系中的现代传播体系，化挑战为机遇，是公共文化服务体系建设面临的时代任务。

第四节　我国公共文化服务
体系建设的发展方向与重点任务

《国家"十二五"时期文化改革发展规划纲要》提出了"十二五"期间基本建立覆盖全社会的公共文化服务体系的目标任务。完善的公共文化服务体系的总要求是覆盖城乡、结构合理、功能健全、实用高效。我国公共文化服务体系建设要实现新的发展，跃上新的台阶，需要在以下方面寻求突破。

1. 全面落实十七届六中全会提出的文化改革发展的组织保证措施，进一步强化公共文化建设的党委领导责任和政府主导责任

十七届六中全会的《决定》把公共文化建设的党委领导责任和政府主导责任提升到"政治责任"的高度，明确要求各级党委政府把文化建设纳入经济社会发展总体规划，纳入"四位一体"总体布局；明确要求把文化建设的成效作为评价地区发展水平、发展质量和领导干部工作业绩的重要内容；明确要求把文化建设的内容纳入各级党校、行政学院、干部学院的教学体系。这些推动文化改革发展的组织保障措施，表明中国共产党人对文化建设在经

济社会发展中重要性的认识实现了新飞跃，达到了新高度。不可否认，目前在一些地方党委政府工作布局中，公共文化建设"说起来重要，做起来次要，忙起来不要"的现象并没有完全消失，而在我国的体制与政策环境中，没有党政的重视与主导，稳步推进公共文化服务体系建设就失去了第一保障和第一推动力，因此，组织保证措施能否真正落实到位，是未来公共文化服务体系建设能否持续健康推进的关键，从某种意义上说，它比落实经费保障、人才保障措施更为重要，更为根本。

2. 以完善和拓展公共文化服务设施"免费开放"政策为突破口，建立持续稳定的公共文化服务体系建设和运行经费保障机制

公共财政是公共文化服务政府主导的重要标志；公共文化服务设施免费开放，是公共财政支持的重要体现。免费开放政策的实施，解决了我国公共文化服务中几个关键性问题。第一，与公共文化服务保障公众基本权益、满足公众基本需求的目标相适应，界定了目前阶段我国基本公共文化服务的内容和范围，划分了政府和市场在公共文化服务中作用的范围和边界；第二，朝着逐步理清各级政府在公共文化服务中的事权责任和支付责任的方向迈进，为建立中央财政和地方财政合理分担的公共文化服务体系建设和运行经费保障机制奠定了基础；第三，以落实基本服务保障经费为基础，逐步解决我国公共文化服务机构长期存在的设施出租和挪用现象，实现公共资源回归公共；第四，引导公共文化服务机构把主要精力用于开展基本公共服务，健全服务项目，提升服务能力，提高服务质量，改善服务效益。

进一步落实和推进免费开放政策的着力点在两个方面。一是现行免费开放政策的完善。总结和研究免费开放政策在实施过程中出现的新问题、新情况，调整和完善政策，以增强政策的针对性、适用性，彰显政策效益。二是免费开放政策的进一步拓展，向文化行政部门归口管理之外的更广泛的公共文化服务设施拓展，如工人文化宫、青少年宫、妇女儿童活动中心、科技馆、纪念馆、爱国主义教育示范基地等。免费开放政策的最终目标，就是十七届六中全会《决定》中提出的要求：把主要公共文化产品和服务项目、公益性文化活动纳入公共财政经常性支出预算；保障公共文化服务体系建设和运行；让人民群众广泛享有免费的或优惠的基本公共文化服务。

3. 进一步加强基础设施建设，逐步形成覆盖城乡的公共文化服务设施网络体系

设施网络体系是公共文化服务体系的基础。经过长期持续努力，目前我国覆盖城乡的公共文化服务设施体系初步形成。但是，很多地方有设施但形

不成设施网络或设施网络不健全，"设施孤岛"现象突出。因此，在公共图书馆、文化馆的规划和建设中，要落实现行"建设用地指标"和"建设标准"中有关服务半径、覆盖面积、建设规模的规定，使公共文化设施从较高的设置率走向较高的覆盖率，这是公共文化设施建设的重点任务，也是实现公共文化服务普遍均等的必然要求。在《国家"十二五"时期文化改革发展规划纲要》中，"公共文化服务建设工程"规划了新建、改扩建一批地市级公共图书馆、文化馆、博物馆，以及加强边疆民族地区文化设施建设项目，提出了加强社区公共文化服务设施建设，把社区文化中心建设纳入城乡规划和设计的任务，提出了完善面向未成年人、残疾人等特殊人群的公共文化服务设施的任务，还提出了推动跨部门合作、统筹规划和建设基层公共文化服务设施的任务，这些都是让设施建设逐步走向网络化、体系化的重要举措。十七届六中全会之后，许多地方的"文化强省"、"文化强市"战略都提出了构建城市"十分钟文化圈"、"十五分钟文化圈"，农村"十里地文化圈"一类构想，表明改变目前较为普遍存在的"一级政府办一个图书馆文化馆"、"一个城市只有一所图书馆文化馆"的"设施孤岛"现象，正在变成各级政府的自觉意志和自觉行动。

4. 加强公共文化产品和服务供给，提升服务能力，改善服务效益

满足人民群众的基本文化需求，是公共文化服务的出发点和落脚点；提供内容丰富、形式多样、健康向上、品质优良的基本公共文化产品和服务，是满足人民群众基本文化需求的主要途径。公共文化服务机构提供的产品和服务，在内容上应切实落实以构建社会主义核心价值体系为根本任务，成为传播主旋律的主阵地，为全体人民坚定共同理想信念、弘扬民族精神和时代精神、树立正确的道德观和荣辱观作出贡献，以此在应对各种思想文化交流交融交锋更加明显、斗争更加尖锐复杂的新形势中发挥作用。在产品和服务的提供方式上，政府主导不等于政府包办，未来应重点探索和实践以政府采购、项目补贴、定向资助、贷款贴息、税收减免等政策措施吸引和鼓励全社会参与的实现方式，发挥市场手段在公共文化服务资源配置上的作用。

提升公共文化服务机构的服务能力和服务效益，是落实十七届六中全会关于公共文化服务体系"项目建设和运行管理并重"要求的应有之义，也是把文化部公共文化服务体系建设"由注重硬件向软硬件并重转变"工作思路付诸实践的具体体现。从事业发展的基本规律和普遍的国际经验来看，公共文化服务机构形成和保持良好的服务能力和服务效益，首先以形成规模适宜、结构合理的资源保障体系为前提。国际图联（IFLA）在 20 世纪 70 年代初发

布的《公共图书馆标准》就提出公共图书馆藏书量"普遍适用的标准是每个居民2册书"，2001年提出"平均每人1.5～2.5册书"，日本图书馆协会2000年发布了公共图书馆的最低藏书标准为5万册（以出版5年之内的为主），开架藏书所占比例为85%以上，年新增资源需达到开架藏书的1/8至1/7，这些要求，都是着眼于公共图书馆形成持续服务能力的资源量化指标。目前，美国公共图书馆的目标人群覆盖率达到了70%以上，2008年，日本公民馆的到馆人数达到国民人均年1.85次，如此良好的服务效益，基础在于产品、项目和活动等服务资源达到了支撑服务持续发展的"临界水平"。相比之下，目前我国有为数不少的图书馆还属于"有馆有人没有书"的"空壳图书馆"，为数不少的文化馆站还是"有馆有人没活动"的"空壳文化馆站"，因此，未来我国公共文化服务机构在服务能力、服务效益建设中的重要任务，首先是探索和建立资源保障的"临界标准"，形成足以支撑服务能力持续发展的、科学合理的资源规模、数量和结构比例，在此基础上，通过建立公共文化服务指标体系和评估考核办法，强化内部激励机制和外部约束机制，达到服务能力全面提升、服务效益全面改善的目标。

5. 加快城乡文化一体化发展

构建覆盖城乡的公共文化服务体系，最终目标就是实现公共文化的城乡一体，逐步消除城乡二元体制导致的城乡文化差距和知识鸿沟。目前阶段，加快城乡文化一体化发展的首要任务是增加农村文化资源和服务总量。国家重大文化惠民工程的"扩大范围、消除盲点"发展方针，中央、省、市三级设立农村文化建设专项资金，把支持农村文化建设作为创建文明城市的基本指标，以及公共文化设施建设、资源配置和服务提供向农村倾斜等措施和政策，都是着眼于做大农村文化的蛋糕。没有农村文化资源和服务总量的大幅度增加，就没有城乡文化的一体化。加快城乡文化一体化发展的另一重要任务，是尽快把农民工纳入城市公共文化服务体系。2011年9月，文化部、人力资源和社会保障部、中华全国总工会联合下发了《关于进一步加强农民工文化工作的意见》，提出了政府主导、企业共建、社会参与的农民工文化工作机制，明确了常住地政府是农民工文化服务的责任主体，公益性文化事业单位是农民工文化服务的骨干力量，城市社区和用工企业是农民工文化服务的主要阵地的农民工文化工作原则，把农民工纳入城市公共文化服务体系的总体思路已经清晰。目前需要探索和实践农民工文化服务从形式到内容的需求特点、载体特点、服务特点，以及实现方式和保障条件，增强农民工文化服务的针对性和有效性，通过文化融入推动农民工的城市融入、社会融入。

6. 建设一支规模宏大、结构合理的公共文化服务人才队伍

公共文化服务人才队伍，是公共文化服务体系建设的基础力量。落实十七届六中全会精神，进一步加强公共文化服务人才队伍建设，首先是落实机构编制、学习培训方面的政策措施。管好用好基层公共文化服务设施，需要按照十七届六中全会《决定》、《国家"十二五"文化改革发展规划纲要》以及中央六部委《关于加强地方县级和城乡宣传文化队伍建设的若干意见》的要求，配齐乡镇综合文化站专职人员，开发并设立城乡基层公共文化服务岗位，配置公共财政补贴的村、社区公共文化服务组织和管理人员。公共文化服务队伍的学习培训，按照文化部的部署，"十二五"期间将通过分级培训、分类实施的方式，对全国25万县乡专职文化队伍和360多万名业余文化队伍进行系统培训，并以这一工作为抓手，建立覆盖全国的基层文化队伍培训基地和远程培训服务平台，编辑出版系列教材，形成一支稳定的高水平的师资队伍，健全培训考核评估与督查制度，使培训工作走上制度化、规范化道路，使基层公共文化从业人员的职业道德、职业素养和专业技能稳步提高。

造就一批高层次的基层公共文化服务领军人物，形成事业发展的中坚力量，对全面提升我国公共文化服务体系建设水平至关重要。在推进公共文化服务体系建设进程中，基层公共文化服务领军人物遴选和任用的科学化、制度化、规范化、职业化，应成为完善人才队伍建设的突破口；培养一批基层公共文化服务领军人物，应纳入"十二五"期间国家规划的"四个一批人才培养工程"之中。没有一批全面了解国家公共文化方针政策、深切理解现代公共文化服务思想理念、高素质与职业化的基层公共文化服务领军人物，公共文化服务体系就不会有持续稳定的繁荣发展。

7. 加强制度设计研究，提高公共文化建设法治化水平

2010年文化部部署的国家公共文化服务体系建设制度设计研究，针对公共文化服务体系建设的全局性、战略性、前瞻性重大现实问题，以及当前存在的突出矛盾和问题，开展系统化的、理论与实践紧密结合的研究，提出政策建议、解决方案和制度设计，目标是服务于决策参考、指导实践、推动立法，将制度设计研究成果转化为制度建设成果。开展国家公共文化服务体系制度设计研究，是落实我国公共文化服务体系建设由实践推动向理论建设和实践推动并重转变的战略举措；制度设计研究和示范区（项目）创建实践紧密结合，是创建国家公共文化服务体系示范区（项目）的突出特色。在未来的公共文化服务体系建设进程中，进一步加强制度设计研究，适时将行之有效的公共文化政策、制度上升为全国性或地方性的法律法规，健全社会主义

法律框架体系中的文化法律法规要素，提高文化建设的法治化水平，是一项长期、艰巨的战略性任务。"十二五"期间，推动《公共图书馆法》的早日出台，加强有关公共文化服务保障、文化遗产传承和保护、著作权保护、公共文化服务设施规划与建设、运营管理和服务等方面的法律法规和制度规范的支撑性研究，是公共文化服务体系建设的重要任务。

8. 推进国家公共文化服务示范区（项目）创建，打造公共文化服务体系建设示范高地

2011年年初，文化部和财政部启动了国家公共文化服务体系示范区（项目）创建工作，目标是按照公益性、基本型、均等性、便利性要求，在全国创建一批覆盖城乡、结构合理、功能健全、实用高效的公共文化服务体系示范区，培育一批具有创新性、带动性、导向性、科学性的公共文化服务体系示范项目，为我国公共文化服务体系建设探索路径，积累经验，形成制度，提供示范，推动公共文化服务体系建设可持续发展。十七届六中全会的《决定》和《国家"十二五"时期文化改革发展规划纲要》都明确要求"推进国家公共文化服务体系示范区创建"，以此为标志，示范区（项目）创建由部门行为上升为国家战略。在"十二五"时期的公共文化服务体系建设中，示范区（项目）创建是一个标志，是各地以实际行动落实十七届六中全会精神和推动经济社会科学发展的一个标志；是一次机遇，是全面提升我国公共文化服务体系建设整体水平的一次机遇；是一个抓手，是在社会主义文化大发展大繁荣的背景下，各级政府着力推动公共文化服务体系建设的一个工作抓手；是一个过程，是动员全社会力量，集中精力，整合资源，解决公共文化服务体系建设中的突出矛盾和问题，进而全面提高公共文化服务指标水平的一个过程。到"十二五"末，我国1/3的地市级区域将建成公共文化服务体系示范区，还有一大批在公共文化服务体系的某一方面、某一构成要素取得突破的示范项目，共同形成我国公共文化服务体系建设的示范高地，这将为实现我国"十二五"时期基本建立覆盖全社会的公共文化服务体系的战略目标奠定坚实的基础。

第四章　加快构建公共文化服务体系示范创建

服务民生　统筹发展
全面推进蠡县公共文化服务体系建设

河北省蠡县文化广电新闻出版局　魏宽成

　　根据中共中央办公厅、国务院办公厅印发的《关于加快构建现代公共文化服务体系的意见》精神，县委县政府对蠡县的公共文化服务体系建设进行了统一部署，为落实中央指示精神，全面推进蠡县公共文化服务体系建设，对照国家基本公共文化服务指导标准，结合我县实际，特制定本实施方案。

一、总体要求

（一）指导思想

　　以邓小平理论、"三个代表"重要思想、科学发展观为指导，贯彻落实党的十八大和十八届三中、四中全会精神，贯彻落实习近平总书记系列重要讲话精神，按照"公益性、基本性、均等性、便利性"的原则，以服务民生、服务群众为导向，以社县和农村为重点，以体制改革创新为抓手，着力完善城乡公共文化基础设施，提高公共文化产品和服务供给能力，建立城乡统筹、惠及全民的公共文化服务体系，切实保障人民群众的基本文化权益，为推进我县文化大发展大繁荣和经济社会发展提供强大保证。

（二）工作目标

　　结合蠡县公共文化服务体系建设现状，对照国家基本公共文化服务指导标准，全面落实公共文化设施网络建设、公共文化服务供给、公共文化服务组织支撑、资金人才技术保障、公共文化服务评估、制度设计研究等创建任务，突出重点、攻克难点、打造亮点，明确任务、落实责任、全面达标，使建设工作成为推动文化创新、深化文化惠民、促进文化发展的重要抓手，初步形成"设施网络化、供给多元化、机制长效化、城乡一体化、服务普惠化"的公共文化服务新格局。

（三）基本原则

1、坚持以人为本。坚持扎根生活、服务人民的方向，坚持人民群众共同参与的原则，把满足人民群众日益增长的精神文化需求，促进人的全面发展作为根本目标，保障和实现人民群众的基本文化权益，使广大人民群众共享文化发展成果，提高全社会文明程度，努力构建和谐社会。

2、坚持共建共享。按照"政府组织、专家指导、公众参与、多方兴办"的方式，整合县域内不同部门、行业、系统的公共文化服务资源和项目，实现基层公共文化服务资源的共建共享，提高整体服务能力，发挥综合效益。建立公共文化建设协调联创机制，引导社会力量参与文化建设，形成建设合力。

3、坚持城乡统筹。坚持以发展为第一要务，深刻认识中央关于新形势下文化发展建设的要求和部署，研究把握文化建设规律。坚持公共文化服务面向基层、面向农村，不断满足群众基本文化需求。结合我县实际，辐射基层，实现城乡文化设施建设一体化、文化服务产品供给一体化、基层文化管理一体化，推进城乡一体化发展，促进文化与经济、政治、社会协调发展。

4、坚持充分利用的现有资源，把文化发展与文物旅游、农业观光、优势产业、城市建设有机结合起来。

二、主要任务

按照"基础更实、特色更优"的原则，全面落实《关于加快构建现代公共文化服务体系的意见》中关于公共文化设施网络建设、公共文化服务供给、公共文化服务组织支撑、资金人才技术保障、公共文化服务评估等方面各项指标，重点突出以下三个方面：

（一）加强公共文化设施建设，实现四级文化网络全覆盖

按照"整合资源、分步实施"的原则，对照标准整合提质四级公共文化设施，形成便民惠民、运转高效的公共文化服务网络。

1、推进县内标志性文化工程建设。在巩固提升现有县图书馆、文化馆等公共文化设施基础上，加快五馆一中心建设，五馆为博物馆、纪念馆、美术馆、文化馆、图书馆，一中心为群众文化活动中心，包括影剧院、戏曲协会、书法之乡培训基地和光头老楚艺术团。

2、提质乡镇综合文化站建设。在乡镇综合文化站建设全部达到国家标准的基础上，实施示范性乡镇综合文化站建设，建成一批设施设备先进、服务功能完善的示范性乡镇综合文化站。

目前我县乡镇文化站设备损坏，功能不全，要按照国家有关文化站建设标准，在硬件设备和人员管理上全部达标。

3、完善村基层阵地建设。抓好文化广场、文化活动室的建设，文化广场要达到一定的建设标准，要适合群众开展文化活动。到 2015 年底，70% 的自然村要有文化广场，两年内提质改造村示范性文化活动室（中心）50 个。村级文化阵地常规建设一要完善农家书屋，二要实施有线电视户户通，三要文化共享村村通，包括室内投影、室外显示屏。有条件的还要有书画社、戏曲社团等。

4、打造富有蠡县特色的农村文化大院。农村文化大院是蠡县基层文化建设的一大亮点，也是最贴近农民群众的文化阵地，它由农民群众按照自己的喜好自已创办，形式多种多样，原创作品多，接地气，诉民意。对这些农村文化大院应给予硬件和软件上的支持，一是帮助解决音响、乐器等设备的配发，二是专业人员定期下去辅导，提高农村文化大院参与群众的创作和表演水平。

（二）实施六大文化惠民工程，推进公共文化服务上水平

1、公共文化"进村入户"工程。继续组织开展送戏、送电影、送图书、送展览、送讲座、送文艺节目、送文化辅导下乡进社县等文化惠民工程。组织实施"广播电视户户通"、"农家书屋"建设工程、文化信息资源共享工程、村村通、农村电影放映"2131"等公共文化服务工程，促进城乡文化建设、管理、服务一体化。

为满足广大人民群众的精神文化需求，合理利用现有资源，开辟场地建设文化体育广场，积极组织开展丰富多彩的群众文化活动，扶植引导民间艺人，鼓励农民自办文化。办好"三个一批"，即宣传推介一批文化活动先进街道（乡、镇）、社县（村），奖励一批优秀文艺团队，评选一批先进文化带头人。坚持开办农村文化体育节会和广场文化活动，丰富人民群众文化生活。

2、群众文艺"千团百佳"工程。充分发挥县文化馆龙头作用，整合乡镇、村两级文化资源，凝聚群文团队力量，建立群文活动网络体系，进一步落实文化馆（站）包片包团定点帮扶辅导制度，对作品创作、节目排练进行具体指导，不断提高群众业余文艺团队的艺术水平，开展"百佳、百品、百星"评选和星级团队达标评选活动，提升业余文艺团队水准和群众参与文化活动的积极性，到2016年基本实现每个行政村、社县均建有1支以上业余文艺团队。

3、地方特色品牌培育工程。坚持"因地制宜、一村一品、一村多品"的原则，大力实施特色品牌战略。依托各乡镇文化站、县革命历史文化中心广场、农村文化活动中心，开展广场文化活动。鼓励开办乡镇文化周、广场舞大赛、戏曲大赛、农民艺术节。

4、书香蠡县共享工程。整合图书馆文献信息资源、共享工程网络和设备资源、农家书屋资源，公共图书馆，免费向群众开放。组织开展"书香家庭"、"读书达人"评选活动，举办"全民读书月"、"公共图书馆宣传推广周"等大型图书活动。

5、"凤还巢"企业的外来务工人员"文化共享"工程。

各乡镇、社县要掌握本地企业的文化状况，在摸清底数的基础上，帮助企业开展有针对性、特色鲜明的文化活动，每个乡镇至少有培育两个有特色的典型企业文化。

要根据外来务工人员分布县域和从业特点，发挥文化馆（站）公共文化窗口单位的延伸服务功能和作用，有针对性的开展面向外来务工人员及其子女的艺术辅导培训、图书阅读、艺术鉴赏等服务；以免费开放为契机，积极引导外来务工人员走进图书馆、文化馆（站）；鼓励和支持企业、工业园县建设职工书屋、俱乐部、职工之家等员工文化设施，推动文化事业单位和文艺团体与企业、园县共建企业文化服务机构和服务点，推动县公益性文化活动阵地就近、便捷地向外来务工人员免费开放，丰富他们精神文化生活和娱乐活动。

6、公共文化"数字服务"工程。继续办好蠡县文化网和蠡县文化微信公众平台，依托图书馆及文化馆丰富的馆藏及现有的网络平台，及时更新、宣传，实现信息资源共享。

（三）落实政策、资金、人才、技术扶持措施，强化公共文化组织支撑保障

1、进一步加大公共财政投入。图书采购、文物保护要列入财政预算。

2、市委宣传部曾在传达习总书记文艺座谈会精神的会议上强调，每个乡镇文化站必须派专人负责，专人专职，保证待遇。每个村要选出一名文化专干，负责本村文化活动，配合村两委班子抓好此项工作，文化专干要享受一定的待遇。

3、加大对基层文化工作的支持力度，在宣传费、建设费上加大投入。

三、建设步骤

（一）动员部署阶段（2015 年 8 月～10 月）

1、进行全面摸底调查和建设动员。选定三个乡镇（郭丹镇、鲍墟乡、南庄镇）为示范乡镇，制定标准，辐射全县。

2、召开全县建设工作会议，部署建设工作，县政府与各乡、镇签订目标责任书，落实创建工作责任。

3、大力宣传，扩大影响，让全县群众参与到公共文化服务体系建设中来。

（二）全面创建阶段（2015 年 11 月～2016 年 11 月）

各乡、镇和各责任单位对照建设标准，履行建设职责。实现设施网络基本完善、服务能力明显增强、服务水平明显提高，各项任务全面完成。

（三）评估迎检阶段（2016 年 11～12 月）

对照建设标准，自查自评，逐项落实，迎接检查验收。

四、保障措施

（一）成立机构，周密部署

为加强对创建工作的组织领导、综合协调和统筹推进，成立由县人民政府县长任组长，县委常委、宣传部长，县人民政府分管副县长任副组长，县政府办公室、县委组织部、县委宣传部、县编委办、县政府法制办、县发改局、县财政局、县教育局、县住房城乡建设局、县民政局、县人力资源社会保障局、县文体新局、县旅游局、县总工会、团县委、县妇联、县规划分局，各街道办事处，乡（镇）人民政府分管领导为成员的创建工作领导小组，领导小组下设办公室。办公室设在县文体新局，负责创建日常工作。领导小组各成员单位充分发挥各自职能，积极参与、支持公共文化服务体系建设工作，形成合力，确保进度和效果。

各街道（乡、镇）相应成立创建工作领导小组，将公共文化体系建设工作纳入重要议事日程，采取切实可行的措施，确保工作圆满完成。

（二）整合资源，注重统筹

坚持共建共享，整合公共财政投入和资源配置，整合区域内不同部门、

行业、系统的公共文化服务资源和项目，统筹设施管理使用，统筹资金项目安排，统筹重大活动开展，发挥综合效益，提高整体服务能力。鼓励和支持各级党委、政府、部门、学校、企事业单位探索实现文化资源优化配置和社会共享的有效方式、途径。深入推动文化与农村党员远教、民政基层社区、农业综合信息服务和教育、园林、旅游以及工青妇等各个行业部门的资源整合。

（三）加强督导，确保实效

各部门、各乡镇的要制定明确的工作目标，各乡镇明确一位信息员，定期向区创建办报送进展情况，每月必须报送一次工作动态，每季度必须报送一次深度工作进展情况和阶段性创建成果，及时反映工作动态，交流工作信息。县委县政府将对此进行督导，对开展工作不利的部门和乡镇进行通报批评，确保各项工作落到实处。

（四）召开表彰大会，表彰奖励先进

到2016年11月，我们将全面完成全县公共文化服务体系建设任务。届时，我们将对在此项工作中做出努力，并取得突出成绩的单位和个人进行表彰奖励。

加强管理　完善设施
加快构建现代公共文化服务体系

吉林省洮南市文化广电新闻出版局　樊宝成　姜向东

一、基本情况

洮南市素有"千年古城，百年府县"之称，文化底蕴丰厚。全市面积5103平方公里，辖17个乡（镇）（其中少数民族乡2个）7个街道办事处，221个行政村、633个自然屯，全市总人口46万人。

1、公共文体服务体系建设

截止到2014年末我市设有文化馆、图书馆、博物馆、文艺创作室、电影院、电影公司、文化广播总站、文物管理所、文化市场综合执法大队各九个市直文化企事业单位。

建有7个社区文化活动中心（向阳乡在上级为街道建制，而我市为乡镇建制，享受了社区文化设备配置，没有免费开放费用）、18个社区文化活动室；17个乡（镇）综合文化站，每个建筑面积300平方米以上。

建有221个文化大院。有118个建在村部。其余建在农家，每个大院均有活动场地和活动设备。

上级资助建有14个文化小广场，每个小广场建筑面积在1000平方米以上，配备了文体健身器材和太阳能路灯。

建有221个农家书屋。有89个建在村部，有46个建在学校，其余在农家。

建有7个街道社区文化中心。现有的17个乡（镇）文化站、221个文化大院，221个农家书屋是农村基层文化活动阵地，农家书屋全年对外开放，文化大院大部分在农闲季节活动。

现有的7个社区文化活动中心、18个社区文化活动室；承担组织协调管理市区文化建设的工作任务。

现有文化馆、图书馆、博物馆、文艺创作室、电影院、电影公司、文化广播总站、文物管理所、文化市场综合执法大队等9个市直文化服务管理单位，承担着全市城乡文化建设、文化普及、文化培训、文化交流工作任务。

到目前为止，我市基本构建了以市直文化单位为龙头，以社区文化中心、乡镇综合文化站为纽带，以社区文化室、文化大院、农家书屋为阵地的公共文化服务体系。

2、本级财政经费投入情况

2011年以来，我市在省厅帮助下，投入配套资金84万元，先后修建、改扩建16个乡镇文化站，每个文化站建筑面积不低于300平方米，并为其配备了电脑、图书、投影仪、乐器及配套设施。

为改善群众文化基础设施，2012年我市开始筹建文体活动中心建设项目，拟投资9000万元，选址为我市北部新区，目前已完成建设投资7500万元，预计2015年末竣工。新建的文体活动中心总建筑面积24993平方米，其中：影剧场2640㎡、文化馆2500㎡、博物馆2671㎡、公共图书馆1909㎡、电影院2218㎡、艺术团1800㎡、游泳馆1300㎡、篮排球馆1300㎡、各馆配套面积3162㎡、地下室面积3300㎡、公用面积2193㎡。文体活动中心建成后，将有效缓解我市群众文化活动场所不足的局面。

2014年，我市为14个农村文化小广场投入配套资金60万元，修建了标准为1000平方米以上群众活动场所，目前有11个投入使用，深受广大农民群众欢迎。

3、文艺骨干人才队伍建设

针对农村文化活动不精、文化骨干少、文化管理人员素质不高等问题。每年我们都举办了全市农村文艺骨干培训班，对全市18个乡（镇）文化站长和文艺骨干进行业务培训。培训班上，重点讲解了美术、书法、音乐、舞蹈、二人转等方面的基本知识，提高了文化工作者的专业水平和开展工作的技能，为今后更好地开展文化活动奠定了基础。2012年，为进一步提高基层业余文体活动骨干队伍的业务素质和工作能力，普及群众文化体育知识，探索基层群众性文化体育骨干队伍培训的新形式、新途径。我们研究、制定了《文体骨干培训工程系列影碟录制工作方案》，并积极组织专业技术人员进行讲座，将培训讲义和实际操作录制成影碟，用影碟播放的形式开展培训，全年录制光碟11套，培训农村文体骨干近千人。"把辅导员留在农家"这一做法初见成效。2014年采取了分片培训方法进行，文图两馆专业辅导员走出办公室，走进乡镇、走进农家，针对不同地域文化活动特点进行培训。文化馆在黑水、大通、万宝、瓦房等乡镇分四片对农村文艺骨干进行培训；图书馆辅导员深入全市18个乡镇所在地对农家书屋管理员进行培训。

艺术团在下乡演出的同时，还积极开展"种文化"活动，对农村小剧团文艺爱好者进行培训，不厌其烦地教唱腔，手把手地教动作，把艺术留在农村，交给农民，目前共培训农村文艺爱好者近400人次。他们已成为农村文化活动骨干，组织协调开展城乡文化活动，吸引身边人员参与文化活动，用丰富多彩的文化活动占领农村文化阵地。

　　文化馆每年都举办不同形式的辅导班，对乡镇文化大院管理员、小剧团创作人员、市区文化活动中心管理人员、社区文化室文艺骨干进行业务、文艺辅导和培训，十二五期间，累计举办了近十次辅导和培训，培养了文艺骨干近千人。

　　图书馆每年都对农家书屋管理员进行业务培训，主要培训图书分类、排架、借阅和图书管理有关方面的业务理论和业务技能。帮助他们规范管理、广泛开展全民阅读活动。

二、管理使用基本情况

　　几年来，我市积极探索文化工作新途径、新做法，繁荣发展公共文化事业，经过实践，主要做了以下几个方面工作。

　　一是领导重视，加大投入。市委、市政府十分重视公共文化建设，将公共文化建设做为推动全市文化建设的一个重要组成部分，提到议事日程，在每年安排布置工作时，将加强文化建设做为民生工程，与经济工作、工业生产工作同部署、同检查。市委、市政府主管领导调研时，将文化建设做为主要内容，进行了调查了解，并与群众座谈，了解群众的文化需求。市人大、政协领导也十分重视公共文化建设，组织人大代表、政协委员对社区、乡镇文化站建设和文化市场管理进行了专题视察，向市政府提出很好的建议和意见。市领导的重视引起乡（镇）领导高度关注，研究制定本地文化事业发展规划，在文化站建设和健身广场建设过程中无偿为文化设施建设提供用地，有的乡（镇）领导协调供电、土地、建设部门，尽量减少文化基础设施建设成本。在村屯整体规划中，乡（镇）领导亲自参与，为文化基础设施建设提供预留地等。领导的重视引起了文化建设热潮。市财政及乡（镇）、村加大文化建设投入力度。几年来市财政投入100余万元，用于乡（镇）综合文化站建设和农村文化活动开展；在农村文化大院和农家书屋建设中，村村都有投入，购买书架、阅览桌椅、音响、秧歌服等文化娱乐设备；在乡（镇）综合文化站建成后，有的文化站站长自己出资为文化站安装安保设备，如蛟流河乡文化站站长李洪波个人出资3000元为文化站一楼窗户安装铁栏栅。瓦房镇

文化站站长李忠文个人出资 5000 元为文化站安装了取暖设备。所有这些均是在国家和省加大农村文化建设投入的氛围下自然产生的。在我市基本形成了政府、集体和个人多层次、多渠道投入公共文化建设的新格局。

二是深入调研，制定政策。文化主管部门在公共文化建设中，真正起到了组织协调制定科学规划的作用，在我市公共文化建设底子薄、底数不清、基础设施落后、文艺人才匮乏的情况下，文广新局领导班子开动脑筋，工作创新，大力加强农村文化建设。从 2010 年开始，每年都组织人员调研，摸清城乡文化建设现状了解农民文化需求，并组织文、图两馆人员下基层辅导。2010 年 11 月份召开了农村文化现场会，这次会议改变了以往的会议形式，采取边走边看边检查的会议形式进行。雇车拉着参加会议的文化站站长到相关乡镇实地看文化站、文化大院、农家书屋、健身广场建设情况。3 天会议期间到 7 个乡（镇）和 29 个村实地踏查，总结会议，每位站长都心有感触，大发感慨，有位站长发言时表达了自己的心态，"不看不知道，一看吓一跳，以前就以为自己做的很好，这次看了兄弟乡（镇）实际情况，自己已是落后的，回去后向最好的学习，争取不落后"。这次会议收到了良好的效果，也是我市农村文化建设的分水岭和转折点，各乡（镇）都在加大农村文化建设力度，使我市农村文化建设有了新的提高。2012 年 5 月份，为进一步摸清各村文化大院和农家书屋建设的现状，局班子 3 位领导分别带领人员利用一周时间分片对全市 18 个乡（镇）221 个村的文化大院、农家书屋进行了全面的调查摸底，回来后，分别写出调查报告并召开了站长会议。站长会议分两步进行，第一步统一到向阳乡文化站和两个文化大院、3 个农家书屋进行现场观摩，第二步召开会议通报检查结果，并出台政策，文化站免费开放经费打捆使用，向先进站倾斜，农村文化专项经费向活动好的村屯投入，扶持发展，不搞一刀切、普遍投入。通过这项政策，极大地调动了乡（镇）文化站长工作积极性，都争取先进，制定发展规划和活动计划并付诸实施，使全市农村文化建设再掀高潮，在普及基础上进一步提高。

多年来，我市城区连续举办十余届"草原之夏"系列活动、"三节"系列活动，平均每年开展文体活动近 40 项，参与人次每年近 3 万余人次。每年完成"送戏下乡"演出 70 场以上，送电影下乡 2600 余场，极大地活跃了城乡群众的业余文化生活。

三、存在的主要问题

现阶段洮南的公共文化建设工作取得了一定的成就：各级领导对文化工

作的重视程度不断提高，都很重视和配合文化工作的开展；文化基础设施不断完善，包括新建的文化站、农村书屋、体育设施、锣鼓音响等器材，满足了大部分广大农民的需求；送戏下乡、文艺汇演等文化活动的开展也越来越受到农民的好评，扭秧歌、二人转等传统活动和广场舞等时尚文化活动吸引了更多的群众参与其中。

在成绩的背后也应该看到问题，如今洮南公共文化设施建设和文化活动开展中还存在一定的困难和问题，诸如经费不足，人员短缺，设备不足等，具体如下：

（一）管理经费不足

日常经费不足严重影响着乡镇文化工作的正常开展。2011 年以来，国家对社区、乡镇文化站工作在资金上给予了一定的补助，但日常管理活动经费难以满足，诸如社区文化中心、文化站、文化大院、农家书屋正常运转所需电费、取暖费、雇工、活动开展等基层文化活动阵地缺乏资金保障。

（二）人员年龄老化

影响文化发展的另外一个主要因素就是人员短缺，年龄老化。洮南的 18 个乡镇中，大部分乡镇只有一名在职人员，并且有不少乡镇的文化站站长是兼职的，一旦遇到重大节假日组织演出或者是上级文化部门下乡考察工作和文艺汇演等情况下就显得捉襟见肘；另外一个问题就是文化站的人员老龄化比较严重。万宝乡、胡力吐、万宝镇和东升乡的文化站长年龄都在 55 岁以上，即将退休，其余文化站长也在 40 几岁。这一批老文化站长退休之后面临的重要问题就是青黄不接：科班出身的文化人才大多留在大城市和县市文化部门，不愿意到乡镇和农村从事文化事业；本土培养的文艺人才受客观条件的限制，无力挑起本乡镇文化方面的大旗。

（三）设施不够健全

虽然省委、省政府和文化部门一再要求各级各相关部门要不断加大对文化的投入，健全文化基础设施，但由于体制、县情、认识等种种原因，还是存在文化基础设施陈旧、老化和不健全的现象。据调查，到目前为止我市大多数乡镇内还没有正规的文化健身广场和配套的体育设施，有限的硬化健身广场由于活动的人太多，而里面相应的健身器材只有 3、5 套，完全是杯水车薪，不能满足群众的需求，这种现状在城镇里更加明显；

（四）文化活动单一

随着经济的发展，人们收入水平不断提高，对文化的需求也在日益增长。虽然政府和文化部门每年都组织"送戏下乡"等活动，但无法从根本上解决

问题。现如今农民的文化活动比较单一，主要有：观看政府组织的"送戏下乡"、"送电影下乡"、文艺汇演等；自发组织的扭秧歌、二人转等；在家看电视、上网、听广播等。可以看出农民的文化活动还是比较单一的。特别是秋冬农闲季节，部分农民以麻将度日，更有甚者参与迷信等低俗反动活动，不但浪费钱财，引起家庭纠纷，对新农村建设和和谐社会建设都会产生负面影响；

（五）缺乏后续经费，更新不及时

有些城、乡的基础设施建成以后，由于缺乏后续跟进的配套经费，设备老化或破损之后不能及时修理，最后只能废弃；还有就是图书室现有的藏书，特别是农业科技方面的，存在着一个比较明显的问题就是更新不及时。乡镇文化站的书籍都是隔几年统一更新的，而农业科技方面的书籍，介绍的农业知识都是几年前的，不能与时俱进，不但帮不了忙，可能还会对农业生产带来副作用。

（六）基层文化设施无人管理

由于管理资金问题，基层文化设施不能进行常态化管理，特别是村级文化设施损坏、丢失现象时有发生，其原因是多方面的，但主要原因是无专人管理，兼职人员管理的，由于没有工资或补助，导致了责任心不强、管理混乱等问题的发生。

四、希望上级部门实施的文化扶贫项目

1、加大投入

省市县乡各级部门要设立农村文化建设专项资金，专款专用，保证设施建设、人才队伍、信息资源建设、文化活动开展等顺利进行；农村文化基础设施建设和文化活动开展经费纳入同级财政预算，确保省政府"每年对文化建设的投入增幅不低于同级财政经常性收入增幅"的决定在县乡得到贯彻；坚持政府采购文化产品和服务，提高文艺院团送戏下乡演出补贴标准，改善公益演出场所和演出条件。

2、政策支持

加大政策倾斜力度，制定和落实优惠政策，动员社会力量参与农村文化建设，促进农村文化产业化发展，引导农民自办文化，逐步建立起国家、集体、社会、个人相结合的农村文化建设多渠道、多层次、多形式的投入体系，切实搞好农村文化建设。在现有基础上，由省厅投资，在每个乡镇建立一个"数字小影院"；每个村拥有一块硬化后的文化活动场地；每个屯建设一个文

化活动室，同时解决部分各级文化工作管理的资金。实现有专用场地、有专人管理、有基本设备、有经常性经费补贴、有经常性活动。把各种文化资源整合到文化大院、文化活动室，服务范围扩展到自然村屯。

3、人才引进

对乡村文化馆、站、室的管理人员应搞好教育培训，使其提高认识，增强工作能力，更好地组织开展文化活动；同时，应积极争取招聘专业学校毕业人才，充实农村文化队伍；立足本地，深入挖掘优秀的民间文艺人才，大力扶植其自办各类自娱自乐的文化活动，使其带动农民开展健康、有益的各类文化活动。总结出一批先进典型，在全市推广，带动农村文化工作的全面深入开展。

一是增加送文化下乡活动。长期坚持送戏、送电影、送二人转等农民喜闻乐见的活动和演出下乡，坚持送农业技术、法律等与农民的生活息息相关的书籍下乡，坚持送健身和文化体育器材下乡，坚持送文化相关的人才下乡。

二是加大对农村民间艺人和文化爱好者的扶持力度。扶植农村民间文化爱好者，充分发挥其在农村文化舞台上的作用，充分挖掘民间传统的文学、艺术、手艺、习俗等，使其发扬壮大；扶持农村的文艺能人，对民间艺术节、文化大院、文化中心户等各种形式的文化活动，应采取多种方式使其发展壮大，带动一方农民，活跃一方文化，切实提高农村文化生活质量，增强农民科学文化素质。

三是扶持群众性文化活动，健全群众性文化设施。抓好"一乡一品、一村一品"文化品牌活动的开展，实现各有特点、各具特色的农村文化活动新格局，同时，以纪念日、节假日等为契机，组织开展具有亲和力、凝聚力和地域特色的庆祝活动；对群众自发组织的日常性活动，包括扭秧歌、小剧团演出等大力支持，包括资金、人员指导、服装、锣鼓等；努力搞好具有地方特色的群众性活动，包括秧歌、二人转、那达慕大会等；搞好乡镇广播、电视、文化中心等阵地建设，农村文化室、有线广播网、有线电视网、文化资源共享网络建设的基础上，对于标志性宣传设施，简单的健身设施，传统文化活动设施，包括电影音像设备也要列入建设内容。

4、在村屯设立专职管理人员并解决管理人员的工资待遇

加强农村文化设施和文化队伍的使用和管理。农村文化活动设施正在逐步完善，目前乃至今后一段时期要在管理上下功夫。一是对现有设施要管好，确保国有资产不流失，不能闲着，要充分发挥其作用。二是对农村文化队伍建设实行动态管理。由于活动队伍大部分是自发组织，随着队伍壮大和管理

人员的变更，使队伍建设状况不断发生变化，因此要对农村文化队伍实行动态管理，以此来发展农村文化事业。

　　以上是我市公共文化体系建设情况。虽然各项工作取得了一定成果，但在实际工作中仍存在着认识程度不高、工作开展不平衡、工作力度不够、创新意识不强等问题，在今后的工作中，我们将认真落实省厅和白城市的各项工作部署，总结经验，克服不足，完善农村文化工作机制，为农村文化事业发展提供优质服务，尽最大努力让文化惠民工程真正让农民得到实惠。

完善公共文化服务体系建设
丰富群众文化生活

江苏省南京市建邺区文化旅游局　王海燕　王　鑫

建邺区是南京的中心城区之一，也是南京主城扩张的重点区域，2002 年 10 月实施区划调整后，辖区东依外秦淮河，与南京老城相邻；西以长江主航道为界，与江北新市区隔江相望。现辖区总面积 80.83 平方公里（含江面 19 平方公里），下设莫愁湖、兴隆、南苑、沙洲、双闸、江心洲 6 个街道，38 个社区、18 个行政村，截止 2013 年底，户籍人口 22 万人，常住人口约 40 万人。建邺历史文化底蕴十分丰厚，区域内有早在宋朝就被誉为"江南第一名湖"、古金陵 48 景之首的莫愁湖，有民族工艺瑰宝——中华云锦织造，有爱国主义教育基地——侵华日军南京大屠杀遇难同胞纪念馆等文化名胜和纪念地，有国内一流的体育、文化场馆——奥体中心和南京国际博览中心。近年来，先后荣获全国社区服务建设示范区、群众体育先进区、2012 中国汇展名区、2012 中国网络文化盛典应用游戏推动奖等 120 余项国家级荣誉。

1997 年，建邺区获得了全国文化先进区的殊荣，2004 年和 2009 年顺利通过全国文化先进区的复查。经过十几年的大力建设与发展，目前建邺区内公共文化服务基础设施健全，文化服务体系完善，涌现出一批文化创作精品，文化产业迅速发展，文化人才不断积聚，群众的文化生活日益丰富。

一、区委区政府高度重视，文化事业规划长远

区委、区政府一贯高度重视文化工作，十七届六中全会后更是把文化的大发展大繁荣落实在重要战略部署上，出台《中共建邺区委关于建设现代化文化强区推动建邺文化大发展大繁荣的意思》，提出以建设现代化国际性城市新中心为目标，以建设社会主义核心价值体系为根本任务，以满足建邺人民群众精神文化需求为出发点和落脚点，以改革创新为动力，大力实施新城文化建设工程，推动文化产业的快速崛起，全面塑造文化个性鲜明突出、文化品牌精华荟萃、文化产业蓬勃发展、文化事业繁荣有序、文明程度显著提高的现代化文化强区形象，不断提升建邺城市文化实力。

2004 年，建邺区就成立了由区委分管书记任组长，常委宣传部长、分管区长任副组长，宣传、文化、发改、财政、科技、教育、劳动、公安、各街道主要领导为成员的文化工作指导委员会，进一步明确了各部门的职责，并每年召开 2 次会议，明确年度工作重点，协调整合多方力量，考核目标落实情况，在全区上下形成了各部门通力协作、共同参与的工作格局。2008 年，我区编制了《建邺区文化产业发展规划（2009～2020）》，2012 年又编制《建邺区文化事业发展十二五规划》。两个规划的编制为推动我区文化事业和文化产业的发展，发挥了重要的指导作用，为进一步满足人民群众日益增长的精神文化需求，促进文化与经济相互融合，调整经济结构，转变增长方式创造了良好的条件。

各街道领导十分重视文化工作，把文化工作作为街道的中心工作之一，不断拓宽工作思路，创新工作方法，年年都有新举措，为居民群众提供了形式多样、内容丰富的文化活动。区机关各部门对文化工作也很重视，不仅部门自身文化工作丰富多彩，还积极支持文化系统的工作，提供了很多支持和帮助。

二、文化投入持续增长，现代化"两馆"即将投入运营

近几年来，区委、区政府切实加大对文化建设的投入，确保文化事业经费投入高于当年财政增长幅度 1～2 个百分点。据不完全统计，2009 年至 2013 年，区级财政在文化设施和文化活动上投入经费在 2000 万元以上，各街道在文化事业发展上投入累计约 3000 万元。

区财政对区文化馆、图书馆的年度经费每年都有较大幅度增长，确保按时足额拨付，为实现建邺文化的持续、稳定、高速发展提供了强大动力。目前，我区规划设计的区图书馆已基本建成，今年 8 月已投入运营，区图书馆面积达到 7000 平方米。区文化艺术中心（区文化馆）面积将达到 6000 平方米，年底前开放。

三、文化人才队伍不断壮大，素质日益提升

我区一直重视基层文化队伍建设，每年均开办两期社区文化辅导员培训班，每期前来参加培训的社区文艺骨干达六、七十人。按照文化主管部门的要求，积极组织两馆所有文化专业干部下基层协助组建、辅导业余文化团队，如农民合唱团、社区腰鼓队、外来工铜管乐队、外来工子弟合唱团等等。

同时，区文化馆、图书馆把基层文化工作创新的重点放在为未成年人、老年人和农民工提供更好的服务上。区文化馆常年开设少儿钢琴、小提琴、民族舞、拉丁舞以及中老年舞蹈班、老年合唱团、老人书画班等；区图书馆坚持推进"关爱弱势群体，享受知识大餐"系列活动，把给农民工送书等作为活动的重点，配合劳动、教育、科技等部门对农民工进行技能培训和再就业培训，努力提高农民工文化素质和文明程度。

四、公共文化设施全覆盖，"10分钟文化圈"基本形成

2008年区文化馆通过"国家一级文化馆"复查，2009年区图书馆通过"国家一级图书馆"的复查。南苑街道被评为江苏省首批公共文化服务体系示范街道；莫愁湖、兴隆等5个街道文化站被评为南京市"五星级"文化站；兴达、双和园等29个社区（村）活动室被评为南京市区县"村级（社区）文化活动室示范点"。区图书馆完成共享工程中心建设，全区建成42个共享工程基层服务点，覆盖率达到100%；南苑等3个街道文化站被评为江苏省基层共享工程示范点。去年区图书馆免费开放达3240小时，有8个服务项目实行了免费开放；区文化馆免费开放达2352小时，有6个服务项目实行了免费开放，两馆共服务群众18万人次。我区积极拓展特色文化广场建设项目，建有南京市示范文化广场1个，特色文化广场8个，社区中小型文化广场40多个。

我区于2011年开始，逐渐布局区、街、社区、楼盘四级公共文化设施，实施"强化优势区间，完善薄弱区间，填补空白区间"的整改计划。积极动员社区居民，组建文化社团，踊跃开展文体活动，居民参团率达到80%以上。各街道开展"书香门第"、"文化家庭"、"文化先锋居民"等评优活动，提升社区文化活动参与率。目前，我区95%以上区域都实现了10分钟文化圈服务全覆盖，确保了居民群众在家门口就能享受到优质多样的基本公共文化服务。

此外，我区还积极推进文化共享工程，构建新型"文化活力社区"，建立区、街、社区三级文化活动推进计划。依托区图书馆的公共服务职能，完成全区各街道阅览室和社区图书室的建设，目前社区图书室的数字化工程全部完成，并正常开展社区阅读日活动。通过三级联动，全面资源整合，全区6个街道共拥有100多个形态各异、各具特色的文化团队，开展了丰富多彩、百花齐放型的社区文化活动与共享工程建设。

五、文化信息资源共享工程网络健全，确保群众文化权益

公共文化信息资源共享工程是新时期一项重要文化创新工程，是公共文化服务的重要内容和业务窗口。区委、区政府十分重视共享工程基层点的建设工作，严格按照省、市文化部门的要求，坚持公益性原则，不断提高基层点建设的规范性和科学化水平。自 2002 年起，我区开始分批建设共享工程基层点，2008 年以全国文明城市创建为契机，各级财政投入约 60 万元建设共享工程支中心及基层点。目前区图书馆共享工程支中心建设已完成，各街道均建成共享工程基层点，覆盖率达到 100%。以图书馆为传播主流文化的重要平台，通过简报、使用指南、宣传册等途径，定期向读者推荐优秀文化作品，使图书馆成为广大读者利用新型数字技术平台进行学习、娱乐的场所。近期，文化信息共享工程还将与党员远程教育实施共建共享，在宣传党的各项方针政策上，在更便捷的传播先进文化上发挥更大的作用。

围绕区委、区政府中心工作，区文化局和各街道文化站每年组织各类文艺培训 20 余期，开展各类文化活动 20 场以上，每年均创作新节目，并积极配合市文化局做好"优秀电影进乡村（社区）"活动，全区社区广场全年共放映电影 40 场以上，每个社区利用党建远程教育等设施组织看一场以上电影，每个社区（村）一年有两场以上的文艺演出。各街道图书室藏书均在万册以上，坚持每日免费开放达 8 小时，年订阅杂志 20 种以上，年接待读者 1.5 万人次，人均购书费、人均藏书量均高于省平均水平。各文化站还结合各自实际抓好特色文化活动建设。全区 38 个社区、17 个村都建有文化活动室，均配有文化辅导员辅导业余文化团队开展活动，实现了每个社区（村）每年利用民族传统节日等组织 2 次以上群众文化活动。

六、文化产业快速发展，文化产业增加值占 GDP 比重攀升

近年我，我区大力推动文化产业的发展，主动地为全区文化经营单位提供优质的服务，引进了一批具有新城特色的文化产业项目，为我区的经济发展提供了助力。

2007 年我区成立建邺区文化局河西新城文化产业发展咨询服务中心，并率先在全市实行了行业稽查、审批分开制度，行业准入审批真正实现科学化、规范化、严格化。文化和招商部门改变以往"等人上门、坐地招商"的局面，采取"主动出击、逐个击破"的办法，积极做好文化产业的引进工作。同时，

配合各有关部门做好重点企业的引进和培育，不断提升对企业的服务质量和水平，开展高素质人才引进，为全区的文化产业发展提供助力。2013 年年初协助科技园举办第一届中国移动游戏创意峰会暨中国应用游戏大赛，并参与手机游戏参赛作品的评审工作，邀请省市领导为"中国（南京）游戏谷"揭牌，9 月份协助发改局举办第九届中国（南京）软博会·中国（南京）游戏谷推介会，邀请南京市委常委、宣传部长徐宁和省文化厅副厅长秦基春为南京（建邺）数字文化公共技术服务平台项目正式启动进行了揭牌。积极参与推广中国（南京）游戏谷，力争将其打造为建邺知名文化品牌，营造文化创业创新的氛围，今年实现文化产业增加值占 GDP 比重达 10.1% 的目标。

七、文保工作扎实有效，文化遗产得到良好保护

文物保护和非物质文化遗产普查工作是关系到优秀传统文化保护和传承的一件大事，积极开展文物保护和非物质文化遗产普查整理工作是衡量一个地区文明程度的重要标志。

我区每年都要组织开展文物知识普及和文物保护法律、法规的宣传，区政府每年都与各街道签订文物保护责任状，并组织专人定期对文保单位进行巡查，文保单位"四有"工作进一步规范，使"保护为主，抢救第一，合理利用，加强管理"的文物工作方针落到实处。全区文物保护工作进展良好，近 5 年没有发生不可移动文物被破坏、损毁的责任事故，未发生馆藏文物被盗、丢失、损毁等安全责任事故。

2007 年年底我区成立了文物普查领导小组，在全区范围内开展第三次全国文物普查工作。区财政安排了专项经费予以保障。通过对我区现有 9 点 10 处文保单位的野外勘查中，又新发现 5 处具有较高历史价值的古建筑和石雕石刻。目前我区正在进行各级各类文物资料的整理、登记、造册和上报工作。

2007 年为顺利开展建邺区的非物质文化遗产普查工作，我区成立了非遗普查工作领导小组，并落实了专项普查经费。普查项目涵盖 8 个门类，24 个种类，最终确定 8 个门类，13 个种类的 15 个项目，其中《闻名遐迩的水八鲜》入选南京市首批非遗保护项目。为了更好的保护我区的非物质文化遗产，2008 年区政府公布了由文化局确定的《建邺区第一批区级非物质文化遗产名录》，明确了具体保护措施，制定了实施方案，并建立了完备的档案。

八、群众文化活动丰富多彩，文化服务能力不断得到提升

区委、区政府一直把群众文化活动作为推动文化事业发展的一个重要抓

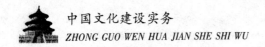

手，积极鼓励支持群众文化活动的开展，以优秀的文艺团队，高水平的创作表演，丰富了新城文化内涵，形成了浓郁的新城文化氛围。

2005年起我区决定将每年的3月~11月定为社区居民自己的节日——"邻里节"。把"邻里节"打造成为社区居民交流的平台，几年来先后举办了"创文明城市，迎十运盛会"为主题的"邻里节"系列活动启动仪式，"亲情、真情、友情"社区之歌创作演唱会，"邻里情"书画、摄影作品展等系列主题活动。"邻里节"活动受到了社区群众的广泛喜爱和关注，目前已经在全市得到推广，成为南京市的知名群众文化活动品牌。

为使基层群众普遍享受到公共文化服务的阳光，我区坚持把文化活动重心向社区基层倾斜。结合"百场公益演出广场行"活动，以各个社区（村）为重点深入实施文化惠民工程。2010年我们在全区范围内开展了第二届百姓文化节暨社区文工团选拔赛，并成立全市首个区级社区文工团，三年来，社区文工团开展了500多场演出，填补了区内文化的盲点和空白点。全区40余支社区特色团队也结合各自特色，开展丰富多彩的活动，打造了"一社一品"的社区文化服务品牌。

创新社区文化活动形态，自去年始，区财政每年安排365万元经费，用于保障开展"精彩365，快乐每一天"的文化活动工程。通过区财政经费支持、社区团队参与、社区平台支撑的模式，确保我区每天都有精彩的文艺演出、文化展览、文艺表演活动。区文化馆、图书馆每月各举办4场活动，街道每月各组织2场活动，社区每月各组织3场活动，实现"周周有活动，月月有演出，季季有比赛"，全区上下呈现出一派精彩纷呈的景象，真正形成了"百花齐放、百花争艳"的社区文化繁荣格局。

2009年以来，我区共组织了各类群众文化活动2000余场，优秀的原创文艺作品不断涌现，年年有作品获得省、市奖项。2013年8月，在第六届江苏省少儿艺术节决赛中，我区的少儿打击乐《虎嬉》在艺术节决赛中喜获金奖，广场舞《阳光下的幸福》和快板书《骄傲的大公鸡》双双获得了银奖。

同时，我区还进一步加强老年教育工作，充分发挥"美东方"老年时装队、老人书画会以及社区老年大学在实现老年人"老有所为、老有所学、老有所乐"方面的作用。

除了加强区文化馆、图书馆，街道文化站，社区文化活动室的三级公共文化服务网络建设，并利用这些室内阵地为群众开展公共文化服务外，我区还拓展了特色文化广场建设项目。目前我区有适合开展文艺演出的大型文化广场5个，分布在各社区的中小型文化广场30多个，部分广场还形成了以音乐、京剧、越剧、综艺演出为特色的文化广场。形式多样的广场文化活动，给广场注入文化内涵，以广场为载体，扩大公共文化服务空间，进一步丰富了群众的文化生活，使他们真正享受到公益文化带来的实惠。

九、坚持"一手抓繁荣，一手抓管理"，文化市场秩序得到有效规范

自南京市成功申报为全国文明城市年以来，我区的文化市场管理工作以文明城市复查、文明指数测评为主线，坚持"一手抓繁荣、一手抓管理"，力促文化市场健康有序发展。

文化市场管理工作坚持把未成年人思想道德建设作为一个工作重点，做到有规划有部署有措施。近年来，文化部门积极配合区综治办、公安、教育、团委等部门，做好学校周边的环境整治工作。首先，对不应该存在于校园周边200米以内的网吧坚决不予审批，对一些无证经营的"黑网吧"坚决予以取缔。其次，对一些不允许未成年人入内的文化娱乐场所如网吧、歌舞厅等严格加以约束和管理，加强日常巡查并建立相应的举报制度，一经查实立即严格依法查处，切实保护未成年人的健康成长。第三，加强对校园周边的书刊、音像制品零售出租点的管理，严禁涉及反动、色情、暴力等不健康内容的书刊、音像制品流入校园，为青少年的健康成长营造良好的文化环境。

我区各行业都相继成立了行业协会，并注重引导协会发挥正确的作用，依照相关法律、法规和协会章程，制定行约行规，约束经营行为，完善行业例会制度，加强经营者与政府管理部门之间的联系，强化自我宣传教育、自我管理和培训工作，形成政府监管与行业自律相结合的管理模式，逐步实现行业自律，促进我区文化市场依法、健康、有序地发展和繁荣。

十、文化体制改革成效明显，文化事业发展增添活力

文化队伍建设直接影响文化工作的水平和质量，区委、区政府十分重视文化队伍的组织和作风建设，以推进事业单位人事制度改革为切入点，切实加强区级文化队伍建设。

近年来，按照增加投入、转换机制、增强活力、改善服务的要求，我区进一步深化区文化馆、图书馆和街道文化站等公益性文化事业单位人事制度和收入分配制度改革。区文化局先后开展了文化馆图书馆馆长、副馆长、馆长助理竞争上岗，专业人才招聘等一系列工作，让一批"懂文化、爱文化"

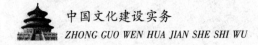

的专业人才踏上基层文化单位的领导岗位，把"想干事、会干事、能干成事"优秀人才推向文化工作一线。通过专业人才向社会公开招聘，打破文化系统长期以来"只进不出"、"难进难出"甚至"不进不出"的旧框框，聘用了一批年轻化、专业化的高素质人才，使专业人才队伍的质量得到稳步提高，专业结构、岗位结构、年龄结构进一步优化，为促进文化事业的可持续发展增添了活力。

切实加大公共文化服务体系建设力度
保障人民群众日益增长的文化权益

安徽省淮北市文化旅游体育委员会 徐昕

近年来，市委、市政府高度重视公共文化服务体系均等化、标准化建设，以社会主义核心价值观为引领，积极推进公共文化事业发展，努力保障和改善文化民生。全市文化、广电新闻出版、旅游、体育行业融合以来，我市认真贯彻落实中央、省有关深化文化体制改革各项工作部署，整合优化各项行政、业务职能，有效配置资源，进一步统筹全市公共文体设施建设和服务。

一、加强设施建设，体系构建基本实现均等化

淮北市下辖1县3区。近年来，全市统筹城乡公共文化事业发展，大力推动市、县（区）、乡（镇）、村（社区）公共文化设施和文化场所的建设，基本建成网络健全、发展均衡的公共文化服务体系。以公共财政为支撑，多渠道解决建设和运转经费，相继建成市博物馆、市体育馆、市体育场、市图书馆、市文化馆、市矿山博物馆、淮北石榴文化博物馆、淮北汉文化博物馆等场馆设施，其中：市文化馆、图书馆均为国家一级馆，市博物馆为国家二级馆，全市图书馆、文化馆上等级率达100%。截至目前，我市建有公共图书馆和文化馆各5个，博物馆（纪念馆）8个，市级体育场和体育馆各1座，市、县级文化信息资源共享工程支中心5个，乡镇综合文化站21个（试点建设省级综合文化服务中心2个），农家书屋516个，街道文化活动中心和社区文化活动室86个，社区健身路径200余条，农民体育健身工程点270余个，农村广播村村响工程点120个村，广播电视村村通工程点303个，公共电子阅览室48个，农民文化乐园建设试点8个，全市广播电视综合覆盖率达98.5%；数字影院共有6家，各类出版物发行单位140余家，发行网点7处，建设阅报栏、阅报屏80余处。

二、保障文化民生，增强公共文化产品供给能力

坚持把文化惠民工程作为促进公共文化服务均等化的重要抓手，以基层

为重点扎实推进。"十二五"期间,我市累计利用各级财政配套资金 8400 余万元用于实施系列文化惠民工程并免费开放各级公共文化体育场馆。各县(区)累计投资 800 余万元改造、扩建图书馆、文化馆。市图书馆自实施免费开放以来,全年开放,投入 120 万元更新图书 5 万余册,年订阅报刊 10 万余元,增置盲文图书及视听系统,增设少儿动漫馆,建成数字图书馆,各类图书文献资源达 60 余万册,为市民办理借书证 2 万余张,设立流动图书点及分馆 4 个,年均接待读者 20 万余人次,图书流通 20 余万册次,举办各类展览 20 余次。市博物馆年均接待观众 30 余万人次,团体 450 余批,举办大型展览展示和宣传活动 20 余次。市文化馆新、老两馆同标准开放,免费提供场地器材和辅导培训;专业技术人员年均累计进基层开展文艺辅导 200 余次,开展各类艺术培训讲座 30 余次,辅导基层文化骨干、文艺爱好者超过 1 万人次;接纳全市业余文体团队 38 支,年均免费开办各类艺术培训班 50 余期次,培训学员 1500 余人次,其中特困生及进城务工人员子女人数约占培训学员总人数的 25%。市体育中心所有健身设施均实施免费开放。各乡镇综合文化站积极组织开展系列文化、体育、娱乐、培训活动,平均每周开放时间不少于 48 小时。以"书香淮北阅读推广"为主线,以推进县域图书馆一体化为契机,组织农家书屋结合当地特色文化资源开展系列读书和群众讲座活动。我市以强化基层公共文化服务水平为切入点,充分整合利用现有城乡公共设施,在全市 2 个乡镇和 3 个社区统筹建设、运营集宣传文化、党员教育、科技普及、普法教育、体育健身等功能于一体的基层公共文体服务中心,充分利用建设试点中的基层综合性文化服务中心和农民文化乐园组织群众开展学教礼仪、文体娱乐、乡风展示、议事聚会等活动,在基层弘扬主流价值。

近年来,对全市 276 个行政村实施农民文化建设专项补助 1280 万元,维护文化信息共享工程基层服务点,更新农家书屋图书 10 万余册,开展文艺演出 1100 余场,放映公益电影 1.4 万余场,开展农村体育比赛 5000 余场。

三、坚持文化惠民,弘扬社会主义核心价值观

近年来,我市先后举办各类市级大型群众性文化活动 20 余次,参与活动及观众 50 万余人次;举办市级各类群众性体育活动 250 余次,参与人数近 320 万人次。品牌群众文化活动"优秀文化进万家"已实现了由市到村(社区)的四级联动机制。相继举办文化"三下乡"、全市音乐舞蹈大赛、群众新年音乐会、群众歌咏大会、市民文化节、市民合唱节、石榴旅游文化节、段园葡萄采摘节、临涣民俗文化节、全市少儿文艺调演、非遗戏剧演出周、市

民广场舞大赛、全民阅读推广活动、皖北四市摄影及非遗联展、广场电影放映周、环华家湖自行车赛、全市业余足球联赛、全市羽毛球冠军赛、环南湖健步走等大型群众文体活动。

结合省文化艺术节、省"群星奖"、中央、省级艺术基金申报等工作，不断强化艺术创作，鼓励引导各类文化机构创作、打造一批贴近时代、贴近生活，思想性、艺术性、观赏性相统一的文艺精品。近年来，全市年均创作声乐、器乐、舞蹈、戏曲类群众文艺作品80余件。市民乐团、市合唱团多次荣获国家级奖项，多个民营院团原创剧目参加全省民营艺术院团优秀剧目展演并获奖。排演大型现代豫剧《矿山情》、《石榴花儿红》荣获省艺术节多个奖项。大型音舞诗画《相风汉韵》集中展现淮北历史文化沿革发展。

实施文化、体育、旅游行业整合，分类施策，推进资源整合、跨界融合。依托第六届淮北市石榴文化旅游节、第二届段园葡萄采摘节、全民健身活动日等品牌活动，统筹文化、体育、旅游项目、资金、人才资源，拓展服务范围，展示精深文化，组织开展旅游推介、休闲观光、群众文艺展演、非遗民俗展示、环华家湖自行车赛、环南湖徒步走等系列活动，将生态旅游与文化消费、体育健身有机结合，促进我市文化事业与文化产业"双轮驱动"。

四、吸引社会力量，增强公共文化服务发展动力

统筹考虑群众的基本文化需求和多样化文化需求，发挥市场和社会力量作用，拓宽公共文化服务供给渠道。目前，全市有文化类行业协会22家，体育类行业协会20余家，民办非企业文化单位13家，群众文艺团队20余支，演艺企业16家，体育俱乐部20余个，晨晚练点300余个。我市通过政府购买公共文化服务，以招标、奖励或补助形式，支持、鼓励民营艺术院团参与农村文艺演出、文化惠民消费季文艺展演，开展微电影制作，承办赛事活动，维护健身设施等活动，并每年对全市优秀街道（社区）文化活动室、体育社团和晨晚练点活动经费予以补助。我市已建有民营博物馆3家。今年以来，全市已有20余家文化体育类社会组织及个人举办各类低价或免费民办演唱演奏专场音乐会及摄影、书画、收藏展20余场，群众体育赛事13次。鼓励社会力量参与公共文化设施供给服务，相关企事业单位、地产商自建居民健身路径200余条、文体活动室30余个。截至目前，全市设立群众文化辅导点60余个，有登记在册的文化志愿服务组织团队25个，群众文化辅导员363名，社会体育指导员2600余名，初步形成了一支专兼结合的基层文体工作队伍，积极开展进基层流动指导和服务。

五、强化遗产保护，丰富群众文化生活

目前，淮北市有登记不可移动文物 798 处，其中世界文化遗产地 1 处，全国重点文物保护单位 6 处，省级重点文物保护单位 11 处，市级重点文物保护单位 86 处，省级历史文化名镇 1 处（临涣镇）；有国家级非遗项目 1 项，省级 5 项，市级 33 项；有省级民间文化艺术之乡 2 处；有省民营艺术"百佳院团" 6 家。

近年来，我市积极运用遗产保护成果服务公共文化建设：一是融合文化旅游资源，提升文化服务品味。淮北市博物馆（隋唐大运河博物馆）、柳孜运河遗址现已成为国内知名的展示和宣传隋唐运河文化的重要窗口；淮北矿山博物馆以淮北矿业的发展历史和地质科普知识为展示内容，是我国首批、省内首家集科普教育、游览观光等多功能于一体的专题性博物馆；淮海战役总前委陈列馆、淮海战役双堆战役歼灭战陈列馆已成为群众接受爱国主义、红色文化教育基地；刘开渠纪念馆是品味雕塑情怀、了解大师心路的艺术殿堂；淮北市石榴文化博物馆是全国为之不多以石榴为专题的博物馆，是宣传推介石榴产业和石榴文化的展示平台；杜集区南山汉文化博物馆集中展示了南山汉文化遗存、杜集民风古韵以及南山长寿文化。当前，我市积极依托文化遗产资源，保护与利用统筹并举，事业与产业双轮驱动，推动文化消费，积极筹划建设"隋唐大运河柳孜遗址国家考古公园"、"石山孜遗址文化公园"和"柳孜宋代风情古镇"项目；依托临涣古城墙、文昌宫、城隍庙、蹇叔墓，推进临涣历史文化旅游区建设；打好文化名人牌，推动"桓谭苑"、颛孙子张墓园恢复性保护工作等项目的规划和建设。二是扶持地方戏曲，提供特色文化产品。依托文化惠民消费季、各类节庆活动、文化遗产日等，积极组织淮北花鼓戏、淮北大鼓、淮北梆子戏、淮北琴书、泗州戏等艺术团队开展艺术创作、文化下乡、广场展演、传习教学、对外交流等活动，在保护项目，丰富群众文化的同时，也提升了各级文化馆（站）等公共文化机构的文化内涵，形成了淮北特色公共文化资源。三是推广优秀传统文化，拓宽服务领域。制定年度工作计划，广泛组织我市剪纸、泥塑、面塑、根雕、绫刻等传统手工技艺项目开展进校园、进社区、进会展、进农民文化乐园巡展，项目传承人现场展演、制作、传习活动；市文化馆专门设置非遗展示厅，在提供公共文化服务过程中活态传承淮北传统文化。

六、下一步工作思路

当前和今后一段时期，我们将对照中央、省《关于加快构建现代公共文化服务体系的意见》要求，紧紧围绕培育和践行社会主义核心价值观，继续深化改革，围绕保障人民群众基本文化权益，把落实政府责任、完善服务体系、提高服务能力、促进效益发挥作为主要任务，加快构建现代公共文化服务体系。

（一）加强政策引导，认真做好项目规划

结合"十三五"公共文化服务体系建设发展规划，逐项落实改革任务，统筹规划、合理布局，积极谋划剧院、美术馆、游泳馆、各级全民健身活动中心、互联网＋公共文化服务、运河遗址保护和利用等一批重点项目。加快流动文体服务设备和数字文化服务建设配套步伐。

（二）深化体制改革，加速机制体制创新

积极建设试点基层公共文体服务中心，探索创新基层公共文化服务载体和运行机制。继续开展农民文化乐园建设试点工作，美好乡村重点村一次规划、分步实施。坚持先行先试、以点带面，探索公共文化服务机构法人治理结构和公共文化场馆组建理事会工作新模式、新机制。结合中央《意见》要求，依法建立健全公共文化设施部门协作、建设管养、财政投入、需求反馈、绩效评价、考评奖补等机制，制定并出台我市构建现代公共文化服务体系实施标准、政府向社会力量购买公共文化服务指导性目录及操作规程、全市各级公共文体服务场所服务标准等系列指导性政策、全市公共文化建设考核评价体系。以弘扬社会主义核心价值观，繁荣戏曲艺术为宗旨，坚持面向市场，创作精品，与群众需求精准对接，加强对各类艺术院团的扶持力度，强化文艺演出市场监管；进一步理顺、优化国有文艺院团运行及管理机制体制，努力提高市场竞争力和社会服务力，提升淮北综合演艺实力和水平。

（三）加快资源整合，推进服务标准化均等化

促进城乡文化、体育、旅游发展一体化，融合文化强市专项、体彩公益金等行业建设发展资金，统筹文化、体育、旅游品牌项目，整合全行业管理服务人才，均衡配置城乡各类公共文化资源，实现城乡资源整合和互联互通，打造拳头优势。深入调研，设计一批项目，创作一批作品，加大对农民工、残疾人、老人、农村留守妇女儿童的公共文化体育服务供给力度。开展县级图书馆总分馆制建设，实施"一卡通"，实现通借通还，提高图书流通率、利用率。继续推进全市图书馆阅读推广联盟、文化馆文化活动联盟、博物馆陈

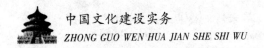

列展览联盟和书画院联盟活动开展向基层延伸。加速推进农村应急广播体系建设和城乡电子阅报栏（屏）建设。

（四）加速渠道拓展，加大产品和服务供给力度

开展公共文化需求调研，全面深入了解不同群体文化需求特点，分类建库，实现精准服务。鼓励引导企事业单位、社会团体、个人等资本更多投向设施建设、文化活动、体育赛事、公共传媒、影视制作、阅读推广等公共文化服务领域，增加产品和服务总量，使公共文化服务成为培育和促进文化消费的重要推手。积极与相关企业、在淮高校、文化宫、青少年宫等单位探索文体共建模式，拓宽公众文体场地、活动、图书等资源利用渠道。探索市体育健身中心、市游泳馆等项目 PPP 建设模式。积极适应社会生活新变化和基层群众的新要求，推动互联网与传统公共文化服务的融合，"十三五"期间，将谋划建设集文化、体育、旅游资源共享、民意表达、数据处理、监督管理和"订单"式服务于一体的公共文化服务数字化、一站式服务平台。

（五）强化队伍建设，推出更多精品力作

加大专题培训、业务指导、进修提高等培养力度，提高基层文体从业人员的素质。积极培养基层文体骨干，挖掘乡土文化人才，充分发挥民间艺人、文体能人及志愿者在活跃基层文体生活、传承发展民间文化方面的作用。表彰奖励对基层文体建设作出突出贡献的单位和工作者，形成全社会关心支持基层文体建设的良好氛围。积极配齐配强各级文体场馆工作人员，加大招聘专业文体人才的力度，探索建立政府购买公共文化服务岗位机制，提高专业文体人才在文体人才队伍中的比例。以优秀文艺作品的创作为中心环节，扶持发展优秀传统艺术，把党的文艺方针政策落实到创作、表演、研究、传播等各个环节。积极搭建优秀作品传播、交流和推广平台，送、种结合，组织各类群众性文体活动，鼓励自创、自排、自演，重在展示自我、惠民乐民。建立健全对群众文艺作品的科学评价体系。推出一批新闻出版广播影视和网络文化精品。加强对网络文学、网络视听节目的引导扶持和审核把关，做到正导向、提品质。

实际 实用 有形 创新

安徽省安庆市迎江区文化委员会 朱礼德

当文化的春风吹拂神州大地，宜城——安庆迎来了争创国家公共文化服务体系示范区（以下简称创建）工作契机，此乃文化盛事，百姓幸事。千年古城，百年省会，这里有故事，这里有戏。

根据文化部颁发的标准，安庆市委、市政府统一部署，坚持文化强市目标，创造"反弹琵琶"模式。迎江区作为历史文化名城的核心区域，立足区情，本着"实际、实用、有形、创新"的宗旨，彰显特色，以点带面，稳步推进，通过三年创建，初见成效。现汇报如下：

一、创建是城区工作的主旋律

2013 年底以来，我区按照《创建国家公共文化服务体系示范区中部地区标准》、《迎江区创建国家公共文化服务体系示范区实施方案》的总体要求，各部门协调配合，互相联动；社会力量积极参与，在全区形成了政府主导、部门协调、社会参与、城乡共创共建的良好氛围。我区立足迎江实际，积极打造区两馆、乡（街）文化站、村（社区）三级文化阵地，以创建特色品牌为抓手，不断拓展公共文化服务的深度与广度。

（一）强化组织领导，完善支撑体系

区委区政府高度重视创建工作，主要领导亲自挂帅，区委、人大、政府、政协班子分管领导及区直有关部门和所有乡街主要负责人为创建国家公共文化服务体系示范区工作领导小组成员。将创建工作纳入《迎江区政府重点工作及任务分解》，制定了《迎江区创建国家公共文化服务体系示范区实施方案》，各乡街也相应成立专门机构，做到有人抓，有人干，有计划，有措施。

（二）夯实基础设施，全面推进创建工作

一是"三级"文化设施网络建设基本建成

通过资源整合，即新建、改造、置换的方式，三年的创建，区、乡（街道）、村（社区）文化服务设施全覆盖。

文化馆与教育部门联手，择地共建。2014 年区文化馆通过提标升级，内外部环境改造和设备购置已完成，资料整理工作已完成，基本达到部颁三级

馆标准。

图书馆与新建小区联手，合作共赢。2015年区图书馆首期工程已完工，购置图书4万余册、公共电子阅览室配备电脑30余台，其他设施也配备到位，当年10月份对外免费开放。并与安庆市图书馆实现通借通还。极大的方便了群众。

乡街文化站改造与新建结合，全面提升。3个乡6个街道均已建成综合文化站。村（社区）级，全区已建成农家（社区）书屋33个，长风、新洲都建有广播电视村村通网络和机房，实现行政村全覆盖。乡、街道办事处相继开展群众文化活动。村（居）基础设施得到较大改善，不少村（居）都创造条件，围绕创建标准开展工作。城乡基层群众看书、看电视、参加文化活动的基本平台得到了有效保障。

二是公共文化服务提质增效

在做好公共文化场馆免费开放的同时，积极开展送文化下基层活动。我区每年组织开展"送戏进万村"、农村公益电影放映、文化进社区等活动300多场。把精彩黄梅戏、优秀影片、实用图书、文艺辅导等服务送到老百姓身边。

我们组织人员编排一批精品文艺节目，如广播剧《金子永远是金》、黄梅歌《电商文化园之歌》、大型歌舞《风铃摇醒中国梦》，现代黄梅小戏《思乡梦已圆》等节目参加各级展演，并在基层演出，丰富市民文化生活。

每年组织书画名家深入乡村、社区开展笔会，义务为老百姓创作。书画家在身边，书画作品在身边。同时在春节前夕，组织书法家义务写春联。深受群众喜爱。

各乡、街道都有积极举措，提升公共文化服务水平。如新洲乡积极打造永存村红旗中心村为农民文化乐园，并结合美丽乡村建设，新建了文化广场、文化小舞台、宣传牌、展览墙、电影放映室等设施，并利用新建的文化体育设施，开展丰富多彩的活动，并开展乡村大舞台文艺演出，扶持农民业余戏曲团队，使农民文化乐园真正成为农民群众文化休闲的好去处；长风乡、龙狮桥乡依托文化站、农家书屋开展留守儿童读书、群众业余休闲健身等活动。各街道、社区也纷纷开展各种形式的群众文体活动。营造了较好的惠民乐民文化氛围，我区已连续多年文化民生工程考评在宜城板块名列前茅。

三是基层公共文化活动亮点纷呈

我区大力建设基层文化服务站点，重点打造文化亮点社区，突出特色文化品牌。2014年率先建设了先锋、地质、南水、光荣4个社区文化活动中心，他们通过各种渠道配备了投影机、10台电脑、文化小舞台、摄像机、照像机等设备，其公共文化服务能力得到极大提升，各社区也结合自身特点积极打造特色文化活动。如先锋的民欢大舞台，光荣的读书日活动、道德讲堂，南水的民族团结大舞台，以及地质社区的文化科普长廊和职工书屋等。同时在社区培育一批文化志愿者，如我区人民街道先锋社区独辟蹊径，开展文化进万家——民心零距离文化活动，将社区里有文艺特长的居民组织起来，作为文化志愿者队伍，由社区提供平台，群众自娱自乐开展各种文艺活动，真正做到民心零距离，文化在身边。

2014年3月份省委常委、宣传部部长曹征海在省文化厅袁华厅长、市领导魏晓明、陈爱军、黄杰等的陪同下，到光荣社区开展文化工作调研，高度赞扬光荣社区文化工作实际、实用，有特色、有创新，抓住了社区文化工作的灵魂；4月份，省政协副主席李修松到先锋社区调研社区文化工作，对先锋社区群众文化活动呈现蓬勃发展的良好态势，给予充分肯定。5月份，省政协政策研究室就我区构建现代公共文化服务体系进行了系统调研，一致认为基础扎实，富有成效。8月14日，黄杰副市长督查我区创建国家公共文化服务体系示范区工作进展情况，督查组一行视察了先锋、地质社区和迎江区文化活动中心，随后在区政府召开座谈会。黄杰对我区示范区创建工作开展情况给予充分肯定，认为我区对示范区创建工作高度重视，主要领导亲自抓、相关部门扎实工作，社区文化创建工作有亮点、有特色，文化活动中心功能齐全、场地完善，创建工作有序开展，并就下一步工作提出了要求。

区直各有关部门、各乡街紧密协作，指导各村（社区）按照建设标准加紧完善内外部环境，挖掘自身特色资源，制定活动计划，开展特色活动，为社区居民提供公共文化服务。2015年我区又新建8个社区文化中心。7月31日，黄杰副市长到炮营山社区视察指导社区文化中心建设，赠送了电脑、图书等设备，并现场体验了社区图书馆图书借阅证的办理和借阅活动，并与社区居民亲切交谈。对社区结合自身实际，拓展文化服务功能，在家门口满足居民群众文化生活需求，给予了充分肯定；8月5日，副省长谢广祥亲临迎江区炮营山社区文化活动中心进行视察，对我区政府加大基层投入，推进社区文化活动中心建设给予高度赞扬。对社区充分发挥公共文化设施作用，积极挖掘整合各方资源，服务居民群众给予了充分肯定。

示范的作用是很大的，以点带面，全面创建。现在，全区涌现出创建的热潮一浪高过一浪，形势喜人。

二、创建是智慧与责任的融合

创建工作是系统工程，量大、面广、难度高，需要极高的智慧和高度的政治责任感，才能完成此项重任。我们的体会是：

1、起步早。市里布置任务后，我区立即行动，区委区政府主要领导及相关领导多次听取汇报，并提出指导意见，成立高规格领导小组并制定规划和方案。各乡、街相关单位迅速开展创建工作。这就解决了谁来干、怎么干、干什么的问题，有的放矢，纲举目张。

2、起点高。严格遵循文化部颁发的创建标准，全区上下联动，做好规定套路，选好自身动作。本着"实际、实用、有形、创新"的宗旨，精心培育亮点社区，以点带面，全面推广。这就解决了标准是什么、近期干什么、明天干什么的问题。

3、辐射广。创建工作得益于全区各部门的鼎力支持，及全社会的广泛参与，才形成创建的合力。我们极力整合资源，全社会共同参与，营造了良好的氛围。这就解决了自身干什么、部门干什么、社会干什么的问题。

4、责任强。创建工作是满足人民群众文化需求的迫切需要，文化部门要主动作为，创新思维，开拓进取，顽强拼搏，才有成效。这就说明主体责任明确，才有定位，才有作为。

三、创建工作是永恒的追求

创建工作尽管取得了阶段性成效，但随着社会进步和人民群众的需求，创建工作永远在路上。我们要不断提升，不断总结，才能做得更好。

一是切实加强公共文化基础设施建设，包括文化馆、图书馆、乡、街道文化站，村、居文化活动室建设，不断提升，建成一流的示范设施。

二是着力打造迎江特色文化品牌。充分利用现有设施，有效整合，完善功能布局，形成各具特色，做到"一村一特"、"一区一品"，不断开拓，创造一流的惠民服务。

三是认真做好创建总结工作。各项工作的开展，需要有资料的记载，同时要不断的总结经验，不断的创新机制，才能满足人民群众日益提高的文化需求。

作者简介：

　　朱礼德，现任安徽省安庆市迎江区文化委员会党组书记、主任。

以农民文化乐园建设为抓手
探索推进基层公共文化服务体系建设

安徽省金寨县文化广电新闻出版局　黄劲松

金寨县地处大别山腹地，鄂豫皖三省七县结合部，总面积 3814 平方公里，辖 23 个乡镇、1 个现代产业园区，226 个行政村，总人口 68 万，是国家扶贫开发重点县。贫困地区文化如何发展繁荣，广大群众如何能够享受便利的公共文化服务？2013 年以来，在省委宣传部的指导下，金寨县按照"反弹琵琶"的思路，以"为民、利民、便民"为原则，选择群众便于集聚、乐于参与、环境相对优美的中心村，建设农民文化乐园，并以此为载体，率先开展了农村基层公共文化服务标准化、均等化的探索和实践。三年来，全县共建设标准化农民文化乐园 19 个，准乐园 30 个，农村公共文化服务从设施建设向内容建设提升、从资源分割向资源整合提升，给老百姓带来了许多看得见摸得着的实惠，深受基层群众欢迎。

一、背景

随着县域经济社会的快速发展、公众受教育水平不断提高和闲暇时间日益增多，广大农民对美好生活的向往越来越迫切，人们生活已经从单纯物质上的"富裕"向精神生活的"富有"转变。而贫困地区农村文化阵地的缺失、人才的匮乏、活动的单一、资源的分散等已明显适应不了社会进步的要求。因此，建好管好用好各类公共文化设施，构建公共文化服务体系，提升基层公共文化服务水平尤显重要。2013 年，在省委宣传部的指导下，金寨县结合美好乡村建设、文化惠民工程，以群众需求为导向，在南溪镇选择门前、南湾、南溪三个中心村，试点建设标准化村级综合文化活动中心——农民文化乐园，随后逐步推开，着力打通公共文化服务体系的"最后一公里"，探索推进基层公共文化服务标准化、均等化。

二、做法

金寨县的农民文化乐园建设按照公益性、基本性、均等性、便利性、可复制、可持续的要求，坚持试点先行，逐步推开。2013 年试点建设 3 个，2014 年试点建设 8 个，2015 年建设 8 个，2016 年建设 23 个，"十三五"实现中心村全覆盖。

（一）服务内容"量化"。在农民文化乐园建设中，我们注重从群众的多样性文化需求出发，把一些看似虚化的内容进行量化，精心设计、重点组织开展好演出、电视、广播、电影、书报、上网、活动、培训等八个方面的服务，

并对相应的内容、数量、质量要求等逐一提出了量化指标。如：开展送戏进万村活动，保证每个中心村一年有一场正规文艺演出，并且在已建在的农民文化广场学出；实施农村电影放映提质工程，保证群众平均每月看一场质量较高的电影；建成县乡村图书总分馆，推进农村公共图书服务一体化建设，使每个农家书屋拥有基本藏书1500 册、流动图书300 册，报纸 10 种、流动期刊 30 种，每年流转两次图书，每次每村 200 册；每村配备 6~8 台电脑，整合文化信息资源共享工程、党员远程教育资源，推进农家书屋数字化转型；结合"我们的节日"，每月组织开展 1 次丰富多彩的活动，包括节庆礼仪、文化娱乐、体育健身、展览展示、评比表彰、志愿服务、议事聚会等；每两月举办一期培训或讲座，内容包括党的理论和形势政策、思想道德、致富技能、科技知识、法律常识、健康生活、文艺书画、非遗传承等。同时，把乐园作为农村价值引领和文化熏陶的重要场所，在内容安排上注重培育和践行社会主义核心价值观，突出更鲜明的导向、更高层次的要求，哪些鼓励进入、哪些坚决抵制，都有明确的规定，做到了服务群众同教育引导群众相结合、满足需求同提高素质相结合。例如，门前村总人口近 4000 人，以前逢农闲或年节，农民爱打麻将消磨时光，现在文化乐园里可以上网、看书、听讲座、健身，村民们的精神生活因此而丰富多彩。从"一日三餐，麻将掼蛋"到"吃饱三顿饭，就到乐园转"，文化乐园的建成，给村民们带来了许多意想不到的变化。"这些年，我们村有个规矩，乡邻们有红白喜事，都在乡村大礼堂内办，大伙一起度过了不少热闹的欢乐时光。"村农民文化乐园管理员刘红玉如是说。

（二）功能定位"细化"。农民文化乐园定位为农村基层公共文化服务的基本平台、思想道德科学文化建设的主要阵地、新时期广大农民群众的精神家园，重点具备学教礼仪、文体活动、乡风展示、议事聚会等几种功能。硬件配置主要是"一场两堂三室四墙"：一场，就是建一个综合文体广场，满足体育健身、文艺演出、露天电影放映等活动需求。两堂，就是建一个满足思

想道德教育、形势政策宣讲、科学和法律知识普及、生产技能培训功能需求的讲堂，一个可以举办文化节庆、文化礼仪、文体活动、室内电影放映以及村民议事集会等活动的礼堂。三室，就是建设文化活动室、图书阅览室（农家书屋）、电脑室（文化信息资源共享工程室）。四墙，就是在乐园选择合适的墙壁设置村史村情、乡风民俗、崇德尚贤、美好家园展览墙，我们在建设过程中要求每个乐园的四墙必须有"金寨县情"和"乐园之源"两个固定的版块，成为金寨之"特"。"在建设文化乐园的过程中，我们始终把弘扬社会主义核心价值观放在首位，突出思想引领、道德教化、乡风培育和文化熏陶，注重传统民俗文化和现代文明的融合。"南溪文化站长吕祥峰道出了心声，"2016年我们文化乐园的活动排得密密麻麻：艺术团送戏下乡，开展民俗表演活动和法律知识讲座，举行端午民俗文化展，开展婚育新风进万家活动……"天天有歌舞、月月有大戏，现在已经变成了现实。

（三）建设形式"模化"。确立以整合求突破的理念，以改扩建为主、新建为辅，有效整合宣传、文化、教育、体育等各相关方面的场所、设施、资金、项目、人才等资源，统一规划，集中布局，把农村闲置的学校、厂房、祠堂等充分利用好，打造文化综合体。整合建设的形式主要有三种"模式"：1、基本型，通过改造利用现有的场所设施或闲置房屋，在布局上达到"一场两堂三室四墙"的基本要求。如门前村乐园就是利用周家老屋，在保留原有建设风貌的基础上进行改建，新建一个大礼堂。2、扩展型，统筹利用乡村文化设施和其他公共服务项目，通过适度的改扩建，在结构布局上进一步拓展延伸。如南湾农民文化乐园就是利用原南湾小学学校布局调整后留下来公房，按照乐园的标准改建的，并且在乐园内建了一所私立幼儿园，拓展了乐园的功能。3、复合型，与乡村广播文化站、村级为民服务室等相关公共服务设施联建共建新建。如南溪农民文化乐园，因为是建在乡镇集镇上，人口多，利用率高，在谋划时，就按复合型进行设计、建设，效果明显。前不久，南溪希望小学教师廖桂林专门给南溪文化站写了一封感谢信，内容是因为要迎接均衡验收，希望小学教学楼要整体装修，学校把六年级四个班307个学生异地安置到学校对面的南溪镇农民文化乐园上课。乐园的工作人员为师生们提供了非常热情周到的服务，让师生们充分享受到了农民文化乐园的温暖。

总之，不管何种建设类型，都按照标准化来整合，依靠整合来加快推进均等化。在乐园规划、建设、活动开展中，充分尊重村情民意，在尽可能集中式规划、一园多用的前提下，对确实不具备条件的允许实行众星拱月、一园多点、分散实施。

（四）资金投入"强化"。除中央和省、市财政补助外，县委、县政府将农民文化乐园建设分别列入常委会工作要点、政府工作报告，并且把乐园建设资金纳入财政预算，每个乐园补助 60 万元，同时整合扶贫开发、美丽乡村等资金集中投入。在后期运行方面，每个乐园设一个兼职文化服务管理员，每村每年补助农村文化建设专项经费 1.8 万元，其中文艺演出补助 4400 元、农村电影放映 2400 元、文化信息资源共享工程 2000 元、农家书屋 2000 元、体育活动 1200 元、管理员 6000 元，在此基础上，我们每年年终从相关的经费中再向每个乐园补助 1 万元，确保农民文化乐园的正常运转。

（五）运行管理"常化"。乐园建成后，如何管理，让乐园真正"乐起来"一直是我们思考的问题。"建管用一体化，常态长效上着力"。乐园运行管理做到"四个统一"，即统一规划、统一管理、统一名称、统一标识，"三个一"，即建设、配置一套群众急需的文化设施，制作一批通俗易懂、寓教于乐的展示内容，开展一些符合本村群众兴趣、便于群众参与的文化活动。努力办群众满意乐园，把群众需要不需要、喜欢不喜欢、满意不满意作为乐园长效机制的基本保证。试点乡镇及时完善农民文化乐园管理制度，明确分管领导职责，确保试点村两委中有一名村干部分工负责；聘用一名管理员，专司农民文化乐园日常管理工作。此外，把"送文化"、"种文化"与"育文化"结合起来，"多头送，多方种，多元育"，建立群众需求征集、服务评价反馈等机制，"送好点餐、按需配餐、落实副餐"，让群众全过程参与、全方位共享，真正实现"建成一个乐园、带动一片区域、活跃一方文化、幸福一批群众"。到 2015 年底，全县配备村级文化专职委员 226 人，农民文化乐园管理员 19 人。在政府的扶持下，群众自发组织业余文艺演出队伍 62 支，民间文艺表演人员 1300 余人，非遗传人 73 人。培育各级文化服务志愿者 400 余人，建立了以县为龙头、乡镇为骨干、村为支点的文化志愿服务体系，促进了文化志愿服务活动的蓬勃开展。

三、成效

农民文化乐园建设试点自 2013 年启动以来，进展顺利、成效明显，已成为重要的农村思想文化阵地，综合效应正在逐步显现并不断放大。

（一）标准立起来了。以农民文化乐园为主要载体的基层公共文化服务体系的探索，找出了一条推进农村标准化均等化的新路子，在建设思路、模式、投入、运行、管理等诸多方面积累了宝贵实践经验，"一场两堂三室四墙"（广场，礼堂、讲堂，文化活动室、图书阅览室、文化资源共享室，村情村史展览墙、乡风民俗展览墙、崇德尚贤展览墙、美好家园展览墙）和"五有三型"（有场所、有展示、有活动、有队伍、有机制，学教型、礼仪型、娱乐型）融党员教育、科普宣传、文体娱乐于一体的农民文化乐园建设标准成为模式，红色南溪、孝义门前、尚学南湾、文化吴湾等"一村一特、一园一品"的农民文化乐园形成了当代农村的新特色，这些都为国家构建现代公共文化服务体系，推进基本公共文化服务标准化均等化，提供了生动样本和有益借鉴。

（二）群众乐起来了。乐园定位接地气、运转有活力，通过提供多元一体的文化阵地，让老百姓唱主角，推动了基层公共文化服务活动开展，增加了群众需要的服务内容，丰富了基层群众精神文化生活。试点村综合文化广场建成后，吸引了众多喜爱广场舞的农民群众，现在，金寨县的广场舞协会有会员 336 个，队员 2000 余人。由此带动了全县文艺队伍的大发展，据统计，全县已组织业余文艺演出队伍 62 支，民间文艺表演人员 1300 余人，书法家协会、摄影家协会、武术协会、美术家协会等如雨后春笋般涌现。南溪镇农民书画家林承俊在农民文化乐园举了一场个人书画展，展览通过媒体宣传后，吸引了很多地方的书画爱好者前来参观，他说：过去我们总是看到城里人有休闲娱乐的好地方，现在政府花钱免费让我们学有场所、玩有去处，享受与城里人一样的精神文化生活，让我们这些地地道道的农民有了很高的社会地位，圆了我儿时的一个梦，文化乐园真好！

加强领导 完善措施
提升县公共文化服务体系建设发展

山东省东平县文化广电新闻出版局 徐天成

近年来，东平县在市文广新局的大力支持下，以实施文化发展"顶天立地"工程、公共文化服务体系"212工程"和"为民实事"为抓手，创新工作思路，加大工作力度，千方百计推动公共文化服务体系建设，特别是基层综合文化服务中心建设工作，取得较好成效。现将具体情况汇报如下：

一、全县公共文化服务体系建设情况

（一）强力推进文化设施建设

一是县域层面，博物馆、图书馆、文化馆、文秀大剧院、罗贯中纪念馆、县工委纪念馆、戴村坝博物馆、体育馆等七大场馆全部建成开放。其中，文化馆、图书馆均被评为国家一级馆；博物馆成为鲁西南面积最大、馆藏文物最多的县级场馆。二是乡镇层面，全县14个乡镇（街道）均已建成综合文化站，站内文化活动设施设备齐全，管理规章制度健全，均配备3名以上工作人员，全部达到国家三级以上标准；同时通过全县"十小工程"、"为民实事"的实施，乡镇驻地实现文化广场全覆盖。三是农村基层，2013年起，启动村级文化建设"212"工程，即每年新建200家村级文化大院、组建100个庄户文化社团；培训200名乡土特色文艺骨干。现全县701个村、15个社区基本实现文体小广场全覆盖、文化带头人全覆盖。

（二）不断丰富公共文化产品供给

按照各级部署，每年开展一村一年一场戏、一村一月一场公益电影、"三下乡"赶大集活动；每年举办社区消夏演出、金秋文化艺术节、全民读书月、水浒文化宣传月等活动；整合妇联、总工会、团委、教育局、景区管委等部门力量，每年组织"元宵歌会"、节日庆祝晚会、戏曲擂台赛、书画展览等100多场内容丰富多彩、群众喜闻乐见的文化娱乐演出，全县形成月月有活动、人人可参与的氛围。在文艺演出中，我们改变过去群众单纯当"看客"、当"观众"的被动接受做法，采取送文化与种文化、走下去

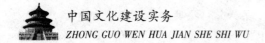

与请上来、人人是观众与个个当演员紧密结合的方式，充分调动群众的参与积极性，由"我演你看"逐步演变成"我搭舞台你唱主角"。同时，我们十分注重文化活动品牌的创建工作，目前元宵节群众文体活动、持续16年的消夏晚会、百姓大舞台我是大明星等群众文化活动已经成为全县知名文化活动品牌。通过文化活动品牌建设，推出文化艺术精品，调动群众参与积极性，营造了良好的文化氛围。各乡镇街道也结合各自实际，打造了具有当地特色的文化活动品牌。

（三）不断完善文化发展政策措施

县委、县政府先后出台《关于加快文化发展的意见》、《东平县"顶天立地"工程实施方案》，制定了推动文化大发展大繁荣的落实措施。从2009年起，县财政设立文化发展专项资金，每年安排600万元，用于支持文化事业和文化产业发展。2011年起文化发展专项资金增至1000万元，以资助、贴息、奖励等方式对文化项目予以扶持，引导各镇、街道制定配套措施，加大资金投入。

（四）不断壮大文化人才队伍

乡镇、街道综合文化站按人口规模配备了专职文化干部，每村配备了文化协管员，组织和管理各项文化活动的开展。同时，依托县级文化馆、图书馆积极开展基层文艺骨干培训，每年举办农家书屋管理员、特色乡村文艺骨干、业余文艺创作等培训班12期，培训基层文艺骨干2000余人，同时积极引导农民群众自办文化，成立庄户剧社。目前，全县有各类文体队伍400支，总人数超过1万人。我县已经形成以文体小广场为阵地，文艺骨干为引领，文化社团为载体，"小社团、大舞台、老百姓动起来"的文化工作新局面，广大农民群众有了更多的文化生活"获得感"。

二、推进措施

（一）成立专门班子

县里成立以县委常委、宣传部长为总指挥的文化建设指挥部，全面负责全县文化建设的统筹规划、组织指挥、协调调度、督导检查，形成了党委统一领导、党委宣传部门组织协调、行政主管部门具体实施、有关部门密切配合的领导体制和工作机制，为全县文化建设有力开展提供了保障。

（二）建立"1+1"工作模式

为确保文化各项工作任务落到实处，探索建立了"1+1"的工作模式，即每个项目都有一名领导包保负责，都配备一套班子全力推进。明确各重点项目的工作进度，把责任落实到人头，加强调度，加强督导，确保各个重点项目建设的有序展开。

（三）严格督导考核

制订了对县直部门、乡镇（街道）开展文化工作的考核办法，对达不到要求的实行"一票否决"；县委督查局、县政府督查办定期对建设情况进行督查通报。

三、下一步打算

（一）加强组织领导

成立由县政府牵头，宣传、文化、体育、乡镇等相关部门单位参加的基层综合文化服务中心建设领导小组，立足东平实际，整合各方资源，按照典型引路、先易后难、注重实效的原则，制定详细规划，倒排工期，夯实责任，"一周一调度，一月一汇总"，加强督导，确保严格按照标准，完成建设任务。同时，注重以点带面、典型带动、分类推进，着力打造出一批亮点工程、精品工程，充分发挥好典型示范作用，带动好整体建设的开展。

（二）破解资金瓶颈

建设资金不足是基层文化设施建设的最大瓶颈。我们将引导镇村做好结合的文章：重点与行业精准扶贫项目相结合，与村级办公场所建设、农村社区建设相结合，与第一书记、"双联四包"工程相结合，与移民项目建设、对上争取相结合，与乡村文明行动相结合，与农村环境综合整治相结合。同时，注重完善相关政策，鼓励社会力量参与，充分调动社会爱心人士、经济大户、企业老板、东平籍在外老乡的积极性，通过冠名、挂牌等多种形式，捐资助建，形成政府主导、多元投入、共建共享的良性机制。

（三）加强管理使用

结合村级文化建设的特点和实际需求，建立一支专兼职的文化管理队伍，鼓励农村文化热心人担任专兼职管理员，并给予一定补贴，逐步培育和建立起扎根基层、热爱群众、热心文化的村文化管理员队伍，使之成为村级文化建设的生力军。同时建立完善行之有效的管理制度，做到有章理事，按章办事，将文化服务中心的管理责任落实到具体人身上，切实把基层文化活动中心管好，切实解决"有人建、无人管"，"有人看、无人干"问题。

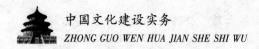

(四）推动文化活动常态化

场所使用是关键，而活动是载体。我们将继续加大文化惠民活动开展力度，以"送戏下乡"、农村公益电影放映、百姓大舞台我是大明星、舞动东原广场舞大赛等活动举办为载体，采取培训文化带头人、广泛动员发动群众参与、村级推选、乡镇初选、全县决赛的模式，让群众自编自演、自办村民文化自助餐，形成"小剧团、大舞台、人人都能来"的生动局面。

县域公共图书馆总分馆
体系建设与服务模式探索

湖北省宜都市文体新闻出版广电旅游局　陈　微　许春艳

2015 年 1 月，中共中央办公厅、国务院办公厅印发了《关于构建现代公共文化服务体系的意见》提出："当前我国经济社会发展水平和人民群众日益增长的精神文化需求对比，与基本建成公共文化服务体系的目标要求对比，公共文化服务体系建设水平仍然有待提高。"《意见》第二项"统筹推进公共文化服务均衡发展"第四点提出："以县一级文化馆、图书馆为中心推进总分馆制建设，加强对农家书屋的统筹管理，实现农村、城市社区公共文化服务资源整合和互联互通。"

宜都市图书馆早在 2013 年就已谋划启动全市公共图书馆集群管理系统建设，通过三年的摸索和实施，2015 年该项目全面建设完成投入运行，现已经形成覆盖全市的大图书馆集群流通网络。项目建设过程中，宜都以建设公共图书馆集群为契机，对全市所有农家书屋现有图书重新统一编目，对所有读者统一办证，让流动读者能够很便捷的进行异地借还，实现了"一卡在手，读遍宜都"的良好社会效应。

在项目建设和投入运行的 4 年之中，图书馆技术团队积累了一定的经验，产生了一些想法，也发现了一些问题。本文将以宜都市公共图书馆集群系统建设为例，对县级公共图书馆总分馆体制建设进行探讨，并就目前总分馆机制运行中产生的一些问题探索后续的发展方向。

一、宜都市公共图书馆集群管理系统架构综述

宜都市公共图书馆集群管理系统（以下统称"系统"）在 2012 年提出初步谋划，于 2013 年启动项目第一批试点单位建设（市图书馆、乡镇文体中心书屋及部分农家书屋），截至 2015 年 11 月，项目完成了全市 1 家公共图书馆（宜都市图书馆）、10 家乡镇文体中心书屋、127 家农家书屋的总分馆网络架构建设。至此，宜都市已建成覆盖全市的图书流通网络，全市 38 万市民共享25 万册图书文献资源，群众可以就近预约和借阅归还图书，打通了全民阅读

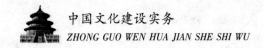

服务的最后 1 公里，实现了文化惠民的均等性。

1. 构建模式

系统采用 interlib 图书馆集群管理软件，以宜都市图书馆为中心馆、乡镇中心书屋为分馆、农家书屋为流通窗口的 1 + 10 + 127 的三级图书流通网络体系。数据库网络机房设立在市图书馆，每天定时对读者信息、流通数据进行备份，服务器 24 小时不间断运行。

系统采用总馆——分馆——流通点三级架构模式运行，总馆管理员具有开通工作人员账号、设置馆藏地点、采编参数设置、流通管理、办证等权限；分馆、流通点管理员仅具有采编参数设置和流通管理权限。权限区别设置有效保证了采编和流通数据的完整性，大大降低了分馆和流通点管理员误操作对馆藏参数数据的损坏几率。

2. 系统管理模式

系统内所有采编参数由图书馆专业人员统一设置；所有馆藏地点代码与书屋工作人员账号由市图书馆统一编排设置，管理员由图书馆统一培训；所有图书的 CIP 数据信息和图书条码号由市图书馆统一制定和打印发放，以确保所有数据的准确和一致性。

3. 系统运行模式

①系统内所有书屋工作人员均可独立采集读者信息办证，图书借还操作均由工作人员在电脑端扫码进行操作，彻底摈弃了农家书屋使用多年的纸质登记借阅手续；图书逾期未还由图书馆总馆程序统一发送催还短信；图书借还数据在系统内随时可查，简单明了。

②图书流转网络构建。市图书馆在馆内设立图书流转中心，与乡镇、村图书室签订图书流转协议，经由图书车将图书流转至乡镇村农家书屋进行流通。乡镇区域内村与村之间图书流转由各文体中心主任负责组织协调，实现了图书两级流转网络，简洁、高效，充分缓解了农家书屋图书资源陈旧，新书少的问题。

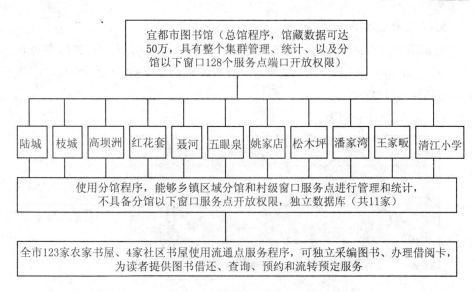

宜都市公共图书馆集群管理系统总分馆结构图

　　根据宜都市图书馆统计结果显示，2015 年图书馆共计与 47 家农家书屋签订流转协议，分 34 次共计流转图书 20000 册至乡镇，乡镇内各村平均流转图书 1500 册。

　　③系统内信息支持由图书馆技术人员负责。所有农家书屋管理员加入统一 QQ 群，图书馆工作人员根据需求为书屋管理员远程解决操作问题，定期统计信息办理图书流转，及时为农家书屋解决困难。

　　远程网络协助减少了技术指导成本，缩短了解决问题的时间，极大提高了技术支持的效率，截至 2015 年 12 月，市图书馆总馆系统管理员远程为农家书屋解决流通操作问题 170 余次，为农家书屋批量修改图书信息 4758 条。

　　4. 系统运行成效

　　自 2015 年宜都市公共图书馆集群管理网络全面建设完成投入运行以来，读者到馆率、图书借阅率和农家书屋运行管理方面均得到极大提高，具体体现在一是全市城乡居民可就近取书，就近还书，极大的方便了读者群众，读者办证数量翻倍增长；二是农家书屋管理员通过定期开展培训，业务素质也得到了本质上的提高，书屋管理也得到了有效的监管，提升了管理员的业务水平和敬业精神，达到了锤炼队伍、深化服务的目的；三是市民可以通过图书馆 OPAC 检索系统查询、预约、荐购图书，图书馆通过系统后台数据对读者阅读需求进行数据统计分析，在来年的图书采购项目中使图书经费使用更加合理，图书采购工作更加符合群众需求。

5. 产生社会效益

宜都市公共图书馆流通信息统计数据：年份 2013 年 2014 年 2015 年办证量 71410261946 图书流通册次 8495090324157360 读者借还人次 6733674952124370

读者办证率增长图表：

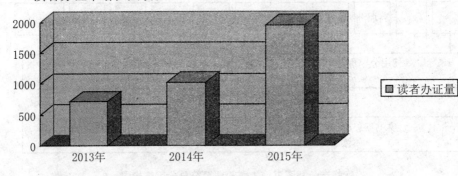

图书流转增长率图表：

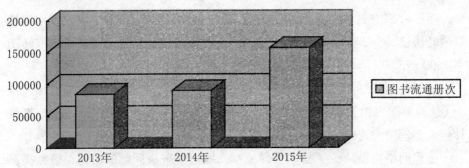

读者借还人次增长率图表：

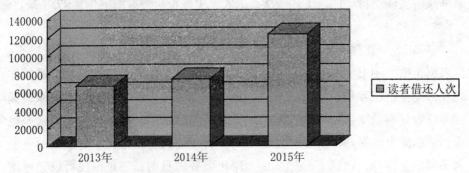

集群系统投入建成运行当年，读者办证 1946 张，较之 2014 年提升近 200%，读者借还率也随之翻倍。

二、系统运行过程中出现的难题和解决方向

1. 由于乡镇中心、农家书屋图书只有少部分来自自购，大部分由省新闻出版局统一调配，所以目前所有农家书屋图书均结构一致，内容相同，书屋间图书流转没有价值可言。

解决方向：积极向上级相关部门争取农家书屋补充图书由市图书馆统一采购或提供目录由省新闻出版局调配，其优点一是可以避免出现所有农家书屋图书重复的情况，让图书流转发挥更大的社会效益；二是根据系统内读者流通数据分析结果制定书目可实现精准采购，既满足读者的阅读需求，又能合理规划文献结构组成类型。

2. 目前我市每家农家书屋配备 1 名管理员，且都身兼数职，工作人员工作繁忙时书屋运行得不到有效保障。

解决方向：积极向上级部门争取政策和资金，聘请村级专职文化专员负责农家书屋管理员工作。书屋实行专人管理，定期参加图书馆集中培训，年底由乡镇文体服务中心统一考核，保障农家书屋开放时间和服务质量。

三、结束语

2015 年宜都市公共图书馆集群系统建设完成后，实现"全市同卡同网、图书资源共享、读者自助服务、市内通借通还"的目标，集群建成后，以市馆的基藏图书为补充源，加强市内读物流转，成功解决了农家书屋阅读资源不足、图书更新不及时、自然流失损毁后不能及时补充的问题，也成功化解了农家书屋发展过程中的"瓶颈"障碍（宜都市图书馆基藏书库现有藏书 11 万册，全市 128 家农家书屋藏书总量为 8 万册（不计重复图书），通过图书馆集群整合之后，农村读者将拥有可阅读图书 19 万册）。既充分保障了农村及边远读者的阅读资源，同时也最大限度的发挥了市馆基藏图书的社会作用读者增长率和图书借还率创下免费开放以来最高峰，城乡书屋标识统一，服务系统统一，山区群众能享受到与城市居民一致的无差别文化服务，无论地域远近，不管交通便捷与否，只要是网络畅通的地方，读者都可以通过家庭电脑、智能手机自行解决馆藏图书查询、图书荐购、图书续借等业务，宜都文化整体形象和水平得到极大提升。

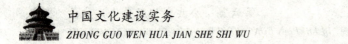

在信息化发展的时代，图书馆事业的发展必须与时俱进，要善于借助网络普及来推动图书馆信息化发展，不断提高服务质量，创新服务方式，强化服务措施，拓展服务范围，为区域内群众搭建零距离、无门槛的阅读平台，通过合理规划，进行资源整合，精准投放，才是未来图书馆的发展方向。

状元故里　文化沃土

湖南省华容县文化广电新闻出版旅游局　孙其美　张继成

湘北地区，地灵人杰，人文景观，罗列森森。状元尚书，人才辈出，以文化人，踵武前贤，薪火相传不绝。今有状元故里，尚书家乡，以创建国家公共文化服务体系示范区为盛事，大力实施文化惠民之工程，翼开万世之太平。

近年来，华容县积极推进示范区创建工作，大力实施文化惠民工程，让百姓文化生活变得丰富多彩，保障了人民群众基本文化权益。该县按照公益性、便利性、标准化、均等化的要求，推进示范区创建工作，实施文化惠民工程，呈现出鲜明的三大特色和亮点。

一、公共文化空间不断拓展

该县以创建国家公共文化服务体系示范区为契机，抢抓机遇因势利导做好盘活了"五结合"文章，使公共文化空间得以不断拓展。一是与县城建设相结合。改扩建全市一流图书馆，建全市一流的华容河文化广场，建全市一流的华阳社区文化活动中心，在建高品位的状元文化公园。二是与美丽乡村建设相结合。建起了全省有名的留守儿童关爱基地——三封寺镇综合文化站、全市美丽乡村建设示范点——三封寺镇柿树村，巩固了村级文化活动中心老典型——章华镇五星村、万庾镇黄山村。三是与精准扶贫相结合。将文化扶贫纳入精准扶贫工程之中，从贫困村文化场地建设、基础设施添置、广场舞辅导、送文化下乡等方面介入，让当地老百姓逐渐实现文化"脱贫"。四是与旅游深度开发相结合。将历史文化、红色文化、生态文化等元素融入旅游产业开发之中，着力打造华容道、章华台、桃花山生态休闲园、华容河文化休闲走廊、千年银杏景区、华一水库景区、禹山景区等。五是与社会力量相结合。采取政府扶持和政策倾斜支持等手段，引导企业、社团和群众等一批社会力量加盟公共文化建设，充分调动民间资本投入公共文化建设的积极性，建起了中国首家棉文化博物馆、华容雨花斋、华容刘大夏文化园、利民木雕艺术展览馆和中富文园，并全年对外免费开放，成为地域标志性文化元素。

三年来，华容县示范区创建工作累计投入近3亿元，大力加强公共文化设施建设。县乡村三级公共文化服务设施达标率近100%。除了提质改造一批县级重点公共文化设施和建成华容河文化广场等7大广场外，还巩固了乡村文化阵地。已全面完成乡镇综合文化站建设，建筑面积均在300平方米以上，功能较为完善；推进了村文化活动室建设，40%的行政村和100%的社区建有面积达200平方米以上的文化活动中心；全县建有农家书屋459家、农村文化信息资源共享点372个；完成214个农民体育健身工程和98条路径健身项目建设。

二、公益文化传播迅猛推进

近年来，该县在加强基层公共文化服务硬件建设的同时，以文化志愿者队伍建设为抓手的"种文化"机制也取得了新成果，文化社团组织的各类活动广泛开展，加快推进了公益文化的传播。其中尤以华容县明德孝廉文化传播中心创办的"国学讲坛"等公益性社团文化活动尤为瞩目。

该中心为动员社会力量参与民生工程建设，为我县文化志愿者搭建服务群众的桥梁，在章华镇东正街建成了湖南首家免费素食互助餐厅"雨花斋"，进行国学传统文化公益宣传。该项目奉献给社会大众的，不仅是免费、健康的素食大餐，而且还有志愿者们精心打造的道德文化讲堂。"雨花斋"以餐饮为平台，以讲堂为根本，以素食为方便，以教育为目的，致力于传承传统伦理道德和国学文化传播，自2014年初建成后，日日有讲座，月月有活动，华容雨花斋竭诚服务社会，走进社区乡村，弘扬美德，传承文明，常年为弱势群体提供贴心服务，为社会营造和谐安宁文明祥和的环境作出了奉献。

此外，县文化馆多年来深入社区乡村，开展文艺骨干培训和海选活动，逐渐结出硕果，各类文化人才不断涌现。目前，华容县文化志愿者由成立之初的160多名扩充到现在的1000多名，服务团队由当初的4支扩充到现在的20支。该县文化志愿者先后组织开展了送戏、送培训、送广场文化下乡村、进社区、入校园等一系列特色服务活动。该县文化志愿者队伍建设正朝着组织专业化、运行规范化、管理科学化的方向稳步迈进，将为更好地服务于群众文化生活提供坚实的组织保障。

广播"村村响"工程播出惠农新声音，也成为公共文化传播的有效平台。目前该县广播电视"村村通"、广播"村村响"工程覆盖率已达100%，极大地丰富了群众的精神文化生活。

三、特色文化品牌精彩绽放

一年一度的由县文化馆与城市中央广场项目部等多家赞助企业联合举办的"少儿才艺大赛""全民歌唱大赛""戏曲展演"等海选活动和广场舞大赛好戏连台，精彩不断，参与群众达数十万之众，影响之深广难以估量，这是该县"种文化"机制与企业文化营销互相作用、互相促进的精彩典范和生动实践。县文化馆为引导群众自我展演，自我服务，充分发挥群众开展文化活动的主观能动性，在"种文化"机制上下足了功夫，数年来多次奔走企事业单位、深入村场社区开展文化联姻和文艺骨干培训工作。"种文化"举措为壮大群众文艺队伍，展示全县群文活动成果，强力推进文化惠民工程，发挥了积极作用，取得了突出的效果。

此外，该县还围绕节假日精心策划和举办了各类群文活动，为打造有品位、有特色和能形成品牌的公共文化产品，引导开展了一系列大型群众文体活动。先后组织举行了"欢乐潇湘·幸福岳阳·文明华容"系列群文活动，打造了每年一度的"百姓迎春""万众欢腾闹元宵""万人免费进歌厅"等文化活动品牌，促进了群众文化活动经常化、系统化。民间社团组织的举办的文化活动也蓬勃开展，县花鼓戏协会举办了以传承和推介非物质文化遗产"华容花鼓戏"进社区活动，其中大型现代花鼓戏《香火泪》县内外巡演68场次，观众12万人次以上。

经过近年来的努力，华容县在探索创建国家公共文化服务体系示范区工作中创造积累了一些切合实际的可复制的做法与经验，公共文化服务体系得到加强和完善，服务质量和水平得到明显提高，形成了"基础强化、保障有力、特色突出、活动常态"的新格局，为巩固提高国家公共文化服务体系示范区的创建水准奠定了坚实基础。

文化凝聚人心，文化构建和谐，文化衍生文明。随着城乡居民生活水平日益提高，文化需求不断增大，在华容县刚刚取得创建国家公共文化服务体系示范区丰硕成果后，又一幅文化惠民的崭新画卷正徐徐展开……

夯实基础 跨越发展
创建国家公共文化服务体系示范区

湖南省平江县文化广电新闻出版局 吴改良

平江地处湘、鄂、赣三省交界处，辖 27 个乡镇和 1 个省级工业园区，县域面积 4125 平方公里，总人口 109 万。平江英才辈出，是一块红色的革命热土。这里发生过"平江起义"、"平江惨案"等重大革命历史事件，为中国革命牺牲了 25 万优秀儿女，现登记在册的革命烈士达 2.1 万人，占湖南省烈士总数的五分之一，走出了苏振华、张震等 65 位共和国将军和 100 多位省部级领导干部，是全国三大将军县之一。平江山清水秀，是一块绿色的生态乐土。拥有"联合国绿色产业示范区"、"全国生态建设示范区"两张生态名片，森林覆盖率达 65.6%，空气环境质量位居湖南省前列，是服务长株潭城市群和洞庭湖生态经济区的重要生态安全屏障。平江历史悠久，是一块蓝色的文化厚土。过境 193 公里的汨罗江流传着"一江两诗魂"的佳话，承载着屈原、杜甫两位世界文化巨匠的不朽忠魂，被台湾著名诗人余光中先生誉为"蓝墨水的上游"，走出了现代著名武侠小说家"平江不肖生"向恺然、开国大典天安门城楼毛主席画像作者和人民币设计者周令钊、"文坛湘军"主将彭见明等一批文化名流，享有"中华诗词之乡"、"中国民间艺术之乡"等美誉。

2013 年岳阳市被国家文化部、财政部确定为第二批创建国家公共文化服务体系示范区城市以来，我县严格按照中央、省、市主管部门的工作要求，认真对照《第二批国家公共文化服务体系示范区创建标准（中部）》全力以赴开展示范区创建，竭尽所能满足人民群众精神文化生活需求，各项示范区创建工作强力推进，2014 年顺利通过"全国文化先进县"复查验收，连续三届获此殊荣。

一、党政重视，合力推进，示范区创建氛围浓厚

县委、县政府坚决贯彻落实中央文化惠民精神，把文化建设工作纳入经济社会发展总体规划，与经济社会发展一同研究部署、一同组织实施、一同督促检查。县委、县政府每年都单独召开两次以上专门会议，研究解决文化

改革发展的重大问题，制定文化改革发展优惠措施。县委、县政府主要领导每年都组织开展一次以上文化工作调研，及时帮助解决制约当前文化发展的重大问题。2014 年成立了平江县创建国家公共文化服务体系示范区工作领导小组，编制了《平江县创建国家公共文化服务体系示范区工作实施方案》和《平江县创建国家公共文化服务体系示范区建设规划（2013～2015）》。同时建立了严格的创建工作考评和综合目标管理考核制度，县创建办每季度组织开展 1 次督查考评，并将考评结果纳入县委、县政府年终目标管理考核，作为衡量领导班子和领导干部工作业绩的重要依据。

二、抢抓机遇，聚力发展，基础设施建设不断夯实

近年来，我县抢抓国家加大文化惠民工程建设的有利契机，不断加大文化投入，全县公共文化设施建设加速推进，县、乡、村三级公共文化服务网络初步形成，为构建城乡公共文化服务体系打下了坚实的基础。

一是县级公共文化设施日益完善。2013 年投资 6000 万元建成一个面积87000 平方米的公共文化体育活动广场，投资 30 万元对图书馆进行了书籍补充。2014 年投资 1300 余万元完成了湘鄂赣革命根据地纪念馆提质改造工程，新辟了《英雄湘鄂赣——湘鄂赣革命根据地历史陈列》展览。2014 年年底启动了县文化艺术体育活动中心建设的规划设计、项目申报等前期工作，计划今年下半年正式动工建设。截止目前，县图书馆建设面积 2000 平方米，设有外借室、期刊报纸阅览室、少儿阅览室、古籍收藏室、地方文献室、电子阅览室，建成了文化信息资源共享工程县级支中心，2012 年第三次连续被评为国家一级公共图书馆。县文化馆建设面积 625 平方米，设有多功能厅、学习室、非遗展厅、展览厅、舞蹈排练厅、辅导与培训教室、计算机网络室，2011 年全国第三次文化馆评估定级被评为国家二级馆。平江起义纪念馆占地41 亩，分史料陈列馆和彭德怀铜像广场两部分。其中平江起义史料陈列馆占地 21 亩，主楼建筑及附属建设面积 4500 ㎡，展室面积 2400 ㎡，展览面积1500 ㎡，共展出图片 380 余幅，实物 60 余件，2007 年列入国家第一批博物馆、纪念馆免费开放名单，同年成为全国爱国主义教育示范基地。湘鄂赣革命根据地纪念馆 1998 年建成开馆，占地面积 7300 平方米，建筑面积 3800 平方米，展览面积 1280 平方米。拥有"英雄湘鄂赣——湘鄂赣革命根据地历史陈列"、"平江英豪"、"人民公仆"、"英烈风范""苏振华将军生平业迹展"等五个专题陈列，2009 年列入国家第二批博物馆、纪念馆免费开放名单。文化活动广场：城区范围内拥有彭德怀铜像广场（9288 ㎡）、天岳广场（87000

㎡）等 2 个大型露天群众文化活动广场，同时还新建了沿江风光带及 10 个街边游园，县城区室外公共文化活动面积达到 15 万㎡。

二是乡镇文化设施逐步提质。在"十一五"申报建成 29 个乡镇综合文化站的基础上，启动了乡镇文化活动广场和乡镇综合文化站提质改造建设工程。近两年新建乡镇文化活动广场 10 个，完成了 22 个乡镇综合文化站的音响器材配套，启动了 4 个乡镇综合文化站的提质改造工程建设。

三是村级文化设施稳步发展。在"十二五"建成 824 个农家书屋的基础上，积极开展村级文化活动中心建设及农家书屋书籍补充，近两年共建成村级文化活动中心 288 个，完成农家书屋书籍补充 763 家。

三、加强管理，强力提升，公共文化服务优质惠民

依托日臻完善的公共文化设施，全县公益性文化单位按照中央关于文化体制改革总体部署，及时转变机制，增加活力，加强管理，改善服务，提升水平，为广大群众提供内容丰富，形式多样的文化服务，在保障人民群众基本权益，活跃人民群众文化生活中发挥着主导作用。图书馆、文化馆、平江起义纪念馆、湘鄂赣革命根据地纪念馆全面实行了免费开放，县文化馆建立了文化辅导员包乡包片进社区免费辅导制度。

图书馆年均免费借阅图书 10.3 万册次，接待读者 11.8 万人次。文化馆年均接待学习、参观 6470 人次，举办各类文化艺术活动 20 场次，指导县直单位、企业、社区、乡镇筹办文艺活动 40 多场次，举办各类培训班 12 期，培训人员 2000 余人。平江起义纪念馆年接待国内外观众 20 余万人次，湘鄂赣革命根据地纪念馆年接待参观游客近 15 万人次。全县所有乡镇综合文化站 2011 年实行对外免费开放，年均开展服务 100 万人（次）。

四、扎根人民，着力基层，群众文化活动风生水起

文化发展的目的在于人民，文化发展的动力来自人民，文化发展的成果应该由人民共享。在工作中，我们一是秉承"文化发展成果人民共享"的宗旨理念，积极开展"演艺惠民""送文化下乡"等文化惠民工程，年均开展"送戏下乡"演出近 200 场次，赠送各类图书资料 12.5 万余册。2013 年度"送戏下乡"的一个主题活动"乡村大课堂"，社会反响强烈，得到中央电视台第七套节目及湖南经视的采访推介。二是坚持"文化发展以人民为主体"的活动宗旨，广泛开展各类群众文化活动。近两年成功举办了第九届"蒲公

英"奖少儿艺术大赛、"欢乐潇湘·幸福岳阳·神奇平江"大型群众文艺汇演、平江县首届文化旅游灯会节、《共和国不会忘记》平江失散老红军肖像摄影展等大型主题文化活动 8 个,开展群众广场舞蹈大赛、"百姓舞台"、"一元剧场"、"乡村大课堂"、"群众大课堂"、"平江好声音"卡拉 OK 电视大赛、拔河电视大赛等群众性文体活动 700 余场(次)。其中"欢乐潇湘·幸福岳阳·神奇平江"大型群众文艺汇演连续两年荣获省、市多个奖项。

五、立足根本,借力跨越,文化遗产保护卓有成效

文化遗产是记载一个地方历史文化的"活化石",是承载一个地方悠久文明的"时光机"。近年来,我县始终坚持"普查与申报同行,挖掘抢救与发展弘扬并重"的工作原则,不断挖掘文化大县的深厚底蕴。

2013 年,中共平江县委旧址正式公布为第七批全国重点文物保护单位,2014 年完成了保护规划和修缮方案的设计,现正在接受评审。同时,近两年还成功申报省级文物保护单位 1 处、市级文物保护单位 16 处、市级传习所 2 处、省级代表性传承人 1 人、市级代表性传承人 1 人,公布我县第三次全国文物普查不可移动文物名录 361 处、第四批县级文物保护单位 45 处,报送国家级、省级、市级共 6 个非遗项目的资料。

2014 年借助湘鄂赣省苏区论坛在我县举办的平台,完成了新四军平江通讯处旧址的维修和陈列布展以及湘鄂赣省苏维埃第一次工农兵代表大会旧址、湘鄂赣省委省政府省军区驻地旧址等湘鄂赣苏区论坛主要参观接待点的落架维修;并通过政府支持、市场运作的模式引资 2000 万元进行电影《共和国反腐枪声》的拍摄和李六如故居修缮,该项工作正在进行中。同时,完成了省保单位杜甫墓祠、向钧烈士故居的抢救性维修及周边环境整治,建成了"红色记忆馆"和"民俗展览馆",制作了省保单位李六如故居、张岳龄故居、看樑大屋修缮方案,完成了三阳乡狮岩村南北朝时期古墓葬、板江乡明代古墓葬的抢救性发掘,安定镇工业新区文物抢救性发掘项目正在进行,对长寿镇、瓮江镇发现古墓葬事件进行了及时处置。

截至目前,我县共有全国重点文物保护单位 2 处、省保 11 处,市保 18 处、馆藏文物 1191 件(其中国家一级 4 件,二级 10 件,三级 232 件),不可移动文物 361 处;国家级非遗保护项目 1 项、省级 3 项、市级 2 项,省级代表性传承人 2 人、市级 4 人,市级非遗传习所 2 处。

六、多措并举，全力帮扶，文化产业发展持续推进

深入解读文化工作精神，正确审视文化产业发展形势，立足文化产业，面向文化市场，积极将文化产业培育成为国民经济支柱性产业。一是认真做好文化市场服务工作。严格执行"阳光审批"、"一站式服务"、"一次性告知"等服务机制，不断加强法制宣传教育和窗口人员、经营业主业务培训。全年集中开展法制宣传活动4次，开展业务培训班1期，并及时完成全县文化、新闻出版经营单位许可证年审及网吧证换发工作。二是组织成立了平江县文化产业公司，积极探索我县文化产业发展思路，同时认真组织开展文化与商业联谋活动，通过引进演艺、讲座等，实现经济效益与社会效益双赢。三是全力引导文化产业发展壮大。认真组织开展文化产业普查，建立文化产业数据库；不断优化文化产业发展环境，将文化产业扶持基金纳入财政预算，并选取一批优秀的文化产业项目进行重点扶持；积极寻找政策支持，选取优势文化产业项目申报进入上级储备项目库，以争取上级扶持资金。2013年引进的总投资1700万元的高档数字影院——华厦国际影城走势强劲，年票房收入达72万元。

创新开展"民间众筹文化院坝建设"
探索构建现代公共文化服务体系建设的新模式

四川省丹棱县文化广电新闻出版局 叶 斌 商 益

引导民间众筹文化院坝建设项目是培养社会主义核心价值观的重要抓手，是丹棱县深入贯彻落实党的十八大、十八届四中、五中全会精神，落实中央、省、市、县《关于加快构建现代公共文化服务体系的意见》及市委"文化立市"、县委"文化名县"战略的具体体现，是坚持以人民为中心、以大雅文化为特色，强力实施"文化名县"战略，奋力建设"政和、业兴、文昌、景美、民乐"大雅家园建设的重要举措，是深入推进县域公共文化服务体系建设的积极探索。

2015 年 4 月，丹棱县启动了创建国家第三批国家公共文化服务体系示范项目工作。7 月，国家文化部发文公布示范区（项目）名单，《眉山市丹棱县引导民间众筹文化院坝建设项目》作为四川省 2 个示范项目之一，成功申报为第三批创建国家公共文化服务体系示范项目。项目预期在两年内建成 100 家民间众筹文化院坝，探索出可借鉴可复制的构建现代公共义化服务体系的丹棱模式。

一、引导民间众筹文化院坝建设的主要做法

（一）政府引导，搭建平台，为民间众筹文化院坝建设打下坚实基础

一是政策支持。我县先后印发了《关于开展创建国家公共文化服务体系示范项目"眉山市丹棱县引导民间众筹文化院坝建设"工作的实施意见》、《丹棱县民间众筹文化院坝建设标准》、《丹棱县创建国家公共文化服务体系示范项目建设专项资金使用管理办法》等文件，大力倡导社会力量参与公共文化服务。在建设中把握原则，规范建设标准。民间众筹文化院坝建设坚持免费开放、持久健康、服务群众原则，达到"四有四化"的标准，注重引入特色文化元素，因地制宜打造品质文化院坝。

二是资金扶持。通过政府采购院坝文艺队节目、投入项目资金为自办文化院坝硬化场地、增添器材、排练节目等，扶持文化院坝建设。对建成的有

特色、有成效、群众满意的文化院坝进行适当的项目资金扶持，重在激发众筹参与者的潜能和责任心。同时，在鼓励自建、体现众筹的基础上，采取以奖代补、政府采购、委托管理等多种形式，对验收合格的文化院坝进行适当补助，落实相应的扶持措施。

三是活动引领。"铺天盖地"开展群众文化活动，每年在全县开展"大雅新农民·快乐新农村"群众文化活动150场次以上，成功将"大雅新农民·快乐新农村"群众文化品牌活动打造成全市出彩、全省有名的农村群众文化活动品牌。同时，在开展群众文化品牌活动的基础上，全面提升群众文化活动，积极引导社会力量参与公共文化服务，通过民间众筹的方式成功打造了作平文化大院、德祥文化大院等一批示范文化大院。其中以作平文化大院为代表的民间众筹文化院坝，成为全省、全市推广典范，2014年王作平被评为全国优秀文化志愿者。

（二）突出地方特色，发掘大雅文化，创新民间众筹文化院坝建设新模式

1. 突出县域文化，展示丹棱特点

民间众筹文化院坝建设以充分挖掘大雅文化为基础，突出丹棱地方文化特色。在继承丹棱民间文化艺术精华的基础上，对传统表演艺术进行深入的挖掘和整理。在推动丹棱唢呐、花灯、莲萧、牛儿灯等传统表演艺术形式创新、内容丰富、队伍壮大、品牌提升的基础上，根据丹棱新村建设的成果、产业发展的成果、城镇一体化发展的成果，集中打造一批村级新村聚居点文化院坝、家庭农场文化院坝、小区文化院坝、乡村旅游景区文化院坝、农家乐文化院坝等。

2. 把握基本原则，规范建设标准

民间众筹文化院坝建设要坚持免费开放、持久健康、服务群众原则，达到"四有四化"的标准，即有一个组织机构，有一个活动院坝，有一支文艺队伍，有一批文艺项目；活动经常化，形式多样化，内容精品化，参与广泛化。

3. 立足形式创新，众筹打造阵地

（1）群众自办文化院坝

鼓励引导群众自办综合性文化院坝，可以创办特色农产品、园艺、根雕、古玩收藏、奇石、书画、摄影、非遗等专业类文化院坝。群众通过筹资、投劳等多种形式，参与文化院坝建设，参加文化院坝活动。

（2）企业领办文化院坝

鼓励企业将内部文化活动场所向社会开放，面向群众办文化院坝。开展

"百企联百院"活动，企业冠名或举办群众文化活动，赞助农村文化院坝建设。

（3）文旅结合办文化院坝

利用文化旅游风景区、生态农业观光园和农家乐的场地和资金优势，注入特色文化元素，引导喜爱文艺、热心公益的业主开办文化院坝，打造乡村文化旅游品牌。

（4）社团参与文化院坝建设

鼓励文艺社团、培训机构、演艺团体面向社会开办文化院坝，或开展送文化进文化院坝活动，鼓励文化社团参与乡镇综合文化站、村（社区）文化活动室的管理和服务。

（5）群众参与文化院坝管理

创新管理模式，采取个人申报、竞选择优、委托管理等方式，将乡镇综合文化站和村（社区）文化活动室委托给地方文化能人管理，以充分发挥现有乡镇综合文化站和村（社区）文化活动室作用。

二、引导民间众筹文化院坝建设的具体成效

（一）自创文化品牌不断丰富

全县文化院坝已形成"一院一坝一品牌"，涌现了特色农产品、园艺、根雕、古玩收藏、奇石、书画、摄影、非遗等专业类文化院坝及作平文化人院、德祥文化大院等综合性文化院坝。群众通过筹资、投劳等多种形式，参与文化院坝建设，参加文化院坝活动。丹棱镇桂花村农民王作平，执着坚持10年，利用自家院坝，搭建舞台，建设多功能活动室，组建文艺队伍，开展文艺培训和演出，大力宣传党的政策、提供服务信息，打造永不关门的"作平文化大院"，被文化部评为"全国优秀文化志愿者"。张场镇小河村农民文德祥开办"德祥文化大院"，自办"村晚"，受到央视、新华社关注。全县依托众筹民间文化院坝建设，大力开展"大雅新农民·快乐新农村"群众文化品牌活动，受到中央级媒体关注和报道。

（二）群众文化活动形成常态

众筹文化院坝建设打破常规俗例，建在群众家中和身边，既方便群众就近就地开展活动，又激发群众文化自觉。群众自发组织舞蹈队、锣鼓队、花灯队、连箫队，编演快板、小品、歌舞，通过身边人演身边事、身边事教育身边人，达到"天天有文化生活、月月有精彩表演、年年有主题活动"的效果，打牌赌博、婆媳矛盾、夫妻不和、邻里纠纷少了，积极向上的社会主义

文明风尚多了，文化院坝成为永不落幕的乡村大舞台、党的政策法规的宣讲台、农业科技技术的培训点、邻里纠纷的调解室。

（三）以点带面促快速发展

先行试点建设完成的文化院坝运营情况良好，带动了周边群众文化的快速发展，社会反映良好，获得了周边群众的一致好评吸引了一批外地文艺爱好者慕名前来参观学习，提高了我县众筹文化院坝的知名度和美誉度。

2015年我县启动了岐山文化大院、峨山窖酒文化大院、华顺公司文化大院、仕清园作家文化大院、培珍摄影文化大院、盆景园文化大院等示范点的创建工作。新建成的华顺公司（企业）文化大院，继拍摄本土电视连续剧《情满丹棱》后，2016年众筹100余万元启动了续拍频道电影《赵桥村的幸福事》，进一步繁荣地方传媒影视业发展。截止2016年7月，已完成40个文化大院的建设，将于2017年实现全县民间众筹文化院坝100个。

（四）探索出了构建现代公共文化服务体系建设的新模式

民间众筹文化院坝建设的成功实践，充分发挥了项目资金"四两拨千斤"的示范引领作用，通过政府购买、以奖代补、树立典型、搭建平台、服务指导、媒体宣传等措施，调动群众自办文化院坝的积极性，弥补了政府在公共文化设施上投入不足，管理不到位，群众参与度不高的弊端，探索出了构建现代公共文化服务体系建设的新模式。

（五）促进了农村产业发展和农民增收

文化院坝以文化活动为平台，经常性组织进行农业科技知识培训，带动农村产业结构调整，组织文艺队员成立农业专业合作社，发展家庭农场，有力促进了农村产业结构调整和农民增收，为建设社会主义新农村发挥了积极作用。

三、下一步工作举措

一是进一步探索基本公共文化服务与群众自我服务相结合的方式，在2016年下半年建设完成30个民间文化院坝，2017年上半年建设完成30个民间众筹文化院坝，实现全县7个乡镇、78个村（社区）民间众筹文化院坝全覆盖。

二是完善民间众筹文化院坝管理的体制机制；建立健全引导民间众筹文化院坝建设长效机制，推动可持续发展。

三是创新管理模式，让群众参与文化院坝管理。遴选农村文化能人，负责日常管理和活动组织，提供志愿服务等；成立"群众文化理事会"，将部分文化院坝交由"群众文化理事会"来管理。理事会中，基层文化专干、业余文化骨干和文艺爱好者都可以通过竞选成为理事会成员，吸收大量本土优秀文化人才和热心文化人士参与，根据村民文化需求，策划开展文化活动，让人人成为基层文化阵地的主人。

四是积极争取各级对丹棱创建国家公共文化服务体系示范项目工作的支持。通过创建工作，进一步推动丹棱县"大雅新农民·快乐新农村"群众文化活动的开展，提升品牌形象，提升我县基层公共文化服务能力。

依托诗乡文化品牌　提升文化服务水平

贵州省绥阳县文体广电新闻出版局　冉光宇

绥阳县位于遵义市中部，距中心城区28公里，下辖15个乡镇和1个省级经济开发区，总人口57万。绥阳旅游资源富集，文化底蕴深厚，宋代军事家冉琎、冉璞兄弟筑合川钓鱼城抵御蒙军改写世界历史，汉三贤之尹珍在旺草设堂讲学15年开启绥阳文化发展的先河，孕育了长达2000多年的诗歌文化。是中国诗乡、全国文化先进县。

近年来，绥阳县委、县政府提出了"以诗歌文化为龙头，带动其他文化"和"以城镇文化为中心，辐射乡村文化"的文化发展战略。注重文化与经济并重发展，坚持统筹城乡、中心下移，面向基层、服务群众，着力打造特色文化活动品牌，让更多人民群众享受到文化发展成果。

一、激活主体，公共服务实现"品牌化"

坚持突出群众主体地位，以群众喜闻乐见的比赛、展示为载体，让农民群众从台下走到台上，由观众变成演员。根据群众文化需求和地域文化特色，我们精心打造了一系列文化活动品牌。一是以举办大型诗歌艺术节为载体，打造中国诗乡文化品牌。每五年一届的诗歌艺术节活动已举办4期，产生了巨大影响；一年一度的乡村旅游文化节，深入挖掘乡村文化内涵，展示出我县原生态农耕文明，全面对外推介了我县旅游文化资源；结合乡村广场舞活动，在秋季举办大型"诗乡之秋"群众广场舞大赛、中国绥阳诗歌朗诵大赛等，带动了全县群众文体活动的蓬勃开展。二是利用"诗词之乡"特色，打造诗词文化品牌。我县提出"以诗歌文化为龙头，带动其他文化发展"的战略思路，逐步树立起诗词文化品牌。2011年以来，先后在全县15个乡镇开展诗歌文化进村入寨活动，文化馆每月派出业务人员对农民文艺爱好者进行诗歌、曲艺创作授课，对作品进行创作指导，通过"写山歌、唱欢歌"的形式，培育农民群众诗歌素养，丰富农民朋友精神文化生活。三是结合"我们的节日"主题活动，丰富群众精神文化生活。文化馆按照"周周有活动、月月有主题、季度有高潮"的定位要求，着力打造"诗乡文化讲堂"、"诗乡情韵·周末广场文艺演出"等文化平台。各乡镇依托传统节日举办各具特色的群众文化娱乐活动，如蒲场镇元宵节玩龙舞狮已有上百年历史，枧坝镇端午节玩水龙独具特色，温泉镇的农民春晚办得有声有色，尖山苗族采山节吸引周边县市广泛参与。四是通过开展"送文化下乡"活动，满足基层群众精神文化需求。我县采取场地演出与小分队演出相结合方式，竭尽全力满足农民看戏的需求。文化下乡的形式也由最初的乡镇演出，延伸到农家院落、田间地头。除了文艺演出外，还开展免费为农民拍全家福、送字画、春联等活动。为加强对乡镇基层文艺团队指导，县文工团还制作了"社区及基层文化指导员工作联系卡"，基层文化指导员常年不间断对镇乡文艺团队、基层文艺爱好者进行免费艺术指导。

二、拓展范围，活动阵地实现"网格化"

我县历来重视文化建设，坚持把文化工作纳入全县经济社会发展总体规划。三年来，本级财政投入文化建设经费持续增长，占财政总支出比例逐年提高，人均文化事业经费高于省、市平均水平。在创建国家公共文化服务体系示范区工作中，财政拨付500余万元开展县、乡、村三级创建工作，实行创建网格化。文化馆、图书馆作为县域公共文化服务体系重要组成部分，是全县文化集中展示场所，是丰富老百姓业务文化和精神生活的重要平台，我县一直将两馆作为县域重要文化平台打造。通过向上争取和自筹资金、招商引资等方式，先后筹集资金9000万元，在县城区修建了一批文化体育设施。在县城的老城区建成幸福河滨休闲文化广场，在新城区建成诗乡文化广场、中国金银花文化艺术广场，启动城市生态文化中央公园、城市智慧文化广场建设，在城郊腹地建成"嘉德山居"、"诗乡花海"文化创意项目，在景区双门峡建成中国首家"诗歌谷"，着力打造成为中国文联创作基地。建立15个乡镇综合文化站，60%的行政村建有乡村大舞台，90%的社区有文化活动阵地，村级基层服务网点118个，全面完成110个农家书屋、17个数字农家书屋已建设，实现了公共文化服务网点全覆盖。

三、人才互动，队伍建设实现"多元化"

坚持政府鼓励引导和群众自发参与相结合，建设一支来源于群众、贴近于群众、服务于群众的文化队伍。一是抓人员，壮大充实文化队伍。依托资深专业文艺人才，成立了公共文化服务体系建设专家库和专家咨询委员会；通过面向社会和大专院校公开招考事业编制文化人才，在县内外选聘、选调

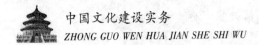

有相应技能人才充实诗乡文工团；各乡镇文化站落实3名以上编制的文化干部，配备了一至二名财政补贴的文化管理员或辅导员，专门从事辖区内文化工作的组织协调和活动开展。二是抓团队，规范群众文艺团队管理。县文化馆先后组建了"诗乡红歌合唱团"、"诗乡小辣椒艺术团"等5个文艺团队。各乡镇都建立2支以上、具有一定规模的业余文艺团队。县文化馆业务干部兼村（居）文化指导员，挂帮乡镇、村（居）文艺团队，与基层文艺骨干同台演出、相互交流，手把手、面对面地进行培训和辅导，提升文艺演出质量和水平。三是抓交流，提升文艺队伍素质。采取"走出去、请进来"的方式对文艺骨干"充电"培训，先后组织文化骨干到艺术院校学习，与文化发达地区开展文化交流，文化馆相继邀请国内著名作家、诗人和音乐舞蹈家来绥授课，民间文艺团体诗乡风雅艺术团应邀到韩国首尔、奥地利维也纳金色大厅展演，让中国诗乡文化元素走向国际舞台。

四、创新机制，资本运作实现"社会化"

文化来源于民间，发展于群众，而最终必定走向市场。我们在推进公共文化建设中，积极对接社会资源，运用市场运作方式，激发了各方面参与文化建设的积极性。一是社会"助办"，为实现文化事业社会融资，我们积极引导鼓励，通过企业冠名、社会资助等多种方式，引导社会资本和个人对公益性文化事业捐赠。如即将举办的"诗乡映像之夜"新春灯会、房产交易会由房开企业赞助500万取得冠名权，既提升了企业社会形象，又丰富了群众文化生活。博雅文化艺术陈列馆由民营企业家投资兴建，政府给予一定补助，全年对外免费开放。目前我们正着手重新规划布展，力争建成中国首家诗歌陈列馆，打造诗乡绥阳的新名片。各乡镇结合地方特色，依托当地企业支持，积极举办的各类民间文化活动，丰富集镇文化活动，提升集镇文化品位。二是群众"自办"，政府搭建平台，积极培育民间文化市场，多方位提供发展空间，鼓励农民群众自办文化。吉帮金银花公司创办金银花大剧场、枧坝镇农民唢呐队、温泉镇募阳小三峡文艺表演队等文化队伍都由当地民间艺人自发组织，他们自编自导、自娱自乐，在服务村民、满足自身文化需求的同时，积极开拓文化市场，成为农民增收致富新渠道。

深化文化改革　塑造剑河形象

贵州省剑河县文体广电新闻出版局　陆显著

一、剑河县情

剑河新县城位于贵州省黔东南州中部，距省城贵阳航空 210 公里，距州府凯里 55 公里，320 国道和 65 号高速公路穿城而过，交通极为便利。全县总面积 2176 平方公里，总人口 24.76 万人，以苗、侗为主的少数民族人口占 96%。全县森林覆盖率达 68%，享有"绿色王国"之美誉，是国家 48 个集体林区和贵州十个林业重点县之一，四季分明，气候宜人，是天然的大空调、大氧吧，适宜四季旅游。

二、公共文化概况

我局充分发挥职能作用，大力宣传社会主义新思想、新道德、新风尚，传承非物质文化遗产，弘扬民族、民间文化；积极推进公益文化体育基础设施建设，加强行业整治，净化文化市场；深化广播电影电视体制改单，促进新闻宣传和管理水平跃上新台阶。在切实巩固和深化公共文化服务的同时，不断满足人民群众的精神文化需求，努力提升剑河文化品位，树立平安、和谐、美丽剑河新形象。

（一）文体事业蓬勃发展，人民群众的基本文化权益得到有效保障

1. 免费开放工作取得实效

以创建公共文化服务体系为抓手，不断完善文化基础设施建设，文化阵地建设深入推进。投入资金 1409 万元，完成 12 个乡镇综合服务站和 301 个农家书屋建设工作，并对"两馆一站"场馆进行改造维修及设备购置。"十二五"期间，图书馆累计接待读者 145229 人次（平均年接待读者 29045 人次），文化馆累计接待群众 67200（从 2012 年开始对外免费开放，平均年接待群众 16800 人次），12 个乡镇综合文化站累计接待群众约 15800 人次（从 2014 年开始对外免费开放，平均年接待读者 7900 人次），极大地丰富了人民群众的精神文化生活。县文化馆 2011 年被评为国家二级文化馆，县图书馆 2013 年被评为国家三级图书馆。

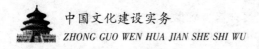

2. 群众文化活动健康发展

以国家法定节假日及民族传统节日为平台，坚持举办群众文化和演出活动，城乡文化活动由简单的"送戏下乡"形式逐步扩展到立足于民族特色，以节庆文化、广场文化和民族民间文化为主体的模式上来。秧歌、歌舞、广场舞等民间文艺组织逐渐增多，群众精神文化活动内容日趋丰富。"十二五"期间，我县共开展"文化下乡"演出活动68场，连年举办"八一"、春节联欢晚会、仰阿莎艺术节等演出活动。积极举办春节大型游艺活动，协办完成"山歌宣传交通安全演唱会"，并在黔东南州山歌宣传交通安全大赛中获得第一名。

3. 体育事业发展良好，全民健身氛围浓厚

投入资金3430多万元，建成县民族体育场、县乒乓球馆、4个乡镇级农民体育健身场（观么、岑松、磻溪、南明）和50个村级农民体育健身场，体育基础设施建设得到较大改善。2011年来，成功举办（承办、协办）剑河县新县城第一届运动会、城区周末篮球赛、全州中学生篮球运动会、革东中学冬季田径运动会、三八节拔河、迎"五一"职工长跑等赛事。

4. 社会体育团体不断壮大

"十二五"期间，我县各种体育协会增至35个，其中，城关地区21个、乡镇14个，会员增至1300余人。除此外，还先后成立了篮球、棋牌、足球、跆拳道、羽毛球、乒乓球、门球、健身操、青少年武术培训中心、锣笙分会、同心花园秧歌分会、登山协会等单项体育协会，全民健身氛围日益浓厚。

（二）文化市场监管得到加强，为文化大发展大繁荣创造了良好的社会环境

1. 法律法规宣传大力开展

通过制作宣传册、开展培训等有效方式，积极开展"保护知识产权"、"安全生产月"、"综治宣传月"、"文化综合执法"等宣传活动。共计发放宣传资料28000余份，经营业主守法经营意识和人民群众维权理念明显提升。

2. 文化市场监管有力，"扫黄打非"成效明显

根据省、州有关文件精神，我县已将城关地区17家单体网吧成功整合并注册成立"剑河县大世界文化传媒有限公司"，成为全州仅有的两家网吧连锁企业之一。同时，通过采取联合执法、电子监控、集中整治和常规检查等方式方法，不断加大文化市场巡查和监管力度。"十二五"期间，共出动执法人员24418人次，检查文化经营单位11022家次，警告处罚26家次，查处66家次，责令停业整改11家次，吊销营业执照1家次；收缴低俗、盗版音像制品2659张、非法盗版出版物18897本（份），扣押电脑105台、涉赌游戏机8

台，取缔出版物市场无证店档摊点 25 个、非法无证经营 KTV 娱乐场所 1 家、"黑网吧" 3 家、非法商业演出 2 次，共处罚金 58900 元。文化市场各类违规违法经营行为得到有效打击，经营秩序持续好转。2011 年，县文化旅游综合执法大队被省"扫黄打非"领导小组评为"扫黄打非"先进工作单位。

（三）文化遗产得到有效保护，优秀民族民间文化得到较好传承和发扬

1. 非遗工作取得丰硕成果

非物质文化遗产保护传承、民族民间拨尖人才评审等制度不断完善，非遗申报、传承、保护工作取得巨大成果。截至目前，我县申报获批国家级非物质文化遗产项目名录 6 项，省级非物质文化遗产项目名录 13 项，州级非物质文化遗产项目名录 16 项，县级非物质文化遗产项目名录 35 项；有各级传承人 43 人（含省州县三级），其中，州级传承人 13 名、省级传承人 5 名。我县已成为我州乃至我省的非遗大县。《剪纸》系列作品和《锡绣》作品在贵州省非遗大赛中分别获一等奖和优秀奖；农民画作品《驻村干部和我们一条心》参加中国·义乌廉政农民画大赛荣获国家级二等奖；《剑河苗族水鼓舞》应邀参加中央电视台 2012 农民春晚演出，苗族飞歌《秋天的季节》应邀参加全国第九届少数民族运动会开幕式演出……剑河优秀文化外界知晓率大幅提升。

2. 文物普查保护工作扎实开展

一是民族文化村寨申报工作成效显著，截至目前，我县申报获批各类民族文化村寨 36 个，展溜苗寨被国家文物局列入中国世界文化遗产项目预备名单。二是文物普查工作扎实开展，县内共有可移动文物 1939 件，不可移动文物 244 处，其中，省级文物保护单位 2 个（柳基城垣遗址、例定千秋碑）、州级文物保护单位名录 6 个（南哨观音阁、奉党墓地、利在大我名垂千古碑、李世荣墓、大广坳红军战斗遗址、凯寨红军战斗遗址）、县级文物保护单位名录 29 个。

（四）广播电影电视事业得到加强，新闻宣传和管理水平跃上新台阶

1. 服务基层水平稳步提升

投入资金 480 万元，完成 11 个乡镇（除革东镇）2600 余户有线电视联网工作。完成革东镇和敏洞乡调频广播建设任务，建成 2 个镇级、49 个村级调频广播系统、70 个自然寨广播接收扩系统和 44 个广播音柱。投入资金 950 万元，完成"十二五"直播卫星接收设施建设工程 25329 户，其中："村村通" 18669 户，"户户通" 6660 户，有效地解决了边远地区群众看电视难问题。开展农村电影公益放映 15548 场，观众累计达 170 万人次，极大地丰富

了农村群众的文化生活。

2. 自办节目质量逐步提高，电视新闻宣传取得实效

县广播电视台充分发挥主流媒体喉舌作用，紧紧围绕县委县政府中心工作，积极开设"整脏治乱，共建美好家园"、"创建卫生城市"、"创优发展环境，促进经济发展"、"剑河县安全生产承诺"、"健康教育"、"基层党工委书记谈党建"等主题宣传专栏，深入宣传我县经济社会建设成果，切实关注民生，积极反映民意，大力宏扬、讴歌典型、模范，着力倡导新风尚。"十二五"期间，县广播电视台共播出专题节目《平安剑河》92期、《快乐厨房》18期、《民生一线》23期、新闻5082条，选送新闻被州台采用播出749条，上稿量保持良好上升势头。《元旦　玉凯高速交警执勤遇车祸　协警殉职交警伤》、《书画艺术家把爱心送进偏远乡村学校》、《碘盐风波》、《夜访农家听民意解民忧》等一批优秀新闻作品获奖，较好地宣传和推介了剑河。

三、特色旅游文化

（一）剑河苗族水鼓舞

苗族水鼓舞是贵州省剑河县革东镇大稿午村的一项传统祭祀舞蹈，被称为民族民俗文化的"活化石"。苗语称苗族水鼓舞为"zuk niel eb"。zuk niel 意为踩鼓，eb 有水流、雨水等意。从苗族古歌内容考证，苗族水鼓舞已在剑河县革东镇大稿午村流传了五六百年，是一种"祈雨"舞蹈，舞蹈分为祭祀、起鼓、踩鼓、狂欢四个部分。水鼓舞之辞源主要有两层含义：一是因在水中踩鼓而得名；二是因祈求上天降雨以保丰收而得名。鼓是苗族的"重器"，被认为是祖先灵魂的安居之地。每年农历六月第一个卯日之后的第一个丑日举行"起鼓"仪式。当天上午，人们从"甘栋榔"（苗语，寨中一地名）开始"走寨"。之后聚集到村前的小溪边（即老祖公告翌仲被掩埋之地）举行"起鼓"仪式。之后，由两男子抬着木鼓置于小溪的中央，众男子在溪中一边踩鼓，一边捇水掷泥嬉戏。男人头戴斗笠、倒披蓑衣、身穿当地女性衣裙、挂着干鱼，打扮夸张怪异，动作粗犷豪放。"起鼓"后的第二个丑日，全村的男女老少自发的来到大稿午寨边坝子里踩鼓跳舞。活动期间还举行斗牛、赛马、斗鸟等活动，夜间各村各寨唱酒歌、古歌、情歌。"起鼓"后的第三个丑日举行"分散鼓"，即该年度水鼓舞结束。

（二）丰富的旅游资源

剑河风景名胜区于 2000 年被列为省级风景名胜区，境内自然资源得天独厚，有中国名泉之一、理疗化指标与世界名泉法国维稀温泉类似的剑河温泉；

有暂居世界第二，望成为世界"金钉子"的八郎寒武纪古生物化石遗址；有多种景观有机结合、水面积达 80 平方公里的仰阿莎湖；有贵州保持最为完好、规模最大的原始森林。同时，境内民族文化神秘而丰富，有国家级首批非物质文化遗产，世界独一无二的苗族锡绣；有世界上最古老、最原生态的集体婚礼小广侗族婚俗；有民族原始舞蹈的活化石革东苗族水鼓舞；有获中央电视台 CCTV 青歌赛铜奖的久仰多声部苗族情歌；有被文化部命名中国民间绘画之乡的剑河县农民画。

展开文化发展腾飞翅膀

云南省昌宁县文体广电旅游局　段体宪

昌宁县位于云南省西部，属保山市。昌宁蕴含"昌盛安宁"之意，素有"千年茶乡、田园城市"之美誉。全县国土面积3888平方公里，总人口35.07万人。3000多年来，勤劳勇敢、纯朴善良的昌宁人民创造了灿烂的青铜文化、多彩的民族文化、和谐的生态文化、厚重的茶乡文化、秀美的田园文化。自2011年国家公共文化服务体系示范区创建以来，昌宁县按照"以点带面、以城带乡，聚焦基层、均衡发展"的工作思路，构建了覆盖城乡、持续发展的公共文化服务体系，顺利通过国家验收，2014年12月被国家文化部评为"全国文化先进县"。昌宁县的主要做法是：

一、设施齐备化

按照"整合资源、分步实施"的原则，提升县、乡、村三级公共文化服务设施。一是建强县城。投入资金6.69亿元，打造了茶韵公园、龙潭公园等8个群众主题文化公园，建成了体育馆、图书馆、文化馆等文化设施，实现了景观效果与文化功能的完美结合。二是做优乡镇。乡镇综合文化站建设总占地面积达1.5万平方米，每个乡镇均达1000平方米以上，所有乡镇实现了文化站建设全覆盖；配齐设备设施，全国第一次乡镇综合文化站评估定级达标率达100%。三是覆盖村级。建设村级综合文化活动场所124个1.3万平方米，自然村文化室208个16.6万平方米，村级实现有活动场地、有音响设备、有工作人员、有表演队伍、有经常活动的"五有"目标。

二、人才群众化

按照"人才兴文、文化惠民"的原则，丰富文化人才培养渠道。一是培养一批。及时扩充文化队伍，保证每个乡镇综合文化站配有3至5名工作人员，每个村配有1名村级文化干事。加强基层文化骨干培养，组织实施昌宁县"十百千"文化人才培育工程，培养了10名基层文化领军人物、100名基层文化骨干、1000名固定演出人员，全县专业艺术团体、公共文化机构和乡村专兼职文化管理员达5683人。二是充实一批。成立了昌宁县文化发展促进会，大力发展文化志愿者队伍，鼓励、引导和支持各界人士志愿参与公益性文化服务，全县文化志愿者达 7864 人，有效弥补了文化服务单位人员不足问题。三是吸引一批。组建农民业余文艺表演队 238 支，业余演出队员达 8262 人。通过开展丰富多彩的活动，吸引了一批有专业特长、热爱文化事业的人才，使乡村文化活动搞了起来、广场用了起来、广播响了起来、农民乐了起来，传播了优秀文化，引领了文明乡风。

三、活动常态化

按照"百花齐放、百家争鸣"的原则，拓宽文化体系创建主体。一是政府"主办"。图书馆、文化馆、体育馆、体育场、茶韵公园、乡镇综合文化站等公共文化场馆全部免费开放。大甸山墓地考古、"苗族服饰"非物质文化遗产保护与传承、千年茶乡茶事文化活动等重大文化活动和《云茶飘香》、《携手昌宁》、《千年茶乡之约》等大型文艺剧节目创作全部由政府主办。《草球乐》表演项目获 2015 年第十届全国少数民族传统体育运动会金奖。二是社会"助办"。按照"政府协调、社会参与、市场运作、群众受益"的模式，通过企业冠名赞助、文企联办、民办公助等形式，筹措资金 1100 万元，有效解决了"千年茶乡好声音"、"茶乡文化进万家"、"欢乐乡村大家乐"、湾甸泼水节等公共文化活动资金不足问题，体现了"公益文化社会办"的理念。三是群众"自办"。积极培育民间文化市场，多方位提供发展空间。耈街苗族花山节、珠街彝族火把节等节庆活动逐步成为农民群众没有围墙的"乡村大剧场"；"乡巴佬艺术团"、"街坊组合"等群众艺术团体定期演出，聚集了大批农民文化能人，吸引了大量的农民观众，成为农民群众展示风采的"综艺大舞台"。

四、保障制度化

按照"创新机制、突出特色"的原则，狠抓文化体系创建的制度建设。一是资金投入制度化。加大县级财政扶持力度，每年安排示范区创建经费补助 500 万元；投入资金 1216 万元，推出了《苗岭霓裳》、《茶乡法官》、《来救救我》等反映昌宁历史文化、风土人情、干部作风的影视作品。制定了《电影电视剧创作拍摄以奖代补办法》、《文学艺术奖励办法》等公共文化创建激励办法。二是文化下乡制度化。完善文化下乡制度，对县文工队进行转企改制，注册成立了"杜鹃文化传媒有限公司"；通过政府购买服务，年送戏下乡

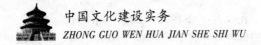

从 60 场次增加到 100 场次；同时，每年送书下乡 3 万册、送电影下乡 1800 场、培训广场操舞 50 场次，实现群众享受文化大餐"零距离"。三是绩效考评制度化。将公共文化服务纳入年度经济社会发展目标考核，层层签订责任书，定期督促检查，把文化建设软任务变成硬指标。

五、效益最大化

围绕"文化乐民、文化育民、文化富民"和公共文化活动"六有"目标，努力让创建效益最大化。天天有表演。90% 以上的村（社区）实现了天天有群众自娱自乐的歌舞活动，广大群众融入其中、乐在其中。月月有电影。100% 的村（社区）实现了"一村一月放映一场免费电影"，县城 3D 影院每周为群众免费放映一场电影。季季有比赛。80% 以上的村（社区）实现了每个季度至少组织一次群众性文体赛事；连续 6 年举办读书评比活动，对优秀作品予以表彰。年年有演出。每年组织 1 场以上综合文艺活动，乡镇、村（社区）通过元旦、春节、国庆等节日举办丰富多彩的文化活动，县级文艺团队每年巡回演出 100 场次以上。人人有书读。开展全民阅读活动和图书进学校、进机关、进医院、进农村、进军营、进监舍和送借书证"六进一送"活动，图书流通率和群众进馆率不断提高。村村有展览。村级综合展室覆盖率达 100%，全部建成并免费对外开放。

回顾公共文化服务体系示范区建设，我们深深体会到，公共文化服务平台是挖掘文化的大舞台、文化艺术的大看台、教育引导的大讲台，通过创建活动，群众精神面貌大改观，干群关系更和谐。下步工作中，我们将以此次会议为契机，充分发挥文化"乐民、育民、富民"作用，持续巩固公共文化服务体系创建成果。

文化让人们生活更美好

陕西省渭南市华州区文化体育局 赵小红

渭南市华州区历史悠久，文化底蕴深厚，特别是颇具地方特色的皮影、剪纸和面花等，一直都是外界认识和了解的重要名片。而今，伴随着我市创建国家级公共文化服务体系示范区的大好契机，这里的各项文化事业全面发展，异彩纷呈，日益成了当地一张内容更全更新，名头更响更亮的崭新名片。盛夏时节，放眼全区城乡大街小巷，眼前处处呈现出一派幸福、祥和的动人画卷：公园广场上歌声激荡、舞步飞扬；公路村道边，醒目的标语、墙绘随处可见；文化馆、图书馆，比比皆是求知若渴的身影；农家书屋里，浓浓书香飘洒四溢……处处浓浓的文化馨香扑面而来，华州区正在用她最朴实的形象和表情，尽情讲述着一座文化名城的成长传奇。

文化是民族的血脉、城市的灵魂。党的十八大向全国发出了深化文化体制改革的有力号召，在这场风起云涌的发展浪潮中，去年以来，秦岭脚下，渭水岸边，久负盛名的华州大地上，一场关于国家公共文化服务体系示范区创建的伟大战役悄然打响。在上级主管部门和区委、区政府的正确领导下，全区上下快速联动起来，积极对照创建标准，加大投入，整合资源，挖掘潜力，文化建设活力持续迸发，文化建设源泉竞相涌动，公共文化服务网络不断完善，公共文化供给水平不断提高，群众精神文化生活日益丰富，各项文化事业大发展大繁荣的东风日益强劲。一个悄然崛起的、一个充满活力的、一个幸福和谐的文化强县轮廓日渐清晰。

一、完善机制 全面推进创建工作

国家公共文化服务体系示范区创建活动是文化部、财政部在"十二五"期间共同开展的一项战略性文化惠民项目。因此，对于各个地方政府和文化部门而言，既是一次千载难逢的历史机遇，更是积极践行群众路线，全心全意为民服务的有效途径，对此，华州区区委、区政府高度重视。

自我市创建工作开展以来，华州区区委、区政府积极响应。为切实加强对全区创建工作的组织领导，确保各项工作不走过场，落到实处。2014年3月17日，第四次区政府常务会议审议了《关于渭南市创建国家公共文化服务体系示范区华县实施方案的意见》，会议确定成立创建机构、保障创建经费等事宜；3 月 19 日，区委第四次常委会议研究了区政府党组《关于渭南市创建国家公共文化服务体系示范区华州区实施方案的意见》，同意将示范区创建工作纳入年度考核体系，同意成立渭南市创建国家公共文化服务体系示范区华州区创建工作领导小组，并以两办名义发了文件。按照文件，区上成立了渭南市创建国家公共文化服务体系示范区华州区创建工作领导小组，成员单位包括 22 个相关部门，领导小组下设办公室、项目组、资金保障组、文化活动组、宣传组和督导组 6 个办公室，及 10 个镇创建办公室，形成了"1 + 6 + 10"的组织架构，层层建立责任制，促进工作落实，确保推进创建工作。

与此同时，各项工作也快速步入了实质性的推进阶段。3 月 27 日，区上召开了创建国家公共文化服务体系示范区华州区创建工作会，10 个镇及各有关部门、人民团体负责人 50 余人参加了会议，会后与各个创建部门签订了目标责任书。4 月 2 日，在文体局会议室组织召开了镇综合文化站站长工作会，就创建的宣传工作从各个创建部门的橱窗、喷绘、墙体标语、宣传简报等方面做了详尽的安排。并发放了宣传标语的参考内容，会议强调了国家公共文化服务体系示范区创建工作的重要性及必要性，要求各相关单位要高度重视，合理安排，广泛深入的宣传，在全区营造了浓厚的创建氛围。

二、广泛宣传　不断扩大创建工作的知晓率和满意度

良好的宣传工作不仅能够有效调动各创建单位的热情和积极性，更能最大限度地扩大广大群众的知晓率和参与热情，对于创建工作的顺利快速开展意义重大。

为此，配合创建实施方案，华州区进一步制定下发了《渭南市创建国家公共文化服务体系示范区华州区宣传方案》，将创建宣传工作任务层层细化，要求每镇在镇醒目位置或交通主干道刷写大型墙体标语不低于 10 条，在镇政府所在地制作大型宣传创建工作喷绘，要求各镇指定专人负责创建国家公共文化服务体系示范区信息报送工作。充分发挥县电视台、华州区人民政府网、华州区外宣网、华州区皮影网等我区主流媒体的作用，设立了"创建国家公共文化服务体系示范区专栏"，及时地报道我区创建示范区工作动态。印制渭南市创建国家公共文化服务体系示范区华州区创建工作简报，广泛宣传、深入发动，认真发掘特色亮点，总结经验，及时交流推广，印发《渭南市创建国家公共文化服务体系示范区华州区创建工作简报》，及时反映全区开展创建工作的情况。通过海报、条幅、影像、电子显示屏、户外广告牌等多种宣传

媒介，集中在华州区各镇主要的社区、街道、道路等重点区域、路段进行宣传，营造浓厚的创建氛围等。截至目前，全区共发放创建国家公共文化服务体系示范区宣传单5000余份，刷写大型墙体标语150条，图书馆门前新建大型宣传牌两个。其中，尤其特别值得一提的是金堆镇，在武坪村、金新农村社区先后手绘墙体画50余幅，内容包括弘扬孝道、中国梦、保护环境、抵制邪教、生活文化6个主题，美化了群众生活环境，营造了祥和、文明、和谐的文化氛围。

形式多样的宣传手法在全区形成了创建工作家喻户晓、人人参与的良好氛围，极大激发了广大群众参与创建的热情，有效提升了示范区创建工作的影响力。

三、夯实基础　着力完善服务体系建设

基础不牢，地动山摇。文化事业要发展，基础设施投入是关键。由于一些客观原因，各地历史欠账都比较多，对于华州区而言，要想从根本上推动创建工作，还必须从加大投入，不断完善文化服务体系基础设施上突破瓶颈，狠下功夫。

文化基础设施建设主要涉及文化馆、图书馆、文化信息资源共享工程、各镇综合文化站、村级文化活动室等。为了切实破解创建工作中的资金难题，面对国家近年来极好的优惠政策和大好机遇，华州区一方面积极努力捕捉各种利好信息，积极抢占争取资金的先机。充分利用国家创建事业的扶持政策，立足华州区本地的资源特色优势，积极进行项目申报和包装，努力向上争取资金，激活民间资本，促进产业升级，扩大经济增量，提高华州区的核心竞争力。另一方面，想法设法，盘活资源，截止目前，全区几个主要场馆均已开业运营，其中，华州区文化馆2005年建成，建筑面积1400平方米，现为国家三级文化馆；华州区图书馆2009年建成，建筑面积3400平方米，现为国家二级图书馆。同时，充分发挥镇综合文化站的辐射作用，在全区10个镇全部建成镇综合文化站，两个重点镇文体中心在建项目，瓜坡镇和高塘镇。其中，拥有独立大院的文化站共有三个镇，分别是高塘镇文化站、赤水镇文化站和大明镇文化站；在镇政府前院建设的文化站共有四个，分别是杏林镇文化站、金堆镇文化站、莲花寺镇文化站、华州镇文化站；在镇政府后院或和镇政府混建的文化站有两个，分别是下庙镇文化站、柳枝镇文化站、已建成的9个文化站建筑面积基本达到300平方米，都有专职管理人员；通过与村政权阵地建设资源共享、场地共用等形式，实现了村级文化活动室建设的

全覆盖。建成公共电子阅览室县级支中心一个，拥有 30 台计算机，为高塘镇、大明镇等五个镇共配发 30 台电脑及投影仪；为莲花寺镇、华州街道办共配发 20 台电脑、服务器、音响、投影仪等设备；为 4 个社区各配 4 台电脑和投影仪。开通了图书馆网站和数字文化网；开展了共享工程进校园、进社区优秀影片播放活动，并利用影视厅设备和数字资源，定期为群众播放影视、戏曲、健康知识等丰富群众文化生活。

经过多方努力，初步形成了较为完善的县、乡（镇）、村（社区）三级公共文化服务设施网络体系。

四、创新服务　建立村级文化中心户

发展村级文化中心户工作，是华州区的一项创新之举。所谓文化中心户即由农民、个体工商户、企业家、退休老教师、老干部等有一定文化素养和爱好的人，利用自住房屋、自有、图书、报刊、杂志、电脑、网络、棋牌、器乐等文体设施，为周边邻里提供免费文化服务的家庭。它源自社会的最低层，能最接近、最方便地为广大群众提供文化服务。

随着时代的发展、物质生活条件的日益提高，广大农民已不满足原来简单枯燥的文化生活，但镇文化站太远，村文化室设施简陋，活动项目又太少，远远不能满足广大农民日益增长的多方面的文化需求。区、镇、村三级公共文化服务体系的功能效益日益呈现越往下越弱化和边缘化的趋势，甚至出现网络堵塞、体系中断的现象，直接影响到公共文化体系的完善和功能的发挥。在此情形下，大力发展各种类型的文化中心户，既是夯实公共文化服务体系根基的有效之举，也是推进城乡文化一体化发展、公共文化服务均等化的创新之举。为彻底改变这种发展不平衡的状况，结合党的群众路线教育实践活动，华州区文体局先后深入全县 10 个镇进行了摸底排查，通过走访文化站长、农家书屋管理员、班社负责人、村干部、村文艺骨干等，对有特长并有一定条件且平时在农村文化活动中有一定影响力的家庭进行了摸底排查，初步选定了 50 户区级文化中心户，并将他们的村名、姓名、学历、特长、电话、活动情况等进行了统计。下一步文体局将为各文化中心户统一挂牌，统一张贴开放时间、开放项目、管理制度等，对全区所有连续 2 年以上服务正常的文化中心户实施帮扶措施（补助部分报纸杂志征订费用；配送一定的图书及文化活动器材；由区文化馆和区图书馆推荐，长期活跃在区内文体活动一线并具有一定专业特长、热心文体公益事业的社会群体对文化中心户进行文艺辅导和培训等），进一步支持其开展文化服务工作，并对确实表现突出的文化中心户每年实施奖励补助。

随着文化中心户的确立，有力地将区级公共文化服务体系由三级延伸至四级，把文化活动的触角也延伸到了全区各村的千家万户，同时让各村文化能人的本事得到了充分的发挥和展示，得到了上级部门和领导的广泛好评。

五、强化督导　严格确保创建质量进度

强化督导是创建工作成败的组织保障。国家公共文化服务体系示范区创建工作是全市的一件大事，也是华州区的一件大事。为了确保创建工作能够保质保量，扎扎实实落到实处，华州区区委、区政府还进一步下发了具体的进度方案，明确阶段性目标和年度工作目标，并将该项工作纳入了区上对镇、区直部门的年度目标责任考核，将年度考核分值增加至 5 分，限期督促落实。同时，在过程管理方面，进一步建立了《联络员制度》，要求各创建相关单位和各镇要按要求向示范区创建领导小组办公室报送创建进展情况，建立《工作例会制度》、《工作督导制度》、《专项资金管理办法》、《信息报送制度》、《信息宣传工作评分制度》。通过以上 6 项制度，具体研究有效解决创建过程中碰到的各类问题，推进创建工作扎实开展。

伴随着创建活动在全区范围内的蓬勃健康开展，文体局全系统也都紧密结合党的群众路线教育实践活动，将形式多样、丰富多彩的文化体育活动不断送到百姓的家门口，送到百姓的身边。其中，文化馆组建了"好日子唱着过"文艺演出小分队，将精彩的文艺节目送到了六个镇二十七个村，观演群众达 13000 余人。同时还组建了锣鼓、广场舞、戏曲、摄影、书法 5 个志愿者团队，共计 100 余人。积极开展"与文化同行"志愿者服务活动，目前，参加受聘的 6 个志愿者团队共 120 人，涉及舞蹈、音乐、戏曲、锣鼓、摄影、书法等多个方面，为全区文化发展提供了良好的文化保障和精神支撑。图书馆不甘落后，各种阅读活动异彩纷呈，先后举办了赠送图书、现场办理借阅，积极举办"阅读大讲堂"、"阅读大比赛"、"书香华州、阅读校园行"等形式的各项活动。文化市场稽查大队以日常监管为重点，不断加大执法力度，规范文化市场经营秩序。4 月 3 日，在城关中学门前查处违法盗版教辅 1000 余册，4 月 16 日，在文体路商务中心对面查处盗版光碟 500 张，在铁路中学门口查处违法盗版教辅 600 册，并对其违法行为进行了处理。青少年业余体校积极筹备，先后组织举办了干部职工篮球赛、乒乓球比赛、第九套广播体操展演等。非遗中心积极做好项目的传承与保护，先后组织参加了"正月里信达文化大庙会"、"陕西省民间艺术精品展"、2014 世界汗血马协会特别大

会暨中国马文化节开幕式和闭幕式等，扩大了华州区特色文化的影响力。同时不断加大非遗产业项目的推进力度，目前，皮影产业园二期项目已经开工，国家级非物质文化遗产华州区皮影戏展演楼建设项目也已上报至省备案审批。随着全区创建工作的快速健康开展，有力地促进了全区文化产业的空前繁荣，目前，全区从事各类文化产业经营的企业、单位、个体经营者达到 398 家，从业人数 3000 余人，产值 1.4 亿元，文化产业收入已成为我区国民经济发展的有力支撑。

华州区创建工作的喜人成绩也引起了上级部门和领导的高度关注和重视。7 月 8 日，省文化厅李全虎副巡视员一行 7 人来我区检查指导创建国家公共文化服务体系示范区工作，市委常委、副市长程勉贵，市文广局局长陈虎成等陪同。检查组一行先后深入区图书馆、区文化馆、杏林镇综合文化站、赤水镇步背后村文化活动室进行实地查看，并对华州区文化工作所取得的成绩和创建国家公共文化服务体系示范区的工作给予了充分肯定。

六、通过验收　巩固创建成果

华州区根据渭南市迎检工作方案制订了华州区迎检工作方案，落实了领导机构和工作职责，明确了文体局、宣传部、各镇等 24 个单位部门的具体任务，并提出了迎检工作要求。确定了区图书馆、杏林镇综合文化站、华州街道办电力社区、赤水镇南侯坊村文化活动室、区文化馆、瓜坡镇文体中心共计 6 个实地验收点和宏权皮影有限公司、味美鑫民俗展馆两个华州区特色考察点。

从元月份开始到 4 月上旬，华州区全区创建的基础上重点打造了 6 个验收点，已经过市预验收组的多次预验，经过多次完善、提升后，截止 4 月 16 日，华州区各个备检点的创建资料、厅室布置、设备配置、标识挂牌、宣传氛围、环境卫生、人员管理等已全面达到了验收的标准，而且在达标的基础上进行了创新和提升，选取了宏权皮影有限公司、味美鑫民俗展馆两个华州区特色考察点以备加分，为市增光。

如今，走进渭南市华州区，文化馆、图书馆、剧团、文化站、文化活动室……厅室齐全、设备达标、工作人员也以全部到位，免费开放公示牌醒目详实，大大小小的文化场所都是人员攒动、活动频繁，改革开放让人们吃穿住行大变样，文化大发展的中国梦又让人们幸福安康、其乐融融。创建国家公共文化服务体系示范区虽然已经验收，但华州区 37 万干部群众团结干事的"精气神"依然持续着，正举全区之力，凝全区之智，大力提升和彰显着这座历史名城的"实力、人文、宜居、和谐"。

加强基本公共文化服务体系建设
推动县域文化发展

陕西省宜川县文化旅游广电局　王思宣　阎　坤　杨云云

近年来，按照各级要求，我们积极推进公共文化服务体系标准化均等化建设，不断提升公共文化服务水平，克服各种困难，想方设法丰富人民群众精神文化生活，各项工作取得了一定进展。

一、工作开展情况

我县公共文化服务体系标准化建设主要从设施体系、组织体系、服务载体、社会效应等四个方面展开探索，收到了一定效果。

（一）抓设施，打基础，确保服务有场所

近年来，我县公共文化服务基础设施极大改善。主要标志有四：一是总面积 11000 平米，呈三角钢琴型框架结构、坐落在县城中心新老城接合部处，集文化馆、图书馆、美术馆、博物馆、体育馆和剧院、数字电影院、蒲剧团于一体的文体活动中心建成投用；二是标准化乡镇综合文化站建成投用 6 个；三是总面积 3400 平米的文化综合楼、城区 5 大文化广场、4 山健身步道及一批农村文化广场建成投用，人均活动场地达到 1.2 平米以上；四是第二战区秋林旧址陈列馆、寿峰寺、龙王辿遗址、西周古墓葬、宜川县博物馆等一批文化遗产构成的宜川典型文化空间得到有效保护和开发利用，社会反响普遍向好。同时，以党员活动室为依托的村级文化室基本达到一村一室，农家书屋和文化信息资源共享工程普及到村。县文化馆顺利通过国家一级馆验收，其中办公及相关部室 900 平方米，多功能厅 300 平方米，非物质文化遗产展演馆 200 平方米，各类文艺培训室为 500 平方米，艺术空间 600 平方米。图书馆面积 1500 ㎡，馆藏总量 25305 册（件），其中图书 22455 册，报刊杂志 1535 件，视听文献 1315 件（套），电子阅览室读者用机 30 台，办公电脑 7 台，联合编目用机 2 台。馆内设图书室、阅览室、电子阅览室、地方文献专柜、多媒体放映室、资料室、业务辅导室等。硬件设施在全省各县处于中上水平。

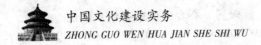
（二）抓组织，建网络，确保服务有人手

近年来，由于乡镇机构改革影响，公共文化服务组织体系建设倍受冲击。按照县有局馆乡镇有站、社区有中心村有室、文化服务组织体系。目前已拥有县级馆 5 个，乡镇站 6 个，村级室 202 个，各类协会 35 个，各类训练表演团队 120 余个。目前，由于乡镇农村和社区体制机制以及编制原因，工作人员无法固定落实，一定程度上制约着基层文化工作全面发展。

（三）抓创作，出精品，确保服务有内容

依托大型原创蒲剧《河魂》排演，打造河魂文化地域形象品牌，推动宜川文化旅游持续升温。《河魂》剧目 2012 年被列入省委宣传部宣传文化扶持项目。2013 年初，县委县政府决定启动《河魂》剧目排演项目，4 月份，在省文化厅召开剧本研讨会，10 月份组成主创团队，开展二度前期创作。2014 年 5 月进入坐排，7 月 20 日开始首演，累计完成演出 40 场，10 月 12 日参加第七届陕西省艺术节，获得优秀剧目、优秀编剧、优秀导演、优秀舞美等 6 项大奖，11 个奖牌证书。2015 年先后被列入国家艺术基金资助项目、陕西省重大文化精品工程资助项目。也是全国唯一一个县级院团进入 2015 年度国家艺术基金的一部地方戏。2015 年以来，我们先后邀请国家、省、市戏曲专家 130 余人次开展观摩研讨，并在宜川、北京、西安、太原、临汾、运城、河津 15 次组织国家和省级戏曲专家召开《河魂》剧目研讨会，十易其稿，完成剧本加工定稿。12 月份启动修编坐排，2016 年 3 月 30 日完成合成排练，再邀请省委宣传部、省文化厅组织戏曲专家观摩指导，又经过 4 月份一个月的打磨修排。5 月 7 日完成音像录制，5 月 8 日完成最后彩排，5 月 9 日至 13 日在宜川县文体活动中心剧院演出 5 场，5 月 12 日将光盘报送省文化厅参评。近一个月来，集中精力进行送戏下乡惠民演出版的编导排演，6 月底前将在活动中心剧院惠民演出，7 月中旬赴延安大剧院进行为期一周的艺术节倒计时开幕式展演。6 月 14 日至 18 日参加了国家艺术基金组织的北方片青海评审会，得到了国家专家的高度赞许。除河魂剧目之外，近年来，宜川蒲剧团还新排小戏小品 5 部、蒲剧现代戏 3 部，改编恢复历史古典戏 3 部、折子戏 3 折，舞蹈戏歌 10 余首，参加省市戏曲调演展演比赛 10 余次，荣获奖牌证书 30 多个，为繁荣宜川文化，活跃群众文化生活发挥了特殊重要作用。另外，顺利实现宜川县广播电视台改版，创作的 5 档栏目地方节目，及时播出，深受群众欢迎。与中央电视台、陕西卫视等合作制作播出民俗文化类节目 5 部，有力地宣传了宜川特色文化。编辑出版了宜川书法摄影美术系列图书 10 部，正在筹备出版 10 部非遗系列图书，特别是《盘古文化探源》一书的出版，不仅宣传推介

了宜川地域特色文化，而且填补了国内盘古文化研究空白。

（四）抓载体，搞活动，确保服务有品牌

一是依托鼓舞秧歌大赛，打造"和谐宜川闹新春"群众性春节文化活动品牌。每年都有上千群众参与排演，观看民众均在5万人次以上。

二是依托"壶口之星"才艺大赛，打造群众才艺培训展演品牌。使其成为宜川人展示才艺、欣赏才艺、学习培训提升才艺的卓越平台和老百姓自己的演艺舞台。每年参与演出群众都在千余人以上，观众累计达3万人次以上。

三是依托公共文化服务项目，打造文化惠民活动品牌。

近四年来，坚持开展一村一戏送戏下乡活动，累计完成惠民演出550场；每年完成农村数字电影放映2424场；累计完成31个村健身器材配送工作，并对城乡广场及路径体育器材进行了维修更换；完成6个乡镇文化信息资源共享工程基层服务点设备发放工作，成功举办文化共享工程基层服务点业务人员培训，在"陕西文化信息网"发布信息154条，陕西省公共图书馆服务联盟宜川县图书馆网站发布信息61条；实施"户户通"工程累计达到9734套，维护维修638套。

四是依托改制后的壶口文化传媒公司，打造宜川特色文化产业品牌。完成了3D数字影院开放工作，填补了宜川3D影院的空白。

五是依托群众文化团体，打造全面健身广场舞文化活动品牌。指导成立各类广场舞文化团体23个，配备器材，落实场地，订立公约，确保规范运作健身益智不扰民。积极组织参与中省市组织的各类比赛展演活动，荣获了一系列奖牌。特别是在2015年陕西省太白杯全民健身广场舞电视大赛上荣获了优秀奖牌。

（五）抓考核，重激励，确保服务有实效

为了确保全县公共文化服务体系建设有序推进，我们坚持每年都和基层文化组织签订年度考核目标责任书，层层夯实工作责任，同时狠抓考核奖惩激励机制，坚持把单项考核与综合考核相结合、平时考核与阶段考核相结合、跟踪督查与奖惩激励相结合，采取灵活机动、针对性强的方法与措施，真抓实管，确保公共文化服务体系建设各项任务逐一落实。近5年来，累计投入各项公共文化服务以奖代补资金200万元以上，调动基层文化单位、群众文化团体、社会文化爱好者踊跃投身公共文化活动，极大丰富了城乡群众精神文化生活，收到了"四两拨千斤"的良好效果。一是群众文化生活日渐丰富。近年来，随着人民生活水平的提高，我们开始尝试培训挖掘基层文化人才、认真组织开展健康向上的文化活动，群众的文化活动呈现出越来越活跃、越

来越丰富的趋势。如每年举办的鼓舞秧歌大赛，参赛队伍都是由村民自发组成，文化系统业务干部上门培训指导，确保活动高效开展。既丰富了当地群众的精神生活，又积极的推动了精神文明建设和社会风气的好转。二是业余文化队伍不断壮大。通过开展群众文化活动，聚拢了一大批乡土文化骨干，使乡村社区文化队伍趋于稳定，不但丰富了群众的业余生活，也使得一些有文化特长的群众找到了发挥的舞台。三是群众对文化工作的满意度有所提升。近年来面向基层的公共文化服务力度不断加大，如送戏下乡、数字电影放映、送图书等，内容越来越丰富，受到了群众的好评，效果实在。四是改善了村风民俗，推进了政权建设。随着先进文化活动的常态化开展，人们逐渐远离酒桌牌桌，加入康体休闲的文化健身队伍，振奋了精神，凝聚了人心，同时涌现出一批热心群众事业并有组织能力的先进分子，其中不少人已经进入基层班子组织，为基层组织注入活力。

二、制约发展的主要困难与问题

主要表现在以下几个方面。

一是文化设施器材难以适应公共文化服务需求。社区和农村文化站室缺乏投入，面积狭小破旧，器材匮乏，只能勉强应付。县文体活动中心运转维护经费没有保障，设备欠缺，运转十分艰难。体育场设施落后，无法满足需要，农村体育场地设施不足，大部分的农村没有农民健身场所，很难看到过去村村有篮球场地，年轻人自发地开展体育活动、自发组织比赛的火热场面。图书馆藏书甚少且极为陈旧。广播电视台电视采编设备急需更新，实现与省市电视台设施设备、信号信息、节目栏目的有效接轨交融，急需启动实施标清向高清转换。

二是专业人才队伍建设极其滞后。文化馆、图书馆、文管所、文体活动中心、广播电视台、全民健身指导站编制普遍偏少人员老化，专业人才青黄不接。电视台记者仅有3人，日常政务新闻报道难以有效保障，《天南地北宜川人》专题栏目摄制完全依靠聘用人员开展，其余三档栏目依靠播音员、编辑、制作兼顾完成，记者数量严重缺失，工作开展举步维艰，以及后期广播电台的恢复，现有工作人员严重不足；文化馆急需的人才进不来，进来的又缺乏专业技能，尤其是文艺创作人才、舞台编导人才、文化管理人才、歌舞人才缺乏，妨碍了公共文化事业的顺利开展；图书馆在岗人员年龄偏大，且全为女职工，无一名图书馆学专业人才，专业素质偏低，业务人员的专业结构、比例不合理，不适应现代图书馆事业进一步发展的需要；博物馆缺乏安保、宣教人员；全民健身指导站缺乏专职教练，乡镇干部没有体育干部，基层农民体协和乡镇单位体育协会名存实亡；文体活动中心没有电工、管道工和灯光师、音响师、多媒体设计师、舞台机械师、消防管理等专业人员；蒲剧团无编剧、导演、作曲，并且演员和演奏员都已青黄不接。特别是乡镇文化站和农村文化室无人管理，已经成为基层公共文化服务体系建设的最大困难。

三是公共文化服务投入严重不足。中央早有明确规定："各级政府的文化投入不低于财政支出的1%"。但在实际运行过程中，因地方财力受限，加之保法定支出、保工资、保运转等诸多因素的影响，投入不足，严重制约着公共文化服务体系建设。文化馆基本没有像样的装备器材，文化活动种类极其有限。社区、街道业余文化体育指导员没有分文待遇。图书馆多年没有购书经费，运行经费的投入及其有限，更不用说现代化服务装备和网络化管理装备建设所需投入，致使仍处于传统手工管理阶段，严重阻碍服务水平提升。全民健身指导站经费无保障，少儿体校无人无设施无经费无法开展工作。文体活动中心运转维护经费基本落空。蒲剧团演出设备陈旧，服装、道具、音响以及灯光等设施跟不上现代戏曲设备发展，对演出效果有一定的影响，演员工资待遇偏低，福利不完善，无法吸引社会上优秀专业演员和专业性人才。各级对文化的重视基本还停留在嘴上，没有落实在行动上。另外，体制机制不顺，认识不足，缺乏宣传舆论氛围，等等，也是制约发展的重要因素。

三、今后工作思路与措施

今后建设公共文化服务体系建设的思路主要是以社会主义核心价值观为引领，在认真研究人民群众的精神文化需求基础上，创新公共文化服务内容和形式，推动实现基本公共文化服务均等化，激发各类社会主体参与公共文化服务的积极性，优化配置各方资源，切实保障人民群众基本文化权益。今后一段时间推进公共文化服务体系建设的措施：

1、促进城乡基本公共文化服务均等化。根据城镇化发展趋势和城乡常住人口变化，争取各级统筹城乡公共文化设施布局、服务提供、队伍建设、资金保障，均衡配置公共文化资源。拓展重大文化惠民项目服务"三农"内容。加大对农村民间文化艺术的扶持力度，推进"三农"出版物出版发行、广播电视涉农节目制作和农村题材文艺作品创作。完善农家书屋出版物补充更新工作。统筹推进农村地区广播电视用户接收设备配备工作。以县级文化馆、图书馆为中心推进总分馆制建设，加强对农家书屋的统筹管理，实现农村、

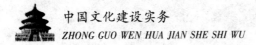

城市社区公共文化服务资源整合和互联互通。推进城乡"结对子、种文化"，加强城市对农村文化建设的帮扶，形成常态化工作机制。

2、培育和促进文化消费。广泛开展公益性文化艺术活动，培养健康向上的文艺爱好，扩大和提升文化消费需求。积极发展与公共文化服务相关联的教育培训、体育健身、演艺会展、旅游休闲等产业，引导和支持各类文化企业开发公共文化产品和服务，满足人民群众多层次的文化消费需求。

3、鼓励和引导社会力量参与。鼓励和支持社会力量通过投资或捐助设施设备、兴办实体、资助项目、赞助活动、提供产品和服务等方式参与公共文化服务体系建设。鼓励各类公共文化服务机构成立行业协会，发挥其在行业自律、行业管理、行业交流等方面的重要作用。

4、提升公共文化服务效能。完善公共文化设施免费开放的保障机制。深入推进公共图书馆、博物馆、文化馆、美术馆等免费开放工作。推进送戏、送书、送电影下乡等项目和优秀出版物推荐活动。深入开展全民阅读活动，推动全民阅读进家庭、进社区、进校园、进农村、进企业、进机关。建立群众文化需求反馈机制，及时准确了解和掌握群众文化需求，制定公共文化服务提供目录，开展"菜单式"、"订单式"服务。加强公共文化服务品牌建设，推动形成具有鲜明特色和社会影响力的服务项目。

第七篇
社区文化与乡村文化建设

第一章　农村社区文化

第一节　农村社区文化的特点和作用

农村社区文化就是由居住在农村的一定地域范围内（非严格的行政区划）的人们，由一定的纽带和联系而形成的共同的价值观、生活方式、情感归属和道德规范等。农村社区文化既可从层次的视角来理解，也可从形态的角度来理解。从形态的视角出发，农村社区文化可分为三个层次：物质文化、制度文化和观念文化。物质文化，指农村社区文化建设所必需的文化设施、文化活动场所等，它是社区文化目标得以实现的依托和保证。制度文化，就是社区文化管理制度化；规范化，它既是社区文化的组成部分，又是社区文化的保障。观念文化，指社区居民具有的共同的价值观、社区意识、社区精神等，它是农村社区文化的内核，也是农村实现现代化赖以存在的心理基础。三者缺一不可，相互联系，相互促进，构成社区文化统一体。

一、农村社区文化的特点

（一）以农耕为经济基础

从社区文化产生的经济基础来看，农村社区文化主要建立在个体农业基础上，其经济活动主要从事农业、畜牧业、渔业、林业的生产。并逐渐形成了农村社区文化的特点：以家庭小农业为基本的经济形式，人们和人文环境相对的自然关系密切，社会组织性低，人口密度较低，社区文化的一体化比较高，内部分化和阶层较少，土地、职业、人口的社会流动也较少。人们通

常称这种社区文化为"乡土文化"。

（二）以血缘关系和地缘关系为纽带

血缘关系是指血统的或生理的联系为基础而形成的社会关系。血缘关系是人的先天联系，它在人类社会产生之初就已经存在。在不同的时代、不同的社会制度下，血缘关系所联系的紧密程度及其地位、作用是不同的。随着资本主义的发展，血缘关系的地位和作用有下降与减弱的趋势。在我国，传统上一向重视血缘关系，直到目前，血缘关系在社会上仍然发挥重要的功能。血缘关系在社会中具有正功能和反功能。就正功能而言，它起着联系社会群体，使之增强内聚力，从而形成牢固的整体的作用。就反功能而言，由于血缘关系是人们的一种先天的联系，而一个人在他刚一出生就已经被置于一定的血缘联系中，直到死也未必能完全退出这种联系。这样，血缘关系实际上使人们处在一种相当被动的地位上。在人类社会的发展中，有一种要求逐步摆脱这种先天的束缚的倾向，应该正确处理血缘关系的正功能和反功能。

地缘关系是指人类社会的区位结构关系或空间与地理位置关系。比较稳定的、牢固的地缘关系的形成是人类社会采取了定居形式以后才发生的。城市的出现不仅使同一居住地的人口急剧增长，大大扩展了居住地的范围，明确了地缘界限，而且，也真正突破了血缘关系系统的束缚，不仅如此，城市的产生与发展还使人们之间的地缘关系有了政治的色彩。马克思主义认为，城市是随着阶级的出现而产生和发展起来的。地缘关系可以分为封闭型和开放型。它的功能也是双向的。正功能是能维系社会的稳定，反功能则是束缚人们的发展，在我国，长期封建社会的传统使得地缘关系的封闭性很强，并由此形成了人们的很强的地区观念、乡土观念、老乡观念。基于这种情况，我国提出了在21世纪逐步推进城市化的战略。

以社区文化形成的社会结构背景来看，虽然城市文化和乡村文化最初都是以家庭群体为背景的，但是随着手工业从家庭组织中脱离出来开始，农村文化和城市文化就在两种越来越不同的社会结构中发展起来，并形成自己的特色。

（三）农村文化主要受临近社区的影响

从社区文化发展过程所受影响看，农村社区文化较为淳朴。它主要受距离最近的城市社区的影响，但由于历史上农村社区生产的自给自足，其文化带有相当强的保守性和单一性。尽管目前农村社区文化得到了进一步繁荣，但也存在许多不良现象。农民群众的精神文化生活机械单一。看电视和打扑克仍然是茶余饭后传统的主要文化娱乐方式。由于文化活动形式和内容缺乏创新，群众受益面不大，教育启发不深，导致一些农村群众文明程度弱化。民事纠纷以及赌博、迷信等现象时有发生，增加了社会不安定因素。一些农民在迷信和赌博方面的消费，高于其他所有文化消费的总和。这不但严重影响着村风民风、社会治安、农民素质和农村基层组织建设，而且不同程度地影响了经济的健康发展。

（四）农村文化传播主要靠人际交往

城市文化传播的工具主要是各种现代化的通信和交通工具，文化传递的方式也多种多样，如图书馆、文献资料博物馆的实物性传递。而农村社区文化的传播则主要依靠人际交往，文化的代际传递也主要是靠面对面的传授。目前，由于农村文化传播途径的单一，文化设施的简陋，农民参与文化活动的积极性受到很大影响。

二、农村社区文化的作用

文化是一个民族的血脉，一个民族的魂，一个民族的根，具有凝聚、整合、导向、规范、协调社会群体行为和心理的功能。农村社区文化不仅能够提高农民综合素质，开发农村人力资源，同时对于促进农村经济发展，推动农村社会全面进步，具有重大作用。

（一）农村社区文化有利培养适应时代发展需要的新型农民

科学文化教育，对于一个国家或地区的发展具有基础性、先导性和全局性的作用。农村社区文化决定着农民的人生观、价值观，决定着农村社会的价值和伦理取向，构成农民的行为准则。农村社区文化随着社会的发展和进步，文化的功能和价值越来越大，文化对经济建设的推动力、对思想建设的感召力、对环境建设的辐射力、对人才成长的铸造力也日益凸显。我国绝大多数农村劳动力仍属于体力型和传统经验型农民，还没有掌握现代生产技术。因此，加强农村社区文化建设，培养造就千千万万有文化、懂技术、会经营的新型农民，充分发挥广大农民建设社会主义新农村的积极性、主动性和创造性，才能把科技兴农落到实处。

（二）农村社区文化是推动农村经济快速发展的重要路径

文化是经济的内核，文化的繁荣是经济发展的重要条件。文化作为社会上层建筑的重要组成部分，长期以来，出于意识形态的考虑，人们片面强调文化的精神属性和政治功能，忽视和否定其经济功能，忽视其商品属性。实际上，文化与经济是密切结合的，在知识经济时代，文化是生产力的重要要素，是生产力大系统中不可缺少的重要组成部分。在经济与文化互相融合的市场经济条件下，文化已不再仅仅是经济发展的服务手段，而是新型的朝阳产业。有的地方已成为地方经济发展的重要支柱。在一些农村地区文化产业已经成了农村发展、农业增产、农民增收的有效途径。传统乡村社会文化资源的开发，正在成为许多地方农村经济新的增长点。

（三）农村社区文化有利于推进农村民主管理的进程，夯实党的农村执政根基

"民主管理"作为人们参与政治、经济事务管理的一种权利或方式。民主管理意识的形成、管理能力的提高与农村文化事业的建设和农民科学文化素质的提高是密不可分的。通过开展形式多样、内容丰富的农村社区文化活动，不断增强农村的民主意识、法制意识、参与意识，逐步实现农民对民主管理的追求，推进农村民主管理进程，加快新农村建设的步伐。因此，必须坚持先进文化的前进方向，努力推进新农村文化的建设和发展，为农民群众提供更多更好的文化产品和文化服务，丰富农民群众的精神文化生活，适时地向农民群众传达党和政府的政策主张，把农村基层党建工作与农村经济发展、农村环境改善、农民素质的提高以及农民物质和文化生活水平的进步紧密结合起来，不断拓展基层党建工作空间，充分发挥农村基层党组织在农村改革发展稳定中的战斗堡垒作用，有效彰显党在农村的影响力、凝聚力，夯实党的农村执政根基。

（四）农村社区文化有利于农民树立符合主流意识形态的价值观，创新农村社会的管理方式

没有农民思想观念的现代化，没有具有现代性的农民，农村现代化就是一句空话。如果不用社会主义先进文化占领农村市场，不用社会主义核心价值体系引领农民，就不会有农村的社会稳定。加强农村社区文化建设，有助于帮助农民确立以和谐为目标的道德评判体系，丰富和提高农民的精神生活，促使农村社会逐步形成以和为真、以和为善、以和为美的风气。发展农村文化事业，通过多种大众媒体和方式途径，深入宣传尊重劳动、尊重知识、提倡科学、反对迷信、关爱弱者、伸张正义，用社会主义核心价值体系占领农村市场，有利于在广大农村形成与新农村建设相适应的社会主义新风尚，进而推进乡村社会的全面进步。

第二节 农村社区文化建设的内容和目标

一、农村社区文化建设的内容

按照建设社会主义新农村的要求，经过努力基本上形成适应社会主义市场经济体制，符合社会主义精神文明建设规律的农村文化建设新格局。目前，在广大农村建设社会主义特色的先进文化是我们的目标任务，其建设内容应着眼于以下几个方面：一要"高"，即在思想、路线、方针政策上与党和国家保持一致，文化建设都应符合"三个代表"重要思想、科学发展观的要求，否则就不是先进文化。二要"美"，即在社会伦理上突出"美"的观念，求美弃丑，存善除恶。三要"健"，即在导向上健康积极，文明向上，符合历史前进和社会进步的潮流，抵制庸俗迷信等恶流陈流，防止"黄"、"赌"等有害文化侵蚀。四要"和"，我们正在建设和谐社会，凡事追求和谐，农村社区文化建设也要追求与社会价值观、社会发展状况、文化环境、农村经济的一致和谐。

根据以上四方面的要求，本文对农村社区文化建设的内容阐释主要从以下四个方面展开：

（一）构筑农村社区"文化核"

农村社区文化建设中，最重要的是要有一个"文化核"，即最核心的文化元素。中国农村文化丰厚，方式万千，历史文化、传统文化、人物文化、休闲文化、旅游文化、现代文化相交织，而且每个地方都有不同特色。周庄是中国的一个水乡古镇，位于上海、苏州之间，四面环水，湖河联络，咫尺往来皆须舟楫。周庄虽历经900多年沧桑，仍完整地保存着原有的水乡古镇风貌和格局，其"文化核"就是江南典型的"小桥、流水、人家"。所以，一个农村社区必须有一个最核心的文化元素，历史也好，人物也好，旅游也好，必须选择一种符合当地实际，又符合时代特征的文化元素，围绕这一"文化核"着力打造。

然后，农村社区在突出一个主打文化元素的同时，必须适应农村文化需求，建设"一核多样"的文化组合，以满足社区居民全方位的文化需求。

最后，统筹城市和社区文化发展。城乡差别，主要表现在城乡文化方面

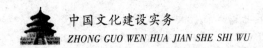
的差异，城市由于居住人口多，相对于农村来讲，文化基础设施齐全，文化活动丰富多样。而农村社区，由于受文化传统、农民素质等多方面的影响，在设施配套、文化活动等方面都明显滞后于城市。解决城乡差别，应该统筹城乡文化发展，大力推行城乡联动、以城带乡，把城市的文化带到乡村，让乡村文化走向城市的大舞台。新型农村社区文化要吸收城市文化和村庄文化的精髓，自成一体。

（二）创造农村社区文化"新事物"

农村社区文化建设要处理好文化继承与发展、保护与开发的关系。从总体上看，村庄文化相对贫乏，但也存在着一个继承与发展、保护与开发的关系问题。一方面，要处理好继承与发展的关系，在原文化的基础上，创造一种崭新的文化，留给后人一笔宝贵的文化财富。在保护与开发的关系问题上，首先要保护，对于散布于各处的文化遗产都要精心保护，同时，也要把相当的精力投入到开发上来，使文化永葆青春。

其次，要着力创造文化新事物。要着眼于农村社区单体创造。从单体看，一个规划，一个设计，一景一物都体现着不同的风格，都有着无限的想象空间，都要着力营造。

最后，要着力延长社区生命。作为一种独特的文化表现形式，农村社区必须重视其生命力的长久延续。在社区建设中，必须寻找既能适应当前，又能流传万世的文化事物，让社区文化在历史变迁中保存和发展。延长社区生命有两个简便易行的办法，一个是栽树，一棵树、一片林的生命可能几百年，也可能几千年，要选择寿命长的树种。二是用好寿命较长的介质材料来保存文化，如石材、金属、优质木材等，用这些介质表现一些文化，能更长久地留存。

（三）培育文化型新农民

农村社区文化建设中主体是农民，建设农村社区目的就是让农民过上更好的生活，发展农村文化就是让农民享受到文化熏染，在更高层次上提高群众幸福指数。一方面，农民是社区文化的需求者，另一方面，农民又是社区文化建设的主力军、创造者。要广泛动员农民积极参与到火热的文化活动中，学文化、学知识，同时也要充分发挥农民的创造精神，让他们在社区文化建设中创造历史，创造文化。

农村社区文化建设要求农民转型。在农村建设蓬勃发展的形势下，农民也亟须转型。

第一，由"传统型"向"时代型"转变。一提起农民，往往就是思想观念落后自勺代名词。客观地讲，改革开放三十多年，在市场经济大潮的冲击下，广大农民的思想观念有了很大的转变，农村也出现了很多敢想敢干创业致富的新型农民，但由于农民处于相对分散的生产生活环境，大部分农民受教育的程度低，因而不少农民还是传统型的，思想保守，接受新生事物慢。这就要求农民群众必须由"传统型"向"时代型"转变，勇于接受新生事物，敢于创造事物，向先进看齐，与市场接轨。

第二，由"盲从型"向"技术型"转变。"庄稼活不用学，人家干么咱干么"，这是一句在农村很流行的话。在农业生产中，真正懂技术的农民很少，大部分都在盲从。当前，农村经济的发展，农民收入的提高，最重要的还是靠科技，只有大规模地培训农民，大幅度地提高农民的素质，使农民掌握实用技术，有了一技之长，才能更好地从事农业生产，才能创造出更高的效益。

第三，由"愚昧型"向"知识型"转变。知识可以改变命运，这句话在农村也同样适用。农民懂得越多，知识越丰富，致富才有门路，生活才更幸福。当前，农民群众必须学好科学技术，靠技术致富；学好信息知识，从网络等媒体获取知识，丰富生活；学好卫生知识，保护身体健康；学好文化知识，提高境界视野。

第四，由"朴素型"向"文明型"转变。在农村，农民的行为方式往往沿袭传统，环境脏乱差认为理所当然，说话不义明认为习惯使然，封建迷信、相互攀比还很普遍，一些陈规陋习还束缚着农民的手脚。由"朴素型"向"文明型"转变，要求农民群众按照公民道德纲要的要求，做到爱国守法，明礼诚信，团结友善，勤俭自强，敬业奉献，讲文明话，做文明事，树立农民的崭新形象。

第五，由"感情型"向"法制型"转变。随着农村民主法制建设的推进，农民的法制观念得到明显加强，越来越多的农民愿意拿起法律武器来维护自己的合法权益，但也有相当多的农民群众遇事不依靠法律来解决，而是感情用事。有些涉法的问题，部分群众习惯于找政府，靠上访，而不去找法庭用法律途径来解决。农民由"感情型"向"法制型"转变，必须加大普法力度，让农民学法知法用法，少一些感情用事，多一些靠法办事。

（四）完善新型农村社区文化建设的规划管理

1. 搞好科学规划

农村社区文化建设的第一步应该从规划做起，将各种文化基础设施和配套设施编制其中，大到社区整体建筑风格，中到单体楼房、公园广场设计，

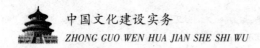

小到户型设计，从式样到颜色，从社区内部到与周边环境的搭配，都应该充分反映文化的功能和要求。在编制新型农村社区规划中，应该以乡镇级政府为编制主体，由县级政府批准规划，这样做有利于从宏观上把握不同社区的文化形态；避免"百区一面"、"千楼一面"的状况。

2. 完善配套设施

农村社区文化建设中，基本的文化设施要完善，硬件软件设施要齐全。硬件建设相对容易，软件建设项目是一个更难的题目。农村社区文化建设中，可以逐渐建立图书室、报刊阅览室、电子阅览室、文体活动室、文体活动广场及文化信息资源共享基层中心等"四室一窗一广场一中心"。

（五）完善社区文化志愿服务建设

社区文化志愿服务是不以营利为目的的个人或团体投身社区文化建设事业，为社区文化建设做贡献。所以我们要大力发展社区文化志愿者队伍，充分发挥共青团、高校、行业协会、民间组织的作用，加强社区文化志愿者队伍的招募选拔、组织管理、教育培训，不断提高志愿者队伍服务社区文化建设的能力和水平。要动员社区文化志愿者和村民工作者，开展针对农村低收入居民、老年人、农民工、残疾人等农村弱势群体的社区文化活动，增强社区文化活动的覆盖面。要鼓励高校、院团的文化人才，深入社区，开展社区文化志愿服务，组织和参与社区的文化活动，增强社区文化活动的吸引力。

（六）加强社区文化阵地建设

社区文化阵地是进行社区文化建设的硬件设施，是社区文化建设的重要载体。所以我们要采取新建、扩建、改建等办法，加快推进以社区文化中心、社区文化广场、社区文化活动室等为主体的社区公共文化设施建设，形成结构合理、功能健全、实用高效的社区文化设施网络。要千方百计地用活用好用足现有的社区文化设施，提高社区文化设施的使用效率和社会效益，杜绝外包私用，避免将社区文化活动场所变成封建迷信、淫秽、色情、赌博等低俗文化和有害文化的传播基地。要倡导社区内所有文化设施向社区居民开放，实现文化设施资源共享。

二、农村社区文化建设的目标

随着经济的不断发展以及农村社区文化建设的不断完善，今后农村社区文化建设总体朝以下目标奋进。

（一）农业科技文化将占主导地位

引领农村社区发展的文化是趋前的，且与农村社区成员的生产、生活密

不可分，由此可以预见农村科技文化将占主导地位。建设农村小康社会、发展农业现代化都离不开农业科技的发展，尤其是提高农民的经济生活、政治生活、文化生活质量都离不开农业科技文化的发展，只有农村社区成员掌握的农业科技越多，使用越广，社区的发展才会越快，社区的整体文化也才会发展得越好。因此，抓好农村社区的科技文化是当务之急，重中之重，其价值是非常重要的。

（二）新的伦理文化调控人际关系

社区文化的本质就是调控人际关系，使社区变得美好、祥和、快乐，增强社区的向心力、凝聚力。传统的农村社区文化主要依靠宗缘文化、族缘文化、血缘文化以及民俗文化支撑着社区文化的发展。因此，在人际关系调控过程中，传统的农村社区文化有着极大的局限和偏激，有时会因为这些文化破坏了农村社区文化的发展，起到了阻碍的作用。而随着新中国的成立，特别是精神文明建设进社区以来，一直在确立一种新的伦理体系文化，用新的伦理关系调控人际关系。

在现代农村社区建设中，一直在创建一种共享、共乐、互动、互帮、互助、共荣的社区发展时期，这一切正是农村社区文化所需建立的目标。这一目标的实现，必须在新的伦理文化方面做文章。通过文化活动、道德教育、宣传新伦理精神等方式方法，为新的伦理文化发挥作用，群众文化部门一定要抓住新伦理文化的建设工作，为农村社区文化的繁荣和健康发展作出贡献。

（三）自治文化组织，将唱农村社区文化主角

随着农村社区成员素质的提高，农村社区的文化艺术人才一定会越来越多，文化自治组织也会越来越多，这些自治的文化性的文化组织会在农村社区文化建设中起主导作用，唱主角，如秧歌队、地方戏队、民间美术活动小组等，都将会成为农村社区中的主角．为社区文化的发展作出贡献。文艺活动、美术活动、戏曲活动等，这些自治性的组织会在农村社区新激励机制的动力与支持下，越办越好，越办越红火，成为农村社区文化的骨干力量。

（四）改革农村社区文化建设管理体制，加强农村社区文化人才队伍的建设

加强农村社区文化建设，文化阵地的硬件建设固然重要。同时还要重视文化人才建设，造就农村文化队伍。各级党委和政府要创新农村文化建设的体制和机制。落实好农村文化建设工作的相关政策。稳定和发展专兼职结合的农村文化队伍。努力提高队伍的整体素质。

党的十七届六中全会明确了我国文化建设的发展目标和基本路径，这标

志着我国的文化改革与发展进入了沿着中国特色社会主义文化发展道路、以社会主义核心价值体系为内涵的社会主义文化强国的全面建设时期。全会提出，满足人民基本文化需求是社会主义文化建设的基本任务。必须坚持以政府为主导，加强文化基础设施建设，完善公共文化服务网络，让群众广泛享有免费或优惠的基本公共文化服务。要构建公共文化服务体系，发展现代传播体系，建设优秀传统文化传承体系，必须为全党和全体公民指明文化建设发展的前进方向。因此，在文化改革与发展的新时期，对社区文化的涵义、特点与功能进行系统的分析、探讨，对于推动我国社区文化事业的发展、实现社会主义文化强国的战略目标具有极为重要的现实意义。

（五）丰富农民文化活动，形成浓厚的文化建设氛围

党的十七届六中全会明确了我国文化建设的发展目标和基本路径，这标志着我国的文化改革与发展进入了沿着中国特色社会主义文化发展道路、以社会主义核心价值体系为内涵的社会主义文化强国的全面建设时期。全会提出，满足人民基本文化需求是社会主义文化建设的基本任务。必须坚持以政府为主导，加强文化基础设施建设，完善公共文化服务网络，让群众广泛享有免费或优惠的基本公共文化服务。要构建公共文化服务体系，发展现代传播体系，建设优秀传统文化传承体系，必须为全党和全体公民指明文化建设发展的前进方向。因此，在文化改革与发展的新时期，对社区文化的涵义、特点与功能进行系统的分析、探讨，对于推动我国社区文化事业的发展，实现社会主义文化强国的战略目标，具有极为重要的现实意义。

第二章 城乡社区文化活动

第一节 社区文化活动概述

一、文化活动的概念和意义

社区文化活动是指社区所有的成员，为满足求知欲望和精神生活的需要，而开展的具有综合性、基础性、普及性、传统继承性的各类文化活动。

现代人的生活忙忙碌碌，邻里之间缺乏沟通，同住一个楼层的邻居多年相互之间不认识。小区良好的生活氛围除了社区居委会的管理与服务外，还需要小区居民的支持和自律。而社区文化活动就能促进小区居民关系的融洽及协调；从而形成良好的社区氛围，达到建设和谐社区的目标。社区文化活动的意义主要包括：

（一）有利于社区内形成和睦、融洽、安宁的气氛

随着社会化大生产的到来，整个社会分工越来越细，工作强度加大，使人们之间的交往范围打破了过去封闭的界限，也使得联系人们的各种因素相对减少，人们各自忙忙碌碌。八小时的工作忙碌之外，其他大部分时间都是在社区度过，因此，如何增进彼此之间的联系和了解就成为社区群众交往的一个难题。而社区文化活动正是解决这些问题的最有效的办法，它成为增进社区居民之间、各类组织之间相互联系、加深了解、沟通关系的精神纽带，易于把社区群众吸引在一起，创造和谐、友善、互助的人际关系。例如通过组织球类比赛、中秋灯会、春季运动会等形式，密切了居民之间的往来，为

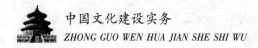

相互之间的沟通提供了渠道，这样也能较好地营造一种和谐、友好的气氛。

（二）提高社区居民的综合素质

社区居民综合素质一般包括以下几个方面：受教育程度、道德水准、精神状态、健康状况和创新能力等。这几个方面形成一个综合的整体，共同反映社区居民的综合素质状况。只有全面提高社区居民的综合素质，才能不断推动社区建设向前发展，而要提高社区居民的综合素质水平，就不能忽视社区文化活动的重要作用。例如，传播科技文化知识，开设服装设计、烹调、缝纫、文艺、健身等培训班，这不仅可以提高社区居民的科普知识水平，而且还可以在活动中学到各种技能。同时，在社区，各种各样的国家大政方针、法律法规的宣传活动和群众性的自娱自乐活动等，都可以使居民在精神上得到慰藉，在思想和道德上受到历练与提升。另外，社区的医疗、卫生保健等知识宣传、服务活动，有助于增强社区居民的卫生保健意识，有助于他们身体素质的提高。总之社区文化活动在提高社区居民综合素质方面发挥着重要作用。

（三）有利于邻里之间的互相谅解，营造和谐的社区文化

住宅小区规模大小各异，但都居住着数百人或数千人，是一个小社会。居住、生活过程中免不了产生小摩擦。社区文化可以通过各种形式的活动，让小业主之间互相谅解，避免不必要的争执，从而减少居委会处理小区业主之间矛盾的个案。例如，通过宣传活动对社区居民进行社会公德、职业道德和家庭美德教育，辅之以鼓励和抑制措施，可以有效地整合一些失衡的夫妻、父子、婆媳关系；再如通过宣传好人好事，批评不良现象，可以整合一些失调的行为。特别是注意紧紧抓住社区居民关心的热点、难点问题，有针对性地开展思想政治工作，并坚持把解决思想问题同解决实际问题结合起来，加强社区服务与管理，可以进一步密切党同人民群众的联系，广泛调动社区居民"讲文明讲礼貌树新风，共建美好家园"的积极性，促进社区的安定团结。

（四）提升社会文明程度

高质量的社区文化活动可以培养人的崇高理想和高尚品德，锻炼意志，净化心灵，学到多方面的知识和经验，提高个人的素质和能力，进而提升社会文明程度。一般地说任何文化都是一种价值导向，规定着人们所追求的目标。社会经济是列车，科学技术是铁路网络文化是扳道工，在具备列车和铁路网络的基础上，文化扳道工决定着经济列车在哪条轨道上奔驰。同样，优良的社区文化活动在引导区域内全体成员的崇高理想和追求，指引和带领大家主动适应健康的、先进的、有发展前途的社会追求，进而促进个人的成功，

促进社会可持续的和谐发展。

（五）有利于加强社区居民与物业公司之间的了解及互信

社区文化活动能让小区居民关注本小区的物业管理事项，自觉地维护本小区的利益，包括清洁、绿化、保安等。物业服务公司也能得到小区居民对物业管理公司的合理建议及支持，有利于相互之间的沟通，从而使物业管理工作得以顺利进行。

（六）有利于社区居民对社区的认可和荣誉感，有利于提高小区的美誉度

小区内定期举行的音乐会、家庭亲子日等，能让小区居民集体参与，使小区成为全体业主的大家庭。

二、文化活动组织工作

组织社区文化活动，要充分注意小区人文环境的适合性。如只是考虑对开发商的宣传，考虑物业形象对房屋的促销作用，经常花大价钱组织规模较大的活动，展开猛烈的媒体宣传，而忽视了居住其中的业主的参与程度和认同感。这样的活动不能称其为社区文化活动，只能是企业宣传活动。有些时候，甚至会招致业主的反感。社区文化活动要"以业主为中心"、"为业主服务"，要达成"为业主营造良好的居住环境和文化氛围，让业主居住其中既享受到高品质的物业服务，又丰富了精神文化生活"的目标。其结果，恰恰在满足了业主的需求、提高了业主对小区本身和物业管理企业的归属感和认同感的同时，树立起了开发商、物业管理企业良好的口碑，最终同样达到了宣传企业的目的。

三、社区文化活动的组织、策划、实施

（一）建立有效的组织机构

虽然物业管理企业是小区文化活动的组织者，但作为一个以盈利为目的的组织，长期配置一个班子专门从事小区文化活动是不现实的。应该挖掘小区业主资源，借助社区组织的力量，组成小区文化活动中心。中心成员由物业管理处人员、社区组织成员、小区业委会成员、小区有特长又热爱公益事业的业主组成，并根据各自的特点进行职责分工，有组织地开展工作。这种做法有几个优点：第一，所有人员都是兼职，节约活动经费，第二，小区业主参与活动的组织、策划、实施，活动内容和形式更贴近业主，调动了小区有各种特长的业主资源，更容易被业主接受。第三，业委会的参与较有号召

力，会增加业主的参与程度，有条件的还可以得到业委会的经费支持。第四，社区组织的参与，有利于整合社会资源，较容易得到政府和媒体的支持。

（二）进行市场调研，确定文化主题

要确定适合的小区年度文化活动主题，制定年度文化活动计划，市场调研非常重要。应安排人员分别进行外部调研和内部调研。外部调研是走出去，了解其他小区文化活动的现状、组织形式及实施效果，特别要关注与本小区自然、人文环境相类似的小区的活动。内部调研首先要对小区内居住人口的文化层次、职业、家庭结构、年龄结构等状况进行统计分析，其次，针对人口状况分析，结合小区四要素，有针对性地制作一份文化活动需要调查表，以选择题的方式进行调查，让业主自己选择喜欢的活动内容。

（三）制定年度社区文化活动计划

拟定计划时也要充分考虑前面的调研结果，以主题为主线，以大多数业主多方位的需求为依据，利用一年中的节日、纪念日，考虑到季节、寒暑假、可操作性等因素，使活动内容丰富多彩，兼顾老人、儿童，有闹、有静，宜雅、宜俗。计划中不仅有活动主题、形式、承办责任人等，还应有经费预算及筹措途径等。计划拟定后，应在小区进行公示，广泛征询业主意见，使其更完美，更贴近业主。

（四）进行活动方案策划

有了主题，有了计划，对每一次活动，事先都要进行策划。派专人拟定策划方案，组织文化活动中有经验的人员讨论，以确保方案的周详和可操作性、安全性。

（五）经费筹措

在物业管理服务经费中，并没有社区文化经费这一项支出。很多企业都是使用广告宣传费用或靠上级公司——开发商划拨促销费用。要长期支付较多的经费用于小区文化活动，会成为企业的负担。要长期有效地开展活动，必须本着"取之于民，用之于民"的宗旨，利用小区和社区组织资源，对外招商引资，寻求企业合作赞助，部分活动适当收费，以社区服务收入补贴等方式多渠道筹措资金，为小区文化活动的持续开展注入生命力。

（六）活动实施

第一，实施前要在小区进行大力宣传，扩大业主的知晓度，增加参与人数。第二，实施过程中要安排有序，维持好现场秩序，确保活动过程中参与者的人身和财产安全。对一些外出活动，一定要给参与者和组织者办理人身保险，规避风险责任。第三，较大型活动，应邀请相关媒体进行宣传，借此

扩大小区和物业管理企业的知名度。所有活动都要录像或拍照，保留活动资料。总之，社区文化活动的成功组织开展，将对营造小区文化氛围，创建温馨和谐社区，为社会主义精神文明建设作出巨大贡献，也将为物业管理企业品牌的提升、物业项目的拓展起到重大的推进作用。

第二节　社区文化活动的内容

一、审美文化活动

审美文化是人类有目的有意识地创造美和享受美的一种特殊社会活动，是人工而非自然的审美活动。它尤其指审美活动是一种能够对社会成员发挥精神教化作用的特殊意识形态方式。社区的审美文化活动主要从以下几个方面来学习和了解。

（一）社区美育活动

美育也称美感教育或审美教育，它不是一般的知识教育，而是一种与美的感受相结合的有教育作用的活动。具体地说是培养正确的审美观和感受美、鉴赏美、表现美、创造美的能力的教育。

"美育"一词最早是由法国美学家席勒在其《美育书简》中提出和使用的，他认为美育是通过人们对美的形象的观照，培养对美的情感，纯洁人的心灵，以达到人的全面自由、和谐的发展，其实作为美育的教育思想和实施，早就存在于古代诸多教育家的思想和实践活动之中。而在我国的历史尤长。早在二千多年前，我国的大教育家孔子认为"乐"可以陶冶人的性情。他在《论语·泰伯》中说人的品性"兴于诗，主于礼，成于乐。"荀子也同样强调主张美的教育，他在《荀子·乐论》中说："乐者，圣人之所乐也，而可以善民心，其感人深，其移风易俗，故先王导之以礼乐而民和睦。"近代史上，著名教育家王国维、蔡元培都曾大力提倡美育。王国维在《论教育之宗旨》中指出："美育者，一面使人之感情发达，以达完美之域；一面又为德育与智育之段。

1. 欣赏艺术美

艺术美是指艺术作品表现出来的真、善、美，给人视觉上、听觉上、心理上带来美感和感动等等。美的艺术作品一定要表现出美好的感情和价值观。

　　艺术美的欣赏，是欣赏者接触艺术作品后产生的一种审美活动，也是欣赏者通过艺术形象去认识客观世界的思维活动。通过对艺术美的欣赏，人们可以丰富自己的情感、陶冶自己的情操、净化自己的心灵。此外，艺术美的欣赏，可以通过人们对艺术欣赏能力的提高，推动艺术批评的健康发展，促进艺术创作的繁荣。

　　2. 认识自然美

　　自然美，是指各种自然事物呈现的美，它是社会性和自然性的统一。它的社会性指自然美的根源在于实践，它的自然性指自然事物的某些属性和特征（如色彩、线条、形状、声音等）是形成自然美的必要条件。自然美包括日月星云、山水花鸟、草木鱼虫、园林四野等等非常广阔多样。自然美作为经验现象，是人们经常能够欣赏和感受的。

　　自然美的现象包括两大类：一类是经过劳动改造的自然景物，一类是未经劳动改造的自然景物。前一种与社会事物的美接近。这种景物凝聚着人的劳动，经常作用于人们的感性和理性，唤起人们的审美愉悦。如春天生机蓬勃的秧苗，秋日金黄的硕果，绿色的山林，雪白的羊群。民歌中写道："麦田好似万丈锦，锄头就是绣花针，公社姑娘手艺巧，绣得麦苗根根青。"后一种自然美的根源仍离不开自然和生活的联系。它们作为人们的生活环境而出现，或是人类生活资料的来源，它们是人类生活劳动不可缺少的东西，因而给人以美感。例如太阳，正像车尔尼雪夫斯基所说："美得令人心旷神怡"，是因为它是"自然界的生机的源泉，恩泽万物，也使我们的生活温暖，没有它，我们的生活便暗淡而悲哀。总之，太阳是直接有益于人的生命机能，增进体内器官的活动，因而也有益于我们的精神状态。"

　　自然美的审美意义是多重的。自然美的审美意义主要体现在四个力面。第一，欣赏祖国大自然的美，可以激发人们热爱祖国的情感。第二，对自然美的欣赏，能够唤起人们对生活的热爱之情。第三，自然美能够陶冶人的性情，培养人的高尚情操。第四，对自然美的欣赏，还能够开阔人的视野，增长人的知识。

　　3. 感知社会美

　　社会美是指社会生活巾的美。它是一种积极的肯定的生活现象。社会美是指社会领域中的美。人类社会的历史是不断改造和征服自然的历史，也是不断创造社会美的历史。凡是有人类活动的地方就有社会美的存在。"社会生活在本质上是实践的"。社会美是人类创造性劳动实践的结果。真正的社会美，是那些积极的、健康的，对人生有肯定价值，有益于人类，催人奋发向上的事物所具有的属性，是人类生活中一种积极的肯定的社会现象。

社会美首先体现于人类改造自然和社会的历史过程中，同时也体现在人类社会实践的成果中。在征服自然，改造自然和变革社会的实践中，人的本质力量不断得到发挥，人类主体实践的巨大力量，如人的智慧、品德、意志、性格、创造力等得以充分展现，在此过程中，人们认识到人类实践力量的崇高与伟大，由这种对自身才能与力量的积极肯定而产生的一种愉悦情感，人类的劳动活动本身获得了审美的价值，社会美还存在和表现于静态的人类劳动的产品上，在感性成果中，凝结了人的本质力量物化了人的审美心理的因素，人按照美的规律创造着自身，人的美是社会美的核心，它可分为外在美和内在美两个方面：内在美包括人生观、理想、修养等，它需要通过外在的行为、语言、风度等形象表现出来；外在美主要是形式的美，它显现着内在美，但又具有相当独立性。在人的美中，内在美是更根本、更持久的美。外在美和内在美的和谐统一是社会美的最高形态。与自然美相比，社会美在内容和形式的关系上更偏重于内容，社会美总是与那些反映人类历史发展方向的进步的道德观和政治理想直接联结在一起。社会美与善密切相关，但不等同于善，它不具有直接的功利性，它把善变为个体高度自觉自由的行动，从而引起人们的审美愉悦。

二、知识类文化活动

宣传科学知识，提高社区居民科学文化素养，促进人的全面发展，以适应社会现代化发展的需要。这种知识类的文化活动既能引导社区群众跟上时代步伐、科学的工作和生活，又能推动文明社区建设和发展，是社区现代化的重要条件。

知识类文化活动需要各个部门、各个方面的密切合作，并以相应的组织机构来保障。通过组织机构，有效地调动社会各种力量，使之形成合力。可以组建科普协会、社区图书馆或者其他爱好者协会或组织机构，加强知识的普及和宣传工作。还可以由组织建立信息联络站、读书组、宣传画廊、阅报栏和黑板报等，对事业单位、学校或居民经常开展各种形式的讲座、竞赛、成果展览等。这样社区居民既可以提高文化素养和工作效益，又可以促进社区的文明发展。

（一）读书活动

书籍，是人类宝贵的精神财富，是经验教训的结晶，是走向未来的基石；读书，是人们重要的学习方式，是人生奋斗的航灯，是文化传承的通道，是

人类进步的阶梯。读书应当是一个人日常的生活方式，开展读书活动，也是提高居民文化素养的有效途径。让社区居民养成爱读书、好读书、读好书的习惯，并积极配合社区开展的读书活动，还可以制定读书计划，活跃社区的学习氛围。

（二）演讲比赛

组织演讲比赛是丰富社区的文化生活的另一种方式。社区居民要积极参加，可以派出小组代表。演讲者可以从自己所阅读书籍里的人物、故事或主旨入手，阐释自己对人生追求、工作态度、办事作风的新认识。参赛选手围绕主题，用声情并茂的演讲，表达自己对社区的热爱，对社区发展的美好祝福。演讲比赛要安排紧凑、有序。演讲内容要耐人寻味、富有激情、令人震撼。经过竞争角逐，要选出优秀的演讲者给予奖励。

演讲赛旨在增强社区凝聚力、战斗力、影响力，加强社区间的交流与沟通，给社区成员提供一个充分展示自我的机会，通过互动达到增强社区工作责任感，激发爱岗敬业工作热情的目的。这样的演讲比赛还可以进一步培养社区居民热爱自己生活、工作的情感。

（三）知识竞赛

知识竞赛主要是指以知识问答、知识比拼为主要内容的活动。活动最终或可以给予参赛者某种资格，或者某种奖励，而举办方也可以通过活动或通过给别人做广告，或门票或流量等来赚取收入。也在一定程度上可以发掘各方面的优秀人才。知识竞赛有很多，比如：在北京奥运会举办前，中国举办过很多奥运知识竞赛，这些活动对社会民众响应、参与奥运有很大的促进作用。另外，还举办安全知识竞赛、科普知识竞赛等等。

三、情趣类文化活动

（一）科普活动

科普活动，是指采用公众易于理解、接受和参与的方式，普及自然科学和社会科学知识，传播科学思想，弘扬科学精神，倡导科学方法，推广科学技术应用的活动。

加强科学技术普及教育，提高社区居民的科学素质，广泛开展社会科学技术普及活动是推进科普工作的重要任务。通过组织开展科普日活动标识、主题征集活动，在全社会进一步营造"人人都是科普之人、处处都是科普之所"的良好氛围，激发全体公民学科学、爱科学、用科学的热情，为中国科普活动的可持续发展提供取之不竭的源泉和动力。

（二）收藏活动

收藏是一种对于物品的搜集、储存、分类与维护的癖好。收藏家的收集对象通常是有价值的古董，但也可能是其他的小东西。纵观人类自古至今的收藏活动，可分析出收藏大概产生于原始信仰和宗教、实用、审美、经济、归属、科学及其他原因。在社区进行收藏品的展览对于社区居民的艺术修养的提高很有帮助。这里主要是体现收藏品的艺术观赏性。每件好的艺术作品都倾注着设计制作人员的智能和汗水。每件作品都有很高的观赏价值，耐人寻味。特别是一些寓意好的作品，直接代表着人们的思想愿望与感情依托。观赏把玩一件精美的收藏品，就是一种精神享受。

（三）集邮活动

集邮是指对邮票和邮品的收集、整理和研究。邮票素有"国家名片"之称，每个国家发行邮票，无不尽选本国最优秀、最美好、最具代表性或纪念性的东西，经过精心设计，展现在邮票上。涉及的内容更是政治、经济、文化、军事等方方面面，各行各业应有尽有，使得方寸之间的小小邮票成为包罗万象的博物馆、容纳丰富知识的小百科。

集邮是一件有趣味的高雅收藏活动，无论是渴望获得邮票中内容背景知识，还是拥有时的心满意足，无论是欣赏他人的收藏，还是展示自己的宝藏，无不给人的生活增添无尽的情趣。集邮是获取知识的途径，方寸小纸展示着博大精深的世界，从一个侧面反映了历史的进程。集邮是一门综合的学问，一枚邮票从图案的内容、意义和审美到它的设计、历史背景、印刷过程以及制版技术等方面，无不体现着人类智慧的结晶。

在社区可以定期举行一些邮票展览这样的活动，可以丰富居民的生活，陶冶人们的情操。

四、娱乐类文化活动

随着社区建设的不断深入和社区居民生活的改善，人们对生活质量、身心保健等更加关注。因此，群众性的文化娱乐活动已经成为社区居民生活的重要组成部分，成为社区居民自我教育、自我提高、自我发展的重要活动。

娱乐活动必须有一定的设施和场所，否则群众就无法从各自的小家庭走到一起。各个社区管理部门要充分利用现有的场地和设备，如娱乐广场、健身房、体育场等，积极开展文化娱乐活动。同时还应该根据社区的实际情况和居民的需求，逐渐增建新的设施，扩大娱乐活动的空间。还可以定期开展主题活动，让社区居民参与其中，大家共同建设集文化、娱乐、休闲为一体

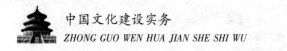

的社区文化活动基地，为社区群众参与社区文化娱乐活动、自娱自乐；自我展示才华提供场所和舞台。

社区娱乐活动设施的建设要考虑到不同年龄层居民的需要，如儿童游乐的需要、老年人休闲享乐的需要。首先是吸引群众，然后是寓教于乐，要尽可能调动社区所有成员的积极性。积极开展群众性广场文化活动，通过社区文化节、艺术节，推动群众性文体活动的开展，引导群众科学娱乐，营造文明健康的社区文化氛围。

五、健身健美活动

健身是一种体育项目，包括徒手或用器械的体操，体操可以增强力量、柔韧性，增加耐力，提高协调、控制身体各部分的能力，从而使身体强健。健身的范围很广阔，体育只是健身中的一个版块。健身除了体育包括的项目之外，还有很多内容，例如，写字、唱歌、做家务等。健身大致分为器械锻炼和非器械锻炼。健身也是很多人用来塑造完美身材的一种锻炼方式，城市很流行的健身房中的男男女女都喜欢这项运动。

健美指人的健康强壮的身体所显现出的审美属性，是人们追求人体美的一个综合标准，指肌肉、骨骼、血液、肤色充满着生命的活力，无论其外部形式或内部结构都是匀称、协调、充满生机的。任何行动都能显示出全身各部分的协调和谐、自然舒展、生气盎然、神采奕奕。

健美和健身是两个不同的概念。健身是健美的初级阶段，要求简单，达到身体健康、身姿端正、动作协调就可以了，健身大多数人能够做到。而健美不仅要达到健身的目的，还需要具有超常的健康和超常的毅力来进行训练，以使身体各肌肉群的肌肉饱满、形状美观，肌肉线条清晰，全身匀称，并且运动员的肩、背、腹、腿等各个肌肉的围度也是审美的参考依据。健美对于腿部力量和肌肉的分离度与质感要求比较严格。而健身往往要求一种综合素质的体现，健美不光是发达的肌肉，而且要求整体的线条美。

随着社会的进步和人民生活水平的提高，身心卫生和保健问题越来越重要；人生的质量、家庭生活的幸福、社会文明都与人们的身体健康和心理健康有着密切联系。人们更加注重自己的身体变化情况，在社区的小广场定期开展健身健美的活动，锻炼身体，多做运动，对于提高自己的身体素质和增强免疫力是非常有帮助的。

第三节　城乡社区文化活动的现状

当前"以文体活动吸引人、感召人、凝聚人"已成为社区干部搞好社区工作，营造和谐氛围的共同经验。初具规模的文体活动队伍、不定期的先进文化知识讲座、常规的社区教育等活动，为社区居民送来健康、快乐、知识和工作岗位，提高了社区居民的科学文化素养，营造了和谐的社会氛围。

一、社区文化活动的现状及出现的问题

居民参与社区文化生活总体上呈现出"三多三少"的格局。一是独自活动多、集体活动少。像看电视、看书看报等窝在家里的活动多，走出去参与的集体活动少。二是被动参与多、主动参与少凑凑热闹的比较多，积极组织活动的比较少。三是体育娱乐类多艺术求知类少。较多居民偏向于参加健身休闲活动，参与益智学习类活动的相对较少。此外，居民在文化活动上还舍不得投入，年文化消费额在 1000 元以下的比较多。目前，社区文化建设中主要存在以下几个问题。

第一，社区文化硬件设施不足。宣传橱窗、健身路径这些基本设施还没有达到平均每个居民小区一个（条）的程度。在一些社区，居委会会议室、阅览室、棋牌室合用一间房，美其名曰社区活动综合用房，其实是降低了功效。大多数居民，包括部分较新社区的居民最为迫切的愿望是能有一个宽阔的活动场所。因为没有活动场所个别老社区的居民只能三三两两聚集在楼道口下棋打牌；有些居民早晨锻炼要去很远的地方，非常不方便；有些居民则选择在街道路边锻炼，来往车辆对他们构成了安全隐患，排放的废气也不利于身体健康。

造成这种局面的原因是多方面的。首先，老社区在规划建造中没有考虑文化设施的建设，现有的一些设施是见缝插针铺设的，很难形成规模。其次，社区共建单位共建意识淡漠，吝于向居民提供活动场地，晨练居民对此颇有意见。再次，一些大型公共场所实行收费管理，把相当多收入并不宽裕的居民挡在门外。第四，政府财政对硬件设施的投入力度偏小，建设步伐缓慢，一些设施得不到维护而损坏，而且造成了安全隐患。

第二，社区文体队伍发展缓慢。目前社区文体队伍在数量上偏少，在规

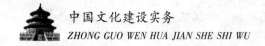

模上偏小，在种类和内容上单一，体育健身类居多，文化艺术类偏少，知识宣教类更少。

活动经费缺乏是导致社区文体队伍发展缓慢的主要原因。目前社区文体队伍的活动经费以自筹和居委会支援为主，勉强维持运作，一旦遇上演出活动，队伍负责人要靠"化缘"方能渡过"财政危机"。完全是靠强烈的兴趣爱好和队员白掏腰包来维持，自娱自乐尚可，至于如何把队伍做大做强，想都不敢想。有些文体队伍有心提高活动质量，但也由于经费紧张请不起老师只得作罢，因此难见社区文艺精品。

第三，社区文化活动参与面狭窄。当前，社区居民文化生活呈现出"两头热、中间冷"的局面，"两头热"指的是参与社区文化活动以老年人和少年儿童为主，广大中青年则被动参与，或者游离千各种活动之外。有人甚至将社区文化活动形容为"平时老年人，假期小学生"。而且即便在老年人群体之中，其参与面也是狭窄的。许多老年人既是这支队伍的骨干又是那支队伍的成员，数来数去，真正活跃的就那么几个人，呈现出"少数积极的人很积极、多数冷漠的人很冷漠"这样两极分化、极不均衡的局面。

造成这种现象的原因有三方面。一是缺少较大型的、能吸引居民广泛参与的活动。目前社区文化活动基本上是小打小闹，兴趣一致的人在一起自娱自乐的居多，类似广场文化活动等参与人数在数百乃至上千的活动比较少，难以形成良好的氛围，对工作繁忙的中青年群体缺乏吸引力。二是缺少必要的宣传发动，社区文化氛围淡漠。相当多的居民不知道自己居住的社区搞过什么活动，更谈不上积极参与。其实很多社区的文化活动数量上并不算少，但是极少对活动进行过认真宣传，因此居民知晓率很低。社区很多居民不知道举办社区大型活动，参加的人中有很多是碰巧路过才去凑热闹的。三是社区文化活动不能满足各个层次居民的需要。许多人对社区文化活动的认识还停留在简单的"健身观"、"娱乐观"上，内容不够丰富，形式过于单一，忽略了中青年群体的需求。有些共建单位持简单的任务观点，把活动搞成单位职工和社区工作者的联欢，对繁荣居民文化生活并无多少帮助。丰富活跃的社区文体活动是培育"人文社区"的有效途径和载体。

二、为有效解决社区文化建设中的这些问题，应该着重从以下几个方面着手

第一，解决资金问题是根本措施。经费不足已成为制约城市社区文化建

设的瓶颈，而在当前政府主导型的社区建设大背景下，政府对此加大资金扶持力度是最有效的解决方法。其一，逐年增加财政拨款额，其增幅应当超过GDP和财政收入的增长速度。其二，费随事转。政府不能无条件地要求社区文体队伍参加政府组织的各类活动，应该把社区文体队伍和其他演出团体同样看待，至少应对他们参与活动的成本进行补偿。其三，共建单位要积极认真地介入社区文化建设，保证资金扶持力度。但是仅此尚不足以满足需求，引入社会力量拓宽资金来源渠道值得考虑。事实上，一些社区文体活动已经在尝试用商业赞助的模式来进行。例如，商业赞助社区文化活动，对于商家来说是做了广告，对于社区而言减轻了经济负担，实现了双赢。"商——社"合作前景广阔，政府在这方面可有意识地进行引导。另外，有条件的社区可以尝试兴办经济实体来获得资金来源。

第二，解决场地问题是当务之急。目前社区居民，尤其是老年居民急需充足的活动场地。解决方式有三方面。其一，政府应加快投资修建活动场所，特别是要加快老社区文体设施的建设步伐，使每个老社区至少达到"七个一"的标准，即一条宣传长廊、一块健身苑或中心广场空地、一间棋牌室、一间乒乓健身房、一间教室、一间阅览室和一套文体设备。在新社区力争每个居民小区（楼盘）达到"七个一"标准。城建部门在城市规划、房产商在新楼盘设计中要充分考虑文化设施的建设。其二，机关单位的文化活动场所和设施应在非工作时间向居民开放。目前全县各机关事业单位或多或少拥有一定的广场空地和综合活动用房，一旦开放将在短时间内有效缓解居民活动难的问题。部分单位还有一定数量的闲置房屋，可暂时借给社区作为活动场地使用。其三，有条件的社区可以开办低价位的文体活动场馆，按成本价收费，实行低偿服务，"以文养文"，一来可扩充场地，二来可解决资金问题。

第三，加强人才队伍建设是有效途径。在保障资金供应和活动场地的条件下，社区文体队伍的数量和活动质量将决定这个社区文化活动的活跃程度。为此应该抓好三件事。一要抓社区文体骨干的挖掘和培养。社区居民在文体方面有特长的颇多，许多人才"养在深闺人未识"，社区干部平时要留心观察、积极挖掘各类文体人才，充分调动居民参与活动的积极性。例如，对于书画及收藏爱好者可帮助他们举办一些个人作品展览，对于艺术家庭可举办家庭才艺表演赛来充分展示他们的才华。积极开展学习型家庭创建也是培养社区文体人才的一条途径。二要抓文体队伍骨干的培训。社区文体队伍都是业余的，即便是发起人和组织者水平也相当有限，把他们组织起来进行培训，提高他们的活动组织能力和专业水准，并聘请有经验的文化干部担任社区文

化指导员，辅导他们开展活动。三要抓文体队伍活动的质量。应当有意识地引导文体队伍从自娱自乐性的活动，向兼具艺术性、观赏性的方向发展，在不断提高活动质量和品位的过程中，培育出具有特色的招牌队伍和一批精品节目。

第四，扩大活动参与面和影响力是发展方向。在资金、场地和队伍等基础性要素业已完备的基础上，社区文化活动应尽可能地发挥影响力，吸引各个层次的居民前来参与，培育浓厚的文化氛围。首先，文化活动的种类要丰富多彩，体育类、益智类、艺术类、娱乐休闲等各类型活动要全面发展，要能照顾到各层次居民的需求，特别要多组织适合中青年群体参与的文体活动，以提高这部分人的参与率。例如社区广场文化活动、各类球赛和艺术表演，都是具有广泛参与性的好形式。其次，活动应注重发挥眼球效应，有意识地扩大活动的影响力。目前许多社区活动局限于自娱自乐，对大多数居民缺乏影响力。例如，某社区居委会里面曾搞过居民个人书画展，展品质量非常高，但除了来办事的居民瞄上一两眼之外，很少有社区内别的居民前来参观。因此，活动前做一些宣传是很必要的，例如在显眼位置张贴海报等，哪怕是黑板报上的一则通告，都能吸引更多的居民参与活动。而对活动进行大力宣传，其本身对营造浓厚的社区文化氛围也是有作用的。除了宣传外，活动的选址也是一个值得注意的问题。例如一些展览活动，就不适宜在居委会内举办，安排在宣传橱窗甚至小区路边，更能吸引居民参加，效果会好得多再次，举办社区文化艺术节是营造社区文化氛围的好形式。在某一个时期集中举办一系列文体活动，能产生集群效应和累加效应，扩大单个活动的影响力，营造出热闹的节庆气氛，从而吸引居民广泛参与。基础较好的社区可在政府有关部门或者文化公司的策划指导下，进行多种尝试，可采取文艺团队下社区和城乡文艺团队结对子的方式来充实活动内容，争取把它办成社区居民自己的节日。

第三章　农村社区互助养老

第一节　国内外社区互助养老研究

一、研究背景

建设幸福农村是全面推进小康社会建设的应有题中之义，在当今农村人口仍占很大比重的情况下，农村养老问题是一个涉及民生的重大问题。新中国成立以来，由于农村生活水平的提高、卫生事业的发展以及战争和饥荒等意外事故的减少，农村老年人的平均预期寿命在不断延长，农村老龄人口占比不断提高。大量农村剩余劳动力向城镇转移，直接导致农村老年人身边子女数减少，城乡养老保障差异化明显及养老资源分配不均，迫使农村老年人自己承受的各种负担在不断加重，农村的传统养老模式面临着种种考验。传统家庭养老模式是靠家庭情感和伦理道德来维系的，主要依靠子女的孝心及赡养能力来保障，当面临着现代社会各种现实困境和观念冲击时，往往也显得十分脆弱。如果在农村地区单一地推行机构养老等其他社会化养老方式，会面临缺乏相应的物质条件基础和群众认同基础。

现代社会，农村养老模式已经不再是单一的家庭养老，而是以家庭养老为主，多种养老模式并存的农村养老新格局。伴随着经济发展和社会进步，农村养老模式也在具体实践中不断完善和创新，积极稳妥地探索和推进农村社会化养老，是中国经济社会结构变化的客观要求，更是应对农村老年危机的重要举措。

当前。不少地区正在积极探索"村级主导、政府支持、闲地制宜、量力而行、自助互助、社会参与"的农村互助式养老新模式。农村互助式养老既能减轻政府、子女的负担，又能实现社会闲置资源的有效利用，将逐渐成为农村养老的二个重要的方面，成为农村社会管理和创新的突破口。

二、研究目的和意义

（一）研究目的

结合我国农村实际，坚持以"保障晚年生活，提高幸福指数"为目的，研究并分析一种适应经济社会发展形势的新型养老模式。本章研究的目的主要包括以下三个方面：

首先，基于我国农村养老的现状与老年人养老的差距，通过对农村老年人的群体特征、现实环境因素等方面进行分析，指出互助养老模式的优越性，提出发展和推广互助养老模式的必要性与可行性。

其次，运用实证研究的方法，指出互助养老的影响因素、存在的困境及缺位之处。同时，对国外互助养老模式进行比较分析，探寻值得我国农村借鉴的经验与启示。

最后，通过提出完善农村互助养老模式的相关建议，从而使老年人能更好地安度晚年，并获得社会及家庭的最大限度关怀。

（二）研究意义

多种养老模式并存以及农村养老社会化是今后一个时期我国农村养老发展的大趋势，不断创新的养老模式正在快速的得以推广，并且正在发挥着越来越大的作用。研究农村互助养老模式，对开展和推进农村多元化与社会化养老，缓解农村老年危机，为建立最终的理想的模式具有深远意义。

理论意义：完善了马斯洛需要和帕累托最优等相关理论。本研究依据养老模式的相关理论及文献，运用实证研究方法，从解决互助养老存在的困境着眼，拓展了社会化养老模式，为政府制定并推广互助养老方式提供必要的理论依据。

现实意义："老有所养、老有所为、老有所乐"是党的十八大报告中提出的重要民生目标之一，农村养老问题作为农村工作的重要内容，是农村社会发展的"稳定器"和"减压阀"。提出和完善农村互助养老模式，有利于农村养老发展中出现问题的妥善解决，有利于社会发展过程中所出现矛盾的及时化解，有利于增强农村老年人的幸福感、稳定感和社会认同感，为地方政府在农村养老探索方面提供可行性对策或可供参考的方法。

三、国内外研究综述

（一）国外研究动态

西方发达国家已基本上完成了城市化、工业化进程，农业人口占总人口比例较小，且社会保障体制较完善，所以关于农村养老模式与农村老人方面的研究并不多。

Mason（1992）指出，工业化、城镇化和农村移民会削弱老年人的权威地位，且较少的生活照料主要来自于妇女，而妇女社会参与的不断增加和孝道下降将逐步弱化农村家庭养老的作用。Sussan 和 Georgia. Arrow（1999）对老年人生活照料供给主体是家庭还是社会进行调研，研究发现，老年人生活照料主要提供者仍然是家庭成员，而且随着老龄化、高龄化出现，老年人生活自理能力下降，子女与社会对老人的照料进行责任分担的现象越来越普遍。

Allen walke（2000）对欧盟国家老年人养老问题进行研究，分析指出，家庭规模利结构趋于小型化简单化、已婚妇女参与劳动、代际倾斜严重，导致家庭养老弱化和生活照料主要提供者负担加重，提出"国家和家庭共同承担老年人长期生活照料"等一系列对策建议。Edgar. F. Borgattaand（2003）认为，老龄化、高龄化使老年人对生活照料提出更多更高要求，当家庭不能够完全满足老年人养老需求时，社区应该提供支持。Johlnb. Wiiliamson（2007）通过比较中国农村和城市老年人的养老支持系统，得出中国农村老年人在未获得社会养老金的情况下，依赖于家庭的经济支持，社区养老和社会养老只起补充作用。

虽然国外关于农村养老模式，尤其是互助养老模式的方面研究并不多，但是关于养老保障理论的研究却很深入。保罗·萨缪尔森的经济交换理论认为，每个人都要经历幼年、成年、老年三个人生阶段，在不同时期人所占有的"资源"不同，需求也不同，且这些需求既依靠自己劳动所交换的产品与服务来满足，也依靠代际交换。幼年受人抚养，成年抚养子女并赡养父母，老年时由子女赡养，成年人对幼年子女的"投资"在老年时"回收"，这样实现了不同年龄人群的共同需要。社会交换理论创始人 G. G. 霍曼斯认为，代与代之间的互动关系是一种交换关系，人与人交换是为了获得与其付出的代价和成本相等的回报与利润。在互助养老模式的具体实践上，老人之间相互提供帮助，本质上也是进行一种劳动的交换、一种经济交换，而这种交换直接削弱了原本就薄弱的代际交换的作用。

"福利经济学之父"庇古认为，影响经济福利的最主要因素是国民收入大

小和国民收入在社会成员中的分配情况。国民收入增加会提高一国总福利，个人实际收入增加会增大个人效用，降低国民收入分配不均程度同样会提高一国总福利，将富人的收入转移给穷人，总的满意度也会增加。因此，庇古主张通过相关政策的运用把富人的钱通过转移支付的方式增加包括老年人在内的特殊群体收入，进而增加社会总体福利。同样在互助养老中，通过一系列的鼓励引导措施促使低龄、健康老人照顾高龄、患病老人，同样可以增加整体的养老福利。

（二）国内研究动态

"养老"不仅是一个跨学科的理论问题，同时也是涉及到农村老人幸福晚年生活及和谐农村的建设的重大民生问题。目前，对农村养老及其模式的探索研究日渐增多，取得了一些初步成果。

在农村养老模式比较上。穆光宗认为"养老"涉及三个方面，即物质供养、生活照料、精神慰藉。在理论上可以尝试将养老模式区分为三种，即家庭养老、社会养老、自我养老。其中，家庭养老又可理解为子女供养或亲属供养，是当前农村养老的主要形式，但面临着衰落的趋势；社会养老指依靠多元化的社会养老支撑体系维持老年人生活的养老模式，但只能覆盖少数老人，可能是今后农村养老事业的发展方向；自我养老指既不靠子女和亲属，主要靠储蓄或劳动收入或其他收入等手段进行养老，在农村有相当比例的老年人到了晚年仍然继续劳动且照顾自己的衣食起居，也一直是农村养老的一种重要形式，但自养的可能性将随老年人年龄增大而逐渐降低。上述三种养老模式是最为基本的三种养老模式，也是其他养老模式的基础。随着养老模式趋向多元化，也有许多学者在上述三种基本的养老模式基础之上提出了其他的各种养老模式，如居家养老模式、"3＋2"养老工程、农村"一家两户"的养老模式、互助组合的养老模式等。周莹、梁鸿（2006）认为随着农村社会转型和农村经济社会发展进步，家庭养老逐步弱化，家庭供养资源减少，保障能力下降，家庭养老模式终将只是一种过渡形式，必然要被适应中国国情的社会化养老模式所取代。徐勤从农村养老事业的长远来看，认为应大力发展农村社会养老。她认为家庭养老和社会化养老是养老体系的两个方面，一方的削弱应以另一方的增强为前提。随着家庭供养资源减少，供养力下降，传统家庭养老受到前所未有的挑战，只有发展社会养老，才是解决农村养老问题的根本途径。

在农村养老模式多元化方面。不同的学者给出了不同的农村养老模式体系的设计与研究，但都不约而同地进行了多元化探索。穆光宗提出了"3＋2"

养老工程，即家庭养老、社会养老和自我养老作为基本养老方式，积极发展社会化养老事业和社会化救助事业；王亚柯、杨震林则构建了"内敛型"的养老模式，该模式主张以农民自我养老保障为起点，有下到上经由个人—家庭—集体—社会—政府的路径，整合各个层次的资源，内敛式的满足个人养老保障需求，农民作为理性的经济人能够充分利用自身资源进行养老，一层级未被满足的养老需求即溢出部分，可以在下一层级继续得到满足，每一层的资源都得到最大程度的利用，这样就减轻了最后一个层次（政府）的压力。谭克俭看到，目前农村现存四种养老保障机制：社会养老保障机制、社区保障机制、家庭养老保障体制和个人养老保障机制，并得出结论：完善的养老保障是各种机制的优化组合，要充分利用和发挥每种机制的优势，使一种机制的缺陷通过另一种或几种机制的优势来弥补。尽管有学者认为应坚持发展单一的养老模式，但更多学者认为应发展多元化养老模式。

在互助养老模式方面。梁鸿建议，农村社区本身具有一定的互助传统，并没有因经济社会结构深刻变化而减弱，因而农村实行社区养老具备一定的社会基础。目前中国农村传统家庭养老方式正处于转变初始或启动时期，其现状是家庭养老为主，其趋势是走向社会化养老服务。林翠欣（2006）认为，根据社会嵌入理论和社会发展的实践证明，老年人仍然需要继续社会化，而社会化的基本内容就是社会角色的转换，包括劳动角色的转换、决策角色的转换、工具角色的转换、父母角色的转换等几个方面。互助式养老模式可以在一定程度上促使老年人继续社会化，摆脱孤独和寂寞，同时群体生活的管理和参与暗示社会角色的转变，会使老年人快速找准位置，获得信息、安慰和帮助。在农村互助养老的具体操作创新方面，卢海元（2008）提出采用"实物换保障"的概念，用特定方式将农民所拥有的农产品、土地等实物转换为股权、保险金等具体物质保障。

对于养老需求方面的研究，普遍的观点是养老的内容应该以满足老年人的需求为导向，认为养老应提供包括经济支持、生活照料和精神慰藉三个主要方面。穆光宗认为老年人的需求可以分为三大类，即生存性需求、发展性需求以及价值性需求。根据不同的需求，养老的内容具体应涵盖物质生活保障、文化娱乐活动、保健医疗护理、家庭事务料理、情绪调适咨询、基本权益保障、临终关怀等几方面。

综观上述国内外研究可以发现，不少学者都对农村养老问题进行了深入研究，做出了许多有价值的探索，为后人进一步拓展相关领域的研究奠定了良好的学术氛围和必要的学术积累。鉴于此，本文在梳理农村养老模式及互

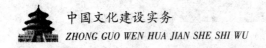

助养老的相关理论基础上，将理论分析与实证研究紧密结合起来，分析说明农村互助养老存在及推广的重大意义，并对进一步完善该模式进行了一定的思考，具有一定的理论和实践价值。

第二节　农村互助养老概述

一、核心概念的界定

（一）农村养老的涵义

本书认为，养老包括三个方面的内容：经济供养、生活照料、精神慰藉。养老保障是指家庭或社会对老年人提供经济供养、生活照料和精神慰藉等几方面的支持，其中经济供养是基础性的养老保障。

农村养老是指国家、社会、村集体、其他部门、家庭等主体利用多种资源，为老年农民提供经济上的支持，生活上的扶持，精神上的慰藉，以使他们度过衣食无忧、幸福愉悦、相对有尊严的晚年生活。这里的老年农民主要是指具有农村户口，年龄超过 60 周岁，且未被现有的城镇社会养老保障所覆盖的农村人口。这个庞大的老年群体与城市老年人口的重大差异是他们年老丧失劳动能力后，不能享受退休金待遇，缺乏基本的社会保障。解决好他们的养老问题，关系到广大农村老年人的基本生活权益，关系到农村的繁荣和稳定，更关系到国家的长治久安。

目前，"家庭养老"依然是我国农村养老的主要形式，它是一种以婚姻和血－缘为纽带，以家庭为中心，以子女赡养为主的养老模式。机构养老等社会化程度较高的养老模式在广大农村尚未得以推广和普及，因此，在面对传统家庭养老功能弱化，且社会化养老在农村推行较为艰难的现实困境下，互助养老吸收家庭养老与社会化养老的优点，是农村地区养老事业发展的新生命力。

（二）互助养老模式的内涵

养老模式是一种旨在解决养老问题的具体方法论，这里是指为老年农民提供养老支持系统的样式，即把解决养老问题的方法总结成一套具有可行性的理论方法。主要包括家庭养老、社会养老、居家养老、互助养老及第三部门养老等一系列养老模式体系。

这种"政府支持、多方参与、依托农村、民间操作"的互助养老方式，以村庄为单位，农村老人们出于自愿地将分散的养老自愿整合在一起，并且不离开自己生活的地方，还能得到旧有邻里、朋友关系的回归。精神上互解孤寂，生活上互相照应，对老人们的身心健康非常有利，受到了许多老人的喜爱。

二、农村互助养老的基本特征

（一）自助互助，多方参与

所谓"自助互助"有两个内涵：一是老人个体的自助互助；二是老年人作为一个集体实现自助互助。农村老年人在加入互助集体后，在一些具体的生活事务上，一般采用自助互助的方式，老人之间在实现自我养老的同时，互助养老模式提供了相互关照、增加幸福效用的平台。个人、家庭、村集体、政府、社会在农村互助养老模式的具体运作中应充分发挥自身优势，各有侧重，同时积极协调配合，形成支撑合力，努力使老年人过上健康、幸福、长寿的生活。

（二）政府主导，责任分担

政府在构建和完善互助养老体系中，应主动进行规划引导，从社会舆论引导到基础设施建设，从政策制度制定到基本物品配备，都应积极履行职能、发挥作用。但政府的精力及财力是有限的，因此互助养老体系的每个责任方都应主动承担自己的责任。

（三）自愿参与，因地制宜

农村老年人可以根据自己的实际情况，出于自愿地选择是否参与互助养老，任何组织和个人不得违反老人的意愿，同样在具体实践中，有老人参加后想退出，这种想法也应受到尊重和保护。互助养老模式在我国是个新生事物，目前还没有一个放之四海而皆准的运行制度，因此在开展和完善农村互助养老的过程中，既要吸取其他地区的经验，也要对本地区的实际情况进行调研，创新方式方法，制定适宜本地的政策和制度。

三、农村互助养老的优势

（一）兼顾传统价值观与现代生活方式

在中华民族传统文化中，"落叶归根"、"故土难离"情结十分严重。他们更愿意在自己熟悉的环境下安度晚年，在这里他们已经形成了个人社会关

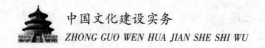

系网络，可以自然而然地得到情感和精神的满足，也更容易获得安全感和归属感。"养儿防老"、"子应终养"的养老预期，使得农村老人更期待来自子女的生活赡养和精神慰籍。

从养老方式的现实选择来看，家庭养老无疑是能满足老年人"恋乡情结"的最优选择。然而城乡发展差异呈扩大趋势，越来越多的年轻人离开乡土追逐更好的未来。外出者在一定程度上可以改善其父母的经济生活境况，但他们对于将自己父母接到城市来养老大多也是感到有心而无力，同时也无法满足其父母随年龄增大而不断增强的精神慰籍需求。随着经济社会的开放，人的思想观念在转变，孝道也在下降（即使在较偏僻的农村），人们也在慢慢接受养老责任主体由单一的"养儿防老"转变为"多元化主体"，年轻人的家庭观念与责任感相对其父辈来讲有些许弱化，这些转变为发展农村互助养老提供了思想观念的土壤。社会化的养老方式在我国农村无法推广和普及的主要原因在于经济条件相对落后、思想观念相对保守，而"离家不离乡、多方参与、互助养老"的互助养老模式，非常适应具有中华民族传统文化背景下的老年人养老需求。可以说，互助养老是养老理念上的重大突破和创新的产物，也是现代生产生活方式的必然产物。

（二）降低社会养老成本，发挥资源整合优势

互助养老还有利于减少养老成本，整体上实现养老的效益最大化。开展互助养老，首先，可以充分利用资源，解决老人的实际困难，实行自助、互助的养老生活方式对于缓冲当前的未富先老状况所带来的家庭压力无疑是十分有效的；其次，可以减轻子女的后顾之忧，使外出务工人员安心工作，在心中唤起中华民族的"老吾老以及人之老"的大孝观念，调动他们的大爱，达到多赢的目的；最后，互助养老可以发挥整合优势，有利于资源优化配置，推进农村及乡镇养老的产业化、规模化、精细化、专业化发展。

（三）体现人性关怀，增强老年人的幸福感

老年人之间的相互关照能使老年人，尤其是子女外出务工的老人获得所渴望的精神抚慰。此外，老年群体既是被服务对象，又是服务的提供者。低龄老人通过结对互助的方式照顾高龄老人，也使老年人实现再社会化，从帮助他人体现自身价值，有效发挥老人余热，体现出老有所为、老有所乐，获得自我实现、社会尊重的需求。

十八大报告提出"老有所养，老有所医，老有所为，老有所乐"，这是对老年生活的美好描述及全社会共同的努力追求，也是"安度晚年"最基本、最生动的体现。而"安度晚年"的关键是一个"安"字。安者，健康也，生理要健康，心理更要健康。从老年人的心理健康角度来讲，"老有所伴"也显得十分重要。"老有所伴"包括老伴、老友。现在的老人最缺乏的不是物质保证，而是精神慰藉。"互助养老"主要也是解决老人的孤独、寂寞、无聊、无助、苦闷和闭塞，而解决这个问题，靠的不是别人，正是老年人自己。因为老年人之间有许多共同的经历，所以就有许多共同的语言，他们的心是相通的。

（四）凝聚发展力量，增强新农村发展活力

互助养老要调配包括政府、村集体、社会组织、家庭等多方面的力量，对培育村集体的合作精神和协同精神有着重要的积极作用，使个体更容易产生对集体的归属感和认同感。

每位老人身后是一个家庭和多个家庭成员，老人的冷暖安危牵涉着很多人。把老人照顾好了，不但让更多的子女解除后顾之忧，实现安居乐业，促进农民致富，而且通过老人这条纽带，联络了家庭成员，融洽了党群干群关系，增强了基层组织的凝聚力和战斗力。农村互助养老模式的推行在创新社会管理、构建和谐农村的道路上，也是一次有益的尝试。

四、我国农村推行互助养老模式的必要性

（一）人口老龄化迫切要求养老模式多元化

老年人口占农村总人口的比例与高龄老人占老年人口的比例逐年攀升，农村社会也已步入银发时代。与老年人（包括高龄老人）不断增加相伴的是，大量农村青年涌入城市，留守妇女儿童不断增加，一定程度上讲，农村的老龄化程度要远高于城市，并且老龄化、高龄化速度要快于城镇，农村的养老负担更为沉重，老龄化已成为现今农村养老事业发展的一大挑战。

老人随着年龄的增长，都要经历从能够自理、半自理到不能自理，甚至完全丧失生活能力的过程。农村高龄人口呈大幅增加之势，高龄老年人相较其他人来讲对医疗保健、生活照料和精神安慰等养老需求有着更多的诉求。在我国农村，只有较少的人有意愿并且有能力加入社会化、市场化的老年服务机构。人口老龄化在给经济和社会发展带来沉重压力的同时，也给家庭带来沉重负担，老年供养系数上升，家庭养老负担难堪其重。因此，过分强调家庭养老功能而忽视养老社会化，也是十分不利于问题的解决的。

互助养老模式以乡村为单位将老年人聚集在一起，精神上相互支持，生活上互帮互助，相似的生活背景，共同的交流话题使他们能产生共鸣。因此，基层政府和村集体在进行社会管理和服务的同时，不仅要承担相应的养老责

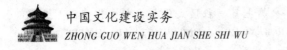

任，更需积极主动地搭建社会化养老的平台，力推农村互助养老进入一个良性的发展状态。

（二）城镇化与后工业化呼唤养老方式的革新

随着工业化与城镇化进程的加速推进，城乡人员流动规模不断扩大，农村劳动力从业结构发生了历史性变化。

首先，乡镇企业异军突起。乡镇企业创造农村财富，解放乡村社会生产力，转移农村劳动力，带动了小城镇的兴起。一方面，促进了社会经济结构和生产方式的变更，弱化了家庭和土地保障作用，促使了社会养老方式的产生；另一方面，工业大生产劳动方式的重大转变，在一定程度上影响了劳动者作为养老义务承担者的角色，家庭赡养和生活照料功能随之受到削弱。

其次，劳动力流动规模不断加大。随着改革开放和市场经济的发展，我们不同地区呈现出了不同的发展态势，城市、沿海地区由于独特的地理环境和各方面原因出现了较快的发展态势，它们对外来劳动力的吸纳能力日渐增强。同时农村经济体制的改革，使原先隐藏在集体出工劳动方式中的大量剩余劳动力开始涌现出来，而户籍制度和粮食统购统销政策改革，使农村劳动力大规模地向城市和沿海发达地区流动成为可能。人口流动反映了社会的文明水平和进步程度，是中国工业化、城市化、现代化过程中的必然现象，但这些"离土又离乡"、"进厂又进城"人员长年在外务工经商，势必影响对老人的供养，削弱家庭对老年人的赡养力度。

最后，城镇化继续深入推进。城镇人口在不断增加，生活功能不断完善，农村人口大规模地向城镇迁移，伴随城镇化滋生的是农村新的弱势群体——失地农民，失地农民家庭失去了以土地为依托的经济保障，从而使家庭对老人照顾和护理的功能削弱。

（三）农村经济社会面貌的变化催生新的养老模式

经过几十年的发展与积累，农民收入水平不断提高，农民的生活生产方式对土地的依存度持续降低，国家、子女对老年人的供养也出现由实物保障到货币支出的转变。自给性消费向商品性消费的转变使老年人经济供养来源对市场的依赖性加大，同时也呼吁市场化、社会化的养老模式。

随着市场经济大潮和现代文明的冲击，特别是"拜金主义"和"极端个人主义"思潮的影响，"孝道"观念淡化，道德水准下降，弱化了家庭养老功能。农村青年人对现代生活方式的追求，导致农村年轻一代赡养老人及自身养老观念的转变，一些农村青壮年人开始走出"养儿防老"的圈子，寻找新的养老途径。

（四）不断提升的养老需求层次与养老现状的矛盾

农村老年人的养老需求是有层次的，经济保障是养老的基础和前提。尽管新农保的覆盖面在不断地扩大，但保障水平较低。此外，老年人的经济来源较少且单一，并且随年龄的增长，收入会不断减少，老年人的经济困难从根本上制约着老年人其他方面的需求。发展互助养老模式，可以促使政府、村集体在最大程度上为老人提供物质及财力上的支持并使资源利用效率大幅增加。在温饱等基本需求得到满足之后，老年人非常需要伙伴之间保持关系的融洽和忠诚，希望自己具有比较稳定的社会地位，要求个人的能力和成就得到社会的承认，实现自我价值及个人能力得以最大程度的发挥，完成与自己的能力相称的一切事情，群体互助生活能满足农村老年人的相应需求。

（五）乡村家庭结构的变化迫使家庭养老模式陷入困境

当代农村社会，家庭结构已由传统的家庭人口结构演变成了现在的"421"家庭结构，农村家庭人口结构也出现以下变化：1. 已婚子女与老年人分居的现象逐渐增多，老年人单身户或一对夫妇比重提高，单身老人家庭即纯老人家庭将大规模、大面积地出现。2. 特殊老年群体大量出现。主要是三类：一是丧偶老人群体，由于人类平均寿命延长以及性别比的变化，丧偶老人主要是丧偶老年妇女会大量增加；二是独生子女父母家庭，20世纪80年代以后出生的大批独生子女已开始步入婚期，他们的父母也普遍步入老年，一对独生子女夫妇需要同时照顾多位老人，这是很困难的任务，他们或与双方父母都分开而各自独立门户，即或与其中一方父母住在一起，而另一方父母也只能单独居住；三是两代老人家庭开始显现，随着人口老龄程度的加深，高龄化也已成为我国必须面对的现实，到那时将是许多低龄老人不能与其子女共居，但却要赡养自己已进入高龄的父母，组成低龄老人与高龄老人两代老人共居的家庭。3. 核心家庭增多，家庭规模趋向小型化。由于出生率下降子女减少，居住方式出现代际分离，使得家庭户的平均规模正在缩小，"4—2—1"、"4—2—2"家庭结构日趋增多。

传统的家庭养老模式从本质上讲是种代际互助关系，即上代对下代抚养与教育，下代对上代赡养与照顾。然而，进入工业与城市文明后，这种代际关系面临着诸多困境，年轻一代要面临更大的生活压力而无法满足老人的物质、精神需求，农村老人所需要的日常照顾及亲情慰藉也难以直接从家庭养老中获得。在家庭关系方面，女性在参与社会劳动与女权解放中，家庭及社会地位不断上升，老年人的家庭地位相对下降，儒家孝文化逐步弱化，婆媳关系、隔代关系存在着诸多矛盾，更淡化了亲情，在很大程度上不利于农村

老年人权益的保障。

第三节　发展农村互助养老模式的依据

一、发展农村互助养老的理论依据

(一)马斯洛需要层次理论

需要层次理论(The Hierarchy of Needs Theory):是由美国心理学家马斯洛(Abraham H. Maslow, 1908~1970)在1943年出版的《人类动机的理论》一书中提出的。这个理论基于三个基本假没:一是未满足的需要能够影响人的行为,满足的需要不能影响人的行为;二是人的需要具有层次性和重要性,由低到高逐步满足,当人的某一层次的需要得到最低限度满足后,才会追求更高层次的需要;三是在需要层次金字塔中,越向下的层次在全人口中所占的比例越大,越向上的层次在全人口中所占的比例越小。

他将人类的需要分为五个层次,从低到高分别是生理需要、安全需要、社交需要、尊重需要和自我实现需要。

由马斯洛需要层次理论可知,老年人群在满足基本的物质保障和生理保障后,即生存需要后,他们的需要层次会进一步提升,以获得安全、亲情、自尊这类更高层次的需求。在当今社会,全民收入水平不断提高、社会发展稳定有序、社会保障逐步推广,使老人的老年生活对健康、亲情、社会活动的需求更为明显。其一,健康包括生理和心理健康。人至老年时,各项生理功能都变缓、减退,疾病从此慢慢伴随着大多数老年人,对健康的需求比其他年龄阶段更为强烈和迫切;其二,老年人的亲情需求主要来自配偶、子女等至亲的关照、护理,亲人的爱戴和家庭、集体带来的温馨感使他们可以得到归属与爱的需要的满足;其三,脱离社会生产之后,老人普遍希望能参与到适合自身情况的娱乐、健身、旅游等活动,希望通过再社会化实现角色的成功转化,发挥余热、丰富生活。

当前,我国农村的养老模式已无法满足持续提升的需求水平及不断拓展的养老需求多样化,农村现行的以家庭为主养老模式正在逐步向多元化的社会养老模式过渡。随着经济社会的发展,农村老年人口对物质需求和精神享受需求的提升,呼唤多样的养老模式。不断攀升的农村老年人口比例、多样化的老年人口需求，诉求着养老内容和方式的高级化和多元化。农村互助养老模式能够很好地补充现行模式的缺陷，是时代的需要，现实的选择。

（二）社会交换理论

20 世纪 50 年代，社会交换理论创始人 G. G. 霍曼斯认为：人与人之间的互动基本上是一种交换过程，人与人交换行为的动机是为了获得酬赏，希望得到与其付出代价相等同的酬赏与好处。霍曼斯的主张虽然是从心理因素来探讨人类的社会行为，但是经济毕竟是人类社会存在与发展的基础，这种社会交换理论离不开人类的经济交往。

老年人通过帮助他人所获得的回报不仅是物质的也是精神的，同样对于来自他人的帮助，也应付出劳动或者进行一定货币支付。

（三）帕累托最优理论

帕累托最优（Pareto Optimality）是指资源分配的一种理想状态，即没有任何一个人可以在不使他人境况变坏的同时使自己的情况变得更好。资源分配经济学理论认为，在一个自由选择的体制中，社会的各类人群在不断追求自身利益最大化的过程中，可以使整个社会的经济资源得到最合理的配置。市场机制实际上是一只"看不见的手"推动着人们往往从自利的动机出发，在各种竞争与合作关系中实现互利的经济效果。交易会使交易的双方都能得到好处，提高经济效率意味着减少浪费。如果一个人可以在不损害他人利益的同时能改善自己的处境，他就在资源配置方面实现了帕累托改进，经济的效率也就提高了。

（四）社会嵌入理论

社会嵌入性（The social embeddedness）简称嵌入性，该理论的代表人物是格兰诺维特，他继承和发扬了前人关于嵌入性概念的解释，提出自己的观点，他的嵌入性概念既反对社会化不足的概念，也反对过度社会化的概念。他指出，行动者既不可能脱离社会背景采取行动、做出决策，也不可能是规则的奴隶，相反行动者在具体的动态社会关系制度中追求目标的实现。所以嵌入性概念并不完全否定这两种社会化，而是主张两者的相互支持，主张个体与结构二者之间的融合和互动。许多传统的理论认为，人进入了老年期应以享受为生活目标而不会重新面对社会化的问题。而社会嵌入理论和现代社会发展证明，老年人仍然需要继续社会化，主要的理由之一在于角色的转换。事实上，社会角色的转换对老年人的心理具有非常明显的影响，比如劳动角色转换为供养角色就很容易导致老年人产生经济危机感，决策角色转换为平民角色很容易导致老年人产生"被抛弃感"和寂寞感等，工具角色转换为感

情角色容易使老年人常常碰到角色模糊问题。除了角色转换外，老年人还将遭遇多重"突然失去"的威胁，如子女情感支持的突然失去（子女成家分居，老年人进入"空巢"家庭）、健全身体的突然失去、配偶的突然失去。所有这一切对老年人而言都是将要面临的新问题，都需要通过继续社会化、加强学习和不断自我调节来解决。乡村互助养老是老人继续社会化的一个很好的平台，通过老人之间相互提供服务和精神交流，可以使老人在角色转换过程中更好地应对。

二、发展农村互助养老的现实依据

（一）农村的现实基础

1. 农村经济实力提升及大农业生产模式提供物质保障

农村改革近30多年来，社会生产力得到极大提高，奠定了农村进一步发展的坚实物质基础，提供了发展互助养老模式所必需的物质保障。然而，要在农村继续发展和完善互助养老模式，必须依靠农村生产力的提高。用经济社会的发展来解决农村养老可能面临的困境，将是未来的一个发展方向。

城镇化的继续深入推进带来了土地增值收益，农村土地流转模式的成功实践带来了规模效益，农田机械化作业的普及使用带来了农业收入的增加，农业产业的规模化经营带来了发展的活力，这些都为农村居民以及村集体带来了发展的红利，也为发展互助养老提供了物质可能。

互助养老模式的最大特点就是"村集体办得起、政府支持得起、老人住得起"。随着近几年农村综合实力的增强，互助养老模式的运作所需的成本要在社会、政府、家庭承受的范围之内。虽然规模有大有小、水平有高有低，但无论富村还是穷村，都能办得起，互助养老模式已经打开了农村老年人通向幸福的大门。

2. 新农村建设提供了设施保障

新农村建设所带来的发展红利不仅体现在农民生活水平的提高上，也体现在了村容村貌及基础设施建设的巨大变化上，面对日益提升的养老需求层次，对互助养老的相关配套设施及资本投入提出了更高的要求。目前，村集体在政府的支持下，可以提供从住房到车辆、从医疗到娱乐等基本养老设施。

随着农村综合改革的持续深入，我们有理由相信，农村老年人的生活条件和乡村的整体面貌会有很大改观。

3. 农村养老观念的革新提供了理念支撑

受我国根深蒂固的传统伦理道德思想所影响，以血缘关系为纽带建立的家庭在养老关系中仍起着重要作用。我国社会实现了由农耕文明到工业文明的跨越，与之相随的是养老观念也发生了变化，从"养儿防老"的自利观念到"互助共济"的公民意识，从单一追求的"老有所安"到更加注重"老有所为"。这些观念的变革都为实行互助养老提供了理念支撑，老年人也可以在相互帮扶、互助友爱中发挥余热、创造价值。事实上，互助幸福院在组建之初，确实有的老人不愿意来，主要顾忌子女的面子，怕别人背后说不是。当老人们住进幸福院后，子女们常来嘘寒问暖、添衣送饭，谁来得勤，给父母带些啥，都成了村民们茶余饭后的焦点，乡村的敬老之风日益浓厚。互助养老进一步树立了农村尊老、敬老、爱老的好风尚，社会主义核心价值观正在潜移默化地改变着固有的养老理念，正朝着"老吾老以及人之老，幼吾幼以及人之幼"的方向迈进，而互助幸福院从"没人住"变成了"拦不住"。

4. 互助养老契合老年人生活习惯

人到老年，地缘观念更加浓厚，都不愿脱离自己熟悉的生活环境。现今，父母和子女共同生活或"分而不离"的现象比较普遍，老年父母家庭与成年子女家庭，同住一个地区，相距较近，在生活和感情上有着较为密切的联系，同时老人可以自由安排自己的生活，在乡村范围内就能享受生活、医疗、休闲等便利。而乡村老人间又有血缘血亲关系，这种离家不离土的互助养老模式正是契合了老年人依赖熟悉环境的心理特点，有利于缓解老人内心的寂寞与孤单，给予心灵慰藉，保持心情愉快。

（二）国外互助养老经验的借鉴

1. 会员制互助模式

"国会山村"是华盛顿的一家成立于2007年、旨在实现老年人"快乐养老"的会员互助性质的非营利机构，现有会员350多人。志愿服务是该机构运营的基础，志愿者有220多名，绝大多数是国会山社区的居民，很多还是"国会山村"的会员。这就是说，相当一部分人既提供老年人服务，也是被服务对象。

"国会山村"最大的优势在于可以满足老年人"就地养老"的愿望。与养老院或辅助生活中心每月数千美元的收费相比，"国会山村"的费用低得多。其个人会员缴纳530美元年费，家庭会员缴纳800美元年费（满足一定条件的低收入者可以享受优惠）。会员可以享受多种服务，小到乘车出行、更换灯泡，大到看病就医、法律咨询。据统计，目前全美有大约65个社区养老"村庄"。

2. 时间银行概念

"时间银行"的概念于20世纪80年代初由美国人埃德加·卡恩提出，只

要有互助意愿，一定区域范围的常住老年人都可以提交加入申请，在申请表内填写自己可以提供服务的领域以及希望得到帮助的项目。在这个特殊的银行里，时间是唯一受认可的"货币"。会员通过为他人提供服务来储蓄时间，当自己需要帮助时，再从银行提取时间以获取来自他人的服务。无论接受或提供何种服务，只按照服务时长以小时为单位计量。时间货币不存在通货膨胀，不可用现金货币兑现，带有出于爱心的慈善色彩。其实质是通过时间银行这个中介，将服务用时间来量化，实现劳动成果的延期支付，从而在社区达到互助共济之目的。

1990 年第一家时间银行在美国成立，时至今天，超过 1000 家时间银行遍布世界六大洲的 26 个国家，我国一些大城市也先后开展了时间银行互助养老的试点。时间银行运行的主要情况如下：

在组织管理上，英美两国各地区时间银行接受全国总行的统一管理，在坚持总行制定的基本战略前提下，各地区可因地制宜。时间银行工作人员一般有行长、专职雇员与志愿者；在互助过程中，中介雇员负责协调双方利益，处理纠纷，在事后负责抽样评估与回访；在资金来源上，为了保证其正常运转与可持续性，时间银行需要筹集资金来支付包括雇员工资在内的运行成本。除了出售会员手工制品等自助筹资形式，时间银行最主要的资金来源于个人、企业、基金会、政府等机构和组织的捐款与合作；在日常运营上，发布需求、提供信息查询存取记录，查看他人的服务请求，提出自己的求助内容、时间、要求，银行专员会根据以上信息，统筹规划，匹配最合适的人选来提供帮助。在此笔"交易"结束后，根据时间长短，服务提供者的账户记入相应时间货币，而服务需求者则扣除相应数额。除了自己获取服务外，账户内的时间货币还可以用来捐赠给指定会员或捐赠到公共账户，供那些心有余而力不足的高龄、残障人士使用；在具体业务上，银行为不同类型群体提供互助平台，业务类别丰富多样，涉及家务、看护、医疗、交通、教育、写信、电话聊天、房屋共享等生活的各方面。

3. 合住公寓模式

集体公寓对于德国老年人来说不仅仅是起居的地方，更重要的是它已成为老人们相互交流和老有所伴的不可替代之地，这也是越来越多的老人千方百计往那里挤的一个原因。迄今为止，已有九十万德国老人住集体公寓，越来越多的老人希望加强同龄人的交往目前，集体公寓已经不再是单身老人的专利，许多年老夫妇，甚至整个家庭也都争先恐后地涌入。许多家庭共居一栋大房子，每家都有独立的单元，邻里间相互提携和帮助。越来越多的志同

道合者走到一起，组成一个大家庭，这样的家庭将长期存在下去，而且还将不断推出新的形式。

有那么四对夫妇，还有两个寡妇和两个鳏夫，共八个独立的家庭，他们都是要好的朋友。为了安度晚年，他们共同出资买了一块地，请人设计建造了一栋大房子，包括八个单元住房和一个公共活动场地。平时，他们各过各的日子，茶余饭后，他们聚在一起谈天说地，纵情欢乐，一家有事，大家帮助。他们的年龄呈阶梯状，他们的职业相互差别，他们的性格相互补充，形成了一个和谐集体。

（三）国内其他地区互助养老的有益探索

目前，广州市越秀区正在开展以公民养老互助服务为主题的养老储蓄式服务试点，发动低龄健康老年人为孤寡、独居、重病、高龄老人提供服务，并把服务时间以小时为单位"储蓄"起来，在自己需要时可提取"时间"接受服务。通过把人们对社会贡献程度记录下来，无论是出钱还是出力，待他们自己不能动有需要时，再优先享受养老服务（如60岁老年人照顾80岁的，待自己80岁时再来享受别人的服务）。广州市政府已为部分社会上无劳动能力、无生活来源、无赡养人的老人及需要其他帮助的老人，提供生活起居、文化娱乐、康复训练、医疗护理、社工服务、心理辅导等综合服务。

我国不少城市的80后小两口儿，他们中很多都是独生子女，双方老人年老多病，住地又远，为了赡养四位老人，决定把双方的老人接到一起，与小两口儿组成了一个大家庭。这间屋住着姥姥和姥爷，那间屋住着奶奶和爷爷，第三间屋住着小三口，七口三代人，相互照顾，相互帮助，本质上讲这也是最基本的互助养老模式。此外，相处要好的几家亲戚或朋友，大家商议都住一个小区，彼此成了亲戚、朋友加邻居，一家有难，大家伸手，自助互助，共同养老。

（四）经验与启示

引入有偿激励机制，可为互助行为的可持续性提供保障。时间银行引入有偿机制，使会员对自己的延期收益形成可靠的心理预期，时间货币这一无形资产给会员带来荣誉感、收益保障及与他人账户数额的良性竞争，这对会员会产生持久的激励作用。因而在互助养老模式的具体运行中，可采用一些简易可行的激励手段，增加个体的互助热情及创造财富意识，进而保障互助养老行为的长期性与经常性。

发掘老年群体创造价值，在良性互动中，促进身心健康。老人需要的不是同情的施舍，而是平等的尊重，他们从发挥自我价值而得到的肯定中获取

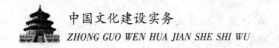
的满足感与成就感，远胜于刻意的关照与恭维。用自己的劳动付出获取他人的尊重与帮助，会让老人觉得更有底气和尊严。

老年人的群体特征及个体差异决定他们的劳动与行为能力是不一样的，从理性经济人视角看，简单的劳动和复杂的劳动统一只用时间来计量显然不太公平，比如照顾一个生活自理的老人和一个卧床不起的老人在劳动强度上的差别很大。农村老年人之间的亲情、乡情有助于粘合相互之间的关系，且互助养老本来就是出于慈善、爱心的。每个人的个体条件导致其所能提供的服务具有差异化，但是互助之精神却是无价的，他们乡里乡亲甚至血亲关系使他们在养老中自助互助的意愿有所增强。

第四节　农村互助养老模式的运行现状及影响因素

一、肥乡互助幸福院的基本运行情况

肥乡县位于河北省南部，辖 2 镇 7 乡，265 个行政村，总面积 502 平方公里，总人口 374 万，其中 60 岁以上的老年人 4.68 万人（其中：空巢、高龄、五保老人共计 1.74 万人，约占全部老年人口的 32%）。为解决农村老年人的养老问题，肥乡县自 2008 年以来，结合农村实际，尊重传统习惯，探索了"集体建院、集中居住、自我保障、互助服务"的农村互助养老模式。截至目前，肥乡县已建成各种形式的农村互助幸福院 227 所（村），占全县 265 个村的 85.6%。

2008 年 8 月，肥乡县前屯村建起了第一家互助幸福院，这标志该县互助养老"幸福工程"正式实施。在宽敞洁净的院落里，老人们有的下棋摸牌、有的闭目养神、有的拉起家常，大家乐在其中，惬意而悠闲。院内配备了健身器材和文体设施，院外开辟了花圃、菜地，屋内空调、电视、冰柜、衣橱、茶几等生活用具一应俱全。老人进院不离家、相互有照应、生活有保障，被称之为"家门口的敬老院"。

——集体建院，即由村集体出资或利用集体闲置房屋进行整修改造，建设互助幸福院，并承担水、电、暖等日常开支。县财政对幸福院的生活基本设施和添置日用品按照相关标准给予补贴。

——集中居住，即本着子女申请、老人自愿的原则，凡年满 60 周岁、生活能够自理的独居老年人，由其子女与村委会签订协议后免费入住。孤寡老人和"五保户"提出申请，村委会研究同意后入住。

——自我保障，即入院老人的衣食和医疗费用主要由其子女承担。特殊老年人群的生活费用由县财政承担。

——互助服务，即由年龄小的照顾年龄大的，身体好的照顾身体较差的，彼此协助，共享晚年。日常管理上也是自助式、互助式的，值日、做饭、后勤等都由老人自己担任，每个人都是服务员，年轻点的、身体好的就多干点，帮助年龄大的、身体差的。

肥乡县"互助幸福院"既有敬老院等社会化养老的特征，又符合农村传统养老习俗；既给老年人提供了集中居住、互相照顾、快乐生活的自由空间，又为子女赡养老人提供了平台；既解决了老年人独居的孤独、寂寞，又为子女外出务工、发家致富解决了后顾之忧，实现了"老人开心、子女放心、政府省心"，达到了多方满意的效果。

二、研究设计

（一）研究对象及资料收集方法

本次对肥乡县调研选取的老年人是指年龄不小于60周岁且具有独立清醒思维认识和表达能力的人，中青年群体是指年龄段在40～59岁的人。

在现有人员及能力的许可范围内，通过科学合理的调度与运作，采取抽样调查的方法发放结构式调查问卷，在最大程度上提高了效率和准确性。依据人口数量比例，分别在肥乡镇、元固乡、旧店乡三个地区采用随机抽样进行问卷调查，本次共发放问卷400份，收回378份，回收率为94.5%，有效问卷360份，有效问卷率为95.2%。同时针对老年人和中青年人进行个案访谈，对老年、中青年人分别采用两个分析大纲以开放的方式访谈收集资料，收回有效访谈资料78份，得到了较为可靠的一手资料。

（二）调查问卷设计

通过与邯郸市以及肥乡县相关工作人员座谈，了解目前肥乡县农村互助养老发展的状况，在此基础上设计调查问卷。

问卷主要包括四部分内容。第一部分是被调查者的个人信息，主要包括：被调查者的性别、年龄、婚姻状况、文化程度、身体状况、家庭年总收入、子女个数等。第二部分对养老现状及养老意愿进行调查，包含老年人生活、精神、养老方式等方面内容。第三部分借鉴李克特五等份量对影响农村互助养老模式的各个变量的满意度进行调查，将满意程度划分为："很满意"、"满意"、"一般"、"不满意"、"非常不满意"五个标准,分别由高到低依次赋值为"5"、"4"、"3"、"2"、"1",以便在数据处理中作为定距变量,变量主要包括:自有储蓄满意度、子女经济支持满意度、政府提供养老支持满意度、土地收入满意度、身体状况满意度、精神状况满意度、家庭关系满意度。第四部分对被调查者就互助养老模式的评价进行调查,并就完善农村互助养老收集建议。

(三) 调查样本情况分析

肥乡县被调查的老年群体可划分为三个年龄段,以60岁为起点,具体包括:60~69岁、70~79岁、80岁及以上。被调查对象主要集中在60~69岁之间,约占总数的56.1%,各年龄段分布详见表7-1所示。

表7-1 总体样本年龄构成

年龄	样本量	百分比	累计百分比
60~69	202	56.1	56.1
70~79	144	40	96.1
80及以上	14	3.9	100.0
总计	360	100	

以被调查样本性别构成而言,男性占55.3%,女性占44.7%。按文化程度划分为:小学及以下、初中、高中、大学及以上这四个标准,其中小学及以下文化程度占比较大,达到55.2%,具体内容详见表7-2所示。

表7-2 总体样本文化水平分布

文化程度	样本量	百分比	累计百分比
大学及以上	6	1.7	1.7
高中	17	7.5	9.2
初中	128	35.6	44.8
小学及以下	209	55.2	100.0
总计	360	100.0	

被调查者中,其中有73.4%的人有正常的婚姻生活,8.12%处于离婚状态,18.48%为丧偶人群。人均家庭拥有子女个数为1.7人,其中独生子女家庭和双子女家庭分别为36.90%和42.4%。在问卷设计上,将"子女状况"划分为:在家务农、外山打工、外出求学、本地从事非农生产、其他。通过

统计分析，家庭子女为外出务工状态占比较大。在本次调查中，将家庭年纯总收入划分为：15000 元以下、15001～30000 元、30001～45000 元、45001～60000 元、60001～80000 元、80001 元以上。在这六个档次中，从统计结果来看，绝大多数被调查者的家庭年纯总收入为 15000～30000 元这个档次上。

三、农村互助养老影响因素分析

（一）经济收入对互助养老的影响

将经济收入划分为自有储蓄、土地收入、政府支持和子女供养四大部分。互助养老的意愿首先取决于对经济收入的满意度。就肥乡县农村总体样本而言，对于自有储蓄满足养老需求的满意度平均值为 2.62，介于不满意与一般之间；对于土地收入满足养老需求的满意度为 2.59，介于不满意与一般之间；对于政府支持满足养老需求的满意度为 2.46，介于不满意与一般之间；对于子女供养满足养老需求的满意度为 2.87，同样介于不满意与一般之间，但满意度较前三者有所提高。农村居民首先依靠自己的土地收入和自有储蓄满足自己的养老需求，当自有储蓄和土地收入不能满足养老需求时，便依赖于子女的经济供养，但最后也是最低的保障者是政府。通过上述数据可以发现，对政府支持和土地收入满足养老需求的满意度越高的农村居民，其选择互助养老的可能性越大，二者呈正相关；同时，对子女供养及自有储蓄养老的满意度越高的农村居民，其越倾向于传统养老方式，与互助养老选择倾向二者呈负相关。

（二）个人状况对互助养老的影响

在研究分析个人状况时，主要考虑被调查对象的文化程度、健康状况、精神状况。在被调查样本中，多数为小学文化及以下程度，约占总样本的55.2%。将各个文化层次"小学及以下、初中、高中、大学及以上"分别赋值为"1"、"2"、"3"、"4"、"5"。可以得出各家庭养老人员的文化水平均值，其均值越高，所代表的文化水平也越高。通过统计我们得知，肥乡镇的文化水平均值为 2.93，元固乡的文化水平均值为 2.80，旧店乡的文化水平均值为 2.63。在肥乡镇约有 38.2% 的人乐于参加互助养老，在元固乡约有29.6% 的人乐于参加互助养老，在旧店乡约有 29.7% 的人乐于参加互助养老。由上述现状描述可以得知，文化水平的差异使得不同地区居民的对待互助养老的态度及选择有所不同，对于"养儿防老"这个传统理念的认可度也有所不同。文化水平越高的地区，对于这个观念的认可度越低。对于文化程度较低的居民，以"养儿防老"．为代表的孝文化对农村居民的养老行为起着较强的约束作用，甚至是导向作用，很早的把自己的养老模式定格，因而对其他养老模式忽略或漠视。然而文化素质较高的居民其受到"养儿防老"这种思想束缚的可能性相对较少，相比之下，如果条件允许，这些居民会乐于选择互助养老的模式。因此，可以说居民接受文化教育程度越高，其受传统思想的束缚就越少，其选择互助养老的可能性就越大，即文化程度与农村互助养老的选择呈正相关。

就健康而言，调查样本整体的身体健康满意度为 3.6，精神生活的满意度为 3.27。在肥乡镇地区，农村居民对自己的身体健康满意度为 3.78，对精神生活的满意度为 3.28；在元固乡地区，农村居民对自己的健康状况的满意度为 3.63，对精神生活的满足度为 3.27；在旧店乡地区，农村居民对自己的健康状况的满意度为 3.43，对精神生活的满足度为 3.26。综观各地区的满意度，对精神生活的满意度，没有太大的差距，大体趋于一致，与整体平均值保持一致。就各地区健康状况的满意度的标准差而言，肥乡镇地区为 1.11，元固乡地区为 0.98，旧店乡地区为 0.76。在对精神生活满意度趋于一致的情况下，健康状况的满意度直接影响互助养老模式的选择，尤其在健康状况满意度标准差较大的肥乡镇地区，每当健康状况发生变化时，对互助养老的选择的可能性会变小。所以影响农村互助养老的主要因素是身体健康状况，其次是精神满足感。在身体健康的满意度方面，农村居民对身体健康的满意度越高，其选择互助养老的可能性越大。

（三）家庭状况对互助养老的影响

将家庭状况从子女个数、子女目前状况、个人婚姻状况、家庭关系这四个方面进行分析。从子女个数看，通过对样本数据进行分析得知，在肥乡镇地区，人均子女 1.61 人；在元固地区，人均子女为 1.65 人；在旧店乡地区，人均子女为 1.64 人。实行计划生育政策以来，有 1~2 个子女的家庭居多，部分有高龄老人的家庭普遍有 3 个子女。假设其他条件恒定，子女数越少，对互助养老的倾向性和依赖性就越大。

就子女目前状况而言，在肥乡镇地区，53.3%的子女出外打工，10.4%的子女在家务农，33.8%的子女在本地从事非农生产或外出求学；在元固地区，53.8%的子女出外打工，13.50%的子女在家务农，32.7%的子女在本地从事非农生产或外出求学；在旧店地区，32.4%的子女出外打工，15.8%的子女在家务农，32.7%的子女在本地从事非农生产或外出求学。很多居民认为子女处于上学情况下很不稳定，在很多时候需要父母的资助，所以不愿意选择互助养老等社会化养老模式。就子女外出务工的情况看，各地区没有明显差距，由于子女在外上班，相对有稳定的收入来源，所以老人从子女处获得养老的供给可能性比较大，同时由于子女在外的原因，由于距离较远及子女的生活工作压力的影响，所以获得子女照顾的可能性较小。所以，子女在外上班对互助养老有一定的支持或助推作用。

就个人婚姻状况而言，在肥乡镇地区约有 20.5% 的被调查居民处于离婚或丧偶状态；在元固地区约有 20.9% 的居民处于离婚或丧偶状态；在旧店地区约有 20.7% 的居民处于离婚或丧偶。有正常婚姻生活的居民，可以首先从配偶处获取物质和精神支持，夫妻双方互相照顾帮助，只有当夫妻双方的经济收入不能满足时，才向子女寻求经济支持。在离婚或者丧偶的家庭中，居民无法从配偶处获取经济和物质支持，所以在经济上有苦难时，更倾向于向子女或他人求助。所以说，在同等条件下，个人婚姻状况对互助养老模式的选择有制约性影响。综观各个地区数据，我们可以发现这样的规律，即离婚或丧偶比率越高的群体，其越易于选择互助养老。

就家庭关系而言，在肥乡镇地区，农村居民对家庭关系满意度为 2.19；在元固乡地区，农村居民对家庭关系的满意度为 2.27；在旧店乡地区，农村居民对家庭关系的满意度为 2.20。综观各个地区数据，可以发现这样的规律，家庭关系是影响互助养老方式选择的重要因素，对家庭关系的满意度越低，就越倾向于互助养老的选择。

四、农村互助养老面临的主要现实困境

(一) 传统观点的障碍

伦理本位的思想在我国社会仍然不可撼动，自古家庭成员关系就是按家庭伦理建立发展起来的。人到老年，更恋家、爱家，更乐意在家养老，他们在年轻时就根植了"养儿防老"的家庭养老观念，他们认为子女就应承担全部养老责任，以便从子女的孝敬与尊重当中获得较高的家庭地位，如果参加互助养老或其他社会化养老，在观念上难以接受，且社会养老的一些弊病更让他们望而生畏。对于子女来讲，赡养老人是责任和义务，进行互助养老，尽管可以减轻他们的生活与其他方面的压力，但他们会觉得面子不光彩，甚至背负道德的重压。

(二) 资金的瓶颈问题

中国正处于社会转型期，城乡发展差距拉大的趋势并未得到根本扭转，传统的家庭养老为主导的养老模式逐渐开始不适应家庭结构的变化和农村社会经济的发展变迁。许多农村子女无法承担家庭老人的全部开销，经常性外

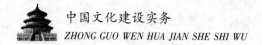

出务工的年轻人也无法给自己的老人带来他们所期待的精神慰藉。农村老年人不断提高的物质消耗水平要远高于政府相应的支付能力，而农村子女的减少及所面临的压力也无法承受较大的养老开支。

互助养老经费主要来源于民政部门与村集体的投入。当前，政府虽然对农村养老事业有直接的资金投入，但这种投入是有限的，并且主要针对五保户及特困户的老人。在农村养老方面，来自机关企事业单位的资助、村庄居民捐献、社会捐献、福利彩票的福利金都非常少，这种经费薄弱且不确定性大、来源渠道单一的现象严重阻碍了互助养老的可持续发展。

因此，以养老责任共担、经济责任分担为原则，构建以家庭、政府、集体、社会为参与主体的物质保障支撑极为重要。

（三）社会参与度较低

社会参与程度较低是目前农村养老事业存在的一个不足，互助养老模式的运作主要是依靠政府支持，村集体所提供场所、修缮设施、配备人员等运行成本的支付，很大一部分依赖于政府的投入。幸福院里的老人大多没有国家提供的养老金并且也没有参加商业保险，用于生活的养老金主要依靠子女的赡养费和极少的土地收益。

提高农村老年人的社会化参保水平与福利性待遇是让他们幸福并有尊严地安度晚年的坚强物质保证。今后，应该推动社会力量参与农村养老服务事业发展，不仅仅是单靠政府提供的间接政策性优惠与直接支持，而且要通过村集体、企业组织、民间团体、社工志愿者的共同努力和付出，构成一个强大的物质与精神农村养老支持系统，以满足农村老人日益增长的养老需求。

（四）运行内容亟需完善

经费投入的不足直接导致了购买力的不足，使得互助幸福院的受惠面比较小。一方面互助养老的覆盖面极窄，导致接纳能力有限，并不是每个村庄都有条件和机会推行互助养老模式，同时也不是每位老人都能入住互助养老幸福院。另一方面互助幸福院所提供的养老项目与老人的需求相比相去甚远，只有各种服务内容齐全了，才能够保证老年人安度晚年。经费的不足直接导致了设施不完善、医疗保障能力差、多样化养老福利无法得到满足。

互助养老幸福院聚集的全是老年人，很多患有疾病，经常会有老人死亡，给一起居住的老年人心理留下阴影，极不利于老人的身心健康。同时远离家人生活，要遵守幸福院的规章制度，难免会使老人感觉到不自由，有孤独感、失落感。

农村互助幸福院带有浓重的行政指导色彩，不仅具有与政府部门相同的管理机制，同时还具有政府部门的缺点。由于政府的垄断，还使其他民间社会福利组织难于进入农村领域，导致政府所倡导的互助养老由于多元主体无法有效地参与而出现发展乏力。

（五）基础设施相对薄弱

农村养老事业是建设新农村的重要内容和必要条件之一，发展农村互助养老最主要的是加强各种社会养老设施建设。由于经济发展水平的制约和传统观念的影响，目前农村养老设施无论数量和质量都远远落后于现实的需要。一些地区除乡一级建有养老院，收住孤寡老人外，几乎没有其他养老设施。而且现有的养老设施也存在效率低、规模小、维持困难等问题。

第五节　完善农村互助养老模式的建议

一、转变观念，制造氛围

社会化养老模式在农村很难全面铺开，一方面有受经济条件制约的原因，另一方面更是农村社会化思想淡漠的结果。几千年来我国农村小农意识十分浓厚，许多农民封闭自己，只相信自给自足，生怕自己的"奶酪"被别人抢走，因此大多数农民没有社会化意识，这就为农村养老社会化设置了无形的思想障碍。许多社会化养老项目在农村推行十分困难也与农民的积极性不高、群体意识淡薄有着直接的关系。随着互助养老模式在农村一些地区的成功推行，农民逐渐形成了一种群体意识，即人们之间的一种朴素的互帮互助心理。群体意识有利于老年人在共同生活中形成的归属感、认同感、情感联系和安定感，它体现了每个人对其他人的需要和互动联系，这样自然而然就会产生许多积极的社会作用。比如：其一，它可以让农村老人获得和强化社会支持感，从而有助于他们适应社会结构以及意识形态的变化；其二，它使个人的社会交往和参与更加充分，使他们在无形中转变为社会人。可以尝试鼓励低龄健康老人开展老有所为，走积极养老之路，将他们为互助幸福院所做的贡献记作劳动收入，作为自己的储备养老费用。

各地基层组织和政府以及互助养老参与各方可以借互助养老开展的有利机会，大力推进社会化思想在农村的传播，将群体意识、社会观念向更深层次推进，从而减少家庭养老向社会养老演进过程中意识形态领域的阻力。此

外，农村老年福利事业不仅仅是农村的问题，也是全社会的问题，要营造一个全社会支持关心农村老年人的氛围，建立一个老年人援助体系，不断增强其物质保障的基础以改善他们的生活状况。

二、政府尽责，鼓励投资，吸引多元主体参与

探索建立长效运行机制，要积极争取慈善资金和各方支持，进一步改善运营条件，通过社会捐助支持、地方财政拨款等方式解决资金瓶颈问题。发动社会力量，鼓励、引导他们参与互助照料活动中心建设与运营，形成合力，破解农村互助养老发展的资金难题。

政府应采取一系列的综合措施，在推进统筹城乡发展上更加关注互助养老等新兴养老模式的发展并予以鼓励和支持，在政府投资上要优先考虑，并以此撬动民间资本更多地投向互助养老模式的发展及社会养老慈善事业上。

三、创新"以物换保"模式，尝试互助养老与土地流转同步推进

农村老年人基本上已退出或半退出农业生产领域，而其家庭子女的减少及外出务工成员的增加，在一些地区的农村出现大量的土地抛荒现象，严重影响了农村生产效率并威胁了国家粮食安全。通过土地流转的方式将不耕种的土地转包出去，推进农业生产由小农经济向规模经济的转变，提高土地使用效率，缓解农村土地抛荒现象，增加了农村的整体收益。转出土地的老人还可获得租金或股金等收入，更多的年轻人也可以从土地中解放出来，而村集体及乡镇经济的发展间接地增加了农村老人的经济福利。

政府要继续完善农村基本经营制度，赋予农民更加充分而有保障的土地承包经营权，加强土地承包经营权流转管理和服务，建立健全土地承包经营权流转市场，按照依法、自愿、有偿原则，允许农民以转包、出租、互换、转让、股份合作等形式流转土地承包经营权。村集体可以尝试对闲置土地资源实行托管，对接好有能力且有意愿进行规模耕种农民与无力或不愿耕种农民的土地流转供需。

由于我国各地区自然、经济和社会条件存在着较大的差异，所以实行土地使用权流转在全国也不应采用统一的模式，应该因地制宜找到适合本地区流转换保的形式。但在短时间内，实现由土地经营权流转作为互助养老的主要物质支柱是不现实的，但可以尝试在有条件的农村地区，通过土地流转整

合抛荒土地，实现"以物换保"的作用。

四、丰富互助内容，进一步整合资源

随着大量农村劳动力向城市转移和高龄老人的增多，传统的养老模式越来越难以为继，社会化养老终将成为必然趋势。在农村互助养老中，因为具有资源整合的先天优势，基础设施等公共产品的受众面较大，发挥的效用也较大，但随着老年人对养老需求层次和质量的不断提升，对各种养老设施建设也提出更高的要求。为适应这种需要，建议将农村养老设施建设列入农村社会事业发展的总体规划，统筹兼顾，加大投入力度。除各级财政和集体经济组织多方筹集资金外，还要鼓励民间资本积极参与并调动全社会的力量支持养老设施的建设。适应当前农村地区的经济发展水平，现阶段应多发展一些一般性的群体养老院和老年公寓，并最大限度地发挥其效能，更好地为农村老年人服务。

此外，还要建立相应的文化娱乐设施，为老年人开展文化娱乐活动创造条件，丰富老年人的精神文化生活，不断提高精神文化生活的质量。主要是根据老年人的爱好、兴趣的需要，以乡村为单位，建立老年文化、体育、教育、娱乐活动场所。建设一个老年人互助照料活动中心、成立一个养老服务互助协会、配置一套满足基本服务需求的设施设备、建立 套日常活动管理制度、形成一个正常运行的长效机制。政府应鼓励一些住房宽裕的老人，腾出部分房子用于乡村老年人文体休闲娱乐活动，民政部门则根据各互助活动点的不同需求，配备相应的设施、设备。老人们不用到敬老院生活，不用远离子女，不需要离开自己熟悉的环境，通过自愿结合，开展健康有益的娱乐活动。要将互助养老模式的推进工作与新农村建设结合起来，与送文化下乡、农村医疗卫生设施建设等工程建设结合起来，充分整合利用农村卫生、文化、教育等各种公共服务资源，最大限度地发挥现有资源在互助养老服务中的作用。

五、完善相关法律政策

互助养老模式虽然在很多地方取得了较好的社会效果，但在现实运作中也暴露出了许多缺陷，例如程序不明确，保障项目运行不规范，没有相应的法律依据，这些都可能对今后发展和推行互助养老产生阻碍。因此，在互助养老建立与发展的初期就应该加强宏观政策法规的制定和建设，保证各地区

互助养老在形式多样的同时，具有一定的兼容性，与其他养老模式共同融入农村养老体系。具体措施可以是先制定相应的地方法规，同时加快国家立法步伐，为互助养老模式提供宏观口径一致的政策法规，以利于各地不同的互助养老办法和规定有一个统一的政策导向。同时在鼓励各地积极探索一符合当地实际的互助养老对策时，还要确保互助养老管理制度同国家各级法律法规相协调，从而为自身的发展创造适宜的政策、法制环境，获得国家以及地方政府的认可与支持，同时也能为当地的互助养老明确正确的社会化方向，不至于出现较大的偏差。总而言之，要通过完善互助养老方面的法律政策，并在法律及政策的制定和设计上要有整体性和前瞻性，从制度上为互助养老保驾护航。

第四章　乡村精神文明建设

当代中国乡村精神文明建设是我国社会主义市场经济条件下，统筹城乡发展，实现中国农村全面发展和文明富裕的重大战略举措。长期以来，乡村精神文明建设问题就备受党和国家的重视。中国共产党第十六届中央委员会第五次全体会议明确提出了建设"生产发展、生活富裕、乡村文明、村容整洁、管理民主"的社会主义新农村的目标。各级党组织认真贯彻党中央指示，从新时期农村工作的实际出发，坚持贴近实际、贴近生活、贴近群众，采取了许多行之有效的措施，加强和改进了乡村精神文明建设，促进了农村经济的发展。但是，随着改革开放的不断深入，社会主义市场经济制度的逐步建立和完善、农村经济的不断发展以及城镇化步伐不断加快，乡村精神文明建设的矛盾日益凸显：一是农民日益丰富多彩的精神追求与物质文明的发展不相适应，二是乡村精神文明建设的现状与新农村建设的目标仍旧存在较大差距。乡村精神文明建设已成为社会主义精神文明建设的一个薄弱环节。因此，正确分析当代乡村精神文明建设中出现的新问题，探求如何加强新乡村精神文明建设，已经成为理论工作者与实际工作者面临的一个重要课题。

第一节　乡村精神文明建设的内涵及重要意义

1996 年 10 月，中国共产党第十四届中央委员会第六次全体会议审议并通过了《中共中央关于加强社会主义精神文明建设若干重要问题的决议》。我国开始进入建设社会主义精神文明的新时期。社会主义精神文明，主要表现为社会生产和人们精神生活的进步与发展，表现为生产劳动、科学、文化知识

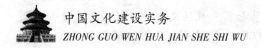
的发达，人们生活质量的改善，文明程度和人们思想、政治、道德水平的提高；是社会进步在特定区域内的体现。而中国农村的精神文明，则有其特殊的内涵。

一、乡村精神文明建设的内涵

乡村精神文明建设作为社会精神文明的重要内容，主要体现在社会生产和农民精神生活的同步发展，农村科学文化知识发达以及农民政治、思想、道德文化水平的提高。乡村精神文明建设与乡村物质文明建设是相辅相成的关系。一方面，乡村物质文明建设的发展为乡村精神文明建设提供了物质保障。物质文明的发展，带来了广大农民精神面貌的变化、思想观念的解放，开拓了广大农民的视野，促使其渴求建设新生活。另一方面，精神文明为农村社会主义建设的正确发展方向提供有力的思想保证，精神文明为农村社会主义建设提供智力支持。乡村精神文明建设为物质文明建设提供了精神动力、智力支持和思想保证。

要真正把握乡村精神文明建设的科学内涵，首先要了解乡村精神文明的核心问题。当前，建设乡村社会主义精神文明的核心问题是实现社会主义、共产主义的最高理想。在进行共产主义理想教育的同时，还要进行爱国主义、纪律的教育。要坚持发展物质文明和精神文明，坚持"五讲四美三热爱"，培养有理想、有道德、有文化、有纪律的新型农民。要切实做好思想政治工作，端正方向，把思想政治工作放到重要的位置上。在增强思想政治工作的原则性和战斗性的同时，结合改革开放后农村商品经济的发展，引导农民摆脱小农经济思想的束缚，加强社会主义、集体主义思想教育。大力普及乡村文化科学技术教育，丰富乡村文化生活。

乡村精神文明建设包括多方面工作。第一，抓好乡规民约的制定。这是乡村精神文明建设一种好形式，是群众自我教育、自我管理的好方法。第二，要抓好农村集镇文化中心的建设，这是乡村精神文明建设的重要阵地。办好农村集镇文化中心势在必行。要抓好先进典型。争做五好家庭、模范个人的活动在我国广大农村展开，把中华民族崇尚文明、追求文明、建设文明的行动推向一个新的阶段。

二、乡村精神文明建设的意义

乡村精神文明水平影响着社会主义精神文明建设的历史进程。中国几千年来的优秀文化传统，都集中体现在乡村精神文明上。中华民族固有的那种勤劳勇敢、吃苦耐劳、与人为善、和谐统一等优秀传统美德都在农民身上得到充分的继承和发挥。我国乡村精神文明建设方面所取得的每一点进步都变成全民族的宝贵财富，推进了整个社会的发展，也推动着社会文明水平的提高。我国广大农村在精神文明建设方面存在的问题，也必然会涉及整个中国，甚至会造成极为恶劣的影响。所以，无论从正面还是反面来说，我们都不能低估乡村精神文明建设的重要影响。只有将乡村精神文明建设搞好了，才会使整个社会精神文明建设取得显著进步。

（一）乡村精神文明建设有利于农村经济发展，实现农村现代化

乡村精神文明建设包括乡村思想道德建设和科学文化建设，它对农村经济发展的促进作用是全方位的。而实现农村现代化，关键是实现农村经济现代化和乡村文化现代化的统一。乡村精神文明建设在农村经济发展中的作用集中体现在为经济发展提供正确的思想保证、精神动力和直接的智力支持。

首先，乡村精神文明建设是保证农村经济发展的正确方向。在农村社会发展中，精神文明建设与农村经济发展之间的关系有如鸟之双翼、车之双轮，缺一不可。忽视农村经济的发展，乡村精神文明建设就没有基础；而忽视乡村精神文明建设，就会使我们农村经济的发展失去正确的方向。这就使得我们必须明确，我们建设的是社会主义的新农村，实现的是社会主义的现代化，这个基本方向不能改变。农村社会的全面进步，必须是物质文明和精神文明建设都要搞好。在这个过程中，我们只有大力加强精神文明建设，才能保证农村经济发展的社会主义方向。

其次，乡村精神文明建设为农村经济发展提供强有力的精神动力。农村经济发展的快慢，农村经济能否健康发展，取决于多方面的因素，但最重要的因素是人。在农村经济发展的过程中，如果农民素质不高，没有科技意识，没有进取精神和良好的精神状态，那么发展经济的客观条件再好，他们也不会利用；经济也就发展不起来。即使经济一时发展起来了，也可能是畸形或不健康的。没有精神文明作支撑，农民缺乏生产积极性，其精神生活无法得到满足，必然导致社会经济的退步，不利于实现农村现代化。提高农民的科技文化素质，提高他们的思想道德水准，使他们成为具有现代意识的新农民，才能保证农村经济的健康持续发展有不竭的动力。

最后，乡村精神文明建设为农村经济发展提供智力支持。精神文明建设的一个重要方面是科学技术，而科学技术是第一生产力。在科学技术迅猛发展，我们已步入知识经济社会的今天，经济的发展没有科技知识作后盾是不

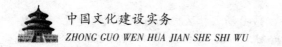
可想象的。现阶段，我国农民存在科技意识差、科技素质低的现实问题，这也是农村贫穷落后的根源。这种状况与我们建设现代化农村，实现农业现代化是不相适应的。实践证明，在农村经济发展中，科技的作用越来越明显。要大力发展科技教育，普及科学技术知识，培训农民，提高农民的素质，以保证农村经济的发展有强有力的智力支持。只有这样，才能使农村的经济发展有后劲；才能保证农村经济持续快速健康发展，最终实现农村现代化。

（二）乡村精神文明建设有利于推动社会主义新农村建设

建设社会主义新农村，是党中央做出的一项重大战略决策。建设社会主义新农村，既要大力发展农村社会生产力，也要切实改变农村面貌，推动农民思想观念、生活方式的转变。而精神文明作为社会主义新农村建设的本质要求，与新农村建设具有辩证关系。一方面，精神文明建设是新农村建设的重要内容，体现出新农村建设的本质要求；另一方面，精神文明建设的有效开展将促进新农村建设，为新农村建设提供智力支持和共同的思想根基。农村的发展、农业的进步，离不开乡村文化的发展。建设社会主义新农村，就必须大力建设乡村精神文明，提高农民的科学文化素质，转变传统思想文化，构建现代乡村文化。

精神文明建设是新农村建设的本质要求。中国共产党第十六届中央委员会第五次全体会议提出新农村的建设要求是"生产发展、生活宽裕、乡风文明、村容整洁、管理民主"，其中的"乡风文明"正是对新乡村精神文明建设的体现。精神文明是新农村建设的客观需要。随着经济的不断发展、农民收入的不断提高，农民的精神生活也日益需要充实。但是，随着市场经济的不断发展、物质生活的改善，人民的精神需求不断增强。面对经济社会转型期所出现的各种新问题、新情况以及东西方文化思想交流的日益密切，乡村精神文明建设也出现了许多问题。农村出现封建迷信、"黄、赌、毒"等不良社会现象。这就迫切需要加强精神文明建设，丰富广大农民的精神生活。同时，物质文明建设和政治文明建设也要以一定时代人的道德素质、科学素质以及文化发展状态为支撑。只有重视文明建设系统的协调发展，才能在动态平衡中实现社会文明的进步，"生产发展、生活宽裕、乡风文明、村容整洁、管理民主"也才能得到协调推进。"精神文明，重在建设。"在这样一个机遇和挑战并存的时代，我们必须采取措施，正确面对经济社会转型期出现的新情况、新问题，不断加强乡村精神文明建设。

精神文明建设将促进新农村建设。在社会主义新农村建设的过程中，精神文明建设具有举足轻重的作用，决定了新农村建设的成败，和农村社会发展的方方面面都具有密切的关系。党中央提出的新农村建设20字目标，都需要精神文明建设的配合与支持。只有精神文明建设切实取得了成效，新农村建设的目标才可能得到实现。在新农村建设过程中，精神文明建设的切实有效开展将促进农村物质文明的发展。在新农村建设的过程中，要想实现生产发展、生活宽裕的目标，单靠发展物质生产资料和生活资料是不够的，因为生产力中生产者始终是最重要的因素，人的行动又是受思想支配的；只有农民的思想觉悟提高了，精神生活丰富了，才能有效促进生产发展。

（三）乡村精神文明建设推动社会主义和谐建设

精神文明建设对农村和谐发展的作用主要体现在四方面：精神文明建设为构建社会主义和谐农村提供共同思想基础。为构建社会主义和谐新农村提供先进文化力量。可以为农村的和谐发展提供正确的舆论导向和智力支持。为农村社会的和谐发展提供融洽的人际环境，形成文明的乡风；精神文明建设促进培育社会主义新农民。在新农村建设的过程中，如何培育适应社会主义新农村建设的新农民是决定新农村建设成败的关键。精神文明建设将会提高农民素质，有利于引导和教育农民遵纪守法、提高修养、崇尚科学、移风易俗，使之成为有文化、懂技术、会经营的新型农民。建设社会主义新农村落点在村、重点在农民。为的是农民，靠的也是农民。农民的文化素质、技术能力和思想道德水平，直接决定新农村建设的兴衰，决定新农村建设的成败。农民的知识化、现代化、技能化是新农村建设的前提和条件。精神文明建设可以提高农民的思想道德素质。全面提高人的素质是精神文明建设的内在要求。新农村建设的目标和要求是"生产发展、生活宽裕、乡风文明、村容整洁、管理民主"，这就要求新农村建设的主力军的综合素质应得到提升。

（四）乡村精神文明建设影响着社会文明进程

社会主义精神文明建设事关我国社会主义现代化建设的大局。而农民作为我国最广泛的群体，乡村精神文明建设则事关社会主义建设的成败。我国是一个农业大国，农村人口占我国人口的绝大部分。乡村精神文明作为社会主义精神文明的重要组成部分，其建设在提高我国农民的整体科学文化素质、思想道德素质方面发挥着不可替代的作用。可以预见的是，全面建设乡村精神文明，必然对社会精神文明建设具有巨大的推动作用。

社会文明的进程其实就是人全面发展的进程。乡村精神文明建设关系到农民的全面发展，影响我国社会文明进程，也是我国社会文明的重要标志。高度重视乡村精神文明建设，重视农民的全面发展，就是大力发展农村基础

教育，发展农村先进文化，实现农民的现代化发展。

第二节　当前乡村精神文明建设的现状及特点

中国共产党第十届中央委员会第三次全体会议以来，我国乡村发生了历史性的深刻变化。随着改革开放的不断深入，经济建设取得重大成就，农村社会面貌发生明显改变，精神文明水平也在不断提高。在农村，亿万农民的思想得到解放，观念不断更新，民主法治意识增强，科学文化素质也不断提高。这充分说明乡村精神文明建设已经进入了一个新的阶段。

一、当前我国乡村精神文明建设的现状

新时期的乡村文明建设具有鲜明的中国特色；形象地说是两个文明一起抓，两个成果一起要，口袋脑袋一起富。乡村精神文明建设始终与物质文明建设紧紧连接在一起，而不是游离于经济建设之外。如文明生态村和文明信用户的活动目的都是一起富。一是高度重视思想道德方面的建设，始终把培育和弘扬伟大的民族精神作为重要任务，把引导农民解放思想作为重要内容，把农村的思想道德建设作为重要内容。二是沿着内外两条线同时展开。在农村内部主要引导农民开展创建文明户、文明村的活动，改善农村环境，增强服务和造福农民的能力。从农村外部主要是着眼于统筹城乡经济发展，大力开展城乡共建、居民共建、"三下乡"、西部助学和送温暖献爱心等活动，引导全社会的力量关心和支持农民，为农民多办好事、多办实事，在共建中传播先进文化，营造一种新的党群关系。三是以亿万农民群众为主体，充分尊重群众的首创精神，引导广大农民自我教育、自我管理、自我服务，逐步转变社会风气，提高社会文明水平。

可以说，自乡村精神文明建设开展以来，工作取得了很多成就。乡村精神文明建设使得广大农民解放了思想，转变了观念。健康文明的现代生活已经进入农村。农村精神方面的消费渐多，休闲方式逐渐多样化。"科技兴农"、"三下乡"等文化活动，提高了农民自身的素质，丰富了农民的精神生活。此外，乡村精神文明建设也开始逐步制度化、规范化。如许多市县都已经设立了精神文明委员会，指导乡村精神文明建设。但不可否认的是，现阶段的工作仍有许多不足之处。农村部分地区的精神文明建设存在五不到位的现象，

具体包括以下方面：

认识不到位。在某些地方，农村基层干部并没有意识到精神文明建设的重要性，无法把握物质文明和精神文明的辩证关系，出现了各种认识错误。由于这些认识上的错误，许多基层干部根本不重视精神文明建设，或者将精神文明建设当做虚的东西。抓起文明建设来往往是以会议落实会议精神，用文件贯彻文件精神，靠讲话传达讲话精神。

工作不到位。在农村相当一部分地区，宣传思想工作淡化；科普教育工作未能很好落实；农民缺乏开会积极性，更难说得上有组织地学文化科技、学法规，因而难以对农民进行耐心细致的思想教育工作。由于工作不到位，加上一些农村基层干部工作方法简单粗暴，造成群众对思想政治教育不愿听、不理解、不接受，对党的方针、政策、法令、法规不理解。这就使得精神文明建设在一些地区难以开展。

协调不到位。山乡村精神文明建设涉及各行各业、千家万户，必须动员全社会力量步调一致、齐抓共管，但作为协调乡村精神文明建设的协凋机构，县级精神文明建设委员会及其办事机构——县级文明办，由于人员少、经费少，缺乏权威性，难以履行"统筹规划，综合协调，督促检查"的职能；而党政部门间也极难协调，具体反映在管人与管事相脱节，管钱与管事相脱节，无人办事，无权办事。无钱办事的情况在乡村精神文明建设的组织领导工作中相当突出，部门之间各自职能也极不明确，谁主管谁协调难以落实，没有建立起正常工作运转及其协调机制。

投入不到位。乡村精神文明建设的顺利进行需要足够的物质保障。精神文明不能光靠精神建设，要解决有钱办事、有人办事的问题。把党的路线、方针、政策贯彻到农村，把市场经济知识、信息传达到农村，都需要相应的阵地、队伍、设施保障。不然的话，乡村精神文明建设就难以搞好。但这几年，对乡村精神文明建设的投入偏少，主要表现如下：一是乡村思想宣传阵地萎缩，对农民进行思想教育失去载体，乡村许多地方文化设施年久失修或被废置、被破坏，新增文化设施更难以提到议事日程。二是乡村文化秩序混乱，亟待加强管理。乡村封建迷信、"黄、赌、毒"等现象层出不穷。这些现象对广大农民的负面影响是极大的。三是乡村教育事业被轻视和严重削弱，乡村许多地方的九年义务教育难以普及，不少适龄儿童失学，尤其是农村女童失学严重。

二、我国乡村精神文明建设的主要特点

乡村精神文明建设和我国改革开放历程紧密相关。随着改革开放的深化，我国农村已不同于改革开放以前的农村，当前我国乡村精神文明建设有变革时期的新特点。当前乡村精神文明建设还处于发展过程，无论是农民的思想道德观念，还是精神文明建设的实际工作，都有许多基本特点。相对以往乡村精神文明建设而言，当前乡村精神文明建设具有以下主要特点：

（一）乡村精神文明建设具有鲜明的中国社会主义特点

我国是社会主义国家，精神文明建设必是社会主义精神文明建设。乡村精神文明建设从本质上说是中国社会主义精神文明建设的一部分，马克思列宁主义、毛泽东思想、邓小平理论、"三个代表"重要思想以及科学发展观是我国乡村精神文明建设进程中必须坚持的思想理论武器。我国的乡村精神文明建设，就是全面贯彻落实社会主义精神文明、构建社会主义和谐社会的重大举措。只有依靠正确的社会主义思想，坚持党的领导路线，我国的乡村精神文明建设才不会偏离轨道。乡村精神文明建设的社会主义特点，有利于保证我国广大农村地区：政治思想的正确性，保证我国现代化建设沿着正确的社会主义方向前进。由此可见，我国乡村精神文明建设具有鲜明的中国社会主义特点。

（二）乡村精神丈明建设目标对象发生深刻变化

乡村精神文明建设的根本目标是提高农民素质，培养有理想、有道德、有文化、有纪律的"四有"新农民。党中央在第十六届中央委员会第五次全体会议上提出建设社会主义新农村，其工作对象是以农民为主体的广大农村居民。随着农村经济变革和社会变革的深化，乡村精神文明建设的这一目标对象已经或正在发生着一系列深刻的变化。以农民为主体的农村居民，在发生着前所未有的分化，已分化为不同的利益群体或阶层。典型代表便是农民工群体。这些底于不同利益群体和阶层的农村居民都获得了前所未有的社会解放，其自立、自主、自为和自强的自我意识、主体意识都在一定程度上得到了发展和弘扬，但由于职业利益要求和自我意识发展的不同，这些不同利益群体和阶层往往会形成不同的思维方式、行为方式和生活方式。这就对乡村精神文明建设把握其目标对象提出了新的要求。农业不断现代化，农村经济不断发展。农民阶层的分化使得现阶段乡村精神文明建设的目标对象日益复杂化，也对乡村精神文明建设在把握不同目标对象上提出了更高要求。

（三）乡村精神文明建设手段逐渐多样化

乡村精神文明建设的有效手段，能保证精神文明建设的各项任务真正做到进村、入户、到人，保证乡村精神文明建设过程中思想道德教育的高效输出。在传统政治体制下，农村基层组织对农民人身有着严格规范，表现在以下方面：农民的组织化程度很高；党的基层组织掌握着农村一切社会公共资源，并可以借助严密的组织体系及其所掌握的社会公共资源，对农民进行严格的规范。这种严格的人身规范保证社会主义意识形态和道德规范的高效输出。但随着改革开放的不断深入，农村发生了一系列转变。家庭联产承包责任制的推行和以村民自治为基础的乡村社会管理体制的确定，使广大农民在经济、政治和社会生活的方方面面都获得了充分的解放与自由，拥有了进行自主选择、自我管理的民主权利。这实际上就意味着农村基层党组织不可能像往常那样凭借严密的组织结构与所掌握的社会公共资源对农民进行管理教育。这就给农村基层党组织及其所领导的村民自治组织提出了新的时代要求。要在充分发挥其积极领导与管理作用的前提下，使广大农民特别是年轻一代的农民从经济事务和乡村公共事务的自治走向道德上的自律，进而提高乡村精神文明水平。

第三节　当前乡村精神文明建设面临的问题及原因

我国乡村精神文明建设自实施以来取得了很多瞩目的成就，科技兴农、"文化三下乡"等活动在各地农村开展起来。但是，精神文明建设的道路并不是一帆风顺的，在建设过程中也会出现这样那样的问题，甚至有些问题还很严重。如果不加以解决，就会对乡村精神文明建设造成巨大的负面影响，损害建设中国特色的社会主义伟大事业。

一、我国乡村精神文明建设面临的现实问题

当前乡村精神文明建设的形势不容乐观。随着农村社会的不断发展，精神文明建设也出现了许多新情况、新问题。随着改革开放的深入发展及社会主义市场经济制度的不断完善，农村社会在享受市场经济发展带来的实惠的同时，也承受着其所带来的负面影响。当前我国乡村精神文明建设的问题主要表现在以下几个方面：

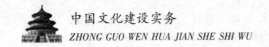

（一）农民价值理念多元化，信仰危机

农村价值理念问题集中体现在价值理念的多元化，使得社会主义信仰产生危机。这集中体现在以下两个方面：

社会风气与社会主义价值理念相违背。当前随着改革开放的不断深入和社会主义市场经济的发展，我国正处于社会转型阶段，加上放松了对农民的思想教育工作，使得一部分农民对社会主义产生了怀疑，缺乏正确的人生信仰。封建迷信开始呈泛滥趋势。一些农民遇到重大困难时，不找党组织和政府，而去求神拜佛问菩萨。还有部分农民没有正确的人生目标，精神空虚，追求腐朽糜烂的生活方式。"黄、赌、毒"现象开始在某些地区的农村大量出现，特别是在有地下六合彩的地方，男女老少齐上阵，一起去赌六合彩，严重影响人们的生产生活，败坏社会风气。此外，还有丧葬的大操大办、奢侈成风，以及男尊女卑的封建思想。上述种种都与社会主义精神文明建设的目标格格不入、背道而驰。

农村价值观念的多元化，导致农村传统伦理道德缺失。传统伦理道德受到了不同程度的冲击，原有伦理道德规范中的许多方面出现了新的问题。市场经济的发展、物质生活的改善，一方面改变了人们的生活方式，提高了生活效率；另一方面也助长了"一切向钱看"的思想，使人们以生产的发展、经济的增长来衡量各种事物。同时，社会的变迁对农村和农民也造成很大的影响。各种新生的事物打破了农村传统的家庭生活方式，使农民的观念不得不改变。农村社会中，中华传统美德缺失严重，社会主义核心价值认同混乱已经成为一个不可忽视的社会问题。思想道德滑坡，传统美德受到冲击。农村传统的尊老爱幼、和睦相处、扶危济困等美德正受到挑战，而唯利是图、不择手段、损人利己、笑贫不笑娼等观念却不断地在强化。一些农村偷盗成风，攀比风严重，赌风炽烈。市场经济的负面影响还使农村家庭伦理关系受到冲击，农村儿女不赡养老人的现象开始逐渐增多。邻里之间也逐渐冷淡，甚至为经济利益反目成仇。

（二）农民科学文化素质偏低

精神文明建设的一项重要内容就是科学文化建设。新时期，我国提出了"科教兴国"、"人才强国"等理念。但是，当前农民的科学文化素质不容乐观。新农村建设需要高素质的农民，农民素质与农村的生产经营和社会生活成正比。农民素质高低，从某些方面则直接反映出农民接受科技文化教育的程度、掌握科技文化知识的多少，以及将科技文化运用于农业生产实践的熟练程度。农民的受教育程度与其对科技的掌握和应用程度成正比。农民的受教育程度越高，掌握的科技知识就越多，将科技知识运用于生产实践的能力就越强。因此，农民的受教育程度是衡量农民素质的重要指标之一。

当前我国农村的教育发展水平仍较低，农村的教育事业发展相对缓慢，直接影响农民素质的提高。农村教育文化事业落后，农民科技文化整体素质低。我国是个发展中大国，人口众多，仅农村劳动力就有 5 亿左右。由于区域、自然环境、经济发展水平的制约，我国农村基础教育较为薄弱。这就使得农民很难接受到较高层次的教育。

（三）乡村文化基础设施建设滞后

乡村精神文明建设存在的问题还体现在乡村文化建设上。随着我国经济社会的不断发展，农民群众的物质生活水平不断提高，对精神文化生活的需求也随之增强。江泽民曾指出，"当今世界，文化与经济和政治相互交融，在综合国力竞争中的地位和作用越来越突出。文化的力量，深深熔铸在民族的生命力、创造力和凝聚力之中"。但是，与农村经济取得较大发展相比，乡村文化建设相对滞后。文化站、图书室等乡村文化基础设施要么根本未建立，要么形同虚设。农民在闲暇时间没有多种形式的文化娱乐活动，许多以文化建设为依托的内容得不到落实。这些已经明显制约了农村和谐社会建设的进程。

（四）乡村民主法制不到位

近年来，中国农村大地上兴起的村民自治正引起世人瞩目，农村自治委员会的建设成为我国基层自治组织的典范。作为建设中国特色社会主义民主政治的重要内容，村民自治的实行不仅极大地激发了亿万农民的政治参与热情，使社会主义民主得到广泛实践，而且"让农民得到实际的民主训练，对其自身民主政治素质的提高起到有力的推动作用，为稳定推动社会主义民主向前发展奠定了坚实的基础"。虽然农村民主自治取得一定成就，但要让全国九亿农民真正走上自治路途还甚为遥远。从全国范围来看，真正较好地落实村民自治和基层民主的村不足全国行政村的1/3，很多村民自治仅停留在口号上，选举不同程度地流于形式。无论是干部还是群众，都较普遍地缺乏民主权利和义务的意识。有许多村委会成员的当选都是由于家族庞大，或进行即时性的贿选。而许多村民也只顾眼前的利益，以至于产生大量不合格的农村基层干部。从以上现象可以看出农民的民主参政意识还有待进一步提高。

此外，乡村法制建设还存在巨大问题。农民法治观念淡薄，农村"法盲"大量存在。一方面，农民对法律基本知识缺乏必要了解，对违法犯罪行为认识不足；另一方面，某些农村基层干部无视党纪国法，侵害农民利益，导致

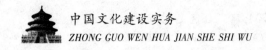
干群关系紧张。由此可见，乡村精神文明建设中的法制建设还存在诸多问题。

二、我国乡村精神文明建设存在问题的原因分析

在乡村社会经济发展过程中，精神文明建设之所以面临如上所述问题，原因是多方面的。

（一）市场经济的发展、农村社会的转型造成了农民价值理念多元化

改革开放以后，市场经济的引入引起了农村价值体系的深刻变化，物质生活领域的深刻变革必然引发社会精神生活的相应调整与变化。随着农村改革的不断深化和社会主义市场经济的不断发展，占我国人口绝大多数的广大农民的价值观念也发生了极大的变化。农民面对农村社会出现的各种新问题、新情况，在思想的抉择上出现了很多迷茫，也带来了很多问题，产生了很多影响。其突出表现在国际交流增多带来价值观念碰撞，市场经济的发展对农民价值观产生冲击，转型时期各种日益突出的矛盾造成农民的信仰危机以及利益主体的多元化、社会分配的不公，引起价值观念重塑等。

市场经济的发展使农民的商品观念、时间观念、民主法治意识逐步增强，但市场经济所带来的负面影响也给农民以巨大的消极影响，新旧经济体制转轨带来新旧思想的碰撞冲击。中国和国外的事实都证明，市场经济的发展给经济带来的是繁荣、进步，但给人们的思想尤其是农民的思想却带来巨大的冲击。这种冲击促使人们的思想朝两种不同的方向发展。一方面，促进人们思想的进步。这种进步的重要标志就是思想道德观念的更新。另一方面，又给人们的思想道德带来退化、沦丧。这种退化、沦丧的突出表现是对金钱的追求，形成拜金主义思潮。这种观念转型时期的空白状态，使得许多农民思想上产生矛盾，行动上产生困惑。一方面，弄不清中华民族的优良传统和道德准则与新时期形成的社会思想道德准则之间的关系。另一方面，在五光十色的思想道德准则面前又分不清正确与错误，困惑于吸收与摒弃之间。这是农村产生大量问题的深层原因。

（二）乡村教育发展水平不高导致农民科学文化素质较低

乡村教育直接关系到新农村建设的成败和全面小康社会的实现，但当前我国乡村教育的发展水平仍然不高，不能符合新农村建设的要求。一方面，乡村教育投入仍显不足，乡村学校基础设施建设落后，管理也跟不上；另一方面，乡村教育师资不足，师资素质不高，稳定性差。近几年代课老师的去留问题，凸显乡村教师资源的缺乏。此外，随着就业压力的不断增大，上学并不能代表实现充分就业，造成许多农民对教育非常失望。乡村成人教育和

职业教育发展也进入瓶颈，"新读书无用论"在农村不断蔓延。这就导致了农村人口的科学文化素质普遍偏低。"我国9亿多农民中，文盲、半文盲还占一定比例。在文化构成中，初中文化占绝大多数。"

此外，现阶段的乡村教育事业不适应农村经济发展要求。教育投入不足，教育人才匮乏，教育理念落后，教育制度存在缺陷，造成了现阶段我国乡村教育发展滞后、农民科学文化素质低下的现状。

（三）乡村精神文明建设投入不足，缺乏物质保障

精神文明建设要靠物质基础支撑。没有可靠的物质保障，要想搞好精神文明建设就会成为水中月、镜中花。农村贫穷落后的经济状况更需要我们对其加大投入。但是，新中国成立以来的几十年中，我国长期实行城乡二元经济体制，及农村支持城市、农业扶持工业化的发展政策。在精神文明建设层面，投入不足集中体现在对教育文化事业投入不足。精神文明建设只有具有充足的物质保障，才能在农村顺利开展。而各级政府在乡村精神文明建设中的专项财政资金显然不足。除了政府财政投入不足外，乡村精神文明建设也缺乏其他资金来源，企业、社会组织、个人等都对乡村精神文明建设缺乏投资热情。投入不足，使得乡村基础文化建设仍处于落后状况，农民精神生活匮乏，其科学文化素质也无法与现阶段的新农村建设相适应。

（四）乡村精神文明建设脱离农民群众，形式主义严重

首先，一些农村领导干部对农民的思想实际缺乏了解，对乡村精神文明建设的实质要求、丰富内涵以及工作的艰巨性认识不足，工作不细致、不到位、流于形式，热衷于开动员会、发文件、喊口号、搞评选、报典型。表面上轰轰烈烈，实际上收效甚微。乡村精神文明建设往往只是一些形式上的会议、讲话、口号，没有与农民群众的有效互动。这就使得农民缺乏对精神文明建设的认同。此外，农村基层干部仍旧坚持GDP至上主义，加强经济建设，忽视精神文明建设。

其次，农村基础干部往往存在"官本位"思想，对乡村精神文明建设往往按照自己的主观意愿进行，缺乏与农民的沟通交流，在处理群众问题上往往态度蛮横、手段粗暴，使得农村干群关系紧张。

最后，乡村精神文明建设的领导机制、投入机制和工作保障机制长期未能得以健全和完善。乡村精神文明建设涉及宣传、教育、文化、卫生、公安、司法、民政、税务、工商、计划生育等诸多职能部门。由于工作缺乏有效的组织和管理，任务布置了，但职责不分明，导致常常出现多头分管，一头管一阵儿，最终谁都管不了，谁都不去管的局面。

第四节 当前乡村精神文明建设的举措

毛泽东说过，"我们不但要提出任务，而且要解决完成任务的方法问题。不解决方法问题，任务只能是瞎说一顿"。因此，我们在分析了乡村精神文明建设的基本内涵与基本特点，了解了乡村精神文明建设的现状及主要问题后，就要从宏观上、整体上探索加强乡村精神文明建设的基本思路和对策。乡村精神文明建设是一个非常复杂的社会系统工程，它涉及农村方方面面的工作，我们需要采取综合治理的方法。根据我国乡村精神文明建设的现状问题及特点，当前应做好以下几方面的工作：

一、构建社会主义核心价值体系，提高农民的思想道德素质和科学文化素质

社会主义的核心价值体系是社会主义意识形态的本质体现，是全党、全国各族人民团结奋斗的共同思想基础。因此，乡村精神文明建设首先要构建社会主义价值体系，牢牢把握和坚持马克思列宁主义、毛泽东思想、邓小平理论、"三个代表"重要思想、科学发展观等社会主义先进思想理论，解决由社会转型和市场经济发展带来的思想混乱、价值多元化问题，构建具有中国社会主义特色的乡村精神文明。

在乡村精神文明建设中，要坚持不懈地进行爱国主义、集体主义和社会主义教育。深入开展爱国主义、集体主义和社会主义教育，是乡村精神文明建设的重要内容。要教育农民认清社会主义制度的优越性，引导广大党员干部和农民群众树立建设中国特色社会主义的共同理想和正确的世界观、人生观、价值观，在全社会大力倡导社会主义、共产主义的思想道德。针对目前乡村思想道德建设领域的实际情况，要教育、引导农民坚持共同富裕的发展方向，正确处理好社会主义市场经济条件下的国家利益、集体利益和个人利益三者之间的关系，避免个人利益与国家利益、集体利益发生冲突。要引导农民自觉履行纳税、报名参军等各项义务，为发展集体经济、改变家乡面貌做贡献。引导农民讲文明、讲礼貌、讲信誉，逐渐形成和谐的人际关系、良好的社会秩序和健康的社会风气。在农村广泛开展"三德"教育，使农民真

正树立起正确的社会公德、职业道德以及家庭美德观念，为构建社会主义和谐社会贡献自己的力量。

提高广大农民的科学文化素质是建设社会主义精神文明的一个重要内容，也是搞好乡村精神文明建设的基础。首先，要切实抓好农村的基础教育。特别要认真搞好农村特别是偏远地区的"普九"规划和实施工作。只有切实搞好农村的基础教育，我们才能从根本上遏制新文盲、新愚昧的产生。大力开展农村的各种文化技术培训教育。乡村文化落后，劳动者素质偏低，是影响和制约农村经济发展和社会进步的一个根本原因。加强对农民群众的文化技术培训教育，一定要切合农民的生产生活实际：寓教育于农民的致富之中。以提升素质为支撑，增强乡村精神文明建设的主体意识。农民是农村建设的主体。没有高素质的农民，就没有文明的农村社会。近年来，广大农民的思想素质已经有了较大提高，但仍存在政治意识淡化、组织观念弱化、封建迷信抬头以及铺张浪费、赌博等问题。特别是极少数人无视国家和集体利益，个人至上、金钱至上、利益至上等。针对这些问题，应重点开展以下工作：一是政策宣传教育。要把对广大农民的政策教育摆到突出位置，让农民了解政策、掌握政策，真正成为政策的受益者。二是现代科技教育。农村：厂部群众既要富口袋，也要富脑袋。要认真组织好科技下乡，大力普及科技知识，帮助农民走科技致富之路。同时，大力开展"反对封建迷信、崇尚科学"等活动，教育农民摒弃旧风旧俗和各种恶习，用科学思想、科学知识占领农村思想文化阵地。三是集体观念教育。乡村精神文明建设要切实承担起增强农民集体主义观念的职责，教育农民树立发展集体、共同致富的观念，夯牢乡村精神文明建设的思想基础。四是民主法制教育。要大力落实民主管理制度，提高农民群众的民主意识和参政议政热情。要引导农民群众认真学法，做知法、守法的公民，树立乡村精神文明新风尚。

二、加大对农村的投入，为乡村精神文明建设提供坚实的物质保障

温家宝在第十届全国人民代表大会第三次全体会议的报告中指出，"我国已处于经济发展的新阶段，可以实行城市支持农村、工业反哺农业的阶段"。我们要想方设法建立一条获取稳定、可靠、多方面建设乡村精神文明资金来源的渠道，为乡村精神文明建设提供坚实的物质保障。

一是要大力推进乡村文化设施建设。以政府为主导、乡镇为依托、村为

重点、户为对象，发展县（市）、乡（镇）、村文化设施和文化活动场所，构建乡村公共文化服务网络。要整合村级组织活动室、图书室、文化活动室以及广播电视"村村通"工程、文化信息资源共享工程、远程网络教育接收点，着力构建农村公共文化服务体系。二是要大力发展乡村社会事业。完善乡村公路、广播、通信、电网设施，加大乡村沼气综合利用技术的示范推广力度，抓好农田水利基础设施以及防灾减灾体系建设。进一步落实乡村义务教育政策，完善乡村教育基础设施的建设，健全中职学校困难家庭学生助学制度，开展城区与农村学校对口帮扶活动和多形式支教活动。实施乡镇卫生院改造提升工程，进一步扩大新型农村合作医疗的覆盖面，提高参合率，规范完善运作机制。三是要大力推进环境整治。认真开展家园清洁行动，突出解决农具乱放、柴草乱堆、垃圾乱倒、脏水乱泼、畜禽乱跑等"五乱"问题。四是要根据农村实际和农民特点，改进工作方式方法，变"说教式为沟通式、灌输式为服务式、空泛式为实效式"，切实增强工作实效。五是要切实深化各类创建活动。要开展文明村镇、文明户、五好家庭等多种形式的创先争优活动，对积极响应精神文明建设的集体和个人进行物质和精神奖励，推动精神文明建设进村入户。六是要充分发挥典型示范作用。要从群众身边选典型，依靠群众推典型，树立一批有时代特征、有不同层次、有群众基础的先进典型，通过典型带动影响一批农民。同时，要充分发挥基层党组织和党员的先锋模范作用，推进乡村精神文明建设步伐。七是要不断创新活动形式。要坚持"三贴近"的原则，采用丰富多彩又健康向上的、群众喜闻乐见的文体形式，在农村开展多种形式的社会主义文娱活动，并保证文娱活动的资金来源，让农民在潜移默化中接受教育、受到熏陶。

三、党政齐抓共管，加强乡村精神文明建设的组织领导

各级领导干部要转变观念，正确认识乡村精神文明建设的重要意义，按照党中央的有关精神，明确现阶段精神文明建设的主要任务，加强党对乡村精神文明建设的领导。

（一）坚持三个文明一起抓

我国现处于并将长期处于社会主义初级阶段。社会主义初级阶段的根本任务就是解放和发展生产力，发展壮大经济。这是解决国内、国外一切矛盾的首要条件，也是解决农村所有问题的前提和基础。因此，大力发展农村经济，不断增加农民收入，使农民得到更多的实惠，仍然是现阶段农村建设的主要任务。只有乡村物质文明建设好，才能使乡村精神文明建设建立在一个

坚实的基础之上。只有物质文明、政治文明和精神文明三者全面协调发展，才能使农民群众的经济、政治和文化利益得到充分的实现。因此，必须坚持三个文明一起抓，推动农村的全面进步。以推进发展为根本，夯实乡村精神文明建设的经济基础。

（二）完善组织领导体系，切实落实乡村精神文明建设

在乡村精神文明建设过程中，各级领导干部实行"一岗两责"制度，即无论在哪一个岗位上的领导干部，都要对本单位的两个文明建设负总责、负全责。建立全员思想政治工作制度，即发动全体干部和群众人人做思想工作。干部带着群众走；党员干部率先垂范，起到良好的带头作用。为使精神文明建设落到实处，必须调动广大农民群众的积极性，使群众在集体参与中受到教育、获得收益。既要重视精神文明的硬件建设，也要重视精神文明的软件建设。软件和硬件的关系是辩证统一的。在精神文明建设中，二者缺一不可。要真正对物质文明建设与精神文明建设的规划一起制订，两项任务一起部署，两个指标一起考核，两个方面的工作一起检查。要通过党的组织，把乡村精神文明建设的任务指标落实到乡镇、村的责任制中去，并建立全面、科学的考核体系，把考核结果作为干部任用和奖惩的基本依据。各级领导干部，尤其是农村基层干部要起模范带头作用，必须牢记全心全意为人民服务的宗旨，以健康良好的心态为党工作、为人民工作，不能以一时的得失而左右自己的工作情绪，更不能贪污腐化、以权谋私、作威作福、欺压百姓。共产党员、领导干部在精神文明建设中不仅要成为积极的组织者，而且，要成为实践的带头人，从自己做起，从现在做起，为乡村精神文明建设做出应有的贡献。当然，对从事精神文明建设工作的同志，工作上要关心，生活上要照顾，尽力帮助解决困难，使他们振奋起精神。

四、妥善把握和处理乡村精神文明建设过程中的各种关系问题

乡村精神文明建设涉及的关系非常复杂，当前要特别注意处理好以下几对重要关系：

（一）正确处理精神文明建设和经济建设的关系

正确处理物质文明和精神文明建设的关系，是社会主义精神文明建设应遵循的基本规律。乡村精神文明建设也应遵循这一基本规律，处理好和乡村经济建设的关系。乡村精神文明建设必然服务、服从于经济建设这个中心。

这里，服务与被服务的位置不能颠倒，服从的主客体不能易位。乡村经济发展和乡村精神文明建设是衡量乡村社会进步的两把重要尺度，是推动乡村社会现代化事业的两个互相联动的轮子。乡村经济的发展离不开乡村精神文明建设，大力开展乡村精神文明建设是乡村经济发展的客观要求，是促进乡村经济发展的思想保证、精神动力和智力支持；而要进行乡村精神文明建设又必须以大力发展乡村经济为前提条件。通过发展乡村经济，为乡村进步和全面发展提供新的强大动力，又为精神文明建设提供新的契机，注入新的活力。

（二）正确处理精神文明建设中思想教育和法制建设的关系

教育不是万能的，乡村精神文明建设不能仅靠舆论力量和个人的信念来维系，而必须依靠法制建设，依靠严格的依法管理。只有把自律和他律、提倡与禁止、软性约束和硬性约束相结合，才能形成良好的行为习惯，制止不文明的行为，形成良好的社会风气。邓小平提出，"我们现在搞两个文明建设，一是物质文明，一是精神文明。实现开放政策，必然会带来一些坏东西，影响我们的人民。要说风险，这是最大的风险。我们用法律和教育这两个手段来解决这个问题"。乡村精神文明建设的实践表明，农村中优美环境、优良秩序、良好风气的形成，要靠教育与法制的结合；要靠严格的管理；要在坚持不懈地对农民进行思想教育的同时，切实加强管理，特别是完善法律制度及约束恶行、惩治恶行的刚性约束机制；要将制度的刚性与法律的刚性有效结合。

（三）正确处理灌输式教育和自我教育两种方式的关系

社会主义精神文明受经济发展制约，受社会成员不同思想觉悟与道德水平的影响。教育农民是乡村精神文明建设的最有效手段和主要途径。教育农民必须坚持灌输原则，因为农民不可能自发产生社会主义思想，只能自发产生私有观念和小农意识。社会主义思想和正确的伦理道德观念必须通过灌输，通过社会倡导才能注入每个农民心灵之中。在对农民实施教育的过程中，不能仅将农民视为被动的受教育的客体对象，而应将他们视为精神文明建设的主体依靠力量。改革开放以来，我国广大农民创造了许多自我教育的有效形式，从而呈现出村民讲道德，村貌美观，村风、民风和社会治安形势有明显好转，家庭和睦，邻里团结，党群、干群关系融洽，群众文化生活丰富多彩的好现象。农民自我教育活动的蓬勃展开为乡村精神文明建设注入新的活力，有力地推动了农村两个文明建设。

五、建立和完善乡村精神文明建设制度

乡村精神文明建设重在坚持，贵在落实。加强乡村精神文明制度建设是保证乡村精神文明建设收到实效的重要手段。精神文明建设无章可循；精神文明建设工作者肩上无担子，胸中无目标；精神文明建设成就缺乏必要的检验手段；广大农民群众视精神文明建设与己无关，自然会影响乡村精神文明建设的成效。

（一）建立乡村精神文明建设的激励机制

乡村精神文明建设的激励机制，是运用心理学原理，利用物质激励和精神激励等形式，调动人们自觉参与乡村精神文明建设的积极性，保证乡村精神文明建设的目标能够顺利实现的外在动力机制。党支部、村委会将激励机制引入乡村精神文明建设，就能够使村委干部和居民始终保持亢奋的状态和竞争的活力，由此形成乡村精神文明建设的强大推动力。以健全的激励机制为保障，形成乡村精神文明建设的强大合力和张力。此外，通过各种形式的激励方式，还可以充分发挥农村各个主体在精神文明建设任务中的创造力和创新力。

（二）建立健全乡村精神文明建设中基层干部的责任、考核和投入机制

当前极少数农村基层领导干部对精神文明建设工作重视不够，这主要表现在以下方面：一是责任意识不够。基层领导干部往往责任意识淡化，认识不够。"一手硬，一手软"的现象仍然存在。二是经费投入不足，导致基层活动开展难、宣传阵地建设难、工作取得实效难等。要解决这类问题，必须建立健全长效机制，形成推进工作的整体合力。首先，要建立健全责任机制。把各级党组织领导干部作为第一责任人，形成乡镇、村两级主要领导亲自抓、分管领导负责抓、职能部门具体抓、党政工团齐抓共管、"一级抓一级、层层抓落实"的良好格局。其次，建立健全考核机制。突出量化硬性指标，像考核经济指标一样考核精神文明建设，组织定期检查、定期奖惩兑现、定期公布考核结果。把加强精神文明建设工作成效作为衡量各级党组织和领导干部执政能力及政绩的重要标准，纳入年度考核之中。最后，建立健全投入机制。县（市）、乡（镇）两级财政设立文化建设专项资金，鼓励社会力量支持文化建设，拓宽文化建设的投资渠道，形成多元化的投资格局，为加强乡村精神文明建设提供有效保障。

（三）结合农村实际和农民切身需要，创新工作方式

创新是一个民族进步的灵魂，是一个国家兴旺发达的不竭动力。经过30

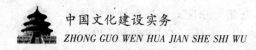

多年的改革开放和经济发展，农村面貌发生了很大的变化，农民观念有了很大的进步，但是农村工作方式仍旧比较落后。如果不改变方式方法，仍旧沿用老套套、老方法，那么工作就很难有起色，就会出现"热在县里，冷在乡里，僵在村里"的现象。近几年来，各地推行的一些活动就足以说明了这一点。因此，必须根据时代的发展，结合农村的实际情况，采用农民喜闻乐见的形式，积极对乡村精神文明建设的工作方式进行创新。利用现代的科学技术手段和方法大力推进乡村社会主义精神文明建设。特别是现阶段农民群众自发开展的文化活动日趋活跃，民间资金投入乡村文化设施建设方兴未艾。我们必须加以支持、利用，促进乡村文化的繁荣。

第五章　建设社会主义文化强国
创造中华文化新辉煌

继承和发展好中华文明
弘扬和繁荣好中华文化

河北省饶阳县文化广电新闻出版局　张敬宇　王永锋

近年来，饶阳县高度重视文化建设，大力实施文化提升战略，着力推进民族乐器、雕刻、内画和艺术玻璃四大特色产业聚集发展，一个个有着鲜明"饶阳印记"的文化产业项目，成为饶阳文化产业发展的新亮点。

一、全力推进特色产业发展

按照"项目带动，产业聚集，品牌提升，链条拉长"的思路，我县围绕乐器、青铜、内画等传统特色产业，重点抓实"三园两镇两馆一小院"建设（"三园"指民族乐器文化产业园、华日青铜文化创意园、华星内画产业园，"两镇"指大官亭镇的音乐小镇、大尹村镇的蔬菜小镇，"两馆"指耿长锁展览馆、中国饶阳民间航空展览馆，"一小院"指的是刘晖的民俗文化园），充分发挥政府引导和服务职能，吹响了文化产业发展号角。

文化产业的蓬勃发展离不开良好的发展环境，饶阳县把发展文化产业作为推进经济文化提升战略的重要内容，制定出台文件《关于深入推动文化大发展大繁荣的实施办法》，设立并扩大专项资金规模，加强银文合作，形成日益完善的政策支持体系。成立了文化产业推进组，做到目标、责任、措施、

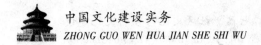
政策、资金"五落实",并将文化建设和文化产业发展纳入绩效考核体系,作为评价各乡镇、各部门发展水平、发展质量和衡量领导干部实绩的重要内容。通过税收优惠、奖励激励、降低市场准入等手段,建立多元化投融资体制,引导各类社会资本投资文化产业,大力扶持有发展前景和竞争力的鼓励类文化产业项目,重点培育壮大骨干文化创意类文化产业。

围绕乐器、雕刻、内画、艺术玻璃四大特色产业,我县投入大量经费,不断加大新技术、新工艺、新设备的引进和新产品研发力度,推进了文化与科技的融合。饶阳县乐之洋公司成功复制了敦煌壁画系列乐器,成功开发出变调二胡、电声二胡等系列产品,成功研发了科技含量高的转调马林巴、方响等乐器;先后投资1000万元新上响铜乐生产项目,主要生产锣、钹、镲、铙四大系类响铜乐器,填补了饶阳县西洋乐器生产的空白。我县鼓励文化企业加大自主创新投入,主动与高校、科研机构联合开展关键技术研发和创新平台建设,建立产学研一体化和利益共享、风险共担的运行机制及协作联盟。目前,建成了清华美院饶阳科研基地(华日公司)、中国音乐协会饶阳扬琴科研中心(成乐公司)等6个产品研发机构。

同时,我县开辟文化审批绿色通道,实施一站式管理、一条龙服务,带动形成了多元化资本强势挺进文化领域的良好态势。制定文化强县战略,编制饶阳县文化产业发展总体规划,力争到2018年基本建立与经济、社会发展水平相适应的文化发展格局、文化管理体制和运行机制,文化事业、文化产业发展主要指标位居全市前列,文化产业增加值年均增速28%以上,占GDP比重超过5%,对周边地区产生较大辐射带动作用。

二、大力发展文化产业,借文化突围,靠文化兴县

发展文化产业是饶阳县转型升级、绿色崛起的重大战略性举措。饶阳县拥有民族乐器生产企业115家,从业人员近3000人;专业内画生产厂家及画坊490余家,画工达3万人,形成了郭村、东里满、张各庄等多个内画专业村;清华美院饶阳科研基地(华日公司),是目前全国最大、专业性最强、技术含量最高的铜雕生产企业。此外,玻璃制品、骨雕、景泰蓝、鞭炮、铜墨盒、宫灯、手工虎头鞋、剪纸等也有多年发展历史,从业人员达1万余人。

三、深度挖掘内涵,打造"文化之魂"

我县历史悠久,文化底蕴深厚,曾涌现出《诗经》释者毛苌,北魏时期

著名的经学家刘献之，北宋名相李昉等很多历史名人，还有镇海寺、铜锣铁鼓寺等历史文化资源及曹国舅成仙、扳倒井等传奇故事。同时，饶阳作为冀中抗日根据地，先后有2800多名优秀青年为新中国成立血洒疆场。依托这些红色资源，我县2014年投资近1200万元完成耿长锁纪念馆重建项目；2015年与河北演艺集团有限公司联合打造河北梆子现代戏《耿长锁》，并于8月份，在河北省艺术中心与观众朋友们见面；2016年6月份电视剧耿长锁顺利杀青；让红色文化更具时代色彩。在弘扬红色文化的基础上，饶阳深入挖掘绿色文化的内涵。连续三年，成功举办了中国·饶阳葡萄蔬菜节，邀请各级领导、葡萄蔬菜专家、中外客商通过现场参观、学术研讨、招商推介、项目签约等一系列活动，展示了饶阳"中国设施葡萄之乡"、"中国蔬菜之乡"的独特魅力。

四、大力发展文化事业，释放"文化红利"

我县加大投入，对县宣传文化活动中心进行了全方位装修，使用面积达到了11000平方米；建起了综合会议室、展览室、音乐培训室、图书超市、图书报刊阅览室。全县8个乡（镇、区）都建起了综合文化站。新建成的乡镇综合文化站和农村文化大院具有图书阅览、电影放映、文化娱乐等多种功能，搭建起了以县文化活动中心为龙头，乡镇综合文化站为纽带，农村文化大院为基础的三级公共文化服务平台，极大丰富了饶阳群众的文化生活。截至日前，全县举办了京剧票友联欢晚会、春节晚会、全县象棋大赛、全县乒乓球比赛、元宵花会大赛等一系列多姿多彩群众喜闻乐见的文化活动超过200场次。

五、进一步扩大文化惠民规模

我们完成了全县8个乡（镇、区）的综合文化站建设和全县197个行政村的农家书屋全覆盖，极大的提升了基层公共文化服务效能。同时，我局认真做好农家书屋、文化信息资源共享、乡镇综合文化站的业务指导，对全县8乡镇区的文化站站长、197个行政村的农家书屋管理员、文化信息资源共享工程管理员分期分批进行了专门培训，进一步提高了他们的业务水平和专业技能。

六、丰富群众文化生活

饶阳县文广新局以文化活动为载体推进饶阳县文化宣传工作的开展，联

合电视台、作协、书协、美协、摄协，通过各类活动的开展，大力宣传饶阳县文化。一是每年定期组织县文化馆、文艺爱好者深入基层进行惠民演出。"十二五"期间，共开展文艺汇演100余场。二是书画图片展。每逢建党、建国纪念日和重大节庆日，组织全县广大书画爱好者和摄影爱好者进行专题创作，将精心创作的作品进行公开展出，给观众带来艺术与美的享受，"十二五"期间，共组织书画图片展超30场次。三是依托图书馆的重新扩建，举办多种形式的读书活动。我局重新组建图书馆，更新换代一批老旧图书，添加充实一些新锐读物，进一步丰富了图书的种类，扩充了图书的数量，为读书爱好者提供了一个学习交流的平台，受众累人数计超过1万人，受到了群众的普遍欢迎，取得良好社会反响。四是文化传承活动。县文化馆先后多次组织声乐、乐器、书法、绘画老师在节假日期间，面向公众免费举办培训讲学，往来学习的学员络绎不绝，极大的丰富了群众的文化艺术生活，为我县营造了良好的艺术氛围。

七、加强文艺精品创作

县文化馆2014年完成重建并投入使用，更准确地承担起公共文化服务角色，逐渐成为书协、作协等协会的创作基地和交流平台，进一步发挥文联作用，指导各个协会的创作，激发他们的创作热情，更好更快的出好作品，出不同风格的好作品。形成良好的社会文化氛围。以我县作协为主出版发行至第7期《滹沱乡韵》，出版《纪念抗日战争胜利70周年作品集》，第三期《饶阳摄影集》。

饶阳县文广新局努力加强全县文化建设工作，大力弘扬社会主义先进文化。坚持以兴盛的文化推动社会主义文化大发展大繁荣，以兴盛的文化不断丰富人民群众的精神世界，以兴盛的文化进一步增强人民群众的精神力量。中华文化源远流长，我们要继承和发展好中华文明，弘扬和繁荣好中华文化，我们的中国梦就一定会实现。

完善服务措施　推进文化传承
实现太谷文化工作新突破

山西省太谷县文化局　曹建呼

在市文化局的关怀下，我局一班人紧紧围绕县委擦亮"文化牌"的战略部署，大力实施"文化强县"战略，深入挖掘文化资源，积极争取文化项目，积极发展文化事业，通过完善公共文化服务设施、开展群众文化活动，推进非遗文化传承，规范文化市场管理，为经济社会快速发展提供了有力的文化支撑。概括起来，主要做了以下四方面工作。

一、坚持责任落实，强化队伍建设

一年来，我们把落实"两个责任"摆在全局工作的首要位置来抓，认真开展了学习讨论落实活动、不作为乱作为损害群众利益问题等专项整治活动。坚持周一集中学习制度，对文化系统党员干部进行密集式、经常化培训，共计培训38期832人次。制定了文化局机关管理制度，明确了签到、请假、学习等10项46条规定，制定了文化局"五个不直接分管"制度实施细则，细化了班子成员分工、三重一大研究等八大方面的职责。

我们积极争取县委、政府领导的支持，努力更新充实文化局班子，提拔1人，安排3人，进一步增强了局领导班子的能力和水平。按照"成熟一个、发展一个"的原则，将2个预备党员，及时转正，为文化系统党组织，增添了新的活力。特别是在全县编制紧缩、严格控制财政供养人员形势下，我们争取县级领导支持，公开招考1人，办理借调手续2人，文化局人员紧缺的局面得到初步缓解。

二、坚持文化惠民，积极开展群众文化活动

我们按照"为民、便民、乐民、富民"的原则，以乡、村、社区活动中心为主阵地，开展了形式多样的群众文化活动，受到了广大群众的普遍欢迎。

按照全市"六个文化"建设要求，我们采取明确责任、加强报务、创新机制等多种措施，完成剩余30%、106个村、单位的建设任务，有效地推进

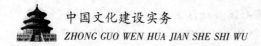
了群众文化工作顺利开展。按照省市图书、器材配备要求，我们为113个农村书屋，配送图书（含音像）6432册，为50个农村书屋，征订报刊6种82份，杂志15种219份，为133个农村文化活动室，采购文艺器材1098个，总价值46.7万元。为乡村开展活动活动提供了新的条件。

在县委政府的支持下举办了涵盖"廉政建设、文化传承、群众展演"内容的2015年春节元宵节系列文艺活动。在县级举办了孟母文化节、消夏晚会、纪念抗战革命歌曲展演、9大类21项全民文化季惠民活动，受到了广大群众的欢迎和认可。乡镇，开展了广场舞比赛、柔力球比赛、威风锣鼓汇演、秧歌晋剧票友表演、形式多样的农民运动会及趣味运动会、农民篮球赛、乒乓球等体育比赛、等项目活动，都定期不定期地开展。其中比较典型的有：水秀乡农民运动会，小白乡党的群众路线教育实践活动专题知识竞赛，"传递青春正能量、尽享小白原生态"户外拓展活动，胡村镇健身广场舞大赛和庆七一演讲比赛。所有这些，极人的丰富了广大人民群众的文化生活。

完成了农村电影公益放映和寄宿制学校优秀电影放映工作，涉及全县3镇3区6乡的198个村，13个寄宿制学校，场次达2493场，为每个行政村每个月免费给群众放映一部电影。

县文化馆、图书馆、乡镇文化站、农家书屋实行免费开放。文化馆举办的中老年书法、舞蹈、晋剧票友、老年合唱等培训班，受众人数达5400余人；图书馆与县新华书店联合举办"世界读书日"的全民阅读活动和一年一度的图书馆宣传周活动；会演中心除为县委、政府大型会议提供服务外，积极寻求创收途径，并扩建影厅、增加项目，开创了剧场工作新局面。乡镇文化站整合各种资源建立了电子共享工程室。群众通过电子共享工程资源，能及时了解到有关党的方针政策，特别是有关农村的相关政策规定。农家书屋在农村给农民阅读带来了便利，特别是农家书屋有关科技、养生、致富类的书籍深受群众的欢迎，借阅量较大。

县文化局、文化馆、书法协会，先后在侯城乡、范村镇、武警二支队、阳邑乡等地，开展了送对联、送图书、送书画、送文艺等活动，极大地丰富了农村基层站点的文化氛围。另外，实行在职党员社区报道、解民忧办实事、下乡扶贫等活动，全体干部职工联系困难群众34户，有效地将县委政府的关怀、温暖送到基层。

三、坚持科学传承，大力弘扬传统历史文化

我们遵照"保护为主、抢救第一、合理利用、传承发展"的工作方针，

落实非遗保护责任，加大非遗保护力度，有效地传承了传统文化中所凝结、保留的民族记忆、情感和智慧。

（一）开展全面普查

组建非遗普查队。抽调县文化局、文化馆、图书馆、乡镇工作人员，组成普查小分队，深入全县 12 个乡镇区、198 个行政村，集中进行地毯式、拉网式的普查活动，努力做到"不漏村镇、不漏线索、不漏种类、不漏艺人"。

（二）实施文字记录

以天津音乐学院为指导，完成了 516 首太谷秧歌曲调的简谱记谱工作。将以五线谱、简谱两个版本由人民音乐出版社出版发行。由喜林文化传媒公司，制作《探秘形意拳》的纪录片，完成了六集。

（三）推进活态传承

太谷秧歌已经走进范村小学，每周一课，专门传授秧歌表演技艺，太谷秧歌为越来越多的学生、家长所认识。今年，我县新增国家级传承人 2 人。截止目前，我县有国家级代表性传承人 5 人、省级代表性传承人 22 人、市级代表性传承人 26 人。

（四）打造文艺精品

联合中北大学艺术学院，成功申报了国家艺术基金项目，我们将对《孟母三迁》秧歌剧进行提升改编。目前已经选定音乐、剧本、舞美三方面专业人士，正在提出修改意见，初步定于今年孟母节上进行首演。

（五）建立传习中心

与山西农大信息学院达成协议，由学院与我县共同筹建，太谷非遗文化研究中心，专门从事非遗文化的研究、挖掘、创意。与鑫炳记公司达成协议，由该公司与我县合作建设，太谷非遗文化开发中心，专门从事非遗文化的保护、利用、开发。建成的两个中心，将向公众长期、免费开放，在使相关实物得到妥善保存的同时，使公众了解非物质文化遗产保护的价值和意义。

四、坚持依法行政，全面规范文化市场管理

2015 年，为了促进文化市场企业不断壮大，我们坚持两手抓，既抓管理，也抓服务，给全县发展营造了一方净土，也促进了文化企业健康发展。

为优化文化市场发展环境，按照全县"六权治本"的工作要求，坚持先清权、减权，后确权、晒权的原则，编制了"两单两图"，梳理出行政权力 86 项，包括行政许可 14 项、行政处罚 67 项、行政强制 1 项、其他行政权力 4 项。

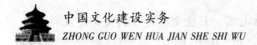

一年来，我们进一步加强了文化市场监管，在年检换证、审批程序、安全监督、宣传引导等方面，制定并实施了更加严格的举措。通过完善和制定多项制度，签订责任书和承诺书，将文化市场的监理责任，量化到企业、细化到个人。开展了 17 项专项行动，全面检查、不留死角，有效地预防了重特大事故的发生。针对广大群众反映的热点、难点问题，提请县政府研究，县政府制定了《关于取缔非法经营棋牌室、网吧、游戏厅、KTV、台球厅等娱乐场所的通告》，对不符合法律、法规规定的各类娱乐场所，一律予以取缔，同时，加强消防、安全、工商等部门联合行动力量，全力维护全县文化市场健康发展。

从五老人员、人大代表、政协委员中聘请了 35 名责任心强、群众威信高和有一定网络知识的人员，担任"文化市场义务监督员"，帮助监督网吧、文化出版物市场的经营行为。同时，与学校、家长、社会建立沟通联系桥梁，形成"三位一体"的监督体系，对加强文化市场监管，发挥了积极作用。

以严厉查处违规经营为重点，采取日常巡查、突击检查相结合的方式，严格执法，从严查处，确保了全县文化市场安全、稳定、有序。据统计，今年以来，我县文化市场开展突击检查 61 次，零点行动 5 次，联合执法检查 8 次，累计出动执法人员 630 人次，检查经营单位 1300 余家次。全县没有发生一起安全生产事故。

总之，今后太谷的文化工作将继续坚持"新方式、新思路、新发展"的"三新"理念，致力于"提升文化设施、搞活文化资源、强化文化传承、规范文化市场"，在原有的工作基础上提档升级，争创一流，实现太谷文化工作的新突破！

作者简介：
曹建呼，现任山西省太谷县文化局局长。

打造稷王文化名城　建设幸福美丽稷山

山西省稷山县文化局　宁运齐

一、稷山文化基本情况

稷山县文化局是县人民政府职能工作部门，职能股室有办公室、政法股（县"扫黄打非"办公室）、文化管理股、广播电影电视股、体育管理股。下属单位包括文化市场行政综合执法队、文化馆、图书馆、美术馆（姚奠中艺术馆）、电影公司、戏剧研究所及蒲剧团等。

按照习近平总书记关于"要对传统文化创造性转化，创新性发展"的重要论述精神，落实省委王儒林书记提出的"弘扬山西三个文化（法治文化、廉政文化、红色文化）"和市委市政府关于"打造河东古中国旅游目的地"的要求，我们认真挖掘和充分利用稷山"千年板枣、千年大佛、千年古县、华夏农耕文明发源地"（简称三千一地）这些得天独厚，独具魅力的文化资源，精心打造四个文化圈：一是以大佛文化园为载体的传统文化圈；二是以稷王山中华农耕始耕园为主体的农耕文化圈；三是以万亩板枣观光示范园区为依托的产业文化圈；四是以紫金山和滨河公园、县城八大山头绿化带为代表的生态文化圈，大力发展稷山文化事业和文化产业，为"打造稷王文化名城，建设幸福美丽稷山"提供强有力的文化支撑和实力保障。

二、稷山文化特色

1、后稷文化底蕴深厚

稷山历史悠久、文化灿烂，后稷教民稼穑在此，开启了灿烂辉煌的华夏农耕文明，这里物华天宝、人杰地灵，留下了丰富的文化遗产和大量的非遗瑰宝，在稷王精神的影响下，中唐名相裴耀卿、元初名臣姚天福、清代探花王文在、国家大师姚奠中等名著青史，光昭当代。

2、文化遗产项目特色明显

我县的非物质文化遗产有浓郁的地方特色，印证着稷山先民的伟大智慧和创新精神，是稷山的文化名片。其中，高跷走兽、高台花鼓、麻花、螺钿漆器制作技艺、金银细工制作技艺被国务院公布为国家级非物质文化遗产项目。目前，我县共有国家级非遗项目 5 项，省级 6 项，市级 33 项，县级 32 项。国家级传承人 2 名，省级传承人 13 名，市级传承人 15 名。特别是 2015 年 1 月 10 日，中国生肖文化研究中心成立大会暨首届中国生肖文化学术研讨会在稷山举行，正式落户稷山的中国生肖文化研究中心，成为国内最高层次、最权威的生肖文化研究机构。来我县视察指导工作的国家领导人，国家文化部、省文化厅、包括多个国家的国际友人，对我县的非物质文化遗产赞不绝口，扩大了稷山的对外影响力。

3、现代公共文化服务体系日臻完善

我们严格按照中央、省、市关于加强文化建设的有关精神和要求，大力加强文化基础设施建设，文化惠民工作稳步推进。县文化馆、图书馆、美术馆（姚奠中艺术馆）、各乡镇文化站按照国家有关政策要求免费向社会开放。目前，三馆集中在县四馆一中心，三馆基础设施建设在全市领先。文化馆设有综合展厅、综合排练厅、综合研究机构等。图书馆设有综合阅览室、少儿阅览室、电子报刊阅览室等。美术馆（姚奠中艺术馆）陈列当代国家大家、书坛泰斗姚奠中先生真迹墨宝，有展览室、书画室、研究室等。"三馆"每年多次接待国家、省、市考察团，是我县重要精神文明窗口。全县七个乡镇综合文化站基础设施完善，均能在县文化局的指导下积极开展各类群众性文化活动，极大地丰富了广大农村基层群众文化生活。

三、文化事业与文化产业齐头并进

文化事业和文化产业是文化发展的两条腿，缺一不可。我们一手抓公益性文化事业，一手抓经营性文化产业，使二者齐头并进，协调发展，初步形成了文化事业和产业快速发展的良好格局。在全国、全省群星奖评比活动中，在全市菊花奖调演和群文之星调演中，涌现出一大批精品节目和剧目，成为全省、全市的知名文化品牌，在全国范围内有着广泛的知名度。其中，稷山高台花鼓荣获全国群星奖、国际非遗奖等二十余项全国大奖，参加 2008 北京奥运会、2009 央视春晚、2010 年中央农民春晚，十几次荣登中央电视台，应邀赴港、澳进行表演，成为我县对外文化交流的靓丽名片。我县打造的大型历史剧《枣儿谣》去年在北京长安大戏院和省城太原南宫剧院成功演出，引起轰动，"看《枣儿谣》、品稷山枣、讲稷山故事、论稷山发展"主题活动产生了深远影响，在京洽谈会共签约战略合作项目 2 个、投资合作项目 6 个，签约资金额 33.1 亿元。今年又计划与有关部门合作，把《枣儿谣》拍摄成电影进入全国院线。目前县蒲剧团对《枣儿谣》进行重新编排；同时我县目前已初步形成了翟店纸包装文化产业、太阳坞堆金银仿古文化产业、稷峰杨赵灯笼加工文化产业三大文化产业园区、翟店纸包装文化产业园区为确定为全省文化产业示范园区，现有规模企业 132 家，太阳坞堆金银仿古加工户 200 余户，稷峰杨赵灯笼加工户 300 余户；三大文化产业园区的形成吸收了当地相当多的从业人员，在全县国民整体经济收入中的优势日益凸显。特别是去年以来，稷山大佛文化园建设稳步推进，它的建成将成为我县文化旅游一道靓丽的风景。

四、2015 年重点工作回顾

1、组织参加了《纪念运城撤地设市 15 周年暨抗日战争胜利 70 周年》歌咏比赛及大型实景晚会；

2、借《枣儿谣》赴京演出，组织稷山县文化产业北京招商洽谈会；

3、春节期间开展了"文明之春"系列活动：百姓春晚、少儿春晚、大学生春晚、稷山县首届戏迷票友大赛、全县广场舞大赛、迎新春剪纸艺术作品展等系列活动，活跃了节日气氛，丰富了广大群众节日文化生活。

五、2016 年重点工作安排

1、和市蒲剧团合作把《枣儿谣》拍摄成电影艺术形式，年底进入全国院线；

2、县蒲剧团 4 月份开始重新排演《枣儿谣》，10 月份在全县汇报演出；

3、采取措施，全力扶持高抬花鼓再显风采，重铸辉煌；

4、申报文化部艺术基金，完善提升国家文化部舞台精品创作剧目《农祖稷风》。

立足根本　狠抓建设
扎实推进公共文化服务建设

山西省平陆县文化局　解柏年　张　鹏　张新丽

　　为深入贯彻习近平总书记文艺工作座谈会重要讲话精神，按照省市县有关要求，我局坚持围绕中心、服务大局，全力构建县、乡、村三级公共文化服务体系，保障我县群众基本文化权益。多年来，我们大力开展群众文化活动，全面加强"两馆一站"免费开放力度，积极组织文艺工作者深入基层开展文化服务工作，切实提升公共文化服务水平，努力以服务全县群众文化工作新成效推动平陆文化发展繁荣。

一、狠抓文化基础设施建设

　　通过努力，全县已基本建成"以文化馆、图书馆为龙头，乡镇文化站为平台，村级文化大院为基础"的三级文化服务体系。公共文化活动场所、文化服务设施健全，文化活动丰富多彩，公共文化体系建设成效显著。

　　我们加大基础设施建设和设施配套，提高服务能力，不断完善县、乡、村三级文化服务体系。文化馆大楼建设项目进展顺利，现正在进行土地附着物赔偿工作，土地、环评等手续通过后，即可动工建设。图书馆将读者信息全部录入电脑，实现了自动化借阅，改变了以前手工操作的落后面貌。目前，图书馆已全面实现图书采编、流通、检索自动化管理，图书馆的各项内务统计都已实现电脑操作、有序化管理，极大的提高了工作效率。农家书屋一方面加强管理，坚持开放，另一方面通过积极争取为全县 228 个农家书屋，补充了价值 30 余万元的书籍。

二、狠抓公共文化事业

　　推动公共文化服务事业发展，要立足本土，打造平陆特色文化品牌，要不断丰富全县群众文化生活，更好地满足广大群众日益增长的精神文化需求，不断提升广大人民群众的幸福感。

（一）系列文化活动声势浩大

1、大力开展传统节日文化活动

春节期间，开展街头红火表演，举办了花灯展、戏剧公演、电影放映、摄影展、书画展等多项春节文化活动，节目形式达数十种，给全县广大人民群众奉献了丰盛的文化大餐。

"劳动节"、"建党节"、"建军节"、"中秋节"、"重阳节"等节日及暑假期间，组织举办各类文艺晚会。与平陆县总工会举办"劳动之歌"文艺晚会；与县武警支队在武警驻地举行"军民鱼水情，和谐心连心"文艺演出；暑假期间，文化馆组织联合平陆县舞蹈联盟在砥柱广场和太阳文体广场举办"消夏文化周"，一天一台晚会，参演演员达 3000 余名；中秋节前夕，文化工作志愿者服务队一行 40 余人到张店、前滩等村开展文艺演出与留守老人、妇女、孩子共度佳节，并去敬老院进行慰问演出，送去我们的温暖和爱心。

2、持续开展各种公共文化活动

举办"平陆县纪念抗日战争胜利暨世界反法西斯战争胜利 70 周年书画展"，历经三个多月的精心筹备，从全县 11 个乡镇及县直各单位共征集到各类书画作品，从中精选了 145 幅进行展出，这些作品有出自于 80 多岁老人的，也有 9 岁孩子的，有的来自于书法专业人士，也有的出自普通百姓，一些省外书画爱好者也纷纷投稿。四大班子领导也挥毫泼墨，他们同全县的书法爱好者一起，用笔墨来表达爱国爱乡的豪情壮志，用丹青来描绘建设新平陆的美好蓝图。

为弘扬中华民族优秀传统文化，落实习近平总书记在文艺工作座谈会上的讲话精神，提高我县文艺工作者的整体水平，推动文化惠民不断深入，我们成功开展"平陆文化大讲堂"活动，举行"百名文化名家进平陆"系列讲座活动，邀请国家著名书法家曾翔、陈加林、陈曦明等教授来我县进行书法讲座。力争在"十三五"时期邀请百名文化名家来平陆，给全县文艺爱好者尤其是农村草根书画爱好者提供一个较高水准的学习交流平台。

举办平陆县纪念"反法西斯战争胜利 70 周年暨运城撤地设市 15 周年"群众性歌咏比赛活动，并派专业人员为选拔出的冠军队伍参加全市比赛做音乐辅导工作。

积极组织"张店镇风口村文化艺术节"演出活动，"傅圣文化艺术节开幕"演出活动，以及"桃花艺术节暨周仓文化艺术节"的开幕式、毛家山"美丽乡村游"启动仪式的开幕式演出活动。节目围绕县委政府发展思路，打出一张旅游名片：即春到部官赏桃花，夏到张店避酷暑，秋到曹川看红叶，

冬到三湾观天鹅。着力用文化的力量宣传平陆文化，宣传平陆旅游。

组织剪纸爱好者参加运城市剪纸大赛，组织写作爱好者参加"我读书我快乐"有奖征文活动和读书演讲大赛，均获得不错的成绩。

文化馆、文化站组织书协、美协等单位的书法专家深入基层为群众免费写春联、送春联。

3、不断深入开展文化下乡活动

一是为解决偏远乡村群众看电影难的实际问题，我局继续深入实施农村公益电影放映工程，确保了全县广大群众每月都能看到一场好电影，全年演出任务 2688 余场。

二是根据县委宣传部实施"戏剧惠民、欢乐百姓、送戏下乡"活动，蒲剧团深入山庄窝铺，每年给广大群众送去优秀蒲剧剧目 200 余场次。

三是图书馆送书下乡。深入农村社区学校，为学生送去精心挑选的图书。送书进校园活动可以让每一个学生充分使用身边的图书馆，更好的亲近图书，从而更加热爱读书、热爱生活。组织开展"农科图书赶大集"免费阅读活动，组织挑选适合农民群众阅读的书籍，利用图书流动车，深入农村、社区进行宣传和服务，发放保健、农科等相关宣传单，为群众带去免费读物。此活动的进行，将激发群众的读书热情，引导读书活动深入开展。

四是文化馆牵头组织的文化工作志愿者下乡服务队，深入全县农村、社区开展文艺表演。此活动贴近基层、贴近群众、贴近生活，受到了广大人民群众的喜爱。每年演出任务 50 场次。

（二）两馆一站免费开放成效明显

一是图书馆继续征订各类报刊杂志及书籍，共购买各类书籍 5000 余册，并完成信息联网工作。儿童阅览室、电子阅览室、报刊杂志阅览室按时开放，每年接待读者 8000 余人次。免费办理图书借阅证 600 余个。

二是文化馆开放多功能厅、展览厅、辅导培训室、舞蹈排练厅等 8 个活动室，通过电视飘字宣传、网络宣传等方式，扩大暑期舞蹈、二胡等免费培训班的宣传力度。每年累计培训 2000 余人次。

为宣传新的安全法，联合县安监局共同编排小品《警钟长鸣抓安全》并下基层宣传演出。排练情景歌舞《白天鹅与黄河人》、双人舞《成长》两个节目，参加山西省第十七届群星奖大赛。编排廉政小品《老笨与红辣椒》，参加市群文风采大赛并获得全市二等奖。之后又组织文化馆 10 余名馆员参与廉政微电影《老闷与红辣椒》演出，该电影得到县纪委领导好评，并上传网络宣传廉政文化。

三是文化站一方面开放图书室、资源共享室、文化活动室等活动场所。另一方面深入各村进行组织辅导，组建广场舞舞蹈队100余支，每年累计辅导5000余人次。同时文化站开展文艺小分队下乡演出，全年10个文化站共下乡演出105场，主办文艺演出十余场。

（三）文化人才培训圆满完成

一是我局从市聘请高水平舞蹈老师，分批在利丰职业学校对全县228个村的文艺骨干进行培训，实现了全覆盖。这些文艺骨干回去后在各自岗位上充分发挥了作用，组建队伍，辅导节目，用健康文明向上的社会主义文化占领农村阵地，不仅陶冶了情操，也让群众远离了不良风气。

二是根据省文化厅《"三区"人才支持计划文化工作者专项实施方案》精神，结合我县文化工作实际情况，选拔了张银生、李爱萍等老师组成了器乐、舞蹈、编排等特长的基层文化队伍，深入基层开展辅导。同时为解决县城广大广场舞爱好者无人辅导的问题，我局从三区人才中抽调二人在时代文体广场开展了长期的广场舞免费辅导活动，每晚参与群众达500余人。

三、继续完善全县非物质文化遗产名录保护项目

6月9日全国"非遗宣传日"期间，我们举办非遗宣传活动，共展出地窨院、平陆高调、剪纸、云伞等30余项非遗项目，发放宣传材料，解答群众咨询，使非遗保护深入人心。截至目前，我们已初步建成了由1个国家级、2个省级、10个市级、32个县级非遗保护名录。非遗工作重点就是在全县挖掘非遗保护项目，确保我县的珍贵文化遗产得到传承。目前省级非遗名录保护项目"平陆高调"各项影像、文字资料已准备就绪，申报成为国家级保护项目工作正在进行。市级非遗保护项目"放河灯"、"版筑技艺"、"周仓传说"各种影像文字资料也已准备就绪，正在进行申报省级保护项目工作。

鼓足干劲 力争上游
全面提升文体事业的综合实力

山西省霍州市文化局 张建民 关志红

一、回顾文化体育事业发展历程，我们心潮澎湃，意志更坚

文化是民族的灵魂，体育是强身的根本，近年来，按照省市各级文体事业发展的指示要求，我局高举文化旗帜，把握舆论导向，深化文体联动，促进协调发展，进一步提升了我市文体事业的综合实力。

1、重投入，抓建设，夯实文体事业基础

文体事业发展阵地是基础，设施是关键，为此，在具体工作上，我们始终把阵地建设和设施配备作为重中之重，争取上级投资，整合各类资源，坚持上下联动，全面提升标准，为全市文体事业发展奠定了扎实的基础。一是高标准完善市级文体设施 先后投资 40 余万元，对市灯光球场进行了改造；投资 500 余万元，对市影剧院进行了修缮；投资 110 余万元强化和完善了市图书馆和文化活动中心的使用效率；投资 100 余万元，购置了一套大型广场音响，专门用于组织大型文体活动。同时，市委市政府还专门投资兴建了中镇文化广场、永和公园等大型文体休闲场所，进一步满足了广大市民的文化娱乐和休闲活动需求。二是严要求建设乡镇文化站 本着完善功能，提升品位，资源共享，方便群众的原则，先后投资了 224 万元，在七个乡镇分别建成面积不低于 300 平米的综合文化站，建设内容包括：图书馆、阅览室、棋牌室、多功能文化室、电教娱乐室等，并在近三年内，累计拨付资金 100 余万元，用于文化站的日常运行和活动开展，使乡镇文化站成了传播交流的城堡和纽带。三是大力度推进村级文体场所建设 按照新农村建设"五个全覆盖"的要求，在全市 98% 的行政村建成了农家书屋、体育健身场所和文化活动室。其中农家书屋面积均不低于 30 平米，购置图书均在 1500 册以上，报刊杂志不低于 30 种，还有部分电子影像制品。体育健身场按照因地制宜的原则，建成了篮球场 150 余个，健身路径 180 余

套，门球场 10 余块，文化活动室全部按要求配备了投影仪、点歌机、调音台、音响等设备。同时从 2013 年起，国家每年还给每个行政村拨付 1 万元的活动经费，其中 2400 元用于电影放映，由省里直接划拨给电影公司，1500 元用于农家书屋书刊、杂志的购置。两年来，除上述两笔开支外，其余专项资金全部足额拨付到各乡镇、街道办，累计拨付资金 272.4 万元，极大的满足了广大人民群众的精神文化需求。

2、强引导，广动员，大力开展文化体育活动

开展文体活动是丰富群众精神文化生活的重要载体，也是弘扬真善美，传播正能量的必要途径，基于此种认识，我局精心组织，积极引导，广泛动员，大力开展并鼓励指导广大群众充分参与各种文体活动，在全市上下形成良好的社会风气。一是大型文体活动好戏连台　每年春节、元宵节期间都要组织举办系列文体活动，包括街头汇演、书画联展、千名干部越野赛、门球赛等，成为节日喜庆、传承文化、弘扬正气的好传统；连续三年，每年在中镇文化广场举办两个多月十余场的专题系列消夏文艺晚会，既有力提升了广大群众的文化生活层次，又充分展示了我市经济社会发展的良好势头；连续五年在灯光球场举办规模较大的篮球联赛，每届都有 30 支队伍参赛，既提升了篮球竞技水平，又为广大群众提供了娱乐休闲的盛宴；每年 8 月 8 日全民健身口，都要组织包括长跑、健身操、广场舞、太极拳等各种项目在内的群众性体育活动比赛和表演，有力的带动了广大群众积极参加体育健身活动。二是文体下乡活动广泛深入我市 12 支电影放映队常年扎根农村，每年为广大农民免费送电影下乡 2300 余场，既丰富了农民精神文化生活，又给他们送去了科技知识和致富信息。每年送戏下乡超过 150 场，利用乡村庙会开展送文化下乡，有图书、文体器材、文艺演出等。三是群众娱乐活动如火如荼　通过上述典型引导和广泛宣传等方式，我们先后发展文体协会 20 余个，分协会遍及城乡各村，培训文体骨干 300 余名，常年开展锣鼓、武术、棋牌、门球、羽毛球、健身操等群众喜闻乐见的文体活动，活动数量每年超过 30 场次，参与人员超过 2 万人，群众的文体自觉意识逐步提高。大家充分利用中镇广场、永和公园以及 200 余处城乡文体场所等便利条件，随处自发组织各种娱乐健身活动，经常性参加人数超过 4 万人，使文化体育活动在全市范围内蔚然成风。

3、严管理，细培育，精心打造文化发展品牌

文化是一个城市的品牌。推进文化发展必须严管理、勤规范、细培育、出精品，才能展示城市魅力，提升城市品位。在文化发展上，我们始终坚持

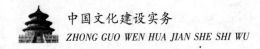
规范工作不放松，培育精品不松劲，塑造品牌不懈怠，有力的提升了全市文化发展的软实力。

一是强化文化市场工作整顿　多年来，我们一直把文化市场整治列为全年的重点工作之一，做到平时监管和专项整治相结合，责任到人，守土有责，严厉查处违规经营。每年都出动500人次，对文化市场（影像、网吧、歌厅、印刷）多次进行专项整治，进一步加强对娱乐场所和校园周边网吧进行地毯式排查，重点排查，未成年人进入网吧，不实名登记上网和安全隐患等，对违规场所按规定严肃处理，对体育经营场所进行多次整治，取缔无证违规经营场所、严厉打击地下黑彩，确保文体经营市场健康有序发展。每年利用政策宣传日和庙会发放宣传资料，提高广大市民的文体认知度。

每年还与各经营场所签定安全生产目标责任书，进一步约束他们，使他们规范经营、合法经营。

二是拓展新型文化产业发展路子　自上世纪八十年代以来，霍州市十几名农民从发行《英语周报》、《语文报》、《学英语》开始，当起了农民书刊发行员。几十年来，这支队伍从无到有，从小到大，如今已发展到近万人。遍布于除港澳台之外的全国各地，他们在推动文化市场繁荣发展的同时，有效地拓宽了我市农民创业增收的渠道，一些农民由此步入小康行列，为霍州市经济发展起到了促进作用。

霍州市文体广电新闻出版局作为新闻出版行业的主管部门，在打击盗版盗印和非法出版物的同时，充分发挥职能作用，想方设法繁荣出版物发行业，为农民朋友找出一条就业、增收致富的路子。结合国家鼓励新闻出版产业大发展的政策，因势利导，积极整合全市农民书刊营销员人力资源，壮大发行队伍。我市先后举办了三期出版物发行员资格培训班及三届"山西霍州书刊营销洽谈会"。为转移农村劳动力，帮助农民致富提供了一条好路子，正符合我们"增收惠民生"的宗旨。

为此，我们将积极发挥职能优势，不断为广大人民群众创造有利条件，拓宽和培育新型文化产业渠道，探索产业发展新路子，以"政府搭台，群众唱戏"为载体，给更多农民提供就业机会，实现经济效益和社会效益双丰收。

三是打造文化体育事业精品　20多年前，霍州市威风锣鼓队参加了全国首届农运会开幕式的表演一举获得成功。接着相继多次参加了国家级大型庆典活动，为我市争得了众多荣誉，为此，我市连续三届9年（2008年~2017年，每3年评一次）蝉联"全国民间文化艺术之乡"光荣称号。霍州威风锣鼓在产生巨大的社会效益的同时，也获得了很好的经济效益。农民鼓手在农闲时节参加演出既开阔了视野，又获得了报酬，仅此一项每年可为农民增加收入50万元。近年来，霍州市委、政府对锣鼓产业发展的支持力度有增无减，力争把霍州威风锣鼓打造成文化精品，成为霍州的龙头文化产业。

根据我市地域特色统筹规划、重点突出，立足当前、着眼长远，加快组织实施一批成熟度高、成长性好、具有先导性的文化项目，发展一批优势明显、特色突出的文化产业基地，比如威风锣鼓商业化，做大做强霍州面塑、剪纸、门神、粗布制品等产业，扶持培育霍州三弦书、霍州莺歌等非遗项目等，推动文化产业又好又快发展。

二、掌握文化事业发展前景，我们要精准发力，顺势而为

从道德方面来讲，文化体育事业已经上升到国家战略层面，成为了引领舆论导向，助推经济发展，促进社会进步的重要组成部分；从小的层面来讲，也已经成为了广大人民群众的认知自觉和生活必须，未来文化体育事业的发展前途广阔，活力无限，面对这样一种发展大势，针对工作中存在的一些问题和不足，我们一定要振奋精神，鼓足干劲，精准发力，顺势而为，全力推进我市文化体育事业再上新的台阶，再创新的辉煌。

1、立足高标准，继续推进城乡文化体育基础设施建设

承接好上级促进文体事业大发展大繁荣的各个机遇，千方百计争取资金和器材方面的大力支持，同时，通过体育彩票等方式积极筹措资金，多方整合资源全面提升我市文化体育事业基础建设水平。按照城乡一体化的要求，大力推进公共文化体育投资向农村倾斜，积极深入开展文体下乡活动，使广大农村居民享受更多更好的文体服务，抓住一批先进典型示范点，创立标准，做好规划，重点打造，使之成为我市文体事业发展的新亮点，更好地展示霍州形象，提升城市魅力。

2、面向最基层，广泛开展群众性文化体育活动

要以服务群众为导向，积极组织鼓励广大群众多方开展喜闻乐见的文体活动，更好地丰富群众的精神文化生活，使文化体育事业成为宣传大政方针、促进社会进步的主阵地，要及时倾听和尽量满足群众在文体事业发展方面的诉求，按照群众的需求选好题材、组织活动、搞好服务，切实把群众的呼声转变为我们的实际行动。

3、瞄准新目标，全面提升我市文体事业发展水平

要牢固树立精品品牌意识，立足优势，积极培育，全力打造，不断提升我市的文体事业发展水平，要加强传统文化的挖掘和保障，积极开辟新的文化领域，力争在文艺创作、文化传承、民俗研究、产业培植、文明倡导等方面走在前列，大力开展全民健身活动，注重运动员队伍的发现和培养，不断提升竞技体育水平，真正把我市的体育品牌打出去。

强化措施 创新发展
加快文化产业发展步伐

内蒙古自治区乌海市文化新闻出版广电局 樊桂丽 张 凯

"十二五"时期,是我市文化、新闻出版、广播影视事业改革发展进程中极其重要的五年。我们在市委、市政府的正确领导下,在市人大、政协的监督支持下,围绕市委市政府的中心工作,强基础,抓落实,重提高,提效率,促发展,创新工作理念,真抓实干,潜心进取,为经济社会发展提供了有力的文化支撑。

(一) 公共文化服务体系日趋完善的五年

我市对文化基础设施建设投入大幅增长,公共文化基础设施面积达到38.1万平方米,比"十一五"增加了139.69%;完成了当代中国书法艺术馆、三区图书馆、专题博物馆、"十个全覆盖"中行政村文化综合服务中心等一批标志性、有影响力的公共文化场所建设;制定了《乌海市人民政府关于推进公共文化服务体系建设的意见》和《乌海市群众文化奖励办法(试行)》等一系列政策措施;打造形成了"广场文化艺术节"、"社区文化艺术节"、"群星艺术大赛"、"天一剧场"、"文化服务下基层"、"公益电影免费放送"、"大漠湖城书香飘"、"书法五进"八大文化惠民活动品牌,文化惠民投入是"十一五"的十倍以上。2015年完成了国家公共文化服务示范项目"书法五进"创建任务,建成了书法活动示范基地47个、书法活动室68个,填补了自治区没有国家公共文化服务示范项目的空白;成功举办了七届黄河明珠·中国乌海书法艺术节,举办了山西卫视大戏台走进乌海、中国书法城乌海春节晚会、新年音乐会等各类大型演出162场次,组织举办各类群众文化活动1660场次。2015年,新培育农民业余文化队伍30支,群众文化队伍由"十一五"期末的28支增加到现在的126支。形成了政府主导、社会参与、共建共享的公共文化服务新格局。

(二) 广电基础设施建设进一步夯实的五年

共投入7000多万元,用于广播电视基础设施设备建设。2015年新建了4个发射基站、改造了7个直放点的土建设施和电力工程,全面完成了"十个全覆盖"中广播电视全覆盖"户户通"工程建设任务,在自治区率先实现广播电视城乡一体化，使农区居民享受到与城区居民一样的标准化、均等化广播电视公共服务。全市广播电视覆盖率分别达到 98.21% 和 98.52%，较"十一五"期末分别增长了 0.61% 和 0.41%。投资 2500 万元对广播电视采编、制作、发射、传输、监控系统的设备进行全面升级改造，节目制作水平和信号播出质量有了明显提高，实现了广播电视设备系统化、信息化、数字化、网络化。积极争取国家及自治区资金实施了海勃湾南山电视发射塔和高山台站海南发射台改造工程。完成了微波传输数字化和有线数字"双向网"改造，为"三网融合"奠定了良好基础。

（三）文化遗产保护有效推进的五年

国家级文物保护单位总量从"十一五"时期的 2 处增加到 3 处；国宝级文物达到 102 件，增加了四倍；建成 2700 平方米的召烧沟岩画保护大厅，实现了集中连片保护，填补了国际国内空白。"非遗"项目实现了零的突破，征集非遗信息 300 多条，其中 5 个项目被列入自治区"非遗"保护项目名录，3 人被列为自治区"非遗"保护项目代表性传承人；完成了全国第一次可移动文物普查工作，全市采集上报文物藏品 3478 套 18391 件；举办各文保类展览 65 次，市博物馆免费开放年均接待观众 20 万人次。2015 年承办的自治区大型文保活动第十一个"草原文化遗产保护日"主会场活动，内容丰富、主题突出，受到自治区文物局的高度评价。

（四）艺术创作精品不断涌现的五年

先后共创作各类文艺作品 549 件，其中歌曲 283 首，舞蹈 156 个，小戏小品等各类作品 108 件，舞台剧创作脚本 2 部，出版《唱响乌海》原创歌曲集 3 套。获得国家群星艺术大奖、自治区"五个一"工程奖等各类奖项 48 项，比"十一五"的获奖作品件数增加了 30%。圆满地承办了 2015 年自治区小戏小品（汉语）大赛。每年安排专项资金 20 多万元，对各类获奖作品进行再奖励。

（五）文化产业发展步伐加快的五年

编制完成《乌海市文化产业发展规划（2015～2020）》和《乌海市人民政府关于促进文化产业发展的政策意见》。截止"十二五"末，全市文化企业法人单位 744 家，确定文化产业重点项目 3 个，小微项目 5 个，规模以上入库企业 20 户，我市有 10 个文化产业项目被列入了《自治区文化产业发展规划》；文化产业占 GDP 比重由"十二五"初期的 1.04% 增加到了 2.43%。代表自治区承办了第六届西安文化产业博览会，2015 年承办了第二届内蒙古自治区文化与旅游融合系列发展主题活动，其中文化产品展现场销售额达 3200

余万元，全区合作项目签约额达到 232 亿元；与央视微电影美丽中国频道合作拍摄了《到沙漠来看海》和《翱翔吧骆驼》两部微电影，拓宽了我市文化旅游宣传平台。

（六）文化市场监管能力不断提升的五年

依法行政取得长足进步。承接、下放行政审批事项 13 项，重新细化《行政处罚自由裁量权执行标准》205 条。积极开展"净网"、"扫黄打非"、文化市场专项整治等行动，及时清理、收缴、销毁各类侵权盗版及非法出版物，确保了文化市场健康繁荣。2014 年乌海市文化局（新闻出版局）被评为全国"新闻出版（版权）执法责任制先进单位"，多名文化执法人员被评为全国、自治区先进工作者。

（七）广播电视安全播出质量大幅提高的五年

广播电视播出质量不断优化，全部实现了数字化制作播出；节目质量不断提高，实现了节目专业化、品牌化、精细化；开通了蒙汉语广播电视节目，对现有的中央、自治区调频广播和无线电视发射系统进行更新。增加了播出时段和栏目数量，乌海人民广播电台自办三套节目，每天累计播出 54 小时，乌海电视台自办两套节目，每天累计播出 52 小时；两台自办节目的制作播出量较"十一五"期末每天多播出 18 小时。有线电视传输节目 182 套，无线传输 45 套。完成直播卫星"户户通"电视 18709 户。其中 2015 年完成"十个全覆盖"6594 户，"村村响"广播 19 个。

（八）对外文化交流成效显著的五年

以"乌海书法万里行"为品牌"走出去"，先后到北京、天津、江苏等 15 省市进行了书画交流活动，提升了乌海文化的知名度与影响力。以"写生乌海"为品牌"请进来"，邀请了中央数字电视书画频道、著名画家赵友萍、李小可等走进乌海，丰富了乌海文化交流内涵与品质。2013 年，在中国美术馆成功举办了"翰墨长河"中国书法城·乌海书画摄影展，开创了全国地级城市书画摄影展在国家最高艺术殿堂展出的先河；自 2014 年 10 月当代中国书法艺术馆开馆以来，开展"翰墨流彩"六地书画联展、名家书法专题展等各类展览 124 个，接待观众 32 万人次；代表国家组团赴俄罗斯、哈萨克斯坦开展了"欢乐春节"对外文化交流演出活动，组团参加了在白俄罗斯举办的国际少数民族文艺汇演，填补了我市参与国家对外文化交流项目的空白。

（九）文化新闻出版广电体制机制改革取得突破的五年

完成了市文化（新闻出版）局和广电局机构职能合并；理顺了文化市场

综合执法管理体制，明确了市、区执法权限，完善了执法制度；制定了17项文化体制改革方案，海勃湾区文化馆、蒙古族家具博物馆和乌达区图书馆作为公益性事业单位改革试点单位的主要改革任务有序推进；国有文艺院团乌海市歌舞团实现了全员聘任制和绩效考核工作制度。

完善基础设施　加强人员管理
推进全旗文体广电事业快速发展

内蒙古自治区新巴尔虎左旗文化体育新闻出版广电局　图日巴图

2015 年，我局在市文体新广局的大力支持和旗委、政府的正确领导下，紧紧围绕推进全旗文体广电事业又好又快发展，加快民族文化强旗建设、全力抓好"十个全覆盖"工程建设这一主线，不断加强基础设施建设，打造巴尔虎特色品牌，推进文化旅游融合发展，文化、体育、广播电影电视等工作取得新进展，各项事业迈上了新台阶。现将 2015 年工作开展情况汇报如下：

一、2015 年政府工作报告分解任务的进展情况

（一）重点项目建设情况

1、蒙古族长调文化博物馆项目

拟建在阿木古朗镇甘珠尔路南侧，718 发射台东侧，新档案局西侧，建筑面积为 9000 平方米。目前，已上报可研报告，自治区文物局已批复，已在旗发改局立项，机构编制也已得到批复。2015 年，先后召开了两次蒙古族长调文化博物馆建设项目推进座谈会，协调推进项目建设。

2、新左旗广播电视新闻中心项目

新左旗广播电视新闻中心建议书已制定，可研报告已完成，并已在旗发改局立项，正在推进中。

二、2015 年工作开展情况

（一）文化

一是提升公共文化服务水平。成功参与承办大型文化活动。7 月 26 日，我旗承办了"内蒙古自治区第二届自治区长调民歌保护成果展示"活动。我局作为文化主管部门全程参与并负责了大赛相关组织工作。本次大赛共有 12 个盟市 238 人（组）参加了优秀传承人的初选，80 名（组）歌手经过复选和终选，共有 48 名歌手荣膺蒙古族长调民歌优秀传承人称号。活动共收到长调研究论文 50 余篇，有 9 篇论文获奖。与会领导及专家学者针对蒙古族长调的

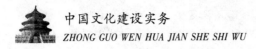
发展、传承、保护等方面进行了深度探讨。文化报、中央人民广播电台、香港大公报、内蒙古日报等25家外界媒体前来采访，通过平面、电视、网络媒体全方位立体式的宣传报道，进一步提升了我旗作为"中国蒙古族长调之乡"的知名度和美誉度。7月29日，举行巴尔虎长调传承驿站揭牌暨宝音德力格尔专辑首发仪式，我旗同艺术学院共同签署了合作建立"文化部民族民间文艺发展中心北方草原音乐文化研究与传承基地巴尔虎长调传承驿站"的协议，对我旗今后推动巴尔虎长调的传承与研究、发展具有重要意义。开展多彩的群众文化娱乐活动。成功举办2015年"银色巴尔虎"新春文艺晚会、首届集体祭火仪式、《春之韵》诗人茶话会、"4.2国际儿童图书日"、庆《5·1》迎母亲节、七·一"邮政杯"四胡大赛等演出比赛活动60场次。心系基层送文化到牧区。旗乌兰牧骑结合今年"十个全覆盖"工程宣传任务，先后深入苏木镇、嘎查、社区、边防、哨所等地，共下乡演出100场次。顺利通过自治区文化厅两项重大评估。旗乌兰牧骑通过自治区第六次乌兰牧骑评估，从自治区二类乌兰牧骑晋升为一类乌兰牧骑。旗文化馆通过全国第四次文化馆评估定级，被评为国家二级文化馆。

二是加强物质文化遗产和非物质文化遗产保护力度。物质文化遗产得到妥善保护。文物所开展春秋两季文物遗址巡查工作。先后深入吉苏木、嵯岗镇等周边文物遗址地表采集到60余件文物标本。开展全国可移动文物普查工作，做好馆藏文物数据库建设。对诺门罕战役陈列馆778件文物完成统计、测量、拍照、录入等工作。进一步加强文物遗址保护力度，在"百姓胡舒"城址、"和日木图"城址等6处遗址树立了内蒙古自治区重点文物保护标志牌，并公布了举报电话。加强非法倒卖文物行为的查处力度，进一步整顿、规范了古玩旧货交易市场。非物质文化遗产得以深入挖掘。今年3~7月份、旗文化馆就我旗非物质文化遗产项目及传承人开展了走访调研工作，工作人员走访了彭苏格、乌仁其木格、等非遗项目传承人。通过采访、笔录、摄像等形式搜集、整理了大批有价值的非遗项目资料，为下一步工作奠定了基础。年内，申报推荐了四个项目，其中"巴尔虎制毡及搓毛绳技艺""蒙药壮西普日乐塔拉"两个项目成功进入自治区级非物质文化遗产代表性名录（已公示）。9月份，我旗参加"第十个草原文化遗产日"全区非物质文化遗产展，展示了巴尔虎长调及巴尔虎服饰等非物质文化遗产。10月份，推荐区级传承人色乌仁其木格老人的弟子巴雅尔其其格赴北京参加了为期40天的"传统服饰文化传承与设计创新"培训班。10月23~24日，应满洲里市蒙古族语言文化协会的邀请，乌仁其木格老人赴满洲里市讲授了巴尔虎传统服饰文化及制作技艺。

三是依托项目工程满足牧区百姓数字文化需求。图书馆结合业务工作开展宣传活动，切实抓好"回溯数据库"工作和"数字文化走进蒙古包"工程。回溯数据库工作自 2014 年开始，目前已完成 3000 余册图书的输入编目工作。"数字文化走进蒙古包"工程前期选址工作已经完成，在 7 个苏木镇均设有站点，能够辐射周边 23 个移动点，预计 2016 年 5 月中旬完成全部安装任务。10 月份，我局深入 7 个苏木镇调研督导"草原书屋"、"数字书屋"、"文化共享工程"、"数字文化走进蒙古包"利用情况。

四是构建开放有序的文化市场环境。文化市场行政综合执法大队加大执法监管力度，切实保障文化（广电）市场安全稳定、经营合法规范。开展"护城河行动"、"无证经营专项整治"、"秋风 2015"、"净网 2015"、人员密集型娱乐场所安全生产检查等专项行动 11 次，日常执法检查累计下户 145 家次、220 人次。同时全力推进全旗牧区公益数字电影放映工程和城镇广场电影放映工作。截止到 10 月末，我旗农牧区公益数字电影和城镇广场公益数字电影共放映 530 场，其中农牧区公益数字电影放映 480 场，城镇广场公益数字电影放映 50 场次。进一步文化市场，本年度审批增加互联网上网服务营业场所 2 家。

五是创作文艺精品，培育文化产业，收获各类奖项。文艺作品推陈出新。乌兰牧骑、文化馆结合"十个全覆盖"工程，专题创作出既贴近群众又贴近实际的歌曲、好来宝、小品等 8 个节目，举办助力"十个全覆盖"工程专场文艺演出，呼伦贝尔广播电视台对演出全程进行了录播。巴尔虎研究会在完成呼伦贝尔日报《巴彦巴尔虎》文化报刊第 30~49 期编辑出版工作的同时，在 48~49 期开设了"十个全覆盖"专栏。乌兰牧骑还创作了歌曲《琴声悠扬的故乡》、巴尔虎英雄史诗《宝格达汗颂》、舞蹈《盼归》等精品节目。探索培育文化产业。9 月份，我局组织带队参加了在乌海举办的第二届内蒙古自治区文化与旅游融合发展主题活动，展出了我旗独具巴尔虎文化特色、设计新颖制作精良的皮质工艺品、羊毛毡工艺品、木质工艺品共 50 余件（套），其中共有 4 件作品入选文化创意作品大赛。文艺奖项成果颇丰。年初以来，在文艺作品方面乌兰牧骑参加第四届中国蒙古舞大赛暨第四届内蒙古电视舞蹈大赛，以群舞《陶力雅特博克》、独舞《萨满鼓舞》分别荣获创作及表演银奖和优秀奖；马头琴演员那米拉参加由蒙古国 UBS 电视台主办的国际马头琴大赛荣获四等奖；舞蹈演员赵志鑫参加"内蒙古首届舞蹈大赛"，以独舞《母亲》荣获大赛专业青年组金奖；在蒙古语言文学方面巴尔虎研究会敖其尔巴尼的作品《水之歌》获得首届全国"阿格旺丹德尔"蒙语诗歌比赛三等奖，《抒情天空》获得了第七届全国"苍天的驼羔"诗歌比赛二等奖；高·阿拉木斯作词的歌曲《琴声悠扬的家乡》获得内蒙古蒙语电台和中国蒙古语网站组织的"内蒙古蒙语原创歌曲"比赛获得二等奖，作品《等我自己》获得全国第五届"成吉思汗的金盘"诗歌比赛三等奖。

（二）体育

一是大力开展群众体育活动。全面贯彻落实《全民健身条例》和《全民健身计划》，推动群众体育事业发展，利用节假日，广泛组织开展形式多样、主题突出，具有地方特色的全民健身活动。成功举办了 25 岁以下搏克比赛、银色巴尔虎冬季那达慕、"信用联社杯"职工、社区足球赛、"萨仁杯"家庭射箭比赛、国庆节"信合杯"职工篮球赛和二级、三级社会体育指导员培训班等多项活动。

二是竞技体育成绩突出。6 月 26 日，我旗承办了中国内蒙古"巴尔虎杯"国际式摔跤国际邀请赛，共有来自俄罗斯、蒙古国、中国国家队及各个省市的 16 支代表队 223 人参加。6 月 20 日，我旗派 11 名青少年队员参加呼伦贝尔市青少年射箭锦标赛荣获 2 金、3 银、2 铜的好成绩。为备战 2017 民运会，我旗搏克手赴锡林郭勒盟共参加了 6 个大小型那达慕，在都仁扎那敖包祭祀那达慕上我旗选手阿拉坦沙盖获得第一名，其他选手在各类那达慕中也均取得了较好名次。此外，我局派出运动员参加了区内外各类大型赛事，运动员阿拉坦沙盖参加中国温州中国式摔跤国际锦标赛获得冠军。运动员阿拉坦沙盖和吉日嘎拉参加在河北省迁安市举办的"九江杯"全国中国式摔跤冠军赛，分别摘得 100 公斤级金牌、银牌。巴德荣贵荣获 90 公斤级银牌，图力古尔荣获 65 公斤级金牌、银牌。巴德荣贵荣获 90 公斤级银牌，图力古尔荣获 65 公斤级金牌。今年，我旗运动员阿拉坦沙盖、恩和吉日嘎拉、巴德仁贵、图力古尔被授予"国家健将"荣誉，宝日乐、巴音西勒、道日娜被授予"以及运动员"荣誉称号。

（三）广播电视

一是切实加大宣传力度。圆满完成旗委扩大会议、旗两会、开办巾帼风范专栏、十个全覆盖专栏、支柱产业畜牧业专题片宣传报道任务。针对项目、城镇化、新牧区、公民道德、"十个全覆盖"工程等主动出击，深入一线，及时跟踪报道重大新闻和典型。多角度、多层次宣传报道全旗重点工作。广播电视台更新升级广播电视设备，补强专业队伍，提高自办节目质量，与主管旗长协调筹建广播电视新闻中心大楼相关事项。宣传报道播出电视蒙汉语新闻 1218 条，通知广告 224 条，其中公益广告 129 条，通过图文滚动播出政策和防火及疫病等内容累计 1324 条。《巴尔虎情韵》栏目播出 36 期，《每周一歌》栏目播出 36 期，播出电视剧 34 部 1446 集。播出《法治中国》等 10 部记录片 1219 期。二是切实强化安全播出工作。设立安全员，建立日检查月汇报制度，坚持做到播前审查，播出监听监看，重播重审，保障了重要时期节目的安全播出任务。对播出设备、发射、天馈线等系统设备定期进行全面检修，排查解决潜在的安全播出隐患。增设了主备机两套系统，完善了应急安全播出应急预案，多次组织技术人员进行模拟应急预演，做到及时准确处置突发事件。三是全力抓好户户通、村村响和地面数字无线覆盖工程。深入苏木镇 19 次，共维护地面数字发射机 23 部，广播发射机 17 部。同时按照"十个全覆盖"工程要求，安装户户通设备 500 套。切实抓好村村响工程建设任务，目前该工程已实现全覆盖。

三、存在的主要问题

一是发展文化、体育、广电事业资金短缺，如开展非遗保护和田野调查无车辆、无设备，图书馆无专项购书经费等等诸多方面需要投入。二是基础设施有待完善。博物馆、广电新闻中心项目建设亟待推进，乌兰牧骑排练厅条件亟待改善。三是各类专业人才稀缺，年龄结构偏大。如文化行政管理、文艺创作、辅导，广电编导、技术人才，博物馆管理人才稀缺，整体人员年龄结构老化，工作水平有待提升。四是苏木镇普遍对文化工作重视程度不够，文化活动室作用发挥不理想。苏木镇文体广电服务中心编制存在被占用现象，在编人员多为兼职负责文化工作。五是迟到早退等现象还时有发生，文体广电系统制度建设和纪律作风有待进一步加强。

积极努力　团结奋斗
全力打造祖国北疆亮丽风景线

内蒙古自治区乌兰察布市文化新闻出版广电局　艾世亮　李兴盛

2015 年，在自治区文化厅的正确指导下，在市委、政府的大力帮助支持下，乌兰察布市文新广局紧紧围绕中心工作，着力提高公共文化服务质量和水平，促进艺术创作和演出事业，加大文化遗产保护力度，推动文化市场有序发展，加快文化产业的发展，加快文化体制改革，文化工作取得了一定的成绩，为乌兰察布市的经济社会发展、推进民族文化强市建设发挥了重要作用，同时也为促进自治区文化的总体发展，打造祖国北疆亮丽风景线贡献了一己之力。

一、公共文化建设成效明显

1. 文化基础设施建设得到改善。在各级党委、政府的重视和支持下，一批文化广电基础设施建设得到了改善和加强。市委、市政府将原党校旧址划拨给民族演艺集团等 3 个文化艺术单位，建立了市文化艺术大院。市博物馆、美术馆新馆主体建成，各旗县市区也相继建成了一批图书馆、博物馆、美术馆、影剧院等公共文化基础设施。

2. 图书馆建设取得新成果。市图书馆建成了我市第一个盲文阅览室，将盲人读者纳入"全民阅读"群体；完成了全部库存和新购进的 6097 册蒙文图书的电脑录入和书目数字化工作，为蒙古族读者查阅资料创造了条件；引进超星"掌上移动数字化阅读 24 小时电子图书自助借阅系统"，拓展了移动图书馆服务功能。截至目前，移动图书馆 APP 终端客户发展到 15000 户、访问量为 320 万人次。各旗县市区图书馆也进一步提升服务质量、扩大阅读人群。全市各级图书馆共接待到馆读者 25.8 万余人次，图书借阅 3.4 万余册次。

3. 博物馆服务质量和水平进一步提高。各级注册的博物馆（纪念馆）在向社会免费开放的同时，通过组织举办各类文博知识讲座、历史文化展示等活动，不断提升博物馆服务功能，丰富群众文史知识。市博物馆举办的"抗战先声——乌兰察布市纪念中国人民抗日战争暨世界反法西斯战争胜利 70 周年"专题图片展览、《方大曾绥远之行摄影展——八十年前的乌兰察布剪影》等展览展示活动取得了良好的社会效益。该馆制作的《走进乌兰察布市博物馆》宣传片，在中国公共考古论坛荣获创意博物馆一等奖。并被国家社科学会命名为"全国社会科学普及教育基地"。

4. 认真实施"十个全覆盖"工程。全市投入6475.5万元，新建改建嘎查村文化室667个，并配备了文化活动基本设备。完成了20459户广播电视"户户通"建设任务，对1321个行政村和9个国有林场共计1330处的"村村响"工程前端与终端设备进行了安装调试及播控平台建设。争取中央投资1859万元，为我市新增32部地面数字电视发射机和1部数字调频发射机；争取自治区投资155万元，新建了地面数字电视发射机6部。凉城县积极探索村嘎查文化室管理办法，在各乡镇选择2~3家条件较好的文化室试行选聘文化专管员，保证了文化室按时免费开放。商都县在各乡镇设立了广播电视户户通维修点，通过政府购买服务，方便了农民群众。

5. 完成了乌兰牧骑的评估。按照自治区文化厅要求，对全市乌兰牧骑进行了评估，并上报自治区文化厅得到批准。全市一类乌兰牧骑3支，二类乌兰牧骑5支，三类乌兰牧骑3支。

2015年，市图书馆被评为全区十佳图书馆，凉城县永兴镇文化站被评为全区十佳文化站，四子王旗乌兰花镇孙铎文化大院被评为全区十佳文化户（大院），兴和县云慧艺术团被评为全区十佳民间剧团，察右后旗察哈尔广场被评为全区特色文化广场，集宁区中心广场、四子王旗哈萨尔广场被评为全区十佳文化广场。

二、文艺创作和艺术活动繁荣发展

1. 精品创作不断加强。新创作各类舞台艺术剧20余部。其中，在全区小戏小品大赛中，小戏《富裕之后》获大赛二等奖，小戏《暖春》、小品《回家》获优秀奖，蒙古语小品《扎尔罕河》获剧本创作一等奖。在"中国·内蒙古第十二届草原文化节"重点剧目和小戏小品展演中，蒙古剧《忠勇察哈尔》、二人台小戏《富裕之后》、蒙古语小品《扎尔罕河》均获佳绩。特别是原创蒙古剧《忠勇察哈尔》一举捧得优秀展演剧目奖及优秀编剧、导演、作曲、表演等五项大奖，并应邀参加了新疆博尔塔拉蒙古自治州"那达慕"草原节、第四届中国少数民族戏剧文艺会演。大型原创民族音乐剧《拓跋大帝》于10月份在北京成功首演，并获得了好评。一年来，全市组织参加的各级各类文艺赛事共获奖项60余项。

2. 专业艺术和群众文化活动广泛开展。成功承办了梅花奖艺术团"送欢乐、下基层"四子王旗行慰问演出暨第三届内蒙古戏剧"娜仁花"奖大赛，举办了"乌大张三地情·共筑中国梦2015年春节电视文艺晚会"、《幸福全覆盖》主题文艺晚会、"第二届全市乌兰牧骑文艺会演"、"艺苑秋韵——集宁地区群众文艺展演"、2015亚洲女子拳击锦标赛开幕式文艺演出以及"构建书香社会·促进全民阅读"2015年度图书馆服务宣传周活动和"书香内蒙古·亮丽风景线"2015年草原阅读季活动。为给群众文化活动搭建平台，帮助集宁区桥东街道东民建社区、前进路街道等组建了文化活动中心。各旗县市区也利用传统节假日、纪念日积极组织开展了群众文化活动。为丰富群众文化生活，提高文化品位搭建了平台和纽带。

3. 搞好文化惠民演出。组织全市各艺术表演团体深入农村牧区及城镇社区，积极开展"百团千场"下基层和"五城联创心系万民"文化惠民演出活动，全市各艺术表演团体累计演出达1535余场，惠及观众119万多人次。

三、文化遗产保护有力有效

1. 加快了可移动文物普查工作。完成了60354件申报馆藏文物的数据采集、录入、上传工作。

2. 文物保护工作扎实开展。《乌兰察布市博物馆馆藏文物预防性保护工程》、《明长城（大边）乌兰察布市兰家沟2段、兰家沟3段、二道沟长城墙体及隆盛庄敌台、石刻题记抢险加固保护工程立项报告》得到国家文物局的批复。与市公安局联合发了《乌兰察布市文物行政管理部门和公安机关联合打击防范文物违法犯罪工作长效机制》，进一步强化了文物保护工作。对卓资县新发现的元代古墓进行了抢救性发掘，同时，对破坏文物案件进行了严肃查处，确保了文物安全。召开了全市长城保护工作会议，对加强长城保护进行了安排部署。各旗县市区也采取有效措施，加强了文物的保护，全市申报国家重点文物保护项目4项，争取国家、自治区文物保护专项经费共计1356万元。察右中旗还新上了对文物遗址监控的电子设备，提高了文物保护的有效性。

3. 加强了文物消防安全、行政执法检查。会同市消防支队开展了文物及文博单位的消防安全检查，重点对古建筑类文物遗址、博物馆、纪念馆、文物库房、历史文化名镇、传统村落的消防安全进行检查、督查，先后出动车辆共30台（次），人员50多（人）次，对存在消防安全隐患的部门下发整改通知书21份。

4. 加强项目建设前期的文物调查。配合有关部门对卓资县旗下营热电厂、察右后旗电厂、S209线卓资山——凉城段公路等8处基础设施建设项目进行了前期文物调查工作。

5. 加强非物质文化遗产保护。申报的凉城县蒙古族唐卡、化德县剪纸、察右后旗的蒙古族服饰被列入第五批自治区级非遗保护名录；高乐美被命名为国家级非遗项目保护传承人。组织参加了自治区"草原文化遗产日"十周年非物质文化遗产展览会，我市展出的蒙古族唐卡、皮雕皮画、察哈尔毛植等广受赞誉。

6. 开展文化遗产保护宣传活动。成功举办了"国际博物馆日"、"草原文化遗产日"、"中国文化遗产日"纪念宣传活动。

四、新闻出版与文化市场监管不断加强

1. 保护知识产权，规范出版物管理。对51家一次性内部资料出版物和14家连续性内部资料出版物进行了年检核验，规范了管理。在"4·26"世界知识产权日，举办了侵权盗版及非法出版物集中销毁活动，全市共销毁各类非法图书、音像制品5000册（盘），发放各类宣传材料4000多份。

2. 推进软件正版化工作。建立了软件使用制度、软件管理台账，并先后两次对全市115个政府部门软件正版化工作情况进行实地核查。

3. 加强文化市场管理力度。深入推进文化市场北疆稳定工程，在开展"扫黄打非"专项行动，加强出版物市场监管的同时，先后对全市文化市场经营场所开展了安全隐患大排查专项整治行动，积极组织进行行政管理执法交叉检查。并会同市委宣传部、市综治办、公安局、教育局等多个部门联合开展了全市净化社会环境、校园周边专项治理行动，确保了文化市场平稳有序健康发展的态势。一年来，全市各级文化市场管理和综合执法机构共出动29328人次，开展文化市场集中整治行动6次，文化市场管理和综合执法交叉检查2次，安全生产大检查8次，娱乐和演出市场专项整治3次，校园周边环境整治2次，检查经营单位6899家次，责令改正58家次，办结案件246件，整改消除安全隐患200余处，收缴各类非法音像制品5000余张（盘）、出版物3000多册。

4. 深入推进全国文化市场技术监管与服务平台应用工作。激活477家经营场所，激活率达到100%。通过平台办理准入业务（激活、设立、变更、证件文书打印等业务）512件、执法业务（日常检查、信息上报、执法案卷录入等业务）9094件，办结网络文化执法案件2起，实现了我市网络案件零的

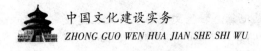

突破。

5. 开展法治宣传活动。先后组织开展了"12318"文化市场法制教育宣传日活动，在法制宣传月期间，开展了多次文化市场专项整治实施活动。

五、广播电影电视事业继续推进

1. 加快高山台站基础设施改造。完成察右前旗广播电视发射台、乌兰察布广播电视发射台、局属708台发射台改造工程；丰镇薛岗山发射台、凉城小山发射台新址进入内部装修；四子王旗南山转播台、察右后旗土牧尔台发射台、局属826台完成施工前的准备工作。借助中央和自治区地面无线覆盖工程，结合我市实际，为卓资发射台、商都发射台、商都大库联发射台和市广播电视发射台更新铁塔4座，总计投入280万元。

2. 区级微波干线南线电路正式投入运行。积极争取自治区投资近400万元对微波电路支干线进行数字化改造，彻底结束了我市电视节目靠模拟传输的历史，实现了广播电影电视系统局域网广播电视信息共享。同时，为解决旗县下传广播电视节目，减少微波中继站，我们积极协调石家庄54所为察右后旗提供了一套散射通信设备，解决了察右后旗发射台至当郎忽洞发射台高山阻挡信号传输的问题。这也是该项技术首次用于广播电视行业。

3. 解决了调频信号干扰民航的问题。被自治区无线电管理委员会和新闻出版广电局评为"全区调频广播发射台专项整治工作先进单位"。

4. 加强广播电视行业管理。围绕"治理"和"规范"，采取有效措施进一步加强了对辖区内各播出机构、网络视听节目、公共视听载体、境外卫星电视节目等进行行业巡查和日常监管。先后组织开展了打击非法销售、安装、使用卫星地面接收设施专项整治行动、依法严厉打击非法电视网络接收设备违法犯罪活动。在全市各播出机构开展了"梦娃"系列公益广告展播活动和优秀广播电视公益广告征集活动，扩大广播电视公益广告传播效果和影响，促进我市广播电视公益广告健康持续发展，助力"五城联创"。

5. 推进电影放映和影院建设。全市农村牧区公益电影放映达16000余场，新建固定电影放映点100个，全市新建的10家影院，丰镇、四子王旗2家影院已投入使用。2015年全市数字影院票房总收入达1654万元。公益电影放映、固定电影放映点及影院建设位居全区第一。市银苑农村牧区数字电影院线有限公司被评为全国先进单位。

六、文化产业取得新进展

1. 积极组织文化企业参加区内外文化产业博览会和各种推介活动。先后组织参加了八省区民族工艺品大赛、第二届内蒙古文化与旅游融合发展主题活动，共获得一等奖一个、二等奖二个，三等奖六个。推荐察哈尔民族工艺有限公司与北京佳佳科技工贸有限责任公司签定了3100万元的合作项目。

2. 积极扶持创业产业园的发展。推动了四子王旗民族手工艺创业产业园建设，现有22家文化企业入驻园区。在察右后旗白音查干镇北方商贸城打造民族文化产业一条街，汇集察哈尔优质文化特色产品，为发展旅游经济发挥重要作用。

3. 加快产业项目落地。全市开工建设的文化产业项目23个，投资额7.88亿元。据统计测算，文化产业增加值达8.88亿元。

七、文化艺术对外交流和人才队伍建设可圈可点

1. 艺术交流不断拓展。先后举办了"兰韵北京·朔漠暑都——京蒙文化交流作品展"、"乡情墨韵"乌兰察布籍中国书法协会会员作品展、"翰墨丹青金三角"乌大张三地书画巡回联展、"大美乌兰察布——当代中国画名家作品大展暨书画笔会"等书画展览交流活动，在北京昌平电视台播出了我市制作的6集专题片《使命》，《中国文化报》用整版篇幅登载了我市文化建设的成就与展望，这些对宣传和提升我市的对外形象起到了积极的促进作用。

2. 民族艺术教育不断创新。依托市民族艺校这一平台，成立了乌兰察布市艺术高中，首次招生100人。民族艺校毕业学生198人，就业率达到98%。

3. 持续开展文化人才的培训。先后举办、承办了"全市文化市场技术监管与服务平台应用培训班"、"首届文化市场技能体能培训班"、"内蒙古自治区2015年综合执法培训模式示范班"以及"全区文化系统财务管理和文化文物统计培训班"。全面实施"三区"人才文化工作者支持计划，进一步提升了基层文艺队伍业务素质。

八、文化体制改革不断深化

1. 推进建立公共文化服务考评体系。参照自治区、相关地区文化部门改革措施和经验，制定了16个指导意见和管理办法，不断提升了公共文化服务的能力和水平，文化体制改革取得了阶段性成果。其中，市政府出台了《乌

兰察布市公共文化服务体系建设协调机制实施方案》、《乌兰察布市加强基层公共文化服务设施标准化建设与管理使用的实施意见》和《乌兰察布市贫困地区基本公共文化服务标准化、均等化实施方案》；《乌兰察布市全民阅读中长期规划（试行）》、《乌兰察布市公共文化服务和产品政府购买和资助目录（试行）》等13个指导意见和管理办法上报市文化体制改革领导小组办公室，审核后印发并落实。

2. 继续加快转变行政管理职能。创新文化行政管理方式，推动政府部门由办文化向管文化转变。继续深化行政审批制度改革，加强事中事后监管，做到监管跟上，服务提升。同时，对行政权力项目进行了认真梳理核实，共梳理出行政许可22项（保留原来的4项，承接自治区18项），对梳理出的权力清单在政府网站和局网进行了公布。并制定行政许可办事指南、行政审批流程图，进一步规范了行政审批流程。

九、党建工作

1. 加强党建工作和作风建设，推进"五城联创"工作

在巩固"党的群众路线教育实践活动"成果，持续整改"四风"问题的同时，深入开展了"三严三实"主题活动。认真落实党风廉政建设"两个责任"，履行好"主体责任"、一把手"第一责任人"和"一岗双责"。进一步加强了文新广系统惩治和预防腐败体系建设和制度建设，推进了党务政务公开，在转变政风行风上取得明显成效。积极推进"五城联创"，通过现场宣传、包联共建等活动，深入开展了"全国文明城市"、"国家卫生城市"、"国家园林城市"等创建活动。一年来，全市文新广系统的干部职工不负重托，开拓创新，扎实工作，为推动全市文新广事业和文化产业发展付出了艰辛劳动，做出了重要贡献。

2. 存在的问题

在总结成绩的同时，我们也清醒认识到，我市文新广事业和文化产业存在的问题也不容忽视，有些还是制约我市改革与发展的瓶颈问题，必须认真加以解决。

一是公共文化基础设施滞后，与广大人民群众日益增长的物质文化需求不相适应。市级公共文化设施不健全，美术馆、博物馆新馆主体刚刚建成，群艺馆仍在争取，特别是作为一个有40万人口的中心城区，竟没有一座合格的大剧院。丰镇、兴和等旗县新的文化馆、图书馆还没有建成使用，已有的旗县文化馆、图书馆、乌兰牧骑大部分也不符合国家的规定标准，高山台站

虽然有部分已经改造，条件有所改善，但像大青山微波站这样冬天雪大上不去，夏季雨多一身泥的台站还有不少，因此，补齐设施短板的任务十分繁重。

二是基层基础工作薄弱，急需在提高工作设施能力和服务水平上下功夫。纵向比，我们的工作有了提高，但横向比，特别是与兄弟先进盟市比，我们的确存在着不小的差距，而且不努力有些差距还会继续扩大。比如：文化基础数据不清的问题，文化站室使用率低下的问题，一些社区文化中心和民间文艺团体设备设施短缺的问题，群众文化活动形式单一的问题。

三是精品力作缺乏，高原不多，高峰更少。曾几何时，我们也曾有过唱响全国、全区的文艺作品，比如舞剧《东归大雁》、《察哈尔婚礼》，还有《摘花椒》、《秀姑劝夫》、《光棍汉外来妹》等都曾给我们争得了荣誉，而现在如果不是有后旗等编创的《忠勇察哈尔》、《扎尔罕河》等几部精品剧目的话，我们竟没有能够走向自治区的文艺作品，这也是令人汗颜和惭愧的事情。

四是专业人才缺乏，结构不合理。我们现有的文艺团体演员大多数年龄偏大，结构不合理，这一点在市直团体更为突出，由于多方面的原因，老的演员出不去，新鲜血液进不来，以致于一些演出不能正常进行。我们的一些广播电视技术人员面临断层的危险，老的技术骨干行将退休，中年的技术人员不多，年轻的更少，技术力量严重缺乏，人才培养任重道远。

五是文化产业亟需做大。我市的文化产业起步晚、起点低、规模小、效益差。2015 年，全市文化产业增加值仅占 GDP 的 0.92%，如果按照"十三五"规划占到 GDP 的 5% 来倒推，每年必须达到 45% 的增速，这是一个压力山大的工作，必须通过层层传导才能奏效。

在看到问题的同时，我们也面临着有利机遇。一是习总书记在文艺工作座谈会上的讲话为我们文艺和文化工作指明了方向，明确了重点。二是"十三五"文化事业发展规划以标准化、均等化建设为核心，加快健全现代化公共文化服务等体系的工作重点，以及"十个全覆盖"工程的实施，无疑为我们尽快补齐文化基础设施短板，健全公共文化服务体系，加快文化产业发展，提供了极为难得的机遇。三是有全体文化新闻出版广电人的艰苦努力，苦干实干，我们的工作和事业一定会再上一个新的台阶。

坚持文化惠民　服务基层群众

内蒙古自治区二连浩特市文化体育新闻出版广电局　王　景

今年以来，我局紧紧围绕市委、政府及上级业务主管部门工作重点，按照年初制定的工作思路，努力构建现代公共文化服务体系建设，打造特色文化体育品牌，提升广电工作质量，推进文化产业发展，各项工作推进有序。现将 2016 年上半年工作总结如下。

一、以文化惠民服务与基础设施建设为主线，构建现代公共文化服务体系

按照公共文化服务标准化、均等化的要求，进一步完善公共文化服务基础设施建设。新建了图书馆、对外文化体育交流中心、中蒙书店、赛乌素嘎查综合文化活动中心，维修更新了全市 30 处体育健身路径。大力推进文化志愿服务，招募了 27 名文化志愿者和 35 名文体特派员，组建了文化志愿服务队，制定了《公共文化标准化建设服务手册》和《文化志愿者保障机制》，按照"结对子、种文化"的工作机制，定期深入到部队、福利院、农牧区开展流动文艺演出辅导、流动图书、流动电影放映等文化下乡惠民服务，形成长效机制。上半年，为 8 个社区文艺团体免费辅导秧歌、广场舞、健身操 15 次，培训人员达 1000 人次。成立了"额仁之声"合唱团，承办了全盟合唱指挥培训班。开展全民阅读，拟定了《二连浩特市全民阅读中长期规划》，在 4 月 23 日"世界读书日"期间，举行了"书香草原，阅读口岸"的读书活动，二连市蒙校、蒙幼组织近 200 余名师生参与了演讲、讲故事等形式多样的活动，得到了各界读者的一致好评。向各社区、苏木、嘎查、学校 28 个全民健身站点配发了音响。我市现已基本形成了以市级综合文化活动场所为核心、以社区、苏木综合文化活动中心为基础，以嘎查文化中心户为补充的三级公共文化服务网络，各级文化阵地制度健全，专人管理，服务便捷，基本满足了市民群众读书、看报、听广播、看电视、看电影、参加公共文体活动等基本文化权益。

二、开展丰富多彩的文化活动，打造特色文化活动品牌

（一）举办丰富多彩的文化活动，丰富群众业余生活

积极开展"我们的节日"主题活动。举办了"驿路之韵"2016年春节联欢晚会；举办了套圈、猜灯谜、秧歌比赛、彩灯展示等元宵节系列活动，参与活动人数达上万人。举办了二连浩特市第14届青少年儿童艺术节，实施"草原文艺天天演－－惠民演出工程"，分别打造出"惠民演出全覆盖"、"百团千场下基层"、"四季内蒙古舞蹈季"、"一带一路——乌兰牧骑行"四个系列惠民演出品牌，在社区、嘎查、福利院、部队开展了50场文化惠民下基层演出，进一步丰富和完善了我市公共文化服务能力，让基层群众享受到文化改革发展成果，促进地区、城乡文化联动发展。

（二）加强与蒙俄文化交流合作

在蒙古国扎门乌德开展对外文化交流演出；邀请蒙古国呼麦大师巴桑对舞蹈演员进行培训。

（三）文物普查和非物质文化遗产保护与传承工作有序推进

一是完成了第一次可移动文物普查工作任务。我市可移动文物共477件（套）进入数据、影像采集及网上平台录入。其中伊林驿站博物馆的164件（套）文物，国土资源局的恐龙化石303件（套），档案局10件（套）。二是以"博物馆与文化景观"为主题，开展了第40个国际博物馆日宣传纪念活动。发放了《博物馆条例》、《文物保护法》等宣传资料，悬挂"以史为鉴面向未来，千年古驿站　万里古茶道"宣传横幅。同时，组织我市中小学生免费参观伊林驿站遗址博物馆及恐龙埋藏馆，并提供免费讲解。三是邀请内蒙古博物馆专家来我市调研，并草拟了《人文展厅布展大纲》。四是加快推进非物质文化遗产保护和传承工作。3月13日，在格日勒敖都苏木呼格吉勒图雅嘎查举办了"骆驼达拉拉嘎"仪式。目前为止，我市"杭锦神祇"祭祀被内蒙古自治区人民政府公布为第五批自治区级非物质文化遗产代表性项目、"骆驼达拉拉嘎"仪式被内蒙古自治区人民政府公布为第五批自治区级非物质文化遗产代表性项目名录扩展项目、"杭锦神祇"祭祀传承人朝克图被锡林郭勒盟行政公署办公厅公布为第三批盟级非物质文化遗产项目代表性传承人。

（四）加强文化市场监管，净化文化市场环境

坚持日常监管与专项整治相结合，严格执法，有效促进了文化市场健康有序发展。开展了查缴政治性有害出版物行动、互联网上网服务经营场所突击检查行动、查缴2016年第二批政治性有害出版物行动、侵权盗版及非法出

版物销毁活动和打击网吧接纳未成年人专项整治行动；开展了互联网经营场所、歌舞娱乐场所提档升级专项工作，为文化市场经营业主开展文明礼仪培训；开展了3·15国际消费者权益日宣传活动、3·18文化市场法制教育宣传活动、2016年知识产权宣传活动；开展了文化市场年检换证和年审工作；与出版物经营场所签订了守法经营、安全生产责任书；召开了二连浩特市"扫黄打非"工作推进会。上半年，共出动执法人员293人（次）、车辆58辆（次）、收缴盗版光盘20盘（张）、书刊19册（本）、查处违规经营场所2家，发放宣传材料400余份。

四、以强化学习为重点，努力提升文体新广队伍建设

结合"两学一做"学习教育活动、"纪律作风整顿年"活动、学习型党组织建设工作为重点，全面加强党组织建设，作风建设、反腐倡廉建设。召开了"纪律作风整顿年"活动动员大会，制定了实施方案，成立了领导小组，由局领导与各科室、二级单位负责人签订了责任状；开展了"三公经费"、财务大检查工作"回头看"；发放了120份《征求意见表》，公开了投诉举报电话。召开了"两学一做"学习教育活动动员大会，制定了实施方案，成立了领导小组，制定了学习计划表。利用每周五下午组织党员学习了党章和系列讲话。邀请自治区党校乌云娜教授做了题为《职业道德 文明礼仪》专题讲座。开展了"讲党课、重温入党誓词、做合格党员"主题教育活动。同时，还开展"包联小区"、"学雷锋"、"道德讲堂"、"机动车礼让行人"等专项活动。

五、存在的问题

一是专业人才匮乏。从全市文体新广事业来看，主要缺少文学艺术创作人才、大型文化活动策划、编导专业人才、农牧区、社区等基层文化体育活动辅导人才，现有人员又多为临时聘用人员，报酬少，队伍不稳定，直接影响了各项文体活动的正常开展。二是文化事业和文体活动经费投入不足。虽然市财政在极其紧困的情况下，逐年增加了文化事业的经费投入，但依然不能满足文体新广事业发展的需要，制约了工作的开展。

六、2016年下半年工作计划

（一）坚持用特色理念发展口岸文化，切实增强城市文化影响力
1、举办第三届"茶叶之路"文化旅游节，丰富群众文化生活，扩大城市

影响力，打造城市特色文化品牌。文化旅游节分七个篇章："伊林畅想"二连浩特国际合唱大赛、"伊林欢聚"第十二届广场消夏文化活动、"伊林舞动"健身操大赛、"伊林之夜"茶路沿线地区文化交流演出活动、"伊林情愫"中蒙俄油画展、"伊林彩虹"中蒙俄专场演出、"伊林盛装"蒙古族服饰展示展销。

2、巩固对外文化交流品牌，不断提升城市对外宣传力度和影响力。继续实施"走出去"、"请进来"工程，充分发挥口岸作为自治区向北开放的桥头堡作用，提高交流的质量和层次。在乌兰巴托市举办好"中蒙友城"文化日活动，主要围绕文艺演出、对外文化贸易、文学交流、书画展、电影展映、友谊联赛等内容开展活动。签订各项文化艺术交流协议，创新发展对外交流的方式，形成"中蒙俄"三元文化品牌。

（二）构建公共文化体育服务体系，提高公共文化体育服务水平

把繁荣基层文化工作摆在重要位置，把文化惠民活动做实做好，力求做到内容的多样性和趣味性结合，活动高质量和组织高水平相结合。一是推进基层公共文化基础设施建设工程。推动市文化馆与图书馆的升级改造工作。整合各部门、单位场馆提高公共文化设施利用率，实现人民群众公共文化权益最大化。加强基层综合文化站、文化室建设，改善基层公共文化服务条件，逐步将社区、嘎查文化活动室建设成三级网络服务体系。二是推进文化信息资源共享工程。做好设备购置、日常运行、资源建设、软硬件平台建设、技术管理人员培训和数字资源加工与整合等工作。三是建立公共文化服务体系保障机制。拓展资金投入渠道，加大政府投入，将文化活动室运转、活动经费列入政府预算，形成经费保障机制。充分调动社会力量，举办农牧民喜爱的有奖活动，逐步培养兴趣爱好，制定具备民族、民俗特色活动的扶持政策和资金奖励政策，为促进基层文化发展提供支持和平台。

（三）加强文化市场监管，提高"扫黄打非"威慑力

提升文化市场监管能力和执法水平，维护市场经营秩序为监管重点，推进群防群治，形成监管常态化的市场环境。继续加大网吧治理力度。严厉打击网吧接纳未成年人和超时经营等非法经营活动，确保网吧市场规范健康发展。开展学校周边环境整治行动。重点加强对学校周边网吧、音像店、歌舞娱乐场所的监管，为学生健康成长营造良好环境。开展国庆期间文化市场安全排查活动。对全市娱乐场所、网吧等进行消防安全大检查，及时排除隐患，确保场所安全。继续开展"扫黄打非"行动。深入开展"清源、净网、秋风、护苗"四个专项行动。加大对政治性非法出版物和邪教组织宣传品的查处力

度，开展音像、图书、计算机软件印刷企业等清理整顿，净化文化市场。

（四）抓好"纪律作风整顿年"活动、"两学一做"学习教育活动，树立机关良好作风和形象

持续开展"纪律作风整顿年"活动、"两学一做"学习教育活动，认真抓好党建工作责任制落实、党风廉政建设主体责任落实、党风廉政建设"一岗双责"和党建目标管理工作制度落实。深入开展政风行风治理，切实解决群众身边的不正之风和腐败问题。严格执行"三会一课"制度，严肃党内政治生活，加强党员管理教育，优化党员队伍结构，树立文体新广系统良好的作风和形象。落实班子主要负责人与班子成员谈心谈话制度，培育"勤勉务实、创新提高"的工作作风。抓好机关廉政建设，推动机关向规范化、制度化发展。

以人为本　加强管理
推动全旗文化事业繁荣发展

内蒙古自治区阿巴嘎旗文化体育广电旅游局　哈斯巴根　乔节霞

半年来，我局在旗委、政府的正确领导和上级业务主管部门的关心支持下，紧紧围绕文化强旗建设目标，不断打造文化精品和品牌，努力满足广大人民群众日益增长的精神文化需求，进一步推动了全旗文化事业的繁荣发展。现将 2016 年上半年工作汇报如下：

一、机关作风建设

（一）紧紧围绕"纪律作风整顿年"活动，以严明党的纪律、严抓制度执行、严格政风肃纪为重点，认真研究制定了《阿巴嘎旗文体广电旅游局开展"纪律作风整顿年"活动方案》，着力解决当前我局全体干部职工在执行纪律和作风建设方面存在的薄弱环节和突出问题，进一步倡导求真务实、廉洁高效的优良作风，为全旗文化体育广电旅游事业持续健康发展提供纪律保障。同时加强组织建设，严格落实党风廉政建设责任制，抓好责任分解、责任考核、责任追究，严格落实中央八项规定，杜绝铺张浪费和奢靡之风，严格管理各项办公经费和公车使用。

（二）进一步解决党员队伍在思想、组织、作风、纪律等方面存在的问题，保持发展党的先进性和纯洁性，我局在全局党员干部中深入开展"两学一做"活动，学党章党规、学习近平总书记系列讲话，做合格党员，进一步坚定理想信念，坚定正确政治方向，强化宗旨观念，协调推进"四个全面"战略布局、为贯彻落实五大发展理念提供坚强组织保证。

二、公共文化服务体系建设

（一）文体基础设施建设

1、贯彻落实"十个全覆盖"建设工程。根据自治区党委提出要用 3 年时间，在全区农村牧区所有行政村（嘎查）实现广播电视通讯、标准化文化活动室等"十个全覆盖"的要求，结合我旗实际，我局无线技术维护部已做好安装 300 套户户通设备的各项准备，落实户户通设备的安装和开通等工作。由于我旗地广人稀，嘎查牧民居住分散，且部分嘎查没有通长电等实际情况，经盟局批准将原定安装 71 套村村响设备改为 36 套。目前已将 12 套村村响设备，安装到我旗学校、矿区、社区、苏木镇所在地等人口聚集地。

2、高山台站基础设施建设。伊和高勒广播电视发射台建设项目进展顺利，其中完成额尔敦乌拉台和青格力台 50 米自立塔、机房建设并投入使用。额日格图台高山台站基础建设任务，目前已完成图纸测绘工作。

3、中央和自治区数字化改造工程。目前额尔敦乌拉台和青格力台的设备已运到我旗，等待安装。额日格图台由于机房老化和面积小，无法安装设备。待新机房建设完成后再安装。

4、数字地面发射基站建设。洪格尔高勒和那仁宝力格数字地面发射基站铁塔、房屋、供电基础建设已完成，准备近日开播。

5、阿巴嘎旗潮尔道传习所建设项目。总投资 600 万元，总面积为 2000 平方米，阿巴嘎潮尔道传习所建设项目经自治区发改委批准，目前该项目选址、地勘、图纸等前期准备工作已全部完成，图纸报送盟城建局图纸中心审核，待审核完毕后开始招投标。

6、体育设施建设。通过向上级体育部门的积极争取，上半年为我旗还没配备健身器材的苏木镇配发了健身广场健身设备器材，使全旗 7 个苏木镇所在地全部拥有健身路径一套，对各苏木镇深入开展全民健身运动起到了积极的推动作用。

（二）群众性文化体育活动

1、赛事活动。由旗政府牵头制订了《2016 年全旗文体旅游重点活动》，全年举办各类大型文体活动。1 月 13 日隆重举办了"瑙敏 阿巴嘎"第五届冬季那达慕，那达慕期间先后举办了喜塔尔比赛、沙嘎比赛、阿巴嘎民族服饰评比、赛马、赛骆驼、射箭、搏克等 10 项文化体育活动，参与人数达 700 余人，极大地丰富了牧民群众的精神文化生活。上半年我局相继组织举办了全旗射箭（哈日靶）比赛、喜塔尔比赛、乒乓球比赛、羽毛球比赛、2016 年迎"五一、五四"全旗干部职工登山赛、全旗干部职工乒乓球比赛、"新牧区新风貌助力'十个全覆盖'"文艺晚会，围绕"3.8"、"5.1"等重大节假日，开展了诗朗诵、"送图书、送文艺、送电影"下乡活动、"送文艺进社区"、"进社区慰问演出"、"别力古台风采"世界诗歌日、"潮尔道传承人温都苏"个人演唱会等各类群众性文化体育赛事及活动近 40 余场，充分满足了全旗广大居民群众对文化体育活动和精神文化的需求。

2、培训活动。为了提升我旗文化体育工作者的专业知识水平，我局积极组织，通过聘请老师、对外交流等多种形式，加大文化体育工作者和业余爱好者整体素质。今年上半年我局举办了为期60天的搏克集中训练培训班，30余名搏克手参加了培训，提高了我旗搏克运动水平；邀请锡盟网球、搏克、中国式摔跤教练为我旗体育爱好者进行了技能培训，有效提高了群众体育运动的专业技术水平。同时我局选派业务骨干先后参加了全区公共文化服务体系观摩培训班、蒙古族传统部落服装传承人培训班、全盟蒙古族长调传承人培训班、全盟合唱指挥培训班、全盟宣传文化干部培训班、公共文化体系服务平台培训班等。

3、参赛活动。我局积极组队参加全区、全盟各项体育比赛，分别在全盟"俱乐部杯"中国式摔跤小级别公开赛，获得团体第二名；全盟五人制足球赛获优秀组织奖；"体彩杯"全盟乒乓球比赛，获得女子组单打第一名、第三名、男子单打第四名、女子团体第二名。

（三）文物普查工作

1、"一普"工作。认真贯彻落实《文物保护法》，坚持"保护为主，抢救第一，合理利用，加强管理"的文物工作方针，我旗文物普查工作进入扫尾阶段，接受了自治区"一普"验收专家组的检查验收。专家组对"一普"登记的308件文物名称、类别、级别、年代、质地、外形尺寸、质量、完残程度、保存状态、来源方式、入藏时间、藏品编号、收藏单位名称等十四项基本指标项的采集录入以及图片采集、在线填报及审核、离线填报、单位及用户管理、信息管理操作等工作进行了检查验收。对部分馆藏文物进行了鉴定。

2、可移动文物普查。在去年开展可移动文物普查工作的基础上，进入第一次全国可移动文物普查登录网上平台进行修改数据工作。与此同时对博物馆的普查范围内其他文物进行登记、拍照、测量录入等工作。

3、长城保护。我局认真贯彻落实自治区长城保护工作会议精神，对全旗境内长城遗址树立文物保护界桩，亮明了旗境内长城遗址的保护范围界线，进一步提升了长城保护管理水平。我旗境内的金长城是国家级重点文物保护单位，因此用4月26日至5月3日的一个星期的时间文物工作人员在我旗别力古台镇、那仁宝拉格苏木、巴彦图嘎苏木等地方的长城遗址段落树立了长城界桩12个。

（四）非物质文化遗产保护

全面开展我旗非物质文化遗产传承工作，2月，我局申报第五批自治区级非物质文化遗产代表性项目4项、代表性传承人4名。项目有：《阿巴嘎传统服饰》、《蒙古族马头琴传统音乐（马头琴泛音演奏法）》、《蒙古族策格（酸

马奶酿制技艺)》、《潮尔道—蒙古族和声演唱》等。

(五)乌兰牧骑队伍建设

1、队伍提升工作。为进一步提升乌兰牧骑队员专业技能和综合素质，特邀呼和浩特歌舞剧院蒙古舞蹈编导老师陶格腾吉日嘎拉来乌兰牧骑进行了为期二十天的培训。培训内容有基本功练习、蒙古舞组合（顶碗舞、筷子舞、马舞、拉背、胸背、肩、胸腰以及蒙古舞技术技巧组合等）。

2、精品创作工作。聘请内蒙古歌舞剧院旭仁其木格、哈斯嘎日迪老师编排、修改了以蒙古族历史人物别力古台为题材的蒙古剧《别力古台》，于1月30日汇报演出，阿巴嘎旗博物馆面向全旗广大观众，连续演出三场，并在春节期间在阿旗电视台播放，深受广大观众的好评。

3、演出情况。赴北京参加了阿巴嘎旗达日汗牧业有限责任公司与北京下乡知青联合举办的"守望相助草原情联谊会"，充分利用各类节假日，深入开展"送文艺"下基层活动，分别到我旗哈拉木吉养老院、朝鲁门养老院以及社区嘎查等地，为广大基层人民群众送上了精神文化大餐。上半年乌兰牧骑累计演出28场。

(六)三馆免费开放工作

图书馆、文化馆（站）、博物馆认真贯彻落实免费开放工作，充分发挥文化场馆功能，为广大群众提供文化服务。

1、博物馆充分发挥博物馆作为爱国主义教育基地的作用，开展"传承雷锋精神　共建美丽阿巴嘎"主题参观活动、举办"重温红色历史、缅怀革命先烈"清明节主题参观活动、内蒙古展馆文化宣传周活动、"5.18国际博物馆日"宣传等活动；博物馆陈展提升工作正在有条不紊的进行，石器展厅、国防教育展厅、北京知青主题展厅设计方案和陈展布局基本定型，目前进入施工阶段，展厅将在"全区牧区精神文明工作现场会"前完成装修和陈展，并投入使用。阿巴嘎博物馆被评为盟级爱国主义教育基地，上半年免费开放日150天以上，已累计接待社会各界参观人员2575人次。

2、图书馆。图书馆在"世界读书日"前后举办了"这个春天书香正浓"、"走进蒙古族小学举办儿童读书"、"到草原书屋送新书"、"图书走进军营"、"文化遗产日主题"宣传、"多读书、读好书"等一系列读书活动；同时与广播电视台"百灵鸟"少儿栏目组联合，录制了一场生动活泼、别开生面的儿童读书活动；联合乌兰牧骑开展了走基层送文化下乡惠民活动；设立文体广电旅游系统干部职工读书角，方便图书借阅。图书角设书架2个，座位20个，图书和刊物50余种，报纸13种；4月11日～16日，为伊和高勒苏木、巴彦图嘎苏木 14 个党员中心户、3 个边防连队和 6 个旗办公单位安装 23 处"农家书屋"农家电子图书；为那仁宝拉格苏木阿木古楞嘎查、巴彦图嘎苏木青格力嘎查、牧民钢苏力德所开办的"书之雨" 3 处草原书屋，捐赠了蒙文文学类、法制类、畜牧类等 300 余册图书。

图书馆上半年借书达 1200 人次，借阅图书 1800 余册次，阅览达 900 余人次，电子阅览室浏览达 600 余人次。

（七）文化市场监管工作

1、专项行动。一是今年上半年重点加强"春节"、"五一"等节假日期间文化市场管理整治行动，认真开展"扫黄打非"工作，3 月 10 日我旗召开了全旗"扫黄打非"工作会议，部署了 2016 年"扫黄打非"工作，先后组织开展了"护苗"、"固边"专项行动，开展出版物市场专项整治、打击政治性有害出版物、打击淫秽色情出版物及有害信息专项行动，取得了明显成果。在全旗开展的"扫黄打非"进基层进社区宣传活动中，制作宣传展板和公告栏 20 块，粘贴宣传挂图 50 套，宣传制品 500 份。二是开展打击非法境外卫星电视接收设施专项活动。上半年在全旗范围内开展了 3 次专项活动，检查居民小区 10 个，街面楼 50 栋，采用在电视上发放通告和给居民发放蒙汉告知书等方式，宣传卫星电视接收设施法律法规，对全旗擅自安装使用境外电视接收设施进行全面清理，拆除设备 10 套。

2、学习培训。我局执法人员先后参加全盟文化市场综合执法工作培训班、全区"行政审批"工作培训、全区文化市场法律法规培训班，在全盟文化市场综合行政执法"岗位大练兵、技能大比武"执法案卷评比中荣获第三名，通过学习交流，进一步提升了我旗文化执法工作人员执法水平。

3、执法统计。上半年文化市场综合执法大队共出动执法车辆 210 余次，出动执法人员 400 余人次，检查文化市场经营单位 150 余家次，其中网吧 120 余家次、歌舞娱乐场所 30 余家次、图书音像店 30 余家次、印刷企业 10 家次，警告 10 余家次，处罚违法违规经营场所 2 家。

三、广播电视宣传工作

（一）新闻宣传

今年在"阿巴嘎新闻"中新开辟了"精准扶贫"、"两学一做"、"创城记"等新闻专栏，针对某一时期主要宣传方向和特殊节日进行报道。进一步规范每日"阿巴嘎新闻" 10 分钟的要求，力争做到每天新闻节目中民生新闻占 60% 的要求。2015 年 12 月 1 日至 2016 年 5 月 31 日期间拍摄、制作、播出

专场晚会 8 场；播放蒙汉语新闻共计 554 条（其中汉语新闻 274 条、蒙语新闻 280 条，每天保证了 4 条新闻的播出量）；盟电视台上半年播出新闻 81 条，内蒙古电视台播放新闻 25 条；蒙语专题栏目播出了 15 期，其中蒙语专题栏目《你知道吗?》播出 8 期；《百灵鸟》播出 7 期，每日节目在第二天的7：30 和 12：00 重播前一天的阿巴嘎新闻及专题专栏；制作播出 37 条公益广告，广告通知 94 条，口号 25 条。自 2016 年 1 月 20 日开办"阿巴嘎旗微信公众平台"以来已发布和转载各类消息 784 条，关注人数达到 5974 人次。

（二）安全播出

广播电视安全播出是我们的工作宗旨，我局结合本地区特点制定了《阿巴嘎旗广播电视安全播出制度》，对各高山台站广播电视设备定期巡检巡查，重点要做好设备的维护工作和发射机房的防火、防盗、防雷工作，排除设备存在的不安全隐患，加强值机人员思想教育，提高政治敏锐性和责任感，保证广播电视安全优质播出。上半年无安全播出事故。

四、下一步工作安排

一是坚持以人为本，努力建设学习型班子，学习型队伍，不断提高职工队伍素质，为全旗文化体育广播电视发展培养造就高素质的人才。

二是进一步加强宣传管理。紧紧围绕旗委政府工作中心，充分利用广播电视、新媒体，加强宣传报道，全力完成各项宣传任务。

三是继续推进广播电视发展。完成户户通设备 300 套的安装、录入、调试和发放工作。完成 24 套村村响设备安装和播放。早日完成中央和自治区数字化改造工程。争取完成额日格图台的招投标手续，年内有望搬进新机房。

四是切实抓好安全播出工作，加大广播电视行业管理和依法行政力度。杜绝安全事故发生，确保重要时期"零插播"和"零停播"。

五是加快文体基础设施建设，年内完成潮尔道传习所建设项目。

六是提高乌兰牧骑表演水平，积极参加自治区、锡林郭勒盟各类比赛，扩大阿巴嘎旗文化影响力。

七是全力打造蒙古剧《别力古台》文化名片。

八是按照《2016 年全旗文体旅游重大活动计划》，全力开展摄影大赛、非物质文化遗产展、全盟搏克排位赛、草原音乐节等各项重大活动。

九是做好宣传报道工作。与中央电视台"中华民族"栏目合作拍摄《阿巴嘎黑马》记录片。同时与锡林郭勒盟广播电视台合作做好重大活动宣传报道工作。

保基本 强基层 建机制
打造有影响力的文化旅游圣地

内蒙古自治区锡林郭勒盟正镶白旗文化体育广电旅游局 苏德毕力格

一、基本情况

文化体育广电旅游系统在职干部职工 104 人。文化体育广电旅游局党总支有党员 39 人，下设局机关党支部和文化馆党支部。局机关内设办公室、文艺股、文体市场文物股、广播影视股、旅游文化产业股等 5 个股室。文化体育广电旅游局核定编制 10 名，在职干部 13 人，其中男 11 人，女 2 人；平均年龄45.8 岁，大专以上学历12 人；公务员11 人（正科级 1 人、副科级 4 人、主任科员 3 人、副主任科员 2 人、科员 1 人）、工勤人员 1 人、储备生 1 人。

文化体育广电旅游局下属二级单位有文化馆、图书馆、乌兰牧骑、文物管理所、文化市场综合执法大队、体工队、广播电视台、旅游服务中心（内部设立）等 8 个单位。局属二级单位在职干部职工 91 人（事业单位实有人员 89 名、协理员 2 人）。

二、主要工作思路

按照自治区 "8337" 发展思路，大力弘扬察哈尔传统文化，充分发挥明安图和洛桑楚臣等名人效应，加强基层文化建设，逐步理顺文化体制机制，有效利用现有文化资源，打造文化艺术精品；以打造察哈尔地区重要的祭祀文化圣地、沙地草原旅游名地和民俗生态旅游度假基地为目标，以特色文化展示与草原休闲、沙地体验有机交融为独特卖点，以京、津、冀及呼海省际通道过往旅客为核心客源市场，形成民族祭祀文化游、沙漠自驾娱乐游、民俗生态游和民族风情游为主要内容旅游线路，力争把我旗建设成为内蒙古中部地区具有一定影响力的草原沙地生态旅游区和民族文化体验区。

三、近年来取得的成绩

一是利用节庆日组织开展各类文艺活动。近年来，精心举办春节联欢晚

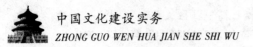

会、元宵节广场文化活动、社区文艺汇演、大学生汇报演出、广场艺术节、青年歌手大奖赛、干部职工大合唱、干部职工运动会等多项文艺活动，广大居民群众参与热情高涨，文化需求得到进一步满足。同时还组织开展了集体祭火、祭敖包、祭苏力德、察哈尔搏克冬季那达慕、蒙古族察哈尔传统服饰比赛等独具民族特色的节庆活动。

二是加强公共文化服务体系建设。抓住旗、苏木镇、嘎查村三级文化建设，促进公共文化服务均等化。培养和鼓励创建民间业余文艺剧团，支持社区居民组织和创建业余文化团体，努力培育植根群众、服务群众的文化载体和文化样式。各社区文化队伍建设不断加强，辖区内有文艺特长的居民、在职职工、自由职业者、离退休干部积极参与社区文化活动，社区文化内涵日益丰富，文化品位逐渐提升。

三是大力推进文艺精品创作。原创民族舞剧《明安图》被列入自治区第一批舞台剧精品创作扶持项目和我盟歌舞剧创作重点剧目，同时被入选为内蒙古草原文化节参演剧目，荣获了内蒙古自治区第十届草原文化节"优秀编剧奖"和"优秀入选剧目奖"。入选为自治区"放歌草原书写百姓"优秀剧目，先后赴8个盟市和11所大专院校进行了19场巡回演出。2014年，正镶白旗舞剧《明安图》为了冲刺自治区"五个一工程"奖，邀请专业团队，再次投入了130多万元，对舞剧进行修改、调整、复排及音乐合成。同年，在第十一届内蒙古草原文化节上，民族舞剧《明安图》荣获自治区"五个一工程"奖。该剧先后共演出47场。

四是在群众公共文化设施建设上下功夫。建成了图书馆、电子阅览室、文化馆、天文馆等一些功能齐全、布局合理的公共文化基础设施。先后建成明安图科技文化中心、国家天文台明安图天文观测站、体育馆、2个城区文化广场等一批公共文化基础设施。其中正镶白旗明安图科技文化中心是一座集办公、科普展览、演出等功能为一体的综合性对外开放式大楼，总面积为7780平米，总投资3520万元。内设办公区、展厅、演播厅、电子信息馆、图书馆、文化馆、青少年活动中心等。图书馆位于明安图科技文化中心二层，总面积达600平米，拥有全区文化资源共享工程中心、阅览室和藏书室等。图书馆免费开放工作已全面落实到位，每周免费开放7天；图书馆藏书3万余册。

五是积极宣传，深入实施文化惠民政策。2013年以来已安装完成"户户通"广播电视接收设备6000套，较好地解决农牧民了解政策、了解社会动态的问题。同时，通过组织影片巡回播放，在丰富群众业余文化生活的同时，宣传发扬艰苦奋斗、爱国奉献、文明诚信的优良传统和作风，认真宣传贯彻落实党的各项方针政策，不断探索群众文化活动的新形式，开拓基层群众性文化建设主阵地，努力开创科学发展、和谐发展的大好局面。

六是强抓重点，深入开展旅游工作。着力推进旅游项目工作，促进旅游产业发展。其中投资 1500 万建成并运营的景区有金沙湖旅游景区、鸿雁湿地风景区、夏日湖度假村；累计投入 800 万进行修缮和复原修德寺；投资 75 万建成并运营的牧人之家有孛尔帖赤那游牧度假村、敖德牧场、一顶峰、圣泉度假村等 4 家；新建旅游厕所 2 个；重点推出金沙湖景区、鸿雁湿地风景区等景区 2 日游旅游线路，针对京津及其周边区域等主要客源市场进行宣传促销，打造"生态沐浴休闲之旅"、"沙地越野"、"察哈尔民族文化"等文化旅游品牌，提升我旗整体形象。现有旅行社 1 家。

四、2016 年主要工作及措施

（一）文化工作

1、根据已经制定的《正镶白旗公共文化服务体系建设协调机制实施方案》，完善公共文化服务体系，保障人民群众基本文化权益。按照"保基本、强基层、建机制"的总体要求，加快基层公共文化服务体系建设。大力推进文化信息资源共享工程、苏木镇文化站工程、草原书屋工程等国家重点文化惠民工程。积极落实配套设施设备，努力完善各苏木镇文化信息资源共享工程点，使其全部达到建设标准。加强图书馆、文化馆、博物馆建设力度，并做好升级达标工作，健全经费保障机制，切实保证"三馆"向社会免费开放，最大程度地满足人民群众的文化需求。

2、推进文化体制改革试点工作，重点推进公益性文化事业单位改革。明确不同文化事业单位功能定位，进一步推进公共文化馆、图书馆、博物馆法人治理结构试点工作，积极探索和逐步建立绩效考核机制完善，充分发挥有关方面代表、专业人士、各界群众参与管理的能力，满足广大人民群众对精神文化需求的管理体制和运行机制。

3、进一步做好非物质文化遗产传承和文物保护工作，开展非物质文化遗产的展览展示。做好"文化遗产日"宣传活动和参加全盟非物质文化遗产保护成果展准备工作，申报非物质文化遗产保护项目"祭天"、"蒙古包制造工艺"及代表性传承人。完善苏木镇非遗名录体系建设，建立数据库，传习所、传承户等，对濒危项目加大抢救力度。继续加大伊克淖墓葬保护力度，保护和修缮布日都庙，严厉打击和防范盗掘古墓葬行为。

4、按照新时期乌兰牧骑工作的指导思想和基本原则，进一步加强旗乌兰牧骑建设，努力开拓乌兰牧骑文化服务的新内容和新途径，创新"演出、宣传、辅导、服务"四项活动，更好地适应社会主义新农村新牧区建设的需要。强化人才精品战略，创作更好更多以"十个全覆盖"为主题的文艺作品，以优秀人才和艺术精品带动乌兰牧骑的创新发展。

5、圆满完成"十个全覆盖"工程文化活动室设备配备和广播电视"户户通"、"村村响"工作。

6、年内计划开展广场群众文艺汇演活动 5 场次；举办书画、摄影展览 2 次；辅导社区、苏木镇文艺演出 8 次；参加文化"三下乡"等活动。

（二）体育工作

1、深入贯彻《全民健身条例》，全面做好体育工作。加快苏木镇全民健身活动中心建设步伐，确保嘎查村、社区逐步建有功能相对齐全的公共体育设施，以满足广大基层人民群众体育健身需求。

2、逐步改善城乡体育健身设施，以点带面，不断拓展群众性体育活动的领域，在我旗各苏木镇、嘎查（社区），建立全民健身示范点，在配备器材、组织开展活动等方面给予支持。充分发挥各单项体育协会的作用，鼓励各协会进一步加大体育比赛活动的开展力度，力争做到月月有活动，季季有比赛。

3、积极落实自治区、全盟足球改革试点工作有关精神，成立足球运动管理工作机构，进一步规范足球协会工作，创造场地设施条件，提高训练水平，继续举办全旗业余足球比赛并积极参加自治区级、盟级足球联赛，派遣足球教练员、裁判员外出学习深造。

（三）广播电视工作

1、加强节目创新工作。新闻宣传要对现有的《正镶白旗新闻》进行创新与充实，新闻报道多出亮点，增加节目的吸引力。栏目要重新设置，增加民生栏目篇幅，多创造群众喜闻乐见的栏目版块，增加节目的趣味性、灵活性，争取开设新的版块，节目形式灵活，内容丰富。制作"民生直通车"和"星故乡"栏目。做好户户通、村村响、无线数字覆盖等十个工程的巩固收尾工作。

2、加快事业建设步伐。为适应广播电视快速发展的需要，要高度重视人才队伍建设、人员数量，要加大专业人才培养和引进力度，着力提升队伍素质，为广播电视事业发展奠定永续动力和智力基础。

3、继续加强对外宣传。进一步加强与上级台，特别是自治区、盟广电媒体的沟通联系，不断增加和提高在自治区、盟级媒体的上稿数量和质量。要扩大对外宣传渠道，构建全方位的外宣平台，进一步提高我旗的知名度。

4、积极做好电影工作。要充分认识电影管理工作的重要性，发挥好电影管理职能。基本实现广大农村牧区一个嘎查（村）每一月放映一场电影，解决农牧民看电影难问题。年内要将各项政策措施落实到位，确保完成今年500场次的电影放映任务。

（四）旅游工作

1、积极争取和申报，将正镶白旗文化旅游产业园区、正镶白旗星空科普营地、汽车越野赛道等项目列入全盟重点项目。

2、加大对金沙湖旅游景区、鸿雁湿地风景区等景区的扶持力度，力争两年内建成 AAA 级景区。年内力争大堡生态旅游观光影视基地建设项目开工建设。

3、完成宝力根陶海苏木苏金宝力格嘎查、乌兰察布苏木两面井嘎查、明安图镇呼和陶勒盖嘎查、乌兰察布苏木沙日盖嘎查浑善达克沙地越野营地、伊克淖尔苏木宝日陶勒盖嘎查、乌兰察布苏木阿拉腾嘎达苏嘎查、明安图镇满达拉图嘎查、星耀镇新河村、伊克淖尔苏木查汗乌拉嘎查天鹅湖景区等的景区 9 个被列入自治区乡村旅游扶贫计划内的项目建设，加大旅游整村推进力度。共计投资 5045.3 万元。（申请中）

4、依托文化旅游产业园区项目的建设，加快旅游商品的研发和制作，培育规模化生产企业。

5、不断培育和丰富旅游娱乐、体验、竞技等内容，逐步向商业化方向发展。

6、加强星级酒店建设工作。

7、积极争取上级扶持资金，加大旅游厕所建设；精心组织开展旅游主题活动，扩大对外宣传力度。组织开展一次汽车越野赛活动，争取在 3 月 10 日开展。

8、结合"十个全覆盖"工程，完成景区、牧人之家、农家乐之间的公路建设。

监管并重推动文化建设蓬勃发展

吉林省通化县文化广电新闻出版局　张志芹　于　航

通化县位于吉林省东南部，是"南长白山文化"发源地。幅员面积3726.5平方公里，全县辖15个乡镇、1个开发区，159个行政村，总人口25万。生态环境良好，森林覆盖率达80.5%；资源丰富，发现矿藏57种，道地中药材500多种。区位和交通优势明显，与长春、沈阳、丹东等大中城市形成两小时经济圈。历史悠久，早在新石器时代就有人类居住繁衍，是高句丽文化和萨满文化重要发祥地之一。公元1877年建县，距今已有100多年的历史。近年来，通化县坚持均衡发展，在统筹推进经济、政治、社会、生态建设的同时，致力于打造文化大县，着力抓硬件、促软件，抓重点、求特色，探索出一条文化与经济社会各项事业融合发展的文化振兴之路。先后获得了国家卫生县城、国家园林县城、全国文明县城、中国民间文化艺术（剪纸）之乡、中国最佳生态休闲文化旅游名县、全国农民体育建设工程先进县、全国健康健美长寿工作先进县等一系列荣誉，县域综合发展水平位居全省第12位。

一、党委政府高度重视，为文化建设提供有力保障

近年来，通化县高度重视和支持文化建设，将文化建设作为增强县域发展软实力的重要举措，在每年的县委全委会工作报告和政府工作报告中都要进行重点部署，文化建设成为"十二五"经济和社会发展总体规划的重要内容。特别是今年，县委召开了全县文化工作会议，进一步提高了全社会对文化建设的认识。县委、县政府每年多次召开文化工作专题会议，着力从政策、机构、人员编制和资金投入上大力支持文化建设。近五年来，县财政对文化事业投入近3亿元。同时，县委、县政府主要领导亲自研究并组织参加各类文化活动和赛事，分管县领导还亲自带队参加文化市场专项整治和文化"下乡"活动。县人大、县政协每年还就文化建设工作中存在的问题开展专题调研，并提出加强文化工作的提案议案，在全社会形成了四个班子领导带头，各级干部和群众积极参与的文化发展良好格局。

二、加大硬件投入，强化公共文化服务体系建设

将文化设施建设纳入城镇建设总体规划，以"高起点规划、高水平设计、多渠道投入、产业化运作"为目标，全面实施县乡（镇）村三级公共文化服务体系建设，不断提升文化服务水平。

一是加大城市公益性文化基础设施建设力度。累计投资 4.7 亿元，实施了文化产业园、文化馆、图书馆、文体广场、文体活动中心、茂山公园升级改造、中广国际电影城等公共文化场所建设。其中，文化馆馆舍面积达到 2500 平方米，被国家文化部命名为"国家一级文化馆"；图书馆藏书总量达到 8 万册，被评为"国家一级图书馆"和"省先进图书馆"。总投资 8000 多万元的文体广场占地 6.7 万平方米，已成为居民健身休闲娱乐的好去处和节庆日举行重大文化活动的主会场。已建设完成的文体活动中心投资 3000 万元，建筑面积 7000 平方米，占地 1 万平方米。总投资 2000 万元的综合运动场、总投资 4800 万元的茂山体育公园、总投资 3000 万元的御山健身公园已投入使用。这些城市公共文化体育设施的规划建设，将有力推进我县文化体育事业发展。

二是加快推进基层文化阵地建设。先后实施了文化惠民工程、农家书屋工程、信息资源共享工程，投资 2000 多万元建立完善乡镇综合文化站 15 个，建设文体广场 176 个，农村文化大院和农家书屋 159 个，覆盖率达 100%。投入 800 多万元，为 15 个乡镇，152 个行政村配备了健身路径、篮球架、排球柱以及乒乓球案，配给率达到 96%。成立社区大学 7 所，为 7 个社区图书室和电子阅览室配备了电脑、书柜、音响等设备。全县党政机关、企事业单位、中小学校建立的职工之家、图书室、阅览室、文化活动室等文化设施也不断完善，基本实现全覆盖。通过大力推进基层文化基础设施建设，切实保障了农民群众基本文化权益。

三、搭好载体平台，着力开展群众性文化活动

始终把推动文化事业发展作为保障和改善民生的重要抓手，积极鼓励和支持群众性文化活动的开展，打造了独具特色的文化活动菜单。

一是节庆活动红红火火。依托传统节日，积极举办各类示范性、导向性的大型文体活动，年均举办大型群众性文化活动 10 余次。元旦、春节、七一、十一、元宵节等重要节庆的文艺汇演、灯展、焰火晚会等自发性活动成

为通化县百姓必不可少的文化大餐，广大群众热爱家乡、和谐向上的氛围日益浓厚。

二是城乡文化蓬勃兴起。鼓励支持乡镇、村组织开展丰富多彩、俭朴务实、健康有益的文体娱乐活动。坚持开展文化"三下乡"、"文化下基层"等活动，建立健全农村文化大集，打造欢乐庄稼院、农村文体大院、农家书屋等特色文化惠民活动品牌。三年来，举办乡镇级的群众文化活动达 330 次，组织文艺演出、图书展览、培训辅导等文化下乡活动 350 余次，受益群众累计达 20 万余人次。成立了 7 支社区文艺队伍，社区文化活动规模、档次和影响力不断提升。大力推行公园广场文化娱乐活动，定期组织开展广场文化活动周、农民文艺汇演、群众歌舞大赛等大型文体活动，农村小乐队、大秧歌、广场舞等娱乐活动成为群众的文化休闲菜单。

三是主题文化深入人心。2008 年以来，设立了"通化县感恩节"、"通化县企业家节"，深入开展了"感恩人物评选"活动，大力培育感恩文化。先后两批次评选出 17 位感恩人物，并在全县进行广泛宣传。同时将文化建设与城市建设紧密结合，积极开展"车让人先行"、"机关干部升旗宣誓仪式"、"爱家乡、讲文明、树新风"、践行八荣八耻和社会主义核心价值观等全民主题教育活动，形成了县城"净、静、敬、合、和"的文化内涵。此外，我们还深入挖掘企业文化，组织县内作家为企业创作了《酒海溢香》、《关东酒王》、《巨人的风采》等诗集、传记丛书和行业歌曲，打造了独具特色的企业文化，提高了企业知名度。大泉源酒业成为全国唯一拥有从酿造到贮藏完整工艺体系古文物的白酒企业，被评为国家 2A 级工业旅游景区，深厚的酒文化增强了大泉源酒的文化价值和品牌价值，先后荣获"中华老字号"、"中国非物质文化遗产"、"中国驰名商标"等殊荣，成为双"国宝"级单位。

四是生态文化日益深化。2012 年初，我县提出力争利用三年左右时间实现创建国家级生态县的目标，大力倡导低碳生活、节约生活、循环发展、绿色发展，积极建设生态文化。先后实施了清水工程、蓝天工程、生态家园工程、清洁工程、宁静工程、生态产业工程、生态安全工程、青山工程等"八大工程"，全民生态意识得到极大提高。目前，全县有 3 个乡镇被命名为国家级生态乡镇，11 个乡镇通过了国家级生态乡镇验收待命名。2013 年，被命名为全省首个省级生态县。目前已通过国家级生态县技术评估，有望成为全省第一个国家级生态县。

同时，大力推进机关、校园、军营等文化建设，积极组织开展全民运动会、民族运动会、排球赛、乒乓球赛等经常性文体活动，全面活跃了城乡群众文化生活。

四、加强市场管理，全面提升文化产业

坚持把加快发展文化产业作为调整经济结构、转变发展方式的重要举措，努力开发文化产品，打造文化品牌，扩大文化产业规模。目前，已完成县艺术团改制，组建了通化县艺术团有限公司。全县文化经营单位达66家，文化从业人员623人。这些文化经营项目为丰富和活跃全县广大人民群众的精神文化生活发挥了积极作用，促进了县域经济发展和社会进步。特别是正在建设的，总投资1.4亿元，占地4.1万平方米，建筑面积4.8万平方米的文化产业园区建成后可满足县城人民体育活动、文化活动、科技博览等多种精神文化活动需求，进一步提高城市文化内涵。同时，经过多年的精心打造，通化县旅游业加快发展，已成为文化产业中的主导产业。全县共有1处国家级森林公园，15个旅游景区（其中，A级国家旅游景区1个，AA级国家旅游景区1个）。重点打造了石湖国家森林公园、大泉源酒业"双遗产"工业旅游园区、人参之路三条旅游路线，已建成大型休闲山庄8个，规模化度假村42个，特色农家乐108个。其中，总投资77亿元的英额布健康产业园区将把以英额布为中心的蝲蛄河沿线区域建设成一个集医药、养生、保健、休闲旅游、文化等为一体的多功能园区，其核心项目——已建成运营的振国养生谷成为吉林省"十二五"旅游重点规划项目。东来乡鹿圈子村被评为"全国生态文化村"和"中国最有魅力休闲乡村"，成为电视剧《上阵父子兵》、《远去的飞鹰》的拍摄场地。2013年，全县旅游业总收入实现11亿元，接待游客50万人次。

五、加强文物保护管理，大力弘扬民族民间文化

始终加强对《文物保护法》及《实施条例》的宣传，坚持"保护为主，抢救第一，合理利用，加强管理"的原则，文物保护管理工作达到了"四有"、"五纳入"的要求。2013年，我县的"宝泉涌酒坊"、"江沿墓群"、"龙岗遗址群"、"赤柏松古城址"、"汉长城"等5处遗址被批准为"第七批全国重点文物保护单位"后，县委、县政府立即成立了文物工作领导小组和可移动文物普查办公室，建立健全了县乡村三级文物保护网络，签订了文物保护目标管理责任书。同时，投入90万元资金制作赤柏松古城址总体保护规划及东、北城墙加固抢险方案，配合国家文化遗产研究院专家对我县"汉长

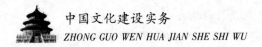

城"完成调研工作。经对"汉长城"的研究和考证，将通化县城的历史向前推进了2000多年。目前，全县共有文物保护单位116处，其中，全国重点文物保护单位5处，省级文物保护单位2处，县级文物保护单位28处，赤柏松古城遗址已被列入国家级遗址公园项目。

在加大文物保护的同时，大力弘扬民族民间文化。风格独特的满族剪纸享誉海内外，作品先后在国家美术馆，民族文化宫举办展览，海外多种文本出版；松花石文化在省内外乃至国内都小有名气，已经形成较大产业；长白山脉野生葡萄酒手工酿造技艺和张杰的长白山满族撕纸被评为省级非物质文化遗产。我县还被评为"中国民间文化艺术（剪纸）之乡"。

六、坚持监管并重，持续优化文化事业发展环境

坚持"一手抓繁荣，一手抓管理"的方针，大力加强文化事业改革管理。着力强化文化市场监管。组建了文化市场综合执法大队，人员工资执法经费纳入县财政预算，并配备了专门的工作用车、电脑、办公室等，同时完善了文化市场行政执法各项工作制度。加强对文化市场的管理，制定了首问责任制、限时办结制、违诺责任制、错案追究制、廉洁自律制等稽查人员行为规范制度，深入持久地开展"扫黄打非"工作，保证了文化市场的繁荣、健康、有序发展。与此同时，切实加强文化人才队伍建设，积极发展创作队伍。目前，全县共有写作、书法、绘画、摄影协会30个，专业人才183人。作家群体的作品多次获得吉林省政府最高文艺奖、国家五个一工程奖和冰心儿童文学奖（其中，摄影作品《金色打谷场》获文化部2012"群星璀璨"全国美术摄影书画展银奖；绘画作品《玉兔呈祥》在全国十二生肖国画年度大赛中获铜奖；童话微戏剧《乌鸦和狐狸的子孙们》获第八届全国戏剧文化奖；舞蹈作品《春到草原》、《举手发言》获中国舞蹈家协会举办的"花儿朵朵"舞蹈大赛一等奖）。2010年以来，文化系统各单位在省、市、县荣获集体奖24项，个人奖205人次。

近年来，我县在文化建设方面虽然做了一些实际性工作，但与上级要求相比还有一定的差距，文化建设发展的长效机制还需要进一步巩固和完善。我们将以此次验收为契机，继续加大文化建设工作力度，努力推动我县文化事业繁荣发展，确保全面达到全国文化先进县的要求。

加强群众文化建设 促进社会主义文化大发展

吉林省白城市洮北区文化新闻出版和体育局

近年来，在省、市上级业务主管部门的正确指导下，在区委、区政府的正确领导下，我们洮北区文体系统全体干部职工认真贯彻落实党的十八大精神，坚持以邓小平理论"三个代表"重要思想、科学发展观为指导，以繁荣全区文体事业为目标，以丰富全区人民群众的文体生活为出发点，大力开展丰富多彩的文体活动，努力建设文体基础设施，较好地完成了各项工作任务。

一、积极开展丰富多彩的文体活动

为丰富全区人民的群众文化生活，我们举全局之力、精心筹备，经常举办丰富多彩的文体活动，主要体现在以下四个方面。

1、节日文艺活动方面。承办全区历届各族各界迎新春联欢会；为四大班子领导和离退休干部演出一台精彩纷呈、极具洮北特色、展示洮北经济社会发展变化的节目。

2、书画展览活动方面。举办全区历届"迎新春春联书画摄影作品展"；每年春节前，我们都组织书法家到乡镇、村屯、老百姓家门口进行现场写、送春联活动，平均每年送出春联200余幅；承办庆贺洮北区建区20周年美术书法绘画摄影作品展，活动得到了区领导的热情关注和全区书画摄影爱好者的积极响应，我们从近千幅作品中精选出242件在文化馆展出。作品从各个不同侧面反映了洮北区二十年来的巨大变化，以不同的艺术手法反映了家乡的喜人景象。

3、群众文化活动方面。会同乡镇综合文化站与社区文化活动中心，举办"城乡联动—文艺汇演"活动，受到群众广大好评；组织文化大院到敬老院为老人们演出了丰富多彩、富有特色的节目；在鹤林苑养老院为老人送去了富有年味的节目；在街道社区同居民们共同演出了一台紧贴生活、异彩纷呈的节目，深受现场观众喜爱；在市民广场，组织各街道社区的秧歌队、健身队、腰鼓队等进行了秧歌汇演活动；举办历届"庆六一洮北区少年儿童老少乐才艺展示活动"；举办历届"歌声唱响新农村"文艺汇演活动，参演的节目都是农民自创词曲，极大地提高了我区广大农民的创作及演唱才能，讴歌了改革

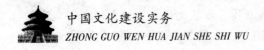
开放以来我区农村发生的巨大变化。

4、送戏下乡活动方面。我们组织专业演职人员积极排练丰富多彩的文艺节目。平均每年演出达到 45 场次，把演出送到百姓家门口，送到田间地头，受到广大群众的一致好评。

二、认真落实文化惠民政策，不断加强城乡文体基础设施建设

一是与省博物院共建洮北区博物馆工作。经多次沟通联系，省博物院无偿为洮北区博物馆提供展馆设计、提供展台，并提供部分展品和建设资金。2013 年 7 月 25 日在洮北区宾馆，区政府主要领导与省博物院院长签署共建协议，建设工作已于 2014 年 5 月 23 日正式开工，现在资金已经到位，装修已经完成，于 2014 年 11 月正式开馆，免费向广大群众开放。

二是乡镇农村文化大院建设工作。2013 年，我们新建设了 62 个农村文化大院，经过向上级业务主管部门积极努力的争取资金。截止目前，资金现已到位，并为 62 个文化大院采购了锣、鼓、钗、秧歌服等活动用品。2014 年，我们继续为 20 个农村文化大院配发活动用品。并根据全区文化大院、农家书屋的建设情况，我们培养树立 20 个先进典型，并用典型来引导和带动其他文化大院和农家书屋的全面发展。

三是建立少儿图书馆分馆，解决偏远学生看书难的问题。近年来，为把未成人读书活动工作做好，我们在特殊教育学校建立一个少儿图书馆分馆，投入图书在 1500 册，学校提供分馆面积为 30 平方米的教室，阅览桌椅 10 套，书架 5 个，学校配有 1 个老师作为图书管理员进行日常的管理，我区少儿图书馆负责业务上岗培训，定期与特殊教育学校联合开展多读书读好书系列活动。与吉林省少儿图书馆联合，共同完成了"学生书房"项目计划，现已在三个学校建立了"学生书房"漂流点，并送图书 500 余册。较好地完善了农村小学图书室的图书种类，让更多地农村孩子看到了丰富多彩的图书，开阔了孩子们的视野。

四是组织开展社区文化活动室建设工作。2012～2013 年，我们积极落实省文化厅相关会议文件精神，为我区新建了 10 个社区文化活动室，并为其配备了电脑、投影机、阅读桌椅等活动设备。2014 年，我们又新建了 32 个社区文化活动室，进一步满足了社区居民物质文化的精神需求，促进了社区文化体育工作的发展。

五是不断激发文艺创作生产活力，提高作品质量。近年来，我们积极创作文艺作品。截止目前，创作出小品《营业班的一天》，三句半《白城交警谱新篇》，京东大鼓《我给大家拜个年》等戏曲、曲艺作品4个。创作歌曲30首，其中《不愧是人民公仆》、《洮北之春》、《多彩的黄花滩》、《洮儿河流淌母爱》四首歌曲刊登在省刊《轻音乐·词刊》上。

六是加大文化稽查力度。我们进一步加强执法培训，制定了年度学习计划，学习文化市场综合执法相关知识。加大普法宣传，目前已发放法规宣传资料15000余份，针对经营场所和经营行为中存在的问题，及时进行通报。对市民举报的10余起扰民歌厅，依照法律法规进行了说服教育并限期整改。加强了校园周边文化环境整治工作，对书刊摊点、小商贩摊点和部分音像制品零售店进行检查。平均每年检查电子游戏厅10余家；检查歌舞娱乐场所180家。同时对音像市场、图书销售市场开展了专项治理活动，共对16家音像制品经营单位、5家书刊印刷市场进行检查，现已收缴非法音像制品128张，非法书刊36本，非法印制品47本。

此外，按照上级有关文件要求，为加强市区文化市场管理，规范审批程序，更好的服务白城经济发展大局，本着简政放权，属地管理的原则，5月10日由市支队与洮北区文化市场综合执法大队进行了审批权限和管理权限交接，并对部分网吧和印刷企业进行了实地踏查交接。截止5月15日，审批和管理权限已全部交接完毕。网吧76家、出版物、音像22家、印刷企业55家，共153家文化经营场所已全部由洮北区文化市场综合执法大队管理。

二是加强文物保护工作。我们目前的工作重点是完成全国第三次文物普查的后续工作、文物保护法的宣传工作、继续加强文物保护等三项工作。为进一步加强德顺双塔遗址保护管理工作，我们积极与中建古建筑设计集团有限公司联系，为双塔遗址做保护规划立项报告。经过近两个月的调查、撰写、修改，立项报告现已报省文物局，审定后将向国家文物局申报。制定了《洮北区第一次可移动文物普查方案》，在全区开展文物收藏情况调查登记。继续配合省文物局开展城四家子古城址的考古发掘工作。每周组织工作人员到发掘现场进行学习。通过实地走访、普法宣传、文物征集等方式，尽全力保留历史文物。

三、2015 年工作打算

1、继续做好文体基础设施建设。围绕党的十八大会议精神，认真抓好贯彻落实，积极捕捉上级对文体事业投资信息并主动争取项目，在文化产业的

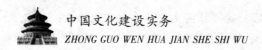

发展上下功夫。加强对已经建成的乡镇综合文化站、社区文化中心、农村文化大院、农家书屋的管理和使用，使其发挥达到繁荣社会主义文化大繁荣大发展的目的。

2、深入开展各项文体活动。继续深入开展节庆文化、社区文化和农村文化建设，组织开展送文化下乡、进社区、进校园活动，尤其在 2015 年我们将探索送文化到工业园区内的大企业。

3、全面抓好文体阵列地活动的开展。在做好文化馆、图书馆、博物馆、乡镇综合文化站的免费开放工作的同时，同时抓好文体办地的建设，主要抓好老年艺术团、少儿云雀艺术团、秧歌协会、群众文化学会、少儿艺术教育和体育协会活动的开展。

4、加强对社会文化市场的监管工作。将加大社会文化市场监管力度，规范娱乐场所经营行为，消除安全隐患，净化校园周边环境，严控噪音扰民情况发生，坚持不懈开展"打黄扫非"工作。

5、认真做好文物保护工作。加强对国保级单位城四家子古城、双塔等重点文物保护单位的保护工作，并根据现有的基础条件进行申报争取更多的专项资金来保护众多的文物单位。

6、加大对基层文体骨干培训力度。一是做好城乡群众文化活动辅导工作；二是对社区文化中心、农村文化大院、农家书屋、文化资源共享村级辐射网点的管理人员进行专业系统培训。

加大公共文化设施建设
完善公共文化服务体系

浙江省衢州市衢江区文化广电新闻出版局　赖光娟　徐昕韡

一、特色亮点工作

（一）公共文化服务精彩纷呈

1、结合自身职能推进特色活动

春节期间开展流动舞台车下乡巡演、送春联活动。围绕文化强区"八个十"工程，打造"雏燕争春"、"民星争辉"、"梨园争霸"、"衢韵争芳"、"舞动衢江"、"流动风情"、"小乡村·大舞台"、"小节日·大欢乐"、"归谷映象"、"衢江记忆"十个群众文化活动品牌。

举办了"小乡村·大舞台"美丽村晚、"民星争辉·安全生产杯"衢江区第二届民间艺人才艺大赛、"雏燕争春""五水共治·秀美衢江"第二届幼儿经典诵读大赛、"舞动衢江·快乐生活"衢江区第三届电视排舞大赛、"梨园争霸"衢江区第三届婺剧（戏剧）大赛、"衢韵争芳"衢江区第二届民营文艺团体汇演、"归谷映象"衢江区"寻找记忆中的乡愁"视觉艺术大赛、"记忆中乡愁"朗诵大赛、"我读书、我快乐"区未成年人读书节活动、区文化遗产摄影作品展等多项丰富多彩的群众文化活动。

实现"农家书屋""廉政图书角"272个行政村全覆盖，目前共组织送戏268场，送图书1.9万册，送电影3800场，送文化展览培训9次，开展文化走亲8次，举办培训143次，共计277学时，受惠人数2540人。

2、配合中心工作开展文化活动

配合宣传"五水共治"，组织了"以文治水"主题文化活动、衢江区"最美"微宣讲进文化礼堂活动、"最忆衢江、广胜杯"衢江区首届职工好声音大赛、"好水如歌、五养衢江"赛水赛歌暨衢江区首届村歌大赛、全市农村文化礼堂走亲活动展演，开办"五水共治，两美浙江"图片展，配合做好全市文化礼堂建设现场会、杜鹃花节、枇杷节等文艺活动。

3、深入开展文化阵地建设

全年共发放流动文化惠民服务指南4700册。利用文化流动加油站网络平

台发布文化惠民活动信息，实现在平台上与群众进行文化活动节目预约，点评互动。率先试点农村电影放映工程项目招投标采购，成为全省首个完成电影招投标工作的地区。全面完成我区农村应急广播体系建设。

制定农村电影室内固定放映点建设方案，计划在三年内建成 30 个农村电影室内村级固定放映点，根据今年安排 10 个村建设的计划，目前已完成设备指标采购、安装，年底前将正式投入使用。

公共图书馆装修工程已完成前期招投标等工作，已进入装修施工阶段。同时部署建设廿里、高家两个省级中心镇图书馆分馆。着力提高乡镇综合文化站达标率，湖南镇、高家镇、黄坛口乡已完成选址，建设工作有序铺开。

4、扎实推进文艺精品创作

创作歌曲《仍见你美丽的眼》在市第七届群众文艺汇演中，获音乐类创作金奖和表演金奖，《三衢美》《美丽的家》获音乐类表演金奖和创作银奖，创作舞蹈《月下编席》获表演金奖和创作银奖，创作小品《小家与大家》获创作金奖和表演金奖。创作曲目《幸福沈家》在市首届村歌大赛中获得银奖。

在衢州市第四届群众视觉艺术展中，创作作品《绿水青山》《衢州书院志》获一等奖、《草书条幅》获二等奖，《大地情》、《菱湖风景诗三首》获三等奖。创作作品《乌溪江畔我的家》荣获衢州市 2015 "好水如歌 幸福衢州"百乡千村赛水赛歌总决赛金奖。

（二）文化遗产保护卓有成效

1、做好文保单位资料申报工作

完成衢江区第一次全国可移动文物普查第二阶段工作。完成文保单位四有档案编制工作。做好第七批省级文保单位申报工作。完成文保单位保护范围和建控地带划定工作，完成安装文保单位、文保点的标志碑（牌）工作。

2、做好文保单位的维护修缮工作

做好省级文保单位的修缮保护工作，完成下埠头天后宫修缮施工和竣工验收工作，基本上完成李泽李氏大宗祠修缮工程，云溪乡黄甲山塔保护工程进入招投标阶段工作；赵抃墓修缮设计方案等待省文物局审核。

完成市级文保单位楼山后国舅厅、板桥叶氏宗祠修缮工程并验收，区文保点棠陵邵邵氏宗祠修缮工程量大部分已完成。

组织各乡镇对文物保护修缮项目进行申报，并列出 2015 年度文物修缮项目等 21 项。做好"上方古墓葬"抢救性挖掘工作。

3、做好非遗传承保护利用工作

依托构建"传承基地学校"，做好我区《茶灯戏》、《木偶戏》、《马灯戏》

三个省遗传统戏剧的保护传承工作。周家乡宋家村获评浙江省第二批传统戏剧特色村。完成衢江区第六批非遗名录的申报工作，公布第六批区遗名录项目（含扩展项目）17项。

结合"寻找记忆中的乡愁"主题，进行非遗宣传进课堂、展板进社区、展示进礼堂、培训进农村等非遗"四进"系列活动。

采取"请进来，走出去"的方式，通过走亲、央视七套走进衢北重阳节等活动，加强对外非遗交流和宣传。

完成《衢江文化地图》《衢江文物》编制工作，完成《衢江民俗志》编撰工作，目前已报出版社付印，该书涵盖21万余字文字记录和100余幅图片记录，共记录各类民俗文化300余项。

完成乡愁地图的制作，"乡愁记忆库"非遗部分资料的申报等工作。

二、存在问题

（一）文化设施建设滞后

1、我区现有文化馆规模未达到三级馆的标准要求，设施建设配套不全，场所面积、结构、布局均不能满足现阶段文化事业发展的需要。

2、区图书馆没有建成，目前只能租用东方商场综合体内仅一千六百平方米的场地。

3、根据《浙江省人民政府办公厅关于进一步加强乡镇综合文化站建设的意见》（浙政办发〔2008〕66号），"十一五"期间确保全省实现乡乡（镇、街道）建有符合标准的多功能、综合性文化站。现已至"十二五"末期，我区仍有高家镇、湖南镇、黄坛口乡尚未建成乡镇综合文化站。此外，省级中心镇廿里镇、高家镇的图书馆分馆尚未建成。

4、全区5个社区内文化办公用房普遍不足，社区文化服务中心内没有配置相应的文化场所，建议在社区建设初期提前将文化建设场所提前纳入总体规划。

（二）文化队伍建设有待加强

1、近年来随着干部的调动和借用，文化员队伍变动较大，我区乡镇文化员的编制是31名，但目前21个乡镇仅有20名文化员，双桥乡、莲花镇、岭洋乡均没有文化员配备；且2016年将有3名文化员面临退休，文化员队伍缺编较多，影响文化工作正常开展。

2、区文化馆两名同志拥有副高职称，因没有编制无法聘用，影响职工岗位成才的积极性，制约文化队伍的素质提升。

（三）文物保护资金不足

我区文保单位数量众多，文物的保护和文保单位的修缮需要大量的资金，目前虽有"以奖代补"文物专项补助政策（省级文物补助总工程量的35%，区级文保点补助25%），但每年仅有的200万元的文物保护资金不足以撬动全区的文物保护工程，一些文物因无法得到及时保护修缮，面临被毁的困境。

三、2016年工作思路

1、以文化惠民为依托，推进公共文化服务均等化

继续打造十个群众文化活动品牌，持续开展文化"百千万"工程和文化走亲等交流活动。进一步完善区图书馆设施建设，做好搬迁、开馆工作。深入推进廿里、高家两个省级中心镇图书馆分馆建设。完成高家、湖南、黄坛口等3个乡镇综合文化站的建设，力争实现21个乡镇（街道、办事处）综合文化站全覆盖。按照区委区政府"文化强区"建设要求，以弘扬传统文化为目标，以开展"以文治水"主题文化活动为抓手，以文化礼堂为平台，办好"一乡一节"等各类大型群众文化活动。借助衢州·流动文化加油站网络平台，打响衢江区"文化有约"品牌。推广以"研究1个课题、联系1个社区（村）、引领一个团队、创作一个精品、举办一个培训（讲座）、策划一个活动"为核心的"六个一"活动方案，做好优秀业余文化团队的培训工作，积极参加省市多领域、跨专业培训，提升文化活动质量。

2、以乡愁记忆为主题，提高优秀文艺作品创作能力

一是加强文艺精品创作，积极贯彻落实习近平总书记在文艺工作座谈会上的讲话精神，讲好"衢江故事"，广泛收集文献资料和传说故事，并积极运用各种媒体或研讨会等多种形式予以推广，提高知晓度，努力创作更多优秀文艺精品。二是开展乡愁记忆活动，积极配合做好"再造乡村，改出记忆中的美丽家园"工作，在"两村一谷一馆"建设中，发挥文化部门的作用，在古村落、古民居保护中有所作为。在"寻找记忆中的乡愁"主题活动中，抓好"乡愁"的调查、排查，配合做好乡愁地图的绘制和乡愁记忆库的编制，以及乡愁进文化礼堂等工作。举办"我记忆中的乡愁"视觉艺术大赛和演讲大赛。

3、以项目建设为途径，加强文化遗产保护传承利用

一是抓好文物修缮和保护工作，重点推进黄甲山塔保护修缮工程，完成省级文保单位李泽李氏大宗祠维修工程验收，做好2016年度市区级文保单位（文保点）文物修缮项目，启动编制省级文物保护单位两弓塘窑址群保护规

划、仙岩洞摩崖题记保护设计方案。二是抓好文保档案编制核查工作，完成第六批省级文保单位四有档案编制工作。三是做好我区重点非遗项目的挖掘、传承、保护和利用工作，大力推进传统文化成果的运用，将十大非物质文化遗产物化到人、物化到物、物化到各项活动中。做好第五批省级非遗名录的申报工作，包括《上方节节龙》、《古砖瓦制作技艺》、《旗袍制作技艺》等项目，根据各项目特点，充分挖掘项目内涵，加大与乡村休闲旅游的结合，促进非遗项目产业化发展。继续做好《茶灯戏》、《木偶戏》、《马灯戏》等濒危剧种的保护和传承工作。四是做好文化遗产保护利用宣传工作，营造历史文化遗产保护利用工作的良好氛围，增强文化遗产保护意识。以传承人服务月、文化遗产日宣传为平台，利用报纸、网络、电视等宣传媒体，扩大非遗工作的影响力和辐射力，做好传承人的走访、慰问及非遗项目的展示、展演等工作。结合各地实际情况，做好非遗同文化礼堂、非遗同美丽乡村、非遗同旅游等的结合，多方面，多举措地扩大非遗的利用、保护和传承工作。

4、以依法行政为指南，加大文化市场监督管理强度

一是坚持依法行政，严格履行行政审批职责。加强严格执法，确保公平、公正执法，正确处理"管与放"的关系。深化净网行动专项整治工作，做好网络文化领域、娱乐演出市场、"扫黄打非"领域等的集中整治活动，定期召开网吧业主会议，以联合执法为抓手，做好文保单位、文化市场的巡查工作。二是持续推进文化产业发展。加强与文化企业的沟通，切实做好文化企业的服务工作，通过参加文化交易会的方式，组织企业参展，加强与其他文化企业的联系。适时成立衢江区文化产业协会，通过协会，充分发挥协会自律、协管作用，积极推进工商企业、民间资本进入文化产业领域，对文化产业发展、项目建设、打造文化品牌、推进融合发展等方面加强研究。借助政策引领、市场拉动、会员示范等载体，助推文化产业发展，使我区文化企业向管理的规范化、经营的合法化、产品的多元化方向发展。三是继续做好新闻出版和广电行政管理等工作，继续推进卫星地面接收设施综合治理，依法加强对地卫接收设施的管理，做好送公益电影下乡活动，做好2016年度衢江区农村电影室内固定放映点的建设工作。

坚持以人为本　推动文化发展与繁荣

浙江省台州市文化广电新闻出版局　张中斌

台州地理上北邻宁波，南连温州，位于浙东沿海中部，下辖三区两市四县，户籍总人口约 600 万人，其中市区人口约 144 万。属长三角经济圈南翼，是中国黄金海岸线上新兴的组合式港口城市，中国股份合作制经济的摇篮，中国重要工业生产出口基地。台州建制可追溯到公元前 85 年，设回浦县于章安，东汉改为章安镇，经两汉三国的经营，南朝时期章安经济发达，曾有过 700 年章安文明，为浙东五郡之一。至唐武德 4 年（公元 621 年）台州以境内天台山而名，改设于临海，州域扩大，佛宗道源并峙。改革开放以来，台州各级文化部门坚持以人为本，不断推动公共文化服务体系建设、文化产业发展和文化市场管理各项工作，经济社会各项事业蒸蒸日上的同时，文化工作也取得了长足发展。

一、文化遗产的挖掘和保护工作逐步推进，具有台州特色的传统文化日益彰显

（一）山海文化特色

台州地处浙江东部，东面是一望无际的浩瀚大海，西、南、北三面环山，历史文化非常悠久漫长，仙居下汤和玉环三合潭遗址，证明了新石器时期就有人类在此居住活动，与余姚的河姆渡文化遥相辉映，开启了浙东文明的序幕；近年来新发现的大溪古城，经科学发掘，已确定该古城的始建年代为战国时期；仙居韦羌山上的蝌蚪文岩画，相传为夏帝大禹所刻，蝌蚪文被列为国内八大奇文之一。几千年来先民的辛勤劳作，创造出了自具特色的山海文化，形成了台州人"山的硬气"、"海的灵气"的人文精神。在开展文化遗产保护时，台州紧扣"山海文化"的历史内涵，不断加强非物质文化遗产和文物的历史发掘、文献整理和文化传承工作。

1. 以天台宗佛教为核心内容的天台山文化。作为台州文化的代表，天台山文化鼎盛于隋唐，可谓浙江隋唐文化（特别是宗教文化）的一个代表，在中国文化史上具有特殊的地位，一直影响到后代。清代雍正帝御封天台寒山、拾得为"和合二圣"，成为中华"和合文化"的象征；天台山因此成为中华

"和合文化"主要发祥地之一。在中外交往中，天台的佛教宗派（又称"天台宗"、"禅宗"）向日本、韩国及东南业等国家和台港澳地区传播，天台山的文学艺术、科技医药，诸如造像工艺、茶叶种制技术和茶道等造成世界性的影响。目前，台州已有国清寺（国家级文保单位）、佛教城（主要生产工艺干漆夹苎入选国家级非遗项目、济公传说和故居（省级非遗项目）、佛教音乐（国家级非遗项目）等文化遗产项目。旨在推动天台山文化研究的天台山文化研究会已成立20多年，从成立之初的20多位成员，发展到拥有天台山道教文化研究会和寒山文学社等3个团体会员、130多位个人会员的群众性学术团体，期间，先后成功举办3届全国性学术研讨会，出版了《天台山文化专号》、《台州文化概论》等学术专著，完成5项省级社会科学重点课题，不仅充分挖掘弘扬了天台山文化，而且在推进天台山旅游产业发展，推动文化与经济相互促进上作出了突出贡献。

2. 海洋文化。与天台山文化对应的台州的海洋文化，作为历史上海港、海运、海产事业发达的地区，海的文化台州同样非常深厚。如临海古长城始建于晋，人称"江南八达岭"。除用于防御外，还兼具防洪，城门及瓮城结构别具一格，人文景观和自然景观也都很丰富。国家级文保单位桃渚古城是明代浙江东南沿海用于抗倭的四十一个卫所中唯一保存完好的一个，抗倭名将戚继光曾在此屡败倭寇，战绩辉煌。国家级历史文化街区章安古城更是大陆至台湾的首航地，两宋时期，松门便已是重要港口之一，至今尚留有新罗坊、高丽头等地名，国家级重点文物保护单位温岭新河闸桥群、省级文物保护单位黄岩五洞桥等也是台州古代海洋文化留下的遗址。温岭的江厦潮汐发电站是中国最大的潮汐电站，温岭石塘镇更迎来了中国大陆的第一缕曙光。第二批国家级非物质文化遗产项目的温岭大奏鼓原是当地渔民跳的一种庆丰收舞蹈，已是我国唯一一个渔村传统舞蹈，曾多次被搬上中央电视台的屏幕。2008年，系统反映台州与日本、韩国、东南亚等地交流情况的《台州海外交往史》作为浙江省社会科学重点研究课题正式出版，是浙江地市级第一部海外交往史研究专著。

（二）以一绣三雕为代表的传统手工艺

作为台州优势传统手工艺的代表，台绣、玻雕、竹木雕和石雕均在台州的文化艺术发展与生产发展中占有重要位置。台绣以椒江的刺绣企业为主，玻雕作为国家级非物质文化遗产项目，在金全才和吴子熊两位工艺美术大师的带领下，正走上了产业化和精品创作共同发展的复苏道路。竹木雕分竹雕和木雕，前者以国家级非遗项目翻黄竹雕为典型，后者以天台的佛像制作为

主，石雕以温岭石雕和三门石窗为代表。

（三）文化遗产保护措施

1. 常规性保护。非遗保护工作自 2006 年全面启动普查工作以来，已收集非遗线索 42 万多条，实地调查项目近 16000 项，普查覆盖全市所有乡（镇、街道）、行政村（居），形成调查文字 1147 万字，并在此基础上逐步形成了国家级、省级、市级和县级四级保护名录体系，我市现有国家级名录 13 项（台州乱弹、临海黄沙狮子、天台山干漆夹苎髹饰技艺、天台济公传说、仙居无骨花灯、温岭大奏鼓、临海词调、黄岩翻簧竹雕、仙居彩石镶嵌、仙居九狮图等），省级名录 95 项，市级名录 264 项，县级名录 950 项。二是传承人和传承基地保护体系初步形成。我市现有国家级非遗传承人 7 人（仙居花灯：李湘满、黄沙狮子：王曰友、乱弹：许定龙、傅林华等），省级非遗传承人 56 人，传承基地 8 个，市级非遗传承人 60 人，传承基地 13 个，县级非遗传承人 83 人。市本级和一些县市区还出台了传承人和传承基地的资金补助办法。文物保护工作方面，目前我市已拥有国家级文物保护单位 8 个（台州府城墙、桃渚城、国清寺、新河闸桥群等），戚继光祠、三合潭遗址等省级文物保护单位 23 个，章安历史文化街区、温峤历史文化村镇等省级历史文化保护区 8 个。从 2006 年开始，我们还设立市级文物保护单位 24 个。在全国第三次文物普查中，全市新发现各类文物点 2442 处，一些新发现的文物点填补了我市历史文化遗产类型的空白，如仙居石棚墓项目经分析，确定为新石器时代至春秋战国时期的文物，距今已近 4000 多年历史。

2. 抢救性保护。在通过设立保护名录、命名传承人和传承基地的同时，积极做好一些具有很强的文化价值，但同时因种种原因濒临消失的文化遗产的抢救性保护，通过运用文字、图、录音和录像等形式将非遗项目的形态或技艺、生产的过程记录在案，确保了上鲍木偶戏、蓝花布印染技艺灯重要濒危项目得到有效留存。三门在开展三门石窗的保护过程中，除设立古民居保护点和传承基地的同时，还专门编著出版《凝固之美——三门石窗艺术的文化品读》一书，共收录图片 700 多幅，全面介绍了各种三门石窗的形状特征，展示三门石窗的起源和传承、制作流程、特制工具和工艺特点。其法文版今年更被列入 2009 年国务院新闻办与国家新闻出版署中国图书推广计划，亮相第 61 届德国法兰克福国际书展这一世界最大的图书博览会，并得到广泛关注。同时，还先后出版了《台州文化丛书》、《台州乱弹》和《临海黄沙狮子》等文化遗产丛书，其中《台州文化丛书》第一辑自 2007 年底开始策划，历时一年半，全集共含《台州记忆——非物质文化遗产品读》（上、下）、《济公传说》、《台州方言趣话》等共 10 本。《台州乱弹》和《临海黄沙狮子》作为浙江省非物质文化遗产代表作丛书的第一批出版项目，都详细记录了台州乱弹和临海黄沙狮子两项国家级非遗项目的表演艺术、生存环境、保护传承和发展状况。

3. 经营性、生产性保护。作为最长效也最有利的的保护方式，非物质文化遗产只有走出简单记录和被动保护的初级阶段，与市场机制接轨，与品牌经营结合，自己养活自己，才真正具备长久且旺盛的生命力。在保护的前提下，台州鼓励相关的非遗项目传承人和社会力量找准市场切入点，与旅游、外贸、会展等相关产业的融合，走产业化经营和传承保护并举的路子，涌现出了一批示范典型。集制作、展示、销售于一体的吴子熊玻璃艺术馆突出购物与旅游结合、教育与欣赏结合，已成为台州城市的一张名片。天台以佛教城为龙头的佛像制作业，将干漆夹苎等传统木雕工艺融入佛像制作流程，迅速在国内的佛像制作产业中发展壮大，目前天台的造佛城已成为国内知名的佛像制作基地，制作的单个佛像售价最高达 3000 万元。同样集制作、展示、保护、传承等于一体的台绣博物馆也将开工建设，建成后也将成为台州刺绣艺术走向进一步繁荣、创新的基地和窗口。

二、文化产业发展正处于起步阶段，一些产业已初具规模

（一）产业概况

经过几年发展，目前全市共有各类文化经营单位近 5000 家（不包括 1 万多家的工艺品生产企业），社会固定资产超过 300 多亿元，从业人员 6 万余人，年经营总收入超过 150 亿元，年上缴税收 2.7 亿多元，形成了包括文化创意、影视制作、演出娱乐、艺术培训、图书发行、印刷包装、工艺礼品等 10 多个门类 20 多个项目的综合性市场体系，涌现出了一批具有一定优势的文化产业集聚区。其中印刷包装业已拥有企业 1942 家，年产值 44.52 亿元，温岭和路桥蓬街的印刷复制业集中了全市一半左右的印刷企业，在全省都占有一定的分量，涌现出了森林包装、希迪印刷、海德堡印务等一批产业龙头，个别企业的年经营额更已突破亿元。电影产业方面，通过引导和推动民营资本投身多厅影院建设，目前全市已建有 19 家影院（其中台州市区 8 家，临海 4 家，温岭和玉环各 2 家，天台、仙居和三门各 1 家），共有影厅 124 个，座位 11000 多个，并有 9 家在建，总投资超过 3 亿元，电影院线建设已成为台州文化产业的又一增长点。我们还为全市原创影视出版作品、游戏动漫作品和入选台州市文化产业发展"1135"工程的各类项目提供最高 100 万元的奖励

和补助资金，以此引导社会资本参与影视作品制作产业，全市先后涌现出了电视剧《海之门》、《傻春》和电影《超强台风》、《娘》等作品。

（二）发展前景

虽然我市的文化产业取得了长足的发展，但与省内外文化产业发达地区相比，我市文化企业主要集中于文化产业的外围层，数量多、规模小；以低端初级服务为主，资金投入过分集中于印刷、文化娱乐、音像零售出租、图书报刊（含电子出版物零售）零售出租业等少数项目，在影视制作、文化策划等新兴文化产业上涉足很少；缺乏大型龙头企业，除印刷业外，基本上没有省内叫得响的优势行业、优势企业和优势品牌；总体上仍处于发展的初期阶段；更缺能够吸引、扶持企业并有效形成产业积聚效应的文化创意园或文化产业集聚园区以及相配套的投融资、市场推广等方面的优惠政策和人才积累。

三、公共文化服务体系建设初见成效，基层文化建设"三个三"品牌已在全国有一定影响

（一）"三个三"文化计划

作为推动公共文化服务体系建设的重要措施，台州市委市政府从设施、活动和机制三方面同时入手，连续十年开展高强度建设，从而初步实现了全市范围内设施完善、机制健全和活动丰富的公共文化服务体系，做法与经验得到了中央领导同志的高度肯定，中宣部、文化部 2009 年 4 月份在我市召开了全国基层文化建设现场会。

1. 抓三类基层文化俱乐部建设

按照"规范建设、促进发展、面向基层、服务群众"的理念，制定了农村、社区、企业三大类基层文化俱乐部建设的总体规划和实施标准，并连续 5 年列入市委对各县（市、区）的考核指标体系和市政府为民办实事项目，强势推进。各地通过采用联建、新建、改建等灵活形式，根据各村、社区和企业的经济情况和群众喜好创建了一大批不同层次的文化俱乐部。目前全市共创建农村基层文化俱乐部 4148 家，占行政村总数的 82%，全面达到并超过省文化厅十一五期末对全省村级文化设施建设 80% 的指标要求。同时还累计创建社区文化俱乐部 230 家，星级职工文化俱乐部 340 家，基本实现了在全市基层各地的广泛覆盖。建成后的三类基层文化俱乐部，充分发挥阵地优势，开展丰富多彩的文化活动，以其独特的魅力，吸引了广大群众和职工的热情

参与，基本满足了基层群众求乐、求健的基本需求和求知、求富的现实需求。

2. 开展三大文化活动

依托农村、社区、企业三大类文化俱乐部三大文化阵地，我们积极创新文化活动载体，坚持为群众办节宗旨，有针对性地分别举办农民文化节、邻居文化节、企业文化节等"三个文化节会"。如每年一届的农民文化节已成为全市农民朋友的文化盛宴，形成了积极的品牌效应。几年来共举办县级以上大型文化活动和赛事上百场，涌现出反映新农村现实题材的优秀文艺作品上百件，吸引了成千上万的农民朋友参与演出或观看演出盛况。台州市农民文化节的成功举办还带动了各县（市、区）农民文化活动的蓬勃开展，在极大程度上推动了基层文化活动的开展。社区文化节则围绕"家庭、邻里、社区"三个层面开展了一系列丰富多彩、贴紧民心的活动，以活动形式新颖别致、可看性强受到了一致好评。

3. 完善三项文化运行机制

一是公共文化建设以奖代补机制。通过对验收合格的文化俱乐部给予现金或实物补贴，有力地激发了各地的创建热情，村集体、企业和个人共同努力，较好地解决了建设资金短缺的问题。十年来，市、县、乡三级财政共投入俱乐部建设配套资金4000万元，带动社会资金4亿多元用于俱乐部建设。二是在全国率先出台了"百分之一"公共文化共建机制。在政府性建设工程、城市临街建设项目、居住小区等的项目建设投资总额中提取1%的资金用于公共文化艺术设施建设。自2005年实施以来，首批总投入资金达8000多万元，实施效果较好。在此基础上，今年对实施范围、实施机构、资金使用管理、投资要求等进行了细化和完善，有效发挥了台州民间资本丰厚的特色优势，成为解决公共财政投入不足困局的一项创新举措。三是公益性文化项目政府采购制度。全面实行政府文化产品和服务公开采购制度，对农村数字电影、文艺演出和图书下乡等公益性文化项目实行公开招投标采购，并将经费纳入财政预算，从而将公共文化服务免费送到基层的社区和农村。

（二）乡镇综合文化站建设

按照国家十一五规划中"有条件的乡镇建有乡镇综合文化站"和省委省政府要求"到2010年确保全省实现乡乡（镇、街道）建有符合标准的综合性文化站"的目标和部署，台州将乡镇综合文化站建设工作纳入市委市政府对县（市、区）"两个社会"考核内容予以推进，至2008年，全市已建有67家乡镇综合文化站，今年预计还将新创建31家综合文化站。届时，我市将实现80%的乡镇（街道）建有人员齐备、设施齐全、机制健全的综合文化站，明

年更可望基本实现全覆盖。

（三）公共文化均等化服务

1. "文化三下乡"

为解决基层民众看电影难、看戏难、看书难的问题，保障基层，特别是农村群众的基本文化权益，台州各级政府引入竞争机制，将送文化下乡纳入市政府为民办实事项目，每年都将上千场文艺演出、上万场数字电影和数十万册图书送到农村广大角落，受到基层农民群众的普遍欢迎和好评。今年以来，已累计送文艺演出下乡 1568 场，图书下乡 85522 本，数字电影下乡 33871 场。五年来，仅在送数字电影下乡这一项工作上，台州市县两级就投入 1150 多万财政补助资金，放映了近 10 万场次的数字电影，观众达 2000 多万人次，有效解决了农民群众，特别是农民工看电影难的问题。

2. 广电"村村通"工程

广播电视"村村通"工程自 1998 年启动。目前，全市所有乡镇一级层面实现有线电视联网，5000 多个行政村实现有线电视联网，联网率达到了 97.2%，在人口上的覆盖率达到 99%，在全省乃至全国走在了前列。2010 年还启动了"广播村村响"工程，目前已有 4884 个行政村实现有线广播联网。

3. "广电低保"工程

在基本完善有线广播电视村镇联网的基础上，从 2008 年起，台州按照省政府的统一部署开展了"广电低保"工程，对全市"低保户"家庭实行有线电视入网费和视听维护费全免政策，逐步实现广播电视公共服务均等化，目前已累计让 36036 万"低保户"家庭免费看上有线电视，占全部"低保户"家庭的 90%。

4. 农家书屋工程

从 2011 年开始，全市上下还投入 5000 余万元，在当年 10 月即建成"农家书屋"4564 家，建成率在全省率先突破 85%，目前已基本实现全覆盖。

（四）品牌文化节会

1. 台州市本级举办的文化节会。截止目前，中国网络音乐节、台州市艺术节和台州市农民文化节均已累计成功举办 4 届。三大节会各具特色又相互补充，其中网络音乐节由国家文化部牵头主办，台州主要承接开闭幕式晚会，旨在提高我国网络音乐原创水平，发掘培养有潜质的音乐人才，传播推广优秀的音乐作品。台州市艺术节主要是体现地域特色，促进精品创作，向上与省里的各项比赛衔接，展示和选送全市优秀文艺节目创作成果。台州市农民文化节则主要面向农村的基层群众，突出农村特色，让农民自办文化唱主角，

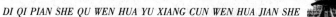

真正做到农民写、农民唱、农民演、演农民，形成"农"的特色。

2. 台州各县（市、区）的文化节会。在市县联动开展三大文化节会的同时，台州各县（市、区）也都结合本地文化资源和特色，积极开展相关的文化活动并已成为常态化的文化节会。如椒江区的港城文化节、黄岩区的柑橘文化节，路桥区的商城文化节、临海市的江南长城节、温岭市的石文化节、玉环县的海岛文化节，天台县的杜鹃节，仙居县的杨梅节和三门县的青蟹节，其中临海的江南长城节和玉环的海岛文化节更入选浙江省 20 大品牌文化节。

四、文化市场管理工作朝着规范有序长效的目标努力推进

自 2005 年开展文化市场综合执法管理体制改革以来，市县两级文化管理队伍认真执行中央和全省制定出台的各项文化市场管理法规规章，坚持管理和服务并重、扶优和汰劣并举，在队伍建设、机制建设、法规宣传、管理手段创新等方面狠下功夫，努力提高工作实效和群众满意度。经过多年努力，领导高度重视，部门密切配合，执法主体明确，社会积极参与，行业自我管理，技术不断创新的监督管理机制和网络体系已初步形成。目前，全市共有执法人员 125 人，通过明确落实各部门职责，实施联席会议制度、信息通报制度、联合执法制度和责任追究制度，审批结果、举报、查处情况的相互通报和抄告，初步建立了一支权责明确的文化综合执法队伍。几年来，这支队伍的政治素养、业务能力均有长足进步。此外，各地聘请乡镇文化员为农村文化市场协管员，聘请老干部、老党员等为文化市场义务监督员，并设置了12318 文化市场举报电话，建立了举报奖励制度。还先后成立了印刷行业协会、网吧行业协会、娱乐场所行业协会、民营剧团工作者协会等行业协会，推动各行业实现自我管理、自我服务、自我发展。如全市民营剧团工作者协会成立后，以协会为平台，开展了演出业务洽谈、优秀剧团会演、民营剧团等级评定等工作，在加强行业自律和行业规范、推动演出市场健康有序发展上作用显著。据浙江文化艺术研究院调查统计的 2008 年全省民营剧团票房排行榜单上，我市的台州市小百花越剧团等 4 个民营剧团名列前五名。

"送戏进万村"活动开展 丰富群众文化生活

安徽省淮南市谢家集区文化广电体育局 于良珍 余长城 王 涛

"送戏进万村"活动是政府文化惠民活动的民生实事之一，旨在通过文化传递，弘扬传统文化，倡导和睦相处和谐发展的道德理念，丰富及活跃群众文化生活，因而受到了广大农民群众和社会各界的认同与支持。目前，已经在全区 9 个乡镇演出了百余场，实现了为全区 89 个行政村至少送一场正规演出的公共文化服务。现就我区当前举办"送戏进万村"活动谈几点工作经验。

一、妥善解决观演需求与供给能力之间的矛盾

"送戏进万村"活动其目的是为了满足群众需要和解决实际问题，应该因地制宜。我区由于历史原因，没有职业戏剧团，但农村广大群众对观赏戏曲有着悠久历史。为此，我们到周边县区寻找符合资质的剧团，按照公开择优的原则，经过政府采购招标，最终选择了长丰县青年庐剧团和毛集实验区淮风推剧团。通过"服务外包"形式，即政府以招投标的方式，购买专业文化表演机构的服务，由文化表演机构负责开展"送戏进万村"惠民文化演出。政府及文化主管部门则充当监管和督查身份，听取广大群众意见，拟定文化表演节目。实行服务外包后，最大的优点在于专业的机构、专业的人干专业的事，演出质量、节目的丰富性大幅提升，同时通过合理的竞标有效引导剧团不断提升服务质量，定期更新演出节目，让广大农民朋友能够享受到富有乡土气息，内容健康向上，形式丰富多样，喜闻乐见的"文化大餐"，妥善解决了群众观演需求与供给能力之间的矛盾。

二、根据农村演出场地特点不断创新活动形式

在"送戏进万村"活动中，我们按照先进文化的要求，紧紧围绕农村的特点，牢牢把握农民群众的需求，创造性地开展活动。在节目编排上，除了有优秀的传统剧目外，他们还结合农村移风易俗、计划生育、税费改革等工作，创作编排了大量的农民群众喜闻乐见的小戏十多个。在活动实践中，我们发现在一村一戏中对剧团有几个困难，一是临时搭台难，二是演员吃住难，

三是转点运输更难；对各村观演群众来讲，戏曲专场整本大戏至少3~5个小戏、对戏迷来讲"演一场换一村"增加了观赏难度，有些行政村也不俱备演出条件，并且给剧团和群众增添了很大的负担。为解决这些困难，区文广体局着实费了不少脑筋。我们反复摸索，群策群力，在各乡镇的大力支持下，充分发挥乡镇文化站和中心行政村的优势，乡镇文化站可以免费解决演职员住宿，中心行政村的位置场地优势可以大大减轻了农民的负担，保证演出的连续性，而且也提高了演出的质量和机动性。

三、严格加强规范管理防止低俗劣质产品演出

活动刚开始我们更注重各种总结及资料提及"送戏进万村"演出大多以场次计，下拨演出经费也大多以场次计，至于每场有多少观众、服务质量、演出效果似乎并不太顾及。其实，场次相同，服务态度不同，演技水平不同，观众人数不同，社会效益大有不同。因此，我们为加快建立农村公共文化服务评估体系，从投资效益、管理水平、服务质量等诸方面进行客观评价，也有利于我们制定符合实际的演出经费补贴规则。我们通过努力降低演出成本，在同等费用条件下演出更多场次。促进了农村文化健康发展。区文广体局切实完善演出监督机制，为进一步提升"送戏进万村"活动的执行力。重点把握好三个环节的管理，即建立演出计划公示制度、演出回执制度和演出节目名录建档制度。及时了解观众喜欢什么内容、什么形式，演出单位事前作广泛调查，确保心中无数，演出前对剧目进行广泛宣传，逐步总结探讨出一条符合实际的"送戏进万村"活动新路子。

四、积极探索由"送文化"到"种文化"的新路子

古人云，授人以鱼莫如授人以渔。别人的只是暂时的，自己的才是永久的。只有让广大基层农村有了"文化种子"，才能在基层发芽、生根、开花，才能结出丰硕的果实。我们在"送戏进万村"活动中提倡送戏下乡的同时，多强调下乡"种文化"，改变了"政府出钱办，群众围着看"的"送文化"，进行"育文化土壤"，坚持突出农民群众的主体地位，以群众喜闻乐见的比赛、展示等形式为载体，开展了形式多样的文化活动，让农民从台下走到台上，由观众变成演员，实现由"送文化"向"种文化"的转变。我们积极结合谢家集区"乡村欢乐行"活动，该活动农村文艺巡演、农民书画展、农民才艺展演、美好乡村建设成果摄影展和非物质文化遗产传统工艺展五大部分。

通过"送戏进万村"活动和"乡村欢乐行"活动结合，培养大批乡土文化人才，引导农民群众自编自演、自娱自乐，让他们唱主角，激发广大农村"文化人"的活力，目前全区乡村文化演出积极性空前高涨，节目数量和质量大大提升。

深化体制改革 健全服务机制
推动文化部门逐步向管文化转变

安徽省安庆市大观区文化委员会 方来铁 王志强

一、2015 年工作总结

1、文化示范区创建稳步推进

区两馆建设同步推进。根据国家公共文化示范区创建的要求，我区文化馆新馆按二级馆建设标准完成了室内外装修，并已组织了验收，新成立的区图书馆位于茅岭民族文化中心五楼，装修完成并已竣工验收，两馆均基本完成了室内各功能区布置并正式对外免费开放。7 个街道通过资源整合基本解决了文化站用房并实现挂牌；新建成 10 个社区室内电影放映室、4 个社区文化活动中心、10 个文体广场和 8 个群众小舞台；有序推进图书总分馆制建设，完成区图书馆及各乡镇社区分馆图书编目、录入与上架，通过资源整合，全区图书馆目前拥有图书合计 20 余万册；积极开展区文化人员培训并邀请市有关文化方面的专家讲课辅导。

2、两项文化民生工程进展顺利

及时召开文化民生工程培训会议，签订责任书，制订印发 2 项文化民生工程实施办法、考核办法及宣传月活动方案。组织开展 2 项文化民生工程综合督查及前期民生工程"回头看"活动。目前，农村文化建设专项补助项目已全部提前完成；免费开放活动开展正常，深受广大群众喜爱。

3、积极筹备参加黄梅戏艺术节

自 3 月份以来，区文化委新创剧目及加工完善多个黄梅小戏，自 8 月份开始，共计演出 16 场，同时举办了大观区"黄梅飘香·美好大观"摄影展，组织了"百姓大舞台"基层文艺团队优秀节目展演及"基层文艺展演"活动。在组织安排群众文化活动的同时，我区还加大黄梅戏艺术节的宣传力度，积极营造浓厚的艺术节日氛围。

4、深入开展公益性文化活动，打造文艺精品

积极开展文化下基层进社区活动。目前已进行广场文艺演出、送戏下乡

及文化进社区演出共计 80 余场。创作编排广播剧《烽火一兰》获首届安庆市广播剧展播大赛一等奖。

5、加强文体项目调研，做好项目储备与申报

认真做好文体旅游产业的调研、调查等相关工作，截止目前，已经成功申报了 1 乡镇级广场，1 省级全民健身苑，1 省级社区体育俱乐部，15 个晨练晚点，申报 2 家（美好田园、热浪健身俱乐部）体育产业专项扶持资金项目和 1 家社区多功能运动场所，组织美好田园生态农业发展有限公司参加 2015 中国体育文化·体育旅游博览会参展工作。

二、2016 年工作安排

1. 深化体制改革，把活力激发。培育社会力量办文化，推动文化部门逐步向管文化转变。搞好事业单位建立法人结构治理试点工作。探索组建社会文化理事会，多渠道建设公共文化服务体系。

2. 构建公共平台，把服务健全。以创建国家公共文化服务示范区为抓手，着力推进公共文化服务标准化、均等化。推进区文体活动中心等重点文体设施建设。优化提升区两馆及乡镇文化站服务能力，继续推进区公共图书馆总分馆制，实现城乡公共图书服务资源整合和互联互通，配备流动文化服务车，建立灵活机动、方便群众的流动服务网络。提高文化遗产保护和利用水平，打造特色文物景点。做好特色项目的研究和推介工作。

3. 加强行政监管，把导向摆正。健全文化从业主体准入、退出机制，把好文化体育旅游安全关口。鼓励提升正能量、弘扬主旋律的作品创作，积极向社会推介优秀文艺作品，发挥文化的教育、引领作用。

4. 建设人才队伍，把品牌做精。创新思路，加强人才交流合作，出人、出戏、出精品。重创作、移植、复排一批优秀剧目并免费公演，打磨提高创作演出水平。

5. 培育市场体系，把产业带活。大力实施重大文化项目带动战略，不断提升产业基地、产业园区、产业带的聚集能力和开发能力，促进大项目引领，大企业落户。搞好调研和对接，支持各种形式小微文化企业发展。

"大文化郎溪"扬帆启航
大力发展文化产业 加快文化强县建设

安徽省郎溪县文化广电新闻出版局 潘 峰 储勤飞

回顾总结 2015 年工作，安排部署 2016 年工作，动员广大干部职工增强信心、勇担责任、务实创新、共谋发展。

一、2015 年工作回顾

2015 年，我局以创建省级公共文化服务体系示范区为目标，基层文化建设有序推进，取得了阶段性创建成果。

（一）公共文化服务质量不断提升

一是文化设施立足基础，提质增效。我县公共文化设施已实现城乡全覆盖，在此基础上，县文化馆进行了维修改造，申报了一级馆，正在文化部进行评审。十字、姚村、毕桥、梅渚等乡镇站根据示范区创建的要求，开展了综合文化站提升工程，扩建或新建了文体广场、文化长廊；开展了村级基本公共文化服务标准化建设，为 10 家农村公共电子阅览室配备了全新电脑 48 台。2015 年新增 5 个农民文化乐园建设项目，其中 2 个为省级试点，均已严格按标准建设完工。通过一系列项目的实施，为广大群众扩大了文化活动场地，优化了文化活动环境。二是文化服务方式立足免费开放，创新不断。一方面严格执行免费开放各项政策，确保图书馆每周开放时间不少于 56 小时，文化馆（站）、博物馆每周开放时间不少于 42 小时，乡镇综合文化站每月开放时间不少于 26 天。另一方面，开展图书馆阅读推广联盟、文化馆群众文化活动联盟、"百馆（站）千村文化结对"等活动。为统筹县域公共图书资源，提高现有公共文化设施和图书资源利用率，更好地满足农村群众读书看报及数字文化需求，完成了县级公共图书馆总分馆制建设。三是文化活动立足常规，新品不断。组织"义务为民写春联"、"关爱农民工·书籍送温暖"、新春有奖灯谜会、2015 年"郎溪之春"第五届合唱节暨文艺调演颁奖晚会，第六届郎溪合唱节暨文艺调演等活动。开展"4.23 世界读书日"系列活动，6 月 13 日文化遗产日举办了"文化遗产进军营，成果共享"主题活动。2015 年元月开展的"新春音乐周"活动，由毕业于各大艺术院校的郎溪籍文化辅导员及部分优秀学员登台展示，在我县文化活动史上尚属首次，在全市范围内也是首创。6 月初举办的"郎溪县中华诗文诵读比赛"活动，吸引了全县机关学校踊跃报名，为我县创建中华"诗词之乡"工作起了极大地推动作用。少儿舞蹈《打核桃》获 2015 年全省"六一"少儿文艺调演活动三等奖；文化馆舞蹈队获"美好安徽舞起来"第二届广场舞大赛三等奖。全年免费送文艺演出 117 场，送电影下乡1160 余场，举办文化活动 600 余场次，体育活动 841 场；赠送书籍 7000 余册、开展培训讲座展览近 600 场。2015 年我局被评为全省"送戏进万村"优秀单位。

（二）以申创"中华诗词之乡"为契机，挖掘传承我县诗词文化

2015 年，我县荣获"中华诗词之乡"称号，文广新局作为申创工作领导小组办公室，组织开展了一系列创建活动。一是推进中华诗词"六进"。召开县申创办会议，专题研究诗词"六进"工作，分解责任，确保落实；举办郎溪县诗词"六进"骨干培训班；二是开展诗词精品创作。指导乡镇成立诗词协会，开展丰富多彩的诗词创作，已印制诗刊六本。县诗词学会出版会刊《郎川诗苑》第十期，出版《郎溪当代诗词选 2005～2015》。三是开展中华传统文化经典诵读比赛。组织参加宣城市"新华杯"第九届小学生中华传统文化经典诵读比赛活动，我县获城区学校一等奖、三等奖各一名，乡镇学校一等奖一名，二、三等奖各两名；县教体局等 3 个单位获优秀组织奖。举办郎溪县首届中华诗词诵读比赛活动，中华诗文诵读比赛活动。我县选送 4 个节目参加宣城市纪念抗日战争暨世界反法西斯战争胜利 70 周年诗歌吟诵比赛，获一等奖、优秀奖各一名。四是开展各类诗词教育活动。部分乡镇、县直机关及学校邀请相关专家作辅导讲座。邀请省诗词学会陆世全会长作辅导培训。我县地税局等六家单位被授予省级诗教先进单位，县文广新局等三家单位被授予市级诗教先进单位。

（三）以挖掘整理地方特色文化为重点，开展文化遗产保护

一是扎实推进非遗保护与传承工作。陪同协助省摄制组拍摄国家级非遗项目跳五猖传统民俗表演和省级非遗项目古南丰小缸酿造黄酒传统技艺，圆满完成拍摄任务，扩大了我县非遗的对外影响力。新增两名省级非遗项目代表性传承人。成立我县第一个民间博物馆宣州石砚博物馆。梅渚镇周家村五猖馆成功入选安徽省第二批非物质文化遗产传习所。开展第二批县级非遗项目的申报工作，对乡镇如何开展非遗挖掘和保护进行了有针对性的培训和指

导。组织跳五猖、宣石砚制作工艺和泥塑、木雕制作技艺两项非遗传统技艺类活动参加宣城市文房四宝文化旅游节活动，吸引了众多市民和游客的青睐。二是认真落实文保单位的保护规划与修缮工作。启动国保单位徽杭古道绩溪段和古徽道东线郎溪段保护规划的编制工作，我县文物所与绩溪文物局密切配合，为保护规划编制单位提供了基础资料。为加快保护规划编制工作，已邀请地形图测绘专家，着手开展地形图测绘的有关工作。顺利完成侯村祠堂一期维修工程，通过初步验收。正在着手开展侯村祠堂二期维修相关工作。三是加强文物安全常态检查工作，确保文物及博物馆安全。对古建筑展开重点安全巡查，确保春节期间的文物安全。组织召开全县文物安全工作会议，落实不可移动文物安全检查工作，签订文物安全责任书。县文物管理所和各乡镇文广站每个月对各级文物保护单位展开安全检查，如实填写文物安全检查表。针对文物安全检查过程中发现的问题，迅速整改。顺利完成对博物馆安防系统的改造和升级。四是持续推进第一次全国可移动文物普查工作。完成对展厅和库房文物的照片、尺寸、重量等各项数据的采集和普查，平台录入工作。严格数据审核工作，配合省局做好普查的初步验收工作。五是磨盘山考古见习基地项目取得阶段性成果。积极开展与知名高校的合作，依托省级文物保护单位磨盘山古遗址，与南京大学历史系联合建立了磨盘山考古发掘见习基地项目，为期 5 年，于 9 月 5 日正式启动。项目取得阶段性的成果，揭露灰坑 40 个，灰沟 5 条，墓葬 23 座，房址 4 座，红烧土堆积 3 个，共出土遗物 436 件。

（四）以争创"扫黄打非"先进单位为目标，净化文化市场

一是健全规章制度，强化岗位服务意识。建立健全《学习制度》、《效能风险监督手册》、《文化市场综合执法人员工作纪律》等一系列制度，使内部管理进步提升，执法人员行为进一步规范。制定了精细化管理方案，量化考核，规范了文化市场经营行为。召开"县文化市场监督管理和安全监管培训会议"，与全县文化经营行业 200 多位业主签订《文化市场依法经营责任书》和《安全生产责任书》，逐步形成部门主管、社会共管、行业自律、群众监督的文化市场监管格局。二是创新管理模式，提高监管执行力度。建立长效联合行动机制，联合公安、市场监管局、消防、电信等部门，通过部门联合执法，简化程序，提升了市场规范化管理和综合执法的效率，解决了综合执法难的问题；根据属地管理原则，把乡镇文化市场管理纳入乡镇年度考核，对乡镇文化站工作进行目标管理，充分发挥乡镇文化站的作用，有效加强了农村文化市场监管力度，解决了乡镇文化市场管理难的问题；加强行政许可与

行政处罚环节之间的沟通联系。将执法大队的巡查审核意见作为办理年审和变更有关手续的前置条件，不仅提高了审批科对文化市场经营单位审核的精准度，也大大加强了执法和监管的有效性。三是开展专项行动，提升整治效果。开展"扫黄打非"清源、净网及秋风 2015 专项行动，在全面清查印刷业、出版物市场和非经营性互联网上网服务营业场所等方面，做到严把"入境"关、"印刷"关、"销售"关。强化出版物市场监管，着力打击新闻敲诈和"四假"行为。通过对群众的宣传教育，对市场和网站的集中排查、清查，维护了我县新闻出版的管理秩序、新闻媒体的权威性和公信力。2015 年我局获全省"扫黄打非"先进集体荣誉称号。

（五）以体制机制创新为手段，提高审批效率

我局紧紧围绕行政审批再提速和政务服务标准化建设，结合实际进行了审批流程"再优化"和审批时限"再压缩"，对服务对象所需提供的材料及相关手续，一次性列出，一纸性告明，出具书面说明书和示范文本资料，让办事群众一目了然。同时，专门为行政审批工作配备了全新的电脑、打印机等设备，为打造"职能明确、服务优质、办事规范"的行政服务部门提供了重要保障。按照"一科对外、协调相关、全程监督、限时办结"的原则，选定了责任感强、业务精通的骨干人员作为县政务中心综合窗口工作联络员，代办我局所有行政审批事项，减少审批环节，确保审批事项在承诺时限内办结，有力地推动了行政职能转变和行政效率的提高。全年共受理事项 26 项。

（六）以技术手段创新为根本，提高广播影视公共服务水平

一是"春节"、"两会"等重要播出保障期间，积极督促县广电台、安广网络郎溪分公司做好安全播出工作，全年无任何安全播出事故发生；二是继续推进广播电视安全播出组织和制度的建设，强化预案演练和培训，完善各项安全预防工作机制的建立；三是积极推进我县农村有线数字电视网络联网工程，已有 8 个乡镇完成了农村有线数字电视整转业务；四是加强我县广播电视"户户通"工程的覆盖率，积极指导各乡镇推进使用光纤进村入组的联网方式进行覆盖，提升广播电视服务质量，同时为以后的广电发展打下良好基础。另外，我县农村老放映员工龄补助发放严格按照规定执行，全年符合条件的有 13 人，本年度发放 5 人。

（七）以项目谋划为抓手，推动文化产业发展

我局在编制"十三五"文化事业专项规划的同时，认真谋划一批文化产业项目，坚持文化与历史引领、与市场对接、与旅游融合，谋划了国家级非遗跳五猖保护传承项目、国保单位古徽道郎溪段遗址保护建设和城区演艺中心等产业项目，2015 年郎溪县新"三馆"项目已启动规划编制等前期工作。为助推文化产业扩规模上水平，大力加强文化产业园区建设。

二、2016 年工作安排

2016 年，我局坚持文化是城市之灵魂、"大文化郎溪"建设理念，依据我县"调转促"工作总体思路，结合皖南国际文化旅游示范区建设和省级公共文化服务体系示范区创建契机，深度挖掘郎溪文化资源，大力发展文化产业，加快文化强县建设，主要工作安排如下：

（一）加快推进省级公共文化服务体系示范区建设

继续推进数字图书馆建设，开展县乡村（农家书屋）三级公共图书一体化建设，做好农民文化乐园管养工作。

继续抓好公共文化服务信息化建设、县文化馆、图书馆、乡镇综合文化站和村（社区）农家书屋等公共文化场馆免费开放和"送戏进万村"、"农村公益电影放映"等民生工程。

按照《郎溪县创建省级公共文化服务体系示范区规划（2014~2016 年)》的要求，加快创建进度。广泛宣传郎溪县公共文化服务体系建设内容、创建工作的进展情况以及创建工作典型事迹。对照创建标准，做好补缺补差及相关软件资料准备工作，确保 6 月份成功通过验收。

（二）做好群众性文化艺术活动

开展"百馆千村文化结对"活动，群众文化志愿辅导工作，组织开展"美丽郎川行——走进各乡镇（开发区）"文艺演出、省级双拥模范县创建"军民鱼水一家亲——八一军民联欢晚会"等群众性文艺活动文化品牌系列活动；开展"4.23 世界读书日"活动"年度十佳阅读"活动，阅读推广联盟，地方戏曲剧种普查工作；巩固"中华诗词之乡"创建成果，继续申创诗教先进单位。

坚持不懈的推动文艺创作，充分调动广大文艺工作者的积极性，努力创作生产更多体现社会主义核心价值观、体现中华民族文化精神、反映郎溪经济社会发展成就，思想性、艺术性、观赏性有机统一的优秀精品。

（三）做好文化遗产保护和传承

完成侯村祠堂二期修缮；推进第一次全国可移动文物普查工作；完成徽杭古道保护规划项目的编制；协助南京大学考古见习团队做好 2016 年度的考

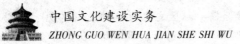
古发掘工作；完成省保单位档案编制。争取文保单位升级申报，开展项目申报，编制完成古民居保护规划，加大古民居保护力度。指导乡镇做好非遗项目传承和保护工作，做好非遗名录推荐申报工作。

（四）做好广播影视工作

全力推进我县有线电视数字化整转工作；强化对全县广电单位安全播出管理，确保优质、安全、无差错播出；督促农村公益电影放映工作；按时完成农村老放映员补助发放。

（五）做好文化市场管理

进一步加大执法力度，规范市场秩序，开展文化市场监管、消防安全巡查和"扫黄打非"专项整治行动，继续发挥 12318 文化市场举报电话和县长热线的作用，做到有报必查。

（六）做好新闻出版、行政审批工作

继续做好新闻出版年检换证及 4.26 知识产权宣传周活动；以"优化流程、简化程序"为原则，依法规范开展新闻出版经营场和娱乐场所设立、变更行政许可事项。

（七）做好重点项目推进工作

1、以县委县政府关于印发《加快调结构转方式促升级实施方案》的要求，加快发展高品位的文化旅游产业。主动融入皖南国际文化旅游示范区建设，推进文化与经济、与旅游的融合发展，不断丰富"中国休闲小城"的品牌内涵，彰显"九德十美"的文化特色。

2、以全县"十三五"规划和郎溪县文化事业"十三五"专项规划为指导，谋划好重点项目建设。启动新三馆项目建设，加快推进梅渚胥河文化园项目建设。

3、结合"互联网＋文化创意"理念，探索发展新兴文化产业模式，谋划我县文化产业基地和园区建设。

（八）做好信息公开、宣传工作

认真落实政务信息公开，把推行政务公开与改进机关工作作风、提高机关服务质量和工作效率、依法行政相结合，进一步提高政务工作的透明度及行政效率。进一步加强信息宣传工作，加大宣传力度、拓展宣传渠道、创新宣传方式，扩大我局对外影响力，为我县文化事业又好又快发展提供强大的精神动力和良好的舆论氛围。

（九）做好党风廉政建设

深化党建工作，开展党风廉政建设，制定《文广新局 2016 年落实党风廉政建设责任制和反腐败工作计划》，通过加强学习教育、强化权力制约，推进干部作风建设，增强党员干部廉洁从政意识，有效预防腐败。

作者简介：

潘峰，现任安徽省郎溪县文化广电新闻出版局党组书记。

树立新理念　展现新作为
与人民群众共享文化建设成果

江西省赣县文化广电新闻出版局　黄海燕　黄　飞

赣县是"世界客家摇篮·休闲养生福地"，地处江西南部，于汉高祖6年建县，距今已有2200多年历史，现有人口63万，山川秀美，文化底蕴深厚，是集"古色、绿色、红色、客色"为一体的文化胜地，素有"千里赣江第一县"之称。

近年来，赣县文广新局在县委、县政府的正确领导下，在上级业务部门的关心指导下，全面深化改革，贯彻落实党的十八届五中全会、省委十三届十二次全会、市委四届七次全会、县委十二届十次全会精神，树立"同心聚力、提速升级、创新创业、实干兴县"的发展理念，深入实施"融入中心城区，提升'四化'水平"战略，围绕全县工作大局，以公共文化服务标准化、均等化建设为切入点，着眼于培养和践行社会主义核心价值观，着力增强赣南文化引导力、服务力、影响力、竞争力、传承力、创造力，为纵深推进赣南苏区振兴发展提供坚强的精神动力、智力支持和文化条件。

一、成绩和经验

（一）党政关心重视，文化发展政策项目更加落实

县委、县政府实施"文化强县"战略，把文化建设工作纳入重要议事日程和经济社会发展总体规划，县、乡（镇）、村都成立了农村文化建设领导小组，出台了文化建设考核办法，将文化建设纳入到对乡镇工作目标考核的内容，及时研究文化改革发展中的重大问题，统筹协调推进文化改革发展。

设立文化事业发展基金。根据赣县人民政府赣政办字［2011］192号《关于印发<赣县创建国家公共文化服务体系示范区建设规划（2011～2012）>的通知》，县财政设立了文化事业发展基金基础200万元，专项用于支持公共文化服务体系建设。县财政每年预算5万元文艺创作扶持专项资金，对全县文艺创作进行奖励补助。县级财政设立了宣传文化专项资金100万元，农村文化建设专项资金40万元。

进一步加大了财政投入。赣县财政对文化建设投入增长高于财政经常性收入增长幅度，中央对文化的扶持持续加大，截止目前已到位 500 多万元，特别是对文物保护、苏区革命历史建筑的支持倾斜力度大；省里文化活动专项资金已到位 400 多万元；今年市级对县里文化投入 70 余万元。县级完善了文化馆、图书馆设施，投入达到 400 多万元，文化配套资金 700 多万元。2014 年县级财政对文化建设预算投入 3973952 元，2015 年县级财政对文化建设预算投入 4307456 元，增长幅度为 8.39%。投入达到 400 多万元用于完善文化馆、图书馆设施。

推动了文化建设项目。一是文化馆站建设（1）赣县文化馆（2）赣县图书馆（3）江西客家博物院（赣县博物馆）（4）赣县广播电视台现开办了两个有线电视频道（5）赣县现有一家数字影院"橙天欢乐影城"，建于赣县万邦城市广场。（6）全县共有 20 个乡镇综合文化站（含荫掌山林场综合文化站）（7）全县 276 个行政村都已建成农家书屋，每年按计划更新图书。二是广播电视直播卫星户户通工程建设有线电视家庭入户率达到 56%，赣县有线电视网络，城区户 21689 户，乡镇农户 9070 户，共计 30759 户。

加大了招商引资的力度。招商引资工作：引进赣州很红文化传媒有限责任公司，注册资本 1000 万元，公司已落地，完成了营业准备工作。赣县 2015年发展生态化重点项目中，我局申报了大埠暴动纪念馆（健身内容是大埠暴动历史文化陈列和赖传珠生平展览，已完成规划设计）和赣州黄蜡石专业交易市场。县文广新局组织了陈孝兴玉雕、黄蜡石精品、根雕、竹雕、根艺作品、福雷斯公司的《脐橙寻宝记》、江西尚世星河影视传媒有限公司拍摄的的赣县原创电视剧《破阵》、赣州很红文化传媒有限责任公司的宣传片《有多少爱可以胡来》等项目参加了 2015 年中国（深圳）第十一届国际文化产业博览交易会。反映赣县红色题材的 34 集电视剧《破阵》是江西省精心策划组织的文艺创作工程中的又一项重要成果，于 11 月 4 日 20 点 25 分在央视 8 套电视剧频道黄金强档播出。

扎实推进文化民生工程。依托基本覆盖城乡的公共文化服务体系，广泛开展文化下乡、广场文化、假日文化和各类文艺调演比赛等群众文化活动，将主流文化送到群众身边，让社会主义核心价值观根植于群众心中。同时，积极扶持民间业余文艺团队，文化馆、演艺公司帮助培训文化站长、文艺骨干，现有民间业余艺术剧团 222 个。2015 年，赣县文广新局农村文化"三项"活动（电影放映、送戏下乡、自办文体活动）的年度任务是：电影放映4308 场，送戏下乡 76 场，自办文体活动 38 场。1～12 月，已完成电影放映

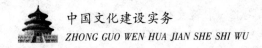

4476 场，观众 26 万人次，送戏下乡 76 场，观众 1.8 万人次，自办文体活动 62 场，参与群众达 13 万人次。

推动出台了一批优惠政策。按照赣县人民政府办公室关于《全面清理县政府部门行政权力推行权责清单制度实施方案》的要求，我局采取有力措施，认真组织开展清理规范行政权力工作，共涉及到行政权力事项 206 项，其中行政处罚 177 项、行政许可 22 项、非行政许可 2 项、行政强制 1 项、行政确认 3 项、行政奖励 1 项。共清编制权力运行流程图 3 个。在《赣县扶持城市现代服务业发展优惠办法》（赣县发〔2009〕21 号）文件的基础上，2013 年、2015 年我县又两次修订出台了《关于印发＜赣县现代服务业发展扶持政策＞的通知》（赣政发〔2013〕9 号）和《关于印发＜赣县现代服务业发展扶持政策＞的通知》（赣政发〔2015〕16 号）两个文件。一系列政策的制定和落实，彰显赣县县委、县政府大力发展文化事业和文化产业的高度自觉和自信，有力推动了文化的大发展大繁荣。

（二）夯实基层基础，公共文化服务功能更加完善

统筹城乡发展，提升基层公共文化服务水平。一方面科学规划公共文化基础设施的建设，采取政府投入、资产置换、资源整合等办法，新建、改建和扩建公益性公共文化设施。另一方面以创建国家公共文化服务体系示范区为契机，加大了对乡镇的文化建设工作的督查，建立健全了公共文化服务体系建设目标管理责任制。

切实加强"两馆"建设。县图书馆现为国家二级图书馆，做好了全国公共图书馆第五次评估定级工作，坚持以"评估促建，评建结合、重在建设"的原则，力争县图书馆为国家一级馆评估定级成功。

赣县文化馆是国家一级文化馆。整合了场馆面积，重新规划了各个功能厅室，设置小剧场、书画馆、非遗馆、东河戏陈列馆，都实行免费开放接待观众。县文化馆采取业务人员包片的形式不定期进社区进行文艺培训，三楼免费开放大厅常年对外免费开放，同时做好了馆办老年大学免费开放的音乐、舞蹈、书画等文艺培训工作。

加大对基层文化队伍的辅导培训。举办了全省艺术档案培训班，来自全省各市县 57 人参加培训；采取集中培训的方式，对全县 19 个乡镇的农家书屋图书管理员 171 人进行培训；派出 36 人次参加各类各级文化管理和专业培训，其中局长参加了中央文化管理干部学院为期一个半月局长培训班学习，选派一名人员参加中国戏剧学院专业学习，派遣一名人员在省文化厅挂职锻炼；继续深入三区人才扶持计划，选派了 34 名专业人员下基层指导乡镇综合文化站、村级文化活动中心、农家书屋扶持指导。对全县 19 个文化站长进行了轮训。

创新农家书屋管理模式。全县 276 个行政村都已建成农家书屋，每年按计划更新图书。2015 年按计划更新了 175 家农家书屋的图书，增订了《特别关注》、《农村百事通》、《家庭用药》等 7 种期刊，各书屋管理员定期检查是否存在被虫蛀、受潮、遗失、损坏现象，坚持每周周二至周五下午半天、周六和周日全天为读者开放，坚持做到每天更换新的报纸，让村民们及时看到最新的社会资讯，了解到新的社会动态、国家政策，获得更多的生活常识、种养技术、市场趋势等信息，为在读农村学生提供良好的读书环境，以书正风，以书育人。村民文化知识水平得到了提升，素质也得到了提高。

文化扶贫工作扎实有效。出台了《赣县文化扶贫专项方案》，对 116 个贫困村文化设施、文化活动、文化队伍都有了明确的规划；加快了贫困村文化活动室建设；推进了重点村文化设施建设，确定每个乡镇建设一个基层文化服务示范中心，2015 年建设 8 个，已经在实施中；推进每个村公共电子阅览室建设，每个村一套音响、一个宣传栏、一个好人榜，今年建 32 个。

健全乡镇综合文化站管理。17 个乡镇都建成了符合标准的乡镇综合文化站，总面积达 21701.48 ㎡，每个文化站都配置了价值 10 万元的电脑电视、投影仪、课桌设备。

推动文化"走出去"。2015 年 5 月 14 日~18 日，组织了陈孝兴玉雕、黄蜡石精品、根雕、竹雕、根艺作品、福雷斯公司的《脐橙寻宝记》、江西尚世星河影视传媒有限公司拍摄的的赣县原创电视剧《破阵》、赣州很红文化传媒有限责任公司的宣传片《有多少爱可以胡来》等项目参加了 2015 年中国（深圳）第十一届国际文化产业博览交易会。

组织赣县食贡制作技艺参加了在武汉举行的 2015 年中国长江非物质文化遗产大展和在南昌举行的第二届湘赣鄂皖四省非遗联展，在四省非遗联展，赣县食贡制作技艺代表性传承人钟兆福获优秀传承人奖。

做好"三区"扶持计划。2014 年起，根据江西省文化厅《关于印发<江西省"三区"人才支持计划文化工作者专项实施方案>的通知》（赣文厅字 [2014] 8 号）文件要求，我县积极配合省市文化单位，做好 2014、2015 年度"三区"人才支持计划的相关工作。一方面上派人员参加上级举办的培训、研修班，另一方面接受上级单位派出人员的培训辅导，进一步提升县级文化工作人员的素质素养。

非法卫星地面接收设施专项整治。一是利用电视媒体做大整治宣传工作，

在赣县电视台和各乡（镇）广播站播放《关于对非法卫星电视广播地面接收设施进行专项整治的通告》并作了游字宣传；利用《赣县报》、《赣县手机报》大力宣传相关的政策法规；悬挂横幅标语165条，张贴整治通告3000份，发放宣传资料1万多份，出动宣传车100多次深入城乡巡回宣传；二是收缴非法卫星地面接收器53个，处理非法经营点2个。

扫黄打非工作。我县共组织文化执法检查160车次，800人次，检查文化经营单位90家次，取缔出版物游商地摊2处，收缴非法光碟20余张，非法盗版书籍300余册，不健康小卡片（如流氓证、发春证、傻逼证等）2000余张；联合工商等有关部门查处取缔黑网吧2家；取缔游商地摊5家。

（三）多彩文化活动，人民群众的文化生活更加丰富

按照"周周有活动、月月有主题、季季有赛事"的要求，有计划地组织开展全县性的大型文化活动，大型文化节庆活动常态化，乡镇农村特色文化活动各有成效。

开展丰富的群众文化活动。一是采取业务人员包片的形式定时或不定时地下社区、进校园进行艺术辅导及培训。二是通过老年大学这个平台，吸纳城区文艺爱好者集中辅导和培训。

文化馆工作。2015年，做好了文化馆国家一级馆等级评估资料准备，并通过了市级和省级评估组的验收。

图书馆工作。赣县新图书馆已投入使用，占地面积1519.59平方米，建筑面积3822.54平方米，馆内可容纳约800~1000人。

推进全民阅读活动。每年"世界读书日"开展"让我们在阅读中一起成长"图书服务宣传周活动；开展了"送书进社区"、"送书进校园"等现场读书活动。赣县组织开展了"书香赣县"全民阅读活动，每年3月举办全年全民阅读活动启动仪式。增加县图书馆、青少年活动中心、学校图书馆的购书经费，达到56万元，增长了20%以上；全县每个单位有专门的购书经费支出，达到80多万；农家书屋图书更新经费20万元，报刊杂志订购费16万元。

公共文化设施管理和使用。赣县19个乡镇综合文化站，县文化馆、图书馆都实行了免费开放。文化馆三楼免费开发大厅常年对外免费开放。内设书画摄影展厅、排练厅、电子阅览室（历史、小说等科普知识共30多万册电子书籍）、书画创作室、艺术培训室3个。举办了《若干意见》两周年成果展、《学习梁家河 当好村支书》等2个摄影展览共12场次。

推进非遗传承展示。赣县有国家级非遗保护项目1个、省级3个、市级9个、县级57个，2015年申报了"云灯"为省级及国家级非遗项目，东河戏

成功申报了国家级非物质文化遗产，五云柚子灯（传统舞蹈）、赣县木偶戏（传统戏剧）和客家擂茶制作技艺已列入赣州市第四批非物质文化遗产代表性项目名录；在南昌举行的第二届湘赣鄂皖四省非遗联展，赣县食贡制作技艺代表性传承人钟兆福获优秀传承人奖。

文物保护工作。第一次全国可移动文物普查工作是年度文物保护工作的重点。首先对全县范围内国有单位统计筛查，筛查出保管有可移动文物单位有4个，其中赣县档案馆1件、赣县图书馆1件、赣县革命历史纪念馆26件、江西客家博物院12115件。其次对保管有可移动文物的单位的文物逐个普查，完成了全县12147件可移动文物的定名、测量、摄像、录入、上传工作。

文化产品的社会影响。（1）曾丹同志创作的《啊　红土地》音乐作品，已被"中国大众音乐协会"《感动中国》群文杯全国大型原创词曲展评活动组委会评为银奖。这首歌已由二炮文工团著名青年歌唱家乔军演唱，并已制作了《感动中国——群文杯全国大型原创词曲演唱》光盘专辑（由中国音乐家音像出版社出版）和出版了《红色记忆　盛世凯歌》原创词曲专著（由中国文联出版社出版）。

（2）选送书画作品参加山西省艺术馆、延安革命纪念馆《纪念红军长征胜利80周年群众书画作品联展展览》，郑人凤等4人共5副作品入选。

（3）组织赣县食贡制作技艺参加了2015中国长江非物质文化遗产大展及第二届湘赣鄂皖非遗联展，获得优秀奖。

（4）选送作品唢呐独奏《送郎调》参加2015江西省"百姓大舞台全省优秀文艺节目汇演"。

（5）赣县袁会伟选送作品《田间小憩》（油画）入选首届江西省优秀美术作品展作品集。

（6）反映赣县红色题材的34集电视剧《破阵》是赣县精心策划组织的文艺创作工程中的又一项重要成果，于2015年11月4日在央视8套电视剧频道黄金强档首播。

（7）许忠佑创作的《世界的微笑》获得文化部、中国艺术研究院主办的"感动中国"全国歌曲大赛功勋创作奖。

（四）文化产业发展，积极培育新兴产业项目

县文广新局成立了文化产业发展工作领导小组，明确了分管领导和相关职能部门，文化产业发展推进工作有计划、有方案、有目标任务、有保障措施。2015年1~11月，我县文化产业主营收入7.8亿元，增加值0.707亿元，增加值占GDP比重0.14%。

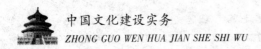
1、传统文化产业。我县传统文化产业主要有娱乐、音像、影视、演出、报刊图书、网络文化、艺术培训等文化产业，我县共有网吧35家，其中2015年新增网吧5家，试点网吧1家（亚马逊网咖），增幅达16%。在全国开展网吧准入试点，全面放开审批之后，积极申请1家网吧行业转型升级的试点单位（亚马逊网咖），开展了互联网上网服务行业转型升级。

2、文化旅游业。整合红色文化、客家文化、生态文化、脐橙文化等优质文化旅游资源，打好赣县文化旅游特色牌，使文化旅游互动双赢。做好历史文化古村的整合保护与市场开发文章。积极发挥环境优势，推行"文化＋旅游"、"文化＋项目"、"文化＋城建"等发展模式，发挥得天独厚的自然环境优势，提升城市品味。加大沿江开发，建设一批有特色、有影响的文化旅游产业项目、文化旅游精品线路和文化旅游区。按照"政府引导、社会参与、文化搭台、市场运作"的发展模式，突出重点，打造亮点，整合红色文化、客家文化、生态文化等文化旅游资源，把资源优势转化为发展优势，做好历史文化古村的整合保护与市场开发文章，打好赣县文化旅游特色牌，使文化旅游互动双赢。

3、节庆会展文化产业。组织广场文化周、举办丰富多彩的文化活动，抓好节庆文化，活跃节日气氛，每年组织广场文化活动不少于12次，社区文化活动不少于12次；抓好采茶戏进校园活动；做强客家生态文化旅游节，申办中国赣州客家文化艺术节落户赣县，推进生态文化建设，抓好"以花为媒"的文化旅游节，把樱花节、桃花节、油菜花节、杨梅节打造成固定的节会，抓好中秋灯会，元宵灯彩，龙舟文化活动。组建文化活动策划公司，以市场运作为手段，加强对外联络，积极承接和举办各类文化体育活动，吸引人气，彰显特色，把赣县建设成赣州市乃至粤港澳、闽台地区的休闲养生后花园。推出一批客家文化庙会。活跃干部职工文化生活，开展四套班子游园活动、红歌大家唱、干部职工游园会等引导民间文艺演出队伍，开展日常文化活动，做到天天有活动，周周有主题，月月有大赛。把节庆文化经济打造成快速增长的文化产业。

4、新兴文化产业。我县利用比邻赣州，与市区高校强强联合，优先发展以动漫为重点的文化创意产业，带动产业升级。抓住机遇，利用赣州市赣县的现有条件首先建立赣州红色文化创意产业基地—赣州红色动漫之都（动漫产业基地），利用赣州的区域优势和资源优势，以红色动漫为起点进行本地文化创意企业的孵化。制定扶持政策，力推动漫创意。紧紧围绕全省振兴文化产业发展规划，制定了动漫产业发展规划，出台了专业人才引进、知识产权保护、高端项目引入等扶持政策，推进动漫产业超常规发展。①赣州红色文化创意产业园是赣州福雷斯与赣县人民政府共同运作的旨在通过红色动漫及服务外包项目带动赣州经济结构调整的重点项目，赣州福雷斯文化传播有限公司成立于2010年11月，公司现主要以运营"赣州红色文化创意产业园"项目及全国首部本土产业原创动漫《脐橙寻宝记》项目为主要发展方向。红色文化创意产业园运营的"全国首部本土产业原创动漫《脐橙寻宝记》"项目获得极度成功。《脐橙寻宝记》项目被江西省委宣传部、省文化厅推荐入选为国家动漫精品工程申报；2012年，《脐橙寻宝记》及重点项目赣州红色文化创意产业园项目被江西省委宣传部、江西省文化产业发展委员会推荐申报中央文化产业扶持基金，已经纳入到国家文化产业重点扶持项目。②在文化招商上，大力支持特色文化产业建设，建设了赣州黄蜡石专业大市场，吸引了石雕、根艺等50多客商入驻营业。赣州黄蜡石大市场坐落在赣县杨仙大道与城南大道之间，占地60多亩，建筑面积约26000多平方米，已租（买）店铺245间（含一楼、二楼），入驻业主61户。2015年举办了首届黄蜡石文化产业博览会，来自各地的经营户432个，交易达到6000余万元。③借助赣南苏区振兴发展东风，我县以红色文化资源为依托，加快了红色文化资源的开发保护利用，完成了毛泽东、周恩来、朱德、陈毅、罗炳辉旧居，江口会议、江口贸易分局、白鹭会议、龙头红军医院、中共赣南特委、赣县苏维埃政府、中共赣西南特区委南路分委等24处赣县革命历史遗址旧居资料的上报工作。

二、对今后工作的思考和建议

文化工作的根基在人民，履行职能的归宿在人民群众，发挥作用的力量在人民群众。在文化工作的实践中，文化工作必须维护人民利益，顺应人民愿望，一要解决好"我是谁"的问题。文化工作在任何时候都要把人民群众文化需求利益放在第一位，把对党的文化工作负责和对人民对文化的需求负责统一起来，一切为了人民需求，为了人民的对文化需要的一切。文化工作者要充分发挥自身的优势，在文化工作中加强与人民群众的联系，生活中密切与人民群众的关系，通过了解调研座谈等活动，切实了解人民群众关心的热点难点问题，善于解决好人民群众对美好生活的新期待，勤于反映人民群众对享受社会文化的新要求。二要解决好"依靠谁"的问题。人民群众是历史发展的决定力量，也是推动文化工作的根本力量。我们要正确认识和理解文化工作的动力，自觉在思想上尊重群众、感情上贴近群众、行动上依靠群众，自觉接受人民监督。要组织引导人民群众通过多种形式参与文化事业建

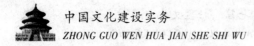
设工作，文化工作者要做到确定工作计划听取群众意见，开展文化建设汲取群众智慧，强化自身建设接受群众监督，真正与人民群众站在一起，想在一起，干在一起，不断夯实文化工作的基础，共同凝聚起推动经济社会发展和维护社会和谐的磅礴力量。三要解决好"为了谁"的问题。把人民群众对文化的的期望用来为人民谋利益，实现好、维护好、发展好最广大人民的根本文化权益，是文化工作的根本要求和永恒主题。各级文化部门和文化工作者要充分发挥各自优势作用，自觉把文化工作的着力点放在群众关心关注的热点难点问题上，通过内部管理和接受社会媒体、学校教师、老同志监督，对文化事业建设、文化产业发展、文化市场管理问题进行专项治理。要加强文化信息共享建设，最大限度地保障人民群众的对文化工作的知情权、参与权、表达权、监督权，保证人民群众享有文化权利公平、机会公平、规则公平，使人民群众共同享有文化建设成果的机会，共同享有梦想成真的机会，共同享有同祖国和时代一起成长与进步的机会。当前，在群众路线教育实践活动中，要结合文化实际，突出文化特点，要加强社会主义核心价值观建设，倡导富强、民主、文明、和谐，自由、平等、公正、法治，爱国、敬业、诚信、友善。正确认识和处理好依法按程序办事与克服形式主义的关系，行使文化职责与防止官僚主义的关系，服务保障人民与密切联系群众的关系，"清水衙门"与反对享乐奢靡的关系，全力建设为民服务的文化机关和文化工作者。

注重文化引领加强文化市场监管

江西省大余县文化和广播电影电视局

2015年，在县委、县政府的正确领导和上级主管部门的关心支持下，我局紧紧围绕全县中心工作，坚定理想信念，践行"三严三实"，以党的十八大和十八届三中、四中、五中全会及习近平总书记系列重要讲话特别是关于文化工作的讲话精神为指导，努力发展基层文化事业，着力构建文化强县。通过不断努力，我县文广局各项工作取得了一定的成绩。

一、2015 年工作回顾

（一）以乡村旅游现场会为龙头开展文化活动，群众文化生活精彩纷呈现

10月26日，全省乡村旅游现场会在我县举行，我局承办了文艺晚会和文化展览，受到省市县领导的高度评价，并丰富了群众文化生活。

1、文化惠民工程扎实有效。2015年，共送戏下乡27场，完成任务的120%；各乡镇自办活动26场，完成任务的106%，全面超额完成县下达的民生工程考核任务。此外，我局组织文化活动和优秀戏剧进学校、进敬老院3次，受到广大人民群众热烈欢迎。

2、文化主题活动精彩纷呈。围绕不同主题，开展了系列重大文化庆祝活动。3月5日，由文广局主办，文化馆承办的"放飞中国梦·欢歌闹元宵"灯谜晚会精彩上演，共吸引了1000多观众及灯谜爱好者前来参加；6月6日，成功举办了以"中国梦·少年梦"为主题的全县青少年曲艺（故事）大赛活动；9月21日，我局重金打造的原创抗战采茶歌舞剧《呐子声声》，在文化中心剧场首演成功，到场嘉宾有县四套班子领导，各乡镇、各单位主要领导，企业家代表等400余人观看了演出，获得一致好评。

3、文化辅导活动深入民众。按照农村业余文化人才培养计划，全年举办各种培训班6期，培训人员450余人次，通过开展多种形式的辅导和培训，使农村业余文化人才的培养常态化、规范化，提高了全县农村基层文化人才队伍专业素质，促进了农村群众业余文化活动的蓬勃开展；同时，积极辅导、扶持民间业余文艺团体，开展特色文化活动，努力打造"一村一品"特色文化品牌。

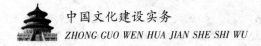
（二）打造文化亮点，文博图工作实现新的突破

1、紧扣"经典阅读"的主题，大力推广未成年人阅读。为进一步推广未成年人阅读，搭建交流读书感悟的平台，进而引导更多的未成年人爱上阅读，学会阅读，实现"多读书、读好书、好读书"的未成年人阅读推广目标，大余县图书馆一是遴选出百种优秀读物，制成小册子共计2万余份，分发到各中小学校和农家书屋，在全县范围内推广青少年经典阅读书目；二是开展青少年经典阅读进校园活动。图书馆的工作人员来到学校与学生面对面交流和阅读有关的话题，进一步宣传和推广青少年经典阅读，鼓励大家爱读书、多读书、读好书。三是通过开展形式多样的读书活动，进一步激发青少年的阅读兴趣，影响更多的孩子阅读经典。围绕青少年经典阅读的活动主题，大余县图书馆分别开展了"悦读，2015"——读者服务提升计划活动、"经典阅读绘画大赛"、"寻找身边最美读书故事"征文比赛、"我的书屋我的梦"农村少儿读书征文比赛等活动，围绕青少年经典阅读的主题，让青少年读者通过比赛和经典好书来了一次心灵触碰，在他们幼小的心灵埋下爱读书、读好书的阅读种子。2015年，大余县图书馆的青少年读者入馆率和外借率大幅度提高，仅少儿阅览室的图书外借量就达到了近6万册，是去年的2倍多。

2、加强农村基层图书室建设，为村民阅读保驾护航。2015年，我馆对全县105个农家书屋和11个综合文化站进行了摸底调研，列出了各农村图书室设备缺失清单、图书采购意向等。接下来，将由县里有针对性地对部分基础较好、活动开展比较正常的综合文化站和村级文化活动室进行加强配置。一是为每个点添置6组书柜、2套阅览桌椅、3台电脑等专业设备；二是为每个点增加配备了图书1500册；三是为每个点增添阅报栏和好人榜等宣传栏。经过重新打造的村级图书室，设施齐备、功能齐全，能很好地满足村民的阅读需求。将会有越来越多的村民愿意走进农家书屋读书、看报、上网。

3、文物保护工作有新的突破。一是全国第一次可移动文物普查正常开展，已制定工作方案，根据工作安排及时组织人员开展工作，已完成所有馆藏文物的技术录入工作。二是市文广局已批复同意设立我县第一家民间博物馆"大余县钨都矿物晶体博物馆"。三是文化和自然遗产保障建设项目"大余县梅关和古驿道保障建设项目"国拨经费已下达，在完成可研及专家评审、初步设计和施工设计后，目前有部分项目已进入施工阶段。四是"斋坑陈毅隐蔽处"与"陈毅旧居"、"八一南昌起义大余整编旧址"、"南安东山大码头"一并列入江西省文物保护单位待批名单；我县列入全省革命遗址维修项目"八一南昌起义大余整编旧址"已经基本完成施工。

4、非物质文化遗产保护工作有新的内容。一是 1 月 29 日，为了进一步推进大余非遗保护工作，深入挖掘本土民俗文化，县文化馆组织我县非遗普查小组成员赴吉村镇康屋进行实地采访考察，为非遗项目《手势舞》的申报收集到了详实的第一手资料。二是 6 月 13 日至 15 日，在国家第十个"非遗日"来临之际，大余县文化馆在县钨都广场举办"非遗"主题宣传活动，在开展丰富的非遗项目展演的同时，向群众广泛宣传非物质文化遗产传承保护的重大意义，进一步提高了全社会的文化遗产保护意识，极大地推动了非物质文化遗产保护工作的开展。三是民间舞蹈《小双狮舞》完成申报书编写、光盘刻录工作；民俗项目《青龙肖家拳》基本完成拍摄及申报书初稿编写；省级项目《旁牌舞》代表性传承人已完成申报工作。

（三）加大整治力度，文化市场健康有序发展

1、做好行政审批衔接工作。承接了 2 项市级审批项，并在电子政务平台公布；在全国文化市场服务平台上，完成了网吧、娱乐、文艺表演团体许可证的换发工作，所有审批项目均通过网上进行；开展了权力责任清单梳理工作，梳理文化广电新闻出版权力责任 198 项，完成了行政审批、便民服务事项的录入发布。

2、文化市场监管措施有力。按照《文化市场管理日常巡查制度》的要求，我局稽查大队一方面，注重抓好文化市场的日常巡查，实行分片包干，明确责任和要求；另一方面，通过完善监控平台、设立举报电话、聘请义务监督员等措施，实施立体式监管。

3、重点整治违法经营活动。针对群众反映的突出问题，一是联合公安、工商、教育、消防等部门对网吧、游戏厅等娱乐场所和音像、书刊、印刷等经营户开展专项整治行动。今年，开展专项集中整治 4 次，检查文化经营户26 家，收缴盗版图书 211 本，盗版、淫秽音像制品 267 盘，检查网吧 83 次，关停了 1 家，对 3 家下发了限期整改通知书，都已接受了整改，有 5 家违规接纳未成年人和超时经营的网吧，受到不同程度的经济处罚，并且要求他们向主管部门写出了承诺保证书。二是开展打击非法卫星地面接收设施专项行动，拆除非法卫星地面接收设施 32 套。三是开展版权保护工作。严厉打击政治性非法出版物、侵权盗版出版物、非法报刊。

（四）创新干部队伍和机关效能建设，积极开展优化发展环境活动

1、干部队伍建设有新提高。一是健全局机关内设机构，明确责任人和工作职责，制订相关制度和考核办法，提高了干部职工的工作积极性和主动性。二是招聘专业人才，经过局班子领导的努力，在县委、县政府重视下，我局

向社会招聘专业性表演人才，使系统内专业人才有了新的血液。

2、行政效能和机关作风有新转变。一是抓制度，营造干事氛围。健全和完善了《机关干部考勤管理制度》、《会议制度》、《学习制度》等制度。结合市、县工作要求，制订了《文广系统目标管理考核方案》，并以之统领全年工作，使系统内干事氛围更趋浓厚，考核和管理走上规范化轨路。二是抓作风，树立良好形象。以"学习焦裕禄、龚全珍先进事迹"主题实践活动，进一步加强机关作风建设。

二、存在的问题

（一）人才引进困难，文物保护、博物馆管理、艺术创作、文化综合执法等人才缺乏，出现断代现象。

（二）文广新公共事业经费和文化项目资金紧张，在一定程度上影响了工作有效开展和文化设施的建设。

（三）文广新产业发展滞后，推出本县有特色的文化品牌不多。

三、2016年工作打算

2016年，是认真学习贯彻落实党的十八大、十八届三中、四中、五中全会精神的关键年，县文广局工作总的思路是：在县委县政府的正确领导下，认真贯彻落实党的十八大、十八届三中、四中、五中全会精神和习近平总书记系列讲话精神，围绕中心，服务大局，实现文广事业大发展大繁荣。把大余县建设成为苏区具有重要辐射力的文化中心区、公共文化服务普惠区、文化精品展示区、文化产业发展新兴区、文化旅游特色区、文明城市建设先行区、文化体制改革创新区、文化人才聚集区，不断提升我县文化软实力和竞争力。

（一）以基础设施建设为重点，逐步完善公共文化服务体系

1、完成我县第一家民间博物馆"大余县钨都矿物晶体博物馆"省级备案并正式开馆；完成"八一南昌起义大余整编旧址"维修工作及竣工验收；力争文化和自然遗产保障建设项目"大余县梅关和古驿道保障建设项目"全面完成实施，夯实我县公共文化基础设施建设，满足群众不断增长的文化需求。

2、打造乡镇文化示范点活动。按照上级部门的要求，2016年，集中打造乡镇文化示范点，具体抓好周屋理学、左拔曹氏围屋文化、村级文化书屋等免费开放等工作。使人民群众享受丰富的文化大餐。

3、创建村级文化活动平台。加强对全县村级文化活动建设的量化考核评估，制订"十佳"村级文化活动中心创建标准，加大对村级文化活动中心扶持、培育力度，创建十个最佳村级文化活动中心。

（二）以文化惠民活动为抓手，不断丰富群众文化生活

1、联合县作家协会、县诗词楹联学会联合举办 2016 年 4 月"谷雨诗会"、12 月《梅国诗会》，营造深厚的文化氛围，不断丰富群众业余文化生活。

2、举办大余县第二届少儿曲艺大赛、第二届器乐大赛、第五届农民艺术节和中、小学书法、绘画、摄影大赛，提高全民特别是未成年人参与文化活动的积极性。

（三）以"乡村旅游"为抓手，打造特色文化品牌

坚持把搞好乡村旅游作为发展文化产业的重要举措，以黄龙花卉、周屋理学、牡丹亭故事、梅岭驿道为平台，举办文化旅游节节庆活动，着力打造有较大影响的文化节庆品牌，推进我县文化旅游产业发展。全力推介以丫山风景名胜区为代表的生态文化旅游，以陈毅旧居纪念馆、八一南昌起义整编旧址为代表的红色文化旅游，不断提高游客"游在大余、吃在大余、住在大余、留恋大余"的吸引力。

（四）深入推进文化遗产保护，全面提升图文博管理水平，加强文化市场监管

1、继续加强文物免费开放。推进国家级、省级重点文物保护单位和非遗项目申报工作，加快构建科学有效的文化遗产保护体系，努力提升我县文物保护和非遗传承水平。深入挖掘大余传统文化、红色文化、民俗文化的文化元素，全面实施文物免费开放，不断丰富大余文化内涵，塑造大余文化品格。

2、图书馆继续实施图书免费开放服务工作，为读者提供热情、高效的借阅服务；对接市图和省图，积极完成图书馆全省通借通还工作；建立总分馆制，与乡镇图书室建立合作共建，资源共享，至少建立 2 个分馆；紧跟时代步伐，加强图书馆数字化建设，开通手机移动图书馆服务项目和微信服务，让市民朋友真正享受高效便捷的图书馆数字化服务。

3、积极推进文化市场依法治理工作。进一步规范审批服务；继续开展"扫黄打非"、网吧和娱乐场所专项整治行动，加大对网吧、娱乐场所的巡查力度和频度，精心组织开展"零点"、"午时"、"傍晚"执法检查行动，坚决查处一批社会关注度高、群众反映强烈的案件；对我县网吧和娱乐场所进行集中治理，为全县人民提供健康、有序的文化阵地。

（五）以项目为抓手，积极推进苏区振兴发展

1、进一步利用总局对口支援大余的契机，帮助总局制定好对口支援大余2016～2020年实施方案，争取更多的优惠政策和项目资金。

2、抓紧做好大余文化影视传媒中心，新四军抗日出发地—池江旧址群红色旅游开发、嘉佑寺塔下公园、王阳明纪念园、赣南红色影视基地等项目的前期工作。

3、积极争取一批文物及革命旧址维修项目。

总之，我们要进一步转变工作思路，坚定工作信心，更加自觉、更加主动地将"文化兴县"工作放在经济社会发展的全局中去思考、去谋划、去开拓，抢抓机遇，克服困难，强化责任，不断加快"文化兴县"战略实施步伐，促进文化与经济、文化与社会相融共促、和谐发展，努力把大余建设成为文化的繁荣之地、经济的兴盛之地、社会的和睦之地、百姓的幸福之地。

服务群众　提升水平
全面促进文体产业健康发展

山东省日照市东港区文化体育新闻出版局　赵东波

2016 年上半年，在区委、区政府的正确领导和上级业务部门的指导下，区文体新局深入学习贯彻党的十八大、十八届三中、四中、五中全会精神和习近平总书记系列重要讲话精神，围绕更好地服务群众，突出提升四项工作水平，全面促进文化体育事业和文化体育产业健康发展，更好地助推"三个东港"建设。

一、上半年工作情况

（一）提升"突破园区，聚力招引"工作水平

认真落实区委、区政府"突破园区、聚力招引"工作部署，围绕文化创意产业招商重点，建立完善"周汇报、月调度、季分析、年终考核"工作制度，积极做好招商引资、招科引技、招才引智和对上争引工作。积极走出去，先后到南京、常州、上海考察大型户外公共体育场地建设、山地自行车赛道、农民画、特色图书馆等项目，到广东考察学习文化产业工作，到北京、济南、大连等地考察招商引资项目。目前，开工建设项目 6 个，在谈项目 3 个。对上争引资金 300.13 万元。同时积极做好区级大项目联系推进工作。

（二）提升构建现代公共文化服务体系工作水平

一是推进公共文化服务标准化、均等化。在局门户网站公布了区级和镇（街道）级的基本公共文化服务目录，并建立需求反馈平台。10 个镇（街道）综合文化站统一建立并公布镇（街道）、村（社区）公共文化服务目录。正在起草创建"一社一品""一村一韵"等特色文化项目的创建实施方案。《东港区公共文化服务体系建设鼓励扶持办法》正在研究制定中。继续实施"一村一年一场戏"送戏下乡工程，采用政府购买演出服务的新方式，按照"公开招标 + 演出质量评审"的有效采购方法，与 3 个正规院团（演艺公司）签订了演出合同，10 个镇级庄户剧团参与送戏，上半年累计送戏 200 场。继续与水知影剧中心合作举办"市民文化大讲堂"并举办 3 期。二是加强文化阵

地建设。推进图书馆"总分馆建设",目前新华书店分馆已免费对外开放,石臼街道、后村镇的镇级分馆的集群化管理系统建设规划已完成,其他工作正在积极推进。对镇(街道)综合文化站进行改造提升,制定出台了《镇(街道)文体站考核工作方案》,设立考核奖励基金(5000元/季度/文体站),根据考核结果按比例兑现。目前,三庄镇在原镇中心幼儿园旧址改建镇文化综合服务中心,陈瞳镇、西湖镇文化综合服务中心基础设施改造修缮补助10万元已拨付到位,香河街道文化综合服务中心装修工程稳步推进。顺利承办"日照市第二期文化站长论坛"。成功举办东港区社区(村)干部文化理论培训班,200余名村(社区)负责人参加了培训。全区91个社区、418个村建成了综合性文化中心。加大对文化薄弱村帮扶力度,制定了《文化精准扶贫工作实施方案》,通过实施"七大工程",提升贫困村文化大院服务功能,确保达到十有、四落实标准。对12个省级、30个市级贫困村和59个区级文化薄弱村,在安排文化扶持项目、物资时优先考虑。目前已扶持贫困村建设戏台子2个,农家书屋32个,书画用品42套、听戏机42台、看戏机63台、便携音响83台。三是扎实推进文化惠民工程。深入实施"千百重点文化工程",提升123个基层综合性文化服务中心的服务功能,以清明节、端午节等"我们的节日"主题系列文化活动、"一村一年一场戏"等为契机,推出了200余场群众性文艺演出,提升了43个庄户剧团(社区文艺表演队)的演出水平。举办了全区文化精准扶贫暨有线电视"户户通"扶贫工程启动仪式。正在筹备举办2016年庆"七一"文艺晚会暨第三届社区文化艺术节开幕式。继续开展"市民读书,政府买单"、图书置换、爱心图书漂流活动,推进全民阅读深入开展。截止6月份,市民累计办理借阅证7855张,读者文献借阅册次149169册次,图书借还人数达34227人次。扎实推进群众文化普及工作,进一步提升文化馆免费开放服务水平,举办了迎新春文化大集民俗展演活动、全区戏剧票友大赛、"春晖烂漫"油画展、"笔墨心相"国画名家四人邀请展、"长卷共绘中国梦"展示活动、农民画作品展等活动。开展书法、国画、成人合唱、成人舞蹈、少儿合唱、少儿舞蹈、化妆、围棋、钢琴、吉他、黄帝内经养生讲座等公益培训活动300场次。每村每月放映一场公益电影,截至目前,放映1164场次。对阳光吕剧团等地方戏曲剧种开展普查工作。

(三)提升文化传承保护与创新水平

一是加快发展文化产业。认真做好重点文化产业项目培育工作。对辖区市级文化产业示范基地发展情况,进行汇总整理,借助招引工作,做好项目推介,积极宣传文化产业示范基地亮点。推荐优秀企业参与编印《日照市文化创意产业对外推介及招商手册》。积极组织企业参加各级文化产品交易会，助推优秀文化产业项目提档升级，带动区文化产业发展。二是加强文物保护工作。进一步完善文物保护"四有"工作，新制作并安装了第五批省保2块、第三批市保6块及第一批区保14块标志碑共22块。认真做好第一次可移动文物普查验收准备工作。联合市文物局先后到后村镇大后村、陈疃镇陈疃一村、日照水库管理局实地察看了解林水会战工程发现的陶片、陶器等情况情况，并发现一处大后村遗址。做好第一批"乡村记忆"工程单位三庄镇上卜落崮村、大夏家岭村四合院等保护利用工作，目前上卜落崮古村落文化保护项目老街巷、民宅院落部分完工；大夏家岭四合院开展了前期调查研究工作。加大文物法规宣传力度，利用"4·18"国际古迹遗址日、"5·18"国际博物馆日及"文化遗产日"等节假日积极开展文物法规宣传活动。通过悬挂横幅、发放明白纸、开展文物保护员培训班等形式，增强公众的文物保护意识。三是加强文化遗产保护。研究制定了《2016年非遗工作方案》，组织举办了非遗专题讲座、2016新春古琴鉴赏雅集、"唤醒——日照手工制陶技艺发展史"、东港区非物质文化手工技艺展览、中国文化遗产日展览。在"东港民俗大集"展示了黑陶、核雕、剪纸、折纸等7个项目。组织大调、满江红、跋跌、打夯号子、南湖武术、影雕6个项目参加了市文广新局举办的"非遗月"展演。进一步修改第四批市级非遗申报文本，做好第四批市级非遗的申报工作。贺娟林入选山东省十大模范传承人。组织第二批非遗进校园活动，10个项目走进12所中小学校。四是大力弘扬传统文化。推进尼山书院、道德讲堂建设，累计完成经典诵读、道德体验、国学体验、专家公益讲座68场次，参与活动人群达到8000余人次。镇街道综合文体站建成儒学讲堂6处，其中规范化讲堂2处，社区（农村和城区）建成儒学讲堂43处，其中规范化讲堂8处。先后开展传统文化宣讲70余场次，共有12000余人参与活动。

（四）扎实做好行政审批服务工作

进一步深化行政审批制度改革，编制了行政审批事项服务指南和业务手册，优化行政权力运行流程。依法严格做好文化新闻出版经营单位的行政审批服务工作，目前，办理新设立文化经营单位22件，变更9件，办结31件，提供便民服务咨询500余次。认真开展各类文化经营单位的年终统计与年审换证工作。同时，认真做好文化新闻出版市场安全生产工作，审批和换证时与经营业户签订安全生产责任书，及时提醒经营单位安全第一，并邀请消防和文化市场执法局对全区文化经营单位展开安全生产大检查，及时发现安全隐患，提出整改意见和建议。

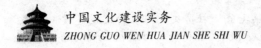
二、下一步工作打算

一是完善综合性文化服务中心。继续搞好区级文化中心建设，充分利用图书馆南外侧空地，改扩建图书馆，增加阅览室面积及综合服务功能。大力加强文献资源、文化信息资源共享工程、数字图书馆建设。继续推行图书馆"总分馆建设"，完成石臼街道和后村镇分馆建设，将农家书屋纳入分馆建设，免费为读者服务，实现通借通还，有效解决一馆覆盖不全和就近方便群众的问题；推进文化馆"总分馆建设"，在各镇设立分馆，加强业务指导、培训及活动和资源统筹等。以基层综合性文化服务中心建设为重点，加快镇（街道）、社区（村）文化阵地建设，落实月调度、季通报制度和奖惩机制，提升镇、街道文化站综合服务能力，充分发挥辐射带动功能。年内基本实现社区综合性文化服务中心全覆盖，进一步健全基层公共文化服务功能，壮大文化活动队伍，逐步实现文化服务常态化。扶持美丽乡村大舞台、幸福社区小剧场、美术馆、博物馆、音乐厅等文化设施建设。

二是全面推进文化惠民工程。广泛开展群众文化活动，营造良好的发展氛围。对全区 435 个行政村实施"一村一年一场戏"送戏下乡和"一村一月一场电影"公益电影放映文化惠民工程。大力开展全民阅读活动。积极进行文艺精品创作，大力推进特色文化镇（街道）、"一社一品"、"一村一韵"等文化品牌培育，打造一批有特色、叫得响的东港群众文化工作品牌。积极承办全市文化站长论坛，推进文化广场辅导员（志愿者）队伍建设工作，开展市民文化大讲堂活动。继续开展舞蹈、合唱、钢琴、书法、绘画、围棋等各类公益培训活动

三是切实加强传统文化传承与保护工作。加强文物保护工作。推进非遗项目的挖掘、整理和传承，举办泥塑专题展览，培养传承人学习和制作《凤凰庄木版年画》。继续开展非遗进校园活动，推动非遗展馆建设。推进传统文化"进社区、进农村、进机关、进学校"宣讲工作。

四是扎实做好新闻出版管理和行政审批服务工作。依法严格做好文化市场行政审批服务工作，打造"依法行政、规范办事、优质高效"的服务窗口。认真做好正版软件的采购更换和检查验收工作，建立正版软件使用与管理的长效机制。加强农家书屋管理培训工作，提高书屋的利用率和综合效能。

立足根本 加强建设
推进文体事业健康发展

山东省莱芜市钢城区文化体育新闻出版局

2015年以来，在区委、区政府的正确领导下，在上级业务部门的关心支持下，我局紧紧围绕全区工作大局和局2015年工作要点，坚持高标准、严要求、重实绩，努力抓好各项工作落实，年内我区被评为"第二届山东省文化强省先进区"、局机关被评为"全省扫黄打非先进集体"、"山东省全民健身运动会先进单位"。

一、发动全员招商，全力抓好招商引资

根据年初分配的招商引资任务，积极发动全员招商，主要做好了以下几个项目：一是引进由莱城区张振投资兴建的莱芜市精力机械加工有限公司，该企业坐落在颜庄镇疃里工业园，投资3000万元，目前已完成投资，产品试生产中。二是积极靠在作为第二引荐人的鲁碧水泥新上项目85万吨水泥安装工程项目上，做好服务和协调工作，该项目坐落在里辛工业园，目前已完成投资3600万元。三是积极协调了马尼拉盛达鸿泰（山东）汽车配件有限公司项目外资引进工作，引进外资500万美元。四是做好总部经济引进工作。近期洽谈北京商人苗俊梅女士，引进"莱芜河岸时代电子商务有限公司"目前已经完成注册，各项手续、工作正在推进。

二、注重载体活动，切实抓好文体惠民

一是积极开展节庆活动。春节元宵节前夕，组织开展了"共筑中国梦，欢庆幸福年"冬春文化系列活动。面向基层共组织开展"共筑中国梦，欢庆幸福年"冬春文化惠民活动70场，戏曲、民俗表演、文艺演出等文化节目深入农村，为广大居民奉上了一道道节日文化大餐。国庆前夕，举办了"迎国庆"文艺演出活动、"迎国庆"书画展暨"汶源风情"油画展，展出书法绘画作品150余幅，丰富了群众文化生活。

二是组织开展赛事活动。举办了消夏文艺晚会暨第二届群众文艺汇演，

全区 16 个文艺表演团体承办了为期 16 天的消夏文艺晚会暨第二届群众文艺汇演；举办了由 33 支代表队参加的全区广场舞大赛，有 5 个团队获市级奖项；承办了省广场舞大赛钢城海选赛，有 10 个团队获市级参赛资格；举办了包含自行车、广播操、跳绳、拔河、乒乓球、羽毛球、篮球、足球等 11 个项目的全民健身运动会，参与人数 5000 余人；积极承办了省青少年速度轮滑锦标赛、省山地自行车比赛、围甲联赛山东队与贵州队的比赛以及市武术比赛、市纪念毛泽东主席发表题词 63 周年主题展演等活动；组队参加了市第十届全运会、市第五届全民健身运动会、市机关干部运动会等比赛，取得市第十届全运会团体总分第二名的好成绩。

三是广泛开展文化下乡活动。开展"千场文艺走基层"活动演出 227 场，实现了每村每年免费送一场文艺演出的目标；送电影下乡 2700 余场，实现了每村每月免费放映 1 场电影的目标；开展了送"福""送春联"进万家活动。组织全区实力派书法家走进 20 余个村（社区），赠送"春联"、"福"字 3000 余幅。开展了流动图书馆进社区、进公园、"世界阅读日"广场宣传、读书朗读比赛等活动，受到群众广泛欢迎。

四是积极开展文体培训。区文化馆利用周末面向全区开展包括书法、绘画、舞蹈、器乐、摄影、棋类等项目的免费培训，全年组织各类培训 100 期；加强了对区、镇、村、企业文化骨干、文艺团体的指导与培训，选派业务骨干参加了市健身广场舞培训班、选派 20 名体育骨干参加了省体育指导员培训班；培训各村、健身队文化广场舞翎 220 余人；举办三级社会体育指导员游泳、羽毛球培训班，培训学员 100 余人。

三、加强阵地建设，不断完善文体网络

一是建设了区"尼山书院"。推进图书馆＋尼山书院建设模式，2015 年 6 月，投资 40 余万元，建设了尼山书院，打造了 40 个"社区、乡村儒学讲堂"，2015 年 12 月，区图书馆尼山书院、桃花园社区儒学讲堂被市推荐为省级示范单位。

二是加强镇、村综合文化中心建设。按标准建设了 3 个镇（街道）综合文化站（综合文化中心），使全区 5 个镇（街道）综合文化站（综合文化中心）全部达到 3 级以上标准；对 91 个村（居）综合文化中心进行了优化升级。

三是实施社会主义核心价值观广场舞示范工程，为 40 个村（居）广场舞队配备了便携式拉杆音响。

四是实施农家书屋提升工程，为全区 120 家农家书屋更新图书 4 万余册，进一步满足了农民群众阅读学习需求。

五是加强了对新、旧居民小区健身广场的调查摸底与器材配送。结合创建卫生城市，为 28 个社区（村）配备了健身路径。对新建健身广场进行登记，对城区和城乡结合部的所有社区，新、旧小区的健身广场和健身器材进行了全面调查梳理，进行了器材配送、维护和加固。

六是加强了区、镇、村公共体育设施的管理和利用，实施了区体育中心、镇（街道）体育健身工程、村（社区）健身广场及部分学校公共体育场馆的对外免费开放。

七是加快了体育社团发展。成立了足球、武术协会，完成了羽毛球协会注册，筹备了围棋协会和象棋协会。

四、打造交流平台，促进文化产业发展

一是建立了"钢城区文化产业发展联盟"平台，搭建了我区文化产业发展的载体。

二是加大了对文化困难企业的帮扶。帮助山东巧夺天工家具有限公司注册红木博物馆，扩大旅游项目；帮助莱芜三强商业有限公司破解发展瓶颈，实施文化送企，加强了对该公司的宣传。

五、着眼保护传承，有效利用文化资源

一是公布了一批文物保护单位和非物质文化遗产。2015 年新公布省级文物保护单位 2 处、市级文物保护单位 2 处、区级文物保护单位 6 处，全区共有区级以上文物保护单位 14 处；2015 年新公布省级非物质文化遗产 1 处、区级非物质文化遗产 3 处，全区有省、市、区级非文物文化遗产 10 处。

二是开展了国有单位可移动文物普查。聘请省、市文物专家对我区国有单位可移动文物进行了鉴定，有 76 件录入省可移动文物数据库，初步建立了区级可移动文物数据库。

三是建立了区级"乡村记忆"工程数据库。2015 年，经过逐级申报，黄花店村、下北港村段氏建筑群等 2 处入选省"乡村记忆"名录；颜庄镇等 17 处入选市级"乡村记忆"名镇、名村、"乡村博物馆"、"传统民居"名录。区级也初步建立了"乡村记忆"名录，整理各类传统历史文化、文物、非遗等有关线索 600 余条。

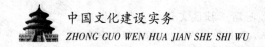

把重点区域历史文化村落保护推荐列入了市、区"生态文明村"建设保护规划;同时列入了全区"农业农村资源入库项目"。

四是传承了优秀传统文化。扶持10位"非遗"传承人、民间艺人收徒33人传授了技艺。实行了莱芜战役指挥所旧址免费对外开放;开展了全区"经济发展实物征集",上报征集实物101件。

五是建设了全区"历史文化展陈大厅"。2015年10月起,铺开了"全区历史文化展陈"展厅布展工作,争取省级专项专款50万元,区文体新局从市、区聘请了专家,制定了展陈大纲(草案),对设计、施工进行了公开招标,目前各项工作有序进行,预计12月底完成布展并向社会开放。区文体新局还协调资金5000元,对九堂行宫进行了修缮。

六是依法做好了历史文化遗迹保护工作。区文体新局立足文物管理行政职能,在现有工作力量严重不足情况下,抓住政府机构改革机遇,2015年设立了文物局。加大安保意识,制定下发了纪念馆管理制度、开放制度、消防安全制度等,并开展了"今冬明春火灾防控工作"专项检查。同时积极参加省、市文物、非物质文化遗产培训,推荐2人,参加省级业务培训3期次,加强专业知识培训,为做好文物保护和非物质文化遗产保护夯实基础。

六、立足素质提升,推进文体队伍建设

一是加强了机关党建工作。把党建工作作为重中之重来抓,推动了党建工作的经常化、规范化。制定印发了《2015年局机关党建工作方案》、《2015年局机关学习计划》,加强了政治理论学习;组织了《行政许可法》、《行政处罚法》、《著作权法》、《文物保护法》等法律法规的学习,增强了工作人员的依法行政能力,做到了依法行政。

二是开展了"三严三实"专题教育。制定了《局"三严三实"专题教育实施方案》、《局"三严三实"专题教育工作配档表》,5月25日召开了局全体党员专题教育座谈会,启动了局"三严三实"专题教育。分阶段组织了专题学习、交流研讨,撰写了学习心得,查摆了"不严不实"问题,撰写了党性分析材料,开展了谈心交心活动,正按要求组织筹备局民主生活会。

三是严格落实了党风廉政建设责任制。认真学习《廉洁从政若干准则》、《纪律处分条例》等有关政策法规,严格按照中央、省、市、区关于党风廉政建设的有关要求,贯彻落实党风廉政建设责任制,做到了自身清、身边清,时刻绷紧了清正廉洁这根弦,筑牢了反腐倡廉的思想防线。

四是提升了行政审批服务能力。认真贯彻了行政审批事项改革工作。制

定了单位行政审批事项责任清单、权利清单，行政审批项目服务手册、办事指南等，及时组织文化市场经营业户进行了许可证年审更换新证，新上项目审批，加强了文化市场日常监管，确保了全区文化市场、出版物市场的安全平稳运行，营造了良好的文化市场环境，年内我单位被评为"全省扫黄打非先进集体"。

五是加强了全区文化体育人才宣传工作。先后在大众日报发表《钢城影视拍摄基地成立》《钢城影视人才带火电影文化产业》两篇文章，在莱芜日报发表《王元学：用影片实现梦想》《草根导演的艺术人生》等6篇文章，强化了文化人才宣传；发掘培育了一批影视、绘画、书法、工艺美术等文化产业急需人才。年内我区有1人被评为"齐鲁文化之星"，有微电影《十五的月亮》、舞蹈《幸福像花儿一样》《桃花争艳》等多个项目获省级以上奖项。

另外，我单位按时完成了区委、区政府安排的文明城市创建、卫生城市创建、包村驻企、社会治安综合治理、安全生产监管等各方面工作，达到了各项任务要求。

完善设施 壮大产业
强力推进全区事业和文化产业发展

山东省德州市陵城区文体广电新闻出版局 魏立平

"十二五"文化事业发展的主要成绩是：被评为"山东省社会文化先进县"、建设了体制健全、设施完善、管理规范、各项事业全面发展的社会主义文化事业发展的新格局。十二五以来，文广新局紧紧围绕丰富群众文化生活，提高群众满意度，加大设施建设标准化、文化队伍网络化、文化活动常态化、管理服务规范化、树立典型标杆化、百姓参与普及化、文化遗产效益化、文化产业壮大化"八化"工程建设，在此基础上借助全区文化工作会议胜利召开的有利时机，采取大宣传、大培训、大讲堂、大调研、大活动、大建设六大措施，强力推进全区事业和文化产业发展。

一、"十二五"期间工作总结

1、文化队伍素质整体提高。通过开展"百千万"工程（新建百处村级文化大院、培训千名业务骨干、培养万名文艺人才）壮大村级文化联络员队伍，目前全区600余支文化团队。另外从几个方面提升文化队伍水平：第一，加大对文艺人才的培训力度，每年组织近20批次参加省市各类专项培训，培训后带动乡村文化队伍、提升整体队伍水平；第二，多次聘请专家对文艺爱好者进行舞蹈、音乐、书法等各类专门的培训和指导；第三，为各文艺团队配发音箱300套。第四，通过以会代训、以活动代训等方式提升基层文化队伍的整体水平。我区文化队伍实现了从量的增加到质的提高的飞跃。

2、文化设施建设不断完善。（1）图书馆、文化馆分别被评为国家一级馆，设施进一步完善，进一步丰富群众的精神文化生活。（2）各乡镇文化站全部建成，农村文体小广场建设率基本实现全覆盖，文化站、文化大院提档升级工作已基本完成。（3）文博苑实现重新布展。布展工作自2012年6月开始，2013年6月完成。（4）组织开展全区历史文化展示工程，历史博物馆重新布展，新建非物质文化遗产展厅。（5）加大力度建设尼山书院，成立儒学讲堂。

3、文化活动内容更加丰富。我们以提高群众满意度为目标，每年针对不同年龄段、不同兴趣爱好的群众分门别类的开展各级各类的文化活动 300 余场。其中既包括农民文化艺术节、全区广场舞汇演、少儿才艺大赛、秧歌汇演等品牌性大型群众性演出活动，又有首届民俗文化艺术节、首届千人广场舞汇演、戏曲《宝莲灯》和《东方朔》等有开创性意义的活动，另外包括纪念习近平总书记重要批示三周年重要活动——党的群众路线教育实践活动书画展等大型展览活动。同时，按照"把名家送下乡、把老百姓请进城"的方针，提高送戏下乡质量，多次邀请省歌舞剧院、京剧团等高水平剧团来我区进行送戏下乡演出，让老百姓在家门口尽享文化大餐。加大送电影下乡投入力度，每年送电影下乡万余场实现了一村一月一场电影的目标。

文化活动开展方向不断向基层倾斜，以农民为主角的系列活动逐步成为活动开展的新方向，进而掀起了我区群众文化活动的又一股热潮，群众参与热情空前高涨、社会反响强烈，受到社会各界的一致好评。

4、文化市场更加规范。严把准入关。对申请办理经营许可证的商家，认真核查各类手续和经营环境，严格把关准入程序。严盯运行关。确保严厉查处违法经营行为，规范文化市场经营秩序，严格把控文化经营场所的发证程序，对不符合开办条件的商家不予发证或依法取缔。对发现安全隐患和文化违法行为，全部进行责令整改。

5、文化产业发展不断壮大。针对我区文化产业发展薄弱的现状，我们组织专人对全区的文化产业情况进行摸底梳理，积极招商引资，制定长远发展目标。结合东方朔、颜真卿等历史人文资源，积极走出去寻找新的文化产业发展项目。组织邀请多方专家来陵城区进行文化产业调研。争取省文化产业专项基金，增强我区文化产业竞争力，促进文化体制改革。积极将我区文化产业纳入德州市文化产业发展总体规划，促进陵城区尽快形成有我区特色的文化产业发展体系。

文物保护保护不断加强。一手抓保护开发利用。完善文物保护单位"四有"工作，按照"一法一条例"要求，做好文物的保护和恢复工作。做好第三次不可移动文物普查工作和第一次可移动文物普查工作。积极争取上级专项保护资金，加大文物保护投入力度。推进历史文化展示工程，推进全区历史文化资源的研究和保护。聘请西北大学教授孙满利院长为唐城墙汉墓群制定保护开发规划设计，以期对唐城墙汉墓群更好的开发保护利用。

一手抓提档升级。我区新增省级文保单位 4 处（平原郡故城遗址、厌次故城遗址、陵城棂星门、大宗家抗日战斗遗址），总数量已达 6 处。新增市级

文物保护单位五处（侯家墓、西李家楼墓、义渡口烈士陵园、金傅寨商周遗址、徽王石桥），总数量已达到 12 处。蹦鼓舞被评为省级非物质文化遗产，三月三庙会、朔之乡剪纸、吹糖人被评为市级非物质文化遗产。通过开展"乡村记忆"工程调研，共上报项目 37 处。神头墓群及平原郡故城遗址也正积极申报国家级文保单位。

二、存在问题

1、高水平、高层次文化专业人才引进不足。尽管全区正在逐步完善城乡文化队伍建设。但是高水平、高层次的文化专业人才仍然相对匮乏。

2、文化设施投入不足。两馆至今未开放，部分乡镇无文化站、部分乡村无文化大院和文体小广场。

3、乡镇文化站人员不健全，农村文化大院无专人管理。

4、个别部门和乡镇对文化建设工作重视程度不足。

加强文化管理　提升文化服务水平

湖南省宜章县文化体育广电新闻出版局　彭幼菊

一年来，我局紧紧围绕全面建成小康社会和构建和谐社会的要求，牢牢把握文化发展的前进方向，不断提高公共文化服务的能力和水平，满足群众多样化的精神需求，开拓创新、扎实工作，取得显著的成绩。2015年，我局推荐的"邓湘宜之家"被评为2015年湖南省"书香之家"和第二届全国"书香之家"；县莽山艺术团被湖南省文化厅评为湖南省"送戏下乡、演艺惠民"三等奖；《赛鼓》舞蹈获湖南省第五届艺术节"三湘群星奖"银奖；获湖南省第四届少数民族文艺调演银奖；文化馆李春祥美术作品《湘南起义》获第五届艺术节"优秀作品奖"；我局选送的黄子涵同学获湖南省委宣传部、湖南省文化厅等部门联合举办的"书香湖南——2015年全省少儿'中国梦.汉语美'"活动读后感撰写一等奖，曹圣灵、欧阳毅同学获湖南省第五届"三湘读书月"少儿阅读之星优秀个人奖，宜章县图书馆获郴州市"三湘读书月"少儿阅读银奖；在郴州市第七届艺术节中，获组织奖、《赛鼓》获舞蹈比赛专场金奖、《瑶山绣》获老年组专场银奖、《守山的大哥》获音乐专场比赛银奖、《这就是莽山》获音乐专场比赛优秀奖、《母子诀》获舞蹈比赛专场优秀奖；县文化馆选送的两支队伍参加市委宣传部举办的"郴州市广场舞大赛"获"十强"队伍；宜章县莽山乐水河谷写生基地被列入湖南省首批文艺创作基地名单之一。文物管理所讲解员谭晓英参加湖南省红色旅游故事演讲比赛获优秀奖。现将一年来的工作总结如下：

一、2015年文化工作新亮点

（一）加强了公共文化服务管理

县委、县政府高度重视文化建设。2015年出台了《关于加强基层宣传思想文化工作的意见》、《宜章县文化事业文化产业引导资金管理办法》以及《宜章县乡镇综合文化站、农家书屋管理办法及考核方案》。对乡镇综合文化站及农家书屋管理经费拨付以"以奖带补"的形式实行分等级分配。为进一步加强我县对公共文化服务管理力度，不断提高公共文化服务水平，繁荣发展我县文化提供有力保障。

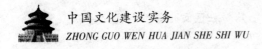
（二）文化惠民工程稳步推进

1. 积极推进"三馆一站"免费开放工程。湘南起义纪念馆免费开放：为弘扬革命精神，湘南起义纪念馆共接待参观人员53万余人次，其中未成年人近26万人次接受革命传统教育。图书馆免费开放工作：图书馆免费开放共接待读者13980余人次，图书借阅量33950余册次；通过流动图书车开展送书下乡8次；组织开展以"书香宜章·阅读伴我行"为主题的第20个"4.23世界读书日"演讲比赛、走访慰问孤老残人员、读者座谈会、图片宣传展示、读书推介、图书捐赠等系列活动；组织开展了"我的书屋，我的梦"三湘少年儿童阅读实践征文活动；联合县委宣传部、文明办、团县委、县妇联、县教育局等部门组织开展了"书香宜章——2015年全县少年儿童'中国梦·汉语美'"系列读书活动；联合江西、安徽、湖北、湖南图书馆在宜章县中夏广场开展"湖光山色——湘鄂赣皖风光摄影作品巡回展览活动；开展了"勿忘国耻，珍爱和平"——宜章县纪念抗战顺利70周年书法、美术、摄影作品展活动。通过系列活动的开展，进一步提高了全县广大干部群众阅读的意识，推动了全县上下全民阅读的良好氛围，形成了新的社会风气。文化馆免费开放工作：一是组织开展"骑田大舞台"进广场，入乡镇、厂矿企业、学校、社区群众文化活动40余场次，观众累计达20余万人次，免费为群众搭建文艺展示平台，深受群众欢迎。二是积极开展各类艺术免费培训及辅导活动。举办少儿艺术免费培训、宜章县"湖南省第二套原创广场舞"教练员免费培训以及对乡镇、单位、学校、社区的文艺演出指导、策划、组织、指挥等工作。2015年开展免费辅导达200余场次，辅导文艺队伍89支、文艺人才57人。为丰富群众文化生活，普及提高群众对艺术的认识与培养，深受群众欢迎。乡镇综合文化站免费开放工作：一是继续开展乡镇综合文化站免费开放的日常管理工作。二是精心组织乡镇开展各类文化活动。各乡镇综合文化站积极组织和辅导各乡镇、村文体活动，积极参加县组织的各项大型活动，如：组织了"庆'七·一'乡镇大合唱活动，精心筹备市第七届艺术节节目，积极组织"宜章县第三届广场舞比赛"等活动。三是加强乡镇文化专干及乡镇文艺爱好者培训工作。组织22各乡镇综合文化站文化专干参加了"郴州市2015年度全市文化专干培训班"；组织在22个乡镇对文化专干、村所有定员干部及乡镇文艺爱好者参加了"宜章县'三区'人才支持计划文化工作者专项"轮流培训工作。五是加强对文化站免费开放工作的管理。制定了《宜章县乡镇综合文化站管理办法及考核方案》。对乡镇综合文化经费拨付以"以奖带补"的形式实行分等级分配，对一、二、三类乡镇文化站，分别予以5万、

3 万、1 万进行奖励。六是进一步完善文化站免费开放设施建设。对后期建设的 15 个乡镇综合文化站配备了价值达 30 万元的器乐设备及书柜等设备。

2. 积极开展"演艺惠民·送戏下乡"工作。莽山艺术团坚持服务广大群众的宗旨，积极开展"演艺惠民·送戏下乡"活动。通过不断强化内部管理，提高演职人员素质，结合县委、县政府中心工作，以推进城乡环境同治、统筹城乡发展为重点，深入挖掘地方文化资源，精心编制老百姓喜闻乐见的节目，送到乡镇、乡村、工厂、社区、军营等场所，寓教于乐，深受群众欢迎。2015 年宜章县莽山艺术团被湖南省文化厅评为湖南省"送戏下乡、演艺惠民"先进单位三等奖。目前完成送戏下乡 63 场，完成全年任务的 105%，计划到 12 月底完成送戏下乡达 70 场。

3. 加强"农家书屋"出版物补充更新及后续管理工作。一是认真做好农家书屋出版物补充更新工作。完成了 347 家农家书屋出版物补充更新工作，完成全年任务的 100%。每家书屋补充图书共 430 种，438 册，图书分科技、少儿、政治、法律、文学、经济、生活等类别，完成了图书的分类上架，配送单签收，以及书屋外貌、图书陈列、管理员、标牌制度上墙等拍摄工作，目前每家农家书屋图书数目已达 2000 余册。二是不断加强农家书屋后续管理工作。为推动我县"五个一"工程建设，我县进一步加强农家书屋后续管理工作，对每个农家书屋配备了一名文化辅导管理员，并加大了资金投入，对管理员实施以奖代补考核管理模式。

4. 强化"乡村文体小广场"建设。按照市"五个一"、县"六个一"工程建设，结合我县乡村新农村建设及县精准扶贫工作，整合乡村文体资源。2015 年在行政村建设文体小广场 87 家。统一基本建设标准，对每个乡村文体小广场建设面积要求达 500 平方米以上、配置了全民健身的健身设备、广场照明、文体音箱设备、文化墙等设施建设，配备了乡村文体小广场管理员，并经常性开展广场舞等文体小广场活动。

（三）群众文化活动精彩纷呈

2015 年，我县创新工作思路，不断丰富群众文化生活。组织开展"欢乐潇湘——我们的新宜章"系列群众文化活动。开展了"欢乐潇湘"书法、美术、摄影群众文化活动、"我们的新宜章"干群大合唱、企业大合唱、及乡镇大合唱比赛活动、"中国梦·湘粤情"2015 年湘粤两省三地（宜章、连州、乐昌）春节联欢晚会、第三届金鹰元宵节灯谜会活动、我们的新宜章·为了生命的托付"文艺晚会、"第十六届中小学艺术节暨欢乐潇湘·我们的新宜章"大型文艺晚会、宜章县第三届原创广场舞比赛、宜章县首届"迎中秋·

庆国庆"——广场文化周活动。承办了"郴州第七届艺术节"宜章分会场选拔赛、郴州市第一届运动会闭幕式。参加了湖南省第四届少数民族汇演、2015 年湖南"郴州农业"博览会表演。精心准备创新节目参加了湖南省第五届艺术节、郴州市第七届艺术节活动。

（四）文化精品不断创新

围绕"中国梦"的主题，以社会主义核心价值观为引领，精心组织推出一批具有宜章风格特色、展示宜章气派、深受群众欢迎的精品力作。舞蹈《赛鼓》、《瑶山绣》、《母子诀》，歌曲《守山的大哥》等，为宣传宜章、提升宜章，打造宜章文化品牌奠定坚实基础。其中《赛鼓》舞蹈获湖南省第五届艺术节"三湘群星奖"银奖；获湖南省第四届少数民族文艺调演银奖；文化馆李春祥美术作品《湘南起义》获第五届艺术节"优秀作品奖"；在郴州市第七届艺术节中，《赛鼓》获舞蹈比赛专场金奖、《瑶山绣》获老年组专场银奖、《守山的大哥》获音乐专场比赛银奖、《这就是莽山》获音乐专场比赛优秀奖、《母子诀》获舞蹈比赛专场优秀奖。

（五）"书香宜章·全民阅读"活动深入开展

一是不断加强农家书屋、"免费休闲读书吧"建设。2015 年整合学校、机关、社区等资源，新建"城镇免费休闲读书吧"100 家。二是深入开展全民读书活动。继续开展"蒙泉讲坛"活动。以城乡"读书吧"、村农家书屋为平台。各单位组织开设轮流讲坛，谈读书心得，讲读书体会活动。深入开展了"阅读之星"评选、演讲比赛、读书心得等读书活动。通过系列活动的开展，不断提高了全县广大干部群众阅读的意识，推动了全县上下全民阅读的良好氛围，形成了新的社会风气。三是认真组织开展了 2015 年湖南省"书香之家"推荐活动。2015 年我局推荐的"邓湘宜之家"被评为 2015 年湖南省"书香之家"，并列入第二届全国"书香之家"湖南省推荐参评名单。

（六）文化志愿服务活动有声有色

一是充分发挥全县群众文艺队伍、民间演出队伍、各类协会、文博爱好者等文化志愿者积极性，组织开展送文艺、送春联、送图书等"送文化"下乡活动，为群众送去丰富的文化精神食粮。二是组织文化志愿者积极参加各项文艺演出、文明倡导、献爱心、帮扶弱势群体等志愿服务活动，不断丰富群众文化生活。三是为展示服务成果，积极开展"文化惠民进万家"文化志愿服务展示及宜章县 12 月 5 日志愿者日"文化志愿服务"等活动。为不断壮大文化服务队伍，进一步打造群众广场文化、书香宜章、演艺惠民等文化志愿服务品牌具有积极的作用。2015 年共发展文化志愿者 200 余人，服务对象

30万余人次。如今全县文化志愿者服务工作有声有色。

（七）文化遗产保护有力

1. 加强文物保护工作。一是着力做好文物项目编制工作。做好了全国重点文物保护单位"邓中夏故居"维修方案向国家文物局申报立项工作，完成了邓中夏故居维修、保护规划及消防工程方案。编制了全国重点文物保护单位——湘南暴动旧址群碛石暴动点得维修、消防工程方案。编制了蜡园古建筑群申报全国第二批国保省保集中成片保护利用传统村落全部材料，并获得省文物局评审通过并报国家文物局。编制了省级文物保护单位中央红军长征突破第三道封锁线指挥部旧址的维修方案和消防工程方案。编制了省级文物保护单位天塘谭氏宗祠的消防工程方案。二是加强文物保护与利用。完成了省保谭氏宗祠、县保肖新槐故居和沿河碉楼的维修、省保蜡元古建筑群陈氏宗祠消防工程建设、"旧址"消防、安防、防雷工程建设、文物库房整改、国保碛石暴动旧址（彭氏宗祠、中共宜章县委旧址—承启学校、玉公祠）和重点省保中央红军突破第三道封锁线指挥部——邝氏宗祠清白堂、蜡园村古建筑群、湘粤古道（宜章段）、邝埜墓、成公宗祠等保护单位保护标志说明牌刻制竖牌工作。并文物保护单位当地政府签订了保护责任书。申报"邓中夏故居"为全国红色经典景区。三是完成了全国第一次可移动文物普查2015年阶段性工作任务。完成对558件文物的馆藏号、名称、原名、时代、类别、质地、级别、数量、质量、尺寸、来源、入馆时间及完残程度等信息以及3348张文物照片的信息录入及上报工作。

2. 做好非遗保护传承与利用。开展了"宜章夜故事"传承、莽山瑶歌、瑶绣非物质文化遗产进校园传承等活动。举办了2015年宜章夜故事传习巡游活动和非物质文化遗产专场演出活动；结合宜章夜故事第二批传承人的认定工作，组织县城内四个社区、浆水及白沙圩两个乡镇的夜故事传承人及爱好者，举办宜章夜故事传承人及传习活动培训班三期，参加培训人员达90余人；认真组织开展"黄师浩祭祀习俗"春、秋两季祭祀活动，并邀请省、市专家亲临观摩指导，积极申报省级非遗保护项目等工作。先后组织开展"国际第十个博物馆日"和文化遗产日活动。横挂宣传横幅四条，发放统一印制的"博物馆宣传日"报纸500份，"湘南年关暴动指挥部旧址"和文物保护法律法规宣传单3000余份，发放《宜章非遗项目集锦》小画册5000册，国家级非物质文化遗产《宜章夜故事》画册3000册。让群众进一步了解宜章文化遗产，保护和利用文化遗产起到极大的宣传带动作用。

（八）文化产业创新发展

一是积极推进莽山瑶族文化园项目建设，目前，结合文化旅游规划工作，

规划部门进行了进一步论证规划。二是加快推进文体活动中心建设。现正在进行可研、规划等前期工作。三是积极向上争取资金480万元，加强湘南暴动指挥部旧址红色旅游经典景区基础设施二期建设及红色广场项目建设，现主体工程全部完工。四是"莽山乐水河谷美术写生创作基地"被列入湖南省首届文艺创作基地名单之一。该项目已在我县正式立项建设，将进一步打造"乐水河谷八景"，建立河谷田园民居旅游走廊。目前我县规划部门组织专业人员进行了进一步全面科学规划论证。

（九）依法行政能力不断强化

一是加强了文化行政管理队伍人员的法规教育培训，提高执法队伍整体素质。二是针对"宜章县三乡文化传媒有限公司"的违法行为，加大对非法卫星电视地面接收设施的整治力度。三是强化行政审批工作。现完成年检年审72家。其中完成印刷企业年检年审40家；出版物经营单位年检年审14家；文化娱乐场所经营单位年检年审18家。四是加大稽查力度，强化市场监管。进一步加大对"扫黄打非"整治力度，联合工商、公安等相关部门重点打击"黑网吧"及未成年人上网问题，重点排查密集型娱乐场所消防、安防及噪声扰民等问题。到目前为止，共出动检查人次1106人次，检查经营单位270家次。其中检查网吧127家次（处理违规网吧8家），音像制品10家次，书店42家次，歌舞厅67家次，印刷企业19家次，电子游戏厅4家次，演出单位1家次。清缴地下六合彩资料1000余份。

（十）加强文化人才队伍建设

为不断提高我县文化人才队伍素质。一是组织我县文化馆、图书馆、文物管理所等专业人才参加了国家、省、市专业培训。二是组织乡镇文化专干参加了市组织为期一周的封闭式乡镇文化专干培训班。三是结合我县实际，加大对我县"三区"人才支持计划文化工作者专项培训工作。组织22各乡镇农家书屋管理员、乡镇文化专干、乡村定员干部、乡村文艺人才进行了群文工作开展、图书借阅管理、文物保护等方面培训。

二、2016年工作思路

2016年是《"十三五"文化发展规划》开局之年，未来五年，是我县全面建成小康社会关键时期，文化发展既面临难得的历史机遇，也面临诸多严峻考验。我局将全面贯彻党的十八大和十八届三中、四中全会精神，贯彻落实习近平总书记系列重要讲话精神和"四个全面"战略布局，按照县委县政府工作部署，围绕建设"新三区"，推进"新四大"，开展"新五创"发展战略，以创建现代公共文化服务体系示范县为目标，进一步加快文化体制机制改革创新，加快构建公共文化服务体系，加快发展文化产业，加强文艺创作与引导，深入推动全县文化繁荣发展，不断满足人民群众日益增长的精神文化需求，不断提高人民群众的思想道德素质和科学文化素质，不断增强我县的文化综合实力和竞争力，为宜章全面小康社会建设提供强有力的文化支撑。

（一）进一步深化文化体制改革，促进文化繁荣发展

加快完成县级文化行政体制改革和文化市场综合改革工作。进一步清理和规范党政部门与其所属文化企事业单位关系，推动政府部门由办文化向管文化转变。继续加大对莽山艺术团的扶持力度，支持骨干文艺院团做大做强。

（二）继续实施文化民生工程，构建公共文化服务体系建设

一是加强群众文化普及服务。加强对社会文艺团队的指导和管理。二是进一步规范组织文化志愿者队伍文化惠民走基层活动。充分发挥文化志愿者的作用，共同参与文化建设与发展。三是进一步深入开展"书香宜章"全民阅读活动，不断加强对农家书屋、免费休闲读书吧建设管理工作。四是加快推进公共文化基础设施建设。加快推进县级文体活动中心建设。着力推乡镇综合文化站、村级综合文化活动室等文化基础设施建设及提质升级，逐步完善县、乡、村文化活动网络平台。五是开展图书借阅、文艺演出等文化下乡流动服务工程。通过政府购买，计划完成流动图书下乡、送戏下乡分别达76场/年。

（三）挖掘文化特色，打造宜章文化品牌

围绕"中国梦"的主题，以社会主义核心价值观为引领，精心组织推出一批具有宜章风格特色、展示宜章气派、深受群众欢迎的精品力作。一是研究制定《宜章县文艺创作精品奖励办法》，做好2016年度国家艺术基金资助项目和省文艺创作资金的申报工作。二是继续开展宜章"骑田大舞台"等群众文化活动品牌。继续举办宜章县广场文化"艺术周"等展示宜章风采的系列群众文化活动。加强对乡镇综合文化站、村级综合文化活动室的艺术支持和指导力度，打造更多政府支持、群众参与、社会关注的群众文化活动品牌。三是力争湖南国际摄影节，湖南写生基地落户宜章助推宜章书法、美术、摄影等走向全国，走出世界。四是进一步加强与周边省、市、县的文化交流与合作，进一步探讨湘粤"两省四地"（宜章、乐昌、连州、乳源）文化交流与合作工作机制，推动"两省四地"群众文化大繁荣大发展。

（四）加强文物和非遗保护与利用

一是全面完成第一次全国可移动文物普查工作。二是开展郴州古祠堂群

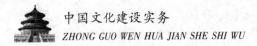

调查，全面摸清我县古祠堂群分布范围、数量及保存现状，建立数据库。三是做好国保碛石暴动旧址保护规划维修方案的编制、邓中夏故居保护规划和维修方案编制，省保中央红军突破第三道封锁线指挥部旧址、成公宗祠、樟树下古建筑群维修方案编制、湘粤古道（宜章段）保护规划编制。四是深入进行资源普查和挖掘整理，积极开展成果编纂，编写出版《宜章县非物质文化遗产代表作》。五是加强保护工作专业队伍和传承人队伍建设，逐步建设非物质文化遗产传承基地和非物质文化遗产展示馆，开展非物质文化遗产进校园、进社区活动，推进非物质文化遗产的"活态"传承。六是开展各种宣传展示活动，大力发展民俗文化演艺业和旅游业，推进非物质文化遗产合理有效的开发利用。

（五）加快文化产业发展与升级

一是加强文化产业引导资金管理使用，促进文化与相关产业融合发展。重点扶持"莽山乐水河谷美术写生创作基地"项目建设。二是加快推进文化旅游项目建设。三是积极配合县委县政府提出的湘粤开放合作试验区建设相关精神，加强与广东周边文化产业的引进与合作，带动我县文化产业与经济同步发展。

（六）强化依法行政能力，提高文化市场管理水平

一是加强文化行政管理队伍培训，提高队伍整体素质；二是加大日常监管和专项整治力度。推行技术监管服务平台审批和办案。抓好广播电视安全播出。做好非法卫星电视地面接收设施的整治。以查处大案要案为突破口，以查缴政治性非法出版物、打击淫秽色情出版物为重点，抓好"扫黄打非"工作，整治网吧接纳未成年人问题，狠抓网吧监管，促进转型升级。三是创新管理方式。推进文化经营场所规范化、标准化建设。加强政务服务平台建设，完善行政执法信息公开制度。

（七）加强人才队伍建设，提升公共文化服务效能

一是切实加强文化人才队伍建设。优化班子结构，强化内部管理。二是创新思路，加强高层次文化人才和基层文化队伍建设，继续加强对潜力专业技术人才的研修学习培训工作。三是进一步加强对三区"人才支持计划文化工作者、农家书屋管理员，乡镇文化专干、乡村文艺人才的培训力度。培植壮大业余文艺队伍，增强基层文化的造血功能。

三、有关建议

为推进全市基层公共文化服务体系建设，以建设文化惠民平台，筑建精

神文明家园，争创全省现代公共文化服务体系示范区为目标。现将有关建议如下：

（一）领导重视，提高认识

各级政府要重视文化工作，提高对文化工作重要性认识，充分认识文化在经济社会发展中的重要地位和作用。

（二）加大文化投入力度

公共财政要加大文化工作预算支出力度，不断提高文化支出占财政支出的比例，确保公共文化服务体系基本建设和正常运行。要加大财政购买公共文化服务力度。

（三）加强基础文化设施建设

加强县图书馆、文化馆等文体活动中心设施阵地建设，落实文化场馆设施配置标准，增强数字文化服务能力，提高服务效能和舆论引导服务能力；在乡镇（街道）一级，要进一步落实《乡镇综合文化站建设标准》，抓好综合文化站提质改造，配齐开展群众性公共文化活动和服务必需的设备器材；统筹推进村级综合文化服务中心建设，加快推进宣传文化工作"五个一"工程。

（四）加强制度建设，健全工作机制

一要建立领导责任机制。切实把党委的主体责任和党委书记的"第一责任"落到实处；二要建立绩效考核机制。把文化工作、公共文化服务体系建设纳入政府绩效考核的重要内容，加大对基层文化工作绩效考核评估力度，推动基层文化工作深入开展。

（五）加强文化队伍建设

一是加强对文化人才队伍培训力度，提高业务素质。二是创新思路，引进人才。要联系实际，重点引进，要充分利用人才引进政策，让引进人才享受政策待遇；要设立"文化人才引进和教育基金"，为引进和培养人才创造有利条件。三是深化改革，营造环境。要进一步深化文化体制改革，创造有利的人才培养选拔机制、激励机制，使有创造能力的人才得到尊重与承认。四是加强基层文化编制队伍建设。充分利用机构改革契机，规范调剂增加办事机构及人员编制，配齐配强乡镇文化专干及村（社区）文化辅导员。

优化合理布局提升文化服务水平

广西壮族自治区桂林市雁山区旅游文化体育局　余雪瑶　陈　靖　荷　青

2015年，在上级部门的正确领导下，我局深入贯彻落实十八届三中、四中全会和习近平总书记系列重要讲话精神，扎实开展党的群众路线教育实践活动，按照区委、区政府的统一部署，结合我区的实际情况，合理安排工作，取得了一些成绩。现将今年工作情况总结如下：

一、本年度开展文化活动情况

1. 积极开展新春文化月活动，2015年2月13、15日两天分别在草坪乡和雁山镇的圩日，举行雁山区文化、卫生、科技"三下乡"演出活动，演出队伍多数是乡村文艺队。通过女声小组唱、舞蹈、戏曲等多种表演形式，将文化宣传沁入人心，让广大群众享受了一次文化大餐。同时，区文化馆的同志及一些市级的书法家们为群众免费写春联。

2. 应邀参加资源县民族团结进步三月三山歌巡回表演赛。

3. 举办雁山区第二届广场舞大赛活动，并各个文艺队进行培训辅导。

4. 由文化馆于润发作词作曲的《西头村美惹人醉》在"村落风情　乡愁声音"第七届全国村歌大赛中获作词银奖。

5. 由文化馆于润发作词作曲的《汉艺群芳》获"放飞中国梦相聚在北京—20145全国大型音乐展演盛典"入选作品，荣获作词金奖。

6. 文化馆于润发歌词《花山崖画舞春光》在全国"歌唱花山　助力申遗"原创歌词中荣获三等奖。

7. 协助大埠乡举办荷花文化节活动，辅导彩调，三句半，小品等节目。

8. 组织创作排练节目参加桂林市第36届"漓江之声"文艺比赛，共荣获二等奖2个，三等奖1个，优秀奖2个，组织奖1个。

9. 组织排练广场舞在参加桂林市第四届广场舞大赛荣获优秀奖。

10. 组织72人的回族文化方块队参加第五届桂林国际山水文化旅游节方块队巡演，并荣获三等奖。

11. 组织优秀节目与桂林市国家卫生城市复审迎检领导小组联合举办了创建全国文明城，迎接国家卫生城复审文艺演出晚会。

二、文化基础设施建设情况

1. 今年积极向上级部门争取了 3 个村级公共服务中心项目，雁山镇良丰村委和罗安村委、大埠乡黄宿村。目前，良丰村委、罗安村委建设点的综合楼、篮球场、戏台建设项目已全部竣工。良丰村委综合楼面积 165 ㎡，篮球场面积 420 ㎡，戏台 72 ㎡，投入资金累计 25 万元。罗安村委综合楼面积 350 ㎡，篮球场面积 2000 ㎡，戏台面积 72 ㎡，投入资金累计 45 万元。黄宿村委综合楼面积 180 ㎡，戏台面积 72 ㎡，篮球场面积 420 ㎡。目前，综合楼主体工程一楼已完成，估计 11 月底综合楼主体工程建设可完成，各项建设工作有序进行，已组建文艺队 3 支，篮球队 3 支。

2. 按市文化局要求，电子阅览室安装软件实行全国联网，统一管理。下乡对各乡镇文化站电子阅览室台数进行登记清理，每个电子阅览室确保电脑台数 10 台，在 7 月份，完成了电子阅览室软件安装工作。

三、文化产业工作情况

根据自治区、市文新广局的有关文件通知要求，辖区涉及文化内容的企业单位，下乡深入企业了解情况，积极动员符合条件的单位申报文化产业示范基地。今年我区有一家企业大银工坊在 9 月申报了市级文化产业示范基地项目，在本月 10 日已进行申报前公示，11 月 17 日公示已结束，目前在审批中。

四、免费开放工作情况

根据上级文件精神积极开展免费开放公共文化服务工作，坚持综合文化共享工程全天向群众开放，每周开放时间不少于 40 小时；利用村级服务中心计算机网络教室向全乡、镇、村组干部及群众进行网络知识培训，提供免费上网服务；实行"每月一主题、每周一课"制，详细制定了 2015 年的公益性辅导科目。课程涵盖了音乐、美术、书法、舞蹈、戏剧、广场舞等多种艺术门类，参加培训的市民既可以选择一项课程接受培训，又可以选择多门课程参加培训，加大了公益性培训的灵活性，使人民群众得到实惠。同时，区文化馆一年以来组织举办各乡镇文化站人员培训班 6 期，加大对文化站专职人员各项技能的培训，使乡镇文化站真正满足群众日益增长的文化需求。

创新驱动发展　科技引领未来

广西壮族自治区梧州市长洲区科技文化体育局

一、梧州市长洲区文化和地区简介

梧州市长洲区成立于 2003 年，是梧州市政治、经济、文化、金融、商贸流通和商业中心，辖长洲镇、倒水镇、大塘办事处和兴龙办事处，总人口 18.5 万人，分布在浔江、桂江两岸。

长洲区是益湛铁路、连接珠三角和东盟的高速路的交点、西江黄金水道的汇聚地，是梧州建设成为国内区域性综合交通运输枢纽的前沿阵地，是构建梧州"丰字型"铁路枢纽和"一环七射三连线"高速公路网的交汇点。

长洲区的地缘优势促使商贸物流中心迅速掘起，初步形成梧州市商务中心，红岭商贸物流园区和中恒国际医药商贸物流城、毅德城均座落长洲。

长洲区是享受国家民族区域自治地方政策、沿海经济开放区优惠政策、西部大开发优惠政策的"三优惠"地区。"十二五"期间，重点发展不锈钢制品产业，延伸产业链，形成产业集聚；打造完整、高效、优质的第三产业服务体系，致力建设成为梧州市新兴的商贸物流服务中心。

长洲区西江之中的我国第二大内河岛——长洲岛与泗化洲岛、泗恩洲岛形成独一无二的品字形岛，岛上景色优美，是旅游、休闲、娱乐的胜地。

长洲区是一片充满商机沃土，热情欢迎国内外朋友前来投资合作，共谋发展，再创辉煌！

地理位置：长洲位于梧州市区西部，东北邻蝶山区和苍梧县长发镇，西南与苍梧县龙圩、人和镇和藤县塘步镇相壤。毗邻广东，与粤港澳一水相连。长洲属南亚热带季风气候，北回归线贯穿其间。年平均温度 21.1℃，降雨量 1503.6 毫米，年相对湿度 78%，年无霜期长达 341 天，年太阳辐射量 113.454 千卡/厘米。土地以红壤土为主，从可利用方面分为水稻土壤、旱地土壤，自然土壤三大类，基岩以砂页岩分布最广，花岗岩次之。

河流：清江、西江、枝江从境内通过。属长洲辖内流入清江、西江、桂江的较大河流有 17 条，集雨面积约 163.36 平方公里。区内已探明金属矿资源有黄金、稀土、铜、铁、铅、锌、钛、钨、铝等。非金属矿产有石灰岩、花岗岩、砂页岩、重晶石、大理石、石英石、硫等 17 种。其中被命名为"中国岑溪红"的花岗岩可与"印度红"相媲美，其储量达 21 亿立方米。梧州市水资源丰富，兼有航运、灌溉、发电之利。全市多年平均水资源总量为 95.59 亿立方米。其中市区平均年水资源总量 2.60 亿立方米，过境水量 2083 亿立方米。梧州市河网密布，多年平均径流量为 2133 亿立方米，西江可通航千吨级船舶。全市江河可利用落差较多，各中小河流水能蕴藏量为 54.39 万千瓦，可开发量为 35.59 万千瓦。过境河流水能理论蕴藏量 99.82 万千瓦，可开发量 74.03 万千瓦；至今水能资源的开发仅占可开发量的 10.2%。长洲岛蕴藏着巨大的水能资源，曾是驰名全国的天然鱼苗基地。长洲水、电资源十分充足，其地理位置不但分布在浔江、桂江两岸，而且平浪变电站及建设中的长洲水利枢纽均座落在本区内，为长洲的经济发展提供强大的能源后盾。

解放前大部分是薪炭林。1949 年，森林覆盖率为 28.6%。1972 年，有林面积 17.93 万亩，其中用材林 10.35 万亩，经济林 870 亩。总蓄积量 22.46 万立方米，森林覆盖率 41.57%，绿化率 65.01%。林木主要分布在塘源、旺步、高旺、华堂、思扶、扶典、河口、双桥、龙平、龙华、平浪、新民、龙新等村。1991 年，林业用地 27.45 万亩，其中有林面积 25.95 万亩，占林地面积 94.54%。森林覆盖率 62.6%。同年，实现消灭荒山目标。1994 年，实现绿化达标。1995 年、1999 年和 2000 年，华堂、思扶和龙新村，分别获全国绿化委员会授予的绿化"千佳村"称号。1999 年，有林面积 26.63 万亩，其中用材林 22.65 万亩，经济林 2.83 万亩，总蓄积量 57.61 万立方米，森林覆盖率 62.82%，绿化率 91.83%。2002 年，有林面积 26.11 万亩，林木蓄积量 65 万立方米。

全区总土地面积 377.74 平方公里，由于地质构造关系和受成土诸因素影响，形成了土地类型地域性强，土地利用差异明显；山地多、平原少，耕地面积小、耕地后备资源不足；土地绝对数量大，人均占有量少的特点。全区拥有耕地面积 2216 公顷，旱地 583 公顷，鱼塘 448 公顷。除林地高于全国人均占有数外，余均低于全国人均占有量。

长洲是梧州市主要的副食品生产基地。1956 年和 1975 年，分别有某地面积 1038 亩和 4500 亩。2002 年蔬菜产量 6.27 万吨；水产品产量 5248 吨；肉猪出栏 10.199 万头；家禽出栏 349 万羽。全区的经济支柱是乡镇企业，2002 年有大小企业 2292 家，企业总收入 29.28 亿元，占农村社会总收入的 93.22%。林地面积 28.196 万亩，1999 年调查森林覆盖率 62.82%。20 世纪 90 年代后期，有 3 个村被评为全国绿化"千佳村"。2002 年，国内生产总值

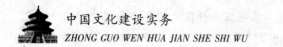

（1990 年价）3.94 亿元。农村社会总产值（现价）25.29 亿元。财政收入 5870 万元，比 1990 年增加 14.70 倍。农村居民人均纯收入 3255 元，比 1990 年增加 3.20 倍。

实施工业主导战略，重点扶持不锈钢、电子机械、化工、食品加工、建材等五大支柱产业，增强骨干企业竞争力，工业企业得到进一步壮大。2008 年，辖区有工业企业 510 家，从业人员 11470 人，全年工业总产值 22.09 亿元，工业增加值 6.7 亿元。营业收入 25.35 亿元，利润总金额 4083 万元，上交税金 1.08 亿元，占全区企业税收 2.98 亿元的 36.19%。

2008 年，固定资产施工项目 10 个，其中新建工业厂房 8 万平方米，完成投资额 2.61 亿元，均为自有资金。在施工项目中新建项目 2 个，投资金额 3300 万元，扩建项目 8 个，投资金额 2.28 亿元。

2008 年，营业收入 500 万元以上的工业企业 19 家，工业增加值 6.09 亿元，营业收入 19.32 亿元，上交税金 8917 万元，占营业收入的 4.62%；营业收入 1 亿元以上的工业企业有：桂新钢铁厂（新盈特钢），从业人员 901 人，总产值 6.82 亿元，营业收入 6.82 亿元，上交税金 2792 万元，资产总额 1.94 亿元，年末固定资产净值 1.36 亿元。永达钢铁厂，从业人员 674 人，总产值和营业收入均为 4.17 亿元，利润总额 1.32 亿元，年末固定资产净值 4900 万元。

2008 年长洲党委政府把招商引资作为经济工作重中之重，作为促进工业发展的突破口。各级领导亲自抓招商引资，一级抓一级，层层抓落实。抓住东部产业转移机遇，多次组团到宁波、深圳、惠州等地考察，召开招商引资推介会及借助东盟博览会和梧州市举办第五届国际宝石节的契机，结识一批客商，与广东台山客商签订了投资 1 亿元的不锈钢深加工的协议项目，与广东十六冶签订投资 1.5 亿元的电器加工框架协议项目，与佛山鸿缘电子电器有限公司签订了投资额 6000 万元厂房建设、五金加工协议项目，与苏州井利公司签订了投资 5500 万元的电子元件加工项目。此外，邀请了芬兰、瑞典等客商前来考察，经过协商，外商们有了初步投资意向。全年共引进新项目 18 个，其中港、澳、台商投资企业 5 个，外商投资企业 3 个。全年实际利用境外资金 1516 万美元，同比增长 67.51%，利用市外境内资金 12.87 亿元，同比增长 63.9%。

水利建设 郊区地势较低，易受洪灾也易内涝。为防洪涝，1954 年起至 20 世纪 70 年代，筑起防洪堤 30 处，共长 39.87 公里。80 年代至 2001 年，主要对防洪堤加高加固。1998~2001 年，郊区各级政府投资 3096 万元，加高加固防洪堤 28.2 公里，修复水毁缺口 45 处，长达 27 公里。加高加固后，长洲岛可防御 24 米洪水，其他村可防御 23 米洪水。为解决内涝水患，1968～2000年，建起排涝机站 25 处，装机和水泵各 30 台，保护耕地 3750 亩。为解决耕地灌溉用水，1952 年开始用柴油机抽水，1968 年有柴油机 12 台，136 匹马力，抗旱面积 380 亩；1958～2000 年，建有电灌站 81 处，装机 82 台 1383.8千瓦，灌溉面积 8901 亩。60～70 年代，建设喷灌工程 62 项，装机 64 台 875千瓦，喷灌面积 1162 亩。80 年代实行家庭承包责任制后，喷灌站部分不再使用。

村镇建设　20 世纪 60 年代前农民住房较简陋，70 年代部分农民建了泥砖瓦房。80～90 年代，80% 以上农民建了砖混结构楼房，2000 年人均住房面积 35.6 平方米。村委（大队）办公用房，60～70 年代普遍为砖瓦楼，80～90年代，有 16 个村委会已新建了砖混结构楼房。1978 年至 80 年代，3 个公社建了办公楼，建筑面积共 2865 平方米。2003 年 2 月，3 个镇的办公楼分别进行装修，外墙贴上瓷砖。

20 世纪 60 年代起，郊区架设了用电网络，80 年代各乡村全部解决了生产生活用电。80～90 年代临江两岸乡村，安装了自来水，山区乡村则采用管引山泉水，解决了人畜饮用水困难。1993～2000 年，郊区建成卫星广播电视接收站 8 个，历个村安装了闭路电视，6 万多人能看到广播电视。1991 年，在龙新 11 组建成畜禽交易市场 1 个，占地面积 1 万多平方米。90 年代至 2002年，修、扩建村级小市场 5 个。

通信建设　长洲的通讯设施已经和整个梧州市联网，设施完善，建成了全程数字化，以光缆为主、微波为铺通达全国各地的通信网络，移动通讯、联通、各种传呼等网络应有尽有，可直接与世界各地连接。

党的建设　梧州市郊区党组织历来重视党的建设工作，1951 年 2 月郊区政府成立后，坚持贯彻执行党的路线方针政策。翌年，市组织上改妇作组到郊区开展土地改革，解放了农村剩产力，调动人民群众积极性。1954 年郊区党委成立后，组织群众通过合作化运动，变革了个体土地私有为农民集体所有。并组织建立党基层组织，培养发展党员。60 年代中朝前，发动党员发扬艰苦奋斗，自力更生精神，大搞农田基本建设，初步建起了为城市服务的副食品生产基地，社队企业开始兴起。70 年代，红旗公社党委发动各大队、生产队开办集体林场、果园，大搞水利和乡村道路建设，发展社队企业。改革开放后，以经济建设为中心，实行家庭承包责任制与统分结合的"双经营"体制，经济生产快速发展，1990 年农村经济总收入 11771 万元，比 1978 年的

1154 万元增加 9.2 倍。2002 年农村社会经济总收入 31.41 亿元，比 1990 年增加 25.68 倍。

长洲今日长洲郊区党委、政府在抓好经济建设的同时，不断加强自身建设，特别在改革开放后，根据上级有关指示，充实和增强了各级领导班子和有关工作部门的力量。1987 年郊区机关和 3 个乡有干部 137 名，2001 年有干部 466 名。党的组织和党员队伍也在壮大，1987 年有党委 5 个，党总支部 1 个，党支部 46 个，党员 1384 名；2002 年有党委 6 个，党总支部 18 个，党支部 140 个，党员 2227 人。

法纪教育和精神文明建设 从 20 世纪 80 年代开始，特别在 90 年代，党委、政府在开展"三五"和"四五"普法教育的同时，还开展了党风党纪教育，革命传统和先进人物事迹教育，开展拥军优属、"五好"家庭和"四有"公民等教育活动。1994～1997 年，郊区人民政府连续四年获自治区人民政府授予"启治区双文明建设先进单位"称号。1999～2001 年，坚持邓小平理论教育干部群众，学习实践江泽民"三个代表"重要思想。积极开展双拥工作，1999 年市郊区获国家民政部授予"爱心献功臣行动先进区"称号，2000 年获自治区人民政府授予"双拥达标先进单位"称号。

2015 年以来，我局以"三个代表"重要思想和党的十八大精神为指导，深入开展群众路线教育实践活动，认真按照区委、区府的工作部署及年初的工作安排，统一思想，狠抓落实，各项工作得到有效推进，促进社会进步和谐提供科技支撑。现将我局 2015 年来开展的工作情况总结如下：

二、组织实施科技项目，大力提供科技支撑

（一）组团参加十八届中国北京国际科技产业博览会

本届活动以"创新驱动发展，科技引领未来"为主题，在新技术展示的项目中，突出展示了中国特色产业重大科技成果以及创新能力建设取得的成果。我区协助市科技局完成相关工作，并参加了由梧州市政府组团参加的《第十八届中国国际科技产业博览会》，我区的梧州市奥卡光学有限公司代表梧州市展出的项目，得到了参观者的认可和赞许。

（二）不断加强我区基层科技服务能力建设工作

我局申报了 2015 年基层科技服务能力建设示范项目，按照科技研发内容及考核指标要求，2015 年"长洲区基层科技能力建设示范"项目已经获得了区科技厅立项，项目是建设倒水镇倒水村科技服务站，目前该项目按照工作任务逐步完成中。

（三）积极组织实施和申报科技项目

根据梧州市科技项目申报要求，结合我区实际，组织相关经济策划申报有关经济实体策划申报有关技术含量的科技项目。2015年共上报《梧州市万亩台湾优质名茶（东方美人茶）生产基地项目》、《复合型视频显微检测装置》、《民用电动固定翼无人飞行器的研究开发》3个科学技术研究项目到市科技局申报立项，项目已由各单位独自完成。同时报送了《梧州市长洲区基层科技服务能力建设示范》课题到自治区科技厅申请2015年立项，将不断完善和充实我区基层科技服务各项设施建设，提高科技惠农、科技兴区的服务能力。

（四）积极举办科技下乡种养知识和保健知识讲座

多次联合区妇联、老促会以及老科协在倒水镇、长洲镇等地举办科技种养知识和保健知识讲座、科技知识进校园等活动。通过邀请种养能人、医生等相关人员举办讲座，向村民讲授黄沙鳖养殖等农村种养技术及相关创业扶持政策、中老年人保健和妇女保健等知识。

三、2016年工作计划

深入学习贯彻党的十八大精神，结合我区的工作实际，理清工作思路，认真谋划好各项工作，切实做到：

1、加强对镇（办）、村科技文化人才队伍的建设和作风建设。

2、扎实开展科技文化下乡活动和科普宣传活动，倡导科学文明健康的生活方式，提高城乡群众素质和生活质量。

3、继续深入企业和农村基层调研，努力构建工业、农业等方面的科技项目，为企业和农业科技创新出谋划策，增强企业和农业科技研究项目的策划能力。

4、继续做好2015年的科技项目申报跟踪落实工作，组织做好2016年科技项目申报工作。

完善公共基础设施　开展丰富多采活动
促使全县文化体育事业跃上新台阶

广西壮族自治区环江毛南族自治县文化广电新闻出版体育局

2011 年以来，在县委、县政府的正确领导和上级部门的具体指导下，我局始终以邓小平理论、"三个代表"重要思想、科学发展观和党的十八大精神为统领，以开展"五大工程"建设为契机，以县委、县政府的中心工作为重点，以倾力实施好"文化活县"发展战略为抓手，促使全县文化体育事业跃上新台阶，现将近五年来的工作总结如下。

一、首抓思想政治建设不放松

一是深入开展各种学习实践主题活动，坚定党员干部理想信念。在上级党委的指导下，我局领导班子带领全系统党员干部先后开展了创先争优、和谐建设在基层、千名干部驻村屯、"送红卡"、党的群众路线教育等主题实践活动，在活动中，做到了学习有内容，活动有载体，实施有方案，行动有措施，做到结合实际，把主题活动与"文艺下乡"、"文化惠民"等特色活动相结合，创新了活动方式，丰富了活动内容。在活动中，班子成员做到带头学、带头做、带头抓落实，形成了良好的学风和务实的作风，使党员干部尤其是领导班子理想信念更加坚定。

二是抓好文体广电系统队伍学习教育及培训工作。2011 年以来，每年制定详细的学习培训计划，学习的重点从党的思想建设、作风建设、组织建设及相关的业务知识着手，切实加强文化人才队伍建设，在提高了专业技术人员业务知识的同时，也强化了我局的组织建设和思想作风建设，增强了领导干部改革创新、勤政为民、立党为公的工作意识。

二、加强领导能力建设刻不容缓

一直以来，我局强力抓好领导能力建设，主要从以下三个方面着手：一是把贯彻好县委、县政府的各项决策部署和本系统本单位的实际结合起来，创造性地开展工作，领导班子要树立大局意识、责任意识及风险意识，确保

政令畅通。二是认真相关学习法律知识，把自己的言行举止、行政行为转到依法办事、依法行政的轨道上来，严格要求自己，提高依法行政能力；三是用"三严三实"来武装自身，着力提高"三种能力"，即科学决策能力、全员执行能力及服务监督能力，树立团结、廉洁、务实的示范形象。

三、工作实绩

（一）"文化惠民"工程有突破

2011 年以来，我县大力实施"文化惠民"工程，建成县文化馆、图书馆、毛南族博物馆、公共体育场，12 个乡镇文化站，共建有 72 个村级公共服务中心、148 个农家书屋，38 个村级标准篮球场、8 个乡级体育健身广场、4 套健身路径、1 个水上运动中心、1 个全民健身户外活动基地，3 个广播电视发射站台等，目前我县农家书屋已实现全面覆盖，文化信息资源共享工程已建立县、乡、村三级服务体系。图书馆、文化馆及乡镇文化站对外免费开放工作正常开展，每年投入资金 90 万元，用于文化信息资源共享工程设备的维护、人员培训和惠民活动的开展，每年完成农村公益电影放映 1524 场，"文化惠民"范围惠及全县。

（二）群众文化活动有新发展

为丰富城乡群众的文化生活，我局每年都举办迎新春、闹元宵、广场文化活动周等 20 场文艺演出。在群众文化工作中，县"非遗"中心积极开展文艺演出，每年深入乡镇、村屯、企业演出 120 多场，县文化馆组织业余艺术团、农村文艺团队深入乡村演出和到兄弟县市开展交流活动每年不少于 60 场次，全县各乡镇（村）共自行开展各文艺活动 740 场次。同时大力做好图书借阅和文化资源共享工程，5 年来，图书借阅册次约 44000 册次，读者借阅人数约 50000 人次，电子阅览室的读者达 3000 多人次。

（三）全民健身运动有新提升

为全面贯彻落实《全民健身运动纲要》，营造浓厚的全民健身氛围，打造毛南族品牌特色体育运动，每年我局都会针对不同时间、不同的人群、不同的地域组织举办多种类型的体育比赛。在县城区，举办周末篮球联赛、五人足球季度联赛、气排球联赛等；在乡镇，举办迎春运动会等。我局还与各门类的体育协会紧密配合，把各类体育运动开展细化到协会，并由协会组织承办各类赛事，5 年来，各体育协会共举办各类比赛及展示活动 300 场次，全县先后举办了 56 次富有特色的大型群众性体育活动和赛事，开展免费培训 50 余次，直接发动、组织投入各类体育运动的干部群众达 80000 多人，受益群

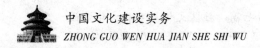

众约 30 万人次，形成全县体育活动和谐发展的新的长效活力。

我局还精心抓好从 2008 年开始承办的中国·毛南族分龙节龙舟赛，其规格也已于 2012 年升格为全国赛事，并在《广西体育》上刊出专文，成为享誉广西的水上运动品牌，2014 年起新引进摩托艇赛、独竹漂赛项目，2015 年水上运动项目（龙舟赛、独竹漂）两次连线央视直播，受到各大媒体关注。目前，我县龙舟运动不仅成为群众最喜爱的运动之一，每年吸引数以万计的群众参与和外界的广泛关注，还是环江体育品牌、文化品牌，也成为推进我县全民健身的新引擎。

（四）文物、文化遗产保护工作有新成效

1. 文物保护：新征文物 253 件，为进一步提升毛南族博物馆文化内涵奠定基础；配合区文物考古所完成中缅油气管道工程过境环江线路实地文物分布情况调查，完成《河池市环江毛南族自治县第三次文物普查不可移动文物名录》及《工作报告》的编写、报送工作；凤腾山古墓群于 2013 年 3 月由国务院公布核定为第七批全国重点文物保护单位；积极申报第七批自治区级文物保护单位；将 43 处文物点确认并公布为全县第二批县级文物保护单位；县文物所对收藏的可移动文物一一进行统计、拍摄、整理，推进可移动文物信息登录平台上线；毛南族博物馆全年免费开放，接待国内外游客 10 万余人次。

2. 文化遗产保护：环江已成功申报国家级名录的 2 个，自治区名录的 4 个，市级非物质文化遗产保护名录的 4 个，公布县级非遗名录 143 个；成功申报国家级传承人 1 人，自治区级传承人 11 人，市级非遗项目传承人 17 人，公布县级非遗传承人 120 人；2012 年我县积极配合开展河池铜鼓文化生态保护区建设，河池市铜鼓生产性保护基地在驯乐苗族乡平治社区韦氏兄弟铜鼓厂挂牌；毛南族花竹帽编织技艺传习所在下南乡文化中心挂牌，每年均举办一期为期一个月的毛南族花竹帽编织技艺培训班；环江毛南族自治县非物质文化遗产展示中心在毛南族博物馆挂牌成立；2014 年成立"非遗"领导小组办公室，配齐人员、装备，专职负责县非物质文化遗产的挖掘、整理，开创非遗工作新局面。

（五）文化艺术精品创作有新飞跃

2011 年创作的小品《左邻右舍》、民族民间舞蹈《情定顶卡花》、《雷王点兵》、民族服饰展示《多彩环江》等参加河池第十二届铜鼓山歌艺术节，获得 2 个一等奖，2 个二等奖及 2 个三等奖；2012 年，新创《土地情深》等小品舞蹈、曲艺等文艺作品共 6 个，先后代表河池市赴全区有关战线文艺汇演、电视录播、第八届广西剧展及第十六届广西"八桂群星奖"展演，其中小品《土地情深》获全区国土系统文艺汇演编剧二等奖、表演三等奖，《左邻右舍》获第十六届广西"八桂群星奖"金奖；2013 年新创小品《何必当初》获自治区"纠风惠民保民生"主题作品奖、《家园》获十四届铜鼓山歌艺术节戏剧曲艺类二等奖和自治区群众文化艺术展演三等奖；2015 年，小品《乡路遥远》获广西第十七届八桂群星奖金奖，获第九届广西戏剧展演小戏小品桂花剧目金奖；小品《妻子的秘密》获河池市十六届铜鼓山歌艺术节小品类一等奖；舞蹈《顶卡花》获河池市十六届铜鼓山歌艺术节舞蹈类三等奖；毛南族傩戏受邀参加在上海举办的世界面具艺术高峰论坛，获得好评。

（六）文化市场管理工作有新进步

2011 年来，文化市场综合执法大队开展经常性文化市场巡查工作及"扫黄打非"工作，共出动检查车辆 246 台次，出检人员 520 人次，检查文化场所 600 家次，联合公安局、工商局联合执法 12 次，共举办文化业主培训班 5 期。在全县开展严厉打击非法生产、销售、安装、使用卫星电视广播地面接收设施专项整治工作，动员群众主动拆除非法安装使用得卫星地面接收设施 106 套，使我县卫星电视地面接收管理工作秩序得到进一步规范。全县没有发现非法转播境外卫星电视节目。

通过日常专项检查、联合执法行动、业主培训及安全生产会议，有效地打击了违法经营活动，确保全县文化市场环境净化。

（七）广播电视事业深入发展

五年来，广播电视新闻报道在数量及质量上都有了明显提高，年电视编播新闻稿件达 2000 篇以上；加快村村通广播电视无线调频发射基站乡镇台站建设，建设东兴、龙岩、水源三个无线发射台站，台站建成后，群众可收听到广西电台 4 套，当地市电台 1 套、当地县电台 1 套共 6 套调频广播节目，以及收看到中央电视台、广西电视台、当地市电视台、县电视台等节目；加强栏目改革和创新，陆续推出体育竞技挑战节目《激情勇闯关》、《环江美食春节行》、《走进环江》、《教育在线》、《世遗时代的环江发展大家谈》、《世遗环江》等新栏目，在社会上引起不错的反响；做好农村公益电影放映工程，年放映电影 1534 场，坚持安全播出不放松；5 年未发生一起播出事故。被自治区新闻出版局评为 2015 年度维护县级播出机构播出秩序先进单位。

四、反腐倡廉工作

为认真落实党风廉政建设责任制，打造"廉洁和谐文体"品牌，我局班

子主要从以下三个方面着手：一是年初制定工作计划，研究部署全局党风廉政建设工作，对班子提出了廉政建设目标，并明确了每个班子成员应担负的党风廉政建设岗位职责；二是组织全系统领导干部认真学习及落实《廉政准则》，坚持依法行政，切实加强信访工作，推行政务、事务和党务公开，真正地实现公正、公平、公开；三是认真开展民主评议政风行风活动，广开言路、坦诚纳谏，真正形成上下整体联动、群众积极参与、社会广泛监督的格局。

五、下一步工作计划

大力推进和完善三级公共文化服务体系，完善文体公共基础设施建设，实施"两馆一站"免费开放工作，积极开展各类文化体育活动，不断加强广播电视新闻宣传，加快村村通广播电视无线调频发射基站乡镇台站建设，实现由广播电视村村通向户户通、优质通、长期通的转变，文化市场管理规范有序，文物保护和非物质文化遗产工作取得良好的成绩，文艺创作出精品力作，文化体育品牌影响力不断扩大。

（一）重点实现"五大目标"

一是抓好全国龙舟邀请赛和传统民族体育毛南"四同"全民赛两大体育品牌赛事，提升"龙舟赛"赛事规格，寻求有实力和有创意的合作方共同策划赛事活动，提升赛事影响力；二是打造傩面狂欢晚会、印象毛南·广场文化活动周、"飘香环江"山歌台三大文化品牌；三是突出毛南山乡同庆"三月三"、毛南族分龙节两大节庆活动；四是办好毛南语新闻和今日环江两个电视栏目。五是全面推进毛南族体育馆、非遗展示馆、全民健身活动中心"两馆一中心"建设。

（二）抓好项目建设工作

提前谋划全年的全民健身工程、高山无线站台、村级公共服务中心等文化惠民工程项目，争取指标下达后马上动工建设，的布局和实施步骤。重点抓县庆30周年重点项目毛南族体育馆的建设工作，按工程计划完成各节点进度，保证项目工作顺利推进。

（三）加强文艺精品创作和竞技体育人才的培育工作

创立文艺创作激励机制，打造艺术精品，力争创作一台精品文艺节目赴邕进京展演，为宣传我县特色旅游，弘扬民族文化打下坚实的基础。

（四）积极开展群众性文化体育活动

按照"周周有活动、月月有主题、年年创品牌"的思路，结合我县重大节庆日，开展民族文化体育活动。吸引更多游客到环江旅游，鼓励和支持全县各业余文艺团队、各体育协会、各企业开展各种文化、体育活动，丰富全县群众的文化体育生活。

（五）保持文化市场高压态势，营造健康文明的社会环境

加强文化市场管理和制度建设，形成一套行之有效的监管机制，净化网吧、KTV 等文化娱乐场所环境。

（六）切实加强安全播出工作，提高播出质量

落实安全播出责任制，适应技术升级、设备改造等新要求，加强安全播出保障组织机构建设。认真做好安全保卫、值班值守、技术维护、应急处置等各项工作。深入抓好电视台新闻栏目改革，打造电视台收视新亮点，为产业发展搭建一个良好的平台；同时认真抓好重点新闻稿件上送工作，不断提高我县的知名度和影响力，为全县政治、经济、文化社会建设发展服务。

（七）做好非物质文化遗产和文物保护工作

完成"分龙节"国家级非遗名录申报工作，组织人员开展进一步调研，收集、整理文字材料、影像资料，聘请专业工作室拍摄申报专题片，力争成功申报。

强落实　惠民生
促进文体事业蓬勃发展

广西壮族自治区宁明县文化体育新闻出版广电局　欧文华　余　婷

2015 年是我局新成立的开局之年。今年以来，在县委、县政府的领导下，我局全局上下深入贯彻落实党的十八大和十八届五中全会精神，深入实施宁明全面崛起 168 战略计划，奋力推进"1234"工程，抢机遇、再开放、强落实，全力以赴稳增长、促改革、调结构、惠民生，狠抓各项工作任务的落实，牢牢把握正确舆论导向，积极开展丰富多彩的群众文体活动，我县文化、体育、广电等各项事业呈现繁荣稳定、蓬勃发展的良好局面。现将今年工作开展情况汇报如下：

一、深入开展"三严三实"专题教育活动

（一）周密部署，及时召开全局学习大会

按照县委《深入开展"三严三实"专题教育实施方案》要求，在县召开"三严三实"专题教育工作动员会召开后，我局于 6 月 11 日召开了全体干部职工参加的"三严三实"专题教育工作学习大会。学习会上，局党委书记、局长作了题为《在全局深入开展"三严三实"专题教育》的重要讲话，并提出工作要求。

会议要求：全局干部职工特别是党员干部，务必要以高度的政治责任感，良好的精神状态，扎实的工作作风，高标准、严要求、高质量地开展好"三严三实"专题教育工作，以作风建设的新成效，开创加快发展的新局面。通过学习，提高全体干部职工。

（二）精心组织，确保规定学习时间不减少

经常性组织干部职工集中学习"三严三实"，党委书记带头讲党课，传达习总书记对文化广电工作做出的重要指示；诠释"三严三实"的现实意义、科学内涵、基本要求；再次组织观看《以案说法，反腐倡廉》警示教育片，并鼓励各基层党组织各参学人员利用空余时间进行自学。

（三）坚持不放手的抓好整改落实

班子及成员紧扣为民务实清廉主题，坚持一把手负责主持制定整改方案，

针对查摆剖析出来的问题，尤其是在专题民主生活会上查找出来的问题，以严肃的态度、严格的标准、严明的纪律抓整改。党委班子将归纳出"四风"方面的问题，制定了 6 条整改措施。所有整改由班子及成员按分管领域认领、主要责任人牵头整改的明确整改任务和时间表，同时监督班子成员搞好分管领域的整改，明确领导干部个人整改任务个人承担，承诺整改时限，按时公布进展情况，不断提高领导班子及成员解决自身问题的能力。截止目前为止，查摆出班子成员的个问题，收集群众整改意见 5 条，通过认真整改，效果明显，群众反映很好。

二、加大基层公共文化设施建设

（一）顺利完成村级公共服务中心 26 个点的建设工作任务

2015 年自治区文化厅、财政厅下达给我县的村级公共服务中心项目建设是 26 个，我县投资 520 万元按照一栋综合楼、一个舞台、一个篮球场、一支农民文艺队、一支农民篮球队标准，在全县建设 26 个村级公共服务中心。截止 12 月 11 日，我县村级公共服务中心项目已全部竣工。此项目建成并投入使用后，大大方便各种群众性文化、体育活动，对宣传党的路线、方针、政策，组织和引导群众文化、广场文化、乡镇文化等健康发展具有十分重要的意义。

（二）乡镇农民体育健身工程

今年我局向市局申报乡镇农民体育健身工程项目 3 个（峙浪乡、那堪镇、城中镇），申报全民健身路径工程项目 18 条，申报全民健身户外活动基地项目 1 个（宁明县城中镇城南开发区户外活动基地）。

三、免费开放工作

今年以来，县图书馆、文化馆及全县十三个乡镇文化站继续实行免费开放。在免费开放工作上，县图书馆加大力度拓展图书馆教育和信息功能，从日常工作、读者活动、读者服务、文化资源共享等几方面入手，特别更换了价值 6 万多元新的书架一批；添置新书、报刊 8 万多元；为满足读者多元阅读需求，投入 3.5 万元购置一台电子书借阅机安装在图书馆一楼大厅；增设价值约 2 万元的高清监控设备一批，加强升级了监控系统，扩大了监控范围，提高监控效果。

为给读者提供便捷的学习条件，截至 2015 年 12 月 10 日，共为读者办理借书卡 216 张；接待读者 25141 人次，其中报刊阅览 11892 人次，综合外借 3894 人次，少儿外借 2887 人次，期刊外借 2468 人次；解答咨询 32 人次。今年还免费举办了公益讲座 3 期，分别是："暑假少儿科普知识视频讲座"、"中老年保健知识讲座""少儿非物质文化遗产知识讲座"。举办用户教育与培训 5 期，分别是"少儿山歌培训"、"少儿素描培训"、"少儿启蒙英语培训""少儿硬笔书法培训班"、"统计法基础知识培训"等，参加人员约 350 人次。

一年来，图书馆积极开展业务辅导活动，在去年的基础上，新建立了兴宁小学图书流通站，并给其捐赠了一批旧书架和 3000 册过刊，目前共建立图书流通站 9 个。全年共到各农家书屋及学校图书室指导业务 5 次，送书下乡 4 次，送书 5925 册次，利用文化共享工程设备下乡播放优秀影片 2 场，受益群众 3000 人。

四、开展丰富多彩的文体活动

（一）利用春节等重大节庆，积极组织开展一系列群众文化活动。为群众送春联，辅导业余文艺团队在乡镇当地举办文艺晚会，组织舞龙、舞狮、秧歌、彩绸、花扇等群众民俗游演，在 2 月 2 日协助崇左市歌舞团到北江镇林芬村开展"深入生活、扎根人民"2015 年崇左市春节慰问演出活动；结合"九月九"节庆开展"骆越感恩节文艺晚会"。举办 2015 文化下乡"感受温暖、凝聚爱心"青少年诗歌朗诵比赛活动。举办"情系乡村、喜迎新年"报古诗名猜作者暨力岳村广场舞表演联谊晚会。举办小型书法美术摄影展，组织山歌演唱等，活动内容丰富多彩，广大群众积极参与，进一步满足了广大群众的文化需求。

（二）以乡镇村屯举办的"歌坡"、"歌圩"、"花炮节"、"龙舟节"等为契机，以村级公共服务中心为平台，竭力辅导指导打造"一村一特色"民族民间文化形式，组织群众业余文艺团队开展当地特色的民俗展示、文艺表演、山歌传唱、体育竞技等活动。

（三）积极引导群众业余文艺团队健康发展。目前，全县各乡镇、社区共组建有 100 多支群众业余文艺团队，仅在县城范围内就有 20 多支文艺队伍，"花山"、"和谐"、"攀龙"、"老乐"、"顺宁"、"骆越星"、"幸福之花"等多支业余文艺队伍经常到社区、基层、乡镇等开展活动，活跃了乡镇、城镇、社区文化生活。

（四）广泛开展群众广场文化活动。在县城江滨公园、百宁商都广场、各住宅区空地等，每天晚上都有多支队伍在开展活动，有广场舞、卡拉 OK，有

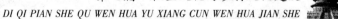
交谊舞、有健身舞（操）、有文艺节目表演、有器乐弹奏等等。在各乡镇、社区的公共文化服务中心，每晚也都有类似的文化活动，群众自觉参与率高，极大的愉悦了心情。

（五）成功举办骆越王节。第二届骆越王节于2015年4月21日在花山文化广场举行。我局主要负责抢花炮、抛绣球、牛拉竹排、捕鱼比赛、歌坡赛等活动项目的策划、组织和宣传等工作，全面展示了我县花山文化和民俗特色风情，各项活动取得圆满成功。

（六）根据崇左市文化新闻出版广电局下发的《关于组织参加全区第十七届"八桂群星奖"评奖活动的通知》（崇文电〔2015〕11号），我县组织书法、美术、摄影作品共26件参将评奖活动。

（七）出版《花山群文天地》。《花山群文天地》是宁明县文化馆主办的内部刊物（季刊），每期发行300份，内容包括有关群众文化的论文、动态新闻、通讯报道、各类文艺创作作品等，内容丰富多彩，满足了人民群众日益增长的精神文化需求，加大了宣传力度，突出公益性服务主题特色，受到广大群众好评。

五、新闻宣传工作迈上新台阶

我局坚持正面宣传为主的方针，牢牢把握舆论导向，紧紧围绕县委、县政府的中心工作，着力策划做好我县全面崛起"168"战略计划目标建设、"三严三实"、花山申遗、美丽广西·清洁乡村等重大宣传活动。开设了《行进中国·精彩故事》、《让花山走向世界 让世界了解花山》、《为民务实清廉》、《整改进行时》、《提高公共满意度》、《推坡填沟达双高》、《精准扶贫惠民生》、《铭记历史 开创未来》、《寻找最美村官》、《寻找最美家庭》、《践行三严三实》、《学习贯彻十八届五中全会精神》等十多个专栏，宣传了县委县政府的中心工作，弘扬了民族精神、培训了社会主义核心价值观、传递了正能量。截止2015年12月31日，在本台播出新闻1368多篇，上送的电视新闻被中央电视台采用播出12篇，被广西电视台采用播出73篇，被崇左台采用播出456篇，位居崇左各县市前列。

六、安全播出工作平稳有序

我局严格按照安全播出工作要求，认真做好播出秩序的管理工作，全年不出现重大安全播出事故。一是履行对辖区内广播电台、电视台播出秩序监

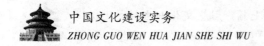
看责任，认真开展广播电视节目监听监看工作，不发生人为插播或干扰正常播出秩序现象；二是按时按要求完成转播中央和自治区电视节目，不发生误播迟播事故。

七、加强文化市场管理，维护文化市场秩序

我局继续抓好文化综合市场执法工作。一是抓好"扫黄打非"专项工作。年内，共出动执法人员 240 多人次，检查网吧 32 家，检查 KTV 娱乐场所 14 家，检查音像制品零售摊点 13 家次，检查书报刊零售店 12 家次，检查打印复印店 8 家次，截至目前，共收缴非法盗版音像制品 1100 余册（盘）下发了《限期拆除通知书》80 份，印发宣传单 1000 份。二是卫星电视广播地面接收设施管理整治工作。会同综治办、公安局、工商局、网络公司等部门重点对历年检查中存在问题的新浩花园和百宁国际商都及金源名居小区非法安装的卫星地面接收设施进行整治，同时对非法销售的商家进行全面集中整治。据统计，年内共发动检查行动 5 次，检查电器销售点 86 个，缴获居民非法安装地面接收设施 113 面，高频头 113 只，缴获宁明商贸市场音像 76 号摊位卫星接收天线 3 面，散发宣传单 2000 多份，下发整改通知书 1000 多份，从而一定程度上净化了宁明文化市场。

八、抓紧花山岩画申报世界文化遗产工作，全力投入冲刺成功申遗目标

根据县委、县政府关于实施宁明全面崛起 168 计划的战略目标，按照"决心一次下定、措施一次到位、申遗一次成功"的要求，我局组织人力、物力、财力向花山申遗工作倾斜，扎实推进花山申遗工作，争取 2016 年申遗成功。

一是做好花山岩画保护监测站主体工程建设项目。今年 10 月 14 日，我局克服时间紧、任务重等困难按时完成项目工程建设任务。

二是做好花山岩画博物馆建设项目前期工作，目前已完成项目立项、项目用地预审等工作。

三是做好测系统的实施开展，正在进行实施方案的预算询价审核。

四是创作花山系列文艺精品，已请广西专业文艺创作团队正在创作花山歌舞剧《花山鼓舞》。

五是培育花山派艺术创作群体，请吕少贤、甘绍耿、林忠、左江月等正

在创作歌曲、山歌。由宁明县文化馆主办的《花山群文天地》杂志，目前已出版两期。

六是做好民族民俗文化复原工程，积极申报各级非物质文化遗产。目前已有9个市级非遗项目，4个自治区级非遗项目。2015年12月，我县寨安乡顺宁彩调被列入第四批自治区级非物质文化遗产代表性项目传承基地公布名单；我县爱店镇瑶族服饰被列入第四批自治区级非物质文化遗产代表性项目展示中心公布名单。

九、扎实开展农村电影放映工作

我局严格按照"农村电影普及放映有关事宜"的要求实施放映，坚持做到每个行政村每月放映一场电影。今年，我县新购置农村电影流动放映设备2套，每年在全县142个行政村放映电影1704场。为切实保障农村电影放映公益性可持续发展，我县每月对电影放映工作进行认真督查，无资金截留、挪用等违纪违法现象发生。截止12月31日，深入全县142个行政村放映电影达1711场次，占全年任务的100.41%，安全放映率达100%，累积观众受益达127649人次，极大丰富了我县乡镇居民文化生活。

十、网络有线电视覆盖工程覆盖率提高

（一）自2004～2005年实施农村有线广播电视"村村通"工程项目实施以来，宁明县广播电视网络得到了很大的发展，目前除东安乡外，12个乡镇政府所在地已实现有线电视网络全覆盖，其中爱店镇、明江镇、城中镇、亭亮乡、北江乡、板棍乡、海渊镇、那堪镇、峙浪乡、桐棉镇、那楠乡开通了广电双向宽带网络。

（二）2014年11月19日，宁明县2014年兴边富民大会战广播电视有线联网项目建设项目正式启动。项目涉及6个乡镇25个行政村，覆盖人口15000人，约3387户（其中有线联网5个乡镇23个村点，无线覆盖1个乡镇2个村点）。项目采用有线联网和无线覆盖的综合方式，建设计划总投资536万元，计划敷设光纤公里数（有线：137公里，无线：14公里）。截至2015年9月底，广西广电网络公司宁明分公司完成所有村点建设、验收及发展用户任务。截至2015年9月30日，完成项目工程立项30个（其中有线覆盖光纤网项目10个，有线覆盖分配网项目18个，无线覆盖项目2个）。同时完成有线覆盖光纤网10个，有线覆盖分配网18个，无线覆盖项目2个，完工率

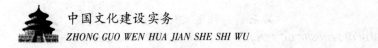

100％。有线覆盖光缆干线立杆施工85.37公里，光缆敷设66.53公里；无线覆盖干线立杆施工9.3公里，光缆敷设16.65公里，完工率100％，完成所有项目建设的验收工作。

十一、大力做好精准扶贫工作，促进农村基层经济社会发展

今年我局机构改革实现两局合并工作，挂点村调整为板棍乡林贴村、北江乡下间村、浦峙村3个联系点。我局领导高度重视新农村工作，经常召开局班子会，讨论研究开展新农村工作的有效措施，局领导班子分别多次到挂点村开展调查研究，重点考察及时掌握工作情况、存在问题，并研究解决方案。在开展定点扶贫各项中心工作中，局领导以身作则，尽职尽责，赴定点扶持贫困村，及时了解我局派出的"驻村干部""第一书记"开展工作情况，同时了解村民的生产生活情况，掌握村级工作第一手资料，为开展好定点扶贫工作奠定了基础，为局工作队树立了真抓实干的好榜样。

2015年，经过多方筹集资金，我局争取得到了市直有关部门上级资金40万元的项目支持，帮助完成实施社会主义新农村建设项目2项，各投入20万元帮助板棍乡林贴村、那克村的村级服务中心建设，解决了这几个村屯的文化健身工程。以此同时，对定点扶持贫困村—林贴村，加大了投入帮扶，赠送200个书架，价值40000元；赠送板棍乡38套书架，价值7600元；对挂点村北江乡下间村捐赠标准篮球场架1副，劳动工具一批；对定点扶贫村上松村三塘片双高基地帮扶2000元，并出动本局干部职工50余人次帮助开展清洁卫生活动。

十二、获奖情况

（一）2015年3月荣获崇左市妇女联合会颁发的"巾帼建功"先进集体

（二）2015年9月荣获崇左市体育局颁发的广西"拔群杯"篮球赛崇左赛区比赛女子篮球第二名

（三）荣获崇左市首届文艺创作"花山奖"

（四）屈则俭荣获全区第十七届书法类"八桂群星奖"

（五）屈则俭书法作品进入2015广西艺术展书法作品展入展名单

（六）黎孝民作品《北部湾无人海岛之一》和《北部湾无人海岛之二》入选"陈中华海丝梦长卷暨北部湾海洋海岛艺术采风画展"

（七）荣获 2015 年维护县级播出机构电视剧播出秩序先进单位

十三、下一步工作计划

（一）重点抓好花山申遗项目建设。

（二）继续推进文体项目建设。一是抓好村级公共服务中心建设，确保年底全部竣工；二是继续争取乡镇农民体育工程、全民健身路径等惠民体育工程；三是实施农家书屋文化信息资源共享工程，把行政村科技文化卫生建设不断引向纵深。

（三）继续抓好"三馆一站"免费开放工作。一是按上级要求规范免费开放资金管理；二是加大对免费开放的宣传力度，使免费开放参与人数不断增多；三是举办文化骨干培训班。在县城或重点乡镇举办 1～2 期农村业余文艺队骨干培训班及 1 期乡镇文化站专干业务培训班。

（四）加强对文化市场的监管。继续开展"扫黄打非"活动，和整治非法安装卫星地面接收设施行为，抓好文化市场日常监管，推动文化市场健康有序发展。

（五）严格按照上级要求，精心组织，狠抓落实，积极开展全县农村电影公益放映工作。

（六）加强文化精品创作力度。实施文化精品战略，结合花山申遗工作实际，积极创作具有花山特色的戏剧、美术、摄影、舞蹈等义艺精品。

（七）继续抓好新闻报送工作。努力做好"花山申遗"、"168 崛起计划工程、"美丽广西·生态乡村"等信息全面宣传报道，营造氛围，推进县委、县政府各项工作。

（八）继续做好挂点帮扶、精准扶贫工作，促进农村基层经济社会发展。

完善文化管理体制
建立健全公共文化服务体系

海南省海口市琼山区文化体育和旅游发展局 　王业权 　吴 倩

在区委、区政府的正确领导和上级主管部门的悉心指导下，我局在过去的一年里全面贯彻落实党的十八大、十八届三中全会、四中全会、中央经济工作会议和省、市、区有关会议精神，紧紧围绕区委、区政府"四区一园"的发展战略，大力加强和谐文化体育建设，充分发挥品牌文体活动和节庆活动的社会效应，增强我区文体行业整体实力和竞争力，完善扶持公益性文化体育事业，以求真务实、高效廉洁、开拓创新的工作作风，开创了文体事业工作新局面。

一、2015 年工作总结

（一）组织开展"双创"活动，提高党员干部文明卫生素养

为了做好我局"双创"工作，完成"双创"任务，我局在做好文化体育事业发展的同时，采取有力措施，把"双创"作为我局工作的重中之重，通过扎实有效的工作，努力完成市、区下达的"双创"工作任务。

1、加强宣传，全员行动。一是"双创"开展后，我局多次召开专题学习会议，共召开 16 次会议组织党员干部学习"双创"知识、传达市、区"双创"会议精神和重要讲话；二是先后积极组织参与在职党员"爱我海口·美化家园"志愿服务活动 11 次，对国兴街道道客社区辖区的路面野广告和垃圾进行了清理，并积极向行人和沿街铺面人员进行宣传，倡导广大市民积极加入"双创"的行列中来；三是坚持每日道路巡查任务坚持每日道路巡查任务，根据区政府的分片包干部署，每天安排 1 组 6 人对挂点社区道客社区进行不间断巡查，配合街道和社区，对占道经营、乱贴小广告现象进行制止，并对沿街商铺业主及行人进行宣传，鼓励人人为"双创"作出贡献；四是积极开展卫生整治工作，每周五下午三点组织全体干部职工对办公区域和宿舍区域进行卫生整治，除了将自己周围的环境弄好之外，还对办公大院、体校等公共区域进行了多次集体清扫，使得我局的卫生环境得到了很大改善。

2、结合实际，全面开展"双创"活动除了在局范围内开展"双创"系列活动，还根据市、区要求，在文化市场也开展了形式多样的"双创"宣传活动。一是文化市场稽查大队每日不定时对全区网吧、歌舞娱乐场所进行突击检查，严格要求各文化场所达到"双创"要求标准；二是积极联合区工商局、公安琼山分局、安监局等单位共同落实"双创"要求，坚决杜绝未成年人上网等违法违规现象；三是联合琼山公安分局、区城管局、区工商局等区"扫黄打非"成员单位开展了6次的联合行动，5次分队行动，共同展开了对忠介路非法出版物销售摊点的专项整治。共出动执法人员216人次，车辆108辆次，查处摆卖非法盗版光碟的摊点8个，查缴盗版光碟3400余张（盒），没收下载目录本823本。整治过程中还对摊位旁卫生情况进行了检查，要求出版物市场经营业主要注意周边卫生，不乱扔垃圾，不乱摆放摊位，同时也向各经营业主普及了"双创"的相关知识；四是根据创建文明城市标准，我局大力度进行了我区文化体育设施建设情况调研及历史文化保护情况调研，并根据要求制定了文化体育设施建设方案和历史文化保护情况汇报。目前我局已完成四个街道综合文化站和二十六个社区综合文化服务中心、每个街道五个晨晚练点的挂牌工作。

（二）完善文体基础设施建设，夯实文化阵地基础

紧紧围绕打造"幸福美丽新琼山"的目标，以"双创"要求的基层文化建设为重点，扎实稳步推进我区文化体育基础设施建设工作。

1、健全公共文化服务平台服务体系。打造市民文化活动的坚实阵地，全力推进新文化馆综合大楼建设项目前期各项准备工作；新建成7间行政村文化室；重新粉刷修整图书馆外墙和台阶，翻新图书馆内桌椅等阅览设施，升级电子阅览室和儿童阅览室服务系统；组织召开琼山区综合文化站工作专题会，开展文化站年度考核工作。

2、完善基层文体设施建设。完成2014年建成的10间行政村文化室的审计、验收工作；积极协调完成四个街道综合文化站、二十六个综合文化服务中心、四个街道各5个晨晚练点挂牌，并完成各点制度上墙和活动记录登记；落实中央和省20个自然村各6万元农民体育健身工程项目建设，扶持基层安装体育设施7套；打造大坡镇福昌村委会等5家农家书屋示范点，每个农家书屋示范点配置1台电脑，并协助市文体局配送73间农家书屋图书；支持基层音响设备2套，营造文体活动浓厚氛围。

3、调研历史文化保护措施。根据省委常委、市委书记孙新阳在琼山区调研时对琼山发展提出的要求，我局对琼山区历史文化的保护与利用进行了调研，并提出了可行性实施意见：一是策划出版《琼山历史文化大系》系列丛书第一册《凝望琼山》已着手创作，预计今年内完成初稿，明年初印刷出版；二是认真策划 2016 年元宵换花节；三是把琼山历史文化融入各项文体活动中；四是配合商务局等部门做好历史文化保护相关工作；五是积极推进文化馆建设、街道文化站和社区文化服务中心建设，充分利用好这些文化阵地，开展各项文体活动，使之成为宣传琼山文化的阵地。

（三）加大监管力度，繁荣文化市场

我区文化市场管理工作积极响应文化大发展大繁荣的号召，以繁荣为第一要务，以管理为重要保障。

1、严把审批环节，依法管理文化市场。一是严循审批程序，健全审批制度，完善审批流程，加强了文化市场审批的规范性建设。严格按照相关法律法规审批文化市场经营项目，全年共审批 17 家，其中网吧变更信息 5 家、新设立 4 家，歌舞娱乐场所变更信息 2 家、新设立 1 家，出版物市场变更信息 3 家、新设立 1 家，文艺表演团体设立 1 家；二是全面完成对网吧、歌舞娱乐场所、出版物市场（含音像）的年审和换证工作，与文化场所全部签订了《2015 年安全生产责任书》；三是全面完成完成文化部文化市场监管信息工作平台信息录入工作，正在开展对全区文化类场所的新证换发工作；四是积极开展网吧转型升级工作，根据文化部、省文体厅相关文件精神，对我区试点网吧进行转型升级宣传，并配合省文体厅完成网吧转型升级调研，为全面铺开网吧转型升级工作奠定基础。

2、加大执法力度，维护文化市场稳定。紧紧抓住群众反映较多，社会影响较大的问题，构建和谐有序的文化市场经营秩序，维护了我区文化市场稳定，获得"琼山区安全生产工作先进单位"。

（1）加大文化市场管理力度。加强执法队伍建设，实行岗位责任和联系工作制度，促进市场管理科学规范。积极联合公安、工商、消防等单位，采取日常巡查和不定期突击检查相结合的方式，先后开展了"文化娱乐场所安全事故隐患排查月"、"秋风行动"、"净网行动"、"校园及周边文化市场专项整治"、"娱乐场所涉毒排查"、"安全生产月""未成年人上网排查"等专项整治行动 9 次。其中网吧专项治理共出动执法力量 2610 余人次，检查各类经营场所 2166 家（次），共立案查处各类违规案件 33 起，停业整顿 1 起，举报受理 50 多家，停业整顿 1 家，责令整改 13 家，吊销网吧文化经营许可证 3 家，打击"黑网吧"也取得阶段性成效，扣押"黑网吧"主机 14 台，服务器 2 台；娱乐场所专项治理共发出整改通知书 14 份，立案查处 8 家。

（2）加强"扫黄打非"专项治理。切实加大对出版物市场的日常巡查监管力度，与公安、城管、工商等多部门联合，开展 12 次对府城忠介路等重点区域进行大规模的清查行动，共收缴违法刊物和音像制品 35688 多册，盗版、涉黄光碟 237 张，非法书刊 42 册，非法下载目录 662 册，彩经 3300 多张（册），取缔地上流动摊点 38 个，移交公安部门案件 2 件，进一步打击了违法商贩的嚣张气焰，有效净化了音像市场和出版物市场。

（四）开展丰富多彩文体活动，打造文化琼山

坚持把文化建设摆在优先发展的战略地位，结合琼山文化底蕴，开展了一系列群众喜闻乐见的文化活动。

1、精心打造特色文化品牌。按照区委区政府的部署，认真打造"府城元宵换花节"特色文化品牌，通过向社会征集 2016 年"府城元宵换花节"方案，邀请文化公司和文化专家共同出谋划策的方式，推陈出新，在继承传统文化习俗的同时，不断融入具有地方特色的地域文化和时尚文化，让传统的"换花节"活动更加丰富多彩。"装马匹"民俗巡游、"千灯照春"灯展、""雄狮闹春"、"灯谜游春"、"书画贺春"以及琼剧表演等活动，吸引了 30 多万市民游客参与其中，对宣传琼山，打造实力琼山、魅力琼山、文化琼山产生了广泛的影响。

同时，我局认真打造了换花节"四个一"（即一组吉祥物、一本宣传画册、一张纪录片光碟、一支广场换花舞），制作了"府城元宵换花节"宣传画册和纪录片，举办了迎新年"换花舞"舞蹈比赛，使"府城元宵换花节"这一最独具琼山地方特色的节日在继承和发扬传统文化的同时，有效的促进地方经济和文化的对外发展，成为海口市对外展示的一张名片。

2、实施文化惠民工程。把文化活动与节庆日、安全生产宣传、法制宣传、禁毒宣传、计生宣传和廉政建设等工作结合起来，实施完成 2015 年万春会琼山区展区的灯展工作；春节期间组织各镇（街道）在三角公园举办"欢乐府城"镇街文艺汇演；举办万绿园"万春会""琼山日"专场文艺汇演和游园活动；在甲子镇与椰城侬家文化公司共同承办"欢欢喜喜乐侬家——走进甲子暨庆五一惠民文艺晚会"；配合组织参与海口市首届广场舞比赛，6 支参赛代表队伍拿下了一等奖 1 名，二等奖 1 名，三等奖 2 名，优秀奖 2 名的骄人成绩；开展舞蹈下乡培训 4 期，推广普及第二期原创广场舞；协办"道德模范、助力双创"文艺晚会，扩大"双创"工作宣传力度；组织电影下乡 23 场，琼剧下乡 39 场。丰富多彩的文艺活动和演出，有效地促进了我区精神文明建设的发展，同时也提高了我区的文化知名度。

3、开展形式多样的全民健身运动。贯彻落实《全民健身计划纲要》，推动全民健身活动广泛深入开展，组织开展了健康、文明，体现传统性、趣味性、健身性的群众体育活动 14 项次，参加比赛的运动员 1000 多人，观众达 20 多万人次。举办了府城元宵换花节雄狮闹春活动，营造祥和的节日氛围；组织开展了琼山区第四届全民趣味体育运动会、琼山区"工会杯""五一"职工男子九人排球赛、琼山区庆"五一"海南四强男子九人排球邀请赛、琼山区干部职工"庆国庆""工会杯"羽毛球团体赛、男子九人排球赛和四镇女子排球赛等群众喜闻乐见的体育活动，丰富群众业余生活；组队参加省、市农民趣味运动会，其中"骑着马儿送公粮"项目凤翔街道红星村获第二名，三门坡镇文岭村获第三名，"鱼塘抓鱼"项目凤翔街道红星村获第二名；承办了元宵节"红红火火过大年"海口市农民男子九人排球邀请赛，组织志愿者和相关单位确保第十届环海南岛国际自行车赛琼山区路段比赛胜利进行等，提高承办高水准赛事的水平和能力，促进我区体育事业蓬勃发展。

（五）稳步推进图书和电影事业，文化产业蓬勃发展

加强图书馆基础建设，积极开展读者服务活动，稳步推进图书馆各项业务工作的开展。一是完善基础设施，少儿阅览室正式对外开放，重新粉刷墙面、修整台阶，购置新书 2225 册，其中购买收集了地方文献 100 多册；二是与省图书馆开展"共建共享海南地方文化资源库"战略合作，2015 年元宵节期间配合省图书馆采集"府城元宵换花节"活动概况，推进我区对地方文化资源的收集和整理；三是举办了海府地区中小学生参加的"倡导全民阅读建设书香社会"现场故事演讲活动和"小手塑造中国梦"剪纸、泥塑和编织手工体验活动，推动全社会为实现中国梦倡导终身读书、人人成才的学习风尚；四是做好免费开放工作，全年接待读者 3 万余人次，其中阅览 16000 余人次，借书 6000 余人次，其他读书活动 4000 余人次，为读者提供咨询参考 200 余人次，外借册次 9000 余册，更换办理新证 23 个，新书编目 2225 册。

琼山电影公司充分发挥琼山影剧院电影宣传阵地作用，全年放映院线电影 262 场，观众 3340 人次，放映收入 76150 元；其中区团委举观影活动 3 场，放映爱国主义教育电影 11 场，受教育学生人数有 9600 人，在中小学生中大力弘扬爱国主义教育，取得了良好的社会效益和经济效益。

此外，我局积极发挥文化体育宣传教育阵地作用，举办文化市场经营业主安全生产培训班 4 期，干部职工消防安全讲座 1 期；组织文化馆专业人才到各镇、街道指导开展镇、村、社区系列文体活动和换花舞培训 20 场次；积极开展计划生育工作，利用各种文化艺术形式大力宣传和普及避孕节育、优

生优育知识，开展人口和计划生育社会公益宣传；积极开展双拥工作，支持海南陆军预备役兵师高射炮兵第一团音响 1 部；带领干部职工积极抵御台风"威马逊"和"海鸥"；积极完成档案管理、财务管理、党报党刊征订等各项工作，获得"2014 年琼山区征订党报党建先进工作单位"；完成北冲村征地任务；协助市文体局抓好广播电视"村村通"工程建设，认真落实好文物保护有关工作。

我局在各方面工作都取得了一定的成绩，同时我们也看到，依然存在个别干部职工工作态度不端正，工作主动性、积极性、创造性有待提高；基层文化队伍薄弱，文体事业发展不平衡；文化市场经营管理不够规范，监管力度有待加强等问题。

二、2015 年工作亮点

（一）加强文化阵地建设，公共文化服务体系更健全

文化阵地是文化产业发展的重要载体，我局以基层文化建设为重点，形成了城区有文化馆、图书馆，镇墟有文化站，村委会有文化室，村民小组有农家书屋的四级公共文化服务平台。1. 城区文化平台更具吸引力。新文化馆综合大楼按照文化部二级文化馆标准来建设，项目前期各项工作正在进行中，明年年初开工建设，建成后将成为琼山区文化活动繁荣中心；在图书馆原有基础上打造了一间集书本、电子书库为一体的少儿阅览室，定制少儿用品，提高少儿读书兴趣，通过增加少年读者有效解决图书馆在与省、市图书馆竞争中读者相对较少的问题。2. 基层服务平台管理更规范。建立健全文化站、文化室管理、考核制度和农家书屋管理制度，将制度悬挂上墙，年终进行考核评比，促进免费开放的基层文化服务平台人员到位，管理到位，服务群众到位；落实"双创"要求，完成四个街道综合文化站、二十六个综合文化服务中心、四个街道各 5 个晨晚练点挂牌，并完成各点制度上墙和活动记录登记。3. 城乡文体设施更完善。2015 年新建 7 间行政村文化室；落实中央和省20 个自然村各 6 万元农民体育健身工程项目建设；扶持城乡安装体育设施 7套，赠送音响设备 2 套，文化服务平台配套设施得到完善。

（二）精心策划"府城元宵换花节"，打造特色文化成品牌

"府城元宵换花节"历史悠久，是省级非物质文化遗产，也是我区对外宣传的一张名片，我局结合历史资源精心策划，成功打响这一特色文化牌子。一是按照区委区政府的部署，通过向社会征集方案和邀请文化公司和文化专家共同出谋划策的方式，推陈出新，成功举办 2015 年"府城元宵换花节"吸

引了众多市民游客参加。二是打造"府城元宵换花节""四个一"（即一组吉祥物、一本宣传画册、一张纪录片光碟、一支广场换花舞），通过网络媒体与纸质媒体向全国征集"2016年府城元宵换花节文体活动策划方案"，开展吉祥物网上评选活动，举办换花舞比赛，以此扩大了"府城元宵换花节"的影响力，让更多人认识琼山、了解琼山，为琼山经济发展、社会繁荣奠定良好基础。

（三）依法管理，构建文化市场繁荣稳定

深入贯彻"一手抓管理，一手抓繁荣"的方针，从严落实"双创"对文化市场管理工作的要求，一是简化文化市场行政审批。精简了21%的行政审批服务事项，压缩了40%办理期限，较大幅度地提高了工作效率。二是以管理为重要保障，落实监督管理措施。共开展9次文化市场专项整治行动，重点整治网吧违法违规接纳未成年人、娱乐场所涉毒排查和"扫黄打非"专项治理，共立案查处案件34起，依法征收罚没款21300元，依法收缴盗版光碟35688余张（盒），整治力度更大，范围更广，获得"琼山区安全生产工作先进单位"，区文化市场稽查大队获得"琼山区禁毒工作先进单位"。

（四）文体活动丰富，促进各项事业全面发展

2015年我局共开展各类文化活动21场次，指导、组织基层培训20次，培训文艺骨干300余人，送电影下乡23场，琼剧下乡39场；举办各类群众体育活动14项次，参加比赛的运动员1000多人，观众达20多万人次。其中我局举办"庆五一"、"庆国庆"、"迎新年"、"趣味运动会"等主题的文体活动15场次，与区纪委、区工会、区团委以及各镇街等单位联合文体活动8场次，组织参加省、市举办的文体活动6场次，其中"骑着马儿送公粮"项目凤翔街道红星村获第二名，三门坡镇文岭村获第三名，"鱼塘抓鱼"项目凤翔街道红星村获第二名；同时借助各类文化下乡活动，我局因地制宜采取了横幅悬挂或电子显示屏播放等方式，宣传"安全生产"、"全面禁毒"、"廉政教育"、"创建文明城市"、"创建卫生城市"、"计划生育"、"拥军爱民"等政策法规，既丰富了群众的业余文化生活，也提高群众的文化素质，以文体活动促进我区各项事业全面发展。

三、2016年工作计划

（一）加强文化队伍建设

组织干部职工深入总结"十二五"工作，学习领会"十三五"规划精神，开展各类活动，落实"双创"各项工作任务，同时加强干部党性教育。

组织开展基层群众文化培训、非遗项目培训和文化市场从业人员培训班。抓好抓实党风廉政建设，传达廉政文件精神，组织观看区委下发的教育录像片，提高干部职工廉洁从政的免疫力。

（二）强化文化市场监管

遵循"抓稳定、促繁荣"的原则，严把审批环节，加强行政审批管理，完成歌舞娱乐场所、出版物、网吧等文化许可证的审批、年审和换证工作。

以安全生产、全民禁毒和禁止未成年人进入网吧工作为重点，采取更加灵活的方式，加大文化市场行政执法监督力度，开展文化市场专项整治行动；全力做好"扫黄打非"工作，净化出版物市场和音像市场。

（三）全面发展文体事业

确保完成新文化馆建设，完成街道综合文化站、社区综合文化服务中心建设任务，继续抓好文化馆、镇文化站、行政村文化室、农家书屋等公共文化服务平台免费开放服务工作；举办元旦、国庆、春节等节庆日文体活动，创新开展府城元宵换花节和冼夫人文化节琼山区分会场活动；实施文化惠民工程，组织文化下乡、文化进社区活动，丰富群众文化生活；加强对各镇特色文化活动的指导，继续挖掘地方文化资源，努力打造"一镇一品"文化品牌，做好基层文化、民俗文化等的收集、整理、辅导和传承工作。

开展全民健身日活动和举办各镇、街道女子排球赛；组织参加省农民趣味运动会，配合办好环岛国际自行车赛、全市男子排球赛；完善社区、行政村体育设施建设。

（四）积极发挥图书馆、电影公司作用

继续加强图书馆基础建设，发挥电子少儿阅览室作用，完善馆内设备设施，开展读者服务活动；加强馆藏建设，收集地方文献和对现有馆藏古籍的登记整理；继续强化各镇文化站的考核管理和加强队伍建设，将文化站的软、硬件设施建设和免费开放工作提升上新的台阶；做好农家书屋业务指导工作，打造文化站和农家书屋建设示范点；做好2016年报刊征订工作。加强电影公司职工的思想教育，提高党员的素质，继续组织电影下乡，完成电影公司转企改制任务。

此外，坚持抓好广播电视"村村通"工程建设；积极开展双拥工作，参与文化拥军活动；切实做好计划生育工作，确保人员、责任和措施到位；完成区委区政府部署的重点项目协议和道路"门前三包"责任管理工作任务，继续做好文明生态村、帮扶贫困村庄建设工作，推动我区文体事业迈上一个新的台阶。

创新文化管理模式 推进文化跨越发展

四川省荣县文体旅游广电和新闻出版局 杨泽祥 但汉军 曾小东

2015 年是全面完成"十二五"规划的收官之年，也是全面建成小康社会、全面深化改革、全面依法治国、全面从严治党的关键之年。荣县文体旅游广电和新闻出版事业在县委、县政府的正确领导下，在市文化广电新闻出版局、体育局、外事侨务旅游局的指导下，系统全体干部职工认真贯彻落实党的十八大、十八届三中、四中、五中全会等会议精神，聚精会神搞建设，一心一意谋发展，公共文化建设快速推进，群众性文体活动蓬勃发展，旅游产业快速发展，文化遗产保护传承得到加强，文化市场规范有序，发展规划初步形成，新闻宣传取得突破，广电事业稳步推进，队伍建设不断加强，圆满完成了十二五期间暨 2015 年的各项工作任务。现总结如下：

一、"十二五"规划执行情况及存在的主要问题

文化事业蓬勃发展。"十二五"时期，我县累计投入公共文化服务体系建设项目资金 1.9 亿（其中省级公共文化服务体系建设项目资金 3437 万元，县级财政配套资金 1.55 亿元）。建成 27 个乡镇综合文化站（其中省级示范站 3 个，市级示范站 5 个）、50 个社区综合文化服务中心（含社区书屋）、296 个村级综合文化室（含农家书屋）、农村留守妇女儿童文化之家 349 个、农民工文化驿站 3 个、乡村文化院坝 4 个。进一步加强群众文化设施网络建设，巩固和发展国办的图书馆、文化馆（站）等文化事业单位，初步形成了县、镇（乡）、村（社区）三级公共文化服务网络体系。重点加强对大佛文化旅游系列活动、全民春晚、元宵节民俗文化展演、双石农民漫画等文化品牌的打造和宣传。十二五期间，我局探索文企联姻、文商合作的市场化运作新路子，积极争取社会赞助、企业捐赠，吸引全县社会力量捐助公共文化事业的资金达 1 亿元以上，开展各类文体活动和文艺下乡演出 300 余场。新挖掘、申报成功"双石镇农民漫画"和"长山锣鼓"两个市级非物质文化遗产项目。大力实施"精品工程"，2011 年到 2015 年累计创作出文艺作品 1000 余件。特别是 2013 年荣县大佛文化节主委会创作的晚会主题曲《梧桐花开诗书香》，深受全县人民的喜爱和传唱。启动了荣县文化产业发展规划编制工作，完成县

城文态概念规划。

体育事业快速发展。加快推进体育基础设施建设，完成新城体育中心建设并投入使用，初步形成了县、乡镇（街道）、行政村（社区）三级公共体育设施网络。截止"十二五"末，全县共有各类体育场地 659 个，城市健身步道 2 个，全民健身路径 80 条，城区社区已实现健身设施全覆盖。2015 年，人均拥有体育场地面积达到 0.72 平方米，经常参加体育锻炼人口比例达 40%，达到国民体质测定标准合格以上人数比例为 98%。竞技体育取得成效。2013 年"自贡市第十二届运动会"我县代表团获得总分第四名，奖牌数第二名，金牌数第二名的好成绩。2014 年荣中女排和皮划艇赛艇队在"四川省第十二届运动会"中夺得 5 金、6 银、10 铜，总分 418 分的好成绩。同心小学、西街小学、高山学校被中国国际象棋协会命名为"全国国际象棋特色学校"。荣中皮划艇队员滕添宇、徐潮林于 2013 年正式进入国家队。2015 年荣中、一中、长山中学、留佳小学、荣新小学、城东小学被选定为自贡市"三大球"示范学校。引导扶持体育产业发展。"十二五"末我县共有从事体育用品生产销售、体育培训、中介服务、体育康复、体育旅游和体育彩票销售的企业 22 个，从业人员 140 余人，年营业额 2000 余万元，其中体育彩票销售 1300 万元，是我县体育产业的支柱项目，平均每年获得体彩公益金县本级 40 余万元，为全县的体育基础设施建设和全民健身活动的开展作出了积极贡献。

旅游产业快速发展。"十二五"期间，我县顺利建设梧桐水街并投入使用，依托荣县大佛打造了人佛文化旅游区，并与峨眉山 – 乐山大佛、遂宁观音故里、安岳石刻、大足石刻等川渝两地五市五景区共同推出了巴蜀佛文化旅游精品线路，促成了巴蜀佛教文化旅游景区战略联盟合作。2015 年我县旅游综合收入预计达到 48.6 亿元，同比增长 18%，预计接待国内游客 310 万人次，同比增长 10.6%，游客满意度达到 90% 以上。

广电事业建设稳步推进。广电改革工作于全面完成，为广电事业发展奠定了基础。"十二五"期间，我县投资 2100 万元在新城体育场路中段 6 号建成荣县广播电视中心，电台、电视台采、录、编、播设备数字化程度达到 100%。围绕中心，狠抓新闻宣传，每年采编新闻 2700 多条，上送省、市稿件 400 多条。农村电影公益放映实现全数字化，累计放映总场次超过 17760 场，实现了"一村一月一场电影"。全县 296 个行政村"村村响"工程建设任务将在 2015 年年底前完成。完成 220 个自然村广播电视"村村通"工程，安装直播卫星 390 户，地面无线数字电视 1960 户。建设农村二级光纤线路 145KM，城市地埋管道 47.6KM，开通 2 个行业局域网。积极实施有线电视双向网改造工程，全县有线网络双向改造率达到 70%。全面实施数字电视工程，地面数字电视覆盖率达 80%。新发展农村有线电视用户 3.01 万户，全县数字电视用户达到 7.4 万户。

"十二五"规划执行中存在的主要问题。一是重点文化设施项目建设进度落后。二是文化产业龙头企业还不多，产业集群优势不明显。三是我县文艺创作的数量和质量有待提高。四是文化人才青黄不接、梯次断层的现象依然存在。五是文化体育广播电视基础设施投入还不够。

二、2015 年工作情况及存在的问题

（一）以项目建设为抓手，经济工作推进顺利

大佛梧桐水街龙湫大酒店、吴玉章故居保护、荣县大佛石窟保护、省级公共文化服务体系建设等重大项目工程建设按计划推进。通过这些重点项目的实施，预计全年完成固定资产投资 10000 万元以上，招商引资完成 10000 万元以上。预计向上争取项目资金 1500 余万元，完成非税收入 220 万元。

（二）推进文化体制机制改革，发展活力进一步增强

完成荣县文体旅游广电和新闻出版局"三定"方案，机构改革后续工作全面完成。构建了全媒体中心工作机制，大网络、大舆情、全媒体工作格局已初步形成。农村老电影放映员有关待遇上访问题基本化解，省网荣县分公司机关事业人员安置和身份转换工作全面完成。中层干部竞争上岗将在 12 月底完成。

（三）抓好现代公共文化服务体系建设，县域文化软实力得到提升

认真贯彻中央《关于加快构建现代公共文化服务体系的意见》和《国家基本公共文化服务指导标准（2015～2020）》，加强文化建设。统筹公共文化服务资源，加强基层公共文化设施设备整合利用及现有设施设备的专管专用。完成了 12 个乡镇文化站图书室建设，完成了得胜、井坎山村 2 个"幸福美丽新村（社区）文化院坝"建设，加快推进来牟铺社区农民工文化驿站、观山、过水文化站留守儿童文化之家、户外电子多功能阅报栏建设，工程预计年底前能完工。继续实施"三馆一站"免费开放等文化民生工程。截至目前，县图书馆、县文化馆、县美术馆以及全县 27 个乡镇综合文化站对公众提供免费开放时间累计达 8.2 万小时，免费接待 19.8 万人次。吴玉章故居陈列馆、军政府旧址等爱国主义教育基地免费接待参观者 10.8 万人次。全县 296 个行政村开展文体活动 2600 余场。全力抓好精品创作，新创作《婆婆扭街舞》、《乐德红》、《诗书荣州》、《家的味道》、《盐魂》、《糖粑粑》、《牛》、《钟鸣福至》

等文化艺术节目精品 8 件。

（四）推广全民健身理念，体育事业和产业健康发展

围绕"每天锻炼一小时、快乐生活一辈子""开展全民健身、共建和谐荣州"为主题，开展了系列宣传，全民健身理念深入人心。以元旦万人长跑、"龙腾狮子跃闹元宵"、全民健身周活动为重点，开展系列球类、棋类、游泳、太极、健身舞等体育活动和比赛 50 余场，全县已形成了全民健身的良好氛围。实施 44 条农民体育健身工程。成功举办"星河杯"荣县第六届运动会。少儿业余训练，荣中女排、皮划艇赛艇项目训练有序进行，为争取省十三届运动会上取得优异成绩练好内功。大力推动"三大球"发展，全县中小学建立篮球、足球训练基地 6 个。

（五）以办好大佛文化旅游节为抓手，旅游产业步伐加快

为加快我县旅游业的发展，我局采取"走出去"的方式先后到理县、松潘、成都等地考察学习成功经验，采取"请进来"的方式，邀请专家到我县调研，深入挖掘"三库连三佛"和"一塔一居一园"的文化内涵、发展要素，目前"十三五"旅游产业规划正在制定中。抓好荣县旅游宣传营销，组织县内旅游企业参加四川省第二届国际旅游交易博览会。举办了"畅游巴蜀福地，亲近荣县大佛"为主题的大佛文化旅游节特色活动。在活动期间还召开巴蜀佛文化旅游精品线路景区合作洽谈会，各景区对成立巴蜀佛教文化旅游精品线路景区联合会达成共识。金台村乡村旅游示范区、新城五星级酒店、翠湖酒店等旅游基础设施建设有序推进。预计全年实现旅游综合收入 48.6 亿元，同比增加 18%，接待国内旅游人数 310 万人次，同比增加 10.06%。本地区旅游企业实现零投诉，游客满意度达到 90% 以上。

（六）严把宣传导向，新闻出版广电事业发展成效明显

树立对外宣工作格局，发挥广播电视主流媒体优势。围绕十八届四中、五中全会和省委、市委、县委全会精神的学习宣传以及党委政府中心工作开展系列报道和典型宣传。一年来，制作播出《荣县新闻》252 档，播发新闻 2580 条，制作播出《每周话题》52 期，制作播出《荣山旭水》104 期，制作播出《廉洁荣州》10 期，拍摄制作专题片 11 部。上送省电视台、电台新闻稿件 30 多条，市电视台、电台新闻稿件 300 多条，被采用 200 多条。农村电影公益放映基本实现全数字化，全年放映场次超过 3552 场，实现了"一村一月一场电影"。加强安全播出管理，确保元旦、春节、"两会"、"五一"、"中国人民抗日战争暨世界反法西斯战争胜利 70 周年纪念活动"、十八届五中全会的播出安全。加快推进广播电视"村村通""村村响"工程建设。直播卫

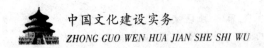

星"户户通"已安装用户 3000 余户，预计 12 月底还将发展 1000 余户。发展数字电视用户 3716 户，预计到年底新增数字电视用户达到 4000 户。130 个行政村"村村响"工程建设已进入挂网公开招标阶段，今年将开工建设。

（七）大力营造规范有序的文化环境，行政审批和文化市场监督管理工作再上新台阶

认真开展清理和规范行政许可审批事项，坚持进窗办与上门办、简程序与缩时限、明责任与建制度相结合，简化审批流程，提高行政审批效率。根据商事登记制度改革要求，积极推进网吧、娱乐等行业"宽进严管""先照后证"。2015 年，完成行政审批事项 163 件，其中：采取"先照后证"的模式新办网吧 5 件、网吧变更 6 件，新办歌舞娱乐场所 1 件，新办出版物零售许可 6 件，开展文化市场经营单位年检 145 件。围绕规范有序、公平公正的文化市场环境为工作目标，相继开展了出版物市场专项整治、打击侵犯假冒行动、查堵反制港台反动出版活动、涉藏非法出版物及反宣品整治行动、网吧联合专项整治行动、歌舞娱乐场所专项整治行动、校园周边环境整治专项行动等专项检查行动。截止目前，共出动执法人员 200 余人次，检查经营场所 1000 余家次，办结了 15 个案件，共处罚款 29800 元。

（八）加强党员干部的教育管理，队伍建设进一步加强

着眼提高领导班子的科学决策水平和党员干部工作能力，将党的十八大精神、十八届三中、四中、五中全会和习近平总书记系列重要讲话精神、中央、省、市、县委重大决策作为学习重点，采取中心组带各党支部方式，采取集中学习、讨论交流、学习考察、分析研究等多种方式认真学习，在全局形成了浓厚的学习氛围。结合正风肃纪工作要求，组织开展了"庸懒散浮拖""违规使用公车""违规发放津补贴"等方面的专项整治，规范了党员行为标准，达到了"提高党员素质、加强基层组织、服务人民群众、促进文化工作"的目的和要求，全体党员的党性观念和服务意识不断增强，党的优良传统得到进一步发扬。

存在的主要问题。一是受人员、经费等因素的制约，乡村文化设备设施的作用发挥不够充分，部分存在闲置的现象；二是文化旅游产业发展相对缓慢，市场培育的方法不多，缺乏知名品牌和支柱企业；三是文化遗产宣传力度不够，保护资金缺乏；四是文化专业人才匮乏，创新动力和活力不够。

三、2016 年工作思路

2016 年，我县文体旅游广电新闻出版工作要以邓小平理论和"三个代表"重要思想、科学发展观为指导，贯彻落实党的十八大和十八届三中、四中、五中全会精神，坚持以"四个全面"统领先进文化建设，围绕创建"文化先进县"的目标，创新文化发展思路，深化文化体制改革，加快文化旅游产业发展，健全文化服务体系，完善文化市场管理机制，营造有利于出精品、出人才、出效益的文化发展环境，推进我县文体旅游广电新闻出版事业更快更好地发展。重点抓好以下几方面工作：

（一）加强党的组织建设，加强班子建设，落实党建工作责任制。

（二）认真总结 2015 年大佛文化旅游节举办的经验，精心筹备举办 2016 年大佛文化旅游节。

（三）做好金台村乡村旅游示范村建设，加快旅游基础设施建设。

（四）做好群众文化工作。整合社会资源，继续做好文化三下乡活动，组织文艺演出队伍积极开展文化群众活动，丰富群众文化生活；大力开展全民阅读系列活动，营造良好的读书氛围。

（五）大力开展全民健身活动，引导扶持体育产业发展。

（六）抓好广播电视宣传、安全播出工作，全面实施广播电视"户户通"等精准扶贫工作。

（七）做好文化市场监管工作。做好"扫黄打非"及文化市场监管工作，开展对网吧、娱乐场所、旅游市场、广播影视、印刷企业等文化经营场所的专项整治行动，确保文化市场安全稳定。

（八）做好挖掘、传承、保护文化遗产工作。

（九）加大文化惠民推进力度。积极争取上级资金，抓好公共文化服务体系建设，提高公共文化服务水平，确保完成全年目标任务。

创新思路　完善机制
开创文化工作新局面

四川省隆昌县文化体育广播影视和新闻出版局　黄有全　张夏茹　刘　双

2015 年以来，在县委县政府的正确领导下，我局紧紧围绕建设"文化强县"目标，突出重点、分类推进、培植品牌、突出服务、创新思路，积极推动文化民生工程、群文活动、公共文化服务、体育健身、文化执法等各项工作，取得了较为明显的成效。现将 2015 年特色亮点工作及 2016 年工作安排汇报如下：

一、2015 年的特色亮点工作

（一）突出重点，狠抓关键，县城重点文化项目基本落实

2013 年，隆昌县启动图书馆、档案馆、科技馆和影视文化中心"三馆一中心"重点文化项目建设，总投资约 2.8 亿元。项目建成后，将成为隆昌县城市文化的新地标、公共文化服务的大平台、宣传思想政治的重要阵地。截止 2015 年 10 月底，图书馆、档案馆、科技馆"三馆"主体工程、装饰装修、消防、绿化、供电等工程完工，正在准备工程竣工验收。图书馆数字化工程建设实施方案已完成，开始进入了政府采购招标流程工作。预计 2015 年底前"三馆"可投入使用。影视文化中心包括 2 个剧场、4 个影院主体建设已经封顶，开始进入配套实施设备和外装工程的施工，且二期建设已启动 PPP 模式招商引资。

（二）分类推进，提高效率，镇村文化阵地设施建设成效明显

实施"七大文化工程"，不断加强镇村公共文化基础设施建设，已基本实现了"县有馆、乡有站、村有室"的建设目标。一是"农家书屋"工程。建成社区书屋 47 个、农家书屋 365 个，提前三年实现村级全覆盖，为每个书屋配置价值 2 万元的图书、期刊、音像电子制品。同时建成社区书屋 47 个。二是乡镇综合文化站建设工程。投入约 4000 万元，18 个乡镇均建成了 300 平方米以上的综合文化站，内设有图书室、电子阅览室、科技培训室、多功能活动厅、办公室"四室一厅"。每个乡镇配送业务专用设备价值 9 万元，配备了

电脑、电视机、投影仪、音响 1 个、书架，图书等文化器材设备，无论是房屋建筑还是器材设备，都能满足乡镇开展各种文化活动的需求。2015 年新建省级示范站 3 个。三是"村文化室"工程。主要依托于村办公室进行综合利用。每个村文化室投入 4.2 万元作为基础设施建设或改造，统一配置 1 台电脑和一台 42 英寸电视机，2015 年将实现村级全覆盖。四是农村电影"2131"公益放映工程。免费放映电影 4000 多场，保证了对农村电影放映每场给以 100～200 元不等的补贴，使行政村电影放映覆盖率、普及率达 100%，切实解决了农村群众看电影难的问题。五是农民体育健身工程。实施农民体育健身工程 92 个，其中建有篮球场地 92 个，乒乓球场地 128 个，安装了全民健身路径 500 余站，扩大了村民健身活动的场所。六是广播电视"村村通"工程。农村地面无线数字电视工程加快推进，完成地面数字电视"村村通"工程发射平台建设，完成"村村响"工程建设 50 个，全县行政村和 20 户以上自然村均实现了广播电视"村村通"全覆盖。投入 3000 多万元，加快场镇、农村双向网改步伐，全面进行场镇、农村双向改造工作。有线数字电视整体转换工作全面完成，城区整转率达 90% 以上，农村整转率达 60%。发展"村村通"用户 2000 户，有数字电视用户达 9 万余户，基本实现了广播电视信号全县覆盖，城乡广大群众收听收看广播电视的数量和质量都得到了实质性地提升。七是积极探索公共数字文化工程建设。积极开展文化共享工程、数字图书馆推广工程和公共电子阅览室建设。全县建成全国信息资源共享工程支中心 1 个，数字图书馆 1 个、公共电子阅览室 1 个，新图书馆数字化工程正在建设中。

（三）培植品牌，文化乐民，"莲峰"系列群文活动异彩纷呈

2015 年以来，我局结合自身职责职能，围绕"莲峰"塑造品牌，开展"莲峰"系列群文活动。一是，开展"莲峰文艺"系列创作活动。以"唱隆昌""画隆昌""写隆昌""拍隆昌""传隆昌"的"五个隆昌"为主题，开展了歌曲、绘画、写作、摄影、非遗传习等文艺创作活动。创办了《莲峰》文学期刊，开展了"唱响石牌坊·共筑中国梦"主题创作歌曲大赛、少儿国学经典诵读比赛、少儿书画大赛。成立了音乐舞蹈专家评审小组，开展文艺创作评审活动，组织和推荐文艺作品参加国家、省、市文艺比赛展示 83 件，获奖 27 件，创作、发表文艺作品 338 件，打造了歌曲《幸福中国》、歌曲《隆昌青石号子》、舞蹈《春剑》、舞蹈《兴隆昌盛》、情景歌舞剧《夏布姑娘》等文艺作品 16 件。《幸福中国》获群星奖二等奖，《隆昌青石号子》荣获川南民歌大赛优秀作品奖。小品《牵起你的手》获得首届四川艺术节第十五届戏剧小品（小戏）比赛导演奖、剧目奖与表演奖。二是，开展"莲峰大舞台"系列公益文化活动。以莲峰公园舞台为基地，举办广场健身舞表演、太极表演、老年健身操表演等群众喜闻乐见的公益文化活动。开展了"中国梦·和平颂"主题音乐会、京剧演唱、镇街文艺汇演、"白衣天使"文艺汇演、8月8日全民健身活动等演出活动。三是，开展"莲峰大赛场"系列比赛和展览展示活动。举办了"美丽隆昌"书画作品展、"生态隆昌"摄影展、"建设者之歌"摄影展等系列展览展示活动，参观群众4万多人次。四是，开展"莲峰大讲堂"系列讲座培训活动。每月邀请省、市、县知名文人学者举办一次文化讲座。邀请了人民文学出版社编审、《当代》编委、《中华文学选刊》主编谢欣，《小说选刊》副主编王干和省市县文学艺术界的知名人士开展艺术讲座，受到文艺工作者欢迎。

（四）突出服务，惠及民生，文化基础设施服务能力不断增强

一是全面免费开放。全县图书馆、文化馆、乡镇综合文化站、体育中心、农家书屋、社区书屋等均实行了免费开放，并积极开展免费开放服务工作，免费开放率达100%，免费开放的公共文化设施逐渐成为群众享受公共文化服务的重要方式。图书馆、文化馆均立足现实条件全面免费开放，图书馆接待到馆读者年均5.8万人次，流通图书达5万余册次/年，网上数字图书馆读者访问量达14.75万人次，充分发挥了公共文化鉴赏作用。体育中心全年免费开放体育锻炼13万人次以上，展现了全民健身公共服务窗口功能。二是开展服务活动。广泛开展公益性文体服务活动，延伸开展了亲子阅览、公益讲座、书画展览等服务活动。

（五）依法行政，优化环境，文化市场行政执法水平显著提高

一是不断完善文化市场管理。为了尽可能地减少行政审批环节，提高办事效率，经研究决定，我局的行政审批项目由原来9项，经合并和承接，变为15个许可项目。按照有序放开单体网吧审批工作要求，进一步改革和规范我县网吧行政审批工作，对单体网吧审批准入标准进行重新认定。截至10月底，新审批网吧6家，变更法人或台数8家；新审批出版物零售单位2家，变更经营地址1家；新批印刷企业2家，变更经营地址或法人2家；新审批歌舞娱乐场所4家，变更名称或法人代表4家；变更文艺表演团体法人代表1家，审批营业性演出2场。二是持续优化文化市场环境。依法开展"扫黄打非"专项行动，主动监管网吧、娱乐场所、印刷企业等文化市场经营场所。1~10月，先后开展了"扫黄打非"清源2015专项行动、秋风2015年专项行动、网吧专项整治行动、零点行动等，重点规范与净化出版物市场、网吧、歌舞

场所等环境。三是逐步加强文化市场安全生产。结合全县安全生产工作，为强化经营业主和从业人员的安全意识，文化市场综合执法大队联合工商、公安、消防等部门对文化市场经营场所进行了安全隐患大排查和督查整改行动。目前，共出动执法人员 90 人次，检查经营场所 64 家次，下发整改通知书 8 份。

（六）创新思路，多措并举，全民健身事业迈上新台阶

一是全民健身精神广为普及。深入贯彻落实《全民健身条例》，精心组织实施《隆昌县全民健身计划（2011～2015）》。采取举办表演赛、比赛、培训班，通过电视台、网络等向广大民众普及全民健身理念。二是群体健身工作提质增效。圆满承办了春节体育系列活动、县竞技舞龙大赛、县中小学生田径比赛、8 月 8 日全民健身日系列活动等，全年共计 200 余场次。2015 年农信杯 8 月 8 日全民健身展示活动办得有声有色，深得上级领导和社会各界的赞誉。认真组织与参加市政府、体育（协会、俱乐部）举办的各项活动 10 余次，并取得了优异成绩。在内江市首届团员青年"五人制"足球赛中获冠军，隆昌二中参加 2015 年四川省青少年武术散打锦标赛获团体甲组第一名、参加"2015 年中国内江第六届大千龙舟经贸节"，斩获第五名的佳绩。三是体育产业发展迅速。积极推进赛事延伸产业招商工作，引进合作伙伴对全民健身活动进行总包装打造，以"三赢"的创新方式开展了"莲峰大赛场"2015 年 8 月 8 日全民健身系列体育活动，体育彩票销售成绩突出，截至 10 月底，体彩销量 95 万余元。

二、2016 年的重点工作

（一）进一步完善县、镇、村三级文化阵地设施

县城继续推进与落实"三馆一中心"项目，图书馆、档案馆与科技馆投入使用，图书馆数字化工程竣工，完成影视文化中心演艺中心工程建设。建设县图书馆数字化工程。重点打造高铁文化长廊，在"县城——界市"快速通道沿线道路、景观、标志、各类户外广告等设计中融入隆昌文化元素，展现隆昌文化特色。

农村推动镇、社区、村三级公共文化设施合并建设，注重社区与学校文化设施共享，整合基层宣传文化、党员教育、科学普及、体育健身等设施，建设镇（街道）综合性文化服务中心。"十三五"规划新建 17 个镇（街道）综合文化广场、5 个镇（街道）健身活动苑、100 个农村文化大院、10 个村级综合文化礼堂、4 个传统村落保护建设等，充分发挥公共文化服务基础设施

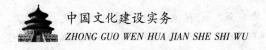
综合效益。

（二）进一步完善广播电视服务体系

积极筹备网络广播电视台建设，启动广播电视应急平台，加快城市数字影院发展速度，实现广播影视"全面数字化、演播一体化"，实现电视节目采编播数字化、专业化。充分融合互联网、微信、微博、手机、电视、广播等新旧媒体，打造多元化媒体平台。

加快落实广播电视"村村通""村村响"工程。加快推进地面无线数字电视工程，争取让全县行政村和自然村均实现广播电视"村村通"全覆盖。

充分发挥电视台舆论引导作用。办好10分钟新闻栏目，办好新栏目《新咨询》。评选优秀广播电视节目送省、市评奖。常态开展《直击环境》、《鹅江话题》、《平安隆昌》关于城乡环境综合治理宣传，坚持开展城乡环境综合治理暗访督察曝光。办好《名师面对面》、《行进隆昌　精彩故事》等栏目，打造升级《鹅江话题》等本土品牌广播电视节目。加强广电行业管理，确保广电安全播出。

（三）进一步完善体育健身工作

规划建设体育馆、训练馆、田径场、游泳馆、健身区、露天活动区等为一体的西区全民健身活动中心，推动游泳馆、网球场、羽毛球馆等小型体育场馆建设，推进小区健身设施配套工程。做好2016年重点协同做好西区体育中心的立项准备及对接工作。

加紧研制《隆昌县全民健身实施计划（2016～2020年）》草案。进一步做好《隆昌县全民健身实施计划（2011～2015年）》实施效果评估并形成报告报县委、县政府。

开展丰富多彩的群众体育活动。组织开展好三大球、基础大项等项目的全民健身竞赛和活动。充分利用节假日、"全民健身日"和"国际志愿者日"等重要时间节点开展主题示范活动。

（四）进一步完善送文化下乡长效机制

坚持开展送文艺、送图书、送川剧、送电影、送体育器材、送健身知识进机关、进农村、进学校、进社区、进企业、进广场"六送六进"活动，开展"文化志愿服务队进镇村"、"百场川剧进校园"、"免费电影进养老院""乡镇文艺展演"等文化志愿活动，为中小学生提供爱国主义教育影片和农村公益电影放映，不断丰富群众文化生活。

（五）进一步完善群众文化活动工作

坚持开展群众喜闻乐见的"莲峰"品牌系列文化活动："莲峰"文艺系

列创作活动，"莲峰大舞台"、"莲峰大赛场"、"莲峰大讲堂"系列群众文体活动，牢固"莲峰"品牌的持续影响力。积极开展全民阅读活动、文化惠民活动，抓文艺创作，积极发动和组织全县文艺骨干创作、发表各类文艺作品。打造剧本、歌曲、舞台等精品节目。

（六）进一步完善文化市场管理和综合执法体制

依法清理和规范文化行政审批事项，深化文化市场综合执法改革，加强执法能力建设。推进网吧审批放开转型升级，认真执行网吧"宽进严管"措施。扎实开展"扫黄打非"与文化娱乐市场监管整治工作。完成文化市场协管机制，文化市场协管率达 100%。开展文化市场执法专项行动。加强行业协会指导和文化市场业务培训工作。促进文化市场健康发展，无重大安全事故发生。

（七）进一步加强文物保护工作

按照省、市普查办的要求，按进度做好"隆昌县第一次全国可移动文物"普查工作。积极进行设计隆昌石牌坊"消防""安防"保护工程方案、龙市民众教育观修缮方案，申报立项石牌坊本体维修保护工程。更换响石牌坊安全防护网架，收集及编辑《隆昌古桥》《隆昌地名趣谈》的相关资料。做好地面文物安全巡查及馆藏文物建设、文管所及牌坊管理站等工作。加大非遗项目保护，梯次培育申报"非遗"保护项目，力争成功申报一批国家、省、市级非物质文化遗产名录项目。

嘉绒圣地——中国雪梨之乡金川

四川省金川县文化体育广电新闻出版局　黄发强　彭　堃

　　嘉绒圣地·中国雪梨之乡金川，位于青藏高原东部边缘，是嘉绒藏族聚居的核心地带，县境东邻小金县，西靠壤塘县，南与甘孜州丹巴县接壤，北同马尔康县毗连。全县幅员面积 5550 平方公里，辖 2 镇 21 乡，居住着藏、羌、回、汉等 14 个民族，总人口 73000。

　　金川素有"阿坝江南"的美称，境内气候温和，日照充沛，矿产资源丰富，珍稀动植物、野生菌等种类繁多，盛产虫草、贝母、天麻等名贵中药材。这块神奇秀美的土地，是古"东女国"的中心，是苯教的复兴地，是全国闻名的雪梨产区，其境内因马奈锅庄而闻名的马奈乡，被国家文化部命名为"中国民间艺术之乡"。

一、文化资源概况

（一）文化遗迹、民俗风情

　　金川是嘉绒藏族的发祥地，是嘉绒藏区的腹心地，被誉为"嘉绒故土"嘉绒先民在这里创造了灿烂辉煌的嘉绒文化。境内有藏、羌、回、汉等 14 个民族。有独特的藏族服饰、习俗、礼仪、婚丧风俗。有许多美丽动人的传说。根扎、业隆藏寨是以纯藏式建筑的嘉绒藏村寨的典型代表，独具特色，颇为壮观。观音庙地区嘉绒支系二嘎里族的独特民族风情。老街，是金川古县城，是以过去金川政治、经济、文化中心，其建筑古色古香，具有汉藏结全的建筑风味。修建 200 多年前的老戏台、红桥、禹王宫、陕西馆、山西馆、城隍庙等雕梁画栋、龙飞凤舞。

（二）服饰

　　嘉绒藏族的服装受羌族服饰影响而别具特色，主要表现在妇女身上。女子下着百褶裙，男子多身穿氆氇，脚踏五彩藏靴，用料、工艺、样式十分讲究，首饰配备独特，礼服、便装各具系列。礼服别具特色，由狐皮帽子、水獭皮镶边长袍、绸缎腰带、真皮靴子组成，配以金银珠宝、珊瑚首饰及藏刀，雍容华贵，气派十足。在节日或重大活动中，男女老少皆穿戴一新，犹如盛大的服饰展示表演。

（三）歌舞

嘉绒藏族山歌豪放，情歌悠长。粗犷豪放的锅庄舞极具特色。锅庄舞又叫"圈圈舞"、"达尔嘎"，相传源于民间阿料格冬降妖取得成功时举行的庆祝活动。以歌铃和节日不同分为大锅庄和小锅庄，参加者可以数百人，也可十几人，手拉手边歌边舞。舞曲从歌颂神灵到自然情趣，分类复杂，丰富多彩。马奈锅庄变化多，绵长悠扬，马奈乡是有名的"少数民族歌舞"之乡。

（四）民间艺品

嘉绒藏族生活中有许多创作精良、独具特色的工艺品，如刺绣及编织品。藏族的民间绘画技术高超，有精美的唐卡画、绝伦的酥油花。

（五）中国碉王

金川，属大渡河流域。因临河盛藏金矿，故而习俗称金川江。曾发现过属于仰韶文化晚期的马家窑文化遗迹和大量的石棺葬群。金川有"千碉之国"的称誉，所有砌碉楼主要在隋唐时期（东女国）至清乾隆年间所累砌。现存最完好碉楼是马尔邦乡的一座四楼碉，高 51 米，可谓是"千碉之王"，此碉为防御乾隆王打金川时所建。

（六）悬空古庙

红岩悬空古庙群，庙群修建在密林中的绝壁之上，海拔 3200 米，这些寺庙多达 108 座，修建在千仞绝壁上，用许多巨大条石或木头堑入石壁，逐渐用片石砌成屋基修筑而成。在寺庙所附的岩壁卜，全是用象雄文写成的本波教经文，咒符等。

（七）乾隆御碑

史有乾隆王打金川，乾隆王两次用兵金川，调集全国 25 个省的 10 余万兵力，耗银一亿多两，前后费时 29 年，乾隆"十大武功"占有其二，可见战争之酷烈，抵抗之顽强，被史家称为"历史之谜"。现在勒乌和安宁两地尚存记叙乾隆两次平定金川的遗迹御碑两座。还有那红军长征时成立的格勒得沙共和国遗址及在安宁和沐林分别修建的烈士陵园和红军烈士墓。

（八）广法寺

广法寺位于安宁乡末末扎村境内，距县城 33 公里，在大金川河东岸。始建于公元 750 年，原名雍忠拉顶寺，"雍忠"意为吉祥神，由本教八个派别中的雍忠本得名，为本教寺院。乾隆灭本教兴黄教，拨银重修，赐名广法寺，并御书"正教恒宣"匾额，曾为全国四大皇庙之一，为乾隆以来四川西北藏族地区的宗教中心。该寺原占地百亩，建筑宏伟壮观，规模巨大，所藏经典甚多，鼎盛时期住寺僧人曾达 2000 余人。每逢宗教节日，来自十八土司及青

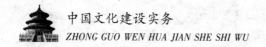
海、甘肃和内地的藏汉信徒数万余人，聚集于此，热闹非凡。嘉绒佛教徒欲进藏深造，如无广法寺所授名号，入藏无果，有则可优厚晋级。寺内有能盛两百桶水的大铸铜锅，实为稀有之物，它显示出藏族人极高的铸造技艺。1990 年重新修缮的寺庙开光，恢复了佛事活动。

（九）马奈锅庄

马奈乡位于金川县西南，与甘孜州的丹巴县、道孚县接壤处于大渡河上游，是阿坝州的南大门。这里山色翠居住着藏族儿女 900 多人，嘉绒占总人口的 98 %，整个村寨山环水绕，层林掩映，这片美丽富绕的土地，养育着勤劳朴实、能歌善舞的马奈人民。马奈乡人杰地灵，优秀的传统文化（锅庄、民歌、嘉绒风筝），如颗颗璀璨的明珠而闻名遐迩。2003 年，马奈乡被文化部命名为"中国民间艺术之乡"马奈锅庄 2007 年被文化部公布为国家级非物质文化遗产保护名录。

（十）观音庙

观音庙风景区六山竞秀，一水东流，是观音菩萨居住的地方。观音庙有拉萨第二之称，是藏区最为著名的宗教圣地之一。这里神山雄奇，神湖瑰丽，云蒸霞蔚的自然景观，法号声声，经幡飞舞，执着虔诚的宗教信徒。所有的一切都使这块圣地保持着最为古老的神灵观念和最为古朴的民族风情。阿科里海子，水域宽广，水平如镜湖、山林倒影人源，如世外桃园。土基钦波观音庙，被誉为"拉萨第二"之称的土基钦波观音庙建于公元七世纪，位于观音桥乡境内海拔 3685 米的纳勒山的半山坡，距县城 80 公里，有长达 1200 年的历史，它具有独特的藏族建筑风格，气势雄伟，规模庞大，建筑面积达 1882 ㎡。有观音菩萨、莲花生大师、文殊菩萨、释加牟尼佛等 100 多尊神像，佛前放置着银、铜酥油灯，大的有纯银制作 30 多斤重，高 2 尺左右，庙内有金银塔、经卷，壁上挂满唐卡、壁画。庙外有大小经筒，大者直径可达 2 米，高 3 ~4m，小者直径 10 ~15cm，是闻名于我国藏区的藏传佛教圣地之一。相传当年一农民耕地，触动一尊白玉石观音，引起惊天巨响，各方活佛喇嘛纷纷前来祈祷念经，建庙供奉。又传此观音菩萨与西藏布达拉宫、五台山的观音菩萨是同根三姊妹。所以，近百年来，香火不断，来自青海、甘南、西藏及甘孜、阿坝各地区的喇嘛信徒前往朝拜者络绎不绝。

（十一）老街红军城

老街，是金川古县城，是以过去金川政治、经济、文化中心，其建筑古色古香，具有汉藏结全的建筑风味。修建 200 多年前的老戏台、红桥、禹王宫、陕西馆、山西馆、城隍庙等雕梁画栋、龙飞凤舞。在历史的长河中，金

川老街红军城是永恒的丰碑，它不但记载了红军过雪山草地创造的革命奇迹，而且谱写了红军不畏艰难险阻的英雄赞歌；它不但记录了红军过雪山草地中辉煌的一页，而且传承了红军光辉的革命历史。它具有极高的红色旅游开发价值，是开发红色旅游的理想之地。全县现存的重要革命遗址、遗迹有23处。

二、文化事业发展现状

近年来，为促进我县文化事业蓬勃发展，以不断满足人民日益增长的精神文化追求为原则，以做好扶贫攻坚工作为目标，大力推进我县公共文化服务体系建设。

（一）文化馆、图书馆、县城数字影院、乡镇文化站、村文化活动室建设项目推进情况

1. 县级文化设施情况。我县现有"两馆一所"综合楼1栋（图书馆、文化馆、文物管理所），建于2004年，建筑面积840平方米。其中图书馆成立于2004年，现有馆藏图书2万册；文化馆成立于1952年，现为国家三级馆；文物管理所根据上级主管部门意见于2013年增加编制并更名为文物管理局，现有馆藏文物20余件，其中国家二级文物2件，三级文物6件。

2. 乡镇文化站情况。2008年我县正式启动乡镇文化站建设，计划总投资460万元，其中中央投资368万元。目前建成乡镇文化站23个，每个乡镇文化站投资16万元，共计投入资金272万元，由地方解决建设用地。目前已完成了23个文化站的设施设备采购。

3. 行政村文化活动室情况。我县现有村文化活动室109个，2013年-2015年完成了60个村级活动室示范点的设施设备采购，资金来源为省、州公共文化体系建设经费。

4. 经费保障及人才保障情况。每个乡镇每年有5万元的省级乡镇文化站免费开放经费，23个乡镇共115万元，用于政府采购文化文艺活动（节目）、送文化下乡、乡镇开展文艺活动等。由于地方财政困难，尚未落实地方配套资金。目前全县乡镇文化站人才中，专职人员22人，兼职人员2人。109个行政村的文化工作人员都是村干部兼职。

5. 新建图书馆、全民健身活动中心、县城数字影院建设情况。我县新建县图书馆、全民健身活动中心、数字影院三个项目计划打捆建设，目前正在施工阶段。

（二）广播电视村村通、户户通工程建设项目

目前全县共发放村村通 15584 套；完成了 840 套"户户通"设施设备的发放和安装和 719 套寺庙广播电视设备的安装调试。

（三）农村公益电影放映工作

近年来，我县每年播放电影 1 千余场，全面完成了乡镇数字电影放映设施配备工作。

（四）农家书屋、社区书屋、寺庙书屋建设情况

农家书屋建设，已覆盖 109 个行政村，2013 年建成一个社区书屋，完成 24 个寺庙书屋建设，每年向农家书屋、寺庙书屋、社区书屋补充更新出版物。

（五）文化市场健康有序发展

我县依法办理文化市场、新闻出版物市场行政审批，无任何违法行政收费现象，无一例被申请复议或提起行政诉讼、无群众行政投诉、无举报反映行政不作为、乱作为的案件，也无因具体行政审批行为不规范而引起的行政赔偿。文化市场项目审批合格率达 100%，每年针对全县文化市场经营单位举行 2 次法律法规培训，取得很好的成效。

（六）非物质文化遗产保护与传承

1. 全面普查整理，精心申报保护名录。县文化馆组织技术人员对县域内非物质文化遗产进行普查，将搜集整理有价值的非物质文化遗产进行了细致的研究和保存。我县藏族山歌成功申报为省级名录，马奈乡马奈锅庄被文化部公布为全国非物质文化遗产保护名录并被评为"中国民间艺术之乡"。

2. "非遗"的保护传承，促进了民间文化艺术精品的打造。我县坚持传承与创新相结合，涌现出一批文艺精品。拍摄了以金川东女文化为品牌，全面展示马奈锅庄的电影《马奈的新娘》，在第三届北京国际电影节民族电影展上开展了首映，2014 年获四川省精神文明建设"五个一"工程奖；大型 3D 电影《东方女儿国》已完成在金川主场景的拍摄，目前正在进行后期制作，这是一部反映嘉绒藏族历史浪漫的传奇、情爱、文献、灾难性的史诗影片，影片歌颂了现今的嘉绒藏族和他们信奉的人文精神，具有极强的史料和观赏价值。影片的拍摄得到省、州领导的大力支持；创作了以突出展示国家非物质文化遗产《马奈锅庄》为题材的《马奈锅庄梦》系列文艺剧目，多次参加省内外汇演获得好评；制作出版了金川歌剧集《高原雪梨花》，争取金川民营企业家赞助的金川县歌第二辑《唱响金川》正在制作当中；陆续出版了《金川历史文化览略》、《金川历史文化丛书：金川风云》、《金川文史》一二三四辑、《雍仲苯教法相宝典》、《金川美食志》、《诗画金川》、《四季金川》、《遇见自己》等一系列书籍画册。《金川案》和由金川老年协会编著的《多彩金川》也即将出版。目前我们正在组织力量编撰《史话金川》。

3. "非遗"的保护传承，促进了民间文艺活动的广泛开展。近年来我们组织开展了一系列民族民间文化活动，有力地促进了"非遗"保护和传承工作的开展。我县每年都要举办不同主题的"梨花节"和"红叶节"，锅庄、藏族山歌、花棒、腰鼓等民间艺术多次被搬上舞台，刺绣、织木子、吊羊毛等手工技艺也多次得到展示，这些都较好地打造了民族文化品牌。又通过举办民间艺术汇演、民歌大赛和各种节庆汇演，有效地传承和弘扬了民族文化，进一步丰富了广大群众的精神文化生活。

4. "非遗"的保护传承，促进了民族文化的创新和发扬。为加强传统文化的传承和弘扬，我县不断创新方法，焕发传统文化新的生机，以"输血式支持"、"奖励性扶持"等形式，积极开展传统文化传承人培养和民间文化展演，使小区域传统文化走上大舞台，开辟新的演艺天地，如编排的河东乡"千年锅庄换新词"、"马奈娃娃锅庄"等，既丰富了群众文化生活，又让传统文化得到了有效传承；我县目前正在恢复部分传统戏曲（藏戏），比如卡拉脚乡二普鲁村的猩猩与猎人，安宁乡牧场村的格萨尔王藏戏等；咯尔乡德胜村举办了第一届"孝德"文化节，以德报怨的传统美德也被中央四台《记住乡愁》栏目搬上荧幕；勒乌摩崖石刻是苯教考古的一次重大发现，国内外知名专家先后多次对其进行考古论证，相关论文在新华网、人民日报等有影响力的网站和刊物上刊登，提高了金川甚至整个嘉绒地区的文化地位，强化了嘉绒地区的历史文化价值，为嘉绒地区增加了新的文化亮点。

5. "非遗"的保护传承，促进了旅游事业的发展。随着现代化进程的加快，我县的文化生态环境发生了巨大变化，非物质文化遗产受到越来越大的冲击。一些依靠口授和行为传承的文化遗产正在不断消失，许多传统技艺濒临消亡。面对这种现状，我县对非物质文化遗产高度重视，保护、传承、弘扬非物质文化遗产就是保住金川县旅游发展的生命线。民族的，也就是世界的，金川县委、县政府按照"保护为主、抢救第一、合理利用、传承发展"的指导方针，以政府为主导、文化馆为责任主体、社会广泛参与，明确职责、形成合力，长远规划、分步实施，点面结合、讲求实效的工作原则，扎实做好了非物质文化遗产保护工作，并利用非物质文化遗产的保护传承为旅游服务，处理好了保护与开发的关系，实现了非物质文化遗产保护与旅游业发展的良性互动，将口头传统、民间表演艺术、民俗、民间手工艺等非物质文化遗产保护与旅游开发结合，已经成为提升金川县旅游业核心竞争力的有效

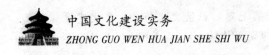
途径。

三、我县建设文化强县的有利条件和存在的薄弱环节

(一) 有利条件

金川历史文化底蕴深厚，人民群众文化需求强烈，群众性精神文明建设开展得经常而有特色，同时，要大力发展文化事业，加快推动文化产业市场化进程，采取外引内联方式，积极培育文化产业市场主体，重点建设一批文化旅游、会展论坛、演艺展览等实力强大的市场主体，主动开展文化的对外交流与合作，强力推动文化的大发展大繁荣，努力使我县在全国藏区成为发展社会主义先进文化的排头兵和民族文化"走出去"的生力军。

(二) 薄弱环节

1. 从文化内容上看，我县虽然是文化大县，但文化资源分布较散，没有形成完整的体系。也就是说我县文化的主脉还没有真正挖掘，即没有品牌文化。

2. 从文化挖掘深度上看，文化内涵的东西挖掘不够。挖掘了一部分金川文化，但没能全面反映金川厚重的历史文化，更没有能承载反映金川文化的有效载体。

3. 从文化传承上看，保护力度还需要不断加大。

4. 从产业发展上看，文化产业链条没有形成。

5. 从城乡统筹来看，农村文化意识不强。农民生活富裕了，多数农民朋友的文化知识增加了，农村的大文化概念还是有，但对文化的保护和传承存在一些不容忽视的问题。

四、文化事业发展的思考

(一) 建立优质的公共文化服务体系

坚持把发展公益性文化事业作为满足人民群众基本文化需求的主要途径，按照体现公益性、基本性、均等性、便利性的要求，以全民为服务对象，以基层特别是农村为重点，健全服务网络，加快构建覆盖城乡、惠及全民的公共文化服务体系，加强公共文化设施建设和人才队伍建设，打造文化活动品牌和文化精品创作，增强文艺传播能力，丰富群众文化生活。

(二) 构建现代图书馆服务体系

县图书馆建成后，要以构建现代图书馆服务体系和《公共图书馆评估定级》二级图书馆建设为奋斗目标。以管理创新、服务创新为中心，以队伍建设为关键，以文献信息资源建设、开发、利用为重点，以数字化图书馆建设为方向，建立纸质文献与电子文献互为补充的文献资源保障体系，使图书馆在现代化管理、信息服务等各方面均上一个新台阶。

（三）建立高效的文化市场管理体系

坚持一手抓繁荣，一手抓管理，依照国家有关法律法规，加强文化市场管理，建立权责明确、行为规范、监督有效、保障有力的文化市场执法体制，在全县构建统一、开放、竞争、有序的现代文化市场体系。鼓励、支持和引导资金、技术、人才、信息向农村转移，大力培育农村文化消费，积极拓展农村文化市场。

（四）建立立体的文化遗产保护体系

贯彻落实《中华人民共和国文物保护法》及其实施条例和《四川省文物保护条例》，认真执行"保护为主、抢救第一、合理利用、加强管理"的方针，积极探索实现文物工作全面协调可持续发展的新思路、新举措，不断提高我县文物保护管理水平和文物合理利用效率，推动文物事业科学发展，促进经济社会又好又快发展。不断加强不可移动文物的修缮保护和展示，强化非物质文化及传承人信息存储，做好文物安全与行政执法。

作者简介：

黄发强，男，藏族，1965年10生，中共党员，大学学历，1982年7月参加工作。现任甘肃省金川县文化体育广电新闻出版局党组书记、局长。

参加工作以来曾任职县广播电视局副局长、县文体局局长、县广播电影电视局局长。2012年至今任甘肃省金川县文化体育广电新闻出版局局长。

强化措施　狠抓落实
确保文化工作扎实有效推进

贵州省赫章县文体广电旅游局

一、2015 年经济工作情况

今年以来，我局在县委县政府领导下，在上级业务部门的指导下，结合新形式的要求，围绕县委县政府经济社会发展战略，积极争取省直业务部门大力扶持，采取有效措施，狠抓工作落实，较好地完成了各项工作任务。

（一）加强汇报对接争取力度，扎实推进项目建设

2015 年是"十二五"收官之年，在这一年里，我局紧紧围绕市局和赫章县委、县政府的安排部署，抢抓省直部门帮扶赫章的良好机遇，先后 12 次到省直机关汇报对接工作。一是争取省新闻出版广电局帮助解决赫章县电影院线补助资金 80 万元，建成了我县首家县级 3D 数字电影院；二是争取省体育局帮助解决赫章县夜郎体育馆免费和低费开放补助资金 80 万元；三是争取省新闻出版广电局把水塘大山广播电视发射台数字化改造项目纳入了省"十三五"规划，并帮助向国家广电总局申请列入国家"十三五"计划第一批实施项目。

（二）加强文体基础设施建设，完善公共文化服务体系

今年以来，我局按照科学规划、合理布局、适度超前的要求，进一步完善了县、乡（镇）、村（社区）三级公共文化设施网络，全县公共文化设施有了较大的提升。一是在全县 287 个贫困行政村建立了文化活动室，每村明确了 1 个文化信息员，实现了贫困村文化活动室全覆盖；二是为全县 456 个农家书屋配送 69768 册图书，农家书屋全部实现了提档升级；三是全面完成"十二五"期间广播电视"村村通"工程建设项目并顺利通过市级验收；四是全面完成 2014 年度农民体育健身工程建设任务，全年共实施了 6 个乡级农体工程、88 个村级农体工程和 3 条路径工程建设。

（三）加强文艺精品创作，大力实施文化惠民工程

2015 年共组织承办大中型文艺演出 10 场，举办农村思想政治教育宣传文

艺演出 6 场，开展送文艺下乡演出 12 场，送电影下乡 5472 场；甄选 60 余个作品参加毕节市乌蒙文化节第三届文化艺术系列戏剧小品、器乐大赛，获得 2 项金奖、1 项银奖、2 项铜奖、2 项优秀奖的好成绩；组织参加全市 2014 年度广播电视好新闻评选，广播类获一等奖 1 件、三等奖 2 件，电视类获二等奖 2 件、三等奖 2 件。

（四）以"八个起来"为抓手，积极推进农村思想政治教育工作

按照县委的统一部署和要求，我局充分发挥本单位优势，在帮扶联系村认真开展"政策法规讲起来"、"文化墙立起来"、"大喇叭响起来"和"夜校办起来"等活动，在哲庄、德卓等乡镇及武警中队、消防大队深入开展"文艺队伍演起来"活动。

（五）加强文物保护利用，传承优秀传统文化

积极开展文化遗产保护、管理、普查、征集、研究和宣传等各项工作，认真贯彻落实《非物质文化遗产法》和国家、省、市关于实施非物质文化遗产保护工程的通知精神，遵循"政府主导、部门配合、社会参与、重点突破、整体推进"的原则，结合全县实际情况部署非遗保护工作，努力营造文化遗产保护的舆论氛围和社会环境，逐步建立全方位、多层次的非物质文化遗产保护体系，切实将我县非物质文化遗产保护工作引入全面规范的轨道之上，使我县民族民间文化得到有效保护、良好传承和合理开发，努力为赫章实施"历史文化兴县"战略，打造赫章旅游文化经济积累文化资源。到目前，我县已经申报获得 2 个国家级、5 个省级、3 个市级和 39 个县级非物质文化遗产保护项目。

（六）加强文化执法检查，打造平安和谐文化市场

文化综合执法工作进一步规范，制度更加完善，执法水平不断提升。特别是在集中整治期间，通过采取日夜巡查和错时检查等方法，加大市场巡查和监管力度，规范了文化市场经营秩序，群众反映强烈的网吧接纳未成年人等各类违法违规经营现象得到有效遏制。

全年累计检查网吧 133 家次，出动人员 600 人次；检查歌舞娱乐 23 家次，出动人员 115 人次；检查游艺娱乐场所 3 家次，出动人员 12 人次；检查书刊 47 家次，出动人员 220 人次；检查音像制品 5 家次，出动人员 25 人次；检查印刷企业 23 家次，出动人员 106 人次；收缴罚款 15000 元。各类举报查处率、行政处罚正确率、结案率均达到 100%。

二、2016 年工作打算

（一）抓好项目建设，全面推进创建国家公共文化服务体系示范区

一是积极争取上级部门帮扶支持，全面启动赫章县夜郎文化中心（含一院三馆）和赫章县全民健身中心建设，力争早日向市民开放。二是加强与上级部门对接汇报工作，争取将水塘大山台数字化改造基础设施建设、广播电视服务中心建设、高原训练基地、青山生态体育健身公园、水上训练基地、可乐夜郎考古遗址展示馆、可乐遗址保护中心等项目纳入上级部门"十三五"规划重点建设项目。三是继续实施好 2015 年度农体工程建设，改善农村基层体育设施条件，推进农村体育事业发展。

（二）抓好文艺精品创作，繁荣群众文化生活

一是围绕"元旦、春节"开展好系列文化活动，弘扬传统文化，活跃节日气氛。二是广泛开展群众性文化活动。以"毕节市第三届乌蒙文化艺术节"、"毕节市第十届旅发大会"、"农村思想政治教育宣传文艺演出"和"毕节市第二届运动会"等大型文体活动为载体，举办好各类文艺演出和组织参加各类文体赛事。三是继续开展好送文化下乡、送电影下乡活动。全年送文化下乡不少于 12 场次，每年完成农村电影放映 5472 场，覆盖率达到 100%，建立送文化活动下乡、送电影下乡工作常态机制。四是继续加大对"两馆一站"免开经费的投入，健全和增强服务项目，更好地向群众提供优质的文化产品服务。

（三）抓好执法队伍建设，规范文化市场管理

围绕构建新型文化市场行政执法体系和工作机制，积极推进文化市场统一、规范、健康发展，树立以人为本、文明执法的工作理念，确立"队伍建设制度化，市场管理法制化"的基本任务。继续开展网吧和娱乐场所专项整治行动。加大对网吧、娱乐场所的巡查力度和频度，精心组织开展"零点"、"午时"、"傍晚"执法检查行动，对我县网吧和娱乐场所进行集中治理，为全县人民提供健康、有序的文化阵地。

落实工作　惠民举措
努力打造文化旅游产业新模式

贵州省贞丰县文体广电旅游局　黄　林　邓飞龙　杨延芬

2016 上半年，贞丰县文体广电旅游局认真贯彻落实党的十八届三中、四中、五中全会和习近平总书记系列重要讲话精神，按照省委、省政府关于打造山地旅游大省和旅游文化扶贫试验区的要求，按照我县打造全域景区化的发展理念，围绕"旅游＋"模式，努力发展文化基层事业，着力打造文化强县和贞丰旅游升级版，贞丰文化旅游产业发展出现良好势头。

一、党建工作

我局突出党建统领主导地位，强化干部主体责任落实，按照县委工作部署，结合部门实际，努力推进各项目标任务一是努力推进民族文化旅游扶贫试验区三岔河国际露营基地提升打造、忆景酒店、北盘江大峡谷旅游基础设施建设；二是扎实推进精准扶贫易地扶贫搬迁工作，组织开展易地扶贫搬迁培训，5 人小组、帮扶干部深入扶贫村开展组织召开精准识别"回头看"、易地搬迁共商会，组织帮扶干部先后 4 次 150 人次进村入户走访座谈，完善精准识别"三书六表"档案资料，易地扶贫搬迁"二书六表"和民族文化信息调查采集；三是组织开展党员干部理论学习教育，学习了省、州、县全会精神，加强对违反中央八项规定典型案例的学习教育，学习全省宣传部长、文化工作等会议精神，并按照上级要求，有效推动文化体育旅游各项工作落实；四是深化"四位一体"干部管理，以文件形式科学细化落实了班子成员、一般干部职工岗位职责，强化制度的执行监督，加强了干部队伍管理；五是安排部署"两学一做"学习教育活动，贯彻学习了县委"两学一做"学习教育方案，开展了"手抄党章 100 天"活动，召开了文广局系统党员"两学一做"动员会，局党组学习教育活动进行安排部署。

二、文化工作

一是精心策划和组织实施了"庆元旦·迎新春"文艺演出、春节联欢晚会"及"文化、科技、卫生"三下乡文艺演出等春节系列活动;二是隆重举办了贞丰苗族"二月二"走亲节、布依族"三月三"祭山节、首届"李花节"等大型牌品文化活动;三是配合县委宣传部完成了中央电视台音乐频道原创栏目"争奇斗艳"故乡行现场录制活动,并承担 6 个伴舞工作;四是精心编排文艺节目到宁波参加黔西南州旅游推介会和兴义机场大迎宾演出,组织长号队到兴义万峰林参加第十届万峰林峰会迎宾活动;五是举行了全国汽车房车自驾产业论坛会双乳峰文艺演出;六是组织策划文艺节目到者相云上村参加精准扶贫开发公揭牌仪式文艺演出;七是创作精品原创节目苗族舞蹈《多爱多》、布依族舞蹈《云朵等》等品牌的节目;八是协助州文体广电新闻出版局承办 2016 年全州文化辅导员、非遗工作者培训班,举办的 2016 年免费开放第一和第二期舞蹈培训班,共培训出文艺节目《春暖花开》、《红红火火大中国》、《桂花开放幸福来》、《山丹丹花开红艳艳》、《苗族板凳舞》、《新编梳花》等 10 余个节目;九是组织多彩贵州非遗文化贞丰周末聚活动在贵阳举行。

三、图书工作

一是春节期间,在县城丰茂广场开展灯谜有奖竞猜、知识现场问答活动;二是李花节活动现场组织开展主题为"沐浴桃李芬芳,游园揭谜取藏"的游园有奖猜谜藏迷活动,三是从馆藏文献资源中挑选出 961 种、2022 册、内容覆盖诸多领域、总价值 39000 余元的优秀图书期刊,在贞丰县第二中学挂牌建立"图书馆流动服务点",拉开了全县 2016 年"书香校园"文化建设活动的序幕;四是与贞丰民族中学、贞丰二中共同举办了 2016 年全民阅读"建设书香贞丰·传承优秀文化"——"阅读与梦想"主题演讲比赛。五是在世界读书日来临之际,在贞丰县民族中学举办经典阅读知识竞赛;六是世界读书日当天,以"经典阅读—建设书香贞丰,传承优秀文化"为主题,在县城街心花园设点开展世界读书日阅读宣传活动,为参加活动的读者免费建立借阅档案,同时向来县城赶集的农民读者赠送农业科普文献图书 500 余册。

1~6 月到馆读者 10000 余人次,书刊文献外借 20000 余册次。装订报刊727 册、收集地方资料 13 册。

四、旅游工作

1、认真做好我县旅游总体规划和相关专题规划

今年,请云南先歌科技有限公司、贵阳市建筑设计有限公司做好三岔河

舞台和草坪设计，加强对民族特色宣传，现正在进行二期工程基础设施提升改造。完成纳孔村、顶肖村鸡罩岭组、龙河村、长田村村庄建设规划；完成民族文化旅游扶贫试验区概念性总体规划，正在开展试验区控制性详规和产业发展规划工作。请澳大利亚 PTW 公司对北盘江进行规划，通过规划引领，提升规划品质，改变规划滞后的情况明显改善。

2、积极申报旅游项目

我局积极编制申报"十三五"重大项目、中央投资等旅游项目，2016年，我县谋划旅游项目 5 个，包括 40 个子项目，总投资 7.5 亿元。首先是布依古城项目，总投资估算 31500 万元。现已完成主体工程 85%。马草巷房屋风貌改造已完成工作总量的 95% 以上；一中至两湖会馆段路面石材铺贴完成 40%；一中至文化巷口路面硬化，文化巷口至两湖会馆电力管、雨水沟、污水管、弱电管安装铺设完成；开始第三施工段一期公厕至两湖会馆段路面破除工作；完成部分危楼、两广会馆和两湖会馆结构加固及改造工作。其次三岔河景区提升改造项目，总投资估算 13650 万元。忆境酒店项目：现已完成总体工程的 60%。29 栋客房主体、砌砖、粉刷全部完工；餐厅、接待大厅砌砖粉刷；沉香舍、禅院、大讲堂屋面板浇筑；耕读舍正在基础施工；河道挡墙完成 70%。三岔河环湖慢行系统项目。完成总体工程的 60%。其中市政工程完成 80%，管道工程完成 60%，桥梁工程完成 30%。三岔河露营基地提升改造项目。露营基地草坪种植工程完成总体工程的 50%；地下给排水已完成；草坪播种完成 50%。预计 6 月 20 日前启动道路铺装。三岔河舞台提升（环湖夜景灯光系统）项目。完成总体工程 30%。设备基础已完工；设备正在制作当中。预计 6 月中旬设备进场。纳孔农旅一体化项目。总体工程完成 75%，其中，道路沥青摊铺完成 100%，水体工程绿化完成 90%，蔬菜大棚钢架结构完成 50%，管理用房外部装饰完成 80%，蔬菜种植完 70%，花果长廊完成 85%。纳坎、纳孔大寨民居改造项目。纳坎民居竹架搭设完成 75 户，正在进行样板房修建；纳孔大寨民居改造完成 95%，正在整改。再次北盘江大峡谷景区项目。总投资估算 7500 万元。已启动公路沿线及董箐民居改造、者相至董箐水库旅游公路改造、旅游码头等项目建设。第四是双乳峰景区提升改造项目，总投资估算 3170 万元。已明确县住建局作为双乳峰景区提级改造建设项目的业主单位，加快抓好双乳峰景区提升改造规划编制工作，并及时启动景区内部分节点的项目建设。第五是旅游配套项目。总投资估算 7600 万元。目前已完成景观大道亮化工程。

3、加大旅游宣传营销工作力度

今年主要请中国旅游报、贵州电视台、贵州日报、贵州民族报等省级以

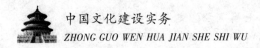
上媒体对我县景区进行大力宣传，邀请北京和声鸣文化传播有限公司为我县拍摄录制旅游宣传片——《回家篇》；完成了国际山地旅游大会系列活动——中国房车自驾游暨产业发展论坛活动举办；将举办"中国贞丰·台湾民宿产业发展论坛"，通过论坛活动，加大旅游宣传，提升贞丰对外的影响力。

4、加大旅游市场整治力度，筹划举办旅游从业人员培训

坚持对我县景区景点、星级宾馆酒店、农家乐进行每月1次及节前1~2次的安全检查，确保旅游市场规范、有序发展，完成今年旅游人才培训方案，5月30日开展了一次全县大规模的人才培训。

5、建立旅游投融资常态化的体制机制，加快银企对接、引进银行资本、社会资本参与旅游开发

一是认真谋划包装好项目，争取政策性银行资金支持，大力招商引资；二是为投融资做好保障性服务工作。今年，我县布依古城项目已向省工商银行申请到贷款6亿元，第一期贷款1.3亿元已到账；三岔河景区提升改造项目争取到中央专项基本金1000万元；双乳峰景区争取到中央专项基本金1500万元；北盘江大峡谷旅游基础设施建设项目已向国家开发银行申请专项基本金2000万元。这些资金的注入，确保了我县旅游项目建设顺利实施。

6、认真策划好第二届国际山地旅游大会贞丰分会场露营大会、房车江湖会、情侣同心挑战赛等系列活动和第二届全州旅游发展大会各项筹备工作，提升贞丰知名度

2016年上半年，全县接待游客预计完成227.4万人次，实现旅游总收入8.7亿元，增速达55.9%。其中，接待国内游客216.03万人次，接待入境游客11.37万人次，接待过夜人数74.9万人。

五、广播影视工作

加强值班，完成重大安全节日期间月安全播出任务及月报表的报送和安全排查、设备维护工作；开展清查"黑广播"、广播电视无线传输覆盖网秩序专项整顿工作，检查数字影院票务系统。后坡发射台改造配套工程建设项目已完成监测系统、道路工程，机房附属设施等工程初步设计及监理合同的签订；完成变压器及稳压电源的采购手续和机房主体及围墙挡墙的浆砌工作。在全县范围内开始实施多彩贵州"广电云"村村通工程，至6月底已在10个乡镇34个行政村通光缆建设317.144公里。完成农村公益性电影放映880场。申报2个卫星数字农家书屋。

六、体育工作

2015 年农体工程（乡镇级 3 个，村级 13 个，全民健身路径 2 个）97% 的已经按照工程建设要求完工，并投入使用，其余的还在施工建设中，预计五月底全部完工，投入使用。2016 年申报乡镇级农体工程 1 个，村级农体工程 14 个，全民健身路径工程 20 个。

春节期间，在县城、永丰办、者相镇、平街乡等乡镇开展迎春象棋、斗鸡、斗鸟、乒乓球、拨河等文体系列活动；协办了魅力竹林堡·万峰户外专业徒步大会 2016 第一季"您抱我成长　我陪您踏春"活动；组队参加由黔西南州文体广电新闻出版局、黔西南州总工会、共青团黔西南州委和贵州兴义农村商业银行股份有限公司决定联合举办"普惠金融·通达城乡"2016 年"兴义农商银行杯"足球锦标赛，现进入 16 强比赛。协助由由中共贞丰县委员会、贞丰县人民政府主办，中共连环乡委员会、连环乡人民政府承办，中共贞丰县委宣传部，由中国侨联直属企业管理总机构信息中心、中桥信（北京）科技有限公司、贵州省丁丁户外有限公司、黔西南州户外运动协会协办，贞丰县举办 2016 年美丽连环·绿色小镇徒步大会（此次活动有文艺汇演、徒步开始（9.36 公里）、斗鸟比赛。）协办了贞丰县举办 2016 年脱贫有"李"中国·贞丰第二届李子节。组队参加由黔西南州文体广电新闻出版局、黔西南州体育总会、黔西南州乒乓球协会联合举办 2016 年黔西南州职工乒乓球比赛，女子团体荣获第四名，男子团体荣获组织奖。

七、文化遗产保护工作

1、文物保护工作

一是圆满完成我县第一次可移动文物普查第三阶段工作。二是组织开展好我国第十一个中国文化遗产日系列宣传活动。三是配合省文物研究所邀请国内专家对我县省级文物保护单位沙坪红岩岩画的年代测定取样工作，这为揭开我县"文化金矿"真实年代之迷作出了基础性的工作。四是完成文物消防安全专项大检查工作工作。

2、非物质文化遗产保护工作

召开 2016 年贞丰县非遗保护工作传承人座谈会；举办苗族"二月二"布依族"三月三"等节日文化活动；举办布依族服饰制作工艺展示活动；申报贞丰布依族"三月三"，布依族"六月六"中国品牌节庆示范基地；申报铜

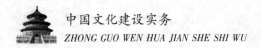
鼓文化传承展示基地；申报窑上古法制陶生产性保护基地；协办黔西南州群众文化辅导员、非遗工作员培训班。

八、下半年工作打算

1、继续办好"六月六"布依风情节等节庆和系列民族文化活动。积极筹备"第二届国际山地旅游大会贞丰分会"和"黔西南州第二届旅发大会"品牌赛事活动。

2、围绕县委、县政府中心工作，围绕"旅游旺、产业兴、城乡靓、生态美、百姓乐"的目标，加强重点报道，进一步向外界宣传、推介贞丰。

3、继续抓好旅游项目申报及在建项目（五大项目：三岔河景区提升改造、双乳峰景区提升改造、北盘江大峡谷景区基础设施建设、古城二期工程建设、旅游基础设施建设）的建设工作。

4、搞好文化专干、社区文化骨干和文艺团队的培训工作，为基层文化站培养新思想懂业务的文化领头人。

5、搞好免费开放工作，继续开展"四进"文艺演出活动，选派业务干部深入乡镇社区，开展群众文化工作。

6、做好后坡无线覆盖的安全管理和农村公益性电影放映工作。

7、逐项进行调整，继续监管好文化、旅游等人员密集经营场所，促使我县文化、旅游市场呈现出安全稳定，繁荣发展的良好态势。

8、积极协调落实第七批全国重点文物保护单位"茶马古道－贵州－花江摩崖石刻群"保护方案制定工作，继续研究谋划好文昌宫正殿屋面的抢险修缮工程及合理利用工作，积极向上级争取经费早日实施我县省级文物保护单位马二元帅府的修缮工程。

9、积极争取省文物局的支持派出技术力量对我县省级文物保护单位沙坪红岩岩画作进一步的调查研究和保护工作。

10、完成第一次可移动文物普查后期核对等工作。

11、抓好全县地面文物的有效保护特别是文物的安全保卫工作，力争全年无事故，迎接全州文物行政执法巡查检查工作。

12、抓好非物质文化遗产的挖掘、传承和宣传工作。

抓管理 促发展
为文化工作添动力

贵州省凯里市文体广电新闻出版局 杨清钰 杨小红

（一）抓好非物质文化遗产保护

1. 抓好传承人的挖掘申报，其中：公布市级传承人申报 44 人，州级传承人 7 人。省级传承人申报工作已经完成，正在按有关程序进行中。

2. 积极开展市级生产性保护示范基地及传习所申报工作，完成 21 家非遗个体企业申报材料的审核并已公布。

3. 起草了《凯里市非物质文化遗产传承人管理办法》和《凯里市传统村落保护工作方案》，目前按程序报审。

4. 稳步推进文化遗产展示馆建设，目前完成了凯里文化遗产展示馆展陈方案和平面设计图纸，装修设计展示馆效果图及建设施工图等正在有序开展。

5. 在凯里万博广场（健康主题广场）举办了全国第十个"文化遗产日"活动，开展了丰富多彩的非遗歌舞表演，展出宣传展板 100 余张（幅），发放宣传资料 1000 余份，观众达 2000 余人次。

6. 加大传承培训力度，先后组织传承人在凯里学院、凯里市非遗项目苗歌传承培训基地、凯里开怀碧档嘎苗文及苗歌传承基地等开展了芦笙乐舞、苗文、苗歌、苗绣、苗族芦笙制作培训工作 80 余期，受训 500 余人。

（二）文化设施进一步完善

1. 文体基础设施得到进一步完善。一是市图书馆将向文化部争取到的价值 60 万元的 36 台电脑及各项完整的资源共享配套设施发放给 3 个街道及 2 个社区，该批设备主要用于街道社区文化活动中心建设。二是为了更好的服务于大众，市图书馆目前已初步建成一个儿童阅览室、一个成人阅览室、一个电子阅览室，拥有图书近 6 万册、电脑 30 台、电子借阅机 3 台、少儿电子阅读机两台。预计 11 月 15 日正式实行免费开放。三是国家文化部对我市文化馆进行实地检查评定，通过评估，我市文化馆达到县级二级文化馆的等级要求，获评县级二级馆。四是凯里市文化馆炉山分馆已正式运营，设备设施已到位，已正常开展免费开放工作。

2. 启动一批文化体育项目，充实了全市文化、体育、广播电视项目库，启动了凯里市文物非遗展厅、凯里市文化馆、凯里市图书馆建馆、市体育升级改造工程、苗侗风情园体育活动中心等一批文化、体育重点项目，积极争取上级资金和招商引资，推进项目实施进度。目前，凯里市文物非遗展厅、凯里市文化馆和凯里市图书馆建馆项目正在实施中，市体育升级改造工程方案已上报市政府，苗侗风情园体育活动中心已建成并投入使用。

3. 利用社会资源发展公共文化服务体系。一是将木天艺术培训学校等8家文化艺术机构纳入市文化馆管理，于2015年9月16日召开了2015年业余文艺团队工作会，在会上宣读了《凯里市文化馆馆办团队、挂靠团体、培训中心管理办法》，现场与"舞原地拉丁舞培训学校"、"灵舞竟壹街舞工作室"、"木天艺术培训学校"等8家培训机构签订了挂靠协议，并现场与馆办团队进行授牌。二是向市直机关各部门、书店发放向市图书馆捐书的倡议书，同时通过电台进行宣传，目前已收到来自全市各单位、部门、企业捐赠的图书共5.6万册。三是今年9月份，完成康乐社区图书室、苹果山社区图书室等2个社区图书阅览室、4个漂流书亭的建设工作，并已对这四个漂流书亭和两个社区进行挂牌。

4. 活动载体多种多样，群众文化生活不断丰富。一是为丰富群众在节日期间的精神文化生活，烘托节日气氛。我局在"元旦"、"春节"、"十一黄金周"等节日期间分别举办了凯里市首届"百村"农民文艺汇演、2015年凯里地区迎春赛歌会、2015年凯里地区迎春民族歌舞展演、2015年凯里市迎国庆文艺汇演等活动。另外，顺利完成了第八届中国凯里原生态民族文化旅游节系列活动的组织，包括"2015巴拉河消夏旅游季"、"2015凯里酸汤美食节"、"游方情缘"、"金芦笙"民族器乐大赛"等系列节庆赛事活动，丰富了节庆活动文化内涵，提升了凯里旅游形象。二是开展了春节期间农家书屋免费开放活动。各农家书屋元旦春节期间，利用农民工返乡的有利时机，开展农家书屋宣传、新书推荐、农家书屋读书乐等活动来丰富人民群众的精神文化生活。三是为了倡导全民阅读，构建人文凯里，"4·23世界读书日"图书惠民助学活动启动仪式在凯里市清江国际广场举行。活动期间有千余种正版精品畅销图书展出，受到了广大读者的热烈欢迎。

5. 促进文物的保护和利用。一是遴选出第三次全国文物普查中保存较好，且具有一定历史、艺术和科学价值的文物点，公布为凯里市不可移动文物，实行挂牌保护，对这些不可移动文物实行挂牌保护，是对我市现有不可移动文物保护事业的延伸和补充。二是研究制定了《凯里市不可移动文物安全管理办法》。进一步加强了全市不可移动文物的安全管理，目前该管理办法已颁布实施。三是开展汛期文物安全检查工作。在汛期来临时，组织工作人员对全市文物保护单位开展一次拉网式、多角度的安全隐患大检查，并对检查中发现的各种隐患进行及时的处理，有效保证了文物的安全。四是为切实做好文物保护单位的保护和维修工作，今年完成了红色教育基地李家祠堂、张毕来故居、万寿宫、魁星阁等 4 处文保单位的维修和保护工程。五中加强文物保护"四有"工作。2015 年期间，为李奇墓、久元帅墓、水寨花桥、白水洞战斗遗址、石邦宪墓等五个文物保护单位设立了保护标志。六是开展老厂房老办公楼文物补查工作。经各乡镇街道的大力支持和配合，共普查出老老厂房、老办公楼 45 处，此项工作圆满完成。

6. 群众文化生活不断丰富。一是开展"4·23 世界读书日"图书惠民助学活动，活动期间有千余种正版精品畅销图书展出，受到了广大读者的热烈欢迎。二是认真开展免费开放的各类培训工作，如：中老年舞蹈健身操、馆办中风华艺术团的日常培训与训练、少儿声乐及合唱培训与训练等。三是创作舞蹈《致青春》、歌曲《苗语版·小苹果》等作品，节目《银匠》参加贵州广播电视台影视文艺频道与中央电视台联合制作的《出彩中国人》贵州地区选拔赛获好评，《火》、《舞动奇迹》参加贵州电视台主办的《百姓春晚》获得高度赞扬。半年来组织演出 80 余场，服务群众 6 万余人。

（三）抓好广电工作，为经济社会发展传递正能量

一是成功举办中央人民广播电台"爱在乡村"暨中央电视台"文化进万家"公益活动。二是精心办好各类栏目，让节目内容融入群众生活。继续打造《930 新闻早高峰》、《夸夸奇谈》、《随便老火》、《王二里龙门阵》等栏目，以正面宣传为主，开展深度报道，说当地话，表当地事，保持百姓与新闻零距离，让节目内容融入群众生活。三是精心办好办好《百姓故事》《凯城警事》等栏目。用人物事故，先进事迹，解读市委、市政府加强凯里市经济社会建设的正确决策，凝聚正能量，引导全市人民团结一心，朝着小康目标奋力前行。四是成功举办无线黔东南手机摄影大赛，收到近 200 余副手机参赛作品，最终评出一等奖 1 名，二等奖 2 名，三等奖 3 名，参与奖 6 名。五是积极拓展网站、视频、微信等新媒体业务，拓宽宣传渠道。无线黔东南微信自 2015 年改版以来，增加了视频原创、图文原创，微信网站等内容，多条宣传黔东南民俗文化、交通等原创稿件阅读点击率单条超过 20 万人次，目前累积粉丝从年初 1000 余人增加到现在的近万人。

（四）抓好群众体育健身运动

一是完成了凯里市元旦万人健身长跑活动暨第三十一届元旦长跑；凯里

地区第九届中小学生田径运动会；"五一"职工登山比赛；凯里快跑·旅游跑活动；凯里地区周末职工篮球赛，"中国梦·少年行"2015 凯里地区第二届青少年户外定向联赛已经完成，州庆系列体育活动（龙舟邀请赛、凯里快跑旅游彩跑比赛）；8 月 8 日全民健身日活动。这些活动形式多样，参与人数多，规模大，极大的丰富了干部、群众的文化生活，提高了我市广大群众参与锻炼的积极性。二是组建跆拳道、拳击、乒乓球、羽毛球队代表黔东南参加省九运会。三是抓好体育场馆篮球、足球、田径、乒乓球、羽毛球等免费开放工作。四是老年人体育工作，市老体协举办第六套健身秧歌培训；凯里市老体协、老年大学组织学员在韩国首尔参加了第五届中老年人艺术交流活动比赛，并获得银奖；举办了一场庆祝市老体协成立 30 周年文体联欢展示活动；我市组队参加了黔东南州 2015 年老年人乒乓球赛，并荣获团体赛第二名；男子单打第三名、第七名；女子单打第四名；男子双打第一名的好成绩；举办了庆祝凯里市老体协成立 30 周年暨贵州省 2015 年第四届老年气排球循环联谊赛；举办了国家第 11 套健身球操骨干培训班，来自全市各老体协分会，社区所辖各分会，共 20 余个基层分会 80 余名骨干参加了培训。五是 2015 年新建乡镇农民体育健身工程 3 个，村级农民体育健身工程 25 个，全民健身路径工程 15 个，目前已完成村级农民体育健身工程 19 个，全民健身路径工程 9 个。

（五）抓好文化市场监管

一是狠抓节庆期间的文化市场整治，对重点人群，特别是未成年人进入网吧、歌舞厅、游乐厅等娱乐场所，开展集中专项整治。同时，规范演出经营活动，严格审查演出经营单位资质，杜绝无证、无资质非法演出团体来我市演出。二是抓好以学校为主的周边文化环境治理工作，严禁在中小学周围开办电子游艺室、歌舞厅等娱乐场所，果断取缔在中小学 200 米范围内开办的网吧和娱乐场所，严厉查处涉及学校周边环境的文化市场案件，打击在校园周边的游商游贩兜售盗版书刊等，积极配合教育部门和学校开展打击盗版教辅和开展文化市场宣传进校园活动，使校园周边环境得到进一步优化。三是认真开展文化市场专项整治行动，公布"8220064"和 12318 举报电话，实行 24 小时举报制度，认真接待来人、来电举报，做到有报必查，对违规实行严格查处。2011 年以来积极联合公安、工商等部门开展突击检查 93 次，联合执法行动 45 次，累计出动执法人员 4875 人次，检查经营单位 11250 家（次），关闭取缔无证照经营的电玩场所 15 家，"黑网吧"34 家。四是积极开展"扫黄打非"专项整治行动，重点放在全面清查印刷复制业、出版物市场和互联网"扫黄打非"上面。对辖区内的文化市场，尤其是歌舞厅、电子游戏经营场所、演艺厅、网吧、音像制品经营场所等人员密集场所进行重点检查，依法收缴盗版的音像制品、书报刊和电子出版物，对互联网上网服务营业场所接纳未成年人等违规行为进行从严查处。2011 年以来检查文化出版经营户 750 家次，收缴违法音像制品 26590 余盘（盒），书刊 11159 本。五是开展演出市场整治，规范演出活动，2011 年以来共劝导、制止外来无证演出105 场次。

多措并举　助推文化工作再上新台阶

云南省巍山县文化体育广播电视局　李建勇

2015 年，是"十二五"收官之年。我局在县委、县人民政府的正确领导下，在上级业务部门的帮助指导下，以"三严三实"和"忠诚干净担当"专题教育活动为契机，以满足人民群众精神文化需求为出发点和落脚点，紧紧围绕县委、县人民政府中心工作，以"文化立县"为纲领，紧密结合文体广电工作职能，按照年初制定的工作目标，狠抓各项工作的落实。现将 2015 年的工作总结如下：

一、2015 年工作完成情况

（一）以文化惠民建设为主题，文化工作再上新台阶

1、群众文化活动异彩纷呈。一是节庆文化丰富多彩。圆满完成 2015 年中华彝族祭祖节、第五届中国大理巍山小吃节开幕式暨巍山古城——巍宝山 AAAA 级旅游景区授牌仪式组织任务；组织参加大理"三月街"民族节期间的文艺会演暨民族民间文艺展演，圆满完成了交流演出任务；圆满完成火把节焰火晚会的各项筹备工作；协助马鞍山乡举办了 2015 年梨花节民族文化展演。春节期间，联合各文艺团体组织举办了一场场精彩的文艺演出，丰富了广大群众的节日文化生活。圆满完成国庆摄影展迎宾晚会的演出任务。"两节"期间及火把节当天，组织了各具特色的打歌队，在县城内各个广场进行彝族打歌展演，为节日营造了热闹、喜庆的氛围。各乡镇结合实际，以节日文化活动为契机，精心设计，积极开展丰富多彩、形式多样的群众文化活动。二是文化"下乡"成果斐然。针对农民文化生活贫乏的特点，利用各种活动和节日，组织开展优秀图书进农村、进学校、送戏下基层等文化"三下乡"活动。截止目前，共完成文化惠民演出活动 70 场次。配合省博物馆做好"云南抗战纪事暨滇西抗战"巡讲巡展在巍山的活动，取得了较好的成效。援建"紫金小学图书室"，努力拓展山区青少年阅读行动。与南诏中心校合作，办好《南诏教育》期刊。完成《巍山群文》编辑出版工作。三是文艺创作辅导正常开展。积极创作编排，打造了一台宣传和推介巍山的小型旅游外宣文艺晚会，于国庆节向观众进行了展演。积极编排创作文艺节目参加各级组织的

展演及比赛，取得了较好成绩。认真落实"三区"文化人才支持计划，每年选派1名文化专业人才参加省州组织的培训，并将文化馆、文工队专业技术人才直接下挂乡、镇、村，指导帮助农村文化活动的开展。积极开展各类业务培训及辅导工作，联合州群艺馆举办基层群文骨干培训班1期，70多名群文骨干参加培训。组织参加省州各级各类培训3次。

2、文化艺术收获新成果。在大理"三月街"民族节全州文艺会演暨民族民间文艺展演中，彝族群舞《踏呐踏谢了》获歌舞类银奖，新创节目《巍山有名小吃街》、回族舞蹈《呢卡哈》分别获歌舞类铜奖，小品《担当》获小戏小品类铜奖，县文体广电局获组织奖。在"大家乐"广场舞蹈大赛中，我县参赛节目《好玩了》、《龙踪调》获得广场舞蹈节目奖铜奖，编导奖铜奖。在第十七届原生态歌手大赛中马鞍山乡吉永高、桃妹获得三等奖，巍宝山乡鲁晓丽、余增祥获优秀奖。在2015年"洱海歌手"大奖赛上，我县选送的山之灵组合演唱的《吱以可妈何》斩获原生态组金奖，小小组合演唱的《小小歌》荣获流行组银奖，同时《小小歌》还获得创作奖，徐杨枣红演唱的《黄河渔娘》荣获民族组铜奖，龙梦瑶演唱的《鱼》获流行组优秀奖。在红河州蒙自举办的"云南省第九届民族民间歌舞乐展演"上，我县选送的节目呼吐吐独奏《彝山踏歌》荣获铜奖。同时，我县还受邀组队参加在昆明举办的首届源生乡村音乐歌舞艺术节，巍山代表队的民间歌舞及民俗表演、展示荣获艺术节优秀奖。

3、文化遗产得到保护和传承。一是扎实做好文物维修工作。巍宝山消防工程分两期开展，一期工程于2013年5月22日开工建设，2014年3月竣工，2015年6月10日省文物局委托州文化遗产局对工程进行了正式验收，工程在决算审计之中。二期工程完成了施工图纸的审核及相关招投标工作，准备开工正式实施；巍宝山长春洞修缮工程于2014年11月启动实施，合同价款为210万元，合同竣工期为2015年5月21日，因在实际施工过程中工程量增加及防虫害方案编制的延误，已完成工程总量的90%，只余电路改造和油饰彩绘未完成；拱辰楼灾后修复主体工程及附属工程已全部完工，10月1日已正式对外开放，目前正在对主体工程的部分工程进行整改完善；完成了星拱楼油饰工程，配合城市综合执法局完成了星拱楼灯光亮化工程；启动东岳宫修缮工作。对正在实施的文物维修工程进行技术指导，确保修缮质量。二是做好项目申报工作。积极申报文物维修、保护项目，争取项目资金支持。年内共申报省级文保单位东岳宫、圆觉寺及双塔、利克村传统民居修缮和国保单位南诏镇古群筑群修缮专项资金3535万元。完成了国保单位《南诏镇古建筑

群——玉皇阁大殿修缮方案》、《南诏镇古建筑群消防工程设计方案》、《等觉寺古建筑群消防工程设计方案》，省保单位《东岳宫古建筑群修缮方案》的编制工作，已报省文物局审查。三是做好文物安全检查。联合县级相关职能部门开展多次文物安全检查，认真排查安全隐患，做好隐患的整改、督查、落实工作，为东岳宫、星拱楼配备了消防器材。四是可移动文物普查工作完成珍贵文物信息数据的采集、录入、上传等工作，目前已全面完成普查工作。五是做好州级第四批非物质文化遗产项目及传承人的申报工作，并对现有资料进行了整理归档。六是青云彝族传统文化保护区规划编制工作有序进行。七是组织开展了主题为"保护成果 全民共享"的全国第十个文化遗产日系列宣传活动，提高人民群众对文化遗产保护重要性的认识，增强全社会的文化遗产保护意识，营造了文化遗产保护人人参与的良好社会氛围。

4、文化市场执法有力。以净化社会文化环境专项行动为主线，以网吧整治为执法重点，切实加强文化市场监管，积极维护市场秩序，确保稳定、安全和繁荣。同时与全县辖区内的网吧、歌舞娱乐场所签订了《巍山县 2015 年文化市场安全经营责任书》，完成 98 份现场勘验笔录，发出 4 份整改通知书，责令负责人限期整改并跟踪问效，确保整改到位。一年来，县内 5 家网吧因接纳未成年人分别被警告并处罚款的处罚，累计出动检查人员 90 人次，检查出版物市场、点档摊点 56 家次，印刷复制企业 112 家次。换发《印刷经营许可证》31 家次、《出版物经营许可证》16 家次，审核发放《娱乐经营许可证》10 家次。

（二）以提高全民健康水平为动力，体育工作再出新成绩

体育工作紧紧围绕全民健身为主题，以满足广大人民群众日益增长的体育文化需求为出发点，把增强人民体质、提高整体素质作为根本目标，坚持普及与提高相结合，群众体育与竞技体育协调发展和相互促进，广泛开展体育活动，不断提高全民族的健康水平。

1、群众体育丰富多彩。2 月 1 日（农历正月初二），在县城南诏文化广场举行了巍山县第九届舞龙比赛，在中国历史文化名街南诏古街举行"龙珠传递"活动。3 月 31 日至 4 月 2 日举办了巍山县 2015 年"幸福大理杯"行政村男子篮球赛，选拔出永建镇永平村代表队代表巍山县参加大理州 2015 年"幸福大理杯"行政村男子篮球赛决赛。选拔运动员参加州第十九届民运会射弩、陀螺 2 个项目比赛。4 月 5 日至 6 日，举办了巍山县第二届象棋名人赛暨全县象棋冠军赛。7 月 8 至 10 日，举办了巍山县老年人象棋比赛。8 月 5 日，在南诏文化广场举行了"全民健身日"系列活动，组织了体质测定和优秀健身项目展示。9月7日至9日，承办了2015年大理州"南诏杯"老年人门球联谊赛，有州直机关及县市的12支代表队148人参加。11月，组织了国民体质抽测，按要求完成了城镇人群10个年龄组400人样本量的问卷调查及体质测试。11月27日至30日，组队参加了大理州体育系统职工运动会，参加所有竞赛项目的比赛。乒乓球获团体第六名、字崇荣获乒乓球个人第七名，代表队获组织奖。12月11日参加大理州体育舞蹈健身舞邀请赛，获三等奖。12月28日至30日举办了第31届"南诏杯"象棋比赛。春节前及春节期间，永建镇、庙街镇、青华乡新山村委会分别组织"穆斯林杯"、"第四届迎新春运动会"和庆新春篮球比赛，象棋协会举行了"南诏古都杯"2015年巍山县春节象棋擂台赛等活动。

2、竞技体育有序推进。1月20日至21日，举办了2015年县中长跑比赛；2月1日至2日，县象棋青少年体育俱乐部代表大理州参加省第十三届中学生运动会的象棋比赛，获男子组团体第五名、女子组团体第三名；2月5日至7日，县田径青少年体育俱乐部代表巍山县参加了2015年大理州中长跑比赛，分别取得女子团体第一名、男子团体第二名，4×800米接力女子第一名、男子第二名的好成绩。5月7日至8日，县围棋协会组队参加了大理州第三届"大理杯"围棋锦标赛，获团体第三名。11月1日至4日，2015年全国业余象棋棋王争霸赛线下总决赛在中国棋院杭州分院举行。我县象棋名手江荣敏先后经过了四轮海选赛、晋级赛，再经过入围赛、复活赛，线上赛阶段总共历时4个多月，一路过关斩将，最终取得了线下总决赛的资格。与来自国内27个省市的420余名业余豪强同台对决，在个人赛中力克群雄排78名，同时江荣敏、杨增在双人赛中取得了第十名的佳绩。11月20日至21日，组队参加了州第三届"大理杯"象棋锦标赛，夺得了团体和个人两项冠军，其中杨增获个人第一名，张春雷获个人第六名。

3、体育文化蓬勃发展。记录场地建设、组织构建和活动开展为一体的摄影作品"南诏古韵"、"乐在山村"、"翻双杠的孩子"、"古城穿城跑活动"和"乡间球赛"入选第二届"体彩杯"七彩云南全民健身摄影比赛作品集。6月，举办第七期三级社会体育指导员培训班，来自全县的所有在岗的大学生村官以及部分体育教师、各体育协会和晨晚练点的骨干共62人参加了培训。组织社会体育指导员和骨干分子，在晨晚练点开展健身指导活动，吸引越来越多的公民加入到健身的队伍中。

（三）以新闻宣传为阵地，广播电视工作再上新台阶

1、内宣工作成效显著。一是围绕中心，抓实舆论引导能力建设。坚持

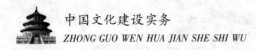

"围绕中心、服务大局"的原则，按照"三贴近"、"走转改"、"八项规定"、"三严三实"和"忠诚干净担当"要求，强化新闻立台，围绕重大宣传报道活动，不断加强和改进主题宣传、典型宣传、成就宣传。除完成常规宣传外，围绕县委、政府中心工作在《巍山新闻》中设立"两会关注"专栏对两会进行全方位报道，长期开设"三严三实"和"忠诚干净担当"专栏、"贯彻落实习近平总书记考察云南时重要讲话精神"专栏、"贯彻落实党的十八届五中全会精神"、"三清洁"等专栏，对全县开展"三严三实"、"忠诚干净担当"专题教育，贯彻落实习近平总书记考察云南时重要讲话精神和"三清洁"工作进行深入、全面的宣传报道，并做好舆论监督，营造了良好舆论氛围。为了配合新修订的《巍山古城保护条例》贯彻落实，我台专门开设专栏，解读《条例》修订的重大意义、修订的情况、具体规定和要求及施行的重大作用。为全方位宣传中央政策和省州县的部署安排，反映扶贫工作中涌现出的好做法、好经验，开设《向贫困宣战 建幸福家园》专栏节目。在拱辰楼火灾事故的宣传工作中，县广播电视台充分发挥主流媒体作用，派出多组记者深入事故现场，多角度、全方位、真实客观地报道了事故的全过程，第一时间让观众了解到真实情况。另外，记者还深入群众当中倾听群众心声，为群众提供了一个倾诉的平台，较好地发挥了舆论引导作用。在中华彝族祭祖节、大理巍山小吃节、巍山古城消防安全专项治理和纪念抗战70周年等工作中，突出巍山特色，创新宣传形式，拓展宣传范围，取得了较好的宣传效果，有力地促进了各项工作的开展。2015年共播出《巍山新闻》含《一周新闻回顾》313期1556件，其中通讯员来稿499件，占播出稿件总量的32%。二是着力打造栏目，丰富荧屏内容。与政法、涉农、医疗、科技等部门合作办好《乡村法制》、《科技兴农》、《名城采风》、《南诏飞歌》等栏目，深受广大群众欢迎。三是注重资料收集整理，完成各类汇报片制作。配合县委、政府中心工作和各部门工作重点，完成了县政法委社区戒毒、发改局以工代政工程、职业中学情况简介、卫生局党建、组织部党建、文献幼儿园、巍山一中百年校庆、义务教育均衡发展等13个专题汇报片。

2、外宣工作成绩突出。采取多种措施强化对外宣传，在做好内宣的同时，主动向上级媒体传送新闻。不完全统计，2015年巍山广电台共在《大理新闻》播出稿件285件，大理州人民广播电台播出315件，《大理日报》刊用30件，《云南电视台》播出25条。同时，配合大理电视台办好《县市联播》，全年共在大理一套包装制作播出《县市联播—巍山新闻》31期，每期播出稿件不低于9条，时长不少于12分钟。

3、加强广告播出和管理力度。加大公益广告播出力度，配合县委政府中心工作，制作播出了各类政务信息，公益广告和标语，内容涉及各行各业。长期播出的公益广告有公共卫生安全知识、"梦娃"系列动画视频、"三清洁"、热烈庆祝《云南省巍山彝族回族自治县历史文化名城保护管理条例（修订)》于2015年9月1日正式施行、加强名城保护管理，促进经济社会发展、消防安全知识和禁毒、扶贫攻坚标语等。对商业性广告加强管理，承接广告业务时，由专人对广告主体资格、广告内容及有关证明文件或材料是否真实、合法进行严格审查；对制作完成的广告节目的语言文字、画面、声音等广告表现形式的真实性进行审查后才可播出，确保广告真实、可信、与事实相符。

4、安全播出、村村通服务等工作正常开展。健全完善安全播出制度，确保敏感期、重保期和日常广播电视安全播出。认真做好无线发射机房的设备维护和近14600多户广播电视"村村通"用户设备的维护维修工作，完成了2000户第一批广播电视村村通清流设备和农村地面非法卫星地面接收设施置换工作，为用户正常收听广播、收看电视提供了技术保障。认真做好巍山电视台制作、播出设备日常维护工作，确保巍山电视台安全播出。全年放映农村公益电影948场。完成巍山县首家数字影院的建设。继续完善巍山县乡镇（公社）老放映员历史遗留问题的调查、落实工作。

（四）以文化繁荣为推力，基础设施得到进一步加强

1、南诏博物馆工程全面完工。2014年11月5日启动了南诏博物馆展览陈列和安全防范工程。2015年"两节"前完成了南诏博物馆主体建设以及展览陈列工程主体布展任务，2015年3月29日举行了开馆仪式。经过紧张的施工，南诏博物馆已于2015年10月1日国庆节正式免费对外开放。截止目前，博物馆项目累计完成投资5300万元。先后完成了博物馆的土建工程（包括等觉寺古建筑群的全面修缮工程和荫农书院新建工程）；陈列布展工程；馆区绿化工程；油饰、彩绘工程；博物馆安全防范工程；文物库房设施设备工程和其他附属工程。目前所有工程项目已通过验收，进入项目工程决算。

2、农家书屋图书得到补充更新。投入资金31.6万元，通过公开招标采购，为全县79个行政村农家书屋采购配送了28519册图书，并由图书馆专业人员指导派送及上架，进一步补充更新了农家书屋的藏书。为永建镇辖区内的19座清真寺配发了价值49481.7元的图书。

3、全民健身基础设施进一步夯实。年内，向上级部门申报农村村级文化体育活动广场项目10个、省级体彩公益金项目33个、大理州第一批体彩公益金资助项目39个，其中乡镇灯光篮球场3个、行政村（自然村）篮球场60

个、组织建设工程 7 个（日昇街社区体育健身俱乐部 1 个，优秀活动站点拳剑队和彝族健身操健身站，优秀体育协会健美操协会和象棋协会，优秀社会体育指导员吴建福和王丽云）、活动示范工程 2 个（县级示范活动巍山县第四届职工运动会、乡村级示范活动巍山县紫金乡第七届农民运动会）。截止日前，共争取到文化体育活动广场项目 5 个（项目内容包括一块灯光篮球场和两张乒乓球桌），灯光篮球场 3 个，标准篮球场 55 个，老年人体育活动场地 2 个，组织建设工程 7 个，累计争取到项目资金 393.3 万元；健身路径 15 条。投资 260 万元由县城市建设投资开发有限公司实施完成了县老年人体育活动中心项目建设，成功承办了 2015 年全州老年人门球比赛。县全民健身活动中心项目已确定文华山规划片区 46.83 亩土地作为县全民健身中心建设项目用地，《规划设计方案》已通过县级评审，正在编制可研，力争 2016 年完成前期工作，年底开工建设。

4、广播电视基础设施得到加强。加强组织协调和监管，扎实完成村村通清流设备和农村地区非法卫星地面接收设施置换工作。完成 2000 户置换用户信息录入上传和设备的发放、安装工作，农户购机款的收取率 100%。按照全州的统一安排部署，积极配合好州广电局和苍山电视台在去年完成县城、青华、五印、牛街、马鞍山 5 个村村响发射点的建设、初调和信号收测工作的基础上，在 79 个村委会安装了"村村响"大喇叭设备。已被列入十二五规划的广播电视高山台站改造建设项目，因南诏国历史文化景区建设的需要，需进行搬迁。为了做好项目变更工作，经多方争取、努力协调，项目前期工作已全部完成，现已开工建设。

（五）以"三严三实"和"忠诚干净担当"专题教育活动为契机，努力加强自身建设

认真开展"三严三实"和"忠诚干净担当"专题教育活动，加强全局干部队伍思想建设、政治建设、组织建设和作风建设，切实改进工作作风，增强干部职工的民本意识、公仆意识、服务意识和责任意识。组建工作队进驻挂钩村帮助开展抗旱救灾工作。组织干部职工多次深入挂钩村社及扶贫挂包村社进行走访调研，与村组干部恳谈、与联系农户交心，祥细了解挂钩村社、联系贫困户的建设情况，了解联系贫困农户的生产生活状况，帮助他们解决实际困难。切实改进文风会风，可发可不发的文件坚决不发，可开可不开的会坚决不开，把更多的精力投入到发展上。严格落实工作责任制，将各项责任层层分解到人，做到权责分明。认真落实党风廉政建设责任制，扎实推进惩治和预防腐败体系建设的长效机制、权力运行监控机制，着力从源头上防

治腐败。强化廉政教育，坚守思想防线、道德底线、法纪红线，始终做到思想纯正、品德端正、处事公正，一身正气投身发展，勤政廉政树立良好形象。

二、2016 年工作计划

（一）继续推进公共文化服务体系建设，保障各族群众基本文化权益。大力推进乡镇综合文化站免费开放、文化信息资源共享工程、农家书屋、文化下乡演出等重点文化惠民工程实施。

（二）坚持正确创作方向，推动文化精品不断涌现。全面贯彻"二为"方向和"双百"方针，提高文艺作品质量，创作出有一定质量的新节目，得到各级肯定。

（三）办好 2016 年各种节庆文化活动。特别是 70 年县庆、中华彝族祭祖节、小吃节、火把节、国庆节等重大节庆文化活动，努力传承传统文化习俗。

（四）不断加强非物质文化遗产保护。继续开展青云彝族传统文化保护区规划编制工作，加大对进入各级"非遗"名录项目的保护与传承。

（五）广泛开展全民健身运动，丰富群众体育文化生活。积极争取条件组队参加省、州举办的各项体育赛事。开展三级社会体育指导员、三级裁判员、健身项目培训班。抓好业余训练网点建设，培养输送体育后备人才。按计划完成各项比赛、训练工作任务。

（六）大力推进全民健身计划，构建多元体育服务体系。鼓励、支持体育社团按照其章程，组织开展体育活动。完善体育队伍建设。做好体育基础设施项目的申报争取，增强省州对全民健身基础设施建设的扶持力度。

（七）完成以《巍山新闻》为主的新闻宣传工作，营造良好舆论氛围。继续加强对外宣传工作，努力完成年初目标任务。抓好保障民生和改善民生的宣传，在宣传报道中既要宣传好相关政策、以及全县多措并举的惠民做法和经验，又要如实反映群众得到的真正实惠，为构建和谐巍山营造良好氛围。搞好节目创优工作，认真按选题完成好每件作品，争取出更多的精品。加强广告节目监督和管理，净化荧屏内容。

（八）继续做好广播电视安全播出、"村村通"设备及无线发射设备的检修维护、广播电视台设备的技术维护和农村电影放映管理工作。继续做好高山无线发射台站建设和巍山县中央广播电视节目无线数字化覆盖工程建设工作。继续做好电视台制作、播出设备的日常维护工作，乡镇新闻上传网络的维护工作。

统筹兼顾　完善机制
促进全县文化事业蓬勃发展

西藏自治区扎囊县文化广播电影电视局　登　巴

扎囊县文化广电（新闻出版、文物）工作在县委、县政府的正确领导和区、地文化广电（新闻出版、文物）系统及相关部门的关心支持下，始终坚持社会主义先进文化前进方向，以服务基层创新文化为动力，不断健全公共文化服务体系，弘扬和传承民族优秀传统文化，充分发掘县域文化底蕴，使之全县文化事业蓬勃发展。基层公共文化服务平台建设、广播影视、文物安全等各项事业井然有序、进展顺利、效果良好。现将我局文化发展工作开展情况总结如下：

一、基层文化设施设备建设情况

一是为进一步活跃我县果谐广场文化，使县域特色传统文化得到更好的保护和传承，总投资1100万元的扎囊县基层公共文化服务平台暨果谐文化广场，建设面积30.72亩，于2015年7月全面完工并投入使用；二是为积极推进村级公共文化基础设施建设，我局以"树立典型、营造氛围、促进发展"为工作方针，对置换的阿扎乡综合文化站投入25万元资金进行了全面装修，并配备了各功能相关设施设备，现已投入使用；三是投入65万元资金将扎其乡德吉新村、瓦藏村、塔巴林村、吉汝乡夏汝村打造成村级公共文化服务点示范村；四是按照上级的要求，投入15万元资金，将桑耶镇综合文化站打造成相对独立的功能房；五是我局对全县三乡两镇综合文化站、村级公共文化服务点业务骨干工作人员20余人进行了为期3天的公共文化服务体系建设工作培训。

二、基层文化活动开展情况

一是县民间艺术团演职人员利用一个星期分赴五个乡镇开展果谐广场舞，充分利用文化广场，丰富和活跃基层群众文化生活，进一步传承和发扬了果谐文化；二是组织县民间艺术团文艺下乡演出场次达到28场次，到其它县乡文化交流演出 5 场次。丰富和活跃了基层的业余文化生活的同时营造了良好的节日文化氛围。全年创作了 6 个文艺作品，同时乡镇、村（居）基层群众自发组织了 95 场文艺体育活动，群众的文化意识不断增强，文化活动参与率不断提高，文化领域的建设力度不断加大，基层群众文化出现繁荣发展的良好态势。

三、丰富基层文化，兴办毪氇文化节

为加快我县建设文化强县的步伐，加强和推动扎囊与外界的文化交流与经济合作，以喜迎自治区成立 50 周年为契机，于 10 月 2 日至 4 日隆重举办了"毪氇之乡，智慧扎囊"首届毪氇文化节。为期三天的"毪氇"文化节，除了开幕式、闭幕式表演以外，还精心安排了乡镇农牧民果谐比赛、"非遗进校园"中小学生果谐课间操比赛、"毪氇之乡"毪氇姑娘形象大使选拔大赛、书法比赛、摄影比赛等一系列精彩好看的活动，充分展示了扎囊县作为毪氇之乡深厚的文化底蕴和扎囊人民勤劳朴实的可贵品质。文化节的举办，全方位展示了扎囊丰富的文化资源和特色经济发展优势，起到了提高扎囊知名度，扩大对外吸引力的作用，深受广大干部职工和农牧民群众的喜爱。

四、文物遗产保护工作

扎塘镇的扎塘寺是国家级文物保护单位。由于文革期间的毁坏和常年风化，原有的寺庙围墙已坍塌，这对寺庙文物及僧人造成了极大的安全隐患。根据情况，我局积极协调上级部门争取到了修建围墙项目资金。目前围墙已修建完工。同时，桑耶寺文物维护维修工作进展有序，项目一期工程已顺利验收。

五、提高认识、强化监管、净化文化市场发展环境

今年来，我局紧紧围绕"扫黄打非"的工作重点和任务，加大文化市场检查工作力度，协同相关单位齐抓共管，集中时间、集中力量，有目的地对全县文化市场进行了全面的检查整顿。对县城、桑耶等重点文化市场检查次数达到了 35 次，对 3 家音响制品销售店、1 家书店、2 家网吧、3 家歌舞娱乐场、2 家打字复印店、74 家茶馆以明察暗访形式严查 23 次。共查获违禁光蝶 7 个，查处未成年人上网 10 人，进行法治教育 6 次，有效净化

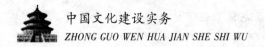

了全县文化市场，保护了知识产权。建立了文化市场准入和退出机制，严格市场主体资质审查，促进形成依法经营、违法必究、公平交易、诚实守信的市场秩序。做到了守一方净土，保一方平安，为建设和谐扎囊创造了良好的文化环境。

六、统筹兼顾，突出重点，确保广电工作有序开展

（一）加大广播电视覆盖面

一是为进一步扩大我县广播电视直播卫星"户户通"设备的覆盖率，购买了200套卫星直播设备，发放给农牧民用户，并进行安装调试。维修直播卫星接收设备506套，大大缓解了我县基层群众看电视难问题。地面卫星技术检查达22次以上，收缴非法卫星直播设备20余套。二是县有线电视线路全面维护维修工程顺利完工，线路的维护维检修进一步提高了县城电视节目传输容量、传输距离和电视接收的清晰度。三是为加强扎囊县文化广播电影事业在经济发展和精神文明建设中更好发挥，建设独立的广电中心楼，其选址等前期准备工作已完成。

（二）加强宣传报道工作

我局充分发挥广播电视资源优势，以加快发展、提振信心为出发点，服务全县经济发展大局，对关系全县经济社会发展和新农村建设等各项工作进行集中宣传，积极向西藏电视台、山南电视台报送新闻，保证新闻的报送量及传播度。2015年，我局向山南电视台报送新闻200余条。

（三）加强广播电视安全播出工作

我局充分发挥系统职能，把握主线，突出重点，以"四个强化"确保了全县广播电视安全播出工作。一是强化安全播出意识。二是强化节目内容监管工作。三是强化值班备勤工作。四是强化培训教育工作。坚持正确的宣传舆论导向，确保了电视信号传输和播出安全，确保了广大用户在各大节日及平时生活中的正常收视。

七、电影放映工作加快农村数字电影放映工作

为弘扬社会主义先进文化，满足农牧民群众业余文化生活，热情讴歌西藏和平解放以来，在中国共产党领导下，我县经济、社会各方面所发生的翻天覆地的变化。我县电影放映队向村、寺庙、学校等地方的群众送去了电影。以电影放映为载体，大力唱响时代主旋律，宣传党的各项方针政策。放映了

《建党伟业》、《扬善州》、《红河谷》、《焦裕禄》等爱国片、科教短片、记录片。为宣传党和政府的各项方针政策、惠民政策，不断繁荣基层文化做出了积极贡献。2015 年扎囊县电影放映队共放映影片 1509 场次，观影人数达76945 人次。

统一思想 奋力拼搏
推进文化工作稳步进行

西藏自治区阿里地区文化局 李兴国

　　近年以来，在地委、行署的坚强领导和上级部门的指导帮助下，全地区文化系统广大干部职工认真学习党的十八大、中央第六次西藏工作座谈会和自治区、地委、行署的一系列重要会议精神，统一思想，奋力拼搏，切实增强大局意识、服务意识、创新意识，牢牢把握文化工作导向，积极发挥文化在意识形态中的重要作用，各项工作稳步推进。

一、基本情况

　　阿里地区文化局于 1984 年成立，1993 年合并为文化广播电视局，2003年单独成立阿里地区文化局。目前，阿里地区文化局与阿里地区新闻出版局合署办公，地区文物局、地区文联挂靠在地区文化局，共四块牌子，一套人马。阿里地区文化局内设事业单位 4 个，即地区象雄艺术团、地区群众艺术馆、地区新华书店和地区图书馆。全系统核定编制 84 人，实有 61 人，其中局机关 13 人，文物局 2 人，象雄艺术团 37 人，群艺馆 5 人，新华书店 2 人，图书馆 2 人。

　　目前，阿里地区文化局共有县级干部 6 名。其中：党组书记、局长各 1人，副局长 2 名（含 1 名河北援藏干部），正副调研员各 1 名。正科级干部 2人，副科级干部 5 人。

二、文化事业发展情况

（一）基础建设成绩喜人

　　"十二五"以来，在上级和各有关部门的大力支持下，经过我们坚持不懈的努力，我地区公共文化基础设施显著改善，进一步的丰富了干部群众文化生活。争取自治区投资 5000 余万元的地区象雄艺术团业务综合楼、7 县 1 口岸新华书店、县综合文化活动中心、乡镇综合文化服务站及措勤、札达、普兰、噶尔四县民间艺术团排练房相继竣工投入使用；投资 3000 万元的地区博物馆项目于 2015 年 7 月动工建设，预计今年 8 月即可建设完成；地区群艺馆改扩建工程已完成前期准备工作，进入招投标阶段，即将开工建设。截止 2014 年底，实现地区有图书馆、群艺馆、专业艺术团、新华书店、文化信息资源共享工程；37 个乡镇（楚鲁松杰乡除外）全部有综合文化站、文化信息资源共享工程；141 个村（居）全部有农（牧）书屋，58 个寺庙有寺庙书屋。

（二）公共文化深入人心

在噶尔县召开了基层公共文化服务建设现场会，下发了《阿里地区基层公共文化服务建设现场会会议纪要》，提出了基层公共文化服务的要求、目标及措施和办法，噶尔县民间艺术团成功申报为国家第三批公共文化服务体系建设示范项目，为基层公共文化建设积累了经验。全年，各级艺术团下乡展演 400 余场次，各级活动中心、馆（站）、书屋每天对外免费开放达 3 小时以上。特别是阿里地区图书阅览中心，每天对外免费开放达 12 小时，接待群众 50 余人次；举办文化业务培训班 2 次，承办各类培训班 10 次，参训人数达 500 余人次，举办各类书法、摄影展活动 5 次，展出书法、摄影作品 50 余幅，打造了阿里公共文化服务的一张新名片，得到相关部门及社会各界广泛认可。

（三）文化产业稳步推进

创新工作方法，历时 1 年精心打造的《梦回古格》历史情景剧先后在札达、狮泉河、拉萨、河北石家庄、陕西安康及西安等地进行了 6 场演出，得到了地区主要领导的肯定和社会各界一致好评。与浙江大学合作完成了札达托林寺白殿壁画数字化采集，其数字采集成果由我局编著、浙江大学出版社出版的"天上阿里"系列丛书《古韵天成——阿里地区古代壁画珍藏图集（托林寺白殿部分）》在第六届象雄文化旅游节上正式对外发布，并于日前获上海印刷大奖第一名，实现了从文化遗产保护、合理利用到文化产业的转化。

（四）文化市场监管到位

组织专人进行入户和街面宣传 16 次，发放宣传资料 1000 余册，对娱乐场所相关人员培训 3 次，覆盖率 100%；为合格演员颁发"演员上岗证"50 个，做到所有合格演员人手一证；严格审查演出节目 5 个，下书面整改通知单 1 份。2015 年，我地区共检查互联网、娱乐、打字复印、影像出版等营业性场所共 200 多家（次），出动车辆 210 余次，执法人员 1000 余人次，收缴并销毁非法出版物等 1240 册（本、盘）。

（五）非遗保护全面提升

完成了"普兰果尔孜"、"札达宣舞"国家级传承人申报工作，革吉谚语、噶尔婚俗、赤德"仲"舞等自治区级非遗项目保护工作进展顺利，培养

自治区级非遗项目传承人 6 名，出版古格"宣舞"影像资料 8000 张；配合郑州文广新局在阿里举办了首届"春雨工程　文化志愿者边疆行—郑州市非物质文化遗产项目暨书画作品展"活动，积极向郑州学习非遗保护成功经验、先进做法，为我地区非遗保护注入了新鲜血液。

（六）文物保护成效显著

投资 3000 万元的博物馆建设项目去年 6 月正式破土动工建设，全国第一次可移动文物普查第二阶段基本完成，日土伦珠曲登寺维修通过自治区验收，札达托林寺整体维修、东嘎皮央壁画保护维修进展顺利，落实野外文物看管经费 1235.68 万元，实现县级以上野外文物看管全覆盖，确保了文物安全。

（七）新闻出版扎实有力

完成了自治区配套的 50 套卫星数字书屋建设工作，及时将国家新闻出版总署赠送的 7000 余册图书发放到各农牧家（寺庙）书屋，满足了广大群众阅读需要。地区新华书店累计向地县各中小学校发行教材 30 多万册，总码洋 300 多万元；购进各类图书 546 个品种，完成销售额 30 多万元。

（八）文联工作有序推进

组织摄影家协会会员深入农牧区进行艺术采风，举办摄影作品展 1 场次，展出作品 35 幅；配合自治区书法家协会开展"深入基层、扎根人民"书法艺术下基层活动，组织书法知识讲座 9 场次，为广大书法爱好者现场书写作品 100 余幅；举办了阿里首届"4.23 世界读书日—阅读　点亮人生"活动，开启了全民阅读新篇章。

（九）重大活动有声有色

在西藏 50 周年大庆、第六届象雄文化旅游节、西藏第二届"藏博会"及"象雄文化林芝行"活动中，我们立足展示阿里社会发展辉煌成就和深厚文化底蕴，周密部署、精心组织，活动既亮点纷呈，又彰显了民族特色。获得了自治区颁发的各类奖项和荣誉，得到了各级领导和社会各界的广泛好评和充分肯定。

三、工作计划

（一）推动基层公共文化服务

以贯彻落实《＜关于加快构建现代公共服务体系的意见＞的实施意见》为契机，将工作重心下移，专项资金向农牧区倾斜，进一步提高公共文化服务效能、丰富公共文化产品供给、活跃群众文化生活，达到公共文化设施规范化、标准化、均等化。坚持文艺工作者深入基层，贴近百姓生活，做到接地气、连民心，象雄艺术团及 7 县民间艺术团每年下乡演出场次不低于 400 场次，创作、编排节目不低于 150 个。

（二）推动传统文化传承、利用、创新工作

进一步加大对阿里地区优秀传统文化的保护，重点加强文物保护单位保护工作，健全文物普查登记安全管理制度，严厉打击文物犯罪，提高文物安全防范和管理能力。认真做好需进行抢救性保护的非遗项目图文影像资料收集整理工作，各县每年申报非遗项目不低于 3 个。积极与内地相关单位合作，有效推进文物数字化、考古调查等，推进文物研究保护利用工作。

（三）推动文化市场健康发展

以净化社会文化环境为首要任务，各相关单位密切配合，协同作战，加大宣传文化领域特别是出版发行、文化娱乐市场监管力度，积极开展"扫黄打非"、"清源固边"工作。进一步加大各县、各单位软件正版化工作力度，逐步实现各县、各单位办公软件全面正版化；进一步更新、充实农牧家书屋、寺庙书屋书籍，严把出版物审查关，确保出版物内容健康、积极向上。

（四）推动文化与旅游融合的产业发展

在保持非遗真实性、整体性、传承性前提下，将"果尔兹"、"噶尔婚俗"等融入产业发展中，积极做好《梦回古格》情景剧申报中国民族音乐舞蹈扶持发展工程"一带一路"创作发展项目工作，探索商演模式，为传承发扬民族特色文化，并转化为文化产品走入市场奠定坚实基础。将阿里古代壁画数字化成果与文艺编创、提升、商演融合，研发富有创新、竞争力较强的文化创意产品，打响阿里特色文化产业品牌。

提高统筹兼顾能力 全面实现文化大发展

西藏自治区改则县文化广播电影电视（新闻出版）局

米玛旺堆 格桑旺姆

一、工作原则

（一）坚持统筹兼顾，注重协调发展的原则

注重民族文化、人居文化、人文文化协调发展。要切实把统筹兼顾作为推动文化发展的根本方法，正确认识和妥善处理好文化发展中的各个方面、各个环节的关系，促进速度、质量、效益相协调。

（二）坚持创新驱动，提升发展水平的原则

要切实把创新作为文化发展的根本动力，把创新精神贯穿于文化发展的全过程，创新发展理念，创新发展模式，提升文化发展水平。

（三）坚持保护优先，强化绿色发展的原则

要牢固树立资源就是优势的思想，切实把保护文化资源、生态资源、古迹文化作为文化可持续发展的根本举措，做好保护优先，强化绿色发展。

（四）坚持改善民生，实现和谐发展的原则

要切实把改善民生作为文化发展的根本目标，坚持发展为了牧民、发展依靠牧民，发展成果有牧民群众共享，把发展的出发点和落脚点真正体现在富民、惠民、安民上，真正实现文化育民、文化乐民、文化富民的目标。

二、主要目标

"十三五"期间，我县文化改革发展的主要目标是：社会主义核心价值体系建设不断推进，各族人民对伟大祖国、中华民族、中华文化和中国特色社会主义道路的认同不断增强，思想道德水平和社会文明程度进一步提高；反对分裂、维护稳定的思想基础进一步夯实，意识形态和文化领域安全得到有效维护；现代传播体系不断完善，主流舆论更加壮大，覆盖城乡的公共文化服务体系基础建设，各族群众基础文化权益得到更好保障；物质和非物质文化遗址得到有效保护，民族优秀传统文化传承弘扬；文化体制机制改革积极稳妥推进，文化发展活力不断增强；文化创作更加活跃，适应人民需求的文

化产品更加丰富；对外文化交流不断扩大，全方位对外开放格局逐步形成；文化人才队伍建设不断加强，文化繁荣发展的人才保障更加有力；特色文化产业发展取得较大突破。

全县牧区文化基础设施基本完善，广播电视"户户通"、寺庙书屋和村级"牧家书屋"实现全覆盖；数字电视覆盖县城城区；新华书店出售中小学教材和科普读物，能满足全县广大干部群众的学习需要；实现民间艺术团在各乡（镇）村巡回演出，满足牧民群众的文化精神需要；积极依托"色果"服饰非物质文化遗产，打造出具有本地特色的文化产品，成立专业协会，生产经营改则特色的民族系列服饰等文化产品。

三、主要工作指标完成情况

（一）完善文化基础服务设施，加强服务功能建设

以公益性文化事业为重点，积极向上争取项目支持，加大公共文化基础设施建设投入，深入推进村文化室建设，实施文化惠民工程，着力建设结构合理、运行高效、覆盖城乡、惠及全民的公共文化服务体系。加快发展广播和电视覆盖面，全面实现文化产业大发展、大繁荣目标，不断深化创新意识和创造意识。

（二）挖掘地方文化产业，推动独具特色的传统文化领域

我县作为自治区和阿里地区最大的纯牧业大县，具备丰富的牧业产品原材料，并就我县牧民群众自家制作的"巴拉"（奶渣做成）等原生态特色食品，备受区内牧民群众的喜爱，但因不具备规模性生产制作基地，使我县牧业特色产品产量较低，无法提高知名度。为解决我县地方特色产品发展的瓶颈口制约，帮助民营企业组织建设我县特色产品加工厂，加快我县地方文化特色产业的发展，并以市场为导向，"文旅融合"为突破口，组织生产经营民族服饰、民族配饰等文化产品，实现文化资源向经济优势的转变，积极鼓励社会资本参与文化产业发展，拓宽文化产业发展投融资渠道，增强文化产业发展后劲，力争"森郭"民族服饰的设计、制作工序等申报国家级非物质文化遗产，打造具有本地民族特色品牌。

（三）文物普查工作

文物古籍作为人类发展历史的记录载体，有着极高的研究价值和社会价值，为了挽救和摸清我县的文物古籍；我局制定保护工作计划，建立健全组织机构，并争取各乡镇积极配合。

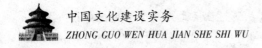
（四）野外文物保护措施

为进一步加大我县野外文物保护单位的看管保护力度，确保我县野外文物的安全。安排野外文物看守员，并明确了野外看守员的职责，建立了野外文物保护有效措施。

（五）积极申报国家级非遗保护项目

我局为加大我县在全区范围内文化影响力及知名度，将我县自治区级非遗项目"森郭服饰"申报国家级非遗保护项目，力争"色果"民族服饰的设计、制作工序申报国家级非物质文化遗产保护项目成功。

四、主要的措施和对策建议

（一）主要措施

1、全面落实工作责任制。2、完善各项工作制度。3、总结经验教训，查找自身存在的问题，及时整改。4、规范行政职能运作能力。

（二）对策建议

1、抓队伍。切实加强队伍建设，干部要讲政治，严于律己，以身作则，坚持原则，秉公办事，作风扎实，有敬业精神，认识问题和处理问题坚持公平、公正，以自己良好作风、为做好文广工作奠定良好的基础。2、抓组织。文广局班子成员要统一认识，防止简单化、形式化，配齐配强组织能力，强化工作保障，精心组织，周密安排，每位班子成员都要确定工作目标，创新工作举措，做好每一项工作，确保工作不出问题。3、抓结合。做好业务工作的基础上与维护社会稳定相结合；履行好岗位职责，着力解决好干部职工关心的热点、难点问题。4、要统筹兼顾，科学安排，正确处理业务工作与其他工作的关系，与其它有关工作结合起来，既抓好本职工作，又把它融汇贯通到其他工作中去，推动各项工作全面发展，要真正做到"两不误、两促进"。5、加强文广干部的培训力度。随着社会不断发展，文广工作人员的文化水平能力和技术要求的提高，为适应社会发展的趋势，每年有计划、有步骤地开展和安排人员到区内外学习相关业务培训和技能，以更好地融入我县文广事业的发展，奠定后备的人才保障。

加强文化管理　壮大文化产业

西藏自治区墨脱县文化广播电影电视局　李和平　周　婵　郭国亮

一、第一季度工作总结

（一）公共文化服务体系建设

1. 县级文化基础设施建设成效显著。全县建有文化活动中心 1 个，占地面积 2700 ㎡，其中设有多功能厅、干部群众群体活动室、信息资源共享室、健身房、画廊、辅导培训室、图书馆、多媒体功能室，上半年接待干部群众 800 余人次，累计开馆 918 小时，多功能厅承办各类培训、会议 27 场次；好日子莲花广场开展元旦、春节文艺演出及各类宣传活动 4 场次，广场 LED 播放（锅庄 120 次、红色电影 30 场），

各类通知短片 50 余条。县新华书店 1 个，建筑面积 198.56 平方米，两层建筑（2 楼为图书馆），国家投资 60.1 万元，2015 年 2 月 1 日正式开业，现有图书 2.5 万余册，光盘 1000 余套，种类丰富，涵盖艺术、文学、社会科学、哲学、历史等各门类，上半年共销售图书、文具 300 余个，销售额 9400 余元；门珞文化历史博物馆莲花阁 1 个，总投资 750 万元，于 2013 年中旬正式对外开放。莲花阁集中展示门珞文化精髓，现今俨然成为我县一处文化旅游圣地，上半年吸引游客达 2300 余人次；墨脱县电视台广电大楼 1 栋，占地面积 976.25 平方米、四层，内含电视台自办节目功能室、电视台有线无线转播台科室等，总投资 345.2 万元。墨脱县电视台闭路主线改造工程，已建成县城及其周边闭路主线局域网、闭路电视收视节目达 50 套，2014 年 1 月开工建设，第七批援墨工作队投资 280 万元。至"十二五"末，全县 7 乡 1 镇 38 个行政村能收听到广播，46 个行政村均能收看到电视，电视覆盖率达 100%。广播综合覆盖率达 86.96%，全县有线闭路网络已延伸至墨脱村，亚东村，收视节目增加至 50 套。目前有线闭路电视用户达到 1869 户。墨脱电视自办节目自 2012 年年末开办至今安全播出 202 期，从 2012 年开办时的 1 周 1 期，到 2015 年 9 月以后 1 周 2 期，今年两会期间自办新闻天天更新。上半年安全录制播出达 54 期。

2. 乡镇文化基础设施建设呈现新面貌。我县下辖的 7 乡 1 镇，5 个乡镇

（墨脱镇、德兴乡、背崩乡、达木乡和格当乡）已建成乡镇综合文化站，并完成乡镇综合文化站配套工作，投入正常使用。背崩村文化广场已开工建设，工期6个月，预计年内能修建完毕。

3. 村级文化基础设施建设逐步改善。我县下辖7乡1镇46个行政村，已建成村级文化活动广场1个（亚东村）；建成46个行政村的农家书屋覆盖县域全境，已能够基本满足46个行政村村民的阅读需求。墨脱县文化惠民工程成效显著，上半年共发放安装"户户通"设备150余套。

（二）文艺工作开展情况

1. 文艺表演取得喜人成绩。一是成功承办自驾游路线各级组织来访墨脱的篝火晚会活动；二是从林芝市群艺馆邀请1名编导老师，担任我县民间艺术团团长一职，狠抓我县开我县民间艺术团的舞蹈功底及歌舞编排；三是元旦、春节藏历新年、"3.28百万农奴解放日"、"六一"儿童节等节假日，举办大型文艺演出庆祝类活动；四是县民间艺术团第一季度开展"八进活动"，先后深入社区、乡村、军营、学校、市场、企业开展36场文艺演出。

2. 农村电影放映情况。墨脱县共有电影放映员4名、电影放映队3支（县电影放映队、背崩乡电影放映队和格当乡电影放映队），覆盖墨脱镇、德兴乡、背崩乡、达木珞巴民族乡和格当乡5个乡（镇）23个行政村。2016年上半年，县农村电影放映队到各乡镇放映电影236余场，观看群众达14700余人次。

（三）文化产业逐渐壮大

我县文化企业现有7家，文化产业发展开始步入正轨。帮辛乡石锅加工厂成立于2012年8月，总投资17万元，其中政府投资10万元，成员集资7万元，目前合作社成员为14人。2016年上半年生产石锅5000件，销售额达750万元。德兴竹编加工厂于2012年4月开工建设。一期工程由闽六援投资92万元，组织29名农牧民青年前往四川眉山市青神县历时四个月学习了新型平面、立体竹编编织技术，二期工程由国家投资370万元建设了520㎡的加工厂房。德兴藤竹编织加工厂加快了我县德兴乡产业结构调整步伐，在传承和保护民俗文化的同时，还进一步拓宽了农牧民收入渠道，使非物质文化遗产保护工作更加有意义，目前拥有员工9人。2016年上半年，共生产销售竹编工艺品1790余件，销售额达455000余元。大藏传统文化设计有限公司是我县第一家专门从事文化工作的私人企业，对推动我县文化发展具有重要意义。

（四）非遗、文物工作有序开展

一是积极准备材料，申报市级非遗保护项目。经我局积极协调、多方收集整理汇总，把比较成熟、有代表性的 10 个县级非遗项目向林芝市递交了了拟申请为市级非遗项目的材料，拟申报的 10 个项目为薄饼制作技艺、德过体育竞技、次真拐杖制作技艺、红糖制作技艺、黄酒制作技艺、门巴服饰制作技艺、藤竹帽制作技艺、藤竹射箭竞技、乌木筷制作技艺和竹编编织技艺等，现今申报材料正在市里审核中。二是着手发展县级非遗保护项目。现今拟申报为县级非遗保护项目的有两个——神舞和刀具制作，已经过村、乡层层公示，在召开县内非遗专家评审讨论时，专家提出一些宝贵补充意见，现我们正在积极收集、完善资料。三是重新普查核实寺庙基本信息。上半年我局配合林芝市，对县内 7 所寺庙 2 所经堂进行基本信息普查和核实。寺庙信息普查，9 个格当寺、曾久寺、白玛维林寺、玛尔蚌寺、罗邦寺、德尔贡寺、仁青崩寺、达昂经堂、帮果经堂。

（五）加强文化市场管理，打造繁荣文化市场

为加强文化市场监管，切实做到"管而不死，放而不乱"，规范娱乐场所经营、净化网络环境、繁荣文化市场，营造积极健康向上、先进文明的文化氛围。我县共 3 家网吧、12 家娱乐场所、6 家音像制品店。为认真贯彻落实林芝市"扫黄打非"统一部署。并联合县"扫黄打非"领导小组成员单位对文化市场进行 15 余次检查，出动执法人员 70 多人。

二、下半年工作安排

（一）做好相关项目进度跟进工作

2016 年是"十三五"开局之年，墨脱县数字电影院内部装修工程和墨脱县民间艺术团排练演出场所项目前期现都已完成，我局将重点做好墨脱县数字电影院内部装修工程和帮辛乡乡镇文化站工程开工工作，并做好背崩村文化广场项目开工监管工作。

（二）抓好专业艺术工作，繁荣文艺舞台

一是继续加强民间艺术团工作，在完成上级要求的演出任务同时，加大工作强度，为全县群众带来更多的文艺表演；二是在旅游旺季，针对游客开展门珞特色文艺汇演；三是加大对我县民间艺术团成员和乡村文艺骨干培训工作，提高其艺术创作能力，从而为我县干部群众带来更精彩的表演。

（三）开展群众文化活动，丰富社会文化生活

一是加大县文化活动中心免费开馆力度，全县干部群众可以在业余时间通过阅览图书，健身等活动丰富业余生活；二是利用广场大屏幕每晚播放锅庄舞曲、红色革命歌曲及爱国电影，丰富全县干部群众的文化活动生活。

（四）挖掘文化遗产资源，展示地方文化特色

为能更好地挖掘、保护我县门珞民族文化遗产，打造我县特有人文景观。一是持续从达木珞巴民族乡、德兴乡、墨脱镇等各乡镇收集门珞文化民俗物品及文物，保护正在消失或已濒临灭亡的民俗文化现象。二是继续组派专人深入各乡镇村采访懂得门珞风俗、门珞传统故事、门珞民谣的老人，将他们脑中弥足珍贵的记忆记录翻译下来形成详实文字材料，建立墨脱县门珞非物质文化遗产电子档案库、刻录非物质文化遗产音像资料、整理门珞非物质文化相关资料，供后人翻阅参考使用。三是深入基层、积极挖掘整理资料，申报一批代表性强、意义重大，着实能推动我县非物质文化遗产保护事业发展的县级或自治区级非物质文化遗产保护项目。四是积极与上级业务部门沟通协商，努力将墨脱村、亚东村和德兴村申报为民族文化村示范点，号召群众自发保护传承门珞文化。五是我局将安排专人对全县寺庙可移动文物进行统计，造册，以达到对传统文物保护的目的。

（五）加强文化市场管理，助推文化市场繁荣发展

加强文化市场监管，做到"管而不死，放而不乱"。规范娱乐场所经营，净化网络环境，繁荣文化市场，营造积极健康向上、先进文明的文化氛围。完善文化经营许可证办理及管理程序，严格审核、规范发证。

（六）加强文化市场管理职能，做好新闻出版和"扫黄打非"工作

一是继续加强自办节目创新力度，使自办节目内容更加丰富实用、节目形式更加多样，精彩；二是在新的一年里，我们将认真贯彻和落实地区"扫黄打非"统一部署工作要求，加强研究和探索文化市场监管、执法工作的新思路，力争在新的一年里使我市文化市场管理和"扫黄打非"工作迈上新的台阶。

（七）加强文化事业管理，推动广播影视事业健康发展

一是继续完善广播电视安装、调试技术及防范机制，确保全年广播电视安全播出；二是巩固"西新工程"、"村村通"工程取得的成绩；三是加强电影放映工作，充实我县基层电影放映事业，稳步推进我县农村电影放映事业有序发展。

（八）加快发展文化产业

加快产业提升，增强文化产业发展的竞争力。大力促进我县文化产业由传统产业向现代产业转化，由挤占市场需求向创造市场需求转化，由资源消耗型向知识密集型转化，由依托现有优势向创造新的优势转向。一是强化我县门珞文化优势。二是抓好文化项目建设。三是抓好文化结构调整。四是抓

创意产业发展。五是抓现代文化市场体系建设。六是加强文化市场综合活力，为招商引资营造良好的文化环境。

（九）做好文化宣传，增强文化产业发展积极性

利用我县自办节目，结合全县重大工作，进一步加大媒体宣传力度，尤其要加大典型报道、专题报道、策划报道，助推全县文化产业又好又快发展；结合城镇建设和新农村建设，进一步抓好文化基础设施建设；利用"非遗"项目的推广和传承，进一步开展宣传文化工作；结合旅游文化资源，抓好文化产业发展。

以文化建设为引领　全面提升文化工作水平

甘肃省景泰县文化体育和广播影视局　周德宗　彭娅楠

2015 年以来，在市委、市政府的坚强领导下，在上级业务部门的精心指导下，景泰县认真贯彻落实全省文化产业大会和全市文化旅游体育产业大会、全市宣传思想工作会议精神，结合全县"工业大县、农业强县、旅游名县"三位一体发展战略，进一步加大文化旅游产业投入，丰富文化旅游产业内容，加快五大精品景区建设，景泰县文化工作成效显著，现将今年以来的工作汇报如下：

一、文化体制改革方面

景泰县以高度的文化自觉和文化自信，牢牢坚持社会主义先进文化的前进方向，坚持社会效益和经济效益并重，全面深化文化体制改革。

（一）社会主义核心价值观宣传教育

我县紧紧围绕 24 字核心价值观，开辟专栏，把社会主义核心价值观宣传贯穿到日常形势宣传、成就宣传、主题宣传、典型宣传、热点引导和舆论监督中，通过时政报道、民生新闻、公益广告、专题片等形式，力求 24 字核心价值观人知人晓，主旋律萦绕千家万户。同时，加大公益广告刊播力度，在黄金时段长期轮番播放精神文明创建、美丽乡村、安全生产等方面公益广告。

（二）新兴媒体与传统媒体融合发展情况

近年来，为适应新形势的发展，我县开设了各类微信公众号，呈现出点击率高、关注度高等特点，市民已经习惯通过微信公众号来浏览传统媒体的内容，传统媒体的影响力大幅提升。《景泰微播》、《景泰全资讯》、《景泰微生活》等新兴媒体顺势而生，尤其是《微景泰微生活》关注人数已达到 7 万余人，新兴媒体以其传播速度快、时效性强、受众主动、信息量大等特点，弥补了传统媒体的不足，加速了新兴媒体与传统媒体的融合发展。

（三）文化经济政策支持及落实情况

积极争取市文化产业发展基金支持，落实 45 家文化企业的奖励资金 11.25 万元，减免 91 家新增文化企业各类税费 30.23 万元。我县新华书店为改制文化企业，现有职工 17 人，2015 年营业收入 1290 万元，实现营业利润

6.5 万元。同时，根据相关规定，我县加大政府购买公共文化服务服务力度，积极开展送文化下乡活动，仅 2016 年春节期间，为全县 11 个乡镇的 23 个行政村送去文艺演出 13 场，戏曲演出 15 场，演出受众人数达 3450 人次，得到了演出地区群众的广泛好评。

二、文化事业发展方面

（一）公共文化服务体系建设情况

县委、县政府高度重视文化建设工作，注重发挥文化软实力的作用，把公共文化服务体系建设摆在重要议事日程，制定出台了《景泰县关于加快构建现代公共文化服务体系的实施意见》、《景泰县创建国家公共文化服务体系示范区工作方案》等规范性文件。城乡公共文化服务体系日趋完善，体育场建设并投入使用，广播电视"村村通"、"户户通"、村级农家书屋实现了全覆盖。同时，建成乡镇文化广场 2 个、"乡村舞台" 73 个、"一村一场" 26 个。公共文化阵地不断巩固，形成了以县文化馆、图书馆、博物馆和文化广场为中心，乡镇文化服务中心为枢纽，村文化室和农家书屋为网点，衔接顺畅的县、乡、村三级公共文化服务网络。县文化馆被文化部晋升为国家县级二级馆县档案馆、一条山战役纪念馆、博物馆、图书馆、文化馆、体育馆"六馆"建设提上议事日程。县上专门成立了领导小组，委托省城乡规划与设计院初步完成了可研设计，县档案馆项目已上报国家发改委。积极争取项目资金 88 万元，将中泉镇大水村等 11 个村列入综合文化服务中心示范点建设，目前，项目资金已到位，将严格按照中宣部"七个一"标准打造贫困乡村综合文化服务中心示范点。

把送文化下乡和"三区"人才支持计划文化培训作为创建国家公共文化服务体系示范区的重要内容，提升农村和贫困地区公共文化服务供给水平，做到"五个结合"，即与文化精准扶贫相结合，与培育地方文化品牌相结合，与按需供给相结合，与实施文化惠民工程相结合，与培养基层文化骨干相结合，按照"缺什么，学什么"的原则开展点菜式和一对一结对服务，两个文化培训队每月至少培训两个村，每个村至少十三天，学不会不撤班，培训老师放弃节假日和休息时间，利用农用和晚上时间，做到农业生产和文化培训下乡两不误，文化培训做到四个有和两个优先，即有计划、有考核验收、有汇报演出、有总结，每个村制定"菜单"对工作人员的作风、出勤、培训效果、节目质量进行考核打分验收，评出每个月培训的优秀节目、优秀老师和优秀学员，优先在全县 27 个精准扶贫贫困村和美丽乡村开展培训和文化下乡任务，共在全县 11 个乡镇 48 个村组织送文化下乡送活动，共送文艺演出、送文艺演出、送舞狮表演、送文物巡展 14 场次，送戏下乡 15 场次，送春联一万余幅，送图书 3200 余册，受众达 6000 余人，"三区"人才培训共举办 12 期，培养农村文艺骨干 70 余人，组织 10 名三区文化培训老师参加国家、省、市培训班 4 期，举行文艺汇报演出 24 场次，培育农村文化服务品牌 12 个，新编文艺节目 85 个，受众群众 4500 人。举办农家书屋管理员培训 24 期，把文化大讲堂办到村上，共举办文化大讲堂 8 期，组织流动图书车进校园，进乡村 12 次，开展了 4.23 世界读书日活动，景泰县博物馆制作文物展板，散发了宣传单 3 千余张、宣传册 1500 多张，开展了展览进校园、进社区、进乡村的"三进"活动，共计 12 次，举办的 5·18 国际博物馆日手工陶艺制作亲子活动。我县对戏曲普查工作高度重视，成立了景泰县地方戏曲剧种普查工作队，深入乡村摸底调查工作人员认真负责，普查工作走在了省市前列。省文化艺术研究所所长顾善忠对景泰县采取把戏曲普查工作与传承保护相结合、普查与"三区"文化培训相结合、把普查工作与做好地方戏曲剧种普查展演三结合的方法给予充分肯定，我县对濒危剧种陇剧、眉户剧将进行抢救性恢复演出，这是普查与保护相结合的一种尝试。目前有 3 个剧种，以秦腔为主，另有陇剧和眉户戏。全县戏曲演出团体为 22 个。

（二）重点文化体育旅游赛事举办和筹备情况

今年以来，成功举办了首届"农信杯"景泰好声音和国学经典诵读大赛，活跃了景泰文化艺术事业，提高了人民文化生活水平，继承发扬了国学精髓；成功举办了条山农庄梨花节、五佛乡村旅游暨四月八民俗文化节、柏林山庄沙漠生态旅游活动和红沙岘樱桃采摘节等文化旅游节会，节会期间接待游客 4 万余人（次）；9 月份将举办景泰红枣采摘节，届时邀请中国文联送欢乐下基层"心连心"艺术团进行演出；景泰县第三届运动会，拟于 2016 年 9 月份举行，目前正在进行会歌、会徽（会旗）、吉祥物、运动会主题的征集、冠名赞助招商等前期筹备工作。

（三）建党 95 周年和长征胜利 80 周年纪念活动筹备情况

为大力弘扬爱国主义精神，讴歌中华民族实现伟大复兴中国梦的奋斗历程，培育和践行社会主义核心价值观，激发全县人民爱党、爱国的热情，增强民族自信心和自豪感。我县成功举行了纪念"五四"运动 97 周年暨红军长征胜利 80 周年"重走长征路·圆梦助学行"公益徒步活动，近 10000 余名市民参加了活动；红军西路军大拉牌战斗胜利纪念室已完成建设；"弘扬长征精神 寻找红色故事"主题征文活动已启动，反映红西路军在一条山战役中可歌可泣故事的微电影《血太阳》已完成剧本修改，正在准备拍摄；红色影片和专题片《西路军在景泰之印迹》、《西路军老战士——刘汉润访谈录》展映活动正在编辑制作；积极筹办纪念"中国共产党成立 95 周年"暨"红军长征胜利 80 周年"全国书画邀请展、歌咏比赛及"西路军在景泰组建"研讨会。

三、文化产业发展方面

（一）上半年文化产业目标完成情况

上半年，我县文化产业机构数 140 家，较上上年度增加 10 家，完成全年目标任务的 98%；文化产业从业人数 1859 人，较上年增加 50 人，完成全年目标任务的 97.8%；文化产业增加值 0.530 亿元，完成全年目标任务的 40.7%，同比增幅达 17.5%。

（二）文化产业园区基地建设情况

景泰县大力发展以体育场为中心的文化体育产业园，先后有胡氏龙狮演艺有限公司、景泰县现代电影服务有限公司等 14 家文化企业、2 家电商企业入驻；为突出"民族特色"、"地方特色"，切实打造景泰公共文化服务产业平台，扶持甘肃锦圆文化传媒有限公司投资 1.18 亿元建设以"飞天美术馆"为中心的特色文化产业园，建设面积达 3000 平方米；瑞德健身馆项目已完成建成，项目共投资 1150 万。

（三）文化企业扶持培育情况

景泰县始终坚持政府引导、市场主导、项目推动，充分运用市场机制，全面完善政策措施，为骨干文化企业在税收减免、财政扶持、银行贷款、上市融资、土地使用等方面提供宽松、平等的政策环境。通过立项、财政补助、骨干文化企业实施的方式，为广大文化企业搭建技术、信息、培训、展示、交易的公共服务平台和投融资服务的平台。通过扶持培育省级文化产业示范基地景泰县大敦煌影视城、市级文化产业示范基地景泰黄河石林旅游文化产业园和市级骨干企业甘肃省景泰县毛纺有限责任公司、景泰县生态文化旅游开发有限公司、景泰县旭光影像制作有限责任公司发展壮大，引领我县文化产业快速发展。

（四）重点文化产业项目和招商引资项目落地建设情况

大敦煌影视基地开发建设项目已完成规划论证；寿鹿山国家森林公园旅游基础设施建设项目已完成游客服务中心主体工程建设，游步道项目已开工建设；永泰城址抢险加固建设项目已完成一期墙体修复及护城河项目建设。积极开展文化招商工作，吸引成都客商投资 3 亿元建设体育馆、博物馆、图

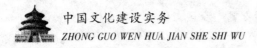
书馆、和一条山镇战役纪念馆。目前已达成初步意向性协议；积极组团参加深圳文博会，协调重庆客商投资1.8亿元建设3000㎡的民俗博物馆及1000亩生态文化旅游项目，目前已完成意向性签约。

（五）文化产业项目库储备及招商引资签约情况

截至目前，全县文化旅游产业项目库储备总数达到27个，为今后项目推介和招商引资打下了坚实基础。同时，积极引进成都客商采取PPP模式，建设"六馆"暨广电业务大厦等项目在第二十二届兰洽会及首届丝绸之路（敦煌）国际文化博览会上洽谈招商。

（六）特色文化品牌创建发展情况

丝绸宫灯文化产业项目已获得国家专利证书投资300万元，在喜泉镇余梁村建成面积120平方米的"丝绸宫灯"展厅，安置农村残疾人200余人就业。景泰柏林文化旅游生态观光园项目总投资8900万元，建筑面积8000平方米，包括观光植物区、水果采摘区、办公服务区及辅助工程。

（七）文化产业统计工作开展情况

根据文化制造业、文化批零业、文化服务业和个体经营户的不同特点，以文化产业统计标准为基础，确定文化产业调查单位。围绕文化产业活动加强调查研究，2016年上半年共走访文化企业35家，及时了解掌握文化产业新业态及发展情况，确保文化产业统计资料的准确性、及时性，不断提高文化产业统计数据质量。目前，我县文化产业增加值完成2600万，增幅达14.3%。

四、文化祖业传承保护方面

（一）重点文化遗址保护维修和数字化建设情况

进一步加大文化遗址保护维修保护力度，完善文物保护机构，召开了全县文物安全监管和文物保护与项目管理工作会议。全县11个乡镇文化站负责人参加了会议，传达了习近平总书记和李克强总理关于文物工作重要指示和批示，组织学习了《国务院关于进一步加强文物工作的指导意见》，《长城保护条例》、《长城执法巡查办法》、《文物保护法》和《甘肃省文物保护条例》等法律法规，与各乡镇签订了文物保护管理责任书，还通报了第一季度文物巡查中各乡镇存在的问题，并提出了整改意见。加强全县文物项目管理和保护监管。确定长城文保员63名，在县广播电视台开设文物保护专栏，投资2万元在受破坏较重的明长城等国家和省级文物保护单位制作和设制宣传牌10处。积极向有关部门争取长城保护项目和专项资金，目前敦煌研究院正在勘察设计索桥堡的修复工作。投资1500万元的国家文化和自然保护利用设施建设项目和景泰县长城文物保护利用设施建设项目已申请立项，重点将对69公里长城墙体、附属单体烽火台、索桥堡进行保护修复，目前正在设计科研报告。《关于景泰县明长城及烽火台修缮工程立项的报告》已得到国家文物局批复，正在编制工程技术方案，同时积极已向县政府申请长城保护经费纳入本级财政预算，确保长城日常管护经费得到保障。目前县财政已拨2016年付文物普查经费6万元。制定了长城执法巡查工作方案，每年对全县69公里长城段至少巡查一次，每月对重点长城段进行抽查，对四处存在的安全隐患的地段及时向相关乡镇和部门进行了反馈，目前正在认真整改加强与国土、建设等部门的配合力度，形成执法联法机制，与公安部门加强文物行政执法和刑事司法衔接，逐步完善和建立文物行政执法与公安、司法机关案情通报和案件移送制度，切实加大执法力度，严肃查处违法行为，严厉打击文物犯罪。目前已向县公安局移交崇华沟古遗址被挖掘一案。同时积极向发改、文物、财政等部门争取长城保护项目和专项资金。永泰城址保护工程争取国家重点文物保护工程补助资金3141万元，国家文化自然遗产保护设施建设项目资金667万元，目前正在做前期设计施工招投标工作。目前永泰城址墙体维修加固一期工程、永泰城址防洪工程、永泰学校建筑群修缮工程均已完成；永泰城址抢险加固二期工程已完成工程量的55%；永泰城址古民居修缮工程已编制完成《甘肃省景泰县永泰城址古民居勘察报告及修缮方案设计》，现已上报省文物局待批。五佛沿寺石窟保护工程投资380万元，主要完成了洞窟加固、佛像保护修缮和窟檐建筑修缮等工程建设。长城甘肃省景泰县草窝滩、城北墩、马头疙段及烽火台修缮工程项目共投资570万元，已向国家文物局上报立项报告。明长城景泰段文物保护基础设施建设项目投资2258万元，已完成项目申报。

（二）非物质文化遗产传承和产业化开发和文化名村保护情况

积极挖掘、收集、整理具有地方特色的社火、打铁花、滚灯、秧歌等民俗文化，开创民俗文化繁荣新局面。目前，成立了景泰县非物质文化遗产保护中心，对全县已摸底排查非物质文化遗产项目80多个。龙湾村入选2013年度"中国十大最美乡村"，永泰村、三合村、宽沟村入选中国传统村落名录，条山农庄梨花景观被认定为全国10项梨花景观之一，条山农庄荣获首批"全国乡村旅游金牌农家乐"称号。在第二届"绚丽甘肃·美丽乡村"评选活动中，中泉镇龙湾村、草窝滩镇青城村、寺滩乡永泰村入选50强。红沙岘农业生态园被农业部和国家旅游局认定为"全国休闲农业与乡村旅游示范

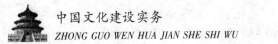

点"。宽沟城遗址、红水姜窝子沟岩画、五佛沿寺石窟荣列甘肃省第八批省级文物保护单位。

（三）新增博物馆建设情况

景泰县永泰村乡村记忆博物馆位于永泰小学内，成立于 2014 年 12 月，展厅面积 100 平方米，免费开放，年接待观众人数 10 万人。目前正在收集展品、筹备布展工作阶段；甘肃省景电博物馆已申请立项，争取早日开工建设，展厅布展工作已完成。锦圆艺术博物馆内设"当代书画精品展馆"1200 平方米、"景泰民俗文化精品陈列馆"600 平方米、"中国西路红军历史陈列馆"200 平方米、"馆藏文物杂项陈列馆"200 平方米，正在积极筹建中。

五、文艺精品创作生产

县委、县政府全面贯彻落实党的十八届三中、四中、五中全会精神，认真落实中央、省委和市委的决策部署，于 2013 年设立了"景泰县黄河石林文艺奖"。广大文艺工作者自觉投身到全县精神文明建设的潮流中，积极探索文艺发展规律，增强精品意识，加强原创力度，积极创作富有景泰特色、深受群众喜爱的精品力作，部分文艺家和文艺作品荣获省市大奖。宋旭升同志的漫画《局部获奖》荣获《人民日报》举办的全国体育"奇星杯"漫画大赛二等奖；张巨伟先生带领的枫林锅庄舞蹈队荣获甘肃中老年舞蹈大赛第一名；作家窦坤先生散文研讨会在北京举行，作为本土文学创作者，在甘肃散文作家中尚属首次。

创办双月内部刊物《景泰文化》免费发放全县各乡镇、部门、村级农家书屋、各中小学及社会各界有识之士，传播普及景泰十大文化。目前该刊物已出版两期，第三期正在排版印刷，《景泰文化》吸纳县内外文化学者及作家 50 多名，一二期刊登文章 76 篇，每期印刷 1300 册，其中马成福的《岳钟琪传》、卢昌随的《浅谈丝绸古道上媪围一线的历史文化—索桥古渡一条山》等作品引起了学者的广泛关注。

六、文化体育旅游融合发展

（一）打造丝绸之路文化遗产博览城暨黄河石林大景区

按照与长城影视集团签订的协议，项目总投资 50～80 亿元，分两期开发建设，目前正在进行的前期项目 4 个（石林展示中心项目、VR 虚拟主题馆项目、千年黄河大道项目、南山游客服务中心项目），永泰龟城和大敦煌影视城开发列入二期建设。实施龙湾村乡村旅游富民工程建设项目，该项目总投资125万元，建设内容为硬化道路1.8公里，修建星级厕所1座，项目资金已到位，目前正在办理招投标手续。

（二）建设寿鹿山省级精品旅游景区

完善寿鹿山景区基础设施和旅游公共服务设施，提升景区品质，打造精品景区。实施寿鹿山国家森林公园景区旅游基础设施建设项目，该项目总投资2680万元，目前完成游客服务中心1525.96平方米一、二层主框架建设，景观广场与3000平方米停车场即将动工，17公里游步道建设完成招投标手续，正在进行开工前期工作；500立方米蓄水池和输电线路6公里架设已由县水务和电力部门整合项目实施；景区22公里道路由交通部门实施，即将开工。凝练储备永泰古城遗迹保护与旅游开发建设、五佛沿寺遗迹保护与旅游开发建设、大敦煌影视基地开发建设、索桥古渡旅游开发建设等项目12个，概算总投资15亿元。积极通过发改、旅游部门申报全国优选旅游项目、专项基金建设项目、国家文化和自然保护利用设施建设项目、山水林田湖修复项目。

（三）重点文化体育旅游融合项目建设情况

景泰县抢抓华夏文明传承创新区建设和"丝绸之路"经济带甘肃黄金段建设机遇，依托丰富的旅游资源，着力构建"一体·五区·八点"的旅游产业发展空间布局。科学编制《景泰县旅游业发展总体规划》、《永泰古城修建性详细规划》、《寿鹿山重要节点建设性规划》等发展规划，以规划为引领，切实抓好景区开发建设。坚持把发展文化旅游产业作为调优经济结构、增强竞争实力的重要抓手，"十二五"以来，新开业运营景区景点5处，建设文化旅游重点项目16个，完成投资3.6亿元，文化旅游服务设施不断完善。在云南昆明举行的"2014第二届美丽中华特色旅游品牌宣传推广盛会"上我县被评为"中国最具魅力文化旅游名县"

七、文化、体育、旅游等相关规划编制情况

根据中央和省委、市委关于"十三五"发展的总体部署，我县在深入调研的基础上，充分结合县情实际，制定了《景泰县国民经济和社会发展第十三个五年规划纲要》，对做好我县文化旅游体育产业规划发展进行了顶层设计，委托北京博雅方略旅游景观规划设计院编制《景泰县旅游发展规划》、《景泰县永泰龟城修建性详细规划》和《景泰县寿鹿山重要节点建设性规划》，科学描绘全县旅游业和重点景区发展蓝图。目前，旅游规划已讨论修改

三稿，计划6月底组织专家评审。

八、存在的困难和下一步打算

存在的困难：一是机构设置不健全，管理模式不顺畅。文化馆、图书馆、博物馆三馆未单设，且图书馆、博物馆均为股级建制。二是文化产业发展后劲不足。服务性的小微文化企业多，文化创意生产经营性文化企业少，致使全县文化产业增加值低。三是专业人员匮乏。县电视台专业技术人员以及文物鉴定保护专业技术人员匮乏。四是文物巡查经费紧缺。目前乡村级126个文保员（其中长城文保员63个）的工资薪酬仍未落实，文保员积极性和责任心不强，文物保护执法监管经费和装备无法保障，野外巡查装备不能配备，县文物局至今无巡查车辆，突发破坏无法及时到场勘察。

下一步打算：一是完善招商政策，优化招商环境。出台更为优惠的文化产业发展相关政策，保障重点文化项目建设和文化产业顺利发展。加大政府资金投入，采取文化企业启动资金帮扶，税收减免，文化产品购买等具体措施，推动文化企业快速发展。二是充分发挥地区资源优势，在文化旅游、民俗工艺品开发、演艺等传统文化领域包装和打造新的产业项目，推动文化创意产业结构升级。三是积极借助深圳文博会、兰洽会、省文博会等节会，加大招商引资力度，加强与周边县市合作，努力形成辐射面广、影响力大的"河西走廊文化产业链"。

提高群众文化生活 完善文化服务体系

青海省化隆回族自治县文化旅游体育局 马青云 陈洺玉

2016 年上半年，我局文化旅游体育工作在县委、县政府的正确领导以及在上级业务部门的大力支持下，全系统干部职工以科学发展观和党的十八大精神为指导，以"两学一做"为基础，以推动科学发展为主线，紧紧围绕县委、县政府的基本思路和发展理念，进一步完善公共文化旅游体育服务体系，文化旅游体育工作呈现出全面发展的良好局面。现就上半年工作总结如下：

一、上半年工作简要回顾

1、文物保护工作稳中有进

一是文物修缮工程顺利实施。国家重点文物保护单位阿河滩清真寺维修工程进展顺利，总投资 673 万元，已累计完成投资 550 万元，10 月份可以竣工。国家重点文物保护单位夏琼寺维修工程全面开工，总投资 2238 万元，已完成投资 500 万元。县财政解决省级文物保护单位马步芳公馆修缮资金 180 万元，目前已经开工。

二是确保了不可移动文物和馆藏文物安全。县文物所从健全保护网络、完善安全管理措施和加大巡查力度等方面入手，全力做好文物的安全保护工作。上半年共组织人员对全县 17 个乡镇的不可移动文物保护单位开展集中巡查 6 次；对重点保护单位进行安全和消防专项检查 10 次，下发整改意见书 2 份。上半年，不可移动文物和馆藏文物均没有发生安全事故。

三是建立健全了县、乡（镇）、村三级文物管护网络，明确各自职责。县文物通过所考核、乡镇推荐，选聘了 5 名热爱文物事业的业余文保员，签订了文保员目标管理责任书；同时按照有关标准兑现了各级文保员的文物保护补助经费，进一步提高了文保员工作积极性。

2、群众文化活动蓬勃开展

一是积极开展了春节群众文化活动。为了丰富春节期间的群众文化生活，我局精心组织"冬日六送"文化下乡演出、化隆县迎新春文艺演出、农村社火汇演、元宵节灯展、农民射箭赛等一系列丰富多彩的群众文化活动，在全县上下营造了欢乐祥和的文化氛围。我局积极组织县文化馆专业人员深入村社，进行社火辅导、文艺节目编排，帮助群众开展丰富多彩的文艺演出，极大地满足了人民群众的精神文化需求。全县群众文化活动好戏连台，有15台社火在春节期间演出。

二是协助群科镇成功举办了第二届"相约水韵群科，共赏杏花春色"杏花旅游艺术节。协助共青团化隆县委关于举办青年志愿环保活动启动仪式暨青年徒步活动。协助化隆县招商局举办了2016年青海-化隆县招商引资项目推介会文艺演出活动。五月份承办了青海·海东化隆第二届徒步旅游活动——走进母亲河徒步旅游活动。目前我局文化馆正在筹备"喜迎环湖十五华诞，全民舞动炫舞高原"2016青海省广场舞、锅庄舞大赛。我县选派"水韵丹霞"舞蹈队及"哇燕欢歌"锅庄队参加此次比赛。

3、旅游工作成绩喜人，发展形势令人鼓舞

一是通过积极争取国家专项资金、贴息贷款、招商引资等多种途径，加快了全县旅游项目建设步伐。上半年累计完成固定资产投资8125万元：总投资4980万元的雄先岗山生态旅游开发项目，上半年完成投资2000万元；总投资1700万元的化隆县凯蕊餐饮服务开发项目完成投资1100万元；总投资1000万元的化隆县千年古树旅游开发项目完成投资800万元；总投资950万元的化隆县盛世天意水上旅游开发项目完成投资650万元。总投资600万元的化隆县故乡缘餐饮开发项目完成投资600万元；总投资500万元的化隆县黄河龙餐饮服务开发项目完成投资500万元；总投资500万元的化隆县香源餐饮服务开发项目完成投资500万元。八是总投资600万元的化隆县兄弟餐饮服务开发项目完成投资600万元。总投资500万元的化隆县旭东餐饮服务开发项目完成投资500万元，总投资600万元的化隆县古色古香乡村旅游开发项目完成投资600万元。化隆县老百姓餐饮服务项目完成投资200万元。同时，修建旅游厕所投资75万元。5月21日，化隆县第二届"昂思多矿泉水杯"户外徒步健身旅游节——走进母亲河活动圆满落幕。此次徒步活动吸引了来自省内外著名户外俱乐部60余家，1500余人；自驾游爱好者车辆400余辆，3000余人；游客达到20000余人次，旅游收入达到430余万元，旅游人数，旅游收入均创历史新高。

二是根据2016年旅游扶贫工作目标，我局确定了具有旅游发展前景的乡村15家，并制定了乡村旅游精准扶贫方案，绘制了作战图，扶贫内容包括旅游道路，旅游停车场，旅游厕所等项目。至目前已扶持米乃海农家乐2家，农业菜摘园1家。上半年全县各景区及农家乐接待游客35.7万人次，同比增长11%，旅游总收入7276万元，同比增长21%。

4、体育工作扎实有效

一是群众体育活动蓬勃开展。全县射箭协会如雨后春笋般快速发展，仅上半年就成立了 8 个。其中新成立的"麦丽叶"射箭协会在刚刚结束的海西州全省射箭邀请赛上获得反曲弓组团体第三名。2016 年 1 月 15 日至 22 日，化隆县青少年体育俱乐部认真组队，从巴燕初级中学、民族中学、扎巴中学选拔了十名优秀中长跑体育人才、参加了由青海省体育局举办的 2016 年"高原人才开发计划"中长跑冬季训练营活动。涌现出了周丽雯、龙本才让等几名我县优秀的青少年体育苗子。3 月 8 日，由中共化隆县委、县人民政府主办，县总工会、县文体广电局承办的化隆县 2016 年"昂思多矿泉水杯"迎新春环城赛在县城文化广场鸣枪开跑。比赛分职工组、青少年组两个组别，参赛运动员达到 4500 人。

二是竞技体育比赛成绩突出。4 月 25 日，青海省第十三届农牧民篮球赛在海西州德令哈市圆满落幕。本次比赛共有十二支代表队、170 多名农牧民运动员参赛。化隆县代表队在强手如林的赛场上，顽强拼搏、奋勇争先，取得第四名。乐都连续两年获得比赛冠军、湟中获第二名、东道主海西队获第三名、循化队获第五名、黄南队获第六名。我县运动员东智被评为优秀运动员，何金业被评为优秀教练员。5 月 1 日至 2 日，省体育局主办的青海省 2016 年"高原人才开发计划"中长跑、竞走项目选拔赛，在湟中多巴国家高原体育训练基地开赛。本次比赛共有来自全省的 18 支代表队、300 多名运动员参赛。我县认真组队、积极参赛，并取得较好成绩。在男子 14～15 岁组 3000 米竞走、5000 米竞走两个项目中我县运动员夏吾仁增分获第四名。8 月 4 日，夏吾仁增将代表青海省参加在四川凉山举行的第六届田径耐力项目高原地区对抗赛。为提高我县基层青少年身体素质水平、培养青少年从小热爱体育、参与体育锻炼的兴趣。

三是全县体育基础设施继续得到改善。由青海省体育局配发给我县的 13 套乡镇体育健身器材和 21 套农民体育健身工程器材已全部发放到位。总价值约为 180 万元。截止目前，我县乡镇健身广场的体育健身器材已实现了全覆盖，农民体育健身工程实施了 157 个，农民健身工程覆盖率为 43%。

5、图书馆服务工作得到提升

一是读者接待工作正常开展。我局图书馆围绕"为书找人，为人找书"的服务宗旨，各室正常开放的同时，坚持节假日的开放，保证了各部室工作的正常运行；定期清理书库和报库，将报刊杂志进行分类、整理、装订、贮藏、防尘、防虫，防火、防潮、防盗。开展了丰富多彩的读书活动"冬日六送"送图书下乡活动,借化隆县"冬日六送"为契机,图书馆开展让馆藏资源和信息产品直接送到农村与读者见面。给广大农民群众送去了一份丰盛的图书文化大餐,此次活动读者共计达 1000 多人次。"4·23"世界读书日,图书馆以"知人知理知事,读人读理读书"为主题在群科新区广场进行图书宣传、新书推荐宣传及"图书漂流"活动宣传日活动。为培养学生爱国情怀和绘画的兴趣,丰富学生的课余生活,发展学生的特长,5 月 9 日图书馆联手思源实验学校开展以"我的中国梦"为主题的学生手抄报优秀作品展活动。图书馆联手县第一幼儿园在六一儿童节前夕 5 月 27 日开展了以"我参加、我运动、我健康、我快乐"为主题的庆祝"六一"亲子活动。通过全馆人员的共同努力,灵活多样的宣传服务方式,上半年接待读者 2100 多人次,借阅图书 4300 余册,接待查阅地方文献资料 60 多人次。

二是农家书屋工程效益进一步提升。为充分发挥我县农家书屋服务农村、服务群众的作用,加强书屋的管理和使用,提高书屋管理人员业务素质,业务知识的管理水平,更好地发挥"农家书屋"在促进农村经济社会发展中的作用,图书馆举办了全县十七个乡镇 362 家"卫星数字农家书屋"图书管理员培训班,邀特请师范大学图书馆的教授进行授课,每个乡镇逐一进行了培训。参加此次培训的有各文化站、农家书屋、基层网点、业务管理员以及种养大户近 300 人,发放各类科技图书 651 册,业务辅导、种养技术资料 534 份,文化信息、种养技术光盘 120 个。培训期间,县新闻媒体给予新闻播放,深受全县乡、村、组干部群众的好评,收到很好的社会效益。在开展"卫星数字农家书屋"培训班的同时,我馆为 362 家"卫星数字农家书屋"配送图书 184 册,价值达 5442 元;56 家"藏族寺院书屋"藏文图书 119 册,2683 元。

6、文化市场工作健康有序

一是继续开展文化市场集中整治。1 月至 6 月份,我局结合自身的工作实际,制定了较为详尽的行动方案、应急预案,明确工作目标,把整治工作安排在"维稳期间"、"节假期间"等多个重大节日,特别是对未成年人进入网吧、出版物市场、娱乐场所等现象,开展集中专项整治。"两节"期间十大领域专项整治行动取得成效,多部门整改监管防护措施。监管工作开展一段时间以来,已出动执法人员 56 多人次,检查文化市场经营场所 30 多家次。为进一步加强文化行业管理,切实维护经营者的合法权益,我局文化市场执法大队于 2016 年 3 月 21 日至 4 月 7 日对全县网吧、娱乐场所、印刷、音像、书店经营单位开展 2016 年度的年检换证和年检年审工作。目前,已完成全县 35

家经营单位的年检工作，其中互联网上网服务营业场所 10 家，娱乐场所经营单位 1 家，音像制品 7 家，图书零售、出租单位 3 家，印刷 14 家，棋牌室备案 26 家，注销 10 家。对逾期不参加年审换证备案的，将视为自动歇业。积极开展出版物市场专项整治行动，本次专项整治行动从 3 月 11 日至 4 月 14 日，共出动执法人员 18 人次，检查农贸市场 2 处。对 1 家未持有《出版物经营许可证》的流动书摊进行查处。并收缴非法书刊 19 本，非法音像制品 20 盘。开展中、高考期间文化市场专项整治行动。

二是加强对文化经营户的安全教育。2016 年 4 月 19 日，在群科新区文化旅游体育局会议室，特邀请省消防防火咨询培训中心马福警官，为全体业主举办了一场消防知识安全讲座与演练培训。全县的网吧、娱乐场所、打字复印、出版物经营、音像制品经营单位等 30 余户文化经营业主参加了本次培训。通过这次消防安全的培训，进一步提高了广大业主的消防安全意识及灭火技能，创造了一个良好的消防安全环境。4 月 26 日，化隆县文化市场综合执法大队，在群科新区文化广场，开展了以"创建平安文化市场，保护知识产权，规范文化市场秩序"为主题的文化市场宣传日活动。

二、存在的主要问题

1、文物、体育、旅游、文艺等专业人员匮乏，整体素质不高。县上举办的各种文艺演出及大型庆典活动时，每次都要从各个企事业单位抽调人员进行编排和演出，工作上非常被动，人员管理难度很大，严重影响工作开展。

2、我县旅游景点基础设施建设及服务配套设施建设比较落后，开发利用的程度很低，有一定知名度的夏琼寺、雄先岗山、黄河沿线的乡村旅游等景点尚处于初级开发的阶段，景区内条件简陋，配套服务设施和相关的旅游产品跟不上，造成旅游回头客不多。

3、经费投入不足。由于缺乏经费，公共文化服务体系还不够完善，基层文化建设仍然薄弱；广大农民群众的文化生活相对贫乏；文化市场的监管手段和能力有待提高；文化产业发展相对缓慢，自主创新能力不强，品牌不多；文化遗产保护的形式比较严峻；全县全民健身基础设施建设滞后，缺少体育健身器材，与兄弟县相比差距较大。

三、下半年工作重点

1、进一步推进文化保护工作。完成总投资 673 万元的阿河滩清真寺修缮

工程；完成总投资 2238 万元的夏琼寺修缮工程；完成总投资 200 万元的夏琼寺、阿河滩清真寺防雷工程；完成杏儿沟明长城遗址《保护规划》和《修缮方案》编制工作。

2、继续实施好"文化进村入户"、"农家书屋"、"农民健身"等文化惠民工程，推进村级文化建设。

3、以优先挖掘沿黄旅游资源为主线，以"统一规划、先易后难、分布发展、突出重点"的工作思路，按照"政府主导、生态优先、高端培育、集聚发展"的战略思想及"积极构建、政府引导、市场运作、多元化融资"的旅游产业投入机制，全力打造户外徒步、生态观光、乡村旅游、农家乐休闲等精品旅游产业。

4、举办丰富多彩的节庆文化体育活动，营造健康文明祥和的节日文化氛围，丰富人民群众的文化生活。完成县委县政府交办的重大文化体育组织任务。

5、继续抓好文化馆、图书馆、乡镇文化站免费开放工作。监管好农村文化活动专项资金的使用。

6、继续做好我县省级非物质文化遗产项目申报工作和国家级文物保护单位申报工作。

7、继续加强文化市场集中整治，确保全县文化市场健康有序。

统筹规划 提升服务
实现全区旅游文化产业快速发展

新疆维吾尔自治区克拉玛依市乌尔禾区文化体育旅游局 张东升

近年来，在自治区领导的关心下、在市委、市政府的正确领导下，在市相关部门的支持下，我们抢抓全市旅游业大发展的机遇，稳步推进旅游景区开发、产业培育、"农家乐"、旅游文化市场管理等各项工作，实现了全区旅游文化业的快速发展。

一、乌尔禾区基本情况

乌尔禾区位于新疆维吾尔自治区西北部，准噶尔盆地西北边缘，总面积2257平方公里，地处通往阿勒泰、喀纳斯风景区的交通要道，是北疆旅游黄金线上的重要一站。

近年以来，区委、区政府审时度势，进一步深化对区情的认识，围绕我市"打造世界石油城"的总体目标，推进乌尔禾区科学发展，加快转变经济发展方式，按照"东稳、西活、南展、北拓"的发展思路，实施好"1434"工程，依托石油促发展，城乡建设争取更大的突破，将乌尔禾打造成一个美丽的生态旅游新区。

东稳——稳步推进以世界魔鬼城景区为龙头的旅游经济开发，继续努力保持旅游业的发展优势。加快景区深度开发，丰富景区游客服务项目，完善景区接待功能。

西活——完善区域旅游基础设施建设，沿白杨河河岸新开辟一条延伸至乌尔禾乡的腹部经济带，完善商业、餐饮、娱乐、住宿等各种服务功能；把乌尔禾乡打造为3A级标准的具有民俗特色的景区；主推农家乐和特色种植、养殖业，提升"农家乐"服务特色和档次，方便更多农牧民就地参与旅游服务业。

南展——加强沿白杨河向南至艾里克湖的规划，通过规划明确白杨河两岸土地的使用功能，严格控制土地的使用，防止无序开发，为未来的发展建设预留空间。

北拓——挖掘丰富的旅游文化内涵,在白杨河河岸以北与乌尔禾乡之间的区域,开发具有地域特色的文化活动项目。培育具有浓郁民族特色的旅游文化队伍,构建独具风格的旅游文化体系,提升旅游文化品位。

二、文化发展情况

(一) 基本情况

我区有1个街道、1个乡镇,1个社区、2个行政村。目前,我区现有全国文化信息资源共享工程地市级分中心1个、民俗文化展览馆1个、综合文体馆1个、体育馆2个,自治区1级文化站1个、青少年文化活动中心1个、乌尔禾区艺术团、乌尔禾乡业余文工团、江格尔乐队、柳树街业余文工队等4支群众文艺团队。全区农家书屋(村文化室)共2个,绿色网吧(两村、社区)3个。

(二) 公共文化体系建设情况

1、乌尔禾乡文化站建设

依据第一次全国乡镇综合文化站评估标准和定级必备条件,经自评、复查和报送文化部审核批准,确定乌尔禾乡文化站为一级文化站。

乌尔禾乡文化站设有多功能会议室、图书室、棋牌室、音控室、更衣室、健身房、民俗展览馆。同时在活动室使用期间实行免费开放管理制度,将资源更好的与农牧民共享。另外为了更好的服务于农牧民的文化生活,上级部门还为文化站配备了多种乐器。

2、公共电子阅览室建设

乌尔禾区建有文化信息资源共享工程基层服务点3个,目前乌尔禾乡文化站电子阅览室桌椅及宽带均已完善,目前正在积极协调配备电脑。两村电子阅览室均为周一至周日全天免费向辖区农牧民开放,每周免费开放时间不少于56小时,主要用于信息服务、文化娱乐、影音欣赏等。

3、社区、乡村文化活动室建设

按照乌尔禾区创建国家公共文化服务体系示范区的标准要求,社区文化活动室免费开放每周不少于56小时。柳园社区活动室包括图书室、电子阅览室、棋牌游艺室。目前社区文化室设备均已完善,正在招聘工作人员。

查干草村、哈克村文化活动室包括图书室、电子阅览室、多功能会议室。每周免费开放时间不少于56小时,同时在活动室使用期间实行免费开放管理制度,将资源更好的与农牧民共享。

4、人才队伍建设

目前，乌尔禾区从事文化有关工作的人员 32 名，文化志愿者 68 人，基本满足了现有文化工作的需要。另外，从辖区、乡镇中挖掘具有文艺特长的居民近 60 人，组建了"江格尔乐队"、"乌尔禾乡业余文工团"、"柳园社区舞蹈队"、"柳园社区功夫扇队"、"柳园社区木兰拳队"、"柳园社区太极拳队" 6 支文艺队伍。

5、文化中心建设情况

我区启动了文化中心的建设项目，该项目由文化馆、图书馆、展览馆三个场馆组成，总用地面积约为 2.47 公顷。今年 7 月初，市发改委组织相关单位对可研进行审查，目前，该项目已完成项目可研批复，正在办理选址意见书，同时按照可研批复的规模及内容重新设计方案。

三、体育设施情况

目前，辖区内克拉玛依市第十六中学共有：第十六中学风雨操场 1 个、第十六中学田径运动场 1 个、第十六中学露天篮球场 1 片、第十六中学塑胶排球场 1 块、第十六中学羽毛球场 1 块；乌尔禾区乌尔禾乡共有：乌尔禾乡灯光球场 1 个、乌尔禾乡文化站篮球场 1 片、乌尔禾乡文化站健身房一间、乌尔禾乡文化站健身路径 1 套（12 个）、哈克村健身路径 1 套（12 个）、查干草村健身路径 1 套（12 个）；柳树街街道共有：乌尔禾区文体综合馆 1 座、龙翔小区健身路径 1 套（13 个）、河岸村健身路径 1 套（12 个）、恐龙文化苑健身路径 1 套（12 个）；风城油田作业区：文体活动中心 1 个、室外篮球场 2 个（共 3 片）、健身房 1 间、棋牌室 1 间、健身路径 2 处（共 13 个）；百口泉采油厂：灯光球场 1 个（篮球场共 2 片），室内体育馆 1 个。

四、乌尔禾区旅游业发展现状及发展展望

（一）旅游业发展现状

区位现状。我区处于新疆重点建设的"五区三线"旅游精品线路北线的必经之处和中间点，新疆旅游北线三大支撑景区之一魔鬼城在我区境内，217 国道横穿全区。

资源现状。我区旅游资源丰富，在这片 2250 平方公里的土地上，不仅拥有驰名中外的世界典型雅丹地貌景区——魔鬼城，还拥有一湖（艾里克湖）三库（风城高库、白杨河水库、黄羊泉水库）六大旅游资源（魔鬼城—油沙

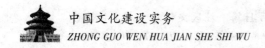

山—沥青矿—白杨河大峡谷—胡杨林—彩石滩）；不仅地下蕴藏着丰富的油气资源，地面还具有独特的景观资源。

文化现状。一是雅丹文化：魔鬼城是浓缩典型雅丹地貌特征的世界地质奇观，是我国雅丹地貌中规模最大、最具有代表性、最具有开发价值的旅游资源，也是我国地质构造中活动最为复杂、自然奇观最层出不穷的风景区；这里有全国唯一的天然沥青矿，还有世界上罕见的油砂山。二是民俗文化：我区是一个以蒙古族吐尔扈特部落后裔为主的少数民族聚居地，少数民族人口近1000人；特有的民风民貌和古朴的民俗文化，展示了我区丰富的旅游文化资源和良好的旅游发展前景。

（二）旅游业发展展望

乌尔禾的旅游发展要树立大生态、大文化、大教育、大旅游的理念，将旅游发展与地方社会经济转型全面结合起来，以魔鬼城为龙头，整合白杨河大峡谷、民族风情园、油砂山、沥青矿等资源优势，打造生态旅游休闲带，最终实现从单一观光型中站式旅游目的地向综合型终站式旅游目的地的转变，并使其成为新疆北疆重要的旅游胜地之一。

五、发展乌尔禾旅游产业的主要做法

（一）锁定目标，明确思路

一是把旅游业纳入全区发展战略之中。我们坚持实施政府主导型旅游发展战略，立足于丰富的旅游资源，强力推进旅游产业快速发展的新格局，努力打造旅游强区，带来了发展大旅游、开拓大市场、培育大产业的前所未有的大好机遇。

二是审时度势，确定了"筑巢引凤"工程，暨紧紧围绕"一个中心"：以建设生态旅游新区为中心；努力建设"三大品牌"：以金丝玉文化节为中心的金丝玉文化旅游品牌、以魔鬼城为代表的自然景观旅游品牌、以民俗文化旅游节为载体的民俗休闲旅游品牌；积极构建"四个产品"：自然观光旅游产品、文化休闲旅游产品、奇石文化旅游产品、民俗体育旅游产品；达成"四大产业融合"：文旅融合、体旅结合、城旅同步、商旅联姻，最终建设生态旅游新区。

（二）居高超前，完善全区旅游规划体系

以突出乌尔禾区旅游特色为出发点，科学编制旅游发展规划。根据建设生态旅游新区和促进旅游发展的需求，协助有关部门完成了《乌尔禾区旅游发展战略规划》《魔鬼城旅游总体规划》《白杨河大峡谷旅游总体规划》《艾

里克湖旅游总体规划》《西域风情度假村概念性总体规划》《胡杨林保护及利用总体规划和艾里克湖餐饮区修建性详细规划》7 项旅游专项规划工作。

（三）加大旅游宣传力度，拓展旅游客源市场

近年来，我们充分利用参加"乌洽会"、"旅交会"、"冬博会"等各类交易会，依托疆内外新闻媒体，大力宣传我区旅游投资环境，加大对全区旅游文化资源的宣传促销和招商引资力度，收到了良好的效果；加强对外联系，与全疆旅行社团的合作更加紧密。每年都在民俗竞技场举办大型文化活动，协助中央电视台及其他新闻媒体在我区拍摄影视剧、专题片、广告电视片等影视剧作。几年来，接待的媒体记者上千人次。魔鬼城景区先后获得了"中国最瑰丽的岩石雅丹"、"中国最值得外国人去的 50 个地方"等殊荣，极大地提升了我区和魔鬼城的知名度，吸引了大批国内外游客慕名而来。

（四）加快旅游城区建设，打造区域旅游精品

几年来，我们坚持"突出重点、稳步开发、全面推进"的原则，加快以魔鬼城为重点的旅游景区开发，初步形成了一条包括魔鬼城、白杨河大峡谷、艾里克湖、风城高库、胡杨林等在内的旅游线路。一是狠抓两大景区基础设施建设。2012 年，魔鬼城旅游开发有限责任公司共投资 770 余万元，对景区基础设施、标志标识、消防安全设施等进行升级改造，较大程度上满足游客接待的需求，目前，魔鬼城景区正在创建国家 5A 级景区。博达公司先后投入600 多万元，建成了集餐饮、娱乐为一体的白杨河大峡谷景区，对景区设施进行了维修改造，实施了景区环境美化工程，该景区已成为市民夏季休闲纳凉的理想去处。二是完善城区旅游基础设施。建成了具有蒙古族特色的民俗展览馆、东归雕塑群、星级公厕、民俗竞技场和总长为 1850 米的城区道路，并实施了 217 国道——乌尔禾城区段道路的"亮化工程"；建设了占地面积 4 万余平方米的恐龙文化苑；乌尔禾区玉石城及精品购物一条街项目；新建了街头游园，完成了区、乡主要道路和地段 7.5 万平方米的立体绿化工作，初步形成以城区公共绿地、单位附属绿地、保护绿地、风景林地及道路绿化为一体的绿化格局，努力营造旅游城区氛围。

（五）以活动促旅游，全面提升旅游文化品味

近年来，我们坚持旅游与文化相结合，举办了一些有影响力的旅游文化活动。每年举办乌尔禾区民俗文化旅游节、金丝玉文化节、克拉玛依水节等系列活动。除此之外，每年在各类展会上发放宣传资料，并配合区委宣传部做好了《新疆经济报》、《克拉玛依日报》、《人民日报》、《天山网》、《亚心网》等多家媒体记者对我区旅游资源的宣传报道工作。

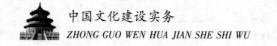
（六）加大监督检查，规范旅游市场秩序

近年来，我们加大了对旅游市场秩序的整治力度，除了组织专项检查以外，还采取暗访等多种形式对魔鬼城和白杨河大峡谷景区进行了检查，并协助市旅游局对带团到我区的导游员进行了执法检查。通过广泛宣传和全面检查，建立起规范有序的旅游市场秩序，保障了旅游者的合法权益，塑造起良好的区域旅游形象。

六、乌尔禾区农家乐发展情况

近年来，我们为进一步加大对乌尔禾乡农家乐的建设力度，先后投资了230多万元进行了30家农家乐的包装建设，同时我区制定和出台了发展农家乐休闲旅游各项优惠政策，并积极落实各项优惠措施，对前来我区承包开发建设农家乐的商户在7.5万元以内进行一比一的配套，对农家乐建设产生的税费、管理费等相关费用实行减免或降低收费标准。

自2009年以来，区委、区政府按照"5321"工程加大对农家乐的投资，农家乐经营状况有了明显改善，也极大的增加了农牧民的收入，为进一步推进我区农家乐工作，我区成立了农家乐调研小组，进一步巩固和完善了农家乐旅游，调动了农牧民从事农家乐经营的积极性，不断加强宣传促销，拓展农家乐市场，提升农家乐休闲旅游知名度。目前，我区五星农家乐1家，四星农家乐1家，三星农家乐12家。农家乐的整体服务水平逐步提高。

七、下一阶段旅游业发展的工作重点

根据国家旅游产业发展的有关政策和《乌尔禾区旅游发展战略规划》方案，下一步我区旅游产业开发的总体思路是：把旅游文化产业作为支柱产业之一，以建设生态休闲旅游新区为发展目标，进一步加强旅游业的统筹规划和结构调整，打造能够凝聚人气的生态休闲旅游带，加快乌尔禾区从"客源地"向"目的地"转换，从"过境旅游"向"过夜旅游"过渡，打破"工作在乌尔禾，消费在外地"的发展现状，促进游客旅游消费和市民休闲消费，提升乌尔禾区的综合竞争力，使其真正成为克拉玛依的"后花园"。

（一）提高思想认识，切实增强发展旅游业的责任感和紧迫感

旅游业作为乌尔禾区开辟财源、增加群众收入的一项新型产业，在近几年的发展过程中对全区经济发展的拉动作用越来越强。因此，全区上下要继续按照"建设生态旅游新城"的发展目标，进一步加强对旅游业发展的组织领导，理顺旅游业管理体制，实现旅游业从数量型向效益型，从接待型向市场型，从单一型向复合型发展的三大根本转变，确保"增加旅游产品的文化内涵，增加旅客滞留时间，增加游客的消费支出，增加旅游业对农牧民收入的贡献率，增加旅游业对财政收入的贡献率，增加旅游业在 GDP 中比重"等"六个增加"。

（二）突出旅游宣传重点，形成旅游宣传的长效机制

在旅游宣传上，要依托丰富的旅游资源和深厚的民俗、民族文化，注重轰动效应与渗透效应相结合，统筹兼顾，找准突破点，以魔鬼城景区为重点，采取"走出去，请进来"的做法，积极向外推介以魔鬼城为主的自然景观和以生态旅游新城为主的人文景观以及独具特色的乌尔禾民族、民俗风情，力求运用大手笔、形成大声势、造就大影响、吸引大客流、产生大效益，提升旅游文化品位和内涵，整合资源优势，整体策划、整体包装，形成统一的宣传促销网络。

（三）加强旅游业行业管理，全面提高旅游服务的质量和水平

进一步加强旅游行业管理，全方位提升服务水平。一是严格规范旅游市场。针对存在的一些问题，继续抓好旅游市场的整治工作，维护游客正当权益。二是严格推行旅游管理标准化。制定和完善行业服务标准，促使旅游企业逐步做到标准化服务、规范化经营、专业化管理。三是抓好旅游景区的宏观管理工作。不断转变政府参与的管理模式，把政府管理以外的事项交给社会、中介服务机构，发挥社会各界的主观能动性和创造力。四是加快旅游人才队伍建设，提高旅游从业人员素质，力争在最短的时间内提高旅游接待服务和导游能力。五是加强对"农家乐"的规范管理。正确引导"农家乐"经营户诚信、合法经营，不断提高"农家乐"经营户的服务质量和服务档次。

整合资源 齐抓共管
助推现代文化快速发展

新疆维吾尔自治区哈密地区

文化体育广播影视新闻出版（版权）局 祖农·沙依提 郝常立

哈密是新疆的东大门，以哈密瓜扬名世界，总面积 15.3 万平方公里，辖哈密市、巴里坤哈萨克自治县和伊吾县。总人口 61.69 万人，少数民族人口占 31.5%，城镇化率 65.16%。至 2014 年底，全地区已经有乡镇综合文化站 37 个、街道综合文化站 5 个、行政村文化室 169 个，农家书屋 181 家，民间业余文体团队 300 家，各民族业余文艺演职人员 1.5 万人。

回顾"十二五"以来，哈密地委、行署致力于做好"文化哈密"建设规划工作，紧紧围绕社会稳定和长治久安总目标，坚持"五位一体、五化同步、文化引领、改革驱动、人才支撑"的总战略总要求，按照"改革打头阵、经济上台阶、基础更扎实、社会更文明"的更高要求。坚持用现代文化凝聚人心，用现代文化助推发展，着眼于文化发展惠民工作，按照均等化、细节化、惠民化原则，在构建公共文化服务体系上下功夫，加快基层文化设施建设，文化服务不留盲区，我们精心实施"覆盖最远一个村·欢乐基层每户人—欢乐文体乡村行"文化惠民演出和送文体下乡活动，努力实现把先进文化送到基层、送到千家万户。通过实施一系列文化惠民工程，哈密地区基层文化硬件、软件建设得到进一步加强，人民群众对公共文化服务的满意度逐年提高。全地区文化工作取得了新进展新成效，实现基层公共文化建设服务新突破。

近年来，哈密地区坚持把加强公共文化服务体系建设、统筹推进公共文化服务标准化、均等化发展、强化公共文化产品和供给、丰富各族群众文化生活做为哈密地区文化系统一项经常性、基础性工作来做。通过大力实施村级公共文化服务体系建设，初步实现了农牧民人均拥有 1 册公共藏书、每月观看 1 场以上电影、参与 1 次以上群众文化活动、每季度欣赏 1 场以上文艺演出和每半年参观 1 个以上文化展览的目标，哈密地区基层文化工作取得了众所瞩目的成绩，自治区基层公共文化建设服务工作现场交流会、自治区以现代文化为引领现场交流会先后在哈密召开，哈密地区文体广新局先后荣获全国文化系统先进集体、全国民族体育先进集体、全民健身先进单位和全国群

众体育先进单位等中央、自治区、有关部委和厅局的表彰奖励。

在新的起点上，我们始终认为在文化发展建设中，阵地是基础，设施是根本，内容是核心，队伍是关键，品牌是亮点，必须紧紧围绕这五个方面不断加大工作力度。

一、哈密地区文化建设的基本情况

哈密地区共 37 个乡（镇）文化站、169 个行政村，文化站面积 300～1183 平方米，5 个街道已经实现综合文化站全覆盖，已建成投入免费使用，达到 100% 全覆盖，169 个行政村（社区）都建起了有文化室、有农家书屋、有体育活动场地、有村文化干事、有村文化活动经费、有文化活动机制的村级公共文化服务体系。为乡（镇）文化站、村都配备了价值上百余万元的文化体育器材，各个乡镇每个文化站图书室配备图书 2000～5000 册，为 91 个行政村每村配备 10 万元的音响、为 91 个行政村每村配备图书 2000 册。电子阅览、音响、电脑、阅览桌椅、乒乓球案、健身路劲、篮球场等标准文化体育器材达到全覆盖。按照安居富民、新型城镇化建设的工作推进要求，由哈密地方财政投入资金，新建村级文化室共 125 个，每个村级文化室投入建设资金 90 万元左右，建筑面积 300～800 平方米以上，投入资金 5000 万元左右。2016 年哈密市计划投资 7300 万元，争取完成各乡（镇）村级文化室、农家书屋、室外活动场地全覆盖。以"九位一体"为保障（村和社区有　个室内文化室、有一家农家书屋、室外体育活动场地、有一名专兼职文化干事、有 1.2 万元活动经费、有一套工作目标体系和考评机制、有一支文艺宣传队伍等），按照地委宣传部《村级文化阵地建设系统化细节化"20 个细节"的要求》（村级文化阵地建设每个村有一个 300 平方米以上，社区有一个 1000 平方米以上的冬季也能放电影搞活动的文化室，切实做好现代公共文化服务体系建设，要努力做到村（社区）文化室、室外体育场地、文化资源共享工程"三个全覆盖"，全市构筑较为完备的市、乡（街道、镇）、村（社区）三级基层公共文化服务网络体系。同时，还先后成功举办了自治区"以现代文化为引领"工作交流会暨宣传部长座谈会、自治区基层公共文化建设服务工作经验交流现场会等自治区级现场会。城乡群众自我表现、自我教育、自我服务的能力得到有效提升，基层文化建设彰显出了新特色，新亮点。

（一）抓项目、抓基层、建阵地、强基础，保障群众基本文化的权益

基层文化建设，基础设施为先，只有基础设施建好了，才能有条件、有空间让人们享受到文化的魅力。近年来，我们始终把文化阵地建设做为文化

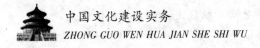

惠民的重要任务，摆在突出位置。

1、强势推进村（社区）公共文化阵地建设。2010 年哈密地区 37 个乡镇、5 个街道已经实现综合文化站全覆盖，169 个行政村提前 4 年实现农家书屋全覆盖。自 2012 年开始，哈密地区大力推进多功能村（社区）文化室建设，地县（市）地方财政投入 1 亿元，修建了 90 个多功能村（社区）文化室，占到应建村（社区）文化室 70%。目前伊吾县已经实现多功能村文化室全覆盖，巴里坤县 2014 年实现全覆盖。新建村文化室的面积在 300~800 平方米，其中社区文化中心最大面积达到 1400 平方米。每个文化室内配备电脑、办公桌椅、音箱、台球桌等办公及娱乐设施；室外建有标准篮球场 1 个、配备 1 套健身路径。多功能村（社区）文化室日常可以开展文艺演出、进行各类培训，同时彻底解决了农牧民群众冬季看电影难、开展活动难的问题。

2、切实发挥公共文化设施的功效。为地区各乡镇文化站配发 10 万元的标准文化体育设施；为地区 181 个农家书屋新增民、汉语言各类书籍近 8 万册；在确保县乡两级有流动电影放映队的基础上，逐步为人口较为集中的村配置农村电影放映设备。2015 年我们为 30 个村进行了配送，将逐步实现农牧民看电影由流动转为固定，为实现农牧民冬季看好电影打下了基础。目前，两县一市每村每月都有 1000 元的活动经费，确保了基层文化活动的有效开展。初步形成了文化站、室遍布城乡、基础工程争相辉映、设施设备较为齐全的地、县（市）、乡（镇）、村四级公共文化阵地服务网络。

（二）抓活动、抓载体、显特色、树品牌，切实保障群众的精神文化需要

群众文化活动是公共文化服务体系建设的载体，是满足不同群体、不同层次群众文化需求的手段。近年来，我们结合哈密实际，精心打造各类文化活动品牌，积极开展主题鲜明、内容丰富、形式多样的基层文化惠民活动。

1、实现节庆文化品牌活动丰富多彩。目前已形成了春季文化活动进万家、书画联展、社区春晚、农民春晚、少儿春晚、网络春晚、戏曲春晚、元宵节社火、秧歌、诺如孜节、劳动节、肉孜节、古尔邦节、庆祝"七一"、"八一"、国庆等专场演出活动，社区文化艺术节、农牧民文化艺术节等群众文化节庆活动和哈密瓜节、巴里坤丝路文化旅游观光会、冬季冰雪文化旅游节、伊吾伊水文化旅游节、清泉节、胡杨节等专题文化节庆活动三大系列。形成了完备的节庆文化活动体系，丰富了群众的节日文化生活，已成为我市各族群众共同关注、共同参与的传统项目。

2、构建特色乡镇群众文体品牌活动。近几年来，以现代文化为引领，以"访惠聚"工作队为契机，我们选派文化工作者下基层，大力开展文化民生品牌活动和群众自己表演喜闻乐见的节目，在"特色"上下工夫，做到月月有主题，周周有亮点，形成了一乡一品牌，一村一亮点文体活动特点，以"百日广场文化竞赛活动""乡村百日文体竞赛活动"为主线，精心打造城乡广场文化活动。大力开展"哈密木卡姆演唱、巴里坤新疆曲子大赛、农牧民运动会、农牧民文艺汇演、刁羊赛大会、阿肯弹唱会、阔克麦西来甫"等活动。

3、建好各门类群众身边的表演艺术团队。在"一乡一品牌"的格局下，群众文化队伍得到全面发展，形成了淖毛湖镇维吾尔民俗表演队、吐葫芦乡社火表演队、下马崖乡木卡姆女子手鼓表演队等民间表演队；开展了具有哈萨克风情的阿肯弹唱、叼羊、赛马比赛，以维吾尔族农牧民为主的社火表演；打造了"赛羊大会"、宰羊、抱羊羔跑、目测羊重量等比赛；围绕民俗文化，举办了木卡姆演唱会、红歌演唱、京剧及秦腔表演唱；淖毛湖镇是自治区文化艺术之乡，农牧民自编自演的快板和三句半等都是宣传党的政策和身边典型模范人物故事节目并进城市大舞台上表演；一直以来以各类品牌文化活动为抓手打造健身广场舞、太极表演等活动；每年各村打造非物质文化遗产日展演活动。

4、做到送文化进基层，管用有效，百姓受益。深入开展农村基层群众性文体活动，我们精心实施"覆盖最远一个村·欢乐基层每户人——欢乐文体乡村行文体"活动，切实解决偏远乡村、农牧民看不到、看不好文艺演出，享受不全文化惠民成果，文化进基层到不了最后一公里路的问题。按照"基层需要什么我们就送什么"的原则，对全地区181家农村书屋的图书进行更新，每家书屋平均更新图书200～300册，使农家书屋实现"你需我送"。目前每年哈密区域各族群众能观看到专业院团、群众团体各类演出700余场（次），参加各类群众体育竞赛活动200余场（次），农牧区群众免费能看到电影2089场，文化活动覆盖群众达到60余万人（次）。

（三）抓创作、抓精品、促繁荣、促和谐，提升优秀文化艺术作品供给的能力

群众文艺创作是人民群众心声的反映，是人民群众实现自我认识、自我教育、自我娱乐的重要手段，是群众文化的生命力所在。我们大力支持群众通过文艺创作和自我表演，达到"自己写，自己画，自我展演，自己教育自己"的目的。这些文化活动的开展，不仅丰富了各民族群众的生活，还加固了各民族同胞之间的友谊，更重要的是他们在活动中有了幸福感。

1、积极创作优秀文艺作品。哈密文艺工作者以朴素的语言、百姓的视角，深入社会生活，挖掘人民群众先进典型和感人事迹，为建设"和谐哈密"提供精神支柱。2013年，哈密社区胡杨艺术团编创的舞蹈《红枣熟了》参加

第五届全国中老年春节联欢晚会分别获得金牡丹等五项大奖，编创的《西域的明天更美好》参加第三届世界华人春节联欢晚会分别获得金菊花奖等三项大奖。空竹协会组队参加"2013 中国　保定国际空竹艺术节技艺比赛"荣获金奖。民间工艺美术协会在 2013 年新疆工艺美术作品展中获得一等奖。伊吾下马崖乡村民组建的木卡姆表演队，代表新疆进京参加首届新疆非物质文化遗产展示周维吾尔木卡姆艺术专场展演活动，获得优秀组织奖，在"第六届全国原生民歌大赛"获得多人组银奖。

2、全力打造文学艺术精品。在文学创作方面，我们积极组织发挥当地作家和民间文化能人的优势，精心编撰本土演出资料选编。编纂创作了适合农牧民自娱自乐演出资料选编，编辑出版了《巴里坤小曲子》、《我的故乡在哈密——东天山创作歌曲集》《哈密民间刺绣技艺图案集》、《哈密维吾尔族农民画集》等53本精品力作。组织区域内近 20 多名本土文化志愿者共同编纂了以三句半、快板、新疆曲子剧、小品、诗、歌曲等多种形式的群众上手快、便于随时随地开展寓教于乐的《说唱咱哈密—基层群众文艺创作演出参考资料》手册，向各县（市）、乡镇（街道）、村（社区）文艺爱好者广泛发放。解决基层群众在开展编排文艺节目中缺少宣传题材和缺少角本的困难。提升了基层群众自我表现、自我服务、自我教育的能力。

（四）抓培训、强素质、强队伍，切实增强公共文化服务的水平

基层文化干部队伍是新农村文化生活的组织者，直接影响一个地区文化建设的活跃与成败。近年来，哈密结合实际组建了一支想干事、能干事、干成事的基层文化干部队伍。

1、配备一批基层文化干部。地区在每个乡镇都配备了三名大专以上文化站管理员，最多的达到 6 名，每个行政村配备了一名文化协管员，在少数民族地区，有针对性的加强少数民族同志配备。对乡镇（街道）、村（社区）文化管理人员进行轮训全覆盖，实现了 100% 的文化管理人员达标上岗。

2、培训三批基层文化干事和文化带头人。2013～2016 年哈密地区投入118 万元对 317 名乡镇文化干事、村文化室管理员和文化能人进行了为期 5 个月的全脱产和短期培训，重点掌握各项工作规范、实践具体服务技能等专业知识。以"村级文化能人"为基础，从中选出一批活动能力较强的人才作为联络员，加强对各类文化活动的沟通和联系。

3、培养一批基层文化能人。以街道（镇）、社区（村）为单位，组建了秧歌队、腰鼓队、锣鼓队、舞狮旱船队、书画社、戏曲与戏迷票友社、合唱团队、器乐乐队等一批文艺表演队。聘请了一批文化志愿者、文化能人和文化顾问，引导各族群众参与到享受幸福快乐的文化中来。目前，哈密地区共有业余文艺团队 300 支左右，各民族业余演员近万人。

二、哈密地区文化发展建设工作成效

哈密地区近年来大力实施基层公共文化服务体系建设，为实现人均拥有 0.9 册以上公共藏书、每月观看 1 场以上电影、参与 1 次以上群众文化活动、每季度欣赏 1 场以上文艺演出和每半年参观 1 个以上文化展览的目标打下坚实基础。通过健全基层公共文化设施网络、推进重大文化惠民工程建设，公共文化设施逐渐遍布哈密地区县市城乡，成为各族群众汲取精神食粮、陶冶情操的重要场所。

1、基层公共文化服务体系更加完善。在推进基层公共文化服务建设中，哈密地区不断强化公共财政对公共文化服务体系的支撑力度，公益性文化单位履职尽责、敢于担当，全面保障哈密人民看电视、听广播、读书看报、进行公共文化鉴赏、参与公共文化活动等基本文化权益，覆盖城乡、结构合理、功能健全、实用高效的公共文化服务体系正在不断完善。

2、基层公共文化服务能力有了更大提升。在推进基层公共文化服务建设中，哈密地区大力发挥文化体育设施，文化体育活动覆盖示范乡（镇）、示范村的作用，不断丰富公共文化内容，打造公共文化品牌，提高公共文化产品供给能力和公共文化服务能力。

3、以现代文化为引领，为基层提供了更好的平台和载体。在推进基层公共文化服务建设中，哈密地区精心打造重点文化节、组织重大节日文化活动、策划重要展陈活动。推动"文化四下乡"、"送欢乐下基层"等活动经常化。积极安排流动图书车、流动舞台车、流动农村数字电影下基层，广泛开展群众性文化体育活动，提高了社区文化、企业文化、村镇文化、校园文化的建设水平。

4、实现了以正能量引导群众的思想行为。哈密地区以现代文化引导人们的精神素质、精神境界，把蕴含在先进文化中的精神力量渗透、贯穿到人们的日常生活中，从而内化为社会群体意识，外化为人们的自觉行动，在不断提升经济硬实力的同时显著提升文化软实力，通过推进基层公共文化服务建设，大力推动文化发展惠民，创新公共文化服务方式，在让群众过上殷实富足物质生活的同时享有健康丰富的文化生活，以文化和谐筑牢社会稳定长治久安的社会根基。

三、哈密地区文化发展建设工作体会

1、党委高度重视、党政齐抓共管，是文化发展建设的第一推动力。哈密地区成立了以地委主要领导为组长的文化工作领导小组，全面统筹加强对文化工作的领导。仅今年地委、行署研究的重大议题中，有关文化工作的议题就多达 20 余项。文化投入逐年加大，2011 年地区财政安排文化专项经费 350 万元，2012 年安排 1800 万元，2013 年安排 2850 万元，2014 年安排 3000 多万元，这些文化专项资金又带动两县一市近三年投入文化专项经费 2 亿多元，全部投入公共文化服务体系、主要是基层公共文化服务体系建设。正是因为地委、行署主要领导的高度重视，由此引起了县市和各部门更加重视，真正形成了党委高度重视、党政齐抓共管、各部门各方面全方位积极参与的良好工作格局，有力推动了地区基层公共文化服务体系建设。

2、社会主义核心价值观是文化发展建设的灵魂。社会主义核心价值观倡导的国家、社会、公民三个层面的价值目标、价值取向、价值准则，是社会主义核心价值体系的凝练表达。要通过基层公共文化服务体系建设，使文化软实力发挥硬作用，就要找准与人们思想情感的契合点，紧密联系人们生产生活实际，将社会主义核心价值观作为灵魂融入、贯穿、体现、渗透到公共文化服务建设的全过程、各领域、各环节、各方面，在增强认知认同上下功夫，使其家喻户晓、深入人心。这几年我们组织创作了 100 首"爱祖国爱新疆爱哈密"的歌曲，其中"新疆精神之歌"和"德行哈密之歌"等深受各族群众喜欢。开展了大规模的"小曲子"大赛、传统演唱形式唱红歌活动，并且运用"德行哈密"建设平台，把"四个认同"、"三个离不开"等具体化、形象化，要求党员干部人人会记、会讲、会唱，在普及方面取得了成效。

3、人民的精神文化需求是文化发展建设的出发点和落脚点。地区各级本着"使人民过得更好"的理念做文化工作，群众喜欢什么、擅长什么，我们就组织群众满足自己的文化活动愿望，将主旋律贯穿其中，收到了很好的效果。很多近于失传的活动项目都得到恢复，人民群众在活动中很有满足感，起到了娱心、聚心、益心的良好作用。

4、整合各方资源、形成整体合力，是文化发展建设的基本方式方法。在基层公共文化服务体系建设实践中，我们通过"六个借助"即：借助援疆省市文化资源共同打造基层公共文化服务体系、借助部队与地方"共建美好精神家园"活动契机加强村文化阵地建设、借助有关企业力量共同加大公共文化服务投入、借助哈密歌舞团等专业文艺院团资源参与基层群众公共文化服务、借助民间文艺团体力量满足基层群众多样化精神文化需求、借助乡村文化能人等民间文化队伍强化基层文化队伍建设，整合各方资源，形成了推动基层公共文化服务体系建设的强大合力。

关于非遗生产性保护工作的实践和思考

河北省无极县文化广电新闻出版局　姚彩茹　丁顺强

在当今不断深入的非物质文化遗产保护工作中，非物质文化遗产的生产性保护、传承、发展和生产性保护的政策支持，以及目前存在的问题，已成为全社会关注、非遗保护研究的专家学者和代表性传承人、工艺大师、非遗项目的生产性保护单位以及各地文化政府主管部门重视和研究的课题。就无极县非物质文化遗产生产性保护工作而言，通过几年来保护、传承与发展，在非遗生产性保护工作上取得了一定成绩和经验。

一、发展现状

2005 年，无极县正式启动非物质文化遗产保护，几年来的工作卓有成效。主要体现在以下四个方面：

1、建立起了非物质文化遗产保护的工作机制。成立了以主管副县长为组长，县文化、财政、教育、规划、建设、宗教等部门组成的保护工作领导小组；成立了无极县非物质文化遗产保护工作专家评审委员会，实行专家咨询和评审制度；成立了无极县非物质文化遗产保护中心；建立非物质文化遗产普查保护专业工作队伍。出台了《无极县人民政府关于加强非物质文化遗产保护工作的意见》等一系列文件，全面推进非物质文化遗产的保护工作。

2、初步建立非物质文化遗产保护名录体系。无极县历史悠久、人杰地灵，文化发达，有丰富的非物质文化遗产。目前无极县已经被列入省级非遗保护名录项目有：无极剪纸、饸饹制作技艺、七汲全羊宴技艺、无极刘琨故事传说四项；列入市级非遗保护项目达到七项；列入县级非遗保护项目有 50 多项。

3、实施一系列保护措施。开办剪纸培训基地，无极饸饹生产制作基地和特色产品商店。通过美食节暨剪纸艺术节等活动，组织七汲全羊宴、无极饸饹等特色美食、剪纸、皮贴画、无极泥模、无极吹歌等非物质文化遗产项目向大众展示，用丰富的的实物展示各项目制作加工技艺、工序，通过丰富的文字和图片资料向观众展示他们的价值和影响。为配合展览，还组织艺人等进行现场表演。广播、电视、报纸、网络等现代传媒加大对非物质文化遗产保护的宣传力度，唤起广大民众自觉参与非物质文化遗产保护意识。

4、以无极剪纸为代表的非物质文化遗产保护项目开发式保护成效显著。"无极剪纸"历史悠久，从清咸丰时代的李荣姐到民国时期的杨素苗，一辈辈老民间艺人，传承着祖先的技艺，"无极剪纸"独特的艺术风格和魅力，感染着一代又一代无极人。她们用手中的剪和刀，刻出了一辈辈人辛勤之中的苦趣，剪出了一代代人劳作之余的福乐。"无极剪纸"是用一代代民间艺人的心血和汗水浇灌成长起来的一朵民间艺术之花。无极剪纸在成功申报首批河北省非物质文化遗产名录后，我县加大了对无极剪纸进行生产性保护力度，在传统基础上实施以新工艺、新材料、新产品、新包装、新内容的"五新"开发，获得成功。如今，"无极剪纸"在一些大型展会上赢得了很高的声誉，并已走出国门。2008 年，"无极剪纸"作品被前奥委会主席萨马兰奇和现任奥委会主席罗格收藏；"无极剪纸"先后在石家庄国际小商品博览会上获得金奖，在中国第一届花馍艺术节上获得银奖，在河北省农民画展上获得金奖；2009 年，30 余件"无极剪纸"作品在韩国的首尔、釜山展出，赢得了韩国民众的高度赞誉；2010 年在首届中国农民艺术节上被评为优秀农业非遗项目；2011 年在首届中国《红旗飘飘》剪纸大展中获得特别奖。"无极剪纸"被评为石家庄市十大名片之一，先后被河北电视台誉为河北"四宝"，被中央电视台誉为石家庄的"三支花"。目前，无极县的剪纸公司、工作室等已达 10 余个，产业从业人员 2600 余人，年创作生产能力达 7 万多幅，产值突破 1500 万元。

"无极剪纸"成为非物质文化遗产开发式保护的成功范例。无极饸饹、七汲全羊宴等非物质文化遗产保护项目在保护的基础上开发，在开发中实施保护与传承，积累了成功经验，走出了一条传承发展新路。目前"七汲全羊宴"这一传统美食文化在当地得以发展壮大，全县以七汲全羊为主的餐馆达 10 余家。七汲全羊宴已成为无极招待各地贵宾的具有浓郁地方风味的特色佳肴。无极饸饹通过开拓思路、创新工艺，已经形成了产、供、销一条龙的产业化格局，无极县城北出现了近 10 家饸饹加工企业，人们将无极饸饹制作成各种礼品，销往全国各地，深受顾客欢迎。无极饸饹成了闻名省内外的一种地方风味小吃。

二、发展中存在的问题

1、非遗企业盼望减负

在前几年的调查中，传统手工艺企业税负最高的达到 33.6%。不少非遗

项目传承人表示，目前的税收有点负担不起。

据了解，一些非遗企业面临着成本不断增加、利润变少的境地，扣除税收后就所剩不多，而对于一般的非遗传承人，利润就更薄了，有的甚至会赔钱。一些企业为了生存，采取了化整为零的做法，将企业分成若干个工作室，变成小的纳税人，缴纳较低的定额税。但是这同样面临一个问题，就是无法做大企业规模，并且纷繁复杂的账目让管理难度也大大增加。

2、融资难制约企业发展

对于非遗传承人来说，面临的问题不仅有税收，还有资金问题。据调查因为缺乏投资，很多非遗传承人无力开拓更大市场。由于小微企业贷款的风险较高，容易增加贷款不良率的问题，所以作坊、传习所等小微企业又很难从银行筹得资金。

目前，尽管国家对于非遗项目的扶持力度不断加大，财政拨款也逐渐增多，但是仅仅能满足各地最基本的需求，如传承人培训、组织展览等，尚不能满足企业投融资等问题。在政策之外，还需要民间资本投入非遗的生产性保护。

3、由于回报有限，徒弟难招

"开展传承活动、培养后继人才"是非遗法规定的传承人的首要义务。传承技艺也是文化部对非物质文化遗产传承人的硬性要求之一，随着《非物质文化遗产法》颁布，这一硬性要求再次得到加强。

《非物质文化遗产法》规定，代表性传承人无正当理由不履行规定义务的，文化主管部门可以取消其代表性传承人资格，重新认定该项目的代表性传承人。而作为非遗传承人来说，如今最挠头的事情就是选徒弟。其主要原因一是现在"80后"孩子眼界宽，选择多，真正愿意踏踏实实学门手艺的人并不多，尤其是现在传统手工艺类项目生产，每天一坐就至少8个小时，要求尽量要少动。对这样的工作有兴趣、能吃苦的孩子实在太少。二是难学会，需要有一定的天赋，比如"无极剪纸"，就需要有一定的美术功底和艺术天分，不是所有人都能学会。三是而且传统手工艺回报也有限，短期内并不能实现财富积累，付出的劳动与得到的经济回报严重失衡。

三、一些思考和建议

1、多措并举，加大政府政策性扶持力度

一是更新理念，提高认识，科学定位生产性保护。政府要把文化建设放在城市发展的战略高度，努力把当地打造成一个历史文化与现代文明相融的文化城市。通过实施非物质文化遗产生产性保护，将有利于这一目标的实现。可以利用当地可再生资源，保护自然生态环境；可以发挥人力资源优势，扩大就业机会；可以发掘文化遗产资源，促进休闲旅游经济；可以丰富产品形态，满足个性化需求。二是政府主导，多方调节，研究制定相关扶持政策。在做好已有调研的基础上，根据《非物质文化遗产法》非遗保护工作实际尽快出台相关政策，针对传统技艺等类产业难以承受土地资源用地规划的投入产出要求而出现的适度规模发展中的土地问题，要积极争取由政府协调，结合各乡（镇）城乡一体化发展规划，根据各地非物质文化遗产资源特点，在制定土地规划方案中，扩大既有"拆一还一"等政策的适用范围，在规划阶段就统筹解决好。对从事非物质文化遗产生产的企业在税费政策上加以扶持。还要加快建立非物质文化遗产资源的知识产权保护体系。三是增加投入，创新机制，提高专项资金使用效率。我市文化保护专项资金已实施，我们应该总结经验，着力于增加投入、创新管理，提高资金扶持效率。第一，加大财政资金扶持力度，积极争取专项资金扩盘。除加大原有对非遗名录项目抢救保护、传承人项目传承资助和非遗保护基础性建设等方面的扶持外，以实施非物质文化遗产生产性保护激励机制为抓手，实行奖励制度，推进保护工作多层次全面开展。第二，进一步完善专项资金使用责任制，并加强监管机制。同时，完善申报、下达、跟踪和考核机制，联合市相关行业协会参与，使财政专项扶持资金环环有落实，项项见成效。第三，拓宽财政资金来源。市专项资金下达后，各县给予相应配套。

2、社会参与，引导多元化保护机制建立健全

政府采取多种措施积极引导社会参与。一是对企业和个人资助文化遗产保护工作给予税收优惠待遇，从而引导更多社会资本的投入。二是设立专项基金会，吸引国际保护资金投入。三是通过专项资金引导更多的社会资金投入到非物质文化遗产生产性保护传承工作中。另外，行业协会历来是非物质文化遗产传统技艺、传统美术等类项目发展的重要依托。

3、保护传承并举，活态保护的同时不失民间文化的本色

静态保护是最基本的保护方式，没有原汁原味的静态性保护将使许多非遗项目的文化内涵发生变异，造成不应有的文化损失。有些项目，比如传统手工技艺等的静态保护以作品体现，封存收藏现在的一批精美作品，并将其制作程序记录、拍摄下来就是很好的静态保护。但是，手工类等许多项目既是"活化石"一样存在，也不断产生自然性的"微调"演变。在发展国家软实力和文化产业方兴未艾的情况下，大批非遗项目早已经成为地方民俗文化

产业的重要项目，有的已经是县域经济的支柱产业，甚至有的被纳入省级文化产业的重点项目规划之中。这便带来静态保护与创新发展的矛盾。要坚持最基本得静态保护原则，防止破坏保护项目的环境、产品特色。也可以根据《非遗法》进行可行性合理开发。但是这种开发必须以保护为前提，是保持非遗项目核心技艺条件下的适度创新，是有利于非遗保护和传承的市场性活动。就无极非遗项目无极剪纸、七汲全羊宴制作技艺、无极饸饹制作技艺等项目的保护和发展来看，大都根据当代人的需求，在原材料等方面进行了部分调整和创新，使科技含量有所提高，并赢得的市场，但核心技术没有丢失，这便是成功的对非遗项目进行了生产性活态保护。随着《非遗法》的贯彻执行，政府及相关部门应该每年进行一次非遗活态保护典型推广活动，同时对过度开发给予明令限制和处罚。

4、多措并举，破解非遗传承后继无能难题

一方面通过各种形式加强非遗项目宣传，唤醒民众保护文化的自觉意识，营造尊重传统文化热爱传统文化的社会氛围，建立项目演习所的场所，让民众近距离感受，让社会大众接受传承。另一方面与美院等相关学院沟通联系，尝试将非遗项目引入高校。通过请大师到学校开办讲座与培训班，普及相关非遗项目知识，教学授艺、挑选部分优秀学生，利用双休日和假期到大师工作室进行手把手的帮扶指导、到大师工作室去实习，初步达成就业意向等形式，为大师带徒创造机会与条件。

一花独放不是春，万花齐放开满园。无极县非遗生产性保护成效到底达到什么程度，令人充满憧憬。希望通过进一步增强创新意识、开阔发展视野，努力创建政府推动，社会支持，专家学者、艺术家、企业家联手，全社会主动参与的非物质文化遗产保护体系，切实推进非物质文化遗产生产性保护工作可持续开展。

多措并举抓好基层公共文化服务体系建设

新疆维吾尔自治区乌什县文化体育广播影视局　木合塔尔·麦麦提　单　勇

一、业务工作完成情况

（一）多措并举，公共文化服务体系建设卓有成效

2016 年上半年以来，在县委、政府不断加大对基层文化设施建设的扶持力度，为丰富群众文化生活奠定了坚实基础。"三馆一站"免费开放工作扎实推进。截止目前，送书下乡 20 场次，服务读者 25000 人次，录入数据 1500 条，图书外借 15000 册次，举办读者活动、新书展览 6 场次，报刊杂志征订 250 种，报刊杂志装订 150 册次，累计接纳读者 20000 人（次）；举办"乌什县农民画及书法培训班"，对全县各乡镇 40 余名农民画爱好者、画家进行为期 8 天的培训。举办庆"元宵节"农牧民书画展、奇石展，展出书画作品 150 幅、奇石 100 余块石头，全县 2000 多名干部群众及部队武警战士观看了展览。累计接纳群众 1.5 万人（次），受益群众达 2.3 万人（次）。开展非物质文化遗产保护工作活动过程中，工作人员认真细致的予以解答，取得了满意的宣传效果。宣传活动共发放宣传单百余份，吸引群众达到 2 千余人，重点介绍了文化遗产日的目的、意义、政策、措施及遗产保护领域在对人类文明传承上承担的任务和责任。

（二）开展"双百"、"送文化下基层"惠民工程情况

发挥农村文化阵地，认真开展乡村文体活动竞赛。从去年 11 月 1 日开始至 3 月 12 日，在乡村开展乌什县第十五届乡村百日文体活动竞赛 400 余场次为使文体活动竞赛保质保量开展，及时成立 3 个督察组，开展督查 30 多次，参与活动人数 1.65 万人次，吸引观众 15.16 万人次。积极开展"送戏下基层"活动。按照乡级文艺队"一月一村一场"和县级文艺队"一月一乡一场"的要求，大力开展送欢乐下基层活动，进一步丰富群众文化生活，开展文艺活动演出 80 场次。开展送戏下基层 86 场（次），参与活动演出人数达 4600 人（次），吸引观众达 10.2 万人（次）。举办燕山文化大擂台。电影下基层放映活动，城乡放映中心利用民族团结教育月、抗日战争胜利等为契机，挑选经典影片进行放映，截至目前累计电影放映达 750 场次，参与活动人数

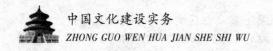

达 2060 人次，吸引观众达 15 万人次。

（三）全民动员，不断开创全民健身活动新局面

积极完善群众健身网络组织、健身场地等基础设施建设。分别举办乌什县、"去宗教极端化农牧民篮球"比赛、乌什县"台球、乒乓球、国际象棋、中国象棋"比赛和乌什县"同心杯农牧民系列体育比赛"45 场次。开展民族团结一家亲系列活动趣味运动会、"同心杯"篮球、排球比赛，在地球组织的五项赛事上也取得了好的成绩，形成了体育健身全民参与的良好局面。

（四）广播电视工作开展情况

一是宣传工作完成情况，完成县党代会、"两会"、去宗教极端化及"访惠聚"的宣传报道工作，截至目前，共制作本台新闻 82 期（维、汉合计），播发稿件 624 条（维、汉合计）。农村广播音响率达到 98%，超额完成了上级下达的指标。二是"户户通"工程。完成阿合雅镇地面数字电视补点覆盖工作和奥特贝希乡地面数字电视补点覆盖工作。

（五）文化市场管理情况

加大了日常巡查力度，每月巡查力度 100%；加大网络监控平台，目前我县网吧服务器平均在线率达到了 90%，终端安装率达到 95%；同时加大了对文化市场的综合治理工作，截止目前，我局共出动执法人员 1884 人次、检查经营单位 942 家次，检查中共发放相关法律、法规知识宣传单 200 余份，出动执法车 255 辆，会同公安、工商、统战、民宗等部门联合执法检查 230 人次，开展专项检查 10 次，检查出版物市场 186 家取缔流动摊点 17 个，收缴盗版光碟 856 张，其中非法译制光碟 683 张，未发现政治类、宗教类、反动、淫秽色情光盘。下发整改通知书 6 份，截止 7 月 10 日已在城区各文化场所安装完成实时监管设备。

（六）软件正版化开展情况

经摸底统计，全县有 47 个党政部门单位及六乡三镇列入了上半年党政机关使用正版软件检查和整改单位，共有编制人数为 2001 人，使用计算机人数为 1324 人，计算机总数为 1629 台。从 2013 年开始，我县 47 个党政部门单位及六乡三镇金山 WPS office 办公软件及 360 杀毒软件安装等工作，目前其他工作还在有序进行中。

（七）文物保护工作开展情况

加大宣传，扎实开展"文化遗产日"等系列活动充分利用广播电视和发放宣传单等方式，配合地区博物馆开展新疆三史、民族服饰展走进乡村、学校达 6 场次，进一步加大文物执法力度，对自治区级、县级重点文物保护单

位进行安全执法检查，县文物管理所定期对 44 处文物遗址进行巡查，截至目前，开展文物巡查 4 次，出动人员 12 人（次），出动车辆 4 台（次），巡查 16 天。

二、2016 下半年工作措施

1、保质保量地做好"双百"群众文化活动的开展，全年完成百日广场文化活动不少于地区下达任务场次。

2、围绕中心工作，开展文化下乡活动。全年开展送戏下乡不少于 80 场次，电影放映不少于 1350 场次。

3、认真做好县级公共图书馆、文化馆（站）免费开放工作的监督检查，确保免费开放落到实处，真正发挥公共文化阵地的效能作用。

4、强化文化市场、新闻出版物市场的监管工作。全年开展日常检查不少于 180 次，开展"扫黄打非"专项工作不少于 15 次，建立长效管理机制，立案查处率达到 100%；深入农村开展东风工程、农家书屋工程业务指导不少于 4 次。

5、积极组队参加地区举办的各项赛事；结合全民健身活动，积极开展群众性体育活动，全年开展大型体育活动不少于 4 次。

6、组织乡（镇）文艺队，开展各乡（镇）巡回演出。

7、做好项目的申报工作，积极争取自治区、地区项目资金支持。

8. 在我县承办 2016 年阿克苏地区民族团结进步年第四届青少年文艺汇。

完善公共文化服务体系
推动文化事业繁荣发展

湖北省安陆市文化体育新闻出版局　高建新

安陆市位于大洪山余脉与江汉平原交汇处，国土面积 1355 平方公里，辖 15 个乡镇街道、1 个省级开发区，387 个行政村，总人口 63 万。安陆历史文化悠久，是历史上的郧子国，秦置郡，唐置州，宋置府，是楚文化的重要发祥地。安陆是"李白故里"、"银杏之乡"、"全国漫画艺术之乡"。近年来，我市高度重视文化建设，以发掘、传承和发展安陆李白文化、银杏文化、漫画文化、红色文化为重点，以公共文化服务体系标准化、均等化为目标，以人民群众喜闻乐见的文艺形式为载体，公共文化服务体系建设不断完善，较好地满足了人民群众的物质和文化需求。两次被文化部评为"全国文化先进位"，四次被评为"中国漫画艺术之乡"。被湖北省文化厅授予全省漫画艺术之乡称号；被列为全省公共文化服务体系标准化建设综合试点县市。

一、强设施建设，文化发展基础更加牢固

1、加快本级重点文化工程建设。通过政府投资、招商引资等多种途径先后筹集资金 5000 多万元，建设和改造了一批重点文化基础设施，为文化事业发展搭建了平台。投资 3000 多万元的李白纪念馆，于 2012 年国际李白文化旅游节期间开馆，是安陆文化建设一张靓丽的名片，得到了省委书记、省长、省纪委书记、省文化厅长高度评价，获得了李白研究专家和社会各界人士的广泛认可。采取政府出资、社会捐资、对上争资的办法，完成了市图书馆、文化馆、博物馆基础设施改造和提档升级，图书馆和文化馆被评为国家二级馆。完成市博物馆大成殿"东庑"工程建设，从根本上解决了文物陈展问题；完成安陆水墨漫画博物馆工程建设，安陆水墨漫画的内涵进一步丰富，承载能力得到加强。

2、加强乡镇综合文化服务站建设。我市按照集群众文化、体育健身、新闻出版、广播影视、报刊宣传、科技培训"六位一体"的建设要求，通过向上争一点、财政拿一点、乡镇筹一点、单位助一点、企业捐一点等筹资方式，

分期分批完成了16个乡镇综合文化站的建设任务，乡镇综合文化站馆舍及文化广场建筑面积达50383平方米，形成了乡镇综合文化站基础设施建设"四室一厅"（图书室、棋牌室、书画室、电子阅览室、多功能活动厅）和"四场一窗"（篮球场、演艺场、健身场、停车场、宣传橱窗）的安陆标准；资源整合"六位一体"（集群众文化、体育健身、新闻出版、广播影视、报刊宣传、科技培训）的安陆模式；经营发展"四抓一推"（抓文化队伍、抓文化特色、抓文化活动、抓文化产业、推动农村经济和社会发展）的安陆特色。安陆成功举办了湖北省新农村文化建设工作会议和全国综合文化站工作（现场）会议。2014年，在全省公共文化暨非物质文化遗产保护工作会议上，我市作了"推进六位一体、繁荣农村文化"的典型发言。

3、抓好以村和社区文体活动中心为基础的乡村阵地建设。按照城乡三类新社区建设要求，把村级文化阵地建设与"1+X"服务平台、"1+X"组织网络、"1+X"工作队伍结合起来，配套安装健身路径、篮球架、乒乓球台，送书籍书架、送影碟，有的还根据群众需求送腰鼓、送军号、送音响，培训文艺骨干，满足群众的文化需求。对凡是条件具备的村，我市每年从体彩公益金中挤出部分资金，购买健身器材，帮助安装到位。目前，我市已建成文化信息资源共享基层服务点207个，发展文化科技中心户159户，农家书屋402家。

二、实施精品战略，特色文化品牌更加响亮

1、大力发展水墨漫画。安陆是人民日报《讽刺与幽默》水墨漫画创作基地，是"中国少儿水墨漫画活动基地"。安陆漫画至今已走过了30多年的历程。目前，全市有漫画习练者3000多人，漫画骨干力量140余人，其中在全国有影响的水墨漫画家20余人；有1万多件作品在全国各级报刊和展览会上发表或展出；千余件作品获得不同级别的奖项；50余件作品在日本、伊朗、美国等30多个国家参展、获奖和收藏。我市每年举办一次"藏画于民"活动，邀请漫画名家现场作画赠与市民；每年举办一次水墨漫画大赛，面向全国范围征集参赛作品；每两年举办一次全国水墨漫画理论研讨会，展示水墨漫画成果、探讨水墨漫画的发展方向；每年编辑出版3~4本行业知识漫画读本；2014年我市第四次被评为"中国漫画艺术之乡"，被授予全省漫画艺术之乡称号，李店镇被省政府授予"漫画艺术之乡"称号。安陆水墨漫画博物馆顺利开馆，是全国第一家水墨漫画专题博物馆。

2、全力打造李白文化。一是抓建设。花大气力完成了白兆山李白纪念馆

的建设工程。二是抓交流。与李白的出生地吉尔吉斯斯坦的托克马克市、与李白的成长地四川江油、与李白的长眠地安徽马鞍山、与全国李白研究学会等长期保持友好关系，进行经常性的交流。三是抓活动。近几年来，我市相继举办了李白文化节、银杏节、国际李白文化旅游节、李白文化高端论坛、"千年银杏，诗画安陆"等大型文化活动，都把弘扬李白文化作为重要主题。四是抓研究。由安陆李白研究人员编写的《李白在安陆》、《李白论丛》、《安陆李白文化》、《李白在安陆诗文选注》等为代表的一大批李白文化学术研究成果，在全国李白学界引起广泛关注。雷公镇农民曹国金撰写的《李白故居探证》在《中国李白研究上发表》。以李白为题材的漫画、小说、诗词、散文等8000余件作品在全国发表或展出，100余件作品走出国门。五是抓普及。拍摄李白在安陆专题片在中央电视台播出，同时作为对外文化交流节目在美国加州电视台播出。《李白在安陆的民间传说》被列为省级非物质文化遗产保护名录。组织编写《李白在安陆》小学读本、初中读本、高中读本、社会读本和专家读本5个版本，免费向学校、机关、企事业单位、文化站、农家书屋发放，对宣传和普及李白文化起到很好的促进作用。

3、致力弘扬楚剧艺术。一是坚持开展送戏下乡活动。安陆市楚剧团常年深入到基层演出，不断丰富人民群众文化生活。每年下乡巡回演出在250场以上，既展示了新农村文化建设的成果，又让广大农民群众享受了传统文化大餐。二是力抓自创精品剧目。创作排演的大型现代楚剧《呼唤》、《王桂珍》、《周小贺》先后立上舞台，在安陆和孝感巡演时，观众如潮，反响强烈。大型现代楚剧《呼唤》荣获湖北省第九届楚天文华奖，并在省内巡演。三是抓好经典楚剧展示。坚持每年举办"九九重阳·重温经典"传统楚剧展演活动，得到广大观众和社会各界的一致好评。

三、坚持民生理念，群众文化活动更加扎实

1、文化下乡经常化。按照"以城带乡、城乡互动"的要求，统筹安排城乡文化活动，积极开展送戏、送图书下乡活动，将文化资源向农村倾斜。实现了每个行政村（社区）每年看2场以上的文艺演出、组织节假日文化活动3次以上、每月看电影一场以上的目标。楚剧团利用季节性和行业的特点，发挥流动舞台车的优势，巡回开展演出活动，服务观众在20万人左右。

2、活动开展多元化。围绕群众所需、所求、所盼，积极策划举办形式多样、丰富多彩、群众喜闻乐见的文化活动。近年来，共策划组织30多场大型文艺演出、50余场专题晚会、160余场文学艺术展览。举办的"唱响安陆"

歌唱比赛、"舞动安陆"广场健身舞比赛，成为我市文化品牌赛事，具有重要的社会影响力。2015年，我市举办了赛期长达6个月的广场舞大赛，参加首届广场舞大赛的队伍达到100多支，参加的群众达到4000多人。

3、体育健身全民化。坚持以小康体育工程为载体，实现全民健身运动由集中统一向小型多样转变，由城市为主向城乡一体转变，由规定项目向自选动作转变，增强其灵活性、趣味性和全民性。先后举办清明节万人登山活动、老年门球赛、职工篮球赛、中国象棋赛、乒乓球赛、足球赛、武术表演、钓鱼比赛、游泳比赛、自行车比赛等30余场，参加群众6万人次。

四、创新管理思路，助推文化事业更好发展

1、科学规划文化发展。围绕打造"文化旅游名市"目标，坚持以人为本，立足乡情民意，把握文化建设目标时代化、阵地现代化、活动经常化、内容品牌化、服务社会化的"五化"要求，在加快发展经济的同时，坚持把基层文化软硬件建设作为重要内容来抓，建立了党政一把手挂帅，分管领导组织协调，部门配合，市、乡、村三级共建机制，层层制定工作责任目标，形成一级抓一级、社会广泛参与的工作格局。市委、市政府将文化工作纳入乡镇和部门绩效考核，主要领导每年要听取两次全市文化工作汇报，专题研究基层文化工作，解决突出问题。

2、理顺文化工作机制。整合资源。把乡镇文化体育、新闻出版、广播电影电视等部门加以整合，组建新的综合文化站，保证机构、阵地、活动、人员、经费"五不变"，形成富有活力的农村文化主体。优化配置。结合乡镇综合配套改革，从人事改革入手，完善用人制度和办事机制，采取竞聘上岗、合同管理、责任目标考核的办法，对综合文化站工作人员实行定编、定岗，精干队伍，优化组合。对下岗分流人员，采取离岗退养、一次性安置、停薪留职的办法进行妥善安置，办理医疗、养老保险，解除他们的后顾之忧。开展公益性文化活动由政府订单购买，人员实行优化组合，推行全员聘用，变"以钱养人"为"以钱养事"。

3、加大人才队伍建设力度。全市文化人才队伍初具规模。拥有一定影响的书画家、作家、摄影家、表演艺术家160余人，拥有歌舞队230支、农民乐队37支，民间艺人达3万余人，从事文化产业人数达2600余人。各乡镇综合文化站在每个村重点培育1至2户文化娱乐型、文化产业型或文商互补型文化中心户，将农村精神文明建设的触角延伸到最基层。辛榨乡说书艺术、李店镇的农民漫画创作、辛榨乡的农村民间艺人社团、孛畈镇的业余文工团、

木梓乡巡店镇的书法协会、烟店镇的麒狮舞、雷公的大唐竹马等等，这些特色文化活动都有一大批农村文化人才作支撑。特别是"麒狮舞"和"大唐竹马"被评为省级非遗项目。

近年来，在各级党委、政府的关心和支持下，我们在基层文化建设方面作了一些有益的探索，取得了初步成效。下一步，我们将进一步深化文化体制改革，创新公共文化服务运行机制，努力提高公共文化服务的能力和水平；大力发展公益性文化事业，通过加大对公益性文化设施的投入力度，建设一批公共文化重点工程；大力发展经营性文化产业，推出一批有发展潜力的重点文化项目，培育新的增长点；动员社会各方面力量广泛参与文化建设，形成推动文化建设的强大合力。

统筹协调 文化惠民
加快村级公共服务中心建设

广西壮族自治区富川瑶族自治县文化旅游体育局 黄 灵

2010 年以来，我县认真贯彻落实中央、自治区和贺州市加强农村公共服务体系建设的部署和要求，以提高农村居民文体生活和健康服务为出发点，大力实施村级公共服中心建设惠民工程，在自治区文化厅和贺州市文化新闻出版局的关心和大力支持下，取得了明显成效，2010～2015 年完成村级公共服务中心建设村点 101 个，总投资 5320 万元，2016 年建设 10 个点工作已全面铺开，并正有序的推进。现将工作情况总结如下：

一、取得的成效

我县从 2010 年开始实施村级公共服务中心建设工程到 2015 年底可实施全县 137 个村委覆盖率 81%，共完成建设村点 101 个，使受援村点的村容村貌得到进一步美化，改善了人居环境，活跃了农村文体生活，提高了人民群众的生活质量，进一步改善了村级文体基础设施，解决了村级开办各科技培训班的场所等群众切实急需解决的问题，使人民群众真正得到实惠。

二、主要做法

（一）领导重视，组织有力，周密部署

一是加强领导，统筹协调。为确保全县村级公共服务中心建设顺利开展，我县把村级公共服务中心建设作为"民心工程"的重中之重来抓，成立了由县人民政府分管领导为组长，县发改、财政、国土资源、文体等有关单位为成员的工作领导小组，统筹和协调村级公共服务中心建设工作。各有关乡镇也成立了相应领导机构，形成了县、乡、村一级抓一级、层层抓落实的工作格局。二是明确职责，形成合力。建立了联席会议制度。联席会议由发改、住建、财政、卫生、文体等相关部门组成，按职责分工，密切配合，相互支持。不定期召开会议，针对工作中存在的问题及时研究，加以解决，形成齐抓共建、上下联动的整体合力。三是强化督查，狠抓推进。县人民政府与各

有关乡镇签订责任书，并将村级公共服务中心建设工作列入对乡镇年度考核内容，建立了定期汇报制度，及时掌握进度。由县文体局牵头，不定期召开联席会议，对工程建设进行督查指导，督促进度，监督质量和标准，监管资金，以确保建设工程按方案、高质量、顺利实施。

（二）坚持突出瑶乡特色和抓好典型示范带动

我县在选择建设点的过程中，主要从三个方面入手，一是纯瑶族村；二是民族特色村；三是有一定基础，但差距明显的村，探索统一规划，整合资源，突出重点，分步建设的思路和做法，将工程建设与城乡风貌改造、精神文明建设、新农村建设等工作结合进行，有意识地摸索富有瑶乡特色的建设路子，充分发挥好典型示范带动作用。利用我县农村赶庙会等习俗，在柳家乡大中屯村、福利镇八百岭村、朝东镇龙归村等建设村点举行了篮球、山歌比赛等文体活动40多场，开办科技等各种培训班20多期，让更多的人民群众感受到公共服务中心建成后所得的实惠，突显村级公共服务中心服务群众，丰富村民文体生活的作用，更好激发广大群众参与建设的积极性。

（三）因地制宜，整合资源

我们充分结合村级公益事业建设"一事一议"财政奖补项目资金和城乡风貌改造和村民自等项目资金，把专项资金和其他方面的建设资金整合使用，做到多渠道筹措资金，整合各部门资源，有效解决建设缺口经费问题。2010~2015年共整合资金2460万元。

（四）大力宣传，形成共识，充分调动群众积极性

从定点到开工建设，我们除利用电视、标语等常见的宣传方式外，多次到各受援乡镇及村点召开"两委"班子及群众代表会议，对村级公共服务中心的建设优越性进行宣传，充分调动群众积极性和参与性，形成"公共服务中心是我家，建设靠大家"的理念共识。2010~2016年，在完成的101个建设点中，村民无偿提供建设用地13000多平方米，义务投工投劳14000多个工，无偿自发拆除闲置旧房屋380多间。

三、下一步工作打算

在自治区文化厅和贺州市文化新闻出版局的关心和大力支持下，我县的公共服务中心建设工作取得了明显的成效，但与一些先进县区相比还有一定的差距。下一步，我们将以这次全区公共服务中心建设工作推进会为契机，采取更加有力的措施，抓好建设工作。

金凤故乡文体花

湖北省荆州市荆州区文化体育局　周　炬　赵　晖

在绿树成荫、群鸟栖息的荆州区政府大院内，有一栋始建于上个世纪 50 年代的二层小楼，这就是荆州区文化体育局办公所在地。自 2007 年 3 月以来，荆州区文体局着力打造具有地域特色的"文化名片"，提升区域软实力，荣获了全国群众体育先进单位、湖北省文化市场管理工作先进单位、湖北省全民健身活动优秀组织奖、湖北省全民阅读"十佳书香县（市）"、荆州区绩效考核先进单位、绩效考核创新奖、绩效考核进步奖、落实党风廉政建设责任制、社会治安综合治理等一系列光荣称号。2008 年 2 月底，湖北电视台公共频道《楚天经纬》栏目以《荆州市荆州区文化事业展新貌》为题，对荆州区文化工作作了报道。

一、队伍建设出新招

荆州区文体局是主管全区文体广电、新闻出版和版权工作的区政府职能部门，对上对口省文化厅、省体育局、省新闻出版广电局三个厅局，挂新闻出版局、版权局、体育总会牌子。下辖区广电办、文化馆、图书馆、电影公司、人民剧院、群众体育管理中心 6 个区直二级单位。现有干部职工 363 人，其中在职 194 人，离退休 169 人，中共党员 127 人。2007 年以来，文体局研究出台了四项新举措：一是每逢局机关离退休老同志生日，局主要领导和老干科工作人员都要亲自登门拜访，为其送上生日祝福。二是成立了老干部支部，健全了老干部党内民主生活制度，组织离退休老干部先后赴三峡等地参观考察，受到了老干部的一致好评。局老干部自觉组织学习，开展活动，工作取得了很大的成绩，荣获了全市先进离退休干部党支部称号。三是把维护稳定和信访工作列入党组重要议事日程，在人民剧院、电影公司等二级单位困难多，包袱重的情况下，积极帮助二级单位想办法、找出路，切实维护了文体系统的队伍稳定，局机关工作人员的待遇也逐年提高。针对体校职工安置问题，局党组多次开会研究，及时向区委区政府主要领导汇报，提出解决办法及建议。2008 年 5 月挂牌成立了区群众体育管理中心，安排体校人员上岗，实行"以钱养事"机制，按 11 人设岗，区财政每年划拨经费，从而解决

了长达五年之久的体校职工安置等遗留问题，确保了文体系统的队伍稳定。四是制定了《区文体局对外宣传报道奖励实施方案》，对在宣传报道工作方面作出突出成绩的人员给予奖励，提高了文体局的知名度，扩大了文体局的社会影响。这一系列以人为本的新举措，激发了广大干部职工的工作热情，形成了班子和谐、上下和谐的良好氛围。

二、业务工作出实绩

在区文体局的带领下，荆州区逐步树立了民俗闹春、消夏纳凉、金秋歌会、隆冬赛场、文化下乡、节日庆典等文化品牌，唱响了文体活动"四季歌"，基本做到了"月月有活动，季度有高潮，全年不间断"，让群众真正享受到了公益性文化服务带来的成果。全区文化体育广播电视事业发展稳健，公共文化体育服务体系初步建立。全区共有131名村文化员、34个民营剧团、147个文化信息资源共享工程基层服务点、27个社区文化活动室，149个"农家书屋"实现了全覆盖，区图书馆、文化馆和文化站免费向社会开放。

一是保护传承马山民歌。区文体局围绕马山民歌申报国家级非物质文化遗产，做了大量细致又艰苦的工作，在资金和人力方面给予了政策倾斜。多次登门拜访荆州市艺术研究所的领导和专家学者，就马山民歌申遗的署名问题进行协商，最终同意由荆州区单独署名申报。在区委成立马山民歌申遗工作领导小组的基础上，文体局也成立了申遗工作领导小组和研究课题组，录制了马山民歌光碟音像资料赴北京面见文化部及中国非物质文化遗产保护中心有关领导和专家，全力做好马山民歌申遗相关争取工作。2008年马山民歌成功入选第二批国家级非物质文化遗产名录，马山镇被命名为"中国民间文化艺术之乡"。2010年11月，经区编委同意，在区文化馆挂牌设立了荆州区非物质文化遗产保护中心。截止2016年6月底，荆州区共有国家级非遗1项（马山民歌），省级非遗4项（荆州鱼糕、张居正传说、荆州民间刺绣、陶器烧制技艺），市级非遗5项，区级非遗12项，国家级非遗传承人1人（王兆珍），省级非遗传承人6人（黄清芳、段家红、施传武、张世模、王孝珍、夏裕谷）。2015年6月，选送马山民歌《喇叭催春》赴苏州市吴江区参加了文化部主办的"中国民间文化艺术之乡"民歌、山歌展演活动暨"中国民间文化艺术之乡"建设研讨会。《喇叭催春》不仅参加了6月25日晚在吴江人民剧院举办的开幕式演出，还被分组安排到吴江开发区山湖花园小学和苏州欧普照明有限公司等地参加巡回演出。2015年12月，由区文体局、区文化馆、区非物质文化遗产保护中心编辑的《荆州马山民歌选》由湖北科学技术出版

社公开出版发行，全书共收录传统马山民歌56首，新改编马山民歌29首。2016年，特邀湖北省音乐家协会副主席兼秘书长、一级作曲宋桥制作出版《马山民歌专辑》，收录经典马山民歌10首。

二是积极典藏特色文献。2007年5月，区文体局专程赴广州梅花村广东省委大院，拜访了荆州籍著名作家欧阳山先生的大女儿、欧阳山资料室主任欧阳代娜。经欧阳山家属、广东省有关方面、荆州区三方联合商定，欧阳山资料室收藏的珍品（包括欧阳山照片、手迹、个人录音录像、藏书、塑像、礼品证书等）将分作4个部分，一部分由广东省档案馆保存，一部分由北京中国现代文学馆收藏，一部分留在广州梅花村欧阳山故居，其余的全部捐赠给荆州区，为荆州区荆楚名人著作馆的馆藏添上浓墨重彩的一笔。2008年成功举办了欧阳山诞辰100周年纪念活动暨"荆楚名人著作馆"揭牌仪式，并筹资近70万元，完成了区图书馆全国文化信息资源共享工程县级支中心建设。2013年区图书馆通过了第五次全国公共图书馆评估定级工作检查验收，成功晋级国家二级图书馆。2015年以来，又购置了先进的电子图书借阅机、博看触摸屏期刊借阅系统、歌德少儿学习一体机，并实施了区图书馆维修改造工程，馆容馆貌焕然一新。

三是扶持壮大文艺团体。为了打造一支专兼职结合的文艺演出团体，扭转以往一遇到大型演出就要从外地歌舞团或其他单位外请演员的被动局面，区文体局主动与区纪委联姻，以出让冠名权的方式，联合组建了区廉政文化艺术团，招聘了数名业务拔尖的年轻演员，为她们办理了养老保险，解决了其后顾之忧，从而使其能安心工作，积极参加排练和演出。同时还以原荆州区楚剧团的演员为依托，吸引来自区直各条战线热爱文艺的离退休人员广泛参与，成立了人数多达40人的荆州区楚风艺术团和桃园京剧社，不间断地组织开展各类群众文化活动，满足了城乡居民的文化需求。由楚风艺术团编排的小品《回家》在荆州市2007年离退休人员"九九重阳节"文艺汇演中引起强烈反响，并参加全国"两法"知识竞赛演出，获得第二名。2011年以来，参与或承办了荆州区迎春茶话会文艺演出、企业家联谊会文艺演出、"百团千村万场戏"巡演活动送戏下乡专场文艺演出、上海交大CEO总裁班荆州联谊会文艺演出、荆州区桃花会文艺演出、"荆风楚韵颂清廉"荆州市廉政文艺晚会、张居正国际学术研讨会迎宾晚会演出、中国荆州（国际）关公文化学高峰论坛暨招商大会、首届中国荆州"油菜花海·八岭山"户外文化旅游周活动、省政府荆州旅游开发现场办公会"荆州风韵"荆州市非物质文化遗产展演晚会、湖北省直机关第三届干部职工运动会开幕式文艺表演等数百场演出，

组织开展了十七届社区消夏文化月活动。艺术团每年送戏进基层都在一百场以上，受到了群众的广泛赞誉，被誉为"政府的使者，百姓的亲人"。

四是繁荣文学艺术创作。2007年8月，经区文体局争取，恢复了荆州区"金凤文艺创作奖"，每二年对全区有突出贡献的文艺人才和作品进行奖励。女作家王君入选湖北省第七、八、九届签约作家。由区文化馆自编、自导、自演的群口快板《安澜和谐铸辉煌》获水利部建国60周年文艺汇演综合类一等奖，并在省水利厅建国60周年文艺调演中获综合类二等奖；湖北小曲《考媳妇》获省群星奖铜奖；快板舞《金秋十月艳阳高》获省地税系统文艺比赛二等奖；表演唱《我们共产党人》获省气象系统文艺比赛二等奖；舞蹈《送祝米》获省总工会文艺演出三等奖。马山民歌快板歌舞《信合明天更辉煌》作为湖北省唯一的节目应邀赴北京参加了在国家会议中心举办的"真情相伴60年——纪念农村信用社成立60周年暨支农先进评优表彰大会"文艺演出。张兰兰演唱的《芝麻开花节节高》在"湖北名歌大家唱"评选活动中入选100首入围歌曲。2012年，廉政曲艺《一个县长三个妈》荣获省纪委、省委宣传部、省监察厅、省文化厅联合举办的全省廉政文艺汇演作品评选活动一等奖，并与韩红同台参加了5月17日晚在湖北剧院举行的"清风礼赞"全省廉政文艺晚会。

五是丰富活跃群众体育。在区文体局、区体育总会、老体协和各单项体协的带领下，以全民健身为龙头的社区乡镇体育开展得十分活跃。全区体育人口达到总人口的45%，各类体育场地达到264个，体育场地总面积506853平方米。西城街办和城南街办龙山寺社区被授予全国城市体育先进社区称号。同时充分发挥体育协会和体育指导员在全民健身活动中的指导、示范作用，积极参加省、市体育局组织的社会体育指导员培训，提高了全民健身科学化水平。先后举办了荆州区体育舞蹈锦标赛、老年人健步走向北京奥运会启动式、"骏马杯"村村乐农民篮球联赛、"银河杯"乒乓球联谊赛、"重阳杯"腰鼓大赛、广场健身舞（操）展示赛、"小黄鹤楼——晓楼"杯男子篮球联谊赛等一系列大型群众体育活动，完成了北京奥运会火炬荆州传递活动的文艺表演、体育展示等项工作，被评为北京奥运会火炬接力荆州传递活动先进单位。2009年组队赴各县市参加了荆州市四运会5个类别29个项目的比赛，运动员多达400多人，投入资金近30万元。荆州区奖牌总数名列全市第二，团体项目总分名列全市第三，并荣获"体育道德风尚奖"。2011年，文体局代表荆州区圆满完成了2011年荆州市第十六届老年人门球赛暨乡镇老年人门球赛的承办任务。共有19支代表队250余人参赛，比赛取得了圆满成功。由于工作出色，区文体局被市政府授予"参加湖北省第十三届运动会贡献奖"，并荣获荆州市全民健身活动优秀组织奖。同时，区文体局还实施了荆州区2011~2015年全民健身计划，为65个村配备了农民体育健身工程体育器材。每年均要举办"全民健身日"活动启动仪式、国民体质监测等活动。申报了"荆州区古城健身中心"国家体育总局"雪炭工程"援建项目。城南街办四机社区和东城街办南门社区省级社区体育俱乐部挂牌成立。圆满完成了荆州区第六次全国体育场地普查工作和湖北省第十四届运动会火炬传递暨"荆州动起来"全民健身集中展演等活动任务。区文体局被评为全区迎省运突出贡献单位，区文化馆被评为全区迎省运先进单位，文体系统有5人被评为全区迎省运先进个人。区文体局局长周炬继被国家体育总局评为2009~2012年度全国群众体育先进个人以后，又被评为全市承办湖北省第十四届运动会先进个人。

六是发展农村广播电视。积极支持乡镇文广服务中心建立"以钱养事"的工作机制，稳定了乡镇广播影视宣传阵地。城区有线电视数字化整体转换工作全面完成，各镇广电机构播出设备不断更新，筹资更换或添置了发射机、摄像机、字幕机、地面卫星接收装置、有线接收机、放大器等设备。广播电视传输覆盖网进一步巩固和发展，广播、电视的人口综合覆盖率均达到了100%。为创新农村公共文化服务模式，在全区启动了农村智能广播"村村响"工程，目前已建成1个区级平台、9个镇级平台、113个村级平台和754个组级终端，覆盖了近90%的行政村和80%的居民小组。弥市镇双马村等4个村"村村响"工程被评为全市示范工程。区电影公司每年组织放映农村公益电影1464场，并在全市电影工作会议上作了农村电影放映工作经验交流。

三、项目建设出硕果

区文体局把招商引资和项目争取工作作为局主要工作之一来抓，局党组主要负责人每年都要带领局班子成员和二级单位负责人到中、省文化、财政、发改、新闻出版、体育、广电等部门跑项目，争取扶持资金，使流动舞台演出车、流动电影放映车、流动图书车、新闻出版行政执法车、乡镇综合文化站文化设施维修专项资金、农家书屋工程、农民体育健身工程、社区体育健身路径、广播电视村村通工程等一大批文体广建设扶持项目落户荆州区，从而进一步夯实了全区的文体广电基础设施和活动阵地。据匡算，近年来争取的各级项目资金及物资达1000多万元。其中包括文化信息资源共享工程县级支中心建设补助资金54万元、两馆建设及乡镇基层服务点专项资金200万

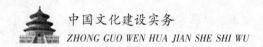

元、乡镇综合文化站维修资金 180 万元、农民体育健身工程资金及器材投入 200 余万元、"农家书屋"建设资金及书籍 100 万元等。同时文化产业也有了新的突破，人民剧院与聚珍园广场投资公司联合开发的新华天河国际影城效益良好，改制经验得到了荆州市委书记李新华等领导同志的高度评价，为全市文化体制改革和文化产业的发展提供了思路和借鉴。

四、市场管理出重拳

2007 年至 2011 年，在文体新闻出版市场管理方面，区文体局本着"一手抓管理，一手抓繁荣"的方针，以建设人民满意的文化市场为中心，开展了一系列专项整治工作。全区文体新闻出版市场管理机构建立健全，形成了区文体局、新闻出版局、版权局、文化市场管理所四位一体的管理网络，做到了依法行政、文明执法。2011 年 7 月开始，在全区 53 家政府机关中开展了使用正版软件的自查自纠工作。成立了荆州区政府机关使用正版软件工作领导小组，印发了《荆州区政府机关使用正版软件工作实施方案》，建立了联席会议制度。先期解决 10 万元启动资金更换 48 家政府机关的 500 套电脑办公软件，办公软件正版使用率达到了 60%。区文体局探索的"星级网吧管理"和"网吧超市"模式被省、市主管部门作为典型经验予以推广，探索的以老干部、老战士、老教师、老专家、老模范为核心的"五老"网吧义务监督员工作经验在全国推广。

五、党风廉政出成效

认真落实党风廉政建设主体责任，坚持把党风廉政建设与文体工作同研究、同部署、同落实、同检查、同考核，形成了领导干部"一岗双责"的工作格局。组织干部职工深入学习党的十八届四中、五中全会精神和习近平总书记关于党风廉政建设和反腐败斗争论述摘编，学习中央"八项规定"、省委"六条意见"、市委"七条意见"和区委"二十条意见"，进一步增强干部职工廉洁自律意识。组织班子成员和中层干部深入查摆所处岗位的风险点，并提出风险防范措施，完善风险防控体系。共查找风险点 46 条，其中班子成员 25 条，科室主任 21 条；制定防控措施 46 条，其中班子成员 25 条，科室主任 21 条。以区文化馆为依托，积极配合区纪委建立廉政文化推广基地，编排了廉政小品《一个县长三个妈》、《良心》等节目，赴各乡镇举办了多场廉政文艺演出。局班子成员及文体系统干部职工无一人有违法违纪现象发生，连年被评为荆州区落实党风廉政建设责任制先进单位。

"攀得半山休道远，还须健履上高峰"。"十三五"期间，荆州区文体局将全面贯彻落实党的十八大及十八届三中、四中、五中全会精神，在荆州区委、区政府的正确领导下，抢抓机遇，狠抓落实，为"打造钢腰，振兴荆州"作出新的更大的贡献。

作者简介：

周炬，男，汉族，党员，1960 年 10 月生，大学学历，1979 年 4 月参加工作，现任湖北省荆州市荆州区文化体育局局长。

历任原江陵县物质局、统计局、县委办公室干部、科长，1994 年 6 月任荆州区委办公室副局级政研员，2000 年2 月任荆州区委办公室副主任，2001 年 3 月任荆州区政协办公室主任。2007年 2 月至今任湖北省荆州市荆州区文体局党组书记、局长。

完善管理 提升质量
加快文化产业发展的步伐

四川省盐源县文化广电新闻出版和体育局 刘 洪

"十二五"期间全县文化广播电视事业发展情况、取得成绩、存在问题及下一步工作思路。

一、"十二五"期间取得的成绩

(一)繁荣文化事业方面

公共文化基础设施建设更加健全完善，文化活动阵地更加巩固。247 个行政村每村有一个"农家书屋"，书屋有专人负责日常管理，每个书屋藏书保持在 1500 册左右，34 个乡镇每个乡镇建设一个 300 平方米的综合文化站，文化站附属设施及内部设施基本完善，有图书室、多媒体室、棋牌室、电脑室，能免费向广大群众开放。"十二五"期间完成投资 50 万元的泸沽湖文化站维修改造。完成 25 个乡镇文化站 150 套电脑的"乡镇电子阅览室"配置任务；完成投资 96 万元 24 个村"村级文化活动室"建设任务。投资 400 余万元完成 130 个村级农民体育健身工程建设任务。

公共文化服务体系基本完善，城乡人民群众权益得到保障，城乡特色文化得到繁荣，人民群众精神文化生活得到进一步提高。县级有文化馆、图书馆对外免费开放，乡镇有综合文化站免费对外开放，部分村有村级文化活动广场、村级文化活动室，初步形成了镇、乡、村文化服务体系。

——群众文化活动

1、近年来，县文化主管部门、各乡镇、社会团体充分利用农闲时节、重大节庆等，在农村广泛开展形式多样的群众性文化活动。广场舞成为我县群众喜爱的文化活动形式，一些如中老年协会等群众文艺团体不断涌现，广泛开展形式多样的文化活动，丰富了群众文化生活。艺术团配合科技文化三下乡，深入乡镇演出文艺节目 10 余场次；配合有关部门成功举办"迎五一、庆五四"达体舞比赛。

2、组织参加了凉山州第四届少数民族艺术节等大型活动，获得优异成绩；组织美术、书法、摄影作品参加州艺术节展览，分别取得一系列奖项。

——广播电视事业建设方面

1、改造提升前端接收设备，提高电视信号传输质量。聘请省广播电视研究设计院及省州专家技术人员，制定我县数字电视前端系统改造方案。全年完成泸沽湖、梅雨、平川、树河等乡镇光纤电视数字化整体平移工作；完成泸沽湖大道3公里管网下线工程；完成盐厂至东门大桥2公里光纤线路迁移改造；完成欧州花园小区184户、财政局家属小区48户管道下线；完成卫城2公里光纤改造；新建泸沽湖地面无线数字机站，实现泸沽湖数字电视的整体平移。进一步加强了机房和网络管理，没有发生安全播出事故。

2、进一步理顺了片区电视网络管理。对梅雨等电视网络管理权进行了收归，对片区电视网络管理进行重新规范，使广大基层的电视网络服务得到了加强。

3、加快数字化电视发展。全年新增有线数字电视用户1100余户；新增无线数字电视用户300余户。全县已拥有有线、无线数字电视用户13000户，村村通用户达23600户，微波电视用户12000户，全县电视用户共计48600户。

4、2014年4月启动和移动公司的战略合作。按照省州要求，双方签署了合作协议，成立了"爱家"共推办公室，进一步拓展了电视网络服务。

截止2015年，全县已拥有有线、无线数字电视用户13000户，村村通用户达23600户，微波电视用户12000户，全县享受国家项目电视用户共计48600户。每年完成3264场农村公益电影放映任务；完成了23个乡镇、22个村固定电影放映点建设。

——摩梭文化宣传保护与申遗工作稳步推进

1、按照县委县政府关于摩梭家园建设保护实施方案的要求，制定摩梭文化保护实施细则，加快推进摩梭文化普查登记工作，顺利完成摩梭文化传承人认定工作。2014年12月洼夸传习所工程动工兴建，舍夸、多舍、洛洼等4个传习所建设工程启动实施。

2、积极申报国家和省州级泸沽湖非物质文化遗产项目18项，其中"摩梭人服饰"等5个项目已成功进入省级名录。顺利完成了非遗项目的传承人认定申报工作。

（二）发展文化产业

文化产业发展活力和综合实力明显增强，初步形成具有以泸沽湖摩梭文化和地区彝文化为主的特色文化，文化产业发展成为我县新的经济增长点和

重要产业。

文化创新能力进一步提升，不断创作产生出既有思想内容，又有市场价值和民族特色的文艺精品，打造摩梭文化节、转山转海节、火把节等文化旅游品牌。

文化体制改革进一步深化，形成科学有效的宏观文化管理体制，形成富有效率的文化生产和服务的微观运行体制，文化资源配置更加优化、布局更加合理、效益更加明显。

（三）社会主义精神文明建设

"十二五"期间，盐源人民广播电台和盐源电视台坚持正确的舆论导向，坚持"三贴近"，紧紧围绕县委政府的中心工作，突出宣传重点，大力改进文风，改进新闻报道方式，深入基层采访报道，取得了较好的成绩。电台、电视台每年完成1000余条盐源新闻摄制、制作，"十二五"五年期间共计5000余条；每年州台录用我县新闻稿件200余条，五年共计1000余条；五年共计制作各类专题片200余部。内容涉及禁毒防艾、城乡环境综合治理、护林防火、社会治安综合治理、盐源县城宣传、摩梭家园建设和文化保护等内容。

二、存在的问题和不足

（一）文化建设方面

1、人员经费投入不足，基层文化设施设备配备需进一步加强、完善。我县已对34个乡镇建设有综合文化站，247个行政村建设有"农家书屋"，硬件设施虽然建设好了，但内部附属设施、设备仍然不完善，需进一步争取县上资金投入；现有乡镇文化员多是兼职，老、弱情况严重，责任心不强，业务水平不高，组织开展农村群众文化难度大，需加强人员管理及完善各规章制度；"农家书屋"管理员多是村干部兼职，无专项补助及工作经费，图书管理员工作积极性不高，需加强管理及资金投入。

2、文化基础设施还比较落后。有的文化惠民项目启动才一、两年，"村村响"和"村级文化活动室"目前实施的只有二三十个村，绝大多数村还没有实施，一些边远的山村缺电，没有电视看，需加大惠民工程的实施；文化基础设施还不能很好地满足广大人民群众文化生活的需要，同时，乡镇对文化的投入不足，许多农村连村民开展活动的场地都没有，农村群众文化活动难开展。

（二）广播电视方面

电视台记者的业务素质还需要进一步提高，广大职工的敬业精神还需进

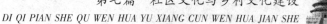

一步增强，新闻报道质量还有待进一步改进；"两台"工作人员办公条件较为简陋，设备设施陈旧老化严重，需加强经费投入改善办公条件及设备设施。

（三）事业建设方面

我县城区电视网络由于是十余年前建设的，前端机房设备、信号传输网络老化严重，造成电视信号质量不稳定、故障率高、维修难度大，需争取省、州、县项目、资金对机房、网络线路进行升级改造；"村村通"、"村村响"等项目管理全部是乡、村干部兼职，无工作经费和补助，工作人员工作积极性不高，需争取省、州、县相关配套资金加以解决。

三、下一步工作思路和几点意见

（一）切实贯彻落实国家文化惠民政策，加大对文化事业的投入，加强文化基础设施建设

加大县级财政投入，争取上级部门项目支持，确保文化建设资金随着经济的发展逐年增长。尽快完成城区及部分乡镇有线电视数字化整体平移，争取国家项目支持，加快有线数字前端及网络改造升级；新建文广局办公大楼，解决电视台演播室、广播电视机房、村村通维护中心和办公用房问题；尽快解决相关问题，力争早日建设"三馆合一"的图书馆、博物馆，目前"两馆"建设资金已到位，文广新局积极向县委、县政府进行专题汇报，争取县上支持，早日启动"两馆"建设；继续加强乡镇文化站和村级文化活动室建设，完善内部管理制度。

（二）加快文化产业发展，实施文化品牌工程，进一步提高文化对外影响力

摩梭文化是我县最好的文化资源，具有世界唯一性。要围绕"东方女儿国"、"母氏社会活化石"、"泸沽湖人文风景"、"润盐古都"、"青铜王国"、"苹果之乡"等文化品牌，深入挖掘摩梭文化、盐文化、青铜文化、苹果文化等文化内涵，大力发展特色文化旅游，把泸沽湖打造成大香格里拉旅游环线最佳前进基地和旅游目的地。要加强对泸沽湖艺术团的管理，打造泸沽湖文化演艺基地，办好摩梭母系文化节、转山转海节。组织开展文艺精品创作，推出一批有影响力的精品力作，搞好泸沽湖文化宣传的"五个一"建设。建议县委、县政府将文化产业发展纳入县财政预算，每年投入800至1000万元资金进行文化产业项目打造建设。

（三）加快事业建设，提升服务质量

积极争取上级项目、资金支持，加快城区及乡镇电视网络建设，逐年改

造升级电视机房及有线、无线电视网络；加快广播电视"村村通"、"村村响"、无线发射机站建设，力争实现每个乡镇都能收看到有线和无线电视，能收听到广播节目。

（四）继续加大文化市场监管力度，繁荣我县文化市场。

县文化综合执法大队要进一步加大执法检查力度，规范文化经营业主行为，严厉打击文化市场违法违规行为，促进文化市场健康有序发展。

（五）积极培养引进人才，加强文化队伍建设

加快文化、广播影视、新闻出版、从事公共文化产品生产和服务、优秀传统文化艺术的专业人才的培养和引进。加大培训及业务监督、指导力度，加强文化队伍建设，努力提高文化工作者综合素质和业务水平，以适应新形势、新时期文化工作的需要。

传承弘扬和保护刀郎文化现状及今后发展思路

新疆维吾尔自治区麦盖提县文化体育广播影视局 阿孜古·毛拉克 周婷婷

作为刀郎文化发祥地的麦盖提县，刀郎文化流传非常广、影响非常深，群众文化氛围十分浓厚，已经成为当地群众日常生活中不可或缺的精神食粮，备受国内外客人的青睐和关注，但随着经济全球化和现代化的冲击，我县刀郎文化原有的文化生态发生了一些变化，正在失去生存和发展的条件，面临灭绝或处于濒危状态，为使这一即将濒危的特色文化重新焕发出了生机，成为中华文化宝库的一枝奇葩，溜光异彩，我们将对刀郎文化采取有力的措施传承、弘扬和保护。

一、传承、弘扬和保护刀郎文化发展现状及具体做法

1、加强领导，建立协调有效的工作机制

成立了由县委主要领导负责的麦盖提县非物质文化遗产保护工作领导小组，负责研究协调非物质文化遗产保护工作的重大事项。并将非物质文化遗产保护工作列入重要议程，纳入国民经济和社会发展整体规划，纳入文化发展纲要。同时于 2006 年 3 月按照法定程序成立了麦盖提县刀郎木卡姆民间艺人协会，成员达 51 人。

2、加大宣传力度，营造良好的社会氛围

充分发动群众的参与热情，调动群众的积极性，自 2012 年 4 月开始在县刀郎文化广场开展"激情刀郎天天乐"和"百日文化广场"活动，并于 2014 年又增加了"每村每半月一场文艺演出、每周两次文体活动"等举措，由于我县在县内对刀郎文化宣传措施到位，群众在文化艺术的熏陶下，宗教氛围得到了进一步淡化，崇尚科学、文明的群众越来越多，为传承和弘扬麦盖提"刀郎文化"奠定了坚实的群众基础。

3、加大资金投入和培训力度，为刀郎木卡姆的发展繁荣提供资金、人才支持

为切实解决刀郎木卡姆后继乏人的现状，积极开展了刀郎木卡姆传人培训工作。县、乡积极开展各种培训班，为培养接班人投入了大量的资金、人力，除此之外，还通过文化节、艺术节等形式为民间艺术的成长提供了广阔的空间。

4、加大对内外文化交流，扩大影响力，弘扬刀郎文化，提高知名度

一直以来，县委、县人民政府把丰富职工、群众文化生活当做一件大事来抓，每逢节假日都围绕"刀郎文化"举办了丰富多彩的文化活动，如：全县性元宵节社火活动、县、乡庆祝诺鲁孜节活动、艺术节、农运会等，每年都在100场（次）以上，通过这些健康向上的文化活动，陶冶了群众情操，促进了社会稳定，促进了精神文明上台阶。按照把文化做大做强的目标，我们同时加大了对外文化交流，特别是近年来，我县始终坚持实施"走出去"和"引进来"相结合的战略，充分利用县内的文化优势，着眼于满足人民群众日益增长的物质文化需求，编排一些反映我县新时期改革发展的新人、新事、新风尚的优秀"刀郎文化"艺术精品，深入广泛地开展国内、国际文化艺术交流，让国内、国外不断加深对麦盖提"刀郎文化"的了解，为我县"刀郎文化"向国际化发展奠定坚实了的社会基础。

5、切实抓好民间艺人的保护工作

2002年，县委、县人民政府对12名家庭经济困难、有名望的刀郎木卡姆民间艺人办理了城市户口，并纳入了低保，乡（镇）还免除了他们的义务工；2005年，县委、县人民政府决定，给13名刀郎木卡姆民间艺人，每户解决3000元，用于住房改造。县文体广电局还认真抓好了民间艺术之乡和民间艺术大师申报工作，2005年5月，地区文体局将麦盖提县4个乡（镇）命名为"民间艺术之乡"，将7名有名望的民间艺人命名为"民间艺术大师"。2006年，自治区文化厅将我县5名民间艺人命名为"优秀民间艺术大师"。2008年国家文化部将玉素因亚亚和阿不都吉力力肉孜确定为国家级民间艺术大师。平时，在为外来宾客、游人表演过程中，给予一定的劳务费或误工补贴，每逢大的节假日，县、乡领导和文化部门领导都上门看望慰问，做到从政治上和生活上关心，极大的调动和提高了他们传承原生态刀郎文化的积极性，2013年年底，国家级、自治区级、地区级和县级艺人除享受上级的补贴外，县委又研究由县财政拿出一定的资金提高他们的生活待遇，并将他们全部纳入低保行列。

6、积极争取资金项目，加大文化遗产抢救保护力度

2005年8月，县财政解决2.5万元用于申报国家级非物质文化遗产保护项目，县文体广电局将"刀郎木卡姆"、"刀郎麦西莱甫"、"刀郎农民画"分别以"文化空间"、"民间音乐"、"民间美术"形式申报到文化厅，文化厅组织专家组审查后，确定将"刀郎木卡姆"、"刀郎麦西莱甫"报至国家文化部；2005年11月27日，联合国教科文组织在充分论证审查后，正式宣布新

疆维吾尔木卡姆为世界人类口头与非物质文化遗产保护项目；2006年3月，国家文化部正式确定麦盖提县"刀郎麦西莱甫"、"刀郎木卡姆"为首批国家级非物质文化遗产保护项目；2007年，麦盖提县刀郎木卡姆、刀郎麦西莱甫被列为第一批自治区级非物质文化遗产保护项目名录。为进一步挖掘"刀郎文化"；2008年，县财政拨款3万多元，开展了全县性非物质文化遗产普查工作，为继续申报项目打下了基础。

7、加强阵地建设，充分展现麦盖提县人文环境，壮大文化事业

随着人民群众生活的不断改善，为了满足各族群众对文化日益增长的需求，针对文化基础设施落伍的状况，在国家支持的同时，县委、县人民政府千方百计筹措资金，使县、乡文化阵地逐步得到了改观。随着人文环境的改善，在"刀郎文化"的吸引下，来麦盖提县投资发展的客商越来越多，来麦盖提县旅游观光的游人也是络绎不绝。

二、今后发展的方向

为了把我县打造成富有活力的"旅游之城"，我们的主要举措有以下几个方面：

一是请著名规划设计单位，对麦盖提县的旅游产业发展高起点、高标准、高水平地进行规划。

二是加快刀郎文化旅游园项目建设步伐，并努力将其打造成为4A级旅游景区。

三是开发刀郎文化旅游资源，积极发展文化产业。依托"刀郎文化"品牌，加快打造集创作、培训、展示、销售、民俗民风体验、民族特色餐饮、刀郎木卡姆精品曲目欣赏、旅游纪念品制作为一体的库木库萨尔乡刀郎农民画旅游基地，集沙漠观光、沙漠探险、沙漠运动为一体的沙漠旅游基地，以及央塔克乡刀郎歌舞和特色民族餐饮旅游基地，并努力将其打造成为国家5A级旅游景点，并着力打造刀郎民俗风情旅游，沙漠、胡杨、湖泊生态旅游，推动以刀郎文化为主题的旅游业快速发展。

四是进一步完善刀郎文化广场设施，增加刀郎文化元素，加快亮化工程建设，努力将其打造成为4A级旅游景点。

五是精心策划首届中国刀郎文化旅游艺术节、首届全国农民画展等活动，提升魅力麦盖提的知名度和享誉度。

六是高质量、高水平制作刀郎文化、民俗风情、旅游风光等专题宣传片，大力宣传魅力麦盖提。

七是加强文化研究，强化刀郎文化的传承培训，有计划地举办传承培训班，按照县委的要求，争取项目，完成刀郎文化传承演艺中心的新建及设备配置工作，除此之外，还要充分利用职业中专的资源优势，在职业中专开设刀郎木卡姆班、乐器弹奏班、乐器制作班、刀郎农民画班等专业特长班，聘请我县优秀老艺人进行系统传教，强化学习，进一步保护和传承我县刀郎文化。

八是加强民间文化建设，巩固刀郎文化发展基础。继续办好"百日广场文化活动"、"夜夜刀郎舞活动"等。从而不断丰富群众文化生活，扩大刀郎文化的群众基础。

加强基层设施建设 丰富村居文化生活

山东省淄博市博山区文化广电新闻出版局

近年来,由于群众对文化生活的需求越来越高,我区因势利导,以培育和增强偏远山区人民的文化自信为目的,将基层文化设施建设纳入新农村建设总体规划,着力完善农村公共文化服务体系,搭建村级公共文化服务新平台。按照"政府组织建设,鼓励社会捐助,居民自主管理,创新机制发展"的思路,积极争取上级主管部门支持,加大对基层文化设施的投入,探索出了"文化活动有人管、唱歌跳舞有人教"的村(居)民自办文化格局,以文化活动推进村居精神文明建设的新路子。

一、加大投入,完善基层文化设施建设

综合文化站对于丰富农民群众的精神文化生活,推动乡镇文化建设发展,传承地方特色文化等都具有重要意义。是顺应百姓需求的工程,以此为圆点对各村文化大院充分发挥"辐射"的功能,开展宣传教育、文化下乡、图书借阅、培训指导等活动,同时利用乡镇文化中心的场地,在节庆假期以及农闲时节举办各种类型的文化活动,成为村民们享受文化大餐、参与文化活动的重要平台。

目前,全区综合文化站及文化大院建设已实现全覆盖,同时认真筛选乡镇上具有深厚文化底蕴、知名度较高的特色项目,并不断扩大其社会影响力,注重打造各自文化品牌,广泛吸纳各种社会资源,共同参与到文化品牌的创建工作中来。

借助"外力"和"内力",整合资源,不断加大对基层文化设施的投入力度,每建设一处室内面积不低于 200 平方米,室外文化小广场不低于 500 平方米的文化大院,由区、镇两级财政补贴资金 1 万元,并配发简易舞台灯光、便携式音箱等文化器材,进一步推动社会主义新农村建设,实现"文艺表演有舞台,社区活动有广场,居民休闲有场地"的目的。

利用今明两年的时间对全区农家书屋进行提升改造,补充配发以"三农"为主、通俗易懂的实用书籍和 E 农移动影库等器材,配备兼职管理员和辅导员,让广大农民群众在家门口就能方便地免费学习文化知识和实用技术。农

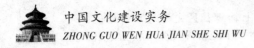

村文化大院还分别设立了图书阅览室、电子阅览室、多功能活动室等，部分文化大院配有篮球场、台球室、乒乓球台等健身器材，为村民们提供便利的图书、报刊、文艺、娱乐等文化服务，积极构建较为完善的"15～20分钟"城乡公共文化服务圈。

二、不断探索，提高文化管理员业务水平

文化大院建起来了，举办贴近农村、贴近实际的群众性文化活动才是落脚点。我区在举办送书画、送摄影、送戏下乡等"送文化"活动的同时，更加重视"种文化"，让群众成为文化广场活动的主体。

1、创新开展"文化周课堂"品牌活动

为深入贯彻落实免费开放政策，充分发挥保障公民文化权益，提高公民鉴赏力的作用，壮大基层文化工作队伍，培养和吸收优秀人才，推出了全年不间断的"文化周课堂"，每周三开课一天，每月更换一个艺术门类，可以免费学习有关声乐、舞蹈、戏曲及灯光音响使用、演出组织策划等一系列内容，做到"月月有专题，周周有课堂"。目前，先后组织举办了非物质文化遗产、灯光音响、乐理知识、电脑操作、摄影、美术、舞蹈等各门类公益文化培训39个，培训人数达到5000余人。区图书馆秉承文化理念，邀请地域文化、国学经典、家庭教育等各个方面的专家学者走进图书馆，与广大读者共享文化精粹，并将历年来的讲座集结成册，受到了社会各界的广泛赞誉。

2、加强文化设施管理力度

每个村居选出一至两名文化小广场管理员，维护文体小广场的场地及设施，并制定了文体小广场管理制度，要求各社区、村（居）卫生保洁员负责日常清理文体小广场的环境卫生，同时，大力倡导各村（居）的文艺骨干参加文化志愿者服务队伍，为群众提供舞蹈教学、乐器教习、歌曲领唱等公益文化服务，为基层文化活动注入发展活力。

3、进一步完善文化志愿者工作

我区还探索实施公共文化服务培训网络，把优秀的文化爱好者培养成文化骨干，把优秀的文化骨干培养成公共文化辅导员，把优秀的辅导员发展成文化服务志愿者，构筑起区、镇、村三级公共文化服务培训网络，培养优秀人才，多出精品力作。

三、创新思路，丰富基层群众文化活动

1、组织实施春节、元宵节系列文化活动

春节、元宵节期间，组织了文艺展演、元宵灯会、扮玩巡演、文艺戏曲、民间艺术表演等各类活动 30 余场。期间聘请省市区艺术家在文化宫礼堂举办了多场文艺演出。协调组织各镇、办开展各类文化活动 70 余场，全区参与活动达 10 余万人。

2、周末大舞台演出精彩纷呈

今年我区周末大舞台正式启动。区政府投资 300 余万元将淄博市工人文化宫影剧院修葺一新，每周五定期组织文艺演出，广大居民凭有效证件，可以免费到居委会领取门票，观看演出。目前，已经组织省、市、区各级优秀文艺团体免费为百姓演出 30 余场，场场爆满。周末大舞台的启用，把文化惠民工程落到了实处，进一步丰富了山城百姓的精神文化生活。

3、持续开展广场文艺展演

自 7 月初开始至 10 月上旬，在工人文化宫广场组织广场文艺展演，每年历时 3 个多月，预计演出一百场，今年已经是第五年，今年我区还升级更新文化设施，打造新型广场舞台设施。今年的舞台是按照专业舞台使用功能设计，配套主流灯光、音响及特效设备，安装了顶棚等设施，可抵御突发不良天气，为广大演出队伍提供了良好的演出场地。

以城区的文化宫广场，带动各镇办利用村居文化小广场，组织开展形式多样的文艺演出，不仅丰富了村居的业余文化生活，让群众从台下观众变成了台上主角，做到人人都是文化建设者，人人都是文化传播者。通过文化活动的开展，丰富了群众的文化生活，促进了邻里关系和谐融洽，真正把文化广场建设成为基层群众的精神乐园，让文化活动"遍地开花"。

4、开展"戏曲进校园"活动

大力弘扬传统文化艺术，传承民族文化精粹，丰富学校文化内涵，培育师生戏曲素养，拓宽学生艺术学习空间，邀请省、市、区各级优秀剧团，在我区各中小学校进行戏曲表演，普及戏曲基本知识，达到每年每个学校至少一场戏，每个学生都能欣赏到我国的传统戏曲演出，促使师生学唱、爱唱、会唱、唱响戏曲，激发学生尊重历史、敬畏文化的核心价值情感，培育戏曲特色培训的教育品牌，增强下一代年轻人的文化自信，激发他们爱家乡、爱祖国的美好情感。

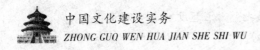

5、对我区民间剧团进行评星定级

为全面了解博山业余文艺团体的业务水平，博山区举办"比武大会"，组织专业干部为来自全区 104 支民间剧团进行综合评定。通过统一评星定级，2016 年度我区评出一级演出团队 20 支、二级演出团队 36 支、三星级演出团队 48 支，《中国文化报》、中国文明网等各大媒体均进行了相关报道，中央电视台也正在联系进行宣传报道工作。

目前，所有民间剧团均在各个村居，到偏远乡村、居民小区及敬老院、工地，利用文化大院及文化小广场，开展文化惠民下乡演出，将精彩的节目送到村居，送到百姓家门口；每场演出根据节目质量均给予相应演出补贴，充分调动和发挥我区民间剧团的积极性。同时邀请省豫剧团、省柳子剧团、省吕剧团、省歌舞剧院、市京剧团、市歌舞剧院等专业院团到我区开展惠民演出，为繁荣我区群众文化起到了积极的促进作用。

6、组织广场舞系列活动

为提高我区基层村（居）文艺工作者的艺术水平和服务能力，每年举办为期一周的免费广场舞培训班，对各镇（街道、开发区）的广场舞指导员进行免费培训。在培训班结束后，各个辅导员在各自区域内进行培训和辅导，及时推广普及。并在各自辖区内开展海选，由现场观众进行投票，遴选出优秀队伍参加全区广场舞大赛。

四、健全制度，促进文化工作顺利开展

"时时能跳舞、月月有活动、年年有亮点"已成为我区文化建设的常态化工作，然而公共文化设施需要"三分建七分管"，为加强对新、改建文化大院的管理和维护，使其长期发挥作用，制定了博山区综合文化站、文化大院管理制度及使用注意事项等。同时，按照"自发自愿、规范引导、灵活多样、注重实效"的原则，大力倡导各村居（社区）的文艺骨干加入辅导员的队伍，管理员、辅导员的日常工作督查和考核均纳入当地村居（社区）委员会年底工作考核中。

全区形成了以区文化单位为龙头，乡镇文化站、村居（社区）文化小广场为依托，文化团体协会为支撑，覆盖城乡、专兼结合的文化人才队伍，通过业务指导和专业培训，全面推动了我区基层文化工作的发展。在今后的工作中，将继续整合区域文化资源，加大文化工作的宣传力度，以文化政策宣传、活动信息传达、文艺人才发掘、文化活动组织等工作的开展，以点带面，广泛覆盖，提高文化工作的知晓率，吸引更多的群众参与到文化活动中来，

提高文化活动的参与度；同时加大对文化小广场管理员、辅导员的业务培训力度，促使农村文化设施从"建得好"向"用得好"转变，文化设备从"不会用"向"熟练用"转变，文化活动从"自发组织"向"广泛参与"转变，更好地为广大群众提供多样化、多层次、多方面的公共文化服务，使农村文化大院、农家书屋、文化小广场等基层文化设施，真正成为保障居民文化权益、传播先进文化和精神文明的有效载体。

创新公共文化服务　激发文化扶贫活力

广西壮族自治区武宣县旅游和文体广电局　杨振文

武宣县以来宾市创建"全国公共文化服务体系示范区"为契机，在抓好经济建设的同时，坚持把创新公共文化服务体系建设纳入经济社会发展总体规划，以保障人民群众基本权益为目的，扎实推进国家公共文化服务体系建设，不断激发全社会文化扶贫新活力，形成了全县上下共建文化设施、共创文化繁荣、共享文化成果的良好氛围，推动了"文化强县"的进程，走出了贫困地区构建现代公共文化服务体系助推脱贫攻坚工作的新路子。

一、"十二五"公共文化服务体系建设情况

2009年以来，武宣就以"三求"工程为抓手，通过政府主导，引导全社会力量共同参与公共文化服务建设。全县建有体育公园2个，体育馆9个，全县10个乡镇均建有文化站，148个行政村（社区）均建设有文化综合楼、农家书屋、共享工程服务点153个，有545个标准灯光篮球场和个文艺舞台，组建有651支农民文艺队和篮球队，人均体育场地面积2.7平方米以上；广播电视村村通覆盖率达100%，无线应急广播覆盖率达100%，形成了县乡村文化服务30分钟文化圈。

武宣县先后荣获"全国全民健身先进单位"和"全国乡镇体育健身示范工程"等荣誉称号。

二、"十二五"公共文化服务体系建设和文化扶贫经验做法

（一）强化建用并举，巩固提升公共文化服务新平台

1. 政府主导，强力推动建设。推行"政府主导、全民参与，统一规划、整合资源，因地制宜、分类实施，突出特色、确保质量，规范管理、建用并举"的工作模式，突出农民作为建设主体的地位参与工程建设，确保"三求"文化惠农工程早实施、早完成。

2. 整合资源，突出建设成效。采取"争取上级支持一点、市县财政解决一点、联系部门帮扶一点、干部职工借助一点、社会各界捐助一点和群众自筹一点"的"六个一"筹资办法，多渠道筹措建设资金，有效解决投入难题。

同时，整合各部门的涉农项目、资金、土地整合起来，把小项目捆绑成大项目，形成规模效应。

3. 建用并举，强化管理使用。在行政村全面推行"村委会牵头 + 集体经济开支 + 村委干部参与"的管理模式在自然村则推行"村民代表牵头 + 文艺队伍协助 + 村民民主参与"的管理模式，为开放文化阵地提供保障。开展"公共服务名村"、"优秀文艺队"、"明星篮球队"年度评比活动，以活动促日常管理维护。

（二）突出文化特色，优化文化扶贫造血新功能

1. 强化培训提升群众文化素质。加强农村文化管理人员、业余文艺骨干、文化志愿者等培训，在各乡镇文化站、村级公共服务中心开展"菜单式""订单式"文化服务。开展送戏下乡、公益电影、送书下乡等活动，文化扶贫针对性和扶贫效益不断提升。

2. 挖掘文化特色打造民俗活动品牌。深入挖掘翡翠鸟舞、龙宫水族舞、蝴蝶舞等具有风土人情的民俗节目和传统民俗活动仪式，打造了《西江河畔翠鸟鸣》、《糟酸情甜》等一批延展民族文化魅力的优秀文艺作品。创新开展文化节庆活动推动服务业发展，打造的"欢乐三月三——武宣民俗游"文化系列庆祝活动。打造为期一个月的"金葵花"文化旅游节，促进文化、旅游、农业产业融合推动农户脱贫。

3. 发挥资源优势促进文化旅游增收。新打造的 2A 级文庙景区，通过文物资源保护 + 旅游产业化 + 扶贫融合发展。构建一村一品、一乡一业特色产业发展格局，打造自治区级下莲塘特色文化名村获评 3 星级乡村旅游区和"中国美丽田园"称号。促进了文化产业增收。突出老渡口码头文化元素，把武宣镇码头村打造成为自治区生态游助农增收示范点。突出柿子果文化打造上李村特色文化名村，该村获评全区 2 星级乡村旅游区，辐射带动周边各行业增收和贫困群众就业。

（三）创新文化服务，开创文化扶贫工作新局面

1. 创新"协会 + 农户 + 产业"模式助推文化扶贫。在全县各村屯成立文艺表演、书法、诗词、篮球、村屯产业发展等各类协会 176 支，以"小协会带动大文化"，每年约自发举办各类交流演出 500 多场，开展各类体育活动 800 多场，开展技能培训 300 多期，组织致富能手讲座 100 多期。

2. 创新"乡贤文化 +"建设，助力核心价值观落地生根。去年 1 月，武宣率先启动区内首个乡贤文化基地建设，创建以县级基地建设为龙头，带动县、乡、村、屯四级乡贤文化基地建设，现在已建成"乡贤文化 +"基地示

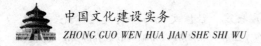

范点、乡贤文化广场、展厅、课堂、书画诗词创作室等 174 个，建成国学民居画廊 10 万 ㎡。

3. 创新理论成果转化基地建设助推文化扶贫。创建特色农业理论成果转化基地，通过"文化 + 精准扶贫"激活内生动力，使得公共文化服务体系建设真正体现在"惠民"和"利民"上，助推了精准扶贫工作。"十二五"期间，全县减贫 4.98 万人，贫困发生率下降到 12.3%，贫困人口减少到 5.5 万人，下降 11.2 个百分点。城镇居民可支配收入 2015 年底达到 26338 元，农村居民可支配收入 8259 元。

三、"十三五"工作展望

创新文化服务，推进文化扶贫，对脱贫攻坚工作具有极其重要作用。我们将立足实际，勇于创新，不断完善村级公共文化服务体系建设，巩固农民基本文化活动不出村、学习技术不出村、享受健康医疗服务不出村的工作成果，扎实推进文化扶贫工作，打好脱贫攻坚战，为实现全面建成小康社会作出应有的贡献。

（一）总结经验，不断完善公共文化服务建管用长效机制

一是建立集宣传、文化、广播电视、教育等多部门参与农村文化建设的协商平台和机制。二是不断完善资金保障机制，不断提高用于农村文化事业发展的资金比例。三是继续实行文体活动目标责任制，将其列入年终考核，进行量化考评，考核的结果与奖惩挂钩，确保干部加强农村文化建设的积极性。四是建立长效机制，完善相关管理制度，从源头上不断创新公共文化服务方式，提高公共文化服务质量，实现公共文化服务均等化。

（二）创新工作方式，促进干群"双向互动"

一是下派文化力量进行试点，吸引越来越多的农牧民参与到文化建设中。积极展开财政支持，从演出道具到演出场地，对自办文化愿望强烈的村进行充实、配全。二是充分发挥群众智慧，邀请民间文化人士参加县上节目的编排，充当"导演"，参与到节目策划中来。三是丰富文化下乡内容，提高群众生活品质。

（三）构建现代公共文化服务网络体系

一要着力推进公共文化服务标准化均等化，坚持公共文化场馆免费开放；提升文化馆、图书馆、博物馆、乡镇文化站及农家书屋建设水平。二要深入实施重点文化惠民活动，加强队伍建设和人才培养，重点抓好基层文艺骨干培训，不断繁荣文艺创作。三要制定优惠政策，吸引大中专毕业生到农村扎

根创业，为农村文化建设提供丰厚的土壤条件。

（四）构建特色产业助推文化扶贫体系

一要打造武宣城区—三里镇—东乡镇的历史文化乡村旅游带，鼓励引导农户开展形式多样、丰富多彩的"农家乐"、"乡村酒店"旅游经营活动，乡村旅游区快速发展。二要推进武宣历史庄园国保项目进程，重点保护、修缮、开发刘炳宇庄园、黄肇熙庄园、郭松年庄园等3大庄园，使成为武宣乃至来宾和广西地区庄园文化旅游的焦点。三要打造养生度假大景区，拓展"百崖大峡谷景区"、"八仙天池景区"现有范围，增加休闲、度假、养生等功能，融入地方文化。开通水上旅游线路，将大藤峡自然景观与历史人文景点资源结合，开发水上旅游。四要进一步创新学用理论政策成果转化基地建设助推文化扶贫。力争在十三五期间实现一乡一个产业基地、一村一个文化旅游产品，在文化扶贫中实现增收。

（五）推动文化艺术事业繁荣发展

一要坚持将社会效益放在首位，促进全县文化艺术创作极大繁荣；二要切实抓好非物质文化遗产的理论研究、成果转化工作，将文化遗产的保护和传承上升到文化发展战略的高度，实现对全县文化遗产资源的战略性培育和整体性运用；"十三五"期间，全县文化遗产数量进一步增多，现有文化遗产保护利用日趋完善，内外知晓度美誉以及文化遗产本身的可持续发展力显著提高，深度发掘文化遗产中蕴含的旅游价值；三要搭建具有号召力和影响力的文艺作品创作和展示平台，大力实施精品培育战略，"十三五"期间全县热演一部地方大戏，挖掘改编一批具有武宣特色的音乐、歌舞节目，不断丰富群众文化需求反馈渠道，提高文化服务群众满意度水平。

开拓创新　锐意进取
加快文化事业的繁荣发展

新疆维吾尔自治区且末县文化体育广播影视局

阿布都维力·吐尔逊　唐兆辉　张跃新

2014 年~2015 年，且末县文化体育广播影视各项工作在且末县委、县人民政府的正确领导下，坚持以党的十八大、十八届三中、四中、五中全会、第二次新疆工作座谈会及自治区、自治州、县委、县人民政府各项工作部署，以开展党的群众路线教育实践活动和"科技文化发展年"为契机，以现代文化为引领，完善文化体育广播影视基础设施建设、构建公共文化体育服务体系，繁荣城乡群众文化生活为重点，带领全体干部职工合力奋进，抢抓机遇、开拓创新，锐意进取，为推进且末社会稳定和长治久安做出了积极的贡献。先后获自治区第十二次、第十四次百日广场文化活动先进县，获自治区 2010 ~2014 年群众体育先进单位，获自治州成立 60 周年庆祝活动先进集体、自治州民族团结进步先进单位，自治州文明单位、自治州卫生红旗单位、无吸烟单位称号。制定下发了《且末县文化体育广播影视局绩效奖惩制度》。

一、文化工作

2014~2015 年，组织开展了大型春节联欢晚会、且末建县百年、第十五届、第十六届诺鲁孜节，承办了且末县第八届玉石文化旅游节，《最多枣核拼贴的油画——枣乡人家》新创且末县第九项上海大世界基尼斯纪录项。组织文艺下乡演出活动 100 余场，开展群众文体活动 214 场次、"百日广场文化"和文化下基层演出 280 场次，开展联谊活动 72 场次，举办民族手工艺展 50 余次，举办书画展 20 场次，获自治区第十二次、十三次百日广场文化活动先进县。与中央民族乐团箜篌演奏家、中国音乐家协会箜篌研究会秘书长鲁璐签署了《且末箜篌文化合作框架协议》。启动了且末箜篌公益教育基地，投入 12 万元购置 5 架箜篌乐器，面向全州举办了首届箜篌弹奏培训。策划组织召开了首届箜篌文化研讨会，首次在库尔勒、乌鲁木齐分别举办了箜篌演奏会。县文化馆积极参加第四次全国文化馆评估定级工作，并已通过了州文广局的评估检查，举办了"去极端化思想"文学作品征集大赛活动。收到83名作家的94篇作品，其中维语作品26篇，汉语作品68篇，同时开展3次个人书画及美绣展览和送春联送祝福活动及"我要上春晚"海选活动。为全县5个乡镇文化站、且末镇5个社区配发一体电脑60台，桌子30张、椅子60把，网络交换机10台，电源插板20个。在全民健身广场、客运班车和5个治安卡点配发"去极端化"宣传DVD光盘100张，U盘30个，调频接收多功能扩音机5套。完成了全县1400套正版软件的安装、调试工作。

二、体育工作

2014年~2015年，组织开展了"庆元旦、迎新春"拔河、自行车慢骑比赛，新春健步走与长跑、迎新春"大学生足球比赛、五一、五四篮球、乒乓球、排球、台球、羽毛球等各类群众性体育比赛活动。举办了首届农牧民篮球比赛，赛事达60场（次），在青少年体育俱乐部举办了民族式摔跤、篮球、足球培训班，参加青少年达1万余人。组建了全县各乡镇中心学校足球队。联合"访惠聚"领导小组办公室组建了54个村篮球队。组队参加了自治州第十一届"东归那达幕节"，少数民族2项体育比赛获得较好的成绩。组队参加了自治州举办的篮球比赛。筹资3.6万余元为三个村购置篮球架及台球桌。

三、图书管理

2014年~2015年，县图书馆新办理借书证100个，寒、暑假举办"红色经典图书"诵读活动累计60余天；电子阅览室流通人次达4000人。在馆外流动图书服务站和小区报刊亭更换报刊70余次，流通书刊、杂志2000余册；整理、分编图书3000余册。在全县客运站等11个公共场所设置了宣传文化角。11个宣传文化角共配发11台DVD、11个移动大容量存储设备，各类图书1100余册、书架11个。累计投入55000余元。在县城四个住宅小区开设了流动图书馆服务，面向各族群众开展图书借阅、报刊杂志阅览服务。2014~2015年为12个乡镇文化站及54个农家书屋新配发图书49288册。

四、文学艺术创作

2014年县歌舞团有2名歌手荣获"优秀歌手"奖，其中一名选手还入选"新疆丝绸之路好声音"。2014年8月县歌舞团编排的小品《邻居》在巴州"去极端化"农民小品大赛主题作品展演中获三等奖。2015年县歌舞团创作

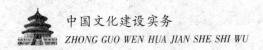
四幕剧《玉之恋》并成功编演。2014 年县文化馆副馆长亚库甫·克然木出版长篇小说《火热的青春》。县文化馆干部吐尔逊·麦合木提出版短篇小说集《第三个爱情》、发表短篇小说《一百年以后》、《沙漠村子的人们》、《上午的萨吾尔灯》、《白色神学院》、《赛迪尔丁的爷爷和其他人》、《玛依拉的风》、《乞丐》、《被忘记的巴依霍家·艾合买提》。

2015 年县歌舞团邀请邀请新疆歌剧院作家、一级编导铁力曼·卡德尔编排了四幕剧《玉之恋》，该幕剧反映了且末远古时代一位普通少女纯洁凄美的爱情故事，诠释了人间自有真情在，纯洁爱情无瑕疵的千古信念。从另一个侧面，展现了当年丝绸之路上的商贸繁华景象和各民族博爱友好共荣团结的动人场面，进一步揭示了个人的命运、爱情的命运与民族的命运，国家的命运，紧密相连的深刻内涵。该幕剧于 2015 年 10 月 14 日在且末首次演出就受到了且末各族群众的喜爱，截止 2015 年 12 月该幕剧在且末县巡演 9 次，观众达 9000 余人。2015 年县文化馆副馆长亚库甫·克然木发表短篇小说《欢乐之泪》县文化馆干部吐尔逊·麦合木提出版长篇小说《创伤之花》，短篇小说《长途》、《城市之鸟》、《夏米力先生》、《9 点钟至 11 点钟》。发表中篇小说《戈壁之梦》、《一棵花或者一朵花》、《塞丁火爆的经历》。

五、非物质文化遗产保护

加大对国家级 2 项、自治区级 6 项、自治州级 44 项、县级 108 项非物质文化遗产的保护和传承。2014 年，先后为部分民间艺人解决了城镇、农村低保待遇，在农闲季节，不定期组织非物质文化遗产传承人集中开展培训传习活动。投入 5 万元专项经费，帮助两名国家级代表性传承人分别完成 180 平方米和 60 平方米的手工作坊的维修，初步改善了国家级非物质文化遗产表性代保护项目传承条件。为庆祝第十五届诺鲁孜节组织非物质文化遗产传承人 35 人在昆仑广场举办 2014 年"诺鲁孜节"专场文艺晚会，演出非遗节目 11 个，参与观众 5000 余人。同时为庆祝"文化遗产日"，举办了且末县第九届"文化遗产日"—且末赛乃姆和"且末山歌"研讨会。2015 年举办了非遗民间艺人诺鲁孜节文艺演出活动。召开了"且末赛乃姆"、"且末花毡、印花布织染技艺"讨论会。举办了文化遗产日系列专场文艺晚会和手工艺品展览活动。组织民间艺人举办了 30 场家庭麦西来甫。开办了民族乐器和民族舞蹈培训活动。

六、综合执法管理

2014年审批打字复印店3家，书店2家。按照县委宣传部文件精神，关闭14家游戏厅，也不再审批。与公安、工商、住建局、教育局等单位进行联合执法，对学校周边网吧进行检查7次，销毁违规游戏机22台，查处盗版书籍25套，盗版光碟120余张。开展文化经营业主培训5次，参加业主达120余人。2015年开展了1次清理小耳朵专项行动。共查收非法地面电视接收设施9套，在查收的同时新安装了卫星直播电视接收设施9套。组织召开了12次文化市场工作会议，和所有文化市场业主签订了相关责任书。加强了文化市场的日常监管。采取明察、暗访、举报等形式加大了日常监管。成立了且末县文化体育广播影视综合执法大队。

七、文博文物工作

2014年在第九个非物质文化遗产日开展了文物保护法宣传活动，共制作宣传展板2块，印制发放宣传单3000余份。县博物馆全年共接待国内外游客39000余人次（其中学生、军人等12000余人次）。按照自治区、自治州文物部门的要求，全力配合做好了自治州文物局对且末县萨尔瓦墩饮水渠穿越自治区级文物保护单位来利勒克遗址13公里的文物保护监护工作。配合县委宣传部在博物馆开展建县百年成就展，观众达6800余人次。认真做好了全国可移动文物普查工作。邀请自治区4名文物专家鉴定各类文物122件。

2015年完成了且末县国家级重点文物保护单位扎滚鲁克古墓群基础设施项目建设。组织开展了5·18博物馆日宣传活动。积极配合州文物局做好了且末县萨尔瓦墩引水工程文物监护工作。稳步推进全国第一次可移动文物普查工作。配合巴州"流动博物馆"新疆历史主题展览进驻且末，在全县开展为期10天的巡回展览。全年博物馆接待参观者39500余人次。国家级重点文物保护单位扎滚鲁克古墓群专项保护规划通过国家文物局批准。投入3.6万元在全国重点文物保护单位扎滚鲁克古墓三号、四号、五号墓地分别设立了保护标志牌。配合州文物局对四处烽火台进行了测量工作。积极争取上级业务部门支持为我县新增的4个自治区级文物保护单位制作了大理石材质的保护标识牌。

八、广播电视

1、安全播出：2014年积极争取县委、县人民政府的支持，更新了12个乡镇的广播设备。县广播电台调频 104 兆广播节目发射功率由原来的 300 瓦提高到现在的 1000 瓦，覆盖半径从原来的 30 公里增至 80 公里。县广播电视发射台五套广播安全播出 16900 余小时；五套电视安全播出 14400 余小时。年底启动了入户安装调试工作。2015 年切实加强日常技术维护，落实安全责任，全年无安全播出责任事故发生。广播电视台五套广播安全播出 17950 余小时；五套电视安全播出 15700 余小时。投入 19 万元购置了导播设备，投入 16 万元购置了 2 套播出系统，投入 5.5 万元购置了 3 套新闻编辑设备。稳步推进工作。完成 2000 户有线数字电视入户安装任务。

2、新闻宣传：2014 年度，县广播电视台播出且末新闻 281 期，汉语《玉城百姓》栏目 18 期，维语《魅力且末》栏目 17 期，且末新闻上稿 1100 余条，其中自采 800 余条，新疆台上稿 80 条，州台上稿 400 余条，4 至 6 月份且末县外宣在巴州名列第一。在巴州 2013 年度广播电视节目评选中，县广播电视台选送的电视长消息《人勤春来早　且末治沙忙》（主创人员：蒋玲、仲泽平）获二等奖，电视长消息《火热治沙站》（主创人员：徐慧玲、蒋玲、仲泽平）获三等奖；维语电视《快乐周末》（主创人员：阿曼古丽·买买提江）获主持一等奖；维语电视《魅力且末肉孜节特别栏目》（主创人员：古丽加乃提·加帕尔、阿里木·吐尔地、塔伊尔·库尔班）获综艺节目三等奖；维语电视《艺术贡献者 - 阿不都外力·吐尔地》（主创人员：古丽加乃提·加帕尔、阿里木·吐尔地）获栏目三等奖。维语广播《2013 年母亲节》（主创人员：麦尔也木·艾沙）获广播栏目三等奖。

2015 年，县广播电视台共采制新闻报道 1500 余条。推出新栏目《致富宝典》。在巴州人民广播电台播出新闻 360 余条。在巴州电视台播出新闻 400 余条，在新疆电视台播出新闻稿件 80 余条。在巴州 2014 年度广播电视节目评选中，县广播电视台选送的长消息《且末：村官借"红色贷款"帮村民住新房》获汉语电视节目二等奖（主创人员：热孜玩古丽．司马义吾斯曼．伊萨克）。长消息《且末向沙漠要效益把"沙土"变成"沙金"》（主创人员：蒋玲　塔伊尔·库尔班）、《高原玛咖在且末试种成功》（主创人员：蒋玲　阿不都热西提）、《且末县首批棉花补贴款到位 2216 万元惠及农民》主创人员：蒋玲）分别获汉语电视三等奖。选送的汉语专题片《最美乡村医生—马鞍上的生命线》（主创人员：古丽加乃提·加帕尔　阿力木·吐尔地）、《维吾尔族爸爸的汉族儿子》（主创人员：古丽加乃提·加帕尔　阿力木·吐尔地）获汉语电视三等奖。选送的访谈节目《热烈庆祝且末建县百年》（主创人员：古丽加乃提·加帕尔，阿里木吐尔地，阿曼古丽·麦麦提江）获维语电视二等奖。

九、电影工作

2014年"农村公益电影放映465场次，播放科技片185场次，观众达35750人次。2015年农村公益电影放映660场，观众42900人次。2015年10月影视中心投入使用，且末县昆仑电影放映公司加盟华夏天山院线，面向全县市场化运作开展数字电影放映，截止2015年12月，实现票房收入23348.96元。

十、"村村通"工作

2014年争取上级业务部门户户通设备750套，并于当年全部安装到户。全年16次深入偏远农牧区维修卫星直播设备213套。2015年争取十三五户户通广播电视接收设备7074套，当年年度全部到位。全年19次深入偏远农牧区维修卫星直播设备和户户通广播电视设备266套。

改革创新　完善机制
为建设美好幸福霍山贡献力量

安徽省霍山县文化广电新闻出版局（版权局）　但修胜　尹　宏

近年来，在市委、市政府的正确领导下，我们认真贯彻省市业务主管部门工作部署，以科学发展观为统领，以实施"文明育县"战略为己任，扎实开展了一系列工作，取得了明显成效。除 2014 年成功争创"全国文化先进县"、2000 年成功争创"全国体育先进县"之外，先后荣获"全省文化系统先进集体"、"全省体育系统先进集体"、"全省文物保护工作先进集体"、"全省扫黄打非工作先进集体"、"全省文化执法十佳案卷"办案单位、"安徽省全民健身活动先进单位"、"安徽省群众体育先进单位"、"参加省十三运会有功单位"、"六安市第八届文明单位"、"六安市第三次全国文物普查先进集体"等荣誉称号。上土市镇被命名为安徽民间（民俗活动）文化艺术之乡。霍山县汉风徽韵演艺传播有限公司、佛子岭民俗艺术团先后荣获全省民营艺术"百佳院团"称号。四顾冲村农家书屋被评为"2012 全省百家书屋"。被评为全省一级乡镇综合文化站 6 个（单龙寺、太阳、磨子潭、诸佛庵、下符桥、与儿街），二级站 6 个（黑石渡、落儿岭、大化坪、上土市、但家庙、衡山镇），三级站 4 个（太平畈、东西溪、漫水河、佛子岭）。霍山玉石公司、霍山正白文化传媒有限公司先后被评为省级文化产业示范基地。霍山玉石文化产业园、安徽柯林印铁有限公司、霍山县雁江印务有限公司分别被评为市级文化产业示范园区、示范基地和示范企业。安徽迎驾集团股份有限公司和霍山县长冲中药材开发有限公司被命名为"六安市首批非物质文化遗产传习基地"。全县文化建设呈现出良好的发展态势，现将有关情况简要汇报如下：

一、机构及人员情况

霍山县文广新局是在 2010 年全省文化体制改革过程中新组建的，于 2010 年 7 月 1 日正式挂牌成立。2015 年我县进一步深化了文化行政管理体制改革，按照县政府办《关于印发霍山县文化广电新闻出版局（版权局、体育局）主要职责内设机构和人员编制规定的通知》（霍政办〔2015〕55 号）精神，新成立霍山县文化广电新闻出版局（版权局、体育局），作为主管全县文化、广播电影电视、新闻出版（版权）、体育工作的县政府工作部门。全局设 8 个内设机构，包括：办公室（财务股）、文化事业股、文化产业股（项目办）、广电管理股、新闻出版（版权）管理股、行政审批服务办公室、群众体育股、竞技体育股。直属管理 5 个事业单位，包括：文化市场综合执法队（副科级）、文化馆（文艺创研室）、图书馆、博物馆（文物管理所）、全民健身推广服务中心。县编办核定行政编制 12 名，事业编制 47 名（其中："三馆" 30 名，执法队 10 名，全民健身推广服务中心 5 名，文艺创研室 2 名）。目前，共有在职人员 52 名（其中，公务员和参公人员 12 名，事业编制人员 40 名），离退休人员 58 名（其中离休 2 人）。

全县 16 个乡镇综合文化站共有在编在岗人员 54 名，4145 个行政村（社区）每村（社区）都配备了兼职的文化管理员，159 家农家书屋每家都有 1 名以上专（兼）职管理员。乡镇文化志愿者、辅导员、文艺骨干 300 多人。

二、文广新体工作开展情况

（一）公共文化服务体系逐步完善

近年来，县委、县政府不断加大文化基础设施建设投入力度。在城区，除先后建成了以文峰公园（文峰书院）、文庙东西广场、红源广场、淠阳湖公园、淠河景观带等为代表的标志性文化设施外，对县 "三馆" 进行了维修改造，不断完善其功能。霍山文庙成功争创国家 AAAA 旅游景区，县文化馆和县图书馆顺利通过国家三级馆评估验收。"三馆合一" 的霍山县文化艺术活动中心项目正在招标，县多功能影剧院项目主体工程建设已完工。我县体育 "二馆一场" 建设也已列入规划，选址位于衡山镇河口村，占地 240 亩，将建设标准田径场 1 座、综合馆 1 座、游泳馆 1 座、乒羽馆 1 座，及室外篮球场、网球场、门球场、体育公园等附属设施。在乡村，狠抓了文化惠民工程的实施。到目前为止，全县共建成乡镇综合文化站 16 个，农家书屋 159 家，广电 "村村通" 10654 户，公共电子阅览室（公共文化服务信息化建设）17 个，农民文化乐园省级 3 个（黑石渡镇朱家畈村、太阳乡金竹坪村、东西溪乡童家河村）、市级 3 个（下符桥镇下符桥村、诸佛庵镇俊卿社区、但家庙镇花石嘴村）、县级 3 个（漫水河镇万家山村、磨子潭镇堆谷山村、但家庙镇但家庙村），美好乡村省级重点示范村农民文化广场 21 个，乡镇综合文化站和农家书屋覆盖面达 100%。建成乡镇全民健身广场 6 个（国家级 1 个、省级 5 个）、农民体育健身工程 136 个行政村全覆盖、配合建设美好乡村点 36 个，全民健

身苑14个、社区体育俱乐部4个（国家级1个、省级3个），晨晚练点34个。

今年以来，我们整合全县公共图书资源，加强数字图书资源建设，将公共图书服务向村级延伸，不断提高现有公共图书资源利用率，完善县域公共图书一体化。对照省市相关标准和要求，进一步完善农民文化乐园试点建设（因不是国家贫困县，今年没有安排农民文化乐园试点建设任务）。积极开展乡镇（社区）综合文化服务中心试点建设，衡山镇荷香社区和西大街社区创建2015年市级综合文化服务中心，试点建设基本完成，等待市检查验收。但家庙镇综合文化服务中心确定为2016年省级试点，目前正在积极开展创建工作。

（二）民生工程扎实推进

今年我县承担的文化民生工程包括：公共文化场馆免费对外开放，补助资金161万元，农村文化建设专项补助，涉及145个行政村，补助资金174万元。目前，农村数字电影放映1253场，农村体育活动开展145场（次），"送戏下乡"145场，文化信息资源共享村级服务点完成投资26.8万元。农村电影放映工作与民生部门要求的进度还有一定差距，主要是因为今年以来，我县阴雨雷电天气不断，特别是6月30日至7月1日的暴雨山洪，给我县造成了很大损失，山区道路损毁严重，给农村电影放映工作带来了一定困难。下一步，我们将加强对各农村电影放映队的调度，科学部署，抓住一切有利时机并结合灾后重建工作开展好农村电影放映，按照年度计划要求在11月底前完成农村电影放映。按照国家新闻出版广电总局和财政部提出的"政府主导、企业参与、群众自愿"的直播卫星户户通工作原则，目前我县户户通工作已全面开展起来，完成了前期农户调查摸底工作，制定了直播卫星户户通工程实施方案，拟采取"政府补一点、用户出一点"的办法，计划今年安排单龙寺镇、东西溪乡、磨子潭镇、太阳乡、太平畈乡、漫水河镇、上土市镇、大化坪镇八个山区乡镇7000户先行开展此项工作。

（三）公共文化服务场馆惠民作用切实发挥

2008年3月26日我县博物馆作为全国首批免费开放博物馆正式免费对外开放，2011年6月28日县文化馆、图书馆和乡镇综合文化站统一免费对外开放，标志着全县的公共文化服务进入了一个全新的阶段。目前，县"三馆一站"严格按照省文化厅、省财政厅《公共文化场馆免费开放实施办法》要求，进一步明确服务内容、健全服务项目、完善保障机制，不断提高场馆的利用率和功能作用，取得了良好效果：县文化馆免费开放项目在国家要求3项的基础上已拓展为 7 项，年均组织各类大中型文艺演出活动 20 多场次，开展"非遗"展览、音乐、舞蹈、书画等艺术培训 30 多期；县博物馆在免费开放中严格做到"免费不免责任，免费不减服务，免费不降质量"，年均免费开放接纳参观陈列展览达 3.6 万人次，其中接纳未成年人 1.2 万人次；县图书馆坚持每周对外开放不少于 56 小时，围绕"读者至上，全心全意为读者服务"宗旨，通过有效开展阵地服务、流动服务和数字服务，年书刊宣传 300 种以上，年外借 15.5 万册次，年流通总人次达 19.7 万人，广大群众看书难问题得到切实解决；16 个乡镇综合文化站免费对外开放工作不断向纵深方向发展；全县每年完成送戏下乡任务不少于 145 场，每年开展农村数字电影放映 1740场以上。

（四）文化遗产保护不断加强

我县文物古迹众多，现有省保单位 6 个（宋代下符桥窑址、明代霍山文庙、清代四望堡寨址、佛子岭水库连拱坝、文峰塔和狮山中学玉玺楼），市保单位 4 个（决兴庵、西镇暴动旧址、青枫岭磨子潭战役纪念碑和赵士湾南遗址），县保单位 39 个。县博物馆文物藏品 1090 件，其中一级品 3 件、二级品10 件、三级品 423 件。我县"红色文化"特色鲜明，霍山作为红 33 师的发源地，在红军时期、抗战时期、解放战争时期都留下了大量文物珍迹，著名的诸佛庵兵变纪念馆、漫水河西镇暴动纪念亭、鹿吐石铺大捷旧址、野猪岭会议旧址、舒传贤故居、列宁小学、烈士陵园等多达 30 余处。在第三次全国文物普查中，累计登记文物普查点 183 处，其中，新发现 135 处、复查 48 处；古遗址 22 处、古墓葬 16 处、古建筑 106 处、石窟寺及石刻 5 处、近现代文物34 处。

在文物安全方面，我们坚持把"三防"工作放在首位，实行人防和技防相结合，配备了专职安保人员，实行 24 小时值班，从未发生过珍贵文物、重要文物藏品被盗案件，连续 35 年安全无事故。进一步完善了"四有"工作机制，更好实现了各级重点文物保护单位"有档案、有保护范围、有控制地带保护标志、有专人看管"。建立健全了群众性文保自治组织，形成了专业性与群众性并存的文保工作网络。此外，我们在做好霍山文庙内部维修、博物馆陈列布展升级改造、南岳庙维修保护等工作的同时，按照"修旧如旧"的原则，开展了一系列重点文保单位修缮工作：全面修复了省保单位霍山文庙古建筑群，新建了文庙东西广场；整修了省保单位文峰塔，并建成具有汉代风格的文峰广场，随后拓展为文峰公园；对省保单位狮山中学玉玺楼全面进行修复；新建了安徽省红色区域中心纪念园等等。今年以来，我们对 4 处市级

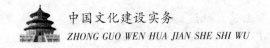
重点文物保护单位、39处县级重点文物保护单位的保护标志牌重新进行了规范安装。实施了省保单位狮山中学玉玺楼维修加固工程和县保单位舒传贤革命活动旧址群恢复工程。及时完成全国第一次可移动文物普查数据上传工作。为进一步做好博物馆免费开放，增强全民文物消防安全意识，新制作消防标志20余块，安装在显著位置，时刻提醒观众和游人。利用5·18国际博物馆日、文化遗产日等时机，设置宣传台，开展文物法规宣传。

在非物质文化遗产方面，我县已成功列入省级"非遗"名录4个（霍山黄芽茶传统手工制作技艺、霍山石斛泡制技艺、四弦书、迎驾酒传统酿造工艺）。省级"非遗"代表性传承人3人（项兴本、衡永志、程俊生），市级"非遗"名录6个，市级"非遗"代表性传承人11人，县级"非遗"名录14个。为依法抢救和保护非物质文化遗产，我们编纂出版了《霍山历史文化丛书》。今年，我们在进一步加大省级"非遗"项目保护经费争取力度的同时，积极开展"非遗"名录晋级申报工作，力争将传统技艺根艺书法、传统医药中医湝衡钝斋学派成功申报为第五批省级"非遗"名录，力争新增省级"非遗"传承人4人。

（五）全民健身工作蓬勃开展

一是健全工作机制，广泛开展宣传。成立了高规格的霍山县全民健身工作委员会。坚持把《全民健身条例》的学习和宣传作为一个阶段普法工作的重要内容，有计划、有步骤，扎扎实实地开展多种形式的学习贯彻活动。二是积极开展活动，推动全民参与。每2年举办一届霍山县全民健身运动会，目前，我们正在积极筹备将于9月份举办的第二届全民健身运动会。此外，利用"全民健身日"、国庆节等举行系列主题群体活动。三是充分发挥体育社团和社会体育指导员作用。目前，我县已有体育总会、足球协会、青少年体育俱乐部等体育社团组织14个，各级社会体育指导员2300名。我们以各种活动为载体，充分发挥体育协会的桥梁纽带作用，满足了不同人群的健身需求，取得良好效果。四是展示我县全民健身成果。组队参加省、市各类体育活动，调动各类人群参与全民健身的热情。五是积极承办和参加高规格体育赛事，切实提升品位。我县一直重视对各类体育赛事的举办承办工作。比如2008年"登红色大别山 迎绿色奥运会"全国登山比赛和六安市第二届运动会、"龙华杯"2012秋之旅国际篮球职业巡回赛、2015年安徽省城市篮球联赛等，这些赛事的举办不仅使我们的办赛水平大大提高，更使人民群众的健身意识在高水平的赛事氛围中得到有效提升。目前，我们正在积极组队、组团参加六安市第四届运动会，拟参加所有项目的比赛，共选拔了188名运动员，并办理了身份证、注册证。暑期集训工作开展正常，有120多名运动员分别在县体育馆、运动员训练基地、文峰中学参加集训，另有30多人在六安小马哥代训，所有参训运动员均购买有人身意外险。

（六）群众文艺活动丰富多彩

县委、县政府始终把群众文化活动开展作为推动文化事业发展的一个重要抓手，将"群众自娱自乐、政府引导服务、打造特色文化、弘扬健康向上"作为主题，坚持"政府买单、群众看戏"。"送戏进万村"、"美好乡村欢乐行"、"春节文化周"、"广场舞展演"、"元宵灯会"、"黄芽茶文化节"等已成为我县群众性文体活动品牌，工作开展也保持连续性，逐步形成主流文化、高雅文化、民俗文化、商业文化、娱乐文化齐头并进的良好格局。今年，我们成功举办了2016年春节文化周、六安茶谷霍山黄茶节文艺演出、"六一"少儿文艺汇演，围绕美丽乡村建设和文明创建等工作开展了系列公益性群众文化活动，选送的作品《我爱你中国》，在2016年六安市中华经典诵读大赛中荣获一等奖。

民间文艺社团发展迅速。全县已发展各类民间文艺社团22家，拥有个人会员15000人，通过民政部门注册并领取《营业性演出经营许可证》的民营文艺表演院团6家。各类民间文化团体先后开展巡演展演活动500多场（次）。积极参加每年的春节文化周、"送戏进万村"、"盛世中国梦·舞动新霍山"城乡群众广场舞展演、"美好乡村欢乐行"、六安茶谷霍山黄芽开茶节文艺演出、"绿色田野·幸福乐园"群众性文化展演展示活动等各类公益性群众文化活动，为群众提供了丰富的文化大餐，受到社会各界一致好评。

文艺创作成果令人瞩目。广大文艺工作者坚持"两为"方向和"双百"方针，以培养文艺人才，繁荣文艺创作为己任，精心创作了一批弘扬主旋律，品位较高的文学、音乐、舞蹈、美术、摄影、书法等艺术作品。据不完全统计，近年来荣获国家、省、市级比赛等级奖240多件，出版各类艺术专著100余本（篇），30余人获国家、省、市级表彰，人民日报、新华社、央视、安徽卫视、安徽日报等国家、省主流媒体报道20余次。为积极引导对优秀舞台艺术作品实行订单采购和评比表彰，县委政府建立了文艺创作精品奖励制度，已连续表彰三届"霍山文艺创作十佳"。今年，我们结合建党95周年、红军长征胜利80周年等重大纪念活动，发动和鼓励全县专业、业余文艺创作人员努力创作了一些精品佳作。为贯彻落实省政府办公厅《关于支持戏曲传承发展的实施意见》，开展了霍山庐剧等剧种普查调研，着力推进戏曲振兴工程。

（七）文化产业稳步发展

目前全县拥有文化产业企业582家，从业人数8000余人，全县文化产业增加值近 7 亿元，占 GDP 比重约 5%。近年来，县委、县政府坚持把发展文化产业作为文化强县的一个关键环节，建立了有效的领导机制，出台了相关配套政策，并顺应产业融合发展趋势，充分挖掘霍山的产业和资源优势，提炼和弘扬以大别山旅游为主题的休闲文化、以霍山黄芽为载体的茶文化、以迎驾系列酒为载体的酒文化、以竹产业为载体的竹文化、以茧丝绸产业为载体的丝绸文化、以霍山玉开发为载体的玉石文化、以霍山石斛为代表的中药文化，以霍山剐水为代表的水文化，逐步形成了多元化、市场化、充满活力的先进文化体系，初步形成了涵盖出版发行、文化旅游、霍山玉石、文化娱乐、艺术品鉴赏、广告宣传等多门类的文化产业群体，文化产业成为促进经济转型、富民增收的重要途径，有力推动了全县产业结构调整和产业转型升级。

为加快发展文化产业，实施了霍山玉石文化产业园、高桥湾现代产业园、大别山书画院、抱儿钟秀茶生态文化产业园、玉石文化博览园、霍山港诚大健康项目和大别山（霍山）旅游集散综合服务中心项目等具有引领带动作用的文化产业项目。打造了以迎驾彩印、柯林印铁、雁江印务、霍山玉石公司等为代表的具有一定影响力和较强市场竞争力的龙头文化企业，初步形成了印刷、玉石两大特色文化品牌。其中，印刷业实力在全省名列前茅，铁制品印刷更是全省唯一，玉石文化产业园是目前全国第二、华东第一的黄玉销售、加工市场。先后向省、市编报文化产业项目 18 个（其中，投资额在 5000 万元以上的项目 10 个），累计引进文化产业招商引资项目 37 个，总投资额 2 亿元的大别山红色生态旅游服务配套工程和总投资 10 亿元的霍山玉石文化产业园两个项目被列入省"861"行动计划项目。

目前，由省级文化产业示范基地——霍山正白文化传媒有限公司投资 1.2 亿元兴建的正白文化园，包括 3600 平方米的书画馆、玉石、根雕、竹雕博物馆和 6000 平方米的书画接待中心主体工程已完成，正在进行内部装修。文化旅游进一步融合发展，霍山画家村项目、玉石文化博览园项目、编纂《霍山旅游文化大辞典》项目、根书艺术项目、六安（霍山）茶谷基础设施配套建设项目等加快推进。

（八）行政管理和审批进一步规范

一是不断规范广电行业监管，进一步落实安全播出责任制。扎实开展了农村老放映员工龄认定和补助发放工作。二是加强版权和知识产权保护力度。进一步完善政府机关软件正版化工作。不断强化对全县图书报刊出版、音像出版等行业的监管。三是推进行政审批职能转变。按照县行政审批服务"两集中两到位"等有关文件要求，扎实推进了行政审批制度改革，经县编办同意，单独设置县文广新局行政审批服务办公室，将原来分别由局相关股室和局属有关单位承担的行政审批职责集中划转到审批办公室，并与 2014 年 6 月统一进驻县政务服务中心，统一对外办理各项审批事项。在此基础上，狠抓了行政审批服务规范化建设，按照"流程最简、时间最短、服务最优"的要求，进一步简化审批流程，提高办事效率，提升服务水平。今年以来，共办结各类审批备案项目 21 项（不含印刷企业、图书零售等年检），接受群众咨询 30 余次。

（九）文化市场管理健康有序

坚持以网吧、电子游戏、歌舞娱乐等场所为重点，采取日常监管、联合执法等有效形式，不断加大综合执法力度。坚持抓好打击非法电视台（点）、非法"网络共享"网站及设备产品、非法安装使用卫星电视广播地面接收设施等专项行动。深入开展了"扫黄打非"工作，2014 年经办的一起新闻出版案件荣获全省"县级优秀案卷"，受到省局表彰和奖励。进一步加大安全隐患排查整改力度，继续保持重点文保单位、文化经营场所和重大文化活动安全无事故。

三、下一步工作打算

今后，我们将继续抓好公共文化、演艺精品、遗产保护、产业发展、开放创新等工作重点，按照省市业务主管部门以及县委、县政府的工作部署和要求，抓文化惠民，不断完善公共文化服务体系；抓文体精品，努力打造文体品牌；抓地域特色，不断推进文化遗产保护；抓文化产业，努力提升发展贡献率；抓改革创新，进一步激发文化创造活力。不断繁荣文化事业，着力发展文化产业，更好满足群众日益增长的多样化多层次多方面精神文化需求，为建设美好霍山、幸福霍山、小康霍山积极贡献力量！

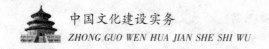

积极做好民族文化传承与发展工作

新疆维吾尔自治区若羌县文化体育广播影视局　孟捍高

根据《关于印发<若羌县人民政府机构改革方案>的通知》（巴党办发〔2011〕41号）和《中共若羌县委员会、若羌县人民政府关于县政府、乡镇机构改革的实施意见》（若党发〔2011〕9号）的通知精神，若羌县文化体育局与若羌县广播电视局、若羌县旅游局于2011年10月合并，设立若羌县文化体育广播影视局，挂旅游局、新闻出版局牌子，为县人民政府工作部门。2012年9月21日，根据若羌县人民政府办公室下发的《关于印发若羌县文化体育广播影视局主要职责、岗位设置、和人员编制规定的通知》（若政办发〔2012〕168号）文件，若羌县文化体育广播影视局机关行政编制6名。

2011年10月，若羌县文化体育广播影视局成立（新闻出版局、旅游局），为县人民政府工作部门。直属事业单位分别为广播电视台、文物局（博物馆）、楼兰艺术团、文化馆、文化市场稽查大队。2013年设置若羌县图书馆。

十二五期间，若羌县文化体育广播影视局认真贯彻落实《若羌县国民经济和社会发展第十二个五年计划纲要》和《若羌县"十二五"文化产业发展规划》，文化体育广播影视事业保持持续健康发展，为全县经济社会发展做出了应有贡献。

一、文化事业

全县建有文化馆1个、图书馆1个、文物管理机构1个、博物馆1个、专业艺术团体1个。

近年来，我县加大文化基础设施建设力度，投入1个多亿高标准建设楼兰体育馆、楼兰博物馆、楼兰影剧院、图书馆、若羌文化广场、若羌广播影视服务中心等文化工程项目，文化基础设施建设的加快推进让广大群众享受到了改革发展带来的成果，人民幸福指数大幅提升。其中楼兰体育馆、博物馆、若羌文化广场已于2011年投入使用，楼兰影剧院、图书馆于2013年10月投入使用，2012年7月投资2000余万元，开工建设了县广播影视服务中心，购置了数字电视前端发射设备和终端接收设备，对有线网络进行了光缆升级改造，实现了光缆到户和双向网的开通。加大"村村通"建设工程。目前，全县广大群众可观看电视节目71套，收听广播7套。广播电视设施的完善，拓展了公共文化服务新功能，切实提高了老百姓的文化幸福感。

1、乡镇文化站。全县4乡4镇均已建成标准综合文化站，其建筑面积为400平方米以上，室内建有办公室、图书阅览室、活动室和面积在200平方米以上的多功能活动厅，室外设有文化体育活动场地。

2、农家书屋与东风工程。全县建成农家书屋25个，配置书柜书架、图书、报刊、音像电子出版物、桌、椅、板凳，并配置电视机、DVD等设施。解决农牧民"买书难、借书难、看书难、看报难"的问题。

根据国家新闻出版总署的统一部署开始实施东风工程。我县已有87个文化户已受到"东风工程"惠顾。十二五期间，已向全县8个乡镇、26行政村免费赠阅报纸、图书、音像制品和各类期刊。

3、文化信息资源共享工程。全县8个乡镇25个行政村全部建立服务点。我县信息资源共享工程支中心于2011年6月至2012年元月运行，通过建设和运行，各站点能够发挥文化信息资源共享工程作用。

4、文化遗产保护工程。2009年全国第三次文物普查后县境内现有各级文物古迹已新增至193处，其中古墓葬81处、古遗址101处，近现代遗址点4处，其他文物点7处。其中国家级重点文物保护单位5处、自治区级4处。全县馆藏文物601余种，其中二级文物4件，三级文物18件。自国家实施的丝绸之路（新疆段）文物保护项目工程启动后，我县大楼兰保护项目工程位列其中。

为进一步巩固我县非物质文化遗产项目申报成果。我县坚持保护与发掘并重，深挖若羌非物质文化遗产项目。在成立"新疆维吾尔木卡姆保护传承中心"和"新疆维吾尔若羌赛乃姆保护传承中心"基础上，配备专门工作人员，组织民间艺人定期举办民间文艺、技艺交流和理论研讨活动，为全县非物质文化遗产的保护和传承打下了坚实的基础。2011年6月，《若羌赛乃姆》被国务院批准为第三批国家级非物质文化遗产名录。同年，根据《若羌赛乃姆》改编的舞蹈作品成功地搬上了舞台。目前我县州级非物质文化遗产项目13个，自治区级传承人3人。自治州级传承人14人。2013年若羌县文化馆被认定为第三批国家级非物质文化遗产代表性项目保护单位；

5、广播电视工程。全县广播电台1个、电视台1个、乡镇广播电视站3个，广播中波转播台1座、调频转播发射台4座、电视转播发射台4座、大功率无线电视发射设备4套、300W无线调频广播2套、地面卫星电视接收设施

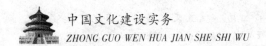

2736 套；全县有线电视网络总长 60 公里，有线电视数字电视用户 7000 余户（其中瓦石峡镇 300 余户）；广播人口覆盖率达 99.5%，电视人口覆盖率 99.4%。全县调频大喇叭共安装 66 套、村村通"大喇叭 35 套，全县有线（数字电视）电视入户率 76%。全县广播覆盖 97.6%，电视覆盖率 99.4%。全县数字电影放映机 5 台（县 2 台、农村 3 台）。

"十二五"以来，我县加大广播电视设施建设，投入 4000 余万元完成广播影视服务中心建设；投入 500 余万元完成机房前端和有线、无线数字电视建设；投入 90 万元完成城市网络改造；投入近 100 万元改造新闻采编设备；投入 90 万元完成有关发射塔建设和搬迁、维护；投入 50 万元完成巴州电台落地若羌和依吞布拉克镇，并开办若羌县人民广播电；投入 54 万元完成户户通建设。

十二五期间，完成自治区广播电视网络信号落地；在全州率先实现电视直播；开通广播电视宽带服务。

6、旅游业基础实施建设。十二五期间，我县依托独特的旅游资源和区位优势，坚持以市场为导向，以特色谋发展，持续深入挖掘丰富的自然资源和文化历史内涵，逐步健全完善旅游配套基础设施建设，2011 年来旅游投资分别为 850 万元、1121 万元、1606.6 万元。目前，我县宾馆 20 余家，床位 2000 余张。农家乐 8 家，其中星级农家乐 4 家。全县旅游开发进程不断加快，产业带动和辐射功能不断增强，旅游接待能力和服务质量显著提高，全县旅游产业呈现出稳步、快速发展的良好态势。全县游客人数、旅游综合收入分别从 2011 年的 17.1 万人次、2179.3 万元，增长至 2013 年的 29.6 万人次、4436.27 万元，两项指标的增长为 73%、103%。2014 年一季度，若羌县共接待游客 2.76 万人次，企业直接收入 229.63 万元，实现旅游综合收入 414.57 万元，同比分别增 22.3%、32.6% 和 22.4%。

二、文化服务

十二五以来，我县加强城乡文化基础设施建设，公共文化服务体系初具规模。文化服务得到强化，惠民工程效益得到提高。

1、文化基础设施建夯实。近年来，我县完成若羌县图书馆、影剧院、档案馆、楼兰古城遗址保护性基础设施建设项目、楼兰广播影视服务中心项目主体全部完工并将于 2014 年完工建设。

2、公共文化服务体系不断完善。组织开展好我县乡镇文化站评估定级工作及公共图书馆评估定级工作。并在 2013 年文化部开展的全国第五次县以上公共图书馆的评估定级工作，若羌县图书馆评定为国家三级公共图书馆；2011年，"两馆一站"免费开放和文化惠民工作正常开展，信息资源共享工程和26个农家书屋的管理工作得到加强。

3、群众文化活动蓬勃发展。全县乡村农牧民业余演出队18个；文化户6类87户（文艺演出38户、器乐演奏12户、图书25户、民间工艺4户、书画摄影8户），各类文化艺术人才283人。全县群众文化活动蓬勃发展，广场文化、社区文化、企业文化、校园文化、民俗文化等文化形式日趋丰富，组织和筹办节日文化活动、文化走基层、进社区、进军营活动、竞赛评比活动等常年不断，以各乡镇农牧民文艺演出队和全县广大文艺骨干及楼兰艺术团为依托，相继打造的"楼兰文化旅游节"、"迎新春系列文化活动"等品牌，受到广大群众的热烈欢迎和好评。"十二五"以来，我县每年平均开展各类文艺演出、各类公益性文化艺术展等活动达100多场次、惠及群众达6万人次，开展文化走基层活动80多场次，群众文化活动的蓬勃发展，更好地实现文化乐民、文化安民、文化育民。

4、艺术创作生产进一步繁荣发展。充分挖掘潜力，加强交流，编排具有代表性的精品节目，提高演出水平。顺利完成了上级业务主管部门组织的自治州级、自治区级文艺节目的参演工作。如巴州文艺调演、东疆片区展演、自治区组织的大型文艺演出活动，多次荣获自治州首届非物质文化遗产展演活动优秀节目奖和组织奖，连续荣获自治区百日广场文化活动先进县；文学创作、音乐、歌曲、书法、摄影等艺术有所起步。在文艺创作中，创作的一批民族特色浓郁的音乐和舞蹈《楼兰之梦》、《楼兰之恋》、《欢乐楼兰》、《刀郎》、《花园》、《沙吾尔登》等多部作品，在群众中影响广泛。积极开展对突出贡献文化人才（8人）、民间艺人（20名）、文化领头人（8人）工作的支持和奖励，激励各族群众开展文化活动的热情。

5、文化遗产保护和推介力度加大。我局认真组织开展全国可移动文物普查。组织撰写了记载若羌县文物专业志《楼兰文物志》，该志的编写和完成将是一部全面了解楼兰历史不可多得的实用工具书，也将是一部反映历史文物的专业志书；我县楼兰博物馆馆藏文物由原来的701件增至为706件；中国家级重点文物保护单位4处为现在的5处；若羌楼兰博物馆自开馆以来每年接待待国内外游客、团体等参观人数约8万余人；组织、收集、整理、若羌民间文化集。完成了巴州第二批非遗名录项目代表性传承人推荐工作；"十二五"期间，若羌县文化馆被认定为第三批国家级非物质文化遗产代表性项目保护单位并多次荣获自治州"文化遗产日"非物质文化遗产生产性保护成果

展组织奖，并于2013年荣获第三届中国新疆国际民族舞蹈节巴音郭楞蒙古自治州民族服饰和手工艺品展组织奖。

6、全民阅读活动大力开展。若羌县图书馆自2013年10月11日正式投入使用。馆内设有综合阅览室、少儿阅览室、书库、电子阅览室等4个服务窗口。按照标准图书馆建设要求购置了图书、书架、电子书、计算机等设备。图书馆总藏量5万册，其中纸质藏书约20000册（含报刊杂志），电子图书3万册，书架总长576米，电子阅览室供读者使用的终端46台。

7、体育事业成绩显著。2011年，在若羌县第十六届人民代表大会第二次会议上，我县提出了"加快文化体育发展，村级文化体育活动设施建设全部达到国家标准"。为此，我县依托国家、自治区和自治州体育健身工程建设在全县乡镇重点村建成了体育场所48个、标准体育场馆1个，基础设施惠及百姓。

十二五以来，我局深入实施《全民建设纲要》和《全民健身条例》广泛开展全民健身，传统体育成绩显著。每年坚持不懈的组织开展全县大型体育活动（如冬季健身长跑、"迎新春"干部职工运动会、春季职工篮球赛、职工棋类比赛、春季风筝比赛、残疾人运动会等）；特别是近两年来协助举办自治州级体育赛事（法院系统天平杯运动会、自治州中小学生春季兵乓球赛、自治州组工系统运动会）并成功地承办了自治州第八届"东归那达慕节"少数名族传统体育运动会活动，并与上级各协会开展了健身气功、太极拳、健身操、健身秧歌、交谊舞等健身活动。我县在协助组织自治州级运动会赛事的同时，积极参与自治州级体育赛事活动，并取得一定成绩，实现我县中小学生在自治州体育赛事和农牧民运动员参加的东归那达慕少数民族体育运动会节中奖牌零的突破；特别是2013年自治州残疾人田径运动会取得较好成绩（肢体男组铁饼第一名，盲人男组200米第一名，肢体女组100米第一名，肢体女组200米第二名，肢体女组400米第三名，肢体男组200米第三名的好成绩）

8、文化市场新闻出版管理工作得以进展。十二五期间，全县共有文化市场经营户76家。为净化文化市场环境，我局突出抓好网吧和娱乐场所接纳未成年人整治工作，坚持不懈地开展"扫黄打非"工作，严厉查处非法出版物、盗版音像制品以及盗版教辅读物行为。在全县营造了文化市场良好氛围的同时，集中开展各类文化市场集中整治活动。2013年12月，我局开展并完成了政府机关软件正版化工作和企业软件正版化工作。

9、广播影视工作发展迅速。十二五期间，我县广播电视在基础设施建设发展迅速，服务管理水平提高的同时，认真把握正确舆论导向，着力提高节目质量。牢牢把握正确的舆论导向，唱响主旋律，打好主动仗，围绕中心工作着力提高自办节目的质量，圆满完成了各项宣传任务，同时在州外广泛宣传推介若羌。在新疆电台电视台、中央电视台的上稿率都有新突破。广播电视安全优质播出。自办频道节目内容丰富；广播电视覆盖面扩大；电影公益放映工作有效开展。十二五期间，我局全面完成每年若羌全县农村公益电影放映任务 312 场；特别是 2013 年楼兰影剧院的建成，我县成立《若羌县楼兰影剧院有限公司并加入中影数字院线（北京）有限公司后，我县城乡电影工作开展有序。十二五期间，按照自治州统一部署，我局做好全县广播电视村村通、户户通工程建设任务，全县广播电视户户通项目工作取得较大进展。

10、旅游资源规划开发利用工作扎实推进。十二五期间，我局积极为若羌县旅游业的发展做好基础工作。在国家旅游网上填报若羌县旅游业招商项目，不断扩大招商力度和招商渠道；不断加强与国内外旅行社的联系，推荐若羌旅游线路，为打响"中国探险旅游第一县"品牌做好前期准备工作；在《中国旅游报》刊登若羌旅游宣言，并在《华夏之旅》、《中国旅游报》、《西域风向标》等旅游报刊杂志加大若羌旅游宣传力度，为若羌旅游业健康发展营造良好环境。为提高农家乐服务质量。积极培育和发展星级风情园。推荐优秀农家乐，争取农家乐扶持奖励资金。十二五期间，我县旅游业继续保持平稳增长态势。连续开展了以节庆活动丰富文化内涵，以弘扬若羌红枣文化，为若羌旅游业增添魅力，以加快建设富强、秀美、和谐新若羌宣传造势、加油鼓劲的新疆·若羌第楼兰文化旅游节暨红枣节，并在此期间积极打造若羌文化旅游品牌，营造浓厚的文化旅游氛围。自 2008 年起，我县每年举办楼兰文化旅游节，先后开展"楼兰文化旅游节主题歌词"征集、"楼兰小姐"选拔、楼兰书画笔会、阿尔金探险游等系列主题活动，并加大在《中国自驾游》、《新疆人文地理》、《自游自在》、《假日航空旅游报》等旅游专刊的宣传推介力度，组织企业参加自治区举办的一系列旅游赛事和活动，以此展示若羌独特的自然风光和厚重的文化底蕴。积极开展旅游项目申报工作，先后申报了涉及罗布泊、阿尔金山、小河墓地、塔里木胡杨沙漠等旅游景点的基础设施建设项目。注册若羌楼兰文化旅游有限责任公司，使我县丰富的文化旅游资源优势加快向经济优势的转换步伐。

三、建议和措施

(一) 文化服务

1、队伍建设。加强文化体育广播电视队伍建设，加强培训现有工作人员，同时加大选拔一批政治素质高，懂文化业务的人员，充实到县乡镇文化站，逐步建立一支素质高、业务精、作风正的文化队伍。在目前人员紧缺的情况下，通过增加公益性岗位及聘用等形式解决目前状况，以便工作的正常开展。同时加大人才的培训与引进力度，每年选派一批业务骨干和管理人员到自治州及自治区学习深造。注重少数民族人才培训。建立人尽其才的机制。每年聘请专业老师为全县行业从业人员举办技能培训班，全面提高从业人员的综合素质，提高服务总体水平。加大文化带头人、文化突出贡献人才及民间艺人扶持补助政策覆盖面，巩固和壮大县乡文化人才队伍；

2、文化利民。一是完善文化馆、图书馆的配套设施、设备等，提高其服务质量和水平。利用现有的人员及设施等条件建设适合各年龄段的群众文化培训中心，使之真正成为群众文化活动的龙头。二是组织开展多种多样的阵地文化活动，提高基层文化设施的利用率，以吸引更多的群众参与，使之成为群众喜爱的文化之家，充分调动和发挥其作为群众文化活动中心的职能；三是加强对新建居民小区配套文化设施的规划、建设和使用情况的监督。四是深入开展文艺创作活动，推出楼兰剧、微电影等文化产品。

(二) 群众体育

1、加快体育基础设施和人才队伍建设。规划建设一些大众化、简便、实用性强的锻炼场所，结合实际情况，添置一些必要的体育健身器材，吸引更多的群众有机会参与进来。通过招录、聘用真正懂体育、会管理的人才，利用农闲时节、节假日等时间组织开展广大群众喜闻乐见、丰富多彩的与生产生活相结合的健身项目，形成"有人建、有人管、有人用"的工作机制，避免造成体育设施利用率不高，使用期不长的弊端。

2、加大对体育事业的投入。设立体育事业发展引导资金和活动启动资金，用于帮扶和指导我县各类体育团体及体育活动的开展；抓住国家开展"农村体育健身工程"的机遇，积极争取项目资金，新建一批体育设施；积极鼓励社会资金参与体育事业，掀起全民参与体育运动的热潮。

3、开展形式多样的群众性文化体育活动。按照"十八大"精神，广泛开展全民健身体育活动，促进群众体育和竞技体育全面发展。因地制宜、因人制宜的开展各类活动，突出群众性、全民性。

4、逐步扩展群众文化体育队伍。全县各乡镇（村）及单位在原有的的基础上，成立各类业余文化体育队伍，在全县形成上下联动，人人参与全民建设活动的局面，使我县文化体育活动由单一逐步走向多元，由低水平向高层次迈进，从单项体育活动到乒乓球、篮球、羽毛球等各种综合性体育赛事相继举办从而既推动文体活动的普及和提高，又促进文体活动队伍的成长和进步。

5、成立业余体校。以"推动全民健身、培养拔尖运动员"为宗旨，采用"教体联合、社会参与"的措施，自主创新灵活实用的办学之路，借助我县体育设施的优势，以达到最大限度地发挥各种体育资源作用的目的。

（三）旅游发展

1、加大基础服务设施投入，改善和提升旅游接待能力。一是加强旅游配套服务设施建设，全面提升旅游综合接待能力。新增三星级酒店1家、二星级酒店1家。二是完善旅游标示和相关服务设施。

2、整合旅游资源，加快项目建设。积极落实阿拉干、县城区域、阿尔金山、罗布泊镇和罗布泊湖心五个特种旅游自驾营地项目建设。努力打造楼兰故城、阿尔金山圣景等旅游景区。

3、全方位开展宣传促销，进一步扩大旅游客源市场。一是结合旅游开发实际，逐步加大旅游宣传促销经费的投入，以保证各项宣传措施到位。二是营造良好的旅游氛围。三是办好节庆活动。

4、实施旅游环境优化战略，进一步提高旅游服务质量和水平。以游客满意度为基准，加强行业规范化建设，全面提升行业服务质量和产业素质。

（四）广播电视

1、发挥若羌广播电视台的主流媒体作用和影响力，大力推广若羌红枣、若羌黄玉、楼兰文化等文化名片，构建大外宣格局，通过外宣奖励、交流培训等措施，组建一个高素质的通讯员队伍。探索建立通讯员工作制度，考虑通过稿费、培训、联席会、新闻通报、跟班或派记者到乡镇驻站等可操作的办法，提升各单位重视本县广播电视新闻的程度，初步建立通讯员15～20人的通讯员队伍；

2、加强乡镇广播电视站的管理、指导，完善政策、制度，提高乡镇广播电视站的积极性，改善乡村群众收听收看广播电视质量；完成罗布泊镇铁塔搬迁、县城120米自立塔拆除、瓦石峡镇铁塔和县台楼顶塔新建工作；

3、继续抓好数字电视延伸覆盖，做好数字电视入户和广电宽带用户的发展，积极做好依吞布拉克镇、罗布泊镇区域数字电视建设期工作；完成"户

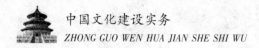

户通"、"村村通"、大喇叭、大功率覆盖工作、农村电影等上级下达的 312 场次电影放映任务。

（五）文博工作

1、做好可移动文物普查工作。全面推进文物基础工作按照自治区、自治州文物局的部署，局领导高度重视可移动文物普查工作，并要求全局干部职工及时、高质量地完成可移动文物的普查工作。争取资金，完善国家级文物保护单位基础设施建设。

2、提升博物馆综合管理服务水平。积极着手申报三级博物馆的评估资料。一是扩大楼兰博物馆达标竞赛活动评比范围，以此为载体，促进博物馆之间的合作与竞争，大力提高博物馆整体水平。二是切实贯彻"三贴近"的要求，推进博物馆机制创新和能力建设，提升公共服务水平，充分发挥博物馆在城市文化建设方面的独特作用。三是积极利用特色和优势，加强对外交流与合作，推出更多高质量高品位的专题展览。加大文物征集力度，提高我县文物收藏档次，并切实提升馆藏文物信息化管理水平。四是加强文博业务队伍建设，优化人才引进和培养机制，加强多类型和复合型人才的培养。实行讲解员星级考核评定制度，积极开展业务培训，完善考核机制，提高讲解员整体素质。

3、健全文物保护管理体系，提高管理执法水平。深化完善基层文物管理工作考核与以奖代拨制度，加强基层文保机构和文物保护通讯员队伍建设，加大安全监管和日常巡查力度，加强与县规划、房管历保等部门的合作，发挥各部门的联动作用，扩大完善文物保护网络体系，不断提高监管效能。进一步整合管理资源，加强与各县市区的联系，大力开展文物巡查工作。

惠城区省级非遗项目简介

广东省惠州市惠城区文化广电新闻出版局　刘少辉

李家拳简介

一、李家拳的历史渊源

惠州李家拳是广东五大名拳之一。据《惠州志》记载，李家拳发源于清归善县鹅埔角火地村（现属惠城区河南岸街道米地村），创立于清乾隆年间，由拳师李义独创，距今已有 200 多年的历史。据记载，李家拳的起源与少林寺有着密切的关联。相传，创始人李义系少林寺俗家弟子李玖之子，他深得少林寺正宗武功的真传，年少时武功已达上乘。在清朝清军镇压反清组织时，惠州火地村曾遭到灭顶之灾，所幸李义被北派拳师陈苟息挽救，随后拜陈苟息为师，深得北拳的精华。一天，李义在村中竹园练功，偶见鹤蛇相争，形态特异，便从中受到启迪，于是取南北拳派之精华，独辟蹊径创出自成一格、独树一帜的李家拳。如今，作为广东五大名拳之一的李家拳，已发展到第八代。在创立的 200 多年期间，李家拳威震东江，其影响遍及惠州、河源、新会、佛山、东莞、港澳、东南亚、美国、英国、澳洲、新西兰等地，海内外弟子达近 10 万人。

二、李家拳的特点

李家拳集南派功夫之扎实硬朗，融合北派功夫之快捷利落，拳路气势磅礴，刚柔相济，其拳术特点，主要表现为：以单肩侧身、虚步、吊脚为主，讲究攻防、活动线路广阔拳法刚劲，掌法多变，多跳跃、擅腿法，动作活泼矫健，以灵活多变著称。和众多的拳法有所不同，李家拳是以长桥大马、偏身偏步、朴实刚劲为主。身法上则是以肘攻击为主，要求沉实稳重，出手准确，以避免一击不中，让人有可乘之机。

　　李家拳在十形中以虎为象征，创意浓厚的攻防意识，结合武术拳法编成套路。其练功歌诀为：习武者，能进能退，能攻能守，能刚能柔，能密能疏，能动能静，能弱能强，能行能踏，识天时，懂地利合人和，进如闪电，退如鸿毛，攻如脱兔，守如处女，刚如利剑，柔如琴音，疏可跑马，密难插针，动不露形，静能藏势；弱似风鹤上翠竹，强如猛虎下山林，行浮踏水影，天地人和掌懂地，走遍天涯唱太平。

　　据史料记载，李家拳拳术，有拳法近十种，包括有：八卦拳、四星拳、直路拳、大、小十字拳、三门拳、独脚连环拳、五形散手拳等。器械套路也有近二十种，有：单头棍、单双夹棍、南双刀、单刀、双铁尺、缨枪、三节鞭、关刀、耙等。此外，李家拳的对练套路也有十余种，包括有：铁尺对鲁钉、头对单刀藤、拳对练、棍对练、空手夺双刀等。

三、李家拳重要价值及影响

　　李家拳，拳法变化莫测，刚柔并重，出神入化。200多年来，已发展成为内容丰富、博大精深、体系较为完整的广东五大名拳之一。其价值主要体现在以下几点：

（一）武德价值

　　李家拳有着严格的门规，着重于修文德、尚武功，在学练武艺的过程中，始终将培养高尚品德放在第一位，强调德技双修，强身健体，不争强好胜，对于提高习武者自身的道德修养有着重要意义。

（二）武技价值

　　李家拳是岭南独有的南拳拳种，善养"形"、"神"、"精"、"气"，锻造"健、力、美"，追求"天人合一"的境界。其表演极具观赏性，为广大群众喜乐见闻，对于研究东江一带民众的民俗文化和武技思想，有着不可估量的作用。

（三）提高身体素质

　　李家拳是自卫强身的武术运动。对强身健骨，促进健康，增强体质，提高自卫能力大有作用。

（四）锻炼意志，培养品德

　　俗话说，"冬练三九、夏练三伏"。系统长期练习李家拳，可以培养人们勤奋、刻苦、顽强的意志品德。对于培养青少年坚韧不拔、持之以恒、勇敢无畏的意志和精神有着重要意义。

（五）"武医"价值

长期的习武中，李家拳先师在与其他门派拳师交流搏击受伤后，根据祖传医术独家秘制出自我疗伤的跌打草药秘方。如各类风湿跌打药膏、跌打药酒、李氏跌打丸等，其独门跌打医药和医术，对于研究中国"武医"学和民间医学，有极其重要的价值。

（六）社会影响力

李家拳是惠州乃至整个广东独有的传统文化，其弟子遍布世界各地，海内外喜爱者众多。加大对李家拳的宣传、推广，不仅能扩大对外民间交流、增进友谊，而且对于研究广东、乃至中国武术史，扩大惠州、广东在国际上的知名度和影响力都有着极其重要的意义。

四、濒危状况

武术运动发展至今，多以体育运动的形式出现。由于经济和技术的发展、娱乐方式的多元化，现代城乡人民都忙于各种经营，无暇练习李家拳；而作为强身健体的传统竞技运动的李家拳，已很少能吸引年轻一代的兴趣。另一方面，由于"文革"的破坏，有关李家拳的拳书、拳谱遭到严重破坏。再加上，经费和场地等问题的制约，老一辈艺人的相继去世，如今会打李家拳的人已屈指可数，李家拳的传承有"自行消亡"的危险。

五、街道对李家拳的保护、发展以及规划和措施

（一）保护措施

近年来，河南岸街道高度重视李家拳的保护和发展，并制定并实施了一系列行之有效的保护措施，使李家拳得以继承发扬。

1、开展李家拳的普查工作，对李家拳档案资料进行全面而系统的收集和整理，建立科学、系统的数据库。

2、在辖区各小学开展李家拳进校园教学活动和治安队伍李家拳培训活动，新增学员 500 多人。

3、2008 年，李家拳被列入市级非物质文化遗产名录项目。

4、2010 年，李家拳参加广东省第十三届省运会开幕式展演演出。

5、2011 年，河南岸街道被命名为"广东省李家拳之乡"，李家拳代表队参加广东省武术锦标赛，分别获得 9 个单项一等奖，2 个单项二等奖。

6、2012 年李家拳弟子参加香港国际武术节，分别获得南拳第三名、长器

械第四名。

7、2012年5月，在河南岸中心小学建立了李家拳训练基地并免费教学李家拳，第一批在册学员有46人。

8、2012年6月，对河南岸治安队60多名治安员进行李家拳分批训练。

9、2012年7月，河南岸街道组队前往香港开展开展李家拳文化联谊活动。

10、2012年7月，李家拳弟子应邀参加惠州南国书香节进行李家拳为期5天的表演推广和讲座。

11、2012年10月，CCTV-4《客家足迹行》栏目对李家拳进行了专题片拍摄并在2013年6月20日播出。

12、2013年4月，河南岸文化站申请了第五批省级非物质文化遗产项目。

13、2013年5月，李家拳组队参加了惠州市第三届武术锦标赛荣获1个集体一等奖；7个单项成绩；4个单项二等奖的好成绩。

14、在村、社区广场开展李家拳免费教学活动。

15、2013年，成功申报第五批省级非物质文化遗产项目。

16、2013年，李家拳组队参加惠州市第三届武术锦标赛荣获1个集体一等奖；7个单项成绩；4个单项二等奖。

17、2013年，李家拳弟子李荣光、袁枫城等参加广东省第六届武术精英大赛，荣获男子组各式南拳共5项金奖。

18、2014年李家拳组队参加惠城区武术比赛。

（二）发展规划

1、拟成立惠州李家拳协会。

2、加强场馆设施建设，建立一个规模较大，设施配套齐全的李家拳协会和李家拳训练基地。

3、继续开展李家拳进校园教学和辖区治安队伍李家拳培训活动。

4、组织李家拳参加省、市、区各类武术比赛、展演活动，2014年组队参加广东省少数民族运动会武术比赛。

5、举办李家拳邀请赛，李家拳文化节等大型活动，开展李家拳文化研究，通过举办学术研讨会、经验交流会等进一步推进李家拳的繁荣发展。

6、努力将李家拳打造成地方特色文化产业。

龙形拳简介

一、龙形拳历史渊源

龙形拳，岭南拳术一大流派，源于清朝乾隆年间，为少林五梅所传，罗浮山华首台寺主持大玉禅师是五梅的传人，林耀桂是大玉禅师的徒弟，外号"东江老虎"之称的惠州人氏林耀桂在惠州小金口金鸡村英头始创。"动如神龙游太空，静似玉女守深闺。龙形气势勤苦练，有形有势法万千。"是其首创的口诀。龙形拳各拳馆记载，龙形拳起源于清朝末期。龙形拳创立至今已逾120年，在世界已有30多个国家均有分布和传播，影响遍及惠州、南海、番禺、顺德、东莞、佛山、肇庆、广州、香港、澳门、东南亚、澳洲、美国、加拿大、英国等地并建立龙形拳分会，习拳的海内外弟子达10万余人。

二、龙形拳套路及功法特点

龙形拳是攻击性较强的武术之一，因拳法动如"神龙"而得名，拳路气势磅礴，刚柔相济，逢劲化劲，自成风格，最大特点为集百家拳术之长，为己所用。

龙形拳拳术，有拳法13种，包括：1、三通过桥；2、迫虎跳墙；3、单刀匹马；4、单鞭救主；5、鹰爪；6、龙形摩桥；7、化劲；8、碎桥；9、毒蛇吐雾；10、五马归槽；11、纳五形；12、梅花拳（画眉跳架）；13、七路梅花拳。棍法3种，包括有：1、四门挑打莲花双头棍；2、黄龙穿心棍；3、龙形回龙棍。

龙形拳手法主要粘、摩、化、拿、劈。身法主要吞、吐、浮、沉、圆、扁、伏；步法主要直迫步、双马步、三角步、虚实步，做到虚中有实，实中有虚，演练时快速刚猛。内练精、气、神；外练手、眼、身、腿、步的配合，要求劲力节节贯串，姿势要求极为严格，头顶项稳，沉肩坠肘，身正腹收，紧档沉胯，腰松马小，轻灵稳固，有时配合发声，以声助威。腿法对高踢和腾空性跳跃动作运用较少，主要运用提、弹、踢、踹、蹬、勾、扫、撩等。劲力主要标、弹、沉、速、化。发劲时气沉丹田，劲由足跟，发於腰，达於

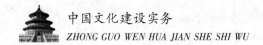

手，腰腿臂贯穿一气，力求顺达。技法上是腿法，身法，手法的配合，即步到、身到、手到。总而言之，出手对三尖，要求以意为神，以气催劲，内外合一。要求做到，走步疾如风，落马如铁，出手如钢刀，进似猛虎出林，退如老鼠伺洞，还要求做到眼明、手快，发劲要脆，进退闪展灵活自然，变化莫测。

龙形拳的动作姿态，动若游龙攀青云，静如玉女守深闺。龙形拳的身法要求是：两肘护肋，两拳护心，两腿护裆。含胸、敛臀、沉肩、坠肘、实腹、气沉丹田。三尖相对（拳尖对鼻尖、肘尖对膝尖、膝尖对脚尖），吞吐分明。

龙形拳的劲力沉实迅猛，以"标、弹、沉、戳、化"五劲为主；以暗劲、寸劲见长；主张刚柔并济，逢劲化劲。劲力的发生，其根在脚，发于腿，宰于腰，形于手，力达指尖末梢。用力顺达，不取蛮劲，讲求以四两拨千斤的巧劲。

三、龙形拳发展

惠城区小金口街道金鸡英头村也是龙形拳的主要传承地之一，每个村民都能讲出一些与龙形拳有关的人物名字和龙形拳的套路，成年男子还会随时耍几手龙形拳。小金口街道充分挖掘龙形拳传统文化，2007 年成立惠城区龙形拳协会，目前惠城区龙形拳协会的会员及弟子，就是宗师在小金口金华诗院及英头村后王庙传艺时的第三、四代传人。2007 年 12 月与龙形拳体育总会共同举办龙形拳文化交流活动，在与来自海内外及世界各国近 300 名龙形弟子交流经验的同时，将龙形拳发扬光大，促进龙形拳的回归和海外传播。2007 年元月，龙形拳参加了广东卫视《四海同庆、惠及五洲》栏目拍摄表演，并通过节目向全球华人拜年；2009 年 10 月份龙形拳被列入"广东省第三批非物质文化遗产名录"和 2010 年 1 月被授予"广东省龙形拳传承基地"等荣誉。2012 蔡李佛精英赛并荣获一等奖；2013 年广东省南拳锦标赛中，龙形拳弟子获得二等奖 3 人；在惠州市传统男派拳锦标赛中获得一等奖 7 人、二等奖 9 人、三等奖 1 人的好成绩；6 月随麒麟艺术团赴俄罗斯和乌法市等地参加"团结"艺术节和当地民俗文化活动，所到之处受到了当地群众的追捧，并对中国根深蒂固的传统文化表示赞赏；8 月，出访在泰国曼谷举行的第八届世界惠州同乡恳亲大会；12 月，举办了第二届东南亚华裔青少年冬令营活动，共有 185 人参加龙形拳学习，海外学员对现学龙形拳作了比试。龙形拳随着慢慢推广，逐渐走向国内，走向世界。

作为"广东省龙形拳传承基地"，我街道以传承文化为动力，不断建立健

全街道、村两级培训网络，全面传承小金口传统特色文化。积极培养骨干分子，让他们成为龙形拳表演的"领头羊"。同时，街道举办龙形拳走进企业、村（居），挖掘各类文艺人才，激发群众参与龙形拳的积极性和热情，培养造就了技能精、尖、硬的龙形拳武术团队。另一方面，街道拨付专项资金扶持中小学开设龙形拳兴趣班，让具有小金口特色的民俗文化走进学生第二课堂，并组建中小学"龙形拳"队伍，大力推行讨论交流学、巡回辅导学、结对帮扶学、参观启发学等灵活多样的科学学习方法，发扬"传、帮、带"精神，使学生从小接受传统文化熏陶，让非物质文化遗产后继有人。此外，街道党工委、办事处还十分重视文化宣传工作，通过社会传媒开设龙形拳专题、专栏节目，对龙形拳文化进行展示、展览、展演，宣传、普及传统文化。

小金口麒麟舞

一、麒麟舞历史渊源

麒麟舞起源于四川峨嵋山一带，至今已有五百多年的历史。麒麟是中国"四灵"（麒麟、龙、凤、龟）之首，客家人视麒麟为图腾和压邪避灾的吉祥物，在农村，每逢年过节、婚姻嫁娶、新居落成等，都能看到麒麟以不同的形式表演助兴，表演完毕，还会得到群众打赏的红包、糖果等物品。

广东省惠州市小金口街道办事处的麒麟舞发源于清朝乾隆年间，距今已有三百多年的悠久历史。小金口麒麟舞主要分布在小金口镇的乌石、青塘、柏岗、金鸡、小铁、白石、九龙七个行政村。

二、麒麟舞的特点

小金口麒麟舞，极具东江本土风情，其表演套路充满了诙谐幽默，极具娱乐性和观赏性，有"沙仙戏麒麟"、"沙仙驯麒麟"、"八仙桌上采酒青"等为内容的客家麒麟特色。

小金口麒麟主要艺术特点有：

1、麒麟舞的器具有麒麟头、锣鼓、唢呐、钹、大头佛（面具）、青一枝、红一枝、队旗。麒麟头先用黄竹编制成皱形，再用糯米浆糊制。头和身上写有"风调雨顺、国泰民安"八字，寓"龙凤呈祥、驱邪佑吉、安居乐业、五谷丰登、天下太平"之意。

2、麒麟从外形、舞法、鼓点音乐等都和醒狮有较大差别。麒麟头小带角，身尾较长，有的长至丈八，这就更利于舞法的变化和艺术表现力；麒麟鼓点加唢呐，有一种立体的声音效果；其较强生活气息和人性化的表演套路，使其在观赏性方面，在现代人欣赏水平提高，口味变化的情况下有独到的优势，因而体现了它的较高生存能力和发展的潜力。

3、麒麟舞的动作多样，表演生动而形象，包括有点头、仰望、左右晃动等，其中以寻青、惊青、闻青、试青，采青、吃青、吐青、吞青为主要情节，模仿猫狗，吻脚，吻尾、挠头、吻身等动作。

三、麒麟舞发展

近年来，小金口街道党工委、办事处高度重视麒麟舞这一宝贵的民间文化艺术遗产，先后投入近百万元用于挖掘、整理、提高麒麟文化艺术。全街道七个行政村，村村都有麒麟队，共有麒麟队二十多支，队员五百多人，参加舞麒麟活动的村民达三千多人。2005年9月，小金口的麒麟队首次代表惠州市亮相首届泛珠三角民间艺术节，一举夺得银奖；2006年5月，参加"岭南麒麟大汇演"获得最佳表演奖；同年6月，参加广东省非物质文化遗产展览，并被惠州市授予"麒麟舞特色之乡"荣誉称号；2007年6月，小金口麒麟舞在央视《文明惠州·激情广场大家唱》开场节目中精彩表演，再一次把对麒麟舞的认识提升到全新的高度；2007年11月，广东省文联和省民协授予小金口为"广东省麒麟文化之乡"称号，并被惠州市、惠城区列入非物质文化遗产名录；2008年10月被中国民协授予"中国麒麟文化传承基地"荣誉称号。2009年11月麒麟舞被广东省列入"广东省第三批非物质文化遗产名录"。小金口街道办事处自2007年3月26日成功举办首届"麒麟文化节"以来，已成功连续举办了5届麒麟文化节，每年小金口7个村近百头麒麟参加。2008年11月，小金口办事处斥资上百万元，协助广东省文联、省民协成功举办了"广东省第二届麒麟舞大赛"和广东省（东江）麒麟文化研讨会，小金口麒麟舞精彩的演绎赢得了评委一致肯定，以总分第一名荣获金奖。通过不断地交流和比赛，奠定了日后发展良好的基础，并喜讯频传：2009年参加惠州首届民间艺术大赛夺得金奖、参加"2009广东省钟村杯传统龙狮、麒麟锦标赛"夺得一等奖、参加惠州"东江流韵、惠州余响"原生态民间艺术大赛中获得"金奖"；2010年7月和10月分别参加了广东省第十三届运动会开幕式前展演、上海世博会"广东文化周"开幕式前展演和参加第16届亚运会圣火惠州站传递活动文体表演；2011年3月我办麒麟舞再度参加"广东省第三届麒麟舞大赛"荣获了创新组金奖；10月到马来西亚进行海外文化交流；11月参加由国家旅游局和广东省政府主办的2011广东国际旅游文化节；2012年3月参加中央四台沿海行《远方的家》拍摄活动；7月参加"广东省传统龙狮、麒麟锦标赛"获得男子成年组"第一名"；11月分别参加2012广州南沙黄阁麒麟舞文化节暨全省麒麟舞邀请赛和省首届非物质文化遗产麒麟舞大赛荣获创新组金奖；2013年6月麒麟艺术团赴俄罗斯和乌法市等地参加"团结"艺术节和当地民俗文化活动；7月参加"热土风情舞岭南"2013年全省非物质文化遗产传统舞蹈汇演活动获得少儿组银奖；8月，麒麟团在泰国曼谷参加第八届世界惠州同乡恳亲大会；9月，以麒麟为主要元素，创编的排舞《麒麟鼓起》代表城区参加广东省首届千万人群广场健身排舞展示大赛（惠州赛区）以一曲《麒麟鼓起》获得第一名；12月举办"福祉共享·梦想同行"2013年小金口麒麟文化周活动，将麒麟舞走向村（居）、企业、校园等。

小金口街道党工委、办事处高度重视从人力、物力及宣传上加大投入，并出资编辑出版了《东江麒麟文化》一书，旨在更好地保护东江麒麟文化。下来我们将以所取得的荣誉为动力，大力推行文化惠民工程。筹建麒麟山文化公园、麒麟一条街和全国首个麒麟博物馆，大力发展麒麟工艺品、礼品、卡通、音像制品等旅游工艺产业等目标战略，实现全方位打造麒麟文化品牌。作为"中国麒麟文化传承基地"、实施麒麟舞进校园传承活动，不断建立健全街道、村两级培训网络，全面传承小金口传统特色文化。一方面，针对民间人才分布散的问题，在街道的指导下，各村整合人才资源，组建了多支麒麟舞队伍，并积极培养骨干分子，让他们成为当地麒麟舞表演的"领头羊"。同时，街道还举办了麒麟舞培训班、锣鼓培训班，挖掘吸引村、社区、企业各类文艺人才，激发群众参与文化活动的积极性和热情，培养造就了多支技能精、尖、硬的特色文化表演团队。另一方面，街道拨付专项资金扶持中小学开设麒麟舞，让具有小金口特色的民俗文化走进学生第二课堂，大力推行讨论交流学、巡回辅导学、结对帮扶学、参观启发学等灵活多样的科学学习方法，发扬"传、帮、带"精神，使学生从小接受传统文化熏陶，让非物质文化遗产后继有人。此外，街道党工委、办事处还十分重视文化宣传工作，通过社会传媒开设麒麟舞专题、专栏节目，对麒麟文化进行展示、展览、展演，宣传、普及麒麟文化，多次组织多支麒麟队到东莞、广州等地交流学习、参与比赛，使麒麟舞扎根民间。

夯实公共文化服务体系
把文化惠民落到实处

广西壮族自治区柳州市柳北区文化体育和新闻出版局　李　俊　罗扬振　吴艳玉

"周六周日带两个女儿来学民族舞，星期三晚上，我自己来学交谊舞。" 近日，在柳北文化艺术中心舞蹈培训班上，家住白露街道马厂村的方女士非常高兴地表示，柳北区办的这些免费培训班，让老百姓们享受到实惠，一个个 "文化大餐"，丰富了老百姓的精神文化生活。

据悉，成立于今年 4 月 18 日的柳北文化艺术中心，以 "坚持公益、文化惠民" 为服务宗旨，夯实基础，大力推动柳北区公共文化服务体系建设，让老百姓共享发展成果，促进辖区基本公共文化服务标准化、均等化。

一、建成城区中首个文化艺术中心

据悉，柳北文化艺术中心位于胜利小区一区（胜利新街市二楼），总建筑面积 1700 多平方米，内设培训室、舞蹈室、书画室、茶艺室、琴房、图书阅览室、电子阅览室等 9 个功能场所，可同时容纳近 300 人活动。图书阅览室将通过逐年增加书籍，最终藏书将达到 3 万册；电子阅览室最终也将有 10 万部电子书供市民阅读，并不断适时更新。目前图书阅览室首批采购的书籍已经到位，整理分类后即可正式对外开放，而电子阅览室已经免费对外免费开放。据悉，柳北文化艺术中心今年 5 月试运行效果良好，已于 7 月份正式免费对外开放。

柳北文化艺术中心主任蔡宏信介绍，柳北区在四城区中率先建成文化艺术中心，通过将原先较为分散的资源整合在一起，能够为老百姓提供更加便利的公共文化服务。依托中心平台，柳北区全面实施 "和谐文化在基层" 系列惠民工程，包括广泛开展节日纪念日、政策法制、公共图书、校园文化、企业文化、重点群体、文化馆（站）、博物馆和美术馆等 8 个主题基层文化惠民服务活动。

据介绍，柳北文化艺术中心全面建成后，柳北区将把其打造为柳北区 "城乡艺术教育工程" 中心基地、"柳北居民阅读活动" 推广基地，并重点抓好基层文艺骨干、老年人、青少年、残疾人、农民工艺术培训工作和全民阅读活动，涵盖团队演出、知识传授、精品献演、传承经典、读书展阅、知识竞赛、公益性辅导讲座、展览等群众文化内容，将各项工作落细落小落实，不断完善、提升公共文化服务的功能。

二、免费艺术培训享文化大餐

柳北区文化馆负责人介绍，从今年7月11日开始，柳北文化艺术中心每天都热闹非凡，柳北区文化馆承办的7月份免费艺术培训班非常火热。当月共开设成人舞蹈、交谊舞，青少年书法、国画、素描、拉丁舞、民族舞等8个免费培训项目，每个项目6到8节课，从周一到周日，每天都有课程安排。

该负责人表示，为了免费文化服务惠及到更多的辖区居民，柳北区文化馆依托镇、街道、村、社区、学校，以及柳北之音开展宣传动员工作，咨询报名的群众络绎不绝，短短时间内，各个培训班爆满。

据介绍，柳北区在全市范围内聘请21名文化名人，作为文化艺术中心顾问和指导老师。在开设免费培训班中，这些顾问以及指导老师们发挥了重要作用，满足了辖区居民们的不同需求。

"不花钱还能学到这么专业的知识，这培训班开得真不错"，"老师们教得都很认真、仔细，学习环境还很好，希望这样的培训班能一直开下去"……在学员和家长们看来，免费培训班的教学质量一点也不含糊，他们纷纷为柳北区文化馆的艺术培训班点赞。

据悉，自5月份开馆以来，柳北区文化馆逐步将每月的免费开放活动纳入常规工作计划，目前已免费培训2000多人次。接下来，柳北区将与柳州市美术家协会、柳州画院、柳州市群众艺术馆联合成立柳北区美术创作基地、美术培训基地和群众艺术馆柳北区分馆，进一步丰富培训内容、扩大培训范围，让更多群众受益，进一步推动柳北区全民艺术普及工作。

这不，8月8日，柳北区文体新局就在"柳北之音"微信公众号上，发布了这个月的活动计划。

三、"一二三四五八"工程出实效

柳北区文体新局局长告诉记者，柳北区具有丰富的历史文化资源，如工业文化、农都文化在全市全区甚至全国都具有影响力。近年来，柳北区通过花大力气整合资源，实施"一二三四五八"工程，公共文化服务体系基本实

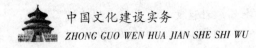

现全覆盖。

据介绍，所谓"一二三四五八"工程，即树立努力构建柳北区公共文化服务体系一个目标，抓好"一节一会"（"北雀欢歌"文化艺术节和辖区全民健身运动会）和基层"八小文化"二大活动载体，建立领导协调、目标考评、规范、管理三大机制，构建人才队伍培养、宣传信息管理、三级公共文化服务、对外交流合作四大平台，打造和谐文化在基层、业余文艺扶持、公益数字电影、文体设施、城乡艺术教育五大惠民工程，从而更好地推动柳北区公共文化服务、文艺创作、传统文化、全民阅读、文化市场、文化产业、全民健身和安全生产等八项具体工作的繁荣发展。

接下来，柳北区还将进一步提高公共文化服务体系的辐射能力，以政府购买服务鼓励和吸引各种社会力量参与基层公共文化服务，以扶持基层非遗传人、文化能人、文化热心人为重点，以数字化、网络化方式提高"123458"工程运行效能，及时将基层最急需的全民阅读资源、全民健身运动、文化艺术辅导培训送到基层，为基层群众"自我创造、自我表现"创建平台和渠道，促进柳北区各项文化建设迈上新台阶，再创柳北文化事业新辉煌，为建设"五个柳北"、打造西江经济带最具竞争力城区提供文化精神动力和智力支持。

建设和谐文化
为构建和谐社会营造良好的人文环境

吉林省四平市铁西区文化新闻出版和体育局

党的十八大提出，要全面落实经济建设、政治建设、文化建设、社会建设、生态文明建设五位一体总体布局，努力建设美丽中国，实现中华民族永续发展，这五位一体总布局是一个有机整体，其中经济建设是根本，政治建设是保证，文化建设是灵魂。在文化建设方面，要加强社会主义核心价值体系建设，全面提高公民道德素质，丰富人民精神文化生活，增强文化整体实力和竞争力，建设社会主义文化强国，文化发展的主旨就是为人民服务、为社会主义服务。就是说文化发展要以人为本，要服务大众。《国家"十二五"时期文化改革发展规划纲》中提出，"十二五"期间要基本建立覆盖全社会的公共文化体系，使城乡居民能够较为便捷地享受公共文化服务。国家给予公共文化体系一个良好的发展空间和各项优惠政策，作为文化馆这个政府举办的最基层的公益性群众文化事业单位，我们要如何抓住免费开放这个发展契机，把公益性群众文化工作，做好、做大、做强，使之成为国家提高国民文化素质、推动文化建设更快更好发展的有效工具。

一、建设和谐文化，是构建社会主义和谐社会的重要任务

和谐文化是以和谐为思想内核和价值取向，融思想观念、理想信仰、社会风尚、行为规范、制度体制于一体的一种文化形态。和谐文化影响着人们的思想行为，引领着一座城市的发展进步，明确着社会的价值导向。只有建设和谐文化，才能为构建和谐社会提供强大的精神动力、思想保证、舆论支持和文化条件。要建设和谐文化，发挥文化对经济和社会发展的巨大内驱力，满足人民群众多层次、多方面、多样化的精神文化需求，精心开展群众文化活动是一个主要的目标任务。因此，要解放思想，树立精品意识，实施品牌文化战略，提高群众的精气神儿。我们正是秉承这一宗旨，审视市情，准确定位，挖掘城市积淀的文化内涵，打造符合我市市情的群众文化品牌活动。2012 年我们举办了第一届四平市风筝文化节，并且每年一届延续至今，随着

城市的发展和百姓的需求，我们不断的丰富风筝文化节内容与内涵，从单一的放风筝到现今涉猎城市生活的多个领域，风筝文化节也发展成为风筝文化旅游节，利用风筝文化旅游节系列活动，弘扬传统文化，满足人民群众的文化需求，让百姓共享文化盛宴，让文化成果更好地惠及百姓。在中小学开展风筝文化活动，可以为孩子们丰富课余生活，激发创新意识，培养动手能力。通过在乡村游的景区中举办风筝文化节，将文化活动与春游、采摘、垂钓、农家乐等休闲游活动紧密融合，以此促进旅游事业的快速发展。风筝文化旅游节活动成为我市群众文化的新亮点。并且，2015 年被吉林省委宣传部、省文化厅评为优秀群众文化活动项目。

二、构建现代公共文化服务体系

构建现代公共文化服务体系，关键是理解、贯彻好中共十八届三中全会"全面深化改革"，"构建现代公共文化服务体系"的新精神，不要空洞、抽象地理解"现代公共文化服务体系"，不能脱离现实、脱离实际。随着社会经济不断发展，生活水平不断提高，人们的需求从日常的物质保障需求渐扩延伸至深层的精神文化需求，由此而衍生的文化生活形态、群众文化活动、群众文化工作等一系列社会文化现象，也就成为我们今天所说的"群众文化"。作为公共服务型政府、公共文化服务单位，提供基本公共文化务是基本职责和基本任务，但是提供什么？提供到什么程度？是我们在日常工作中所探求的重点。我们以"坚持公益、文化惠民"为服务宗旨，夯实基础，大力推动我区公共文化服务体系建设，让老百姓共享发展成果，促进辖区基本公共文化服务标准化、均等化发展。为进一步提高市民综合素养，不断提高市民文化艺术修养，实施文化惠民工程，促进基本公共文化服务标准化、均等化、社会化，不断增强公共文化服务活力，推动文化惠民项目与群众文化需求有效对接，深入推进社会主义核心体系建设。满足群众享受文化权益，让艺术走进老百姓的生活，铁西区文化馆在全区启动"百姓大讲堂"全民免费文化社区培训计划。铁西区内的各个社区居民可以根据自己的兴趣自由选择丰富的公益文化大餐。系统列活动包含了成人美术、书法、少儿美术、书法培训班等。为了更好的实施公共文化均等化服务，我们扩大免费培训的范围，将"百姓大讲堂"办到了乡镇农村。农村文化活动中，不少农民群众还只是观众，当不了演员，农民群众的文化技能和文艺素养还相对比较低，这些都制约了农民文明素质的提升和新农村的全面协调可持续发展。正是基于对农村文化的这一考量，我们的把"百姓大讲堂"活动延伸至乡村，从而达到加强农村基层文化服务体系建设的目标。利用农闲时间，加强农村基层文化队伍建设，通过城乡等不同等级的培训，培养农村"文化能人"、"文艺明星"巩固了农村文化阵地，建设农村文化大院、文化书屋，丰富了农民群众的精神文化生活。2015年先后在平西乡獾子洞等村组织了免费广场舞培训班、剪纸培训班、腰鼓培训班、激光水鼓培训班等艺术培训，聘请专业的舞蹈、广场舞、腰鼓老师来给农民上课，其中更请来我省著名的非物质文化遗产继承人孙丽荣老师前来给农民上剪纸课。累计授课百余课时，培训各种文化艺术爱好者300余人。在日常工作中我们逐步建立和完善公共文化服务体系建设协调机制，统筹服务设施网络建设，促进基本公共文化服务标准化、均等化。在全区推行"城乡牵手　文化互助"将城市先进的文化理念和文化资源利用社区和村屯互相结对子的形式输送的农村，即发挥了城市文化爱好者、文化志愿者传播先进文化的引领作用，也缓解了专业群众文化部门的师资压力，更加速了先进文化思想在农村的普及和传播速度。从而，缩小了城乡的文化差距。推进了公共文化服务标准体系建设。

新时期，党中央、国务院从全面建设小康社会和社会主义现代化建设的高度，把文化建设摆上更加突出的位置，文化建设在经济、政治、文化、社会建设"四位一体"战略布局中的重要地位越来越凸显、作用越来越突出。在党中央和国务院的正确领导下，各级党委、政府和文化部门逐步树立起新的文化发展理念，把公共文化服务体系建设作为文化建设的重要任务，以保障群众基本文化权益为着力点，以重点工程为抓手，以文化设施为载体，以文化服务为核心，加大建设力度，公共文化服务体系建设呈现出蓬勃发展、整体推进、重点突破的良好态势，为"十二五"时期我国公共文化服务体系建设奠定了坚实的基础。

十八大报告指出，文化是民族的血脉，是人民的精神家园。全面建成小康社会，实现中华民族伟大复兴，必须推动社会主义文化大发展大繁荣，兴起社会主义建设新高潮，提高国家文化软实力，发挥文化引领风尚、教育人民、服务社会、推动发展的作用。作为基层群众文化单位，在今后的工作中我们要继续以人民为中心，立足群众需求，以满足人民群众基本公共文化需求为目标，明晰文化馆作用与职能。"文化馆是各级人民政府设立的公益性文化事业机构，是向群众开放、为群众提供文化服务的公共文化场所和广大群众终身教育的课堂，是承担政府公共文化事业、繁荣我国群众文化的主导性业务单位。文化馆通过开展群众文化工作，丰富群众文化生活，宣传党的路线、方针、政策，进行社会审美、德育教育，实现人民群众的文化利益，促

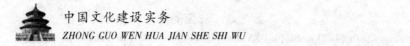
进人民群众的全面发展"（摘自文化馆管理制度）首先，文化馆是各级人民政府设立的公益性文化事业机构；这一定位说明，各级文化馆是最基层的政府与人民群众之间的桥梁与纽带。它承担的是自上而下宣传党的路线、方针、政策同时进行社会审美、德育教育，提高人民群众的素质，促进人民群众的全面发展的作用。文化馆就是要把积极、健康、传统的中国文化用群众喜闻乐见的形式灌输给广大的人民群众，让蕴含着中国民族传统美德的社会主义核心价值观根植于每个中国公民的心中，用爱国、敬业、诚信、友善、富强、民主、文明、和谐、自由、平等、公正、法治、爱国、敬业、诚信、友善这24 字的核心价值观引领中国文化新风尚。

激情感洪恩 文化唱大风

四川省广安市广安区文化广电新闻出版局 余自忠

广安，中国改革开放和现代化建设总设计师邓小平同志的故乡，1998 年 5 月跨入全国"文化先进县"行列。

斯郡天宝蕴物华，此处地灵生人杰。

在这片历史悠久、文化厚重、资源富集、物产丰硕的热土上，人文之光璀璨夺目，文萃之花遍地绽放，賨州异彩光焰夺目，渠江歌声婉转悠扬，巴蜀遗韵沁人心脾，艺术瑰宝绚丽多彩。

随着一代伟人故里改革开放的纵深推进和经济社会的快速发展，勤劳、善良、敢于拼搏、勇于开拓的百万广安儿女，正以饱满的热情和高昂的斗志投身到"感恩小平·我为小平家乡发展作贡献"的滚滚潮流中，为家乡的跨越腾飞倾情奉献着自己的智慧和汗水。

掠影今日广安，在"巩固文化'创先'成果，打造西部文化强区"目标召引下，全区广大文化界同仁怀着对小平同志无限敬仰和感恩戴德的情怀，在加快推进广安文化大发展大繁荣的征途上，快马加鞭，激情赋采，为妆扮广安文化更加美丽的春天高筑平台、人显身手，合力谱写了一章章文化繁荣的交响乐，唱响了一首首感人情怀的大风歌，为魅力广安名片凭添了一道道缤纷靓丽的光彩。

一、阵地建设扎实推进

在打造西部文化强区的时代工程中，广安区坚持以"夯实阵地设施、拓宽服务空间"为抓手，扎实推进公共文化基础设施建设。通过近些年来的强力攻坚，全区基本建成了全域覆盖、功能完善、设备配套的区、镇（乡、街道）、村（社区）公共文化阵地网络新格局。区文化馆、区图书馆分别升格为国家二级馆；27 个乡镇先后新建了面积为 300 平方米的综合文化站，其中石笋镇综合文化站成功打造为省级示范乡镇综合文化站；"农家书屋"建设实现所有行政村全覆盖；5 个街道办事处、45 个社区居委会均建立了街道"文化中心"及社区"文化活动室"。

伴着扶贫攻坚步伐的强力推进，全区村级文化阵地建设得以有效夯实。

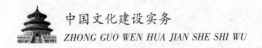
以各行政村的两委活动室为依托，以农家书屋为主要载体，开辟建设了集广播宣传、图书借阅、电子阅览等多功能于一体的村文化活动室，实现了包括贫困村在内的所有行政村的村文化室全覆盖。同时，以新农村聚居点为依托，加快推进了幸福美丽新村文化院坝和村综合文化服务中心示范点的建设进度。目前，已基本实现贫困村村村有一家农家书屋、一个宣传专栏、一套广播器材、一套音响设施、一套打击乐器、一个活动广场和一个简易戏台，为丰富农村老百姓的精神文化生活搭建了平台、创造了条件。

二、文化民生惠及百姓

坚持文化惠民、造福地方百姓是广安地方党委、政府的重大执政方略，更是广安文化战线全体同仁坚持不懈的目标追求。通过全区上下近年来的不懈努力，全区文化民生工程扎实推进，文化惠民成效日益显现。

两馆一站全面实现免费开放。区图书馆、区文化馆和每个乡镇综合文化站都因地制宜地开启了免费服务项目，完善了免费服务机制，拓展了免费服务范围；两馆一站实现年接待服务对象 10 万余人次。

农村广播电视村村通全域覆盖。通过近年来的两轮升级改造，27 个乡镇、438 个行政村的农村广播全面恢复；启动了数字电视转换工程，完成了所有乡镇信号盲区各自然村的"户户通"直播卫星工程建设任务。目前，已有 7000余户用户享受着直播卫星服务，广安区老百姓听广播、看电视难的历史从此结束。

农村公益电影月月放长年坚持。改进了对电影放映工作的监管模式，启动了对公益电影放映工作的改革探索，创新推出了定位系统定位放映员（机）的数字监测模式。通过区、乡（镇）、村三级共同努力，确保了农村每个村长年每个月放一场公益电影。

文化惠民主题服务活动广受点赞。通过政府购买服务的方式，按照"一村一场"的要求，组织了多支文化扶贫演出队伍陆续深入全区各贫困村开展巡回演出，并同步举办了送书法下乡和送"全家福"进村的惠民服务活动；以"扶贫先扶志，济困先树人"和"情牵山乡"等为主题的文化惠民主题演出活动受到广大农民朋友的高度点赞。

三、群文活动亮点纷呈

近年来，广安区坚持把广泛搭建群众文化活动平台、精心策划群众文化

活动作为丰富服务内涵、发挥服务效益的重要手段和目的，广泛开辟并充分利用各种文化活动平台，多形式、多内容、多层次地策划和组织开展了系列特色鲜明、亮点突出的大中型群众文化演展活动，让老百姓充分享受到了文化发展的成果，切身体会到了公共文化服务带来的幸福和快乐。

每年一度以展示地方文化特色为内容的正月初一民间文艺表演喜庆祥和，节庆氛围浓郁；以"感恩小平·中国梦在广安"为主题的"欢乐市民"大赛和以"新农村、新农民、新风貌"为主题的"欢乐农家"大赛已成为广安群众文化的品牌活动；以"写童谣、画童谣、书童谣、演童谣"为主要内容的童谣节展演、以"书法进校园"、"川剧进校园"、"话剧进校园"、"曲艺进校园"和中小学生艺术节为载体的校园文化活动全方位展示了广安校园文化活动的丰富多彩；以"梨园飞歌"冠名的戏剧专场演出、以"书香广安·德润宾州"为主题的国学经典诵读尽显地方群众文化活动的蓬勃与生机；每年30余场的大中型文化活动，加上各基层组织开展的各类群众文化活动，在积极营造伟人故里浓郁的群众文化活动氛围、努力提升广安城市文化品味和对外形象的同时，有效地拓展了文化服务空间、丰富了文化服务内涵。

四、文艺创作硕果累累

广安区坚持把重视和加强精品生产供给力度，不断满足广大人民群众日益增长的精神文化需求纳入文化工作的重要内容，并在此工程中取得了令人欣喜的成效。

截止目前，区内已组建成立区作家协会、区音乐舞蹈家协会、区摄影家协会、区书法家协会、区美术家协会、区戏剧家协会。各文艺协会常年坚持开展创作采风、研讨交流和演艺演展，协会活动十分主动活跃。

区政府出台了广安区文艺创作奖励办法；坚持实行了两年一届的广安区优秀文艺作品评选表彰制度。

区文联主办的内部文艺刊物《宕渠风》坚持季刊出版发行。每年均有300余件次作品在各级各类报刊（荧屏、舞台）上发表、展演和获奖；歌曲《小平爷爷走过的路》、《中国步伐》等30余件作品先后荣获"五个一工程"奖、"群星奖"等省、部级奖项；参加省、市文艺创作、演展等赛事每次都名列前茅；先后出版各类文艺专辑（丛书）80余部（集）。

为进一步挖掘、整理、弘扬和展示独具广安特色的红色文化和民间优秀文化，努力为老百姓提供丰富的精神食粮和系列文化大餐，广安区于2014年以"感恩小平·揽胜广安"为主题，对具有广安地方民俗特色的文化进行了

挖掘、整理和再创作，编辑出版了一套展示本土文化发展成果的文艺丛书。该丛书分别以《广安文萃》、《广安颂歌》、《广安瑰宝》、《广安民俗》、《广安记忆》、《广安异彩》、《广安遗韵》为书名推出了全套共七部系列丛书，浓墨重彩、图文并茂地分块展示了广安本土的文学、歌曲、书法、美术、摄影等艺术创作成果，浓墨重彩地推介了伟人故里的文化遗产资源、名胜景区景点以及地方民风民俗和人文轶事等，并如期地在小平同志诞辰110周年纪念日到来之时作为献礼之作面向社会广泛赠送发行。这套文艺丛书的编印，填补了广安区多年来无系统整理文史资料的空白，社会评价十分良好。

五、遗产保护得力生效

广安区文化底蕴深厚，文化资源丰富。为切实加强地方文化遗产保护，区内建立完善了非物质文化遗产保护机制，先后开展了三次全区非物质文化遗产普查，并先后三批公布了《宕渠道教音乐》等25项区级非物质文化遗产名录及传承人，各项目保护措施落实到位；《缠闭武术》等四项非遗项目被入录广安市非遗名录，《宕渠云童舞》入录四川省非遗名录。目前，区政府对省级非遗名录《宕渠云童舞》建立了保护传承基地，拟通过再次挖掘整理，力争申报为国家级非遗名录。

文物保护工作得到不断加强。区内共有馆藏文物705件，现有全国重点文物保护单位3处，市级文保单位5处，区级文保单位14处，文物保护点382处。区文物所建立健全了相关工作制度，各乡镇都聘请了文物管理员，文保档案建立规范，文保单位"四有"工作全面落实。全国第三次文物普查工作得到上级表彰；可移动文物普查效果明显；文物维修保护及合理开发利用工作取得实效。

六、校园文化特色彰显

近年来，广安区在校园文化建设中不断探索新路，各项富有特色的校园文化活动蓬勃开展，成效显著。

本着从娃娃抓起、着力培养文艺新人的思路，结合区情，深入调研，区上分别启动了"川剧进校园"、"话剧进校园"、"曲艺进校园"和"书法进校园"等活动，先后在厚街小学建立了"川剧艺术传习基地"，在中石油广安希望学校建立了"广安区中小学生书法教育培训示范基地"，正着手在大安小学建立"曲艺传习基地"。目前，各基地传承学校的阵地建设、师资安排、教材编印、设施添置、活动开展等各项传承培训工作正有条不紊地进行。

2015年10月16日,以关心下一代健康成长为主题的校园题材话剧《阳光下的孩子》在石笋镇第一小学启动首演,然后又陆续在城区所有公办学校开展巡演,为丰富校园文化活动、加强未成年人思想道德建设、促进广大青少年儿童身心健康成长搭建了一个靓丽的平台,收到了令人欣喜的成效。

在区文化、教育部门的指导、扶持下,全区各中小学都相继启动了"特色大课间"文化活动,各校都因地制宜地选择了一项特色文化项目作为全校师生参与的大课间集体活动;两年一届的中小学艺术节和童谣节展演规模盛大,师生参与面广,为校园文化建设注入了蓬勃生机。

七、人才队伍日益壮大

近年来,区上先后引进文化专业人才12名;区文广新局下属单位文化事业人员30名中,有专业技术职称人员达28名;各乡镇都配备有1至3名文化专干,各行政村和社区至少有1名财政补贴的文化管理员;截止目前,区文学创作、音乐舞蹈、书法、美术、摄影、戏剧等文艺团体会员人数达386人,社会文化辅导员达118名。

通过近年来的培养和引进,文化人才队伍日益壮大,比2010年增加112余人,且质量稳步提高,专业、岗位及年龄结构进一步优化。各乡镇、街道、学校、企业均建立有多支业余文化人才队伍,人员总数逾万人,在文化工作中发挥了积极的作用。

八、政策保障坚强有力

区委、区政府高度重视文化工作,坚持把文化建设纳入经济社会发展总体规划,将其列入地方经济社会发展的"十二五"规划重要内容,与经济社会发展一同部署、一同组织实施、一同督促检查,把文化改革发展成效纳入年终绩效考核评价体系,并作为衡量领导班子和领导干部工作业绩的重要依据。区上先后成立了"文化先进县"动态管理领导小组、文化建设工作发展领导小组,落实了各成员单位工作职责,先后出台了《关于加快建设西部文化强区的决定》(广区委发〔2010〕34号)、《关于进一步加快推进文化大发展大繁荣的决定》(广区委发〔2012〕2号)等相关文件,定期、不定期召开区委、区政府文化工作办公会议,及时研究、解决文化改革发展重大问题,添制加快文化改革发展的政策措施,以及促进文化建设的税收、投融资等优

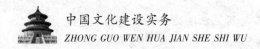

惠政策。坚持组织协调区级相关部门建立有效的工作协调长效机制，职责分工明确，工作效果明显。

各乡镇、街道也成立了相应的文化建设工作领导机构，制定了工作规划，在全区范围形成了党委统一领导、政府管理服务、宣传部门协调指导、行政主管部门具体实施、有关部门密切配合、社会各界积极参与共谋文化大发展大繁荣的良好格局。

时代造福广安，机遇垂青广安。八百里广土安辑云蒸霞蔚，五千年宕渠雄风浩气长歌。源远流长的宕渠文化丰厚了广安文化的内涵和外延，以小平思想为核心的红色文化聚合了广安文化的灵魂。阅读广安，满是激情感恩的诗行，聆听广安，尽显文化大幕的精彩。翻开广安文化"十三五"发展规划的长卷，我们浏览到了区委、区政府提升广安文化软实力的战略定位：

以继承和弘扬邓小平故里的红色文化为核心，以挖掘和创新民族民间传统文化为基础，以培育和壮大文化产业为重点，以优化文化资源配置和结构调整为主线，以文化体制改革与创新为动力，着力实施提升邓小平故里文化软实力。届时，全区公共文化、新闻出版和广播影视基础设施建设更加健全完善，城乡社会文化活动阵地更加巩固，城区基本建成"十分钟文化圈"，农村基本建成"十里文化圈"；以文化旅游产业为主导，文化产业进一步发展壮大；到2020年，城镇居民人均文化消费占全部消费性支出的比重达到8%左右，农村居民人均文化消费占现金消费性支出的比重达到6%左右，文化产业总产值占全区GDP的比重达到8%左右，成为全区的经济支柱产业；文化凝聚力、文化供给力、文化竞争力和文化推动力全面提升，广安作为文化魅力城市和文化强区的战略地位更加巩固。

立足坚实的历史积淀，站在崭新的历史起点，我们翘首期待着广安文化发展繁荣又一程新高度的傲然崛起。有广安人执着的信守和聪颖的智慧作证，我们深信：美丽的渠江之滨必将迎来一个更加枝繁果硕的文化之春；我们祝福：一代伟人的家乡明天一定会更幸福美好！

建设彰显地域内涵的乡镇综合文化站

四川省旺苍县文化广电新闻出版局　王泽华

旺苍县是全国文化先进县。近年来，该县在加快建设富有独特魅力和创造活力的川东北特色文化强县进程中，充分发挥资源优势，着力彰显区域特色，以乡镇综合文化站建设为依托，积极打造特色文化品牌，探索出一条独具地方特色的文化发展之路。

一、科学定位，谋划文化发展蓝图

明确乡镇文化站建设发展方向。围绕建设"川东北特色文化强县"总体目标，按照统筹城乡发展、完善功能布局、转变运作方式、注重群众需求、打造地方特色、实现资源共享的发展思路，坚持文化站建设与乡镇总体发展规划的相互衔接，突出区位布局和内部功能的合理规划，注重人文特点和地域文化的资源互补。在办站理念上从单一功能向综合功能转变、从单向供给向双向互动转变、从看门守站向开门办站转变，创新机制体制，跳出传统模式。从群众需求出发，通过拓宽现有空间，扩大工作覆盖面，提高服务有效性，体现综合服务能力，增强文化辐射力，切实提升乡镇文化站公共文化服务能力和服务水平。

锁定乡镇文化站建设总体规划。结合灾后重建和新农村建设总体规划，按照"立足实际、分类指导，突出特色、打造品牌"的基本原则，制订了《旺苍县乡镇特色文化站建设规划》，全力打造以东河镇为中心的红色文化基地，以鼓城乡、万家乡为中心的绿色生态文化基地，以木门镇为中心的川北民俗文化基地，以白水、嘉川、尚武等地工业企业为中心的工业企业文化基地等"四大特色基地"，建设以县文化体育中心为龙头、以乡镇特色文化站为支撑、以村文化室为基础，覆盖城乡、功能完备的县、乡、村三级文化阵地。

规范乡镇文化站建设统一标准。在功能结构上体现"四室一厅一场一点"，即必须设置图书报刊阅览室、文化科技培训室、文化信息资源共享服务室、办公室、多功能活动厅，有条件的要规划建设固定放映点、露天舞台、篮球场、宣传栏等配套室外活动场所。在规划选址上综合考虑群众就近、经常性参与及交通因素，注重把文化娱乐、体育健身、农家书屋等活动内容融

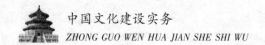

合起来，实现共享共用，将各个乡镇文化站打造成相对集中的文化活动中心。在建设内容上严格依据标准，要求全县每个文化站建设面积都不少于300平方米，并统一名称、统一标识、统一功能。

二、加大投入，夯实基层文化阵地

积极向上争取资金。抢抓灾后重建机遇，累计投资 3.18 亿元实施文体设施重建项目 156 个，其中重建乡镇文化站 35 个。同时，积极争取文体项目，为每个文化站配置文化器材，建成农民健身工程 70 处、村文化室 352 个、农家书屋 280 个。两年来，全县共争取公共文化体系建设资金 1200 万元，农村文化阵地服务功能不断提升。

加大本级财政投入。坚持基层文化阵地的公益属性，免费开放乡镇文化站、村文化室和农家书屋，制定补助政策，通过财政直接拨款、配套奖励等方式，确保基层文化阵地文化活动的正常开展。从 2012 年起，县财政每年安排文体建设资金不少于 1000 万元并逐年增加，文体事业经费占财政总支出的比例逐年提高，乡镇文化站全部确定为财政全额事业单位，村文化专干实现财政定额补助。2012 年以来，全县共投入文化建设资金 400 万元，为每个乡镇文化站落实运行经费 5 万元，添置各类设施设备及图书报刊 8 万元，每年为村文化专干定额补助 800 元。

吸引社会力量参与。在政府主导的前提下，采用市场运作方式，以部分冠名、部分委托管理等方式吸引社会力量参与文化站建设；加大与发达地区、企业、社会名流的联系沟通，建立文化援助机制和文化捐赠机制，不断充实和更新基层文化阵地设施设备。同时，在突出乡镇文化站公益性的基础上，创新管理思路，赋予部分自主经营权，鼓励"站团结合"，吸纳本土文化名人、优秀文艺社团进驻文化站，吸引社会文化团体借台演出，拓展和文化功能相吻合的会议展览、旅游休闲、文化沙龙等延伸配套服务，实现文化效益与经济效益的"双赢"。

三、壮大队伍，培养乡土文化人才

大力发展专业文化队伍。每个乡镇配备副科级宣传员，每个乡镇文化站配备 1~2 名文化专职干部，每个行政村聘请 1 名文化专干，基层文化队伍力量全面充实。结合各乡镇文化特点，聘请不同知识类型的专职解说员，吸纳当地文化名人为兼职解说员。充分发挥各乡镇老龄委的作用，建立"老干部、老教师、老文艺工作者"文化志愿者队伍，有效地解决了文化站专职人员缺乏的问题。建立健全竞争、激励、约束机制和岗位目标责任制，激发乡镇文化队伍活力。大力实施文化队伍素质提升工程，分批分专业对乡镇文化干部进行分类教育培训，经常性开展文艺竞赛，促进相互学习、共同提高。

积极培育群众文化组织。从"送文化"向"种文化"转变，让广大群众"唱主角"，大力挖掘并培养农村文化骨干，鼓励专业文化工作者及社会各界人士参与基础文化建设和群众文化活动。各乡镇综合文化站通过开设音乐、舞蹈、美术、摄影、图书管理等辅导培训班，切实增强基层文化的"造血功能"，扩大人民群众的文化参与面，形成专兼结合的基层文化工作队伍，为乡镇文化站开展工作提供了良好的社会氛围和广泛的群众基础。目前，全县共成立三江镇"端公戏何家班"、嘉川镇"钱棍队"、柳溪乡"川剧座唱班"等民间文艺团体 22 个，吸纳民间艺人 900 余名。同时，成立各类文体协会 22 个，会员总人数发展到 2500 余人。

挖掘保护民间艺术人才。充分发挥乡镇文化站挖掘、保护地方文化资源的重要作用，发现和培养扎根农村的乡土文化能人、民族民间文化传承人，特别是非物质文化遗产项目代表性传承人，鼓励、扶持群众中涌现出的各类文化人才和文化活动积极分子，组织民间艺人外出考察学习，在各类政府主导的文化活动中邀请民间艺人表演节目，既弘扬了民俗文化，又促进民间艺人群体的健康成长。截止目前，全县共挖掘和培养端公戏、金钱板、山歌演唱及川剧表演等民间艺术人才 185 人，其中，省级非物质文化遗产传承人 2 人，市级非物质文化遗产传承人 16 人。采茶山歌、蒿草锣鼓、唢呐演奏、劳动号子、金钱板等民间艺术表演形式，通过艺术加工和包装已经走出了旺苍。2012 年，旺苍"木门山歌"在全国山歌比赛中荣获一等奖。

四、积极探索，打造特色文化品牌

创新活动载体。坚持按照"群众自愿、健康有益、便捷长效"的原则，各乡镇文化站依托当地文化资源特色，积极开展"农民文化节"、"农民读书节"、"农民运动会"、"乡村大舞台"等具有地方性、群众性的特色文化活动，不断满足农村群众的精神文化需求。2012 年，全县各乡镇文化站共举办各类文化活动 130 余项，初步形成了以乡镇文化站特色活动为点，以传统节日、重大节庆活动为线，以"乡村文化艺术节"为面的文化活动格局，让广大基层群众能够全方位、多层次、随时随地尽情地享受自家门口的文化盛宴。

突出区域特色。依托中国红军城、木门军事会议会址等红色旅游资源，

在东河镇特色文化基地重点打造了以传承红色文化为中心的"文化戏院"、"文化茶园";依托米仓山国家级自然保护区、苍王峡地质奇观等绿色生态资源,在鼓城乡特色文化基地建成了以推介绿色生态旅游资源为重点的"米仓风光"摄影走廊、生态地址博物馆;依托旺苍种类繁多、内容丰富的民俗文化资源,在木门镇特色文化基地建成了以传承民俗文化、推广民间技艺为重点的"微型民俗展厅";依托旺苍工业发展的悠久历史,在白水镇特色文化基地建成了以展示旺苍工业历史、加快旺苍工业发展为核心的"微型工业博物馆"。

完善运行机制。紧紧抓住乡镇党委政府领导这个"龙头",在充分放权的同时,严格落实"两线两级"责任体系("两线"即业务指导线、行政管理线;"两级"即县、乡两级)和"四个一起"考核体系(将文化工作与经济工作一起布置、一起检查、一起考核、一起验收),把文化站建设同干部的提拔任用、工资、奖金挂钩,强化干部责任感,引导乡镇文化站独立自主地开展各类特色文化活动,不断拓展文化站的服务功能和发展空间。开通了全县图书业务自动化管理"一卡通",城乡读者在县内凭一张读者卡就能通借通还,解决城乡图书资源配置不平衡、农村读者借书难问题。

万里晴空东风劲　扬帆破浪正当时

湖北省孝感市孝南区文化体育新闻出版局　钟楚华

党的十七届六中全会吹响了文化大发展大繁荣的号角，十八大更把文化强国摆在十分重要的战略地位。孝南区文体新广局紧扣时代脉搏登高谋远、顺势而为，一手抓公益性文化事业，一手抓经营性的文化产业，使事业与产业比翼齐飞，推动了"政府"与"市场"的双轮启动。孝南的大文化出现了空前繁荣的局面。我们坚持"六抓"和"七个重点、七个大力"的工作思路和举措，各项工作取得了显著成绩，一批文体设施形成看点、一批特色工作形成亮点、一批文体产业形成卖点、一批重大文体活动形成经典。全局肩负文化、体育、新闻出版、版权、广电职能，下辖图书馆、文化馆、博物馆、业余体校、楚剧团、文化执法大队、电影公司、剪纸研究所，组织管辖新华书店、业务管辖体彩站。

一、解放思想，克难奋进，各项工作取得显著成效

几年来，文体新广工作不断取得新成就。2012年孝感射击馆正式落成开馆。国家射击射箭管理中心三名副主任都特邀参加了剪彩仪式，其中国家射击队总教练王义夫开了第一枪。创作的现代楚剧《槐荫谣》参演第五届湖北省"福星杯"楚剧艺术节获得优秀剧目奖在内的10项大奖。2013年孝感楚剧团挂牌为湖北省实验楚剧团。2013年申报的叶家庙遗址成功入选国家第七批重点文物保护单位，填补了孝南国保单位的空白。孝感雕花剪纸基地继被命名为省级非物质文化遗产生产性保护示范基地后，又被命名为国家级非物质文化遗产生产性保护示范基地。创编的楚剧《焦裕禄》成为党的群众路线教育实践活动生动教材。创作的楚剧小戏《三个媳妇》获得全国小戏类优秀剧目奖。城西社区被国家体育总局授予全国群众体育先进单位。成功建设国家文化部非遗数据管理库平台（全国仅19个，全省仅2个）。2014年孝感楚剧入选国家第四批非遗名录。《妈妈呀妈妈》获得第二届全省地方戏曲艺术节优秀剧目奖。我区剪纸和楚剧先后被授予"湖北省民间文化艺术之乡"和"中国民间文化艺术之乡"称号。叶家庙安防工程获国家批准，并获得498万元项目资金。2015年《弯树直木匠》获得全省第六届楚剧艺术节四项大奖，

并获优秀剧目奖,被选为全省惠民演出剧目。湖北省青少年射击锦标赛成绩优异,档案管理水平升至"省一级",以"孝南速度"建成丹阳博物馆,西湖桥修复工程深得民心。我局连续五年被市文体新局评为目标考核先进单位。先后多次获得全区目标管理、综合维稳、党风廉政建设、计划生育、安全生产、消防安全等先进单位。

（一）抓阵地建设"立文"

1、以农家书屋、农民体育工程为重点,大力推动乡镇、村、社区阵地建设。几年来,文体新基础设施建设网全面铺开。我区乡镇文体站 17 个,社区文体活动室 117 个,村文体活动室 369 个,农家书屋 486 个,农民体育健身工程 305 处、路径工程 166 处,文体基础设施建设网络正逐步实现全覆盖。为村、社区配发文化资源共享工程设备 420 余台。

2、以"五线三点"建设为重点,大力推动文体示范社区、特色村建设。局采购移动音箱 370 套分发到村湾社区。城区以社区为阵地开展文体活动,以健美操、腰鼓、秧歌、舞蹈为重点,以"全民健身日"等主题活动、文体赛事、文艺汇演为主线,开展群众喜闻乐见的文体活动,形成了一批有影响力、有带动力、有示范性的文体社区。乡镇以集镇为重点,开展了特色民间活动,在鼓书、抬故事、高龙、莲响、狮舞等民间特色艺术上做文章,打造自己的文体品牌,形成了一批文体示范社区、文体特色村。

3、以博物馆建设为重点,大力推动区级文体阵地建设。在丹阳古镇建设丹阳博物馆,从装修到设计招标、安防招标到施工布展再到竣工验收、开馆迎宾前后仅用半年时间,体现了高速优质。图书馆土地进入挂牌程序,还建工作正在有序进行。城南新区文体中心规划已经完成,概念性设计已经启动。"湖北之海"等一批文化企业已建成投产。区级文体新基础设施建设迈出了可喜一步。

（二）抓人才队伍"兴文"

1、抓学习,提升人才。加强学习,打造学习型团队,培育高素质优秀人才队伍,是提高文化发展能力的迫切需要,我局坚持按照市、区要求开展好各项学习活动外,每周四下午开展文体新各项业务工作学习。

2、抓招录,引进人才。为不断充实我区文体新人才队伍,我局积极创造条件,几年来,引进招录公务员 3 名、事业单位人才 6 名、其他专业人才 41 名,充实了人才队伍,使文体新事业后继有人。

3、抓活动,锻炼人才。以活动促学习,开展生动的学习活动大力提高了干部职工的学习兴趣,开展"学创"活动,以召开学创动员会、专题推进会、专项督办活动，举办"建区二十周年文艺汇演"、廉政文化"宣教月"电影放映启动仪式、"中国梦"大家谈等活动，确保了学创活动顺利落实，圆满落幕。

4、抓管理，历练人才。通过把各具特点的人才放在不同岗位历练，还通过轮岗、换岗历练管理能力，比忠诚讲奉献、比业绩讲贡献，形成了培养人才、历练队伍的长效机制。

（三）抓项目建设"强文"

项目是加快发展的有效载体，是发展导向和政策机遇。随着中央对文化体育事业的进一步重视，每年国家和省级项目逐渐增多，并且多是竞争性项目。几年来，我局注重摸清信息策划项目、利用优势争项目、寻求关系要项目、招商引资上项目，共争取国家、省文体项目一百多个，争取专项资金共计7884万元。

（四）抓特色工作"亮文"

1、读书活动有特色

（1）加强基础建设。区图书馆投资40万元，按照国家二级馆标准改善了硬软件条件，全面启用图书馆自动化管理软件，图书年入藏量5000册，报刊年入藏量200种，视听文献年入藏量20件，提高了图书馆服务质量和效率，热心服务群众，免费为社区居民、少年儿童发放阅览证4150个，为社区特殊人群（老年读者、困难家庭、下岗职工、残疾人员）等送书3000余册。（2）延伸服务链条。为方便和服务更多的读者，积极发展馆外流通图书点，开展送"百本好书"进校园、进社区、进军营、进乡镇"四进"活动（3）创新阅读方式。以活动促阅读，融阅读于活动。双推进，同进行，营造新颖独特的阅读氛围。

2、文艺精品有质量

（1）策划品牌活动。我局积极履行公益性文化职能，开展丰富多彩的广场文化、社区文化、节庆文化等文化联谊和文化下乡活动，是4届孝南（杨店）桃花文化旅游节的承办单位之一、成功举办"庆祝建区二十周年文艺汇演"、全区廉政歌曲大家唱、"汇集廉政建设正能量　唱响反腐倡廉好声音"、以"学习十八大、弘扬正能量"为主题的书法美术作品展和"孝南区民间文艺大赛"等一系列文艺活动。（2）创作文艺精品。以"寻找身边最美的人"为主题，创编话剧《吴和平》，排练了传统楚剧《五女拜寿》、《狸猫换太子》，打磨、包装楚剧《槐荫谣》，排练大型舞蹈《叼一口》、《欢天喜地》，小品《感天情缘》等20余个文艺精品，和市文体新局共同创编了并成功演出楚剧《弯树直木匠》，丰富了我区舞台文化资源。（3）开展文艺培训。我局组织文艺骨干深入学校、机关、企业、社区、乡镇免费开展文艺培训，繁荣基层群众文化。

3、遗产保护有突破

（1）展陈新突破。在原来没有场所的情况下2014年5月，在新租的市体育艺术学校布置了展馆，孝南区首个文物陈列展成功开放。2015年又成功在丹阳古镇丹阳楼布置孝文化、红色文化、遗址文化展厅，有力助推了旅游观光业的发展进步。（2）安防新突破。博物馆在库房的物防、技防和人防上投入大量资金，新增监控设备8台、专用保险柜6个、重型货架5套、存放柜4个以及消防设备若干，实行24小时值班制，切实做好了安全防卫工作，确保馆藏文物安全。（3）申报新突破。文物申报工作取得新进展，叶家庙遗址获批全国重点文物保护单位，成为我区的第一处国保单位，叶家庙遗址的安全技术防范系统工程已获国家批准；金神庙遗址、杨店大桥已成功入选第六批省级文物保护单位；西湖桥文物保护工程勘察设计方案也已获得省文物局批准。（4）传承新突破。建立了规范的剪纸档案室，整理出剪纸原作6831件，复制残缺作品287件，收集10位剪纸传承人详细资料。

4、体育赛事有成绩

（1）业训有保障。制定了切实可行的周期训练规划和年度教学训练计划，认真制定课时教案，循序渐进，因材施教，合理安排运动量，确保体育苗子常年训练280天，每天训练2小时。（2）比赛有成果。在孝感射击馆成功承办了2012年"华鑫杯"青少年射击锦标赛，2012年度湖北省"春晖杯"青少年射击锦标赛，我局代表孝感市组队参加了本次竞赛。（3）运行有机制。严格射击体育运动枪弹管理，强化管理人员力量和素质，根据《体育总局办公厅关于加强运动枪弹安全管理的通知》精神，积极开展学习，对照检查，及时整改，建立健全了各项安全管理制度，定岗定责，分工明确，院门和枪弹库派专人（2人以上）24小时值守，落实双门双锁、双人防范要求，确保枪支弹药安全，确保无安全事故发生。

5、文化惠民有效果

（1）农家书屋工程。在实现农家书屋村村覆盖的基础上，每年投资30万以上，完成了农家书屋图书更新、设备添置、维修及管理员培训等工作，着力建设我区农家书屋示范点。（2）农民体育健身工程。自2008年开始落实农民体育健身工程，至今已免费发放305处农民体育健身器材。（3）农村电影放映工程。按照"一村一月一场电影"的要求，连续五年每年放映公益电影电影 4000 场次以上，每年受益观众 50 万人次，超额完成了每年放映任务。（4）文化资源共享工程。在向每个村免费发放文化资源共享设备的基础上，开展收看辅导。（5）送戏下乡工程。楚剧演艺有限公司每年完成巡回演出 150 场以上；协助计生部门开展"推进生育文明，建设幸福家庭"送戏下乡专场文艺演出。

6、文化市场有保障

强化文化市场日常巡查。每年通过"雷霆行动"文化执法，"净网、清源、秋风"扫黄打非专项整治行动及各类突击专项行动共 210 次以上，共出动执法人员 800 余人次，执法车辆 300 余台次，检查市场经营单位 1500 家次以上。有效整治了网吧、游艺娱乐、演出、出版物等市场的违法违规行为，实现了无重大安全事故发生、无惊动省市部门案件发生、无越级上访事件发生。

（五）抓文化产业"养文"

我局除了配合政府抓文化产业外，自身也直接经营一些文化产业。

1、剪纸大提升。2008 年 6 月孝感雕花剪纸被国务院正式公布列入第一批国家级非物质文化遗产扩展名录。2、楚剧大发展。孝感楚剧团在极其艰苦的条件下，克服重重压力与困难完成改制，成立了楚剧演艺有限公司，并成功挂牌湖北省实验楚剧团，目前，管理规范、运行良好，一批艺术成果《槐荫谣》、《吴和平》、《焦裕禄》、《三个媳妇》、《弯树直木匠》等不断涌现，一批新人思想活跃、勤奋好学，各种门类、行当齐全，一批受群众青睐的艺术正逐步走向市场，实现了传统楚剧在新时期的大发展。3、体彩人跨越。几年来我局做好单机增量、新增网点 24 个、用奖励机制、营销机制实现年年跨越。从 2010 年销售 600 多万元提高到 2014 年 2383.88 万元，连续获奖，2013 年还获省体彩中心奖励一台体彩车。3、射击大突破。将射击和国防教育培训相结合，3 年来射击馆共接纳 1 万多名青少年学生参加国防教育培训，成功组织承办了全区首届"华鑫杯"射击邀请赛、"国防技能射击大比武"活动，区委党校、行政教育学校还授牌射击馆为国防教育实习基地，发挥了省级一流的场馆优势。

（六）抓系统和谐"安文"

全局注重抓学习统一思想、提升境界；抓纪律修身律己、做好表率；抓活动群策群力、相互补台；抓团结共事共心、上下和谐。除了抓好业务工作之外，还认真做好党风廉政建设、党组织建设、社会治安综合治理、人口和计划生育、安全生产、消防安全、信访维稳、融入武汉城市圈、"回归创业工程"、人才、党管武装、两型社会建设综改、新农村建设、应急救援、法治孝感建设和生态文明建设等工作，坚持制度管理，全面推行"五制"，用制度规范行为，促进良

性循环：工作目标考核制、项目建设激励制、福利待遇绩效制、检查督办通报制、责任追究否决制，在全系统营造干劲十足、和谐安稳的工作局面。

二、把握重点、狠抓落实，推动各项工作取得新突破

2016 年是全面贯彻落实党的十八届三中、四中、五中全会精神、"十三五"规划开局之年，也是深化党的群众路线教育实践活动开展"两学一做"教育活动之年，更是全区文体新系统履职担责、推动发展、实现跨越的关键一年。全区文体新工作的总体要求是：以党的十八大、十八届三中、四中、五中全会精神为指针，紧紧围绕区委、区政府"五个强区"的总体部署，以"竞进提质、升级增效、走在前列"为总要求，以"八个重点、八个突破"为举措，确保全区文体新各项工作稳中求进、整体推进，为孝南跨越式发展提供强大的精神力量、良好的文化条件和和谐的文化氛围。

（一）以深化文化改革为重点，在提高文化治理能力现代化上取得新突破

2016 年是全面深化改革的关键一年，要在深化改革中走在前列、当好尖兵，认真落实已出台的改革实施方案，以更坚定的决心，更大的勇气、更充分的担当、更稳健的步骤扎实推进改革。

（二）以打造文艺精品为重点，在大力繁荣民间文化艺术上取得新突破

1、打造文化艺术精品。围绕打造舞台精品，聚集各方面的力量，整合资源，抓好孝文化题材的剧本创新和研讨活动，继续加工、包装、打磨《槐荫谣》、《吴和平》、《三个媳妇》、《妈妈呀妈妈》、《弯树直木匠》，使之成为舞台精品。回复排练《珍珠塔》、《三抢爹》等传统剧目。2、丰富群众文化活动。以丰富市民的精神文化生活为目的，精心组织开展系列群众文化活动。3、加强文化遗产保护。（1）文物保护。重视文物保护，将 33 件国家二、三级馆藏青铜器送省修复中心进行为期两年的修复，提升我区馆藏文物的整体等级水平和展览观赏水平。（2）非遗保护。做好国家级非物质文化遗产代表性项目孝感剪纸补助经费申报，湖北省非物质文化遗产系列丛书《孝感雕花剪纸》初稿定稿和"孝感雕花剪纸"国家级数据库的录入工作；做好孝感米酒、杨店高龙第四批国家级非遗名录，杨店高跷省级非物质文化遗产名录和肖港金神庙抬故事市级非物质文化遗产名录传承人的非遗申报工作；组织好"文化遗产日"非遗展示活动。

（三）以构建公共文化服务体系为重点，在保障人民群众基本文化权益上取得新突破

1、大力建设我区公共文化服务设施．按照区委、区政府的总体部署，我

局已启动城南文体中心建设的前期筹备工作，主要是概念性设计、详规设计、项目的申报、资金筹措及启动征地工作，逐步提高我区公共文化服务设施水平，切实做好图书馆的拆迁还建工作。2、大力生产群众喜闻乐见的公共文化产品。以惠民为目的，使普通公众都能品味文化、享受文化。3、大力提升我区公共文化服务效能和质量。提高文化服务质量，坚持双向互动的原则，变"送文化"为"种文化"，积极探索和实践"超市式"供应、"菜单化"服务的模式。

（四）以扬优势文化项目为重点，在大力发展文化产业上取得新突破

逐步构建以剪纸、楚剧、射击、印刷、体彩为代表的文体产业格局，坚持市场主导、政府推动、利用资源、发展特色、瞄准高端、创新发展，充分发挥出我区文体新产业的向心力，凝聚力和核心竞争力，成为现实的生产力。

（五）以创建"五线三点"特色村为重点，在文化惠民上取得新突破

继续按照全市"一线一点"的要求，要在原"五线三点"20个示范村、社区的基础上，进一步整合资源，集中人力、物力、财力，在107国道沿线高质量、高水平、高档次打造3～5个亮点，开展"三定服务"，即定点挂牌服务，定时辅导培训、定期汇展交流。

（六）以服务管理为重点，在营造平安有序文化市场上取得新突破

1、扫黄打非。开展"净网、清源、秋风"行动，努力打造洁净出版物市场，加大淫秽出版物和政治性非法出版物的查缴打击力度。2、文化执法。深入开展文化市场日常巡查，通过"雷霆行动"进一步整肃文化市场，确保全区互联网经营场所，印刷企业、KTV娱乐场所、音像店和电子游戏电玩市场无安全事故发生。

（七）以项目建设为重点，在大力争取竞争性资金、项目上取得新突破

组织专班研究和规划项目，随时做好项目申报的准备工作，建立重点项目库，确保项目报得上去，批得下来。要围绕已搜集的项目立项上报，关注"雪炭工程"、"两馆"建设项目及县级体育场储备项目等，同时加大招商力度，大力引进文化企业，提高文化产业在GDP中的贡献率。

（八）以党的群众路线教育活动为重点，在学习提能、竞进提质、升级增效上取得新突破

要扎实开展"两学一做"专题教育活动，牢牢把握活动的总要求，认真学习党章党规和系列讲话，做新时期合格的共产党员。以"1、2、3、4、5"的工作思路，争创一个平安大市场；开展"公共文化设施和专业人才队伍"两个调研；组织射击、广场舞和摄影书法三项比赛；创建"办证到家门、送

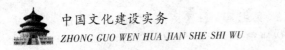
书到单位"、"文化遗产村村行"、"文化孝南·免费培训"、"文体特色村、示范社区"四个品牌；推动"戏剧进农村、文化设备进社区、书屋进超市、体育器材进百村、电影进万家"文化五进活动。

三、牢记使命、履职担责，牢牢把握工作主动权

一个国家一个民族如果没有强大的科技一打就垮，一个国家一个民族如果没有强大的文化不打就垮！"功崇惟志，业广惟勤。"建设强大的文化任重而道远。新形势下：文体新广电形成大文化、大产业、大管理、大资源、大融合、大开放格局是必然的要求，因此，我们一定要牢记使命、履职担责、关注需求、提前谋划、迎向风雨、自加压力、明确重点、破解难题、转变作风、主动作为，实现文体新事业跨越式发展。

（一）导向决定生死

文体新广是中国特色社会主义的宣传思想舆论阵地，具有强烈的意识形态属性，是党和人民给我们的根本任务，是我们最根本的职责，在任何时候，任何情况下，都必须始终坚持正确的导向，唱响主旋律，打好主动仗，为经济、社会发展营造良好的舆论氛围和社会环境。

（二）改革决定出路

党的十八届三中、四中、五中全会开启了中国新一轮改革开放的大幕，要发展就必须全面深化改革，不改革就没有"出路"，不改革就死路一条，改革要做到"三放"，一是解放。突破禁锢，更新观念。二是开放。坚持对外开放，解决好开放的面和度的问题。三是释放。通过改革，激发和释放发展的潜力、活力和创造力，营造有利于文化事业和文化产业发展的宽松良好政策、市场环境。

（三）发展决定强弱

我区的文体新广事业和产业与全国全省先进县市区相比，发展速度还不快，实力还不强，后劲还不足。发展是第一要务，从全国全省的情况来看，已经呈现明显的马太效应，强者愈强、弱者愈弱，越是发展的，越是拥有核心资源和竞争力；发展决定强弱，发展决定地位，发展决定话语权、主导权，因此我们一定要善于抓项目、抓重点、抓焦点、抓亮点，善于把部门工作融入中心工作、大局工作，主动争取党委政府和相关部门的重视和支持。

（四）管理决定效益

加强科学管理，是政府部门工作职责和使命，是实现两个效益，健康发展的保证。当前突出问题是：管理不到位，有的存在缺位、失位，要完善管

理制度机制，实现依法管理、科学管理、管出活力、管出效益、管出发展、管出繁荣。

（五）创新决定作为

创新是一个民族进步的灵魂，是一个国家兴旺发达的不竭动力，也是中华民族最深沉的民族禀赋！当前文体新工作竞争日趋激烈，没有思想上的突破，就没有思路和方法上的突破；没有思路和方法上的创新，就没有竞争意识，就不可能创新，不创新就不可能突破。没有突破，我们的文化事业和文化产业就没有竞争力，就不可能实现跨越式发展。创新是全方位的，要不断推出观念创新、机制创新，在一些领域、重点项目和工作方式方法上寻求创新突破，带动整个工作。

（六）服务决定形象

要搞好"五个服务"，一是政策服务，要通过深入调研，了解实际，推动政策的落实，营造优良的工作环境、社会环境。二是管理服务。要依法依规，敢管、善管、管住、管好，在管理中体现服务，在服务中加强管理。三是宣传服务，在宣传引导、服务上下功夫，主动谋划，组织、推动开展主题宣传活动。四是公共服务。公共服务体系建设，涉及范围广，投入资金较大，我们一定要精心组织，把好事办好、实事办实，让人民群众满意。五是人才服务，加大各个层面的人才培训和引进力度，将文体新局搭建成人才服务平台。

（七）民评决定标准

全心全意为人民服务是党的根本宗旨，要把人民至上作为根本理念，人民呼声作为根本信号，服务人民作为根本任务，人民满意作为根本标准，在党的群众路线教育实践活动中，把党的政策宣传好，把惠民工程建设好，把人民的文化需求满足好。

（八）队伍决定成败

人才队伍是文体新发展的重要资源，全系统一定要牢固树立人才意识、尊重知识、尊重人才，要创造有利于优秀人才特别是拔尖人才脱颖而出的环境，要用好现有人才，为他们提供施展才华的广阔空间和条件，要大胆引进优秀人才，不断壮大人才队伍，用制度留人、事业留人、待遇留人、感情留人、环境留人，创造有利于人才创业发展的有利环境。

关于加快构建现代公共
文化服务体系的实施意见

河北省兴隆县文化和旅游局　闫海涛　王久侠

为贯彻落实中共河北省委办公厅、河北省政府办公厅印发的《关于加快构建现代公共文化服务体系的意见》，（冀办发〔2015〕40号）精神，全面构建我县现代公共文化服务体系，提出如下实施意见。

一、总体目标

到2020年，基本建成覆盖城乡、便捷高效、保基本、促公平、有创新的现代公共文化服务体系。争取建成全国文化先进县。

（一）公共文化网络设施完善

县乡村三级公共文化设施布局合理、功能健全、各级各类公共文化设施得到高效整合利用。每万人拥有公共文化服务设施面积达到全省平均水平。

（二）公共文化财政保障有力

建立稳定的公共文化财政保障机制，公共财政覆盖范围不断扩大，公共文化单位的建设和运行得到有效保障，全县人均文化事业费达到全省平均水平。

（三）公共文化产品丰富多样

群众上互联网、看书读报、看电视电影、收听广播、组织参与文化活动、群众文化鉴赏等基本文化需求得到有效保障。品种丰富、结构合理、地方特色突出、创新有益的公共文化资源供给体系基本建立。

（四）公共文化体制机制健全

公共文化政策法规体系、党委政府考核体系、服务与绩效考核标准体系基本完善，政府、公共文化单位、社会力量在现代公共文化服务体系构建中的功能定位更加明确，公共文化服务管理和供给科学高效运行。

（五）公共文化服务优质高效

公益性文化事业单位改革稳步推进，服务能力、服务质量和设施利用明显提高。科技创新发展对公共文化服务体系建设的影响力不断加强，数字文化服务得到普及。

（六）公共文化队伍不断发展壮大

科学合理的文化人才培育、选拔、管理和考核机制基本建立。高素质、有专长的文化人才不断涌现，基层文化队伍和文化志愿者队伍总人数达到330人。

二、推进现代公共文化服务体系均衡发展

（一）促进公共文化服务城市乡村均等化

把城乡基本公共文化服务均等化，纳入全县经济和社会发展总体规划和城乡发展规划。发挥县级图书馆、文化馆的区域中心馆作用，推进乡镇社区文化站阅览室、村农家书屋的管理与服务体系建设，进一步加强图书馆馆外基层服务点和文化馆基层文艺辅导基地建设，以乡镇、街道综合文化站为中心，统筹管理、合理分配所辖行政村（社区）各类文化惠民工程资源，支持少数民族乡镇及已树为我县文化品牌项目的扶持力度，加强与工会、共青团、妇联等社会团体的联合，推进结对子，种文化和文化资源共享工程，加强城市对农村文化建设的帮扶，形成新常态下常态文化工作机制。

（二）加快推动贫困乡村公共文化建设

加大对偏远乡、村、少数民族村、抗日根据地所在村的财政转移支付力度，按照精准扶贫的要求，集中实施一批基础设施、文化生态保护等文化扶贫项目。

（三）保障特殊群体基本文化权益

电影院、图书馆、博物馆、文化广场等各类公共性文化设施，在规划建设时要充分考虑特殊群体的需求，建立老年人、儿童和残疾人专区，完善服务设备和服务功能，建立健全安全管理制度，确保公众安全，对待电影院线、演出院线向基层延伸，支持县文工团（评剧团）、四个农民业余剧团、雾灵皮影、社区5个艺术团，深入基层特别是偏远山区演出，鼓励县乡公共和文化单位、老年大学等组建的协会、开办老年文化艺术课堂，积极开展面向老年人的公益性文化艺术培训和展演活动，加大对残疾人文化艺术人才的扶持力度，鼓励支持残疾人参加艺术创作，培育残疾人文化艺术品牌，县图书馆逐步设立盲人阅览室、配备盲人图书、有声读物和阅听设备，配置残疾人体育健身器材，推广普及残疾人体育健身项目，为残疾人提供健身指导。

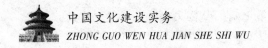

三、优化现代公共文化服务体系设施布局

（一）推进公共文化设施全覆盖

将公共文化设施建设纳入县乡建设规划，根据国民经济和社会发展水平、人口结构环境条件及公共文化事业发展需要，合理规划设施数量、种类和规模，列入同级政府固定资产投资计划。依据国家有关标准，规划建设面积不低于4000平米文化馆、4000平米图书馆、4000平米博物馆的三馆建设。

（二）加大公共文化资源整合力度

整合利用我县实行寄宿制学校后闲置的学校等现有城乡公共设施，依托城乡社区综合服务设施，加强城市社区和农村文化设施建设，完善公共文化设施免费开放保障机制。

（三）加强流动文化服务建设

到2020年，县级图书馆、文化馆各配备1台流动服务车，组织县文工团流动舞台车、流动图书馆和科技大篷车深入基层开展流动文化服务。

四、加强公共文化产品和服务供给

（一）提升公共文化服务效能

制定文化馆（站）、博物馆和图书馆等各类公共文化设施服务标准，文化馆、图书馆、博物馆和我县批准的爱国主义教育示范基地、乡镇综合文化站等免费开放的公共文化单位用电执行居民生活用电价格。

（二）丰富公共文化产品供给

继续培树兴隆的文化品牌，推进送戏、送书、送电影下乡入企活动，深入实施农村电影"2131"工程，继续组织实施广播电视直播卫星户户通工程，新增9500户居民看上广播电视直播。发挥县文工团（评剧团）、民间剧团的作用，达到每个乡镇每年有5场以上戏剧、曲艺等文艺演出，全县行政村一村一月放映一场电影的公共文化服务目标。

（三）活跃群众文化生活

引导群众在文化建设中自我表现、自我教育、自我服务、培养全民热爱文化艺术、参与文化活动的高雅情趣。继续扩大兴隆山楂文化、板栗文化、青松岭文化、为核心的绿色文化；弘扬以抗日民族英雄孙永勤、雾灵山为中心的四个革命抗日根据地、199个人圈部落、前苇塘和平谈判遗址为内容的兴隆红色文化；研究以史前文化、后龙文化、冶铁文化、长城文化为内容的兴隆历史文化的影响力，成立兴隆历史文化研究会。

（四）加强京津冀一体化文化建设

随着京津冀一体化建设上升为国家战略，我县将依托与京津地缘相接、地域一体、文化一脉、历史渊源深厚的优势，打破行政区划等人为界限，建立文化层面的协商机制和具体层面的沟通协调机制，着重对统筹区域文化发展布局、促进公共文化服务体系建设，推进演绎文化、展览交流文化、文化人才培养、文化资源共享、文化惠民工程等方面合作，真正形成长期协同发展的有效机制和保障机制，在区域一盘棋的布局中统筹文化发展的诉求点，使文化资源配置利用科学高效。

（五）加强文物保护工作

我县具有丰富的历史文化资源，必须加以保护挖掘和利用。要加强对 7 个省保护单位、362 个县级保护单位、7 处野外不可移动省保单位，1 个国保单位进行抢救保护工作，恢复青云寺古庙抢救恢复工作，让历史文化发挥出时代作用。

（六）加大非遗的挖掘和保护力度

文化底蕴深厚的兴隆县有省级非遗项目 4 个，市级 8 个，为了进一步传承和挖掘这些资源，今后将在进一步非遗项目的同时，努力将非遗项目转化为产业优势，不断丰富兴隆文化内涵，提升兴隆文化品位。

（七）加强燕山峡谷片区美丽乡村文化建设

燕山峡谷片区美丽乡村建设是新农村建设的强力抓手，我县有 39 个村包含其中，我们将在片区美丽乡村建设中发挥文化的支撑作用，用文化提升农民素质，我们将在 39 个村开展具有各村特色的系列文化活动，将"山村特色文化"打造成片区建设的地标性文化，整体提升片区农民的社会道德和整体素质。完善文化惠民功能，放大美丽乡村建设中的文化元素。

（八）加强旅游景区文化建设步伐

文化是旅游的灵魂，旅游是文化的载体，实现文化与旅游协同发展是二者共同的命运，燕山文化、后龙文化、生态文化、满族文化、青松岭文化、长城文化都是兴隆特色文化资源，兴隆的区位优势和生态优势，形成了京津后花园的生态旅游目的地优势和文化旅游品牌，我们要让这些文化资源活起来，让软实力硬起来，实现经济与文化互动，文化与旅游融合，精心组织策划培育"中国兴隆山楂节"，培树青松岭文化品牌，策划兴隆红色旅游专线，提升兴隆的知名度和文化的品牌效应。

五、增强公共文化服务发展动力

（一）营造良好文化生态

加强对传统民俗文化的保护和宣传推广，打造郭家庄满族文化村、壮大一批特色文化产业乡镇，借助我县生态优势打造大杖子蔬菜农业主题公园，结合产业公园与传统农业旅游的特色，将绿色健康休闲文化转变为当地的经济优势。

（二）培育和促进文化消费

建立文化产权交易市场建设，搭建进入行业对文化企业的支持平台，扶持基于互联网、移动网络的艺术品交易，特别是我县奇石、盆景产业不断壮大，发展规范艺术品交易市场建设，是助推我县经济建设的一个新兴产业，扩大文化市场消费规模。

（三）利用兴隆生态资源满足文化消费

开发引导和支持各类文化企业开发公共文化产品服务，把兴隆文化大县建设与发展公共文化服务相结合，开展教育培训、演绎会展、旅游休闲产业开发，满足群众多层次的文化消费需求，大力培育广阔的农村文化市场，制定鼓励和支持农村文化消费的经济政策。

（四）鼓励和引导社会力量参与文化建设

进一步简政放权，减少政府部门文化类行政审批项目，推广运用政府和社会资本合作等模式，促进公共文化服务提供主体和提高方式的多元化，支持和促进社会力量参与公共文化服务体系建设，向社会免费开放博物馆、图书馆等展览场所；简化审批程序，推动各地文化志愿者组织建设，加强我县文化志愿者服务工作，设立文化志愿者服务基金，保障基础文化志愿服务活动开展，以公共文化机构为依托，建立文化志愿者注册招募、培训辅导、服务记录、管理评价和激励机制，规范文化志愿者管理，鼓励艺术家、专家、道德模范、优秀运动员等社会知名人士参加志愿服务，提高社会影响力。

（五）推进向社会购买公共文化服务

鼓励用政府向社会力量购买服务方式，提供公共文化、体育基础设施管理与维护、人工服务、群众性文化体育活动组织与实施、公益文艺演出、电影放映、群众健身活动普及推广和群众科学技术普及推广等服务，逐步拓展政府购买公共文化服务的领域和范围，到2020年，基本建立比较完善的政府向社会力量购买公共文化服务体系，形成与经济社会发展水平相适应、与群众精神文化和体育健身需求相符合，公共文化资源配置机制和供给机制，加强对文化类行业协会、民办非企业单位等社会组织的引导、扶持和管理，鼓励各类公共文化服务机构成立行业协会，加快推进文化行业协会与行政机关脱钩。

六、加大公共文化服务保障力度

（一）加强组织领导

在公共文化服务体系建设中，坚持政府为主导，鼓励社会参与，以公共财政为支撑，以公益文化单位为骨干，以全县人民为服务对象。县乡两级政府要充分认识构建现代公共文化服务体系的重要意义，将其纳入本地国民经济和社会发展总体规划，在编制"十三五"规划中，明确各项任务责任单位和时间表，路线图，集中力量推进工作落实。

（二）加强文化队伍建设

制定和落实各级各类文化机构人员编制标准，对设施面积扩大、实行免费开放后工作量增加、现有机构编制难以满足工作需要的公益性文化事业单位，可在编制总量控制内合理调剂增加编制。落实每个乡镇综合文化站编制配备不少于一至两名专职工作人员的要求。

七、加快推进数字文化服务体系建设

（一）构建数字文化网络体系

统筹实施全国文化信息资源共享、直播卫星广播电视公共服务、农村数字电影放映、数字博物馆、数字图书馆、数字农家书屋等项目，构建标准统一、互联互通的公共数字文化服务网络，在几次实现共建共享。

（二）构建现代文化的传播体系

扩宽公共文化资源传输渠道，推进新媒体的公共文化服务，加强县广播电视台、兴隆周讯和县乡政府网站的公共文化频道、文化专栏建设。在户外公益广告宣传中融合公共文化服务体系服务内容，完善应急广播覆盖网络，打造基层政务信息发布、政策宣讲和灾害预警应急指挥平台，恢复全县小广播进村入户。

八、创建公共文化管理机制和运行机制

（一）建立公共文化服务体系建设协调机制

成立兴隆县公共文化服务体系建设领导小组，统筹推进构建现代公共文

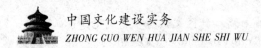
化服务体系各项政策落实、规划实施和督导检查工作。发挥县乡党委、政府作用，建立统一的基础公共文化服务平台，加强各类重大文化项目的统筹实施，实现共建共享，提升综合效益。

（二）加大公益服务文化事业单位改革力度

理顺行政主管部门与事业单位关系，推进政事分开，进一步落实公益服务文化事业单位法人自主权，减少微观管理和直接管理，实行公益服务文化单位工作人员公开招聘，推进人事制度改革，推动图书馆、文化馆、博物馆组建理事会，吸纳有关方面代表，专业人士、各界群众参与管理，健全决策，执行和监督机制，提高运行效率。

（三）完善公共文化服务评价工作机制

确定兴隆县文化服务考核指标，将其作为考核评价各级党委、政府领导班子和领导干部政绩的重要内容，纳入科学发展考核体系，建立公共文化机构绩效考评制度，考评结果作为确定预算、收入分配与负责人奖惩的重要依据，加强对重大文化项目资金使用、实施效果和服务效能等方面的监督和评估。在社区、行政村开展公共文化服务参与式管理，引导居民和村民参与公共文化服务项目规划、建设、管理和监督。

九、文化产业发展的总体规划

坚持正确的文化产品创作生产方向，着力提升文化产业各门类创意和设计水平及文化的内涵，加快构建结构合理、门类齐全、科技含量高、富有创意、竞争力强的现代化文化产业体系。

（一）依托历史文化资源，打造"红色"文化产业园区。以"红色"文化为核心，打造集历史研究、爱国主义教育、休闲娱乐于一体的综合性"红色"文化产业园区，开发"红色"旅游。

（二）依托生态资源，打造"绿色"文化产业聚集区。凭借雾灵山、溶洞、六里坪及国家天文台兴隆观测站比较集中的优势，连片开发，在主要景区间建立便捷的"绿色"旅游通道，组建大辐射的文化旅游聚集区，提供一站式旅游消费服务。鼓励游艺娱乐企业在聚集区开设游艺娱乐场所，发展现代时尚运动项目，丰富文化主题内容，创新文化传播体验方式，提升聚集区的感染力和吸引力。

（三）依托区位优势，打造文化创意产业园区。建设一批高起点，具备一定水准，代表未来发展方向的文化创意产业园区，发展印刷复制、包装装潢、创意设计、网络文化、移动多媒体、软件服务、动漫游戏等新兴文化创意产业。加强园区公共服务平台建设、创新园区管理体制和运营模式，促进生产要素向园区聚集，吸引高端文化企业入驻。

（四）延伸文化产业链，培育多元化发展的依托产业。以文化为要素，通过文化创意，利用不同载体，整合相关产业，健全、壮大文化产业体系。深化文化与旅游的融合发展，整合文化资源和自然禀赋资源，开发模式由资源依赖型向创意导向型转变，满足不同层次的精神消费需求。深化文化与科技、工业的融合发展，加强文化科技创新，鼓励大型工业企业依靠文化、科技和创意设计，改造提升传统制造工艺，降低能源消耗和成本，提升工业产品的文化内涵和附加值，实现绿色发展。深化文化与农业的融合发展，提高农业领域的创意和设计水平，建设集农耕体验、田园观光、教育展示、文化传承于一体的休闲农业园。

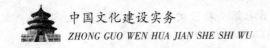

化德县非遗项目简介

内蒙古自治区化德县文化旅游广电局　曹登峰

非物质文化遗产是指各族人民世代相承的、与群众生活密切相关的各种传统文化表现形式（如民俗活动、表演艺术、传统知识和技能，以及与之相关的器具、实物、手工制品等）和文化空间（即定期举行传统文化活动或集中展现传统文化表现形式的场所，兼具空间性和时间性）。非物质文化遗产的范围包括：1）口头传统，包括作为文化载体的语言。2）传统表演艺术。3）民俗活动、礼仪、节庆。4）有关自然界和宇宙的民间传统知识和实践。5）传统手工艺技能。6）与上述表现形式相关的文化空间。

近年来化德县文化馆对非物质文化遗产保护方面大力搜集挖掘非物质文化遗产项目，共收集非遗线索 200 条，调查项目 16 个，其中新发现项目占 45%；调查项目涵盖各个门类，多个种类。其中薛金花的剪纸项目已经在 2015 年列为了自治区的第三批非物质保护项目、薛金花、魏小兰的剪纸、高德美的东路二人台在 2012 年被列为第四批市级非物质文化遗产保护项目，崔少军的泥塑项目在 2014 年被列为第六批市级非物质文化遗产保护项目，2016 年薛金花的面塑被列为市级非物质文化遗产保护项目，今年我们向市里申报了面塑和盘炕非物质文化遗产项目。目前县级非物质文化遗产项目有：石匠手工艺、中医针灸技艺、盘炕手工艺、锔锅杠手工艺、苏绣手工艺、莜面系列手工艺、白皮匠手工艺、柳编手工艺、黑皮匠手工艺、毡匠手工艺、奶奶庙、铁艺工艺。

一、泥塑（传承人：崔少军）

泥塑也称" 泥彩塑"，是中国民间传统塑雕工艺品，随着社会文化的发展，当代泥塑有两种形态：一种是提供观赏的小型泥塑，如案台塑像和儿童玩具，以人物走兽、飞禽、花果等为主；另一种是庙宇场所的大中型泥塑，常为寺院宗教佛界造像。

化德县泥塑也是地方性的艺术作品和文化产业，这种地方性不仅在于泥塑所表现的地方群众及其生活和感情，更是将此地方生活纳入艺术创作的主观意识中，让其按照自己的意志更新组合构思，把泥塑源于现实生活但又高于现实的独特品格。前提就是泥土味，乡土情以及由特定地域生存环境和生活方式构成的文化。把泥塑艺术体现在其传情达意、率性生动而又意象更生的审美世界中，并以鲜活的样态融入当代的社会生活当中。

化德县比较有影响力的泥塑作品有：《相亲》、《幸福院的生活》、《手艺》、《老伴》、《搂柴归》、《吃面》、《童年》等。

崔少军从10岁开始，经常看他爷爷崔振高捏胶泥，搓、压、按、贴，不一会一个生动的小泥人就呈现在眼前，当时就非常喜欢，于是就随爷爷学习了捏泥人。现为内蒙古青年书画协会会员、乌兰察布市青少年协会会员、内蒙古乌兰察布市书画院院士、化德县书画院秘书长。

2015年泥塑作品参加内蒙古自治区"神州杯"民族文化用品创意技能展示二等奖、曾参加"联营杯"第二届书画展并获得一等奖、曾参加"集通情"泥塑作品展示并获得一等奖、泥塑被列为内蒙古乌兰察布市第三批非物质文化遗产名录。

2015年，应邀赴内蒙古自治区参加文化交流活动并举办泥塑联展。其作品被载入《内蒙古风采》、《集通铁路》等出版发行、化德县电视台、集通铁路电视台等多家媒体都对崔少军的艺术生涯做了专题报道。另外他的多个作品被国外、国内、地区的收藏家收藏。

二、剪纸（传承人：薛金花）

剪纸是化德县手工艺艺术之一。剪纸手工艺艺术历史久远，它以纸等为主要加工对象，对生活中的内容进行艺术创作，形成了一种具有很高艺术性、装饰性、实用性的独特艺术形式。化德县的剪纸手工艺形成于七十年代～八十年代，发展成熟于九十年代，现在有了更大的发展，前后产生了许多剪纸手工艺艺人，化德县的最主要代表人是薛金花。

薛金花，女，汉族，1954年12月出生。自幼喜爱美术，通过外婆和母亲的剪纸影响，多年勤剪不辍，新品倍出，尤其是剪纸人物栩栩如生、出神入化。现任中国民间文艺家协会委员，内蒙古剪纸协会会员，乌兰察布市化德县第六届政协委员，化德县剪纸协会会长。2005年被聘为乌兰察布市书画院院士。作品曾获得国家级的各种金、银、铜、优秀等各种奖项：2002年9月参加内蒙古书画学会第二届书画展获荣誉证书；2003年9月参加中国首届文物仿制品暨年检工艺品展荣获银奖；2003年应邀到北京昌平区老北京风清园展个人作品，展厅常年为广大游客传授剪纸技术；2004年作品《全球抗非白衣荟萃》获北京民族文化宫"全国三花奖"展览荣获优秀奖；2005年初在首届"草原杯"全国书法美术大展中,作品《内蒙古风情》获剪纸作品金奖;2005 年 8 月经中华伏羲文化研究会文艺创作专业委员会审核通过定,入编《中国民间艺术家卷》;2005 年荣获首届内蒙古民间工艺博览会铜奖;2006 年剪纸作品《母子情》被评为首届内蒙古自治区工艺美术大师作品三等奖;2007 年 8 月 8 日,为内蒙古自治区成立六十周年捐献大型作品,《欢天喜地迎大庆》此作品长 5 米、宽 1.5 米;2008 年为庆奥运剪一幅 5 米长卷《庆奥运》捐赠内蒙古自治区博物馆收藏;在化德县连续免费举办剪纸、捏面人等培训班,培训人员 300 多人。还经常举办个人剪纸展览,展出作品近于千幅。免费培训将永久持续下去。中央电视台内蒙古电视台报社、乌兰察布市电视台报社、化德县电视台报社等多家新闻媒体多次宣传报道,并播出专题故事片。还曾在宋庆龄基金会主办的"动动画世界"刊物中登载"剪纸传神"报道。2014 年 3 月,正式注册了"化德县薛金花剪纸文化艺术有限公司",创建了陈列个人作品的展厅,供爱好者常年观赏。

三、面塑(传承人:薛金花)

中国的面塑艺术早在汉代就已有文字记载,经过几千年的传承和经营,可谓是历史渊源流长,早已是中国文化和民间艺术的一部分。也是研究历史、考古、民俗、雕塑、美学不可忽视的实物资料。

面塑用的面是三成糯米粉和七成白面掺和而成,并需要加适量的蜂蜜、甘油等,这样不容易腐裂。所使用的工具极其简单,主要是拨子、梳子、篦子和剪刀。拨子有竹质的、角质的、也有树脂的,可以自己制作。

薛金花,女,汉族,1954 年 12 月出生。自幼喜爱美术,通过外婆刘大女和母亲曹美荣的影响,多年始终勤学不辍,新品倍出,尤其是面塑动物、人物栩栩如生、出神入化。

现任中国民间文艺家协会委员,乌兰察布市化德县第六届政协委员,化德县面塑协会会长。2005 年被聘为乌兰察布市书画院院士。作品曾获得各种奖项例如:

2002 年 9 月参加内蒙古书画学会第二届书画展获荣誉证书;

2003 年 9 月参加中国首届文物仿制品暨年检工艺品展荣获银奖;

2005 年荣获首届内蒙古民间工艺博览会铜奖;

2006 年面塑《十二生肖》和剪纸作品《母子情》一起被评为首届内蒙古自治区工艺美术大师作品三等奖。

近年来,在化德县连续免费举办捏面人培训班,培训人员 200 多人。

薛金花的创作题材广泛，内容以十二生肖和神话传说、传统戏曲、四大名著、民间传说、神话故事、儿童卡通中的人物以及其他动物为主。面塑的形象多是比如刘备、关羽、张飞、福禄寿、八仙、嫦娥、哪吒、唐僧师徒、十二钗、白毛女、葫芦娃、等。作品人物形象逼真，面部刻划细致，衣纹简练概括，神态生动，色彩鲜艳丰富，动物表现的生动、鲜艳。被称为"立体的画，无声的戏"，在当地享有很高声誉。经常在北京和首府参展现场制作面塑，好多作品被外国友人收藏，作品深受人们的喜爱。

　　并且，她通过长期的摸索，掌握一套使面人长期保存的办法，因此，她制作的面塑，不霉、不烂、不裂、不变形，也不易褪色，有利于长期收藏。

四、东路二人台（传承人：高德美）

　　东路二人台属传统民间戏剧形式，始于清末咸丰年间，形成于民国初年，流传于内蒙古中部、河北坝上，山西雁北等地区。东路二人台生于民间，长于民间，繁衍也不离民间，它具有表演生活，反映生活源于生活和百姓生产生活相统一的特性，具有鲜明地方传统特色，化德县的东路二人台戏剧有很强的代表性。从建国初，经历了文革，特别改革开放以来，把传统东路二人台表演形式和唱腔与现代生活党和国家富民政策结合起来，大胆创新，排练演出了除传统剧目以外，不少反映新时代的新剧目，其中《书记过年》、《琴缘》获得自治区"五个一"工程奖。这当中最具东路台传承资格的人就是化德县民间艺人高德美。

　　高德美，男，汉，1940年生于乌兰察布市兴和县，现住化德县朝阳镇尔力格图大队新围村。其祖父、叔父们及其哥哥都是唱东路二人台的。高德美从小就喜欢唱戏。1950年小学毕业后在村中学唱戏，1952年（13岁）就被县文化馆招去加入县宣传队，拜秦占宝为师，学唱东路二人台，主攻娃娃生，开门戏是《摘花椒》的小二，《小放牛》的牧童、《大走西口》，主演过《后悔不起》的换生、《大走西口》的玉莲、《二娃与改花》的改花等。后宣传队分散到各个区，高德美和师傅秦占宝、王福喜、武安贵等人用东路二人台曲调排演了《沙家浜》、《红灯记》、《智取威虎山》、《奇袭白虎团》、《收租院》、《白毛女》等大型戏，在各地演出，受到全县领导及观众的好评。其演出的《两个木匠》、《老两口喜看基本田》荣获演员表演奖。

　　1983年在牧场大队落户并成立了"化德县地方歌剧团"，实际上各地人们都称呼"高德美剧团"。

　　现由县政协文资料协助出版了《东路二人台传统剧目集》一书，收集了

《洞房泪》、《控病》等二十二个剧目和《打连城》、《回关南》、《摘花椒》等一百六十四个唱腔，为传承保护东路二人台这一传统戏剧做出了贡献。其哥哥高乐美现为自治区非物质文化遗产东路二人台传承人。

五、盘炕（传承人：马清发）

在我们内蒙古乌兰察布市化德县公腊乡向阳村，有个1944年出生的马清发老人，他从小就受爷爷马如林和父亲马云影响，对盘炕工艺等有着独特的喜爱。15岁已经随爷爷马如林（1897～1970）和父亲马云（1910～1994）开始学习盘炕手艺。种地之余为全县各村各户，盘炕做泥工，有求必应，有求必到。他的手艺精湛，请他盘炕的人都得排队。他的身影遍布全县各个乡镇、农村。深的百姓尊敬和喜爱。他盘的炕会很热，从不倒烟。盘锅台和盘炕都需要有技术，手艺好的人盘出的锅台和炕到了烧火的时候会很痛快，既省柴火做饭又快，再摸摸那炕头也热得比较快，所以盘炕和盘锅台可要请专门的人才来完成。他这样的巧手，在全县出了名，村子里谁家干这个活就要被请了过去给帮忙。在村子里也有好多年轻人看见这项手工技艺不错，也总是来向他学习，请教。所以他的学员也遍布全县。

托泥基的头道工序是和泥，将麦杆或麦秸与土搅拌均匀围圈起一个坑状，倒入几桶水让其渗透，倒腾围圈一周搅拌有麦杆或麦草的泥土，再反复地排泥以及个把钟头的饧泥，和泥工作才告完成。然后，要在托泥基的位置平整土地，在平展展的土地上支起泥基模子，给模子中撒入草木灰或者些许麦秸，以使泥基与模子能有效分离。然后，将饧到了的泥盛入泥基模子，托泥基的人手持木抹均匀地摊开，找来砖块齐齐排砸一遍，反复收面，等太阳照射，有一定硬度后，使用铁抹收细面，然后打开泥基模子，一个四棱饱满的泥基就成坯了。成坯后的泥基还要经过三天暴晒才能揭起，揭起后还需或横或竖或交叉地立着通风晾晒半月之久，直到泥基所含的水分完全蒸发后才可使用。

盘炕的种类也是很多的，例如有：回头洞、一去洞、唐王乱点兵、爬山顺四、狗窗、火嗓子、漏灰窑子等

马清发老人说虽然现在住楼的人多了盘炕的人少了，但是他要在有生之年把这项技艺传下去，让更多的人了解学会，为化德县的文化事业、文化生活奉献自己的毕生力量。

六、剪纸（传承人：魏小兰）

剪纸是化德县手工艺艺术之一。剪纸手工艺艺术历史久远，它以纸等为

主要加工对象，对生活中的内容进行艺术创作，形成了一种具有很高艺术性、装饰性、实用性的独特艺术形式。化德县的最主要代表人魏小兰。

魏小兰，1960年生，内蒙古乌兰察布市化德县人，8岁开始和母亲、姥姥学习剪纸。80年代为白音特拉乡剪了好多作品，为该乡的文化事业做出了很多贡献，30多年在各乡镇社区经常开剪纸培训班，培训出许多剪纸爱好者，赢得了县委、政府的好评。从2010年在县委、政府的支持下，聘用为化德县"职业中学""第三中学"老师，到今天已教出380名学生，并在惠民社区成立了"化德县魏小兰民俗剪纸艺术有限公司"。

现任中国民间文艺家协会、剪纸艺术委员会委员、乌兰察布市书画院院士、同一年并任化德县政协委员、化德县剪纸协会会员、职业中学老师、乌兰察布市文化研究促进会会员、乌兰察布市政协委员、乌兰察布市文艺家协会会员、内蒙古妇女手工业协会副会长、并成立了"化德县魏小兰民俗剪纸艺术有限公司"。

作品经常参加展览并获奖，有许多被国外友人收藏，作品有：

2006年参加内蒙古首届母亲手工艺展示会、"伟大的母亲"系列作品获奖；

2007年参加乌兰察布市迎新春书画展"走西口"系列获最佳奖；

2007年庆内蒙古自治区六十周年、捐献"喜迎大庆""草原英雄小姐妹"获得捐献证书；

2009年参加首届"乌兰察布市民间艺术品展"作品"嫦娥奔月"获一等奖；

2012年化德县第七届五次会议会议上评为"保护传承非物质文化优秀委员奖"；

2013年参加乌兰察布市"中等职业学校师生技能大赛"作品二等奖；

2014年参加内蒙古自治区第四届中等职业学校师生作品展一等奖；

2015年参加乌兰察布市"神州杯"民族文化用品创业技能一等奖。

她的事迹在"内蒙古电视台""内蒙古晨报""内蒙古风彩杂志"乌兰察布市电视台、乌兰察布日报、乌兰察布晚报、化德县电视台经常报道。并在会展中心有个人剪纸展厅，常年供爱好者参观。

她多才多艺，她的面塑、莜面系列和苏绣手工艺技艺在化德县也是很有名气，常年在学校传授这些技艺。

夯实基础　完善机制
提升文化事业快速发展

宁夏回族自治区隆德县文化旅游广电局　魏　瑜

一、2013～2016 年工作总结

（一）主要指标完成情况

投资 350 万元完成邓山转播台无线数字化覆盖工程建设，全县广播电视的人口综合覆盖率达到 96.2%，直接受益农村群众达 15.3 万人，形成了以卫星地面个体接收为主，光纤网络传输为补充，微波与无线、有线电视传输相结合的广播电视综合覆盖网。预计 2016 年文化产值达到 3800 万元，年均增速 10% 以上。全县旅游总人数达到 80 万人（次），实现旅游社会收入 6 亿元。

（二）获国家级、自治区级奖项情况

2013 年被中国民协正式命名为"中国社火文化之乡"；被国家文化部授予"中国民间文化艺术之乡（2011～2013）"；县文化馆被国家文化部评为"一级文化馆"。

（三）主要工作成就

公共文化方面。基础设施建设不断夯实。相继建成和完善了 11 个乡镇综合文化站和 10 个文化信息资源共享工程乡镇服务点，建成村级文化大院 22 个，村文化室、数字农家书屋 113 个，实现行政村全覆盖，形成了以县城为中心、乡为依托、村为基础的三级文化网络体系，县、乡、村三级文化场所全部实行免费开放。文化活动蓬勃开展。以欢乐祥和、节俭文明、健康向上为主旨的新年音乐会和春节民俗文化艺术节等大型活动，极大地丰富了节日文化。年均完成各类演出 2000 多场次，农村电影放映 1800 多场次，广场演出 60 多场。文物工作有新载体。沙塘北塬遗址二期发掘取得重大突破。"一普"工作顺利进行。文物保护成效显著，全年无文物事故发生。文物理论研究成果丰硕，全年发表论文 7 篇，编纂出版了《隆德县文物志》，填补了隆德文物专志空白。页河子新石器遗址入选第七批全国重点文物保护单位名录中，实现了我县"国宝文物单位"零的突破，是我县文物保护工作的重要里程碑。

非遗工作扎实开展。建成非物质文化遗产陈列馆、凤岭于河魏氏砖雕民俗文化村等非遗保护传承基地。现有国家级非遗保护项目2项（高台马社火、杨氏泥塑），自治区级非遗项目9项，国家级文物保护单位1处（沙塘页河子新石器遗址）。精品文艺节目创作有突破。精心创作的具有浓郁民族特色、地方特色和时代气息的舞蹈《看社火》，受到广大观众好评。农村书屋管理全面加强。对全县101个农家书屋全面摸底、资产核查，重新建档分类，与乡镇签订责任书，量化考核。为杨河5个整村推进村配置图书设备，购置图书9000余册。书香隆德建设创新开展。开展图书"四进"活动（进社区、进景区、进工厂、进军营），建成便民书吧5家，开展了以"一城书香一城梦"为主题的全民阅读活动。文化执法有新力度。行政许可要求更加严格。做好网吧、娱乐、演出以及新闻出版等文化市场经营单位的审核、审批和年度核验管理工作。长效监管机制逐步建立。加大检查市场的力度和频度，检查时间不断延伸，天天查市场，执法全天候。打击违法力度有效加强。积极开展网吧、娱乐、演出等市场的集中整治和专项治理行动，年均文化执法累计300多次。

生态旅游方面。旅游基础设施不断完善。相继建成杨家店、六盘人家文化广场、老巷子、文化城、六盘山博物馆、民间书画收藏馆、非遗陈列馆、古柳公园等文化旅游基础设施。景区评比定级成效显著。老巷子、神林山庄分别被评为自治区级4A级、3A级农家乐，观庄前庄等9村列入全国乡村旅游扶贫重点村，城关镇杨店村荣获"全国特色景观旅游名村"，范家峡景区荣升自治区级3A级景区。红崖村、辛平村入选"中国最美休闲乡村"。宣传推介力度不断加大。开通"晚安隆德"微信平台，通过隆德政务网、晚安隆德微信、隆德电视台三大平台，全方位宣传文化旅游产业。固原首部本土风光音乐电影《六盘山之恋》在隆德公映60余场，并将其主题曲作为我县旅游宣传首选歌曲。文化产业蓬勃发展。扶持成立了杨氏彩塑、非物质文化、魏氏砖雕等10家文化旅游产品开发公司。注册"六盘人家"文化产品商标，开发出"六盘人家"系列文化旅游产品70多种，目前全县文化产业经营实体达到315家，从业人数达到1800多人。文化旅游产业有新进展。大力发展书法、剪纸、刺绣、泥塑等民间文化，着力改造提升娱乐、演出等传统文化产业，创新开发人造花等文化创意产业，努力发展新兴文化旅游产业。逐步发展了一批龙头企业、培育了一批竞争主体，开发出"六盘人家"系列文化旅游产品70多种，扶持发展杨氏彩塑、非物质文化、三禾剪纸等10余家文化旅游企业。组织文化人走出去参加中国——东盟博览会、兰州博览会、中阿博览会和中国国际旅游交易会，扩大隆德文化品牌的推介营销活动。继续扩大银

川外事办、帝王特产、沙湖、六盘山景区、乌海等销售点销售规模。旅游机制有创新。探索旅游业市场运作机制，推进旅游管理体制改革，整合旅游资源，增强旅游业综合实力和竞争力，筹备成立了隆德县隆腾旅游有限公司，面向全国征集公司名称，建立了公司章程，并对全县的旅游资源统一摸底调查、清产核资。

广播电视方面。唱响主旋律，打好主动仗。坚持把新闻焦点放在县委、政府中心工作上，全面提高发稿数量和质量。增设自办节目，丰富群众生活。坚持"新闻立台、创新发展"的理念，开设《脱贫攻坚倒计时》、《城市管理曝光台》、《镜观隆德》、《慢读时光》等一系列优秀自办节目。改造完成邓山无线发射台站，提升广播电视节目无线覆盖能力，强化硬件设施建设，实现全年安全播出无事故。完成电视台副台长及总工竞聘，通过公开竞聘的方式，在全台干部职工中竞选出 3 名负责人，创新了用人机制，优化了干部队伍。开办《晚安隆德》、《隆德广电》微信平台，积极探索传统媒体和新媒体融合之路。

二、存在的主要问题

1、工作人员老化严重，结构不合理，专业人才严重短缺，发展后劲不足。尤其是乡镇文化中心业务人员更为短缺。

2、农家书屋管理员报酬无法落实，致使日常管理缺位。

3、旅游配套设施跟不上。

4、景区建设工作滞后。

5、文化旅游资源挖掘不够，带动第三产业发展的作用没有发挥出来。

三、今后五年（2017～2021 年）工作谋划情况

文化是县域的灵魂，广电是党和政府喉舌，如何让文化广电事业齐头并进，形成文化发展的强大合力，扎实立足本土优势，塑造出专属于隆德的优秀文化名片，推动经济与文化共同发展是我们在今年着重破解的命题。今后我县文化广电工作总体思路是公共文化惠民、文化产业富民、广电事业为民、文化广电脱贫。

（一）主要思路

隆德县公共文化事业以打造"宁南山区公共文化均等化示范县"为目标。实现乡镇综合文化站全覆盖，农家书屋行政村全覆盖；文化事业城乡一体化

发展，公共文化服务均等化水平不断提升。隆德县生态文化旅游业以建设"全区全域旅游示范县"为目标。将文化旅游产业作为三产中的基础性、主导性产业来抓，调整一、二、三产业的比重，让一产和二产都为文化旅游业的发展来服务。切实把文化旅游产业培育成为国民经济的战略性支柱产业和人民群众满意的现代服务业。

（二）主要指标测算情况

到 2021 年，全县"三馆一站"等公共文化设施建筑面积达到 18000 平方米以上，人均公共文化财政支出达到 150 元/人以上，全县文化产业总产值达到 5800 万元，文化产业产值年均增速 10% 以上；到 2021 年，全县来隆游客达到 100 万人（次），实现旅游社会总收入 8.0 亿元，旅游业直接从业人员达到 4000 人，生态旅游产业收入占全县 GDP 比例达到 8% 以上，生态旅游产业成为县域经济的支柱产业。全县有 AAAAA 级旅游景点 1 个，AAAA 级旅游景点 1 个；四星级农家乐达到 5 家，三星级农家乐达到 8 家，全县有四星级饭店 1 家。

（三）重点任务和重大举措

文化事业城乡一体化发展，公共文化服务均等化水平不断提升。一是文化事业发展方面在县城南片区区中心位置建设包括文学、戏剧、音乐、美术、书法、摄影等各艺术门类的研究、培训、交流、展演、传承等为一体的群众公共文化艺术活动中心。建设山河、奠安、2 个乡镇综合文化站，实现所有乡镇全覆盖。"十三五"期间，力争村级文化大院由 22 家发展至 100 家。建设提升陈靳乡新和村高台马社火、温堡乡杨坡村杨氏泥塑基地。重点培养打造 5 ~10 支文艺团队，完成送戏下乡 250 场，其中每年完成 50 场。完成每年举办的"广场文化系列演出 60 场"、"春节秦腔展演活动 20 场"等演出任务。大力培育文化艺术骨干力量。继续挖掘、普查、入库非遗项目。构建现代公共文化服务体系，文化基础设施和公共文化服务网络更加健全，基本公共文化服务实现均等化。二是文物事业发展方面新建博物馆（非遗馆）、沙塘北塬新石器遗址、农耕水利博物馆，构建门类丰富、体制多元的博物馆格局；统筹建设富有地方特色的文化景区，实现文物资源优势向文化产业优势转变。三是图书事业方面新建县级图书馆、县城便民书吧 10 家、配置流动图书车 10 辆，按照体现公益性、基本性、均等性、便利性的要求构建普遍均等、惠及全民的公共图书馆服务网络，全面提升公共图书馆的服务能力、服务水平和服务效益。四是广电事业方面新建能容纳百人以上的大型综合演播室、有线电视覆盖率提高到 70% 以上，数字电影院 2 家，不断提高广播电视覆盖率和

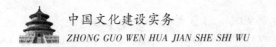

收视率，全面实现广播电视采编播发数字化；强化农村公益电影放映管理，确保"一村一月一场电影"放映高质量。

旅游建设实施五大产业集群项目。一是历史文化产品集群项目。以笼竿城为中心，建设笼竿城门、老县衙文化旅游基础设施、农耕水利博物馆、博物馆（非遗馆）、图书馆项目，辐射建设观庄伏羲崖北联池景区、陈靳石窟寺景区和沙塘北塬新石器遗址。项目深度挖掘隆德"千年古县"历史内涵，打造历史文化名县，项目的建设极大的增强了隆德历史厚重性，成为六盘山历史文化集中展示区，使文化旅游产业成为三产中的基础性、主导性、支撑性产业，成为国民经济的战略性支柱产业和人民满意的现代服务业。项目计划2015～2020年建成，估算总投资60729万元。二是红色文化产品集群项目。以六盘山红军长征景区为中心，建设杨家店游客服务中心、好水二十五军军部遗址（伏龙寺）、上梁老红军遗址。项目深度挖掘隆德红色文化、革命老区历史文化内涵，拓展和延伸了六盘山红军长征景区功能，为打造"六盘胜地·水墨隆德"文化旅游品牌奠定了坚实的基础，项目的建设使延长了游客在隆德停留时间，极大的带动隆德旅游业发展。项目计划2015～2020年建成，估算总投资12000万元。三是民俗文化产品集群项目。以隆德县非物质文化遗产陈列馆为中心，建设六盘山文化城国家级文化产业示范基地及文化旅游人才培训、陈靳新和高台马社火传承基地、温堡杨坡杨氏泥塑传承基地。项目充分发挥"文化大县"品牌优势，将"中国书法之乡"、"中国民间绘画画乡"、"全国文化先进县"等国字号品牌优势转化为经济优势，为打造"六盘胜地·水墨隆德"文化旅游品牌奠定了坚实的基础，项目的建设使隆德民俗文化产品转化为旅游商品，增加了当地居民收入，带动了就业创业。项目计划2015～2020年建成，估算总投资12700万元。四是乡村旅游产品集群项目。以红崖老巷子为中心，建设红崖老巷子二期工程、神林自驾游营地、乡村旅游重点贫困村以及旅游公厕建设。乡村旅游是国内旅游业发展的热点之一，抢抓我县城关镇红崖村等9个村被列入国家贫困地区乡村旅游重点贫困村的历史机遇，加快开发乡村旅游业，极大地带动当地群众参与旅游业，调整产业结构，增加当地居民收入。项目计划2015～2020年建成，项目估算总投资15600万元。五是生态度假产品集群项目。以六盘山国际养生园为中心，建设六盘山国际养生园二期工程、六盘山国际滑雪场和宁夏（隆德）中阿国际狩猎场。项目深化了中阿合作，适应阿拉伯国家游客需求，充分发挥我县冷凉气候和生态环境资源优势和建设"大六盘生态旅游圈"需求，发挥了我县生态良好、气候凉爽的自然环境优势，通过阿联酋皇家投资局建设国际狩猎场，以及滑雪场、飞碟射击场等项目建设，提升宁夏旅游知名度和影响力，对于建成打造国际休闲避暑和娱乐中心，做强做大隆德旅游品牌具有现实意义。项目计划 2015～2020 年建成，项目估算总投资 22757 万元。

四、2017 年工作谋划情况

（一）主要指标测算情况

文化产值达到 4200 万元，年均增速 10% 以上。全县旅游总人数达到 80 万人（次），实现旅游社会收入 6 亿元。

（二）发展目标

完成"三馆"及老县衙城墙修复及广场续建工程项目，夯实文化旅游基础设施，实现文化事业城乡一体化发展，公共文化服务均等化水平不断提升。文化旅游上水平。2017 年，是"十三五"各项目标任务设施的关键期，我县将以"建设全区全域旅游示范县"为目标，按照"布点、连线、扩面、抓融合"的总体要求，打造五大类文化项目，充分发挥生态文化旅游业的聚集效应，促进现代服务业发展，以三产带动城乡居民大幅增收，力争来隆游客达到 80 万人（次），实现旅游社会收入 6 亿元，全县文化产业总产值达到 4200 万元，年均增速 10% 以上。公共文化事业发展。2017 年我县公共文化事业发展将以"争创公共文化服务均等化示范县"为目标，续建图书馆和博物馆（非遗馆）等公共文化设施，实现文化事业城乡一体化发展，公共文化服务均等化水平不断提升。

（三）发展重点

一是举办春节文化、广场文化系列活动（灯谜赛、社火大赛、年俗体验、秦腔展演、送戏下乡等）。二是加强旅游宣传推介与机制创新工作（完善全县旅游宣传标识系统、制作出版隆德县旅游宣传画册及旅游形象宣传片等）。三是更新改造县广播电视台设备。四是急需做好国家级、自治区级非遗保护传承工作。五是开展以"一城书香一城梦"为主题的"书香隆德"及全民阅读。六是配合区考古研究所完成渝河流域北塬等新石器遗址考古发掘工作；完成页河子新石器遗址文物保护规划立项、编制保护规划并组织实施；做好博物馆（非遗馆）展陈设计。

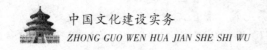
公共文化服务体系发展及思路探讨

宁夏回族自治区中宁县文化旅游广电局　赵　阅　陶　毅　梁媛媛

近年来，我国公共文化建设成果显著，公共文化基础设施和服务网络不断完善，公众的精神文化生活日渐丰富。但与此同时，我国公共文化服务体系建设过程中尚存在一些问题亟待解决。探寻问题产生的根源，寻求其解决之道，是公共文化体系建设面临的重要议题。本文以中宁县的公共文化服务发展为例，着重论述在新的形势下，推进公共文化服务发展体系建设与发展动向。

我县于 2012 年 11 月份被确定为全区首批公共文化服务体系建设示范区创建试点县市之一。两年来，全县各级组织认真发挥职能作用，紧紧围绕"创建标准"，强化措施，狠抓落实，全县公共文化服务体系进一步健全，公共文化服务能力和水平大为提升，基本达到了国家规定的相关评价标准。目前，全县辖区县级公共文化服务设施主要有文化馆、图书馆、体育馆、博物馆、影剧院、青少年活动中心等 6 个门类公共场馆，县城文化活动广场 5 个，城镇社区文化体育活动点 40 个，乡镇公共文化服务中心（综合文化站）已建成 7 个，2 个正在建设中，拥有村级文化活动室 118 个，乡村文化广场 46 个，文化中心户（文化大院）32 个，业余文艺团队 38 个，各类社火表演队 69 个，"农家书屋" 118 个，村级篮球场 118 个，各类公共文化服务设施基本实现了全覆盖，较好的满足了全县城乡群众的公共文化需求，保障了群众基本文化权益。

一、中宁县构建公共文化服务体系发展情况

中宁县健全公共文化服务体系以"政府统筹、部门协调、社会参与、资源共享、功能多样、服务群众"为总基调，健全完善文化阵地，优化创新工作机制，提升文化队伍素质，努力建设"结构合理、分布均匀、功能齐全、惠及全民"的公共文化服务体系。

（一）夯实基础，突出实用，公共文化服务良性运转

1. 基础设施逐步完善。新建的县文化馆、图书馆、博物馆充分发挥公益性文化服务职能；鸣沙、恩和、舟塔等 7 个新建乡镇综合文化站，建筑面积

分别达 300 平方米；村级文化基础设施主要依托村党员活动室与乡村文化广场开展活动，并扶持建立了 46 个乡村文化广场，8 个社区文化室、118 个农家书屋、16 个民间文艺团队和文化大院。全县村级文化活动室均达到了 100 平方米，以上实现了全覆盖。全面完成了文化信息资源共享、广播电视覆盖、农村电影放映等农村公共文化工程建设，全县农村基本达到了横向到边、纵向到底的服务网络。

2. 服务能力显著增强。一是培育文化阵地。依托县文化馆筹建了县"心连心艺术团"，支持县教育体育局成立了县退休教师艺术团，扶持县民政局设立老年活动中心，鼓励县小星星艺术学校等近 20 所民办艺术教育机构开展未成年人文化艺术培训活动。二是推进免费开放。利用县文化馆（站）、图书馆（农家书屋）、博物馆平台实施免费开放，先后举办"文化惠民""百姓大课堂""文化名人讲堂""道德讲堂"等公益培训讲座，内容涉及公共文化服务体系建设、非物质文化遗产保护、戏曲、舞蹈、声乐、文学、摄影、收藏等；充分发挥县宣传文化中心阵地作用，先后举办了百姓健康舞、中老年书法、秦腔、舞蹈编导、音乐合唱、民间秧歌、摄影创作、金喇叭小主持人、农家书屋管理、农村信息共享工程管理等 20 期培训班，培训学员 3000 人次。开展了"送图书下乡　促全民阅读"系列活动，接待读者 12611 人次，外借书刊 12047 册次，承办读书活动 3 次，并送图书到各乡镇、军营和企业。组织"送电影下乡　献文化大餐"活动，精选科教片、爱国故事片等内容丰富的数字电影进农村、企业放映 2000 余场，为广大农民和企业员工送去丰富的精神食粮。编印《杞乡文化》刊物与《守望家园》报，集中展示全县非遗保护与传承现状，并印发给基层文化站（室）与文艺团队。图书馆通过增加报刊征订数量种类，实行一卡通全馆免费服务、错时延时服务、举办征文演讲比赛、开办图书流转站、播放优秀视频资料等措施，为读者提供优质服务，截止 7 月底文化馆、图书馆、枸杞博物馆共免费接待群众 11.6 万人次，其中：图书馆借免费阅图书 5.2 万多册，免费接待读者 2.7 万人次，新发展读者 587 人；枸杞博物馆免费接待游客 5.3 万人次；文化馆全面开展文化辅导，实行"每周一课制"，组织开展"百姓课堂"为主题的免费开放模式，举办舞蹈、声乐、器乐、书画、民间工艺免费培训活动，半年来免费接待群众 3.6 万人次，开展各类培训、演出、展览等 68 场次。

3. 悉心打造文化品牌。一是"两节"文化有特色：抢抓"春节""元宵"契机，坚持举办"原创音乐会"、群众文艺调演、社火展演等文化活动，确保既注重传统，又凸显特色。2014 年组织举办了新年音乐会、"文艺大擂台、文化大拜年、年货文化节、元宵灯展、社火展演等大型"两节"系列文化活动八项，活跃了群众节日文化气氛。二是群众文化有亮点：紧抓夏秋有利时间，坚持开展广场文化活动，主办了中阿博览会中宁枸杞文化节文艺晚会、"中宁好声音"、社火鼓乐大赛、百人二胡音乐会、蒿子面制作技术大赛、宁夏书画名家作品邀请展、"房车生活文化节"、图书交流展等特色鲜明的活动。年均演出 56 场，演出节目 768 个，参演人员五千余人，观众近 15 万人次，为文艺爱好者搭建了展示平台，极大丰富了广大群众的文化生活。以公益艺术展览为抓手，组织开展"墨舞香山"中卫市书画篆刻展，"西风东渐"中宁书画名家提名展等展览 5 场次，促进了中宁书画交流与发展。大力实施"送欢乐到基层"文化惠民工程，精心编排的小戏、小品、歌舞等节目，全年送戏进农村、进社区、进校园、进军营、进工地演出 200 余场，丰富群众文化活动。三是非遗文化有声响：连续举办四届蒿子面制作技术大赛与碾馔子制作摄影大赛，邀请宁夏老年摄影家协会参加了石空大佛寺"二月二龙抬头"民间社火大赛，布置了"杞乡印象—老旧照片和老旧物件展"与"薪火传承—非物质文化遗产展"；联系中央台《世界地理》频道拍摄《中国地理标志 中宁枸杞》纪录片，新华社宁夏分社以"舌尖上的蒿子面"为题采访报道蒿子面传承工艺，宁夏广电总台拍摄并制作"一面之缘——中宁蒿子面"、"一碗鸡血面的百年情缘"、"巧手塑功德——中宁泥塑彩绘"等项目；选派蒿子面传承人赴毛里求斯参加唐人街美食文化节、农具编织传承人参加中国（宁夏）国际文化艺术旅游博览会黄河金岸非遗展、民间社火艺人参加全国慈善博览会主题歌 MTV 拍摄等，成功迈出中宁非遗"走出去"的步伐；组织自治区级非遗"隋唐秧歌""黄羊钱鞭"申报国家级第四批非遗代表作名录项目，并有望实现全县国家级项目的零突破。加大"黄羊钱鞭"、"张庄舞狮"、"隋唐秧歌"、"蒿子面"等非遗项目的保护和传承，组织"张庄舞狮"赴贝宁参加演出，积极申报中国民间文化艺术之乡，主推特色项目"黄羊钱鞭"，促使其向品牌化、产业化方向发展。四是精品文化有突破：我县召开红枸杞原创音乐创作研讨会，邀请知名音乐人与本土音乐创作人才交流提升原创歌曲创作水平，先后创作红枸杞歌曲 30 余首；组织书画作品参加文化部群星璀璨·全国群众美术、书法、摄影优秀作品展，有 2 副作品分获美术类、书法类铜奖；选送小品《管路》入围全国第十届艺术节暨第十六届群星奖戏剧类复赛，并参加全区优秀文艺节目巡回演出；策划现代农村题材小戏小品专场在银川玉皇阁广场首演，充分展示了中宁创作资源的优势，扩大杞乡文化的影响力。组织召开了全县文艺精品创作研讨会，确定了十九项年度文艺精品创编项目，制定了《中宁县红枸杞文艺精品创作奖励扶持办法》，定期召开文艺精品创作工作推进会，抓好重点剧目的创作、修改和完善，全面提升文艺作品质量和水平。

（二）更新观念、大胆创新，公共文化服务亮点频现

1. 创建全区广播影视公共服务新标杆。自加压力，大胆创新在喊叫水、徐套两个山区乡镇新建了两座广播电视地面数字信息转播站，在全区率先实现了广播电视地面数字信号全覆盖。而且有多项技术为全区首次使用，经验和做法被区广电局在全区推广，实现了该地区收看地方电视节目的历史性突破，结束了山区乡长期无法收听收看当地党委政府声音的现状，实现了民族、情感、地域文化的融合发展。

2. 建立县、乡、村三级文化人才队伍培育新机制。采取定向发展、分级培训、会员扩张的"文化三员"服务新机制，县级负责安排教练员，集中精力专业培训文化辅导员，配发设备鼓励文化服务员，着力在群众中培育"撵不走"的基层文化骨干队伍。同时，我县制定了《关于对中宁县基层文艺团队扶持培育的实施方案》及《关于开展群众文化对口辅导工作的通知》，安排文化馆25名专业技术人员到各乡镇文艺团队、文化大院开展对口辅导，变"送文化"为"种文化"，横向到边、纵向到底，不断壮大全县文艺人才队伍。

3. 创新农村电影放映新模式。我县针对农村电影放映无人观看的现状，坚持把"群众需要作为农村电影放映工作的第一信号和改革方向"，大胆改革原有"一村一月一场"、"村村见面"的固定放映模式，实施"以观众定场次"、"以需求放片子"的工作机制，合理布局放映点，按需求人群确定放映时间和地点，努力把电影送到最需要的群体当中，先后组织开展了送电影"下杞园、进企业、访军营、占广场、展校园、驻移民村"六项品牌活动，使"电影追着目标人群走"，被全区树为典型推广。

4. 创新公共文化服务机制。大胆改革政府公共文化服务的原有模式，争取市场运作机制，将政府部分公共文化服务项目货币化，以政府购买文化产品方式，大力扶持民营文艺团队积极参与公共文化服务。在建立基层服务长效机制上，改革原有定人定编定岗体制，建立"养事不养人"的工作体制，所有公共文化服务人员定编定岗不定人，按乡镇综合文化站文化管理员，每人每年18000元标准（每人每月1500元），行政村和社区文化管理员（文化指导员），每村每年10000元标准。进行财政补贴，人员乡村自聘。

5. 打造独具特色的唯一图书馆。作为世界枸杞的正宗原产地，中宁县图书馆在扩充完善传统图书借阅服务基础上，着力各种地方文献的收集整理保存，积极建立中国枸杞信息中心，努力建设全国信息量最大的枸杞资料中心。县图书馆组织人员深入各地，广泛搜集枸杞文化相关资料，建立中国枸杞信息资源数据库，通过公益性公共文化信息服务平台，免费向公众开放，充分利用信息时代优势，扩大中宁枸杞知名度和对外影响力。

6. 建立图书馆总—分馆服务模式。针对新图书馆交通不便，服务效果不佳的现状，我们根据主流人群分布，积极在人员密集场所进行图书馆分馆建设。目前，已在县行政中心大楼、县青少年活动中心、天元锰业职工生活基地等处建立分馆，极大地方便了读者，扩大图书服务范围。

7. 创新地方文化宣传方式。中宁电视台从 2012 年年底开始开办"文化中宁"电视专栏，采取群众喜闻乐见的形式，向全县人民系统介绍有关中宁的历史文化、风土人情、文化名人等，使更多的中宁人了解中宁，热爱中宁，增强杞乡文化的自信心和自豪感。

8. 高扬"红枸杞"文化品牌。近年来，我县倾力打造红枸杞文化品牌，举办中宁枸杞文化节，连续三年举办"红枸杞原创歌曲音乐会"，成功申报中国枸杞文化之乡，摄制了中宁枸杞宣传片《守望五千年的魂》，配套出版了 8 卷系列丛书。推荐特色项目"黄羊钱鞭"申报中国民间文化艺术之乡。邀请区内外书画摄影名家到中宁进行采风创作并完成红枸杞题材 10 米油画大型主题创作，计划在今年十月成立"红枸杞书画研究院"。

9. 争创"全国公共体育服务体系建设示范县"。在成功申报"中国枸杞文化之乡"之后，我县在公共体育服务体系建设中取得了长足进步，得到了各级体育部门的肯定，目前正在创建全国公共体育服务体系建设示范县，年底前将接受国家体育总局的评估验收。

二、中宁县公共文化发展主要存在的问题

在两年来的公共文化服务体系示范区创建中取得了长足进步，但我们认真对照国家先进标准和自身实际需要，仍有许多不足：

一是县级大型公共文化服务场馆仍显不足，档次和水平较低。我县现有图书馆与文化馆合用一座大楼，且一动一静相互干扰。文化馆场馆建设不规范、不标准，功能不齐全，实用性不强，不能完全满足文化活动需求。

二是农村公共文化服务设施仍须加强。近年来，我县陆续新建翻建了 7 个乡镇文化站，2 个公共文化服务中心。目前还有宁安、石空、大战场 3 个乡镇文化站面积狭小，有些属危旧房屋，部分城镇社区无专用文化活动室，群

众开展文化活动场地与实际需求仍显不足。

三是公共文化服务队伍建设跟不上时代发展要求。全县文艺人才队伍普遍存在年龄结构和知识结构老化严重现象，文化领军人才的培养力度不够，文艺人才进出的体制机制不活。

三、公共文化服务体系建设的看法

目前，优质公共文化产品少、普及性差，一是公共文化产品和服务的总规模严重不足；二是东部与西部之间，发达地区与欠发达地区之间，即使是同一省内，公共文化服务与发展差距十分突出；三是公共文化产品与服务品种过于单一，与公民日益多元化的文化需求形成亟待解决的矛盾。因此，构建完善的公共文化服务体系，还需要探讨新的策略。

（一）改善文化设施建设

积极争取立项建设中国枸杞文化展示中心暨中宁县文化馆项目，实施"两馆"分离设置，进一步加强"两馆"免费开放设施器材配备，支持兴办民间博物馆，集中分类展示枸杞文化、民风民俗与非物质文化遗产等；加快剩余3个乡镇公共文化服务中心建设，结合农村大社区建设，配套建设综合性公共文化场所，完善提升现有乡村公共文化服务场所的配套服务功能，努力建成门类齐全、功能先进、层次分明、区内领先的公共文化服务格局。

（二）全面实现服务重心下移

在坚持现有县、乡、村公共文化服务设施免费开放的基础上，坚持公开服务时间、内容与程序，创设窗口接待、场所引导、资料提供及内容讲解等服务环境；经常组织演出团体开展"文化下乡"等农村文化服务活动；鼓励支持乡镇、社区挖掘民族民间文化资源，并依托传统节日或重大庆典开展群众喜闻乐见、形式多样、内容丰富的公益文化活动；重点扶持150支群众业余文艺团体，促使其经常性开展活动，满足周围群众的文化生活需求；提倡社会力量兴办实体，或以资助项目、赞助活动、提供设施等形式参与公共文化服务；引导社会文化资源向文化服务领域合理流动，采取政府采购、服务外包、市场调节、项目补贴、志愿服务等方式，提供优秀文化产品和服务；集中优势资源，创编排演地方戏剧小品集等具有地方特色、反映时代内涵的文艺精品。

（三）加强人才队伍建设

在现有乡镇文化站人员的基础上，再配备1名文化专干、1名网络媒体技术员；为每个行政村或社区配备至少1名财政补贴的文化管理员；进一步建

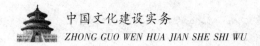
立健全"金字塔式"、"文化三员"培训教育工作机制，借助"高校大课堂"、"群文大课堂"、"百姓大课堂"，分别培训县、乡镇、村或社区文化"教练员"、"辅导员"、"服务员"队伍，构建无盲区、网格化公共文化人才服务体系，同时，充分发挥民间艺人、文化能人和文化热心人在活跃城乡文化生活、传承民间文化方面的积极作用。不断壮大文化志愿者队伍，鼓励社会各界人士参与基层文化建设和群众文化活动，形成专兼结合、扎根农村、服务群众的文化服务队伍。

总之，健全公共文化服务体系，应该举全国之力，聚各方之智，切实加快推进惠及全民的公共文化服务体系建设步伐，为推进中国文化大发展大繁荣、促进全国经济社会科学发展作出新的更大的贡献。

布朗族音乐在民俗中的渗透

云南省施甸县文广旅游局　戴子红

布朗族是施甸最古老的土著民族，能歌善舞，且风情浓郁，文化艺术主要靠父母或长辈口传身授，其中音乐是主要的原素之一。它从产生就代表着广大的人民群众的志趣和意愿，呈现出群众参与面广，活动频繁，并渗透于各种习俗中的特点。

布朗族是施甸最古老的土著民族，古哀牢国土著民族"百濮"后裔，我国七个特少数民族之一。主要姓氏有阿、莽、杨，以"埃乌"自称，谷称"花濮蛮"。布朗族在史籍中记载被称为"濮人"、"百濮"、"蒲满"、"本人"。"本人"是汉语称谓，其含义是"本地人"或古老的土著民族，普遍称"本族"。布朗族能歌善舞，且风情浓郁，有语言无文字，文化艺术主要靠父母或长辈口传身授，长辈们在各种节日活动中向青少年传授天文、地理、历法、节气、种植以及文学艺术方面的知识。其中音乐是主要的原素之一。它从产生就代表着广大的人民群众的志趣和意愿，呈现出群众参与面广，活动频繁，并渗透于各种习俗中的特点。

一、布朗族"歌为媒，乐为伴"的特征

施甸布朗族的婚嫁习俗充满情趣，他们的婚姻都是自由的，青年男女自由地恋爱，很少有包办婚姻。实行严格的一夫一妻制，解放前布朗族不得与外族通婚，近血缘也不能通婚，如果父母一辈是姑表亲的，一般可以允许通婚。布朗族少年男女长到十三四岁的时候，就要换上成人装束，给他们举行成年仪式，这个仪式标志着姑娘和小伙子就算是成人了，他们就可以正式参加生产劳动和社交活动，也拥有了恋爱的权利和自由。成年的布朗族姑娘就会开始缝制送给心上人的定情物，是一双精美的花草鞋。姑娘们会趁着阿爹阿妈出门的功夫，从枕头底下翻出上街买回来的彩线，一针一线的编织着自己的初恋。鞋底子是用火麻线编制的，鞋面用红、绿、白、黄、蓝、橙、青7种彩线编成，姑娘们若是看上了哪个小伙子，就将自己精心编制的花草鞋送给对方，然后小伙子也会回赠一些丝线或纱巾之类的小东西来表达爱意。布朗族的婚姻习俗充分体现了"歌为媒，乐为伴"的特征，他们谈恋爱的时候

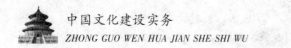

会唱山歌来传达情意，像"月亮出来亮汪汪，想哥想得心惶惶。""吃饭想起妹模样，一连咬坏筷三双"等。从确定恋爱关系到结婚，一般要经历九道程序："说姑娘"、"压酒罐"、"过宿"、"定日子"、"走小媒"、"走大媒"、"说日子"、"过彩礼"、"过礼"，繁琐但是热闹，这个过程中充满了布朗族对婚姻的慎重和民族特色。从"说姑娘"到结婚前一天的"过礼"都充满着音乐。

二、布朗族出嫁"哭唱"的特有方式

布朗族女性嫁出去后，很少回娘家。所以在当地，除了繁琐的说亲程序外，新娘在离家时通常都要以哭唱的方式，来表达离开生养自己的父母以及兄弟姐妹时的哀伤和不舍之情，哭别从结婚前一天开始，新娘要与姊妹、亲朋好友等依次哭别，最后是母亲抱着将要远嫁的女儿哭诉，母亲还会对女儿婚后应该注意的事宜作最后的叮嘱。临行时母亲会为女儿精心打扮，穿着准备好的大红色对襟长袍，领口和袖口都绣满鲜艳的花朵，头缠着五色的珠链。新娘出门时要挂一把圆镜在胸前，表示照出自己真心实意；挂一把剪子意为除去路上一切精怪的阻拦；手撑一把黑伞表示遮挡一些不祥之物的冲撞。新娘头蒙红巾，有人扶到大门口，在礼炮、大号的阵阵响声中哭着出门，这就是布朗族的"哭嫁"。迎亲队伍由新郎、伴郎、伴娘和月老夫妇及吹打手组成，吹打手在迎娶时吹"迎新调"，从新娘家出来时吹"出门调"，在路途中吹"过山调"，进男方家便吹"进门调"。熟知调子的人听到音乐便能知道婚礼进行的程度。当夜色慢慢降临的时候，便举行隆重的、欢庆新婚的传统习俗打歌活动。打歌时设有歌头，歌头除了带领打歌外，还要供奉天地神灵，祈福主人平安吉祥。芦笙、三弦、笛子一齐奏响，人们便踏着音乐的节拍开始跳起民族舞蹈，围起一层层的圆圈边唱边舞。在"盘花名"、"姊妹情"的调子里，其间伴随着众人齐喊"依撒！"，打歌人边跳边唱，越跳越精神，歌舞通宵达旦。天明后主人杀鸡煮肉，新娘新郎把一碗碗米酒敬献打歌人和客人，大家尽情的畅饮一番。打歌是传授歌舞知识还有男女谈情说爱选择配偶的最好方式。就像打歌调中唱到的"青菜籽，白菜籽，打歌要找小伙子；青菜秧，白菜秧，打歌要找小姑娘。"而且凡是遇到喜事最不可以缺少的就是打歌，在整个婚庆的过程中，处处都显示出布朗民族善歌好舞的民族习俗，注重礼仪和幽默风趣以及开朗乐观的民族个性。

三、布朗族年猪饭热情待客，歌舞传情

布朗族即兴创作惊人，在一年一度的年猪饭中，歌舞也是必不可少的，他们热情好客，为了欢迎远道而来的客人除了可以品尝到最具特色的美食大餐外，还可以亲眼目睹布朗族人的欢乐歌舞。几句简单的顺口溜就可以把布朗族年猪饭上的几道特色菜展现得淋漓尽致。如报菜名：腌菜拌烧肉，问：地里出得油菜花，砧板头上细剁生。答：地里黄花腌出水腌菜，拌得红生味道真；五花肉蘸猪血，问：皮面光滑一片片，蘸什么吃来味道真。答：皮面光滑是白片肉，五花肉蘸酸旺子味道真；蒜苗炒瘦肉，问：盘中住着七姊妹，块块做得对对生。答：盘中姊妹那是蒜苗菜，蒜苗炒瘦肉味道真；葱姜炒猪肝，问：连环链子加上空心菜，弟兄两个生在盘中间。答：葱姜本是两姊妹，葱姜炒猪肝味道真；骨头鲊炖蚕豆，问：红花好看三张绿叶来陪伴，绿叶红花一盘生。答：骨头鲊好吃青蚕绿豆来配上，萝卜丝鲜肉味道真。"他们用山歌的形武报菜名，不仅展现了年猪饭的特色，也给吃饭的人增添了不少情趣。又如敬酒时，唱敬酒歌："朋友来到布朗山，远方朋友来到布朗山，布朗山，金布朗酒摆上桌，兄弟姐妹同饮友谊酒，祝你幸福又安康。""阿哥有情妹有意，情意相投喝不醉，敬你千杯也嫌少，喝掉这杯真情意。"这些热情甜美的敬酒歌展现了布朗人好客的民族传统。对于一直沿传杀年猪习俗的布朗族来说，杀年猪是一种仪式是　种社交活动，这种活动会一直持续到二月份左右。当吃完饭，夕阳西下后，人们便烧起火堆，无论大人小孩、男女老少便会自发的来到火堆周围，吹起葫芦笙合着音乐的节拍，热热闹闹的开始打歌。整个欢快的场面动静和谐，身在其中有一种回归自然的感觉和想要展示自我的冲动，施甸大部分人能做到："会说话就能哼唱布朗歌，会走路就能跳布朗舞。"每天傍晚，无论晴天阴天，人们只要听到芦笙、三弦和笛子的美妙音律，便聚集在一起打歌了。

四、布朗族"拼饭"习俗的内涵

在施甸布朗族有一个特别的名为拼饭的习俗，用现代人的生活来说就是AA制。在山寨的田间地头或是山间路边，经常会看到一些人，两三个，四五个的围坐在地上，轻松的有说有笑。因为布朗族是居住在深山中的，他们要到农田干活或者进城赶集时都要徒步走很长很长的一段山路才能到达，所以，为了节约往返回家的时间，他们就会带一些干粮在身上，到了吃饭的时间，

各自把自己带的饭菜拼凑在一起吃。在拼伙吃饭的时候，还会有人唱上几首山歌活跃气氛，如果其中有年轻男女还会有情歌对唱，如"拿起筷子吃晌午，想到了我的阿哥，看到了阿哥送我的竹筷子，阿哥却不在我身边，想起了我的阿哥，哥哟，好耍不过出门人，哎，我的哥。说你阿哥，三个石头么搭一灶哎哟，眉花眼笑我的哥哟，就地抠个洗脸盆，哎……我的哥。男：隔山叫你山答应，阿哥叫你水回声。女：抬头听见蜜蜂叫，双手接住蜜蜂音。"在辛苦的劳作中，布朗族人会享受生活、乐于生活、感受生活，在快乐中劳作，在劳作中享受欢乐，显示出布朗族人对待劳动的乐观向上和对生活的热爱。

五、布朗族祭祀节日"祭龙"与"蛮简鼓舞"的特色

施甸布朗族信奉原始宗教，崇拜祖先和大自然，他们认为万物均有神。后来受了汉族、彝族的影响，也接受了道教和小乘佛教，但他们对原始宗教的信仰比较虔诚，相信因果轮回，善恶有报，他们有着自己传统的祭祀节日。

在施甸布朗族中最隆重的祭祀节日就是"祭龙"了，每一年的农历正月初二都要举行祭龙活动。当地有一个传说，在摆榔乡有一条老黑龙，它与在湾甸的那条黑龙争夺保山龙泉门白龙的女儿，可湾甸的黑龙打不过摆榔的老黑龙，就弄了一条木龙做自己的替身，木龙在战斗中被打落在了木老元。摆榔的老黑龙得到了白龙之女并带到摆榔山居住，后来老黑龙知道自己打败的是一条假龙，而真正的对手在湾甸，老黑龙便决定每年用狂风瀑雨的来攻打湾甸黑龙，这一作恶给当地农作物受到了严重的损害，当地的布朗人为了避免这种灾害便在正月初二这天供奉两位黑龙，全村寨的男女老少在主事人（布朗语称当契）的带领下聚集到村里的龙潭边，举行祭祀龙王爷和龙树，人们祈求龙王吐水，不要使龙井的水干涸，能让圈地得到灌溉，来年能风调雨顺，五谷丰登，保佑百姓平安幸福。祭巳时，由吹打手吹奏唢呐、芦笙、小三弦，并在一路上放鞭炮，还跳起专门祭祀的舞蹈"蛮简鼓舞"，这个舞蹈是祭祀舞蹈之一，据说有驱魔辟邪的功能，也有与祖先沟通的效用，所以是很受尊崇的。当琴乐声响起时，青年男女便跳起蛮简鼓舞，后来为了使布朗族的舞蹈结构内容更丰富多彩，在祭祀舞蹈中有创编了"挨乌蛮简鼓舞"，更突出了布朗民族风格和特色，具有祭祀的标志性。"这种舞蹈的道具、打击乐是用布朗人生产生活的大鼓、竹筒、号角、铓，舞蹈是在竹筒敲出的节奏中进行，快慢节奏鲜明"。舞蹈中的领舞为敲大鼓的两位男性，表现出布朗人民豪放、粗狂、强悍的个性。而妇女的道具是竹筒，舞蹈中演绎出劳动时的情景，让人心旷神怡。"挨乌蛮简鼓舞"表现了千百年来，布朗儿女为了战胜大自然

而拼搏奋战的精神。吃过晚饭后，全村老少又聚集在"当契"家的庭院打歌欢庆，边舞边唱"一碗稀饭两碗肉，打歌打到太阳出"。但本村寨的人不可以对歌，只有外村来的青年前来参加打歌的人才可以对唱，人们打歌至深夜，"当契"家就以花糖、瓜子等食物来招待大家，天亮前，还要给打歌的人煮宵夜吃然后才能回家。布朗族的信仰与本民族生产生活是息息相关的，它深刻的反映出住在深山的民族滞后的经济基础和朴实的思想，这些祭祀活动产生在原始的刀耕火种的年代，是山地民族靠自然生存惧于自然的结果，同时也体现了布朗族人不畏艰难，勇于拼搏的精神。

作者简介：

　　戴子红，男，傣族，1963 年 1 月生，施甸县文化馆馆员，主要从事施甸民俗及滇西抗战历史研究。

建设乡村大舞台　完善公共文化设施
活跃基层文化活动

海南省琼中县文化广电出版体育局　龙朝雄　吴诗笛

琼中县地处海南岛中部，是黎族苗族聚居地，全县辖 10 个乡镇、100 个村委会、668 个村小组，总人口 20 多万人，其中，黎苗少数民族人口占比超过 60%。近年来，我县紧紧围绕中央建设"美丽中国"的战略目标和海南国际旅游岛建设的总体要求，提出了把琼中建设成为海南中部绿色崛起试验示范区和全县各族人民的幸福家园，狠抓文化建设工作，通过推进基层公共文化服务体系建设工作，深入开展乡村大舞台的创建工作，使得县、乡、村公共文化基础设施建设发生了显著变化，文化建设取得了明显进步。

一、公共文化服务体系建设取得成效

（一）公共文化服务设施建设形成网络体系

经过几年努力，目前，我县已实现了县、乡镇、村三级基层公共文化服务设施覆盖率达100%，是琼中历史以来文化服务设施建设最好的时期。

1. 城区文体基础设施建设。建有县级文化馆 1 座、县级图书馆 1 座、游泳馆 1 座、400 米标准田径场 1 个、门球训练比赛场地 2 个、板鞋训练比赛场地 1 个、射弩训练场地 1 个、羽毛球馆 1 座、业余体校训练基地 1 个；琼中中部少数民族文化体育演艺中心已完成主体工程建设，正在加快推进配套工程建设，建成后将成为集民族展览馆、数字电影院、羽毛球场、篮球场及演出厅为一体的大型文体活动场馆；琼中黎苗民族文化博物馆正在加快建设，全民健身活动中心正处于规划建设阶段。2. 乡镇级文体基础设施建设。全县 10 个乡镇均建立了乡镇综合文化站，设置率达100%，每个综合文化站都配备了办公桌椅、双面长书架、投影设备、液晶电视、文化共享工程设备、多媒体电脑、图书等，每年利用专项资金重新购置图书，每周开放时间达 40 个小时以上。3. 村级文体基础设施建设。结合村级组织活动场所建设，全县共建成 98 间文体活动室，行政村文化室设置率达98%，与之配套的共建设有 137 个篮球场、108 家农家书屋、116 座乡村大舞台、4 间乡村博物室，投放健身器材 73 套；全县共发放和安装广播电视"村村通"、"户户通"设备 19942 套，同时完成了维修站的建设工作，切实解决了农民群众看电视难问题。

（二）公共文化服务水平明显提升

1. 保障公共文化服务经费。近年来，琼中在文体事业的投入上，坚持以政府为主导，把主要公共文化服务项目和公益性文化活动纳入公共财政支出预算，文化体育支出保持持续稳定增长，县政府年年加大县财政投入资金，2014 年和 2015 年，仅在农村文体基础设施建设工程一项上，县财政就投入了 1500 多万元，为开展群众文体活动夯实了基础 2. 完善公益性文化事业单位服务功能。近年来，我县不断加大公益性文化事业单位资金投入，"两馆一站"建设维护资金纳入财政预算并全面实行免费开放及规范管理。3. 提升公共文化服务队伍素质。建立起了由专业人员、志愿者、业余文化骨干互为补充的文化服务队伍，目前，全县专业艺术团体和公共文化机构专兼职文化人才有 100 多人，业余文艺骨干 500 多名，文化志愿者服务大队目前登记在册的达 100 多人。

（三）群众文化活动蓬勃开展

1. 积极开展文化惠民活动。建立 1 支农村流动电影放映队，配备 2 台电影放映车和 4 部电影放映机，每年均超额完成省下达的 1200 场的电影放映任务，观众超过 40 万人次，电影放映点遍及全县各乡镇、行政村、村小组。县图书馆每年送书到各乡镇、社区、部队、学校 30 多次，还积极开展文化共享工程下基层、全民阅读推广等活动。2. 努力打造文化活动品牌。每年"三月三"期间我县都举行盛大的群众性文化活动，通过歌舞表演、体育竞赛、文化旅游等内容，宣传和推介琼中的自然风光及人文环境，展示我县少数民族传统文化在社会经济、体育竞技、文化艺术等领域所取得的巨大成就。3. 群众参与文化活动热情高。坚持把群众性、广泛性和主动性贯穿公共文化服务始终。一是在服务对象上，始终关注社会各个阶层、各个群体，开展活动对象为农民的示范村文艺汇演、活动对象为老年人的重阳节晚会、活动对象为学生的民歌民舞民服进校园等活动，积极引导普通群众和广大未成年人参与活动，接受文化熏陶。二是在服务内容上，始终坚持贴紧时代主题，紧扣群众需求，注重以群众喜闻乐见的形式，挖掘具有黎苗特色的文艺作品。三是在服务方式上，依靠乡村大舞台这一活动平台，让群众走上舞台当主角，丰富基层精神文化生活。重大文化活动群众参与率达到 80% 以上，服务效果显著提升。

二、创建琼中乡村大舞台示范项目，活跃乡村文化生活

（一）琼中乡村大舞台建设基本情况

我县于 2012 年开始实施乡村大舞台项目，2013 年被国家文化部列入创建国家公共文化服务体系示范项目，为更好地推进示范项目创建工作，我县成立了以县委常委、宣传部长为组长，县政府分管副县长为副组长，各有关县直机关和 10 个乡镇政府主要负责人为成员的示范项目领导小组，领导小组下设办公室（县文体局），研究、协调和部署创建工作重大事项，对乡村大舞台建设用地选址、资金、舞台架图案等工作给予确实保障。各乡镇也相应成立了创建工作领导小组，由乡镇主要领导牵头，明确职责，落实分工，合力推进示范项目创建工作。

（二）加强琼中乡村大舞台管理，确保设施项目稳妥实施

1. 落实项目创建规划。2013 年成功申报第二批国家公共文化服务体系示范项目创建资格后，为抓好乡村大舞台示范项目创建工作，由县文体局牵头深入开展调查研究，在了解全县基层文体设施建设情况的基础上，对村集体土地现状、农民群众参与文体活动的意愿进行了深入调查，全面掌握建设乡村大舞台的效益和建设可能存在的问题，在此基础上，召开专题会议反复讨论研究。2. 严格项目资金管理。琼中属国定贫困县，财力有限。自乡村大舞台示范项目工作开展以来，我县克服资金困难，将"乡村大舞台"示范项目建设、活动经费纳入县财政预算，先后投入文化建设资金 5000 多万元（其中 700 多万元用于乡村大舞台建设配套资金）。3. 落实项目督导检查。为确保创建项目工作规划的顺利实施，制订了《示范项目督导检查制度》，由县创建办负责全县创建国家公共文化服务体系示范项目督查工作的全面组织和牵头协调，并对事关全县的创建国家公共文化服务体系示范项目重大事项实施检查督促。4. 及时报送项目信息。为推动创建国家公共文化服务体系示范项目信息工作步入制度化、规范化、科学化轨道，充分发挥信息工作在上情下达、下情上达、正确决策、科学管理、宣传服务中的重要作用，促进创建国家公共文化服务体系示范项目和谐、健康、快速发展，我县制订了《示范项目信息报送工作制度》，由各单位指定专人统一组织管理。5. 做好项目广泛宣传。为了做好示范项目的宣传工作，县创建领导小组制订了《琼中黎族苗族自治县创建国家公共文化服务体系示范项目"乡村大舞台"宣传工作方案》，对示范项目宣传工作进行策划和组织宣传，并指定专人负责信息报送和联络工作，树立宣传工作一盘棋思想，努力形成省县联动、部门联动、社会响应、广泛

参与的宣传态势。通过报纸、广播、电视等新闻媒体和政府网站等平台，全面宣传创建工作的重要意义、阶段性成果、典型经验等，特别是充分利用乡村大舞台开展文艺演出和文化交流活动，以最直接的方式展示示范项目的创新性、导向性、科学性，打响项目知名度、强化品牌概念。

（三）充分利用好琼中乡村大舞台，确保发挥良好社会效益

1. 乡村大舞台服务基层，做到"四突出"。一是突出服务性。认真围绕中央关于公共文化服务体系建设的决策部署，集中力量解决公共文化服务体系建设中的重点、难点问题。二是突出带动性。在乡村大舞台项目建设的有效带动下，通过在各乡镇农村组织创建文化队伍和开展丰富多彩的文化活动的方式，全县共创建了60个民族文化示范村，扶持建立了126支黎苗传统文艺表演队、240支健身舞蹈队，培养了3000多人的黎锦织绣队伍，确认了99名黎苗文化传承人。三是突出引导性。全县开展乡村大舞台建设以来，完成舞台建设116个，实现绿化面积1万多平方米，道路硬化完成8200米，村庄整体环境得到显著提升。四是突出长效性。各乡镇根据实际确定管理人员，同时招募文化志愿者辅助管理"乡村大舞台"活动，不断充实和壮大文化志愿者队伍。2. 围绕乡村大舞台狠抓文化，做到"三重视"。一是领导重视，加强投入。二是社会重视，群众支持。三是部门重视，统筹建设。3. 通过乡村大舞台转变社会风气，做到"三密切"。一是密切了干群关系。二是密切了邻里关系。三是密切了社会综合治理。通过乡村大舞台的打造，对农村社会发展稳定起到了促进作用。

（四）开展制度设计研究

1. 完成研究课题任务。示范项目创建工作的一个重要特点，是与公共文化服务体系制度设计研究紧密结合，政策研究与实践推动并重，同步推进。2. 建立健全相关制度。根据制度设计思路和设计方案，我县目前已制定和建立了《日常使用管理和设施维护制度》、《文化示范村建设管理制度》、《专项经费管理使用制度》、《督导检查制度》、《文书档案立卷归档制度》、《声像档案管理制度》、《信息报送工作制度》、《信息宣传工作评分制度》、《定期例会制度和重大事项会商制度》、《乡镇大型文体活动应急预案》等乡村大舞台示范项目制度。

（五）形成推广示范价值

根据开展乡村大舞台"黎苗歌舞天天演"的活动要求，乡镇文化站常年坚持组织开展文化展演、群众读书活动和文化下乡活动。在文化下乡活动的带动下，依托乡村大舞台，黎族苗族文化示范村文艺队相互进行乡村文艺交流演出活动，各村农民群众自发组织了民歌队、民舞队和健身舞队，极大地促进了城乡群众文化娱乐的发展。县文化馆组织舞蹈骨干免费辅导，群众编排舞蹈能力大大提升，活动形式、丰富度不断加强，自发性开展的乡村大舞台活动越来越多。项目实施两年来，基本做到了乡镇以及大部分的行政村每晚都依托乡村大舞台开展活动，形成了长期、开放、免费、立体、城乡一体化发展的公共文化服务体系，群众对乡村大舞台项目实施的满意度达80%以上。

经过两年多的培育，我县"乡村大舞台"示范项目以其创新性、带动性、导向性、科学性，具有较强的示范性。目前示范项目获得了第二届海南省艺术节项目类"群星奖"。省内兄弟市县同行纷纷前来观摩、学习、交流，并参照我县经验，组织开展以乡村大舞台为载体的群众文化活动。在琼中县示范项目的带动下，我省各市县乡村文化活动蓬勃发展。

三、今后五年巩固创建成果的思路及工作措施

一是进一步加强组织领导。加强对创建工作的指导，县创建领导小组每季度听取创建进度汇报，研究创建工作中遇到的困难和问题，把创建工作中的重大硬件和软件建设项目纳入重点督办范围。建立任务落实机制，将工作任务进行层层分解，责任到人，落实任务，按照时间节点，确保各项工作的完成，巩固创建成果。

二是进一步做好普及推广引导工作。进一步探索创建工作新思路、新方法，围绕全县"十三五"文体发展规划，按"政府组织、公众参与、多方联动"的工作方式，落实中央关于公共文化服务体系建设的部署要求，对全县乡村大舞台建设及农村文化活动开展进行重点攻关。进一步探索乡村大舞台管理使用的新模式，结合日益热门的骑行运动，将空闲时的乡村大舞台打造成骑行者的露营地，丰富乡村大舞台功能，同时给村集体创收，调动群众建设乡村大舞台的积极性。出台相关指导性文件，规范创建与管理，实现共建共享，促进创建任务的全面完成。

三是进一步建立健全投入保障机制。切实履行公共文化服务体系建设责任主体的义务，将公共文化服务体系建设投入纳入财政预算，保障必要创建经费，确保乡村大舞台建成后的管理与维修，保证群众文化活动顺利开展。

四是进一步健全创建工作的社会合力。继续营造有利于文化大发展、大繁荣的政务环境、政策环境、舆论环境和社会环境，形成良好氛围和强大合力。发挥职能部门职能优势，加强对文体基础设施建设和文化活动的指导，

动员全社会广泛参与乡村大舞台活动，活跃文化氛围。

五是进一步建立督导检查机制。县创建领导小组定期深入各乡镇进行现场督导检查，及时通报乡村大舞台建设和活动开展情况。建立考核机制，要将创建工作纳入政府和部门年度考核指标体系，一同研究，一同部署，一同督办，一同考核。

加强党的建设　推动文化大发展

湖南省湘潭市雨湖区文化体育局　罗小雄

　　2012 年以来，区文体局认真贯彻全区第五次党代会精神和区委、区政府的系列决策与工作部署，一方面加强党的建设，强化领导班子自身建设和干部队伍建设，提高队伍的凝聚力和战斗力；另一方面加强服务和管理，着力推动区域文体广新事业上台阶、上水平。近五年来，我区顺利通过"全国文化先进城区"复查，区文化馆成功评级为国家一级馆；在全国第一次乡镇（街道）文化站评估定级（每四年一次）工作中，我区 50% 的文化站成功定级、中山街道综合文化站被评为国家一级站；2012 年市十一运会上荣获金牌数、奖牌数、总分数三个第一的好成绩，2013、2014 连续两年在全省欢乐潇湘大型群众文艺汇演获奖成绩位列五县市区首位；打造了群众文化活动品牌"雨湖大舞台"和"一县一品"太极拳全民健身品牌，荣获全国全民健身活动先进单位、湖南省群众性体育工作先进集体、湘潭市文明单位等荣誉称号。

一、过去五年工作回顾

（一）加强党的检车，打造优良团队

　　1. 强化建章立制，促进管理规范。坚持用制度管人、管事、管权，新修订了考勤制度、理论学习制度、党组议事制度、车辆管理制度、机关财务制度、业务接待制度、干部福利规定等 12 项制度。严肃工作纪律，全局干部实行去向报告制度，严格遵守考勤、请销假、值班等一系列制度，并与年终考核挂钩。厉行勤俭节约，压缩公务接待开支，控制公务接待标准，不搞超标准接待，不搞公款相互宴请；公务接待禁止饮酒，工作日禁止饮酒；实行出差、学习、培训、检查审批报销制度。严格车辆管理，节假日实行公务用车审批报告制度，严禁公车私用，压缩车辆费用开支。

　　2. 强化主题活动，促进政治坚定。根据区委安排部署，局党组认真贯彻落实"创先争优"、"三严三实"、党的群众教育路线实践活动、"连心惠民"、"两学一做"及区纪委"转职能、转作风、转方式"等主题活动，认真查摆存在的问题，制定具体的整改方案，努力向先进看齐。党组书记坚持带头党课，2015 年 7 月局党组书记罗小雄参加全区党（工）委、党组书记赛党课比

赛荣获三等奖，在全局党员干部中营造了抓学习、强素质、提能力、作表率的浓厚氛围。

3. 强化专项整治，促进作风优化。认真执行中央、省市"899"规定，切实落实中央 21 项、省委 34 项、市委 34＋1 项、区委 35＋5 专项整治工作，从出国（境）公务开支情况自查、超标配备公车及公车私用自查、违规职务消费和公款大吃大喝问题专项整治、开展整治"工作人员对待群众来访态度生硬、推诿扯皮"等问题行动、社会组织管理专项整治、办公用房清理整改等方面进行了逐项排查及整改落实，狠刹挥霍享乐和奢侈浪费的不良风气。2014 年，重点配合区纪委整顿处理了原区文化馆副馆长李志忠违规违纪事件，肃清风气，稳定人心。目前，正在持续开展"雁过拔毛"式腐败问题、"纠'四风'、治陋习"、惠农涉农资金专项整治行动等。

4. 强化民主监督，促进科学决策。局班子严格执行党组议事制、民主集中制、"三重一大"事项集体决策制、"一把手末位表态"等制度，不搞"一言堂"。同时，自觉接受社会各方面监督，坚决杜绝了暗箱操作，实现了局务全面公开。

（二）加快事业建设，提升服务效能

1. 公共文化体育基础功能基本构建。已建成一个国家一级文化馆，8 家乡镇综合文化站、8 家街道文化站、52 家社区文化活动室、66 家村级文化活动室、112 家农家书屋、47 家绿色网吧、37 处文化广场、4 处乡镇体育健身中心、60 处村级农民健身工程、81 处各类全民健身路径工程，基本保障了全区群众文化体育活动开展有组织、有平台、有阵地，不断满足群众对文化体育的需求。

2. 文化体育产业蓄势待发。区辖网吧 135 家、KTV48 家，电游厅注册登记 59 家，省级连锁网吧 1 家，体育休闲类企业 6 家，体育用品店 69 家，各类体育协会组织 3 家，对外经营性体育场馆 9 家，体育培训机构 7 家，龙头文化企业 5 家（如江麓文化传播有限公司、至诚印务、晨辉集团、华银集团等）。河西滨江风光带、万楼文化产业园、白石文化艺术城、窑湾文化历史街区、湘锰矿山地质公园等大型文化产业项目正在加快推进建设。2015 年 7 月，白石艺术城古玩街正式开街，首日成交成交额达 800 余万元。文化产业发展已由资源撬动转为项目带动，呈现生机勃勃之势。

3. 区域人文资源有效保护。省级文物保护单位鲁班殿正式启动全面专业维修，全国第一次可移动文物普查工作完成数据收集和认定，取得阶段性成果。纸影影偶制作工艺、槟榔文化、巫家拳顺利评为全省非物质文化遗产项目，国内首家民间纸影博物馆"升平轩"成功建立。千年雨湖深厚的人文底蕴正在不断发掘、有效保护和整合利用，成为城市的特色与亮点。

4. 广播电视实现全覆盖。城区已全部实现有线电视数字化。拥有城市用户 14600 多户，农村用户 12000 多户，农村广播电视"村村通"覆盖率100%，重点推进了姜畲、响塘两地有线电视数字化升级改造工程，让两地群众看好电视，较好地发挥了广播电视的宣传教育及娱乐功能。

5. 文化体育品牌正在形成。如"欢乐潇湘·幸福湘潭"大型群众文化活动，"一县一品"太极拳"七进"活动，"雨湖大舞台"群众文化活动，机关干部羽毛球赛活动，"升平轩"纸影民间博物馆，白石古玩街等。通过培育和打造文化体育品牌，有效引导、倡导群众追求健康、文明、科学的情趣和生活，传播了文化正能量。

二、未来五年发展规划

（一）指导思想

以邓小平理论、"三个代表"重要思想、科学发展观为指导，深入贯彻落实党的十八大和十八届三中、四中、五中全会及习近平总书记系列重要讲话精神，围绕以文惠民、以文乐民、以文富民的工作主线，创新体制激发内力，整合资源强化特色，培育品牌拓展内涵，规范管理优化环境，促进区域现代公共文化服务体系建设提速提质，为实施"强商兴工、城乡一体"战略和打造平安、幸福、和谐雨湖传递文化的正能量和增强文化的软实力。

（二）发展目标

1. 全面构建完善科学的现代公共文化服务体系，全市领先，全省前列，全国有名。

2. 全面整合文化体育资源，加快文化产业发展步伐，在全市处于示范引领地位。

3. 全面加强文体功能布局，形成"新城区"、"老城区"和"园区"优势互补、协调发展、城乡统筹的文化建设新格局。

4. 巩固提升"全国文化先进城区"成果，打造现代公共文化服务省级示范区和文化产业密集区。

（三）工作重点

1. 加强文化基础设施建设。科学规划、合理布局公共文化设施，进一步健全完善区、乡（镇、街道）、村（社区）三级公共文化网络。高质量抓好区文化馆的免费开放及提质改造工作，启动区图书馆建设。加强基层文化阵地建设，深入推进"农村广播村村响"、文化信息资源共享、乡镇（街道）综合文化站、农家书屋等文化惠民工程，形成城区五分钟、农村十五分钟文化圈。

2. 丰富公共文化服务内容。坚持面向基层、服务群众，多举办群众乐于参与、便于参与的文化活动。扩大"三下乡"、"四进社区"、"演艺惠民、送戏下乡"、"雨湖大舞台"、"欢乐潇湘　幸福湘潭"、"莲城读书月"等群众文体活动的覆盖面，组织好传统节日、重大节庆、纪念日的群众文化活动。加强全民健身工作，重点抓好"一县一品"太极拳"七进"活动和区全民健身中心筹建和免费开放工作。继续推进广场电影、社区电影和农村数字电影公益放映工作。

3. 全力创作文艺精品。坚持"二为"方向和"双百"方针，以挖掘雨湖厚重的历史文化、讴歌改革开放的生动实践为重点，开展"中国梦"主题创作。开展"深入生活、扎根人民"主题实践活动，建立艺术家深入生活的长效机制。

4. 规范文化市场管理。坚持依法行政，全面深化文化行政管理体制改革，理顺市区两级文化执法体制的关系，结合文明城市创建要求，日常监管抓紧进行，确保了文化娱乐市场健康发展、稳定有序。

5. 加强文化遗产保护传承。全面完成"一普"工作。完成鲁班殿等一批文物保护单位的修缮保护和开放利用工作。加强非遗保护与开发和非遗申报工作，推进非遗"进校园"、"进市场"、"进演出"工作。

6. 谋求文化产业突破。紧紧围绕"以规划来引领、以项目来带动、以融合来提升、以集群来突破、以政策来支撑"的工作思路，推动文化产业突破性发展。着力推动一批文化旅游、文化娱乐、创意动漫、古玩艺术等成熟的文化产业项目竣工并投产，成为本地区主导优势产业项目，发挥集聚效应和引领作用，带动本地区其他文化产业相关行业发展。

三、对区委工作的意见和建议

1. 建议加快构建现代公共文化服务体系。一方面区域公共文化基础设施建设水平仍然滞后，文化人才队伍严重不足，亟待区委、区政府加大文化人才队伍建设及财政投入力度。另一方面全面深化文化体制改革的任务依旧艰巨，要强化体制创新，创新公共文化服务模式，加大政府购买服务力度，探索购买渠道多样化和公共文化服务承接主体多元化，推进文化惠民项目与群众文化需求有效对接。

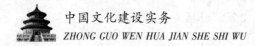

2. 建议大力实施文化融区战略。一是要培育和促进文化消费，积极推进"两馆一站"免费开放工作，探索推动经营性文化设施、非物质文化遗产传习所和民俗文化活动场所向公众提供优惠或免费的公益性文化服务。二是要积极发展教育培训、体育健身、演艺会展、旅游休闲等产业，引导和支持各类文化企业开发公共文化产品和服务。三要鼓励和引导社会力量参与，积极探索将政府财政投入以直接拨款为主转为购买服务、项目补贴、以奖代补等多种方式，形成竞争机制，使资源配置从文化系统"内循环"逐步转为面向市场和社会的"大循环"。四要推动文化与科技、与农业、与旅游的深入融合，综合运用现代传播手段推进"文化融区"战略的实施，让群众享受丰富、高效、便捷的公共文化产品和服务。

3. 建议着力推进重大文化项目建设。要重点抓好万楼景区及万楼文化产业园项目、白石艺术城项目、河西滨江风光带、湘锰矿山地质公园、江南军工文化长廊项目等五大项目。同时，积极开发文化旅游产品市场。

遵义文化名片—天桥唢呐艺术的特色及抢救对策

贵州省凤冈县文体广电新闻出版局　薛　维

天桥唢呐艺术是遵义民间艺术重要的对外名片，1983 年凤冈县天桥乡被省文化厅命名为"唢呐艺术之乡"。历史长河中的天桥唢呐艺术为遵义留下了别样的精彩和动人的风情，其演奏水平之细腻灵秀，欢快与温柔，其传承曲调的醇厚与绵长，成就了天桥唢呐的地域特色。本文针对其在传承过程中出现了不少困难和问题进行课题研究，站在弘扬遵义城市精神的高度，提出抢救名片的建议意见。

沿着乌江上游寻过来，奔腾过崇山峻岭的乌江在这个地方突然出现的这段约 40 公里舒缓的河谷，让奔流的乌江留下轻松的一份舒展与温顺。轻舟在这里静静划过，可以不断听到岸边的山林间飘来悠扬的唢呐声和山头树林间传来动人的山歌，如果你的船停下来，你可以寻找到还停留在远古的风情，这个地方叫河闪渡、叫坪头溪、叫漆树坪、叫龙凤湾、叫天桥乡。贵州省文化厅在 1983 年给这个地方取了一个名字叫"唢呐艺术之乡"，因为这里的唢呐人，这里的少男少女把"山里的唢呐、唢呐带着的山歌、山歌载着的山乡风情"带向了山外，曾留得声名万里香，作为遵义，乃至多彩贵州的名片，在省内外享有盛名。据 1983 年统计，在 1973 年至 1983 年 10 年间，天桥唢呐吹奏能手遍布每个村寨，平均每个村寨为 6~10 人，全乡为 2643 人，按村寨组合的唢呐团队为 19 个；天桥唢呐传承下来的演奏曲为 23 支，有 4 支为"通曲"，另 19 支为每个唢呐团队的"看家曲"，这些"看家曲"多以当地地名取名，比如龙凤调、河闪调、漆坪调、茅棚调等等；天桥乡各村寨有不定期举行唢呐比播的习俗，这个习俗一般每 3 年举行一次，哪个团队在这个"擂台"上得了头筹，那么在这三年内其他唢呐队在参加演出活动时都必须把这个队的这支曲子当成主曲。遵守这个俗成的约定，是这个地方唢呐艺术长久进步，推陈出新的助推器。乌江谚语有"乌江到此水不闹，静听唢呐声绕绕，乌江到此留客船，听罢山歌泪涟涟"的记载。历史留下了这个文化遗产，地域留住了这个文化遗产，省文化厅在几十年前通过专家现场论证认定了这个文化遗产。

唢呐艺术之乡——响当当的名片。

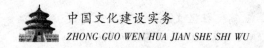

一、天桥唢呐艺术的资源特点及在遵义名片打造中的重要意义

天桥唢呐传承历史悠久。乌江沿岸形态特别，神态特别的自然特质孕育了两岸不尽的自然遗产和非物质文化遗产。而丰富的非物质文化遗产涵育了两岸不尽的地域特色，区域特质和丰富的人文精神。天桥唢呐艺术就是这不尽的"特色"里面耀眼的明珠，这与滔滔乌江在这里"休息"了"一会"有特别的关系，这舒缓的一段水域孕育了"这山"、"这水"、"这人"别样的风情和唢呐艺术的精彩。

这里的唢呐艺术同北方的唢呐艺术有明显的区别：1. 传承下来的曲子浸润着西南山地的细腻和灵秀，欢快与温柔，醇厚与绵长，每一支唢呐曲都有各自的地方气息、人文气象、情感表达，每一支曲子都有各自的地域形象，繁衍烙印，古老的传承；2. 传承下来的唢呐制作各有所执，从唢呐乐器本身的长短、音盘的弧度，哨子的制作，音孔之间的距离，音孔的倾斜度等各有不同吹奏出来的声音也就腔腔不同，调调各异；3. 吹法和指法各异，在吹法里有鼻息换气法，左唇透气法，右唇送气法，唢管带气法等，指法则有滑孔、弹孔、锁孔、挪孔等多种方法。山与山之间、村寨与村寨之间、山民们千百年来对美好生活的"期望"、"祝愿"、"幸福"与"呐喊"都寄托和融化在这里，融化在对每一个音符的理解里，融化在每一个手指在音孔上的跳动里、滑动里；4. 山里村民对唢呐艺术热爱和参与普及到村村寨寨，天桥乡全乡只有3万多人口，以1993年的数据，全乡拥有唢呐吹奏能手2060人，占总人口的比例近7%。这样拥有广泛参与、广泛覆盖率的民间艺术，作为文化艺术的一张名片，在遵义对外名片中，占据着独特的地位。对于用唢呐艺术激发"遵道行义、自强不息"精神，宣传脱贫致富同步小康，宣扬遵义对外知名度、美誉度，促进遵义的文化自觉、文化自信都有着特殊的意义，是多彩贵州的重要元素。

二、天桥唢呐艺术在近三十多年来传承发展过程中存在的主要问题

1. 传承人大量外出务工丢掉技艺。从改革开放初期开始，天桥乡这个地方的人们不可避免地卷入打工浪潮，青壮年纷纷涌向发达地区，据2004年10月统计数据，全乡有四分之一以上的青壮年外出打工，在这些外出打工的青

壮年中，唢呐传承人占 6 成以上。据 2008 年对外出唢呐传承人的抽样统计，这个乡在外打工的青壮年已经基本不再重视唢呐技艺，20% 的青壮年在城市改吹上黑管、萨克斯等西洋乐器，15% 以上的青壮年留在了城市，回到山村的部份传承人现在已经老迈，老迈得吹不响唢呐。

2. 传统激励机制丢失，传承热情淡化。唢呐艺术历来作为展示的技艺，谋生的平台，娱乐的高地，擂台的抓手，在山村创造了长久的需求，随着现代艺术形态的进入，过去那种每遇节庆或每家每户的红白喜事都需要请唢呐师参加比拼热闹，比拼排场，比拼面子的习俗随着山区青壮年不断的外出务工和留守老人、儿童冷守山村的现状而淡化，需求变了，消费没有了，山民们丢下唢呐另谋生活技能就变得无可厚非，山里的唢呐技艺被山里人抛弃从而丢失甚至灭失也会变得理所当然。

已经有很久了，唢呐不再随意吹响山林，唢呐不再随意吹响山村，正如这段乌江因为下面修了大坝已成平湖，平湖的乌江又哪来浪花？过往的客船的柴油机轰鸣震耳，谁还听得见山村的唢呐声？谁还为山村只剩留守的老人和留守的儿童流连而忘却归期或来时路。据 2013 年统计，从 2003 年至 2013 年 10 年间。天桥为唢呐艺术组织了活动每年不足 10 次，乡村中小学校只有极少的课程安排，留在山村山寨里的唢呐手已不足 100 人，还能完整吹奏的曲子已不足 5 支。

三、抢救遵义唢呐艺术名片的对策建议

（一）形成"抢救每一个文化名片之于'遵义精神'的重要意义"的共识

遵义作为一个文化大市，遵义强则应该文化先强，优秀传统文化名片保护抢救传承，是建设文化强市的重要组成部分，是这个地方文化自信、民间艺术自信、精神高地自信的灵魂。一个地方的跨越发展不光是经济建设，更应该是社会进步，文化自觉自信、文明和谐繁荣的。天桥唢呐艺术是遵义民间艺术的代表之一，是遵义这块土地上历史长河里传承下来的宝贵文化艺术遗产。作为遵义，乃至多彩贵州都具有抢救保护、传承发展的重要意义。特别是 1983 年被贵州省文化厅命名为"唢呐艺术之乡"后，天桥唢呐曾作为贵州的名片到全国很多城市交流演出，为多彩贵州留下过精彩的记忆，具有历史文化价值，是多彩贵州的重要组成部分。在改革开放以来几十年的经济浪潮和人们对该艺术的认识的变化，这块宝贵的文化遗产名片遇到了之前没有的困难和问题，虽已引起文化部门的广泛关注和重视，也曾经和正在作不懈的抢救努力，但在上级层面并没有形成共识，就形不成保护机制，就不会有

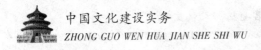

政策乃至经费支持。

（二）把抢救像《天桥唢呐艺术之乡》这样的名片纳入市政府文化工作统筹内容，把抢救天桥"唢呐艺术之乡"之类名片纳入今后10年乃至20年文化工作的重要内容写进《十三·五》、《十四·五》乃至《十五·五》规划。作为市级层面，可以更高层次集中整合全市文化艺术资源、资金和其他。通过较长一段时间的统筹安排，作长期的抢救方案、抢救措施，落实长期的抢救责任

1. 摸清传承人底数，借干部到农户精准扶贫之机或专门统筹安排人力物力，对天桥乡（现在叫天桥镇），现有唢呐传承人现状进行摸底调查，把在家没外出务工的、不外出务工的、外出务工要回来的、外出务工不再回来的，把属于哪个村寨的，哪一支哪一脉都统计清楚，精准掌握基本情况。

2. 收集整理流传的还未缺失的演奏技艺，像指法的、调运气息的、唢腔管孔的等等技术分门别类，整理记录，拍录并编写说明后收藏。

3. 收集整理还能收集的曲子，采取记录、拍摄、录制等手段，把还留存的、濒临灭失的，作抢救性收集整理收藏，采取多种方式把已经灭失的作恢复的抢救。

4. 收集研究历史过程中这个地方的唢呐传承习俗，刺激手段，激励措施，和千百年生生不息的不断推陈出新的原因，和近几十年各种因素的冲击情况，有针对性地制定《抢救方案》，落实抢救措施，明确抢救责任。

（三）搭建抢救平台，形成激励机制

1. 通过举行常态化的"唢呐艺术节"，或"唢呐层级选拔赛"等活动，为唢呐传承人搭建展示、比拼的平台。政府从公共财政预算相应的抢救资金，把每年的活动做成吸引这里的青壮年人广泛参与的激励机制，让山里的青壮年、中小学生都可以从中找到乐趣，激发兴趣，获得荣耀。

2. 支持和恢复传统的唢呐赛事和比拼习俗，通过动员、引导、推动山里村民积极开展"我们的节日"，"我们的喜事"等主题、专题活动，为唢呐指定表演、展示科目、项目，强化勤磨苦练，让吹奏艺术、曲调创新、表演形态、传承精华得以推陈出新。

3. 建立传承人传承经费补助机制，给传承人下达传承任务，对于带徒多的，实行长期的量化补助，比如教会几人、几支曲子、每一人补助多少经费都以明确，让唢呐艺术的出色传承人能养家糊口。

4. 建立该镇中小学开设唢呐课制度，对学校实行目标责任管理，拨付相应经费，采取唢呐艺术进校园，进课堂活动，形成群体热爱、广泛参与、传

承有序、独具特色的"唢呐艺术之乡"。

5. 成立常态化的"唢呐艺术"传承机构,解决相应人员编制和专项经费,设定抢救岗位目标任务和考核措施,做到常态化有人抓、有人负责。通过10~20年努力使该名片重新唤发其魅力。

作者简介:

薛维,男,1964年3月生,现任贵州省凤冈县文广局局长。著有长篇小说《仡佬香魂》,中篇小说《那年》等。先从教后从政,共有文学作品共四十余件,获奖作品有《飘动的柔雾》、《青山郭外斜》、《削苹果》、《仡佬香魂》、《二000年的那一场雪》等,其《沧桑也温柔》入选《新时期中国民族文学作品选集》,主编作品有《凤冈乡风民俗》、《锌硒茶乡·醉美凤冈》、《风从茶乡走过》、《历史的记忆》等,其作品以表达沧桑也温柔里忧伤的美丽,获得读者的广泛接受和好评。

强化非物质文化遗产保护责任意识

青海省泽库县文体广电旅游局 多杰扎西

近年来，我县认真贯彻落实《非物质文化遗产法》，遵循非遗保护、传承发展的规律，不断健全机制，突出重点，强化措施，整体推进，积极推进各项非遗保护传承工作，取得了较好的效果。根据《省文化部办公厅关于开展非物质文化遗产法贯彻落实情况检查工作的通知》，现将贯彻落实情况自查报告如下：

一、学习宣传情况

自 2011 年 6 月 1 日，《中华人民共和国非物质文化遗产法》（以下简称《非遗法》）实施以来，为切实做好《非遗法》的贯彻实施工作，我县结合本地实际，开展了形式多样的《非遗法》宣传活动。一是悬挂横幅标语进行宣传，在每年的文化遗产日我们都将有关非遗标语在县城醒目位置悬挂进行宣传；二是通过召开非遗传承人座谈会，走访慰问非遗传承人，将《非遗法》送至传承人家中进行宣传；三是将《非遗法》制作展板，进行长期性、流动性宣传；四是印发宣传资料，通过报刊、网络、电视台等媒体进行宣传。

二、非遗项目保护纳入社会发展规划和工作经费列入本级财政预算情况

十三五规划期间，我县积极做好非物质文化遗产资源普查、名录项目建立和申报工作，加强代表性传承人的保护，促进传承人保护制度化、规范化，制定一套行之有效的扶持传承人和规范管理传承人的办法，抓好"非遗"活态传承工作。具体明确了非遗保护"十三五"的工作目标；全县共建立 3 个非遗传承公司和 2 个民间藏戏团及藏族民间藏戏传习中心 1 个（县格萨尔艺术团）。

目前非遗传承人及传承大师、非遗传承公司经费我县申报上级拨款及传承人补助费，非遗藏戏经费因财政困难，尚未列入财政预算。

三、建立档案及相关数据库情况

截至目前，全县境内共收集"非遗"线索 125 条，调查项目 77 个，初步摸清了非物质文化遗产的种类、数量与分布状况。一是种类、数量状况。调查项目涵盖 12 个门类，其中民间文学 28 个，民间音乐 1 个，曲艺 2 个，民间美术 1 个、民间手工技艺 11 个、游艺、传统体育与竞技 9 个、民俗 14 个、民间信仰 7 个、民间知识 4 个、共 77 个项目。由此可见，我县民间手工技艺、传统体育与竞技级游艺、民俗类资源比较丰富，民间舞蹈、曲艺、民间音乐、民间美术类的资源则相对缺乏。二是资源分布状况。从行政区域的分布数量来看，我县三镇五乡一场（64 个乡镇村）数目较多，尤其是和日镇、麦秀镇、泽曲镇游牧群众居住的地方项目较多，每个项目该分布乡镇地域都有流传。泽库县以藏民族为集中的地区，从项目在全区分布的差异性来看我县非物质文化遗产的项目都已藏民族的为主。

2013 年 4 月，我县正式启动"寻根行动——非遗资源再调查"工作，县文体广电旅游局在广泛征求意见，充分结合实际的基础上，制定了《泽库县"寻根行动——非遗资源再调查"工作实施方案》和成立领导小组。召开全县非物质文化遗产普查工作，发放《泽库县"寻根行动——非遗资源再调查"工作方案》，下发相关文件及各类普查表格，举办普查业务培训班，建立普查队伍，落实相关经费，利用政府和社会媒体宣传此次普查工作的重要性，使普查工作深入人心，为非遗普查打好基础。

2013 年 5 月~7 月，全县三镇五乡一场及 64 个行政村由分管领导牵头，下达任务到各行政村，每个行政村指定一名普查员，根据实际情况，分片召开老牧民、老艺人、老教师、老干部座谈会，摸清当地非物质文化遗产普查线索。普查组根据摸排的普查线索进行梳理，确定调查项目，并按照《非物质文化遗产项目调查表》内容要求，逐项进行全面调查，做好文字、录音和影像记录。

2013 年 8 月，普查组在深入普查的基础上，整理普查资料，按类别填写非物质文化遗产调查表，及时上报县"寻根行动——非遗资源再调查"工作领导小组审查。做好录音、摄影、摄像等相关资料的整理和刻盘工作。共整理文字资料 55 篇，录像资料 17 盘，照片 56 张。在整个普查过程中，普查人员以认真负责的态度，扎实细致的作风，克服经费少、交通工具不足、工作难度大、语言交流较困难、生活不习惯等实际困难，爬山涉水，走村串户，遍寻民间艺人。尤其对重点项目、重点传承人进行了深入调查，运用录像机、

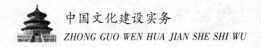
照相机、手机等现代设备和人工手段详细记录所发现的民间文学、传统技艺等，以及普查到的各种民间知识、民间信仰等，从而掌握了大量珍贵的信息资料。

2013 年 9 月初，普查组汇集普查工作成果，及时组织县级普查验收工作，整理汇编并上报普查目录清单和登记表、录音录像等相关资料，认真撰写调查报告，做好普查工作总结。

通过认真细致的普查，泽库县地区非遗中心普查共拍摄照片 56 张，整理文字资料 55 篇，录像资料 17 盘；并且所有普查形成的图片及文字材料全部录入电脑，对录入数据的电脑实行专人管理。利用音像等多媒体手段进行记录质，同时建立专立档案柜进行保存。基本摸清了全县非物质文化遗产的种类、数量和分布状况，为开展非物质文化遗产保护工作奠定了坚实的工作基础。

四、建立项目名录及保护情况

（一）建立非物质文化遗产代表性项目名录

认真做好泽库县地区非物质文化遗产名录项目申报工作，2008 年 6 月，全县共成功申报国家级非物质文化遗产名录 1 项：我县和日寺石刻技艺，被授予"国家非物质文化保护名录"；2012 年 8 月，县（市）级非物质文化遗产名录项 2 项：多禾茂乡希娘传统赛马会、西卜沙乡宗教式赛马会被授予"县级非物质文化遗产保护名录"。全县共收集"非遗"线索 125 条，初步摸清了非物质文化遗产的种类、数量与分布状况。

（二）项目开展保护情况

1. 以出版书籍的形式进行传承保护

2013 年 4 月，我县正式启动"寻根行动——非遗资源再调查"工作。2013 年 5 月至 7 月，全县 5 乡 2 镇 1 场 64 个行政村由分管领导牵头，下达任务到各行政村，每个行政村指定一名普查员，根据实际情况，分队召开老牧民、老艺人、老教师、老干部座谈会，摸清当地非物质文化遗产普查线索。2013 年 9 月初，普查组汇集普查工作成果，及时组织县级普查验收工作，整理汇编并上报普查目录清单和登记表、录音录像等相关资料，认真撰写调查报告，做好普查工作总结。2014 年 10 月青海省文化和新闻出版厅顺利编印出版《寻根行动——全省非物质文化遗产资源再调查》。

2. 通过"文化遗产日"活动，宣传非物质文化遗产保护意识

我县共有三个非遗民间藏戏团，县格萨尔传习中心通过"文化遗产日"

活动及文化下乡、节假日活动时间在我县三镇五乡表演节目。并且在每年节假日期间我县和日寺、果改寺藏戏团在寺院法会上表演《智美更登》《松赞干布》《色吉尼玛》《卓哇藏母》《浪萨娥本》《白玛娥本》《法王诺藏》《顿云顿智》等藏族八大藏戏。三大藏戏团各自表演的节目内容精彩纷呈、故事深受感动，并对民众起到一个道德教育的作用，同时也大力宣传非物质文化遗产法及加强非遗保护意识。

3. 借助新媒体传播优势广泛宣传

今年7月我县第一次开展全省推进全国草地生态畜牧业实验区建设现场观摩会，我县通过本次观摩会利用全省各界新闻媒体大力宣传本县非遗文化项目及非遗文化产品深受各界人士的青睐。

4. 加强民间艺术队伍的培养

我县积极发现辅导培养民间非遗传承人及非遗大师，先后培养了一大批优秀的非遗民间文化传承人。我县和日村的10名民间石刻艺人，派往河北曲阳石雕职业技术学校学习石雕技艺，通过一年的学习进一步提高了我县民间艺人的石雕技艺，并为传承工作打下了坚实基础。通过举办培训班，一方面培训了一批基层文化工作骨干，另一方面也培训培养了一批民间艺术的传承人，为民间艺术的传承发挥了积极作用，有力地推动了民间非遗文化的传播和发展。

5. 积极开展非物质文化遗产生产性保护

根据我县非遗文化遗产特点，2008年6月我县和日寺石刻技艺，被授予"国家非物质文化保护名录"；2012年8月，多禾茂乡希娘传统赛马会、西卜沙乡宗教式赛马会被授予"县级非物质文化遗产保护名录"。

（三）非遗民间藏戏保护现状

目前，我县共有3个民间藏戏团，分别为和日寺藏戏团、果改寺藏戏团和格萨尔艺术团。每年和日寺、果改寺藏戏团在寺院法会上表演藏族八大藏戏《智美更登》、《松赞干布》，已有几百年的传承历史；格萨尔艺术团主要以格萨尔藏戏为主，截至目前自编自演完成了五部藏戏拍摄工作，分别是《赛马称王》、《赛浪之战》、《松赞干布》、《苏吉尼玛》、《阿德拉姆》，这些藏戏每年结合全县文化下乡活动，走进社区、寺院、学校、牧民定居点，深受牧民群众喜欢。今年将计划再排练一部藏戏。

五、代表性传承人认定及支持其开展传承活动情况

结合我县非物质文化遗产保护工作的实际，我们把培训传承人工作作为

非物质遗产保护工作的常规性工作。根据工作实际情况对传承人进行培训学习，提高传承人对非物质文化遗产保护政策法规的认识理解。目前我县国家级非遗传承人1人，公保才旦（和日石刻技艺）；省级非遗传承人2人，才旦加、朋措拉夫旦（和日石刻技艺）；州级非遗传承人8人，达派、关却多杰、肉增多杰、多夫顿（和日寺石刻技艺传承人），珠合周（羊肩胛骨占卜术），措合多（马术），万玛昂青（格萨尔说唱），久美切旦（藏文书法）；县级非遗传承人25人。

我县为抢救保护传承泽库和日石刻技艺，每年与县和日石雕艺术有限公司签订协议，聘请国家级工艺美术大师、代表性项目传承人、老艺人担任教师，原汁原味讲授泽库和日石刻核心技艺和老艺人多年雕刻的经验、技巧等，使学员受益匪浅，技艺得到提升。调动了牧民群众的积极性，弘扬民族文化及传承民间石雕技艺，推动农牧区基层文化建设，提高了乡村文明程度，提高了牧民的文化程度，扩大了就业，增加了牧民的收入。

六、设立非物质文化遗产展示传承场所情况

为积极普及非物质文化遗产保护知识，增强我县全民保护非物质文化遗产的观念和意识，努力在全县社会形成保护非物质文化遗产的良好环境和氛围，我县已初步在十三五规划中争取建设一所总建筑面积为2310平方米的泽库县非物质文化遗产展示中心。

强化意识　转变观念
创建省级公共文化服务体系示范区

河南省兰考县文化广电新闻出版局　李怀彬　李永杰　李兰花

自 2015 年 8 月启动省级公共文化服务体系示范区创建工作以来，我县严格对照《河南省基本公共文化服务实施标准》要求，在文化基础设施建设、文化队伍建设和文化活动开展等方面做了大量工作，取得了明显成效。现将创建工作开展情况汇报如下：

一、创建工作取得的成绩

（一）健全领导机制，提高责任意识

县委、县政府高度重视示范区创建工作，成立了由县长任组长、分管副县长任副组长、有关部门负责人任成员的创建工作领导小组。设立了以文广新局局长为主任的示范区创建办公室，专职负责示范区创建工作业务。在健全运作体制机制的基础上，定期或不定期召开创建工作推进会、协调会、问题分析会、经验交流会等，及时下发了创建工作规划、方案等指导性文件，明确工作要点，分析创建难点，拟定推进措施，解决突出问题。要求各相关单位要切实增强责任意识和大局意识，以示范区创建为契机，全力推进县乡村三级文化基础设施建设，建立健全乡村文化队伍，大力开展群众文化活动，不断健全完善县域公共文化服务体系，努力将文化"软实力"建设为引领全县各项事业发展的"硬实力"和"强实力"。将示范区创建工作纳入县督查局督查范围，以创建工作八项必备条件为重点，按照既定任务和时间节点逐项督查落实，确保创建工作各项指标任务如期完成。

（二）加大投入力度，夯实创建基础

2014 年 11 月，取得示范区创建资格后，先后投入 3 亿元，用于县城公共文化基础设施新建或改扩建。2015 年 8 月，创建工作全面启动后，资金投入更是大幅度提升，投入约 15 亿元，在县城基础设施新建或改扩建的同时，大力推进乡村两级文化基础设施建设、文化队伍建设和文化活动的开展等。一年多的时间内，硬件设施全面改观，文化工作力量全面加强，文化活动数量

猛增，创建指标任务完成了近90%。一是投资2亿元，建成占地总面积达170余亩的"三馆两场"。其中，按照国家一级馆标准打造的公共图书馆，建筑面积为4928㎡，现有藏书近20万册，年均借阅约10万人次；文化馆建筑面积为7569㎡，2016年6月被评为国家一级馆；按照国家标准建设的体育场（馆），于2014年正式投入使用，每年举办春秋两季大型运动会。二是投资2亿元，建成集文化交流、休闲娱乐为一体的、占地面积为450亩的兰考县文化交流中心（内设：兰考县展览馆、刘岘纪念馆、兰考县民族乐器展示馆、非遗和文化旅游产品展示馆，总建筑面积为9960㎡）。2015年10月1日，正式免费对外开放，2016年6月被评为AAA级景区。三是投资312.3万元，建成467个文化信息资源共享工程基层服务点。投资900余万元，建成451个农家书屋，藏书总量90余万册，人均1册以上。四是投资近10亿元，县城内新建13处闲娱乐广场（景观公园），供市民和周边群众休闲娱乐。如：高铁站广场、人民广场、电视演播厅广场、滨河公园广场、星河公园广场等，占地面积共约5000余亩。五是投资近7000万元，全力推进村文化广场建设。451个行政村正按照中宣部"七个一"标准进行新建或扩建，11月底前将全部完成。六是全县广播电视覆盖率100%。有线电视实现"村村通"，全县有线电视安装用户11.2万户，安装率70%。七是农村电影放映"2131"工程如期进行，确保每村每月1场电影。八是文体活动、培训等经费列入财政预算，每年拨付200万元用于戏曲、文艺演出、文体活动的开展和各类培训等。

（三）健全文化队伍，提升服务能力

2016年5月，兰考县委、县政府决定以建立专职文化协管员队伍为抓手，配强县、乡、村三级文化队伍。下发了《关于选聘村级文化协管员的通知》（兰人社〔2016〕12号）文件，以政府购买公共文化服务方式，在全县选聘483名文化协管员。16个乡镇（街道）综合文化站在原有3名正式工作人员的基础上，分别新增2名文化协管员，451个行政村分别配备1名文化协管员，专职做好文化工作（简称"3＋2＋1"模式）。每年拿出近500万元，用于文化协管员工资补贴，并纳入财政预算。确保文化站协管员每人每月1300元，村文化协管员每人每月800元。"3＋2＋1"模式通过近3个月的运作，成效显著，解决了之前村干部兼职时的兼而不为、为而不力、为而无效的问题。

同时，采取公开招聘和以政府购买服务方式聘用42名大专以上毕业生充实到文广新局各业务部门，加强县级文化管理部门力量，为做好示范区创建工作奠定坚实基础。

（四）开展文化活动，满足群众需求

一是"文化礼堂·幸福兰考"项目日渐成熟。项目涵盖"兰考讲堂、文艺汇演、文体赛事、戏曲展演、非遗展演、电影放映"等板块，做到每日有节目，每日节目不重复。所有栏目均免费让群众观赏，最大程度满足群众的精神文化需求。自 2016 年 4 月 1 日正式运行以来，已举办"兰考讲堂"16 期、各类文艺展演活动近 200 场次，受众约 10 万人次。项目参与承办单位之多、文艺人才之众、节目数量之广空前。在此项目引领下，各乡镇（街道）文体大赛、文艺展演等文化活动接连不断。今年以来，全县共举办各类送戏曲、送文艺下乡演出活动 500 余场次；组织举办非物质文化遗产展演、"高雅艺术进校园"、刘岘纪念馆巡展活动 108 场次；各乡镇（街道）每季度举办 1 次大型文体赛事，已累计举办 30 场次；由文化协管员引导群众组建的广场舞队、盘鼓队、腰鼓队等文艺队伍达 600 余支 12000 余人。广场舞、腰鼓等群众自娱自乐活动已成为农民日常生活的一部分。二是特色文化活动品牌不断树立。在"文化礼堂·幸福兰考"精品文化活动项目的引领下，独居地方特色的、面向基层、面向群众的品牌文化活动项目日渐被挖掘出来，现特色项目达 20 个（平均每乡 1.25 个），超出省创建指标要求的 400%。如：小宋乡的国家级非物质文化遗产项目《麒麟舞》，代表兰考特色文化项目走进人民大会堂，并到省内外多地演出，年入村巡演 80 余场次，赢得了广泛赞誉；三义寨乡"张良杯"象棋公开赛，每年定期于农历 2 月初 2 举办，现已举办至第十三届，每届均有来自新加坡、韩国、香港、澳门、台湾、蒙古、西藏、新疆、哈尔滨等 20 余个国家、省、市地区的 100 余名象棋爱好者参加比赛，其中每届均有 3~5 名象棋大师参赛，在全国已具有一定影响力；非遗项目展演、高雅艺术进校园"刘岘纪念馆"巡展、扶贫专题文艺演出、广场舞电视大赛和电视汉字听写大赛、坝头乡"梦里张庄艺术团"自导自演的豫剧现代戏《花喜鹊》、兰阳街道组织排演的豫剧《焦裕禄》等活动，深受群众好评。三是举办精准扶贫专题文艺巡演活动。投资 40 万元，精心打造的"扶贫综艺演出"，20 余个节目全部为原创作品。7 月 21 日起，在全县 115 个贫困村进行巡回演出，为参与精准扶贫工作的一线工作人员加油鼓劲，提振贫困家庭脱贫致富奔小康的信心和勇气，受到群众的广泛赞誉。四是全力解决农家书屋图书资料流失和"铁将军"把门问题。针对大多数农家书屋建在村委群众不便借阅的问题，要求全县各村委围墙拆除，硬化场地，在解决农家书屋"铁将军"把门问题的同时，为群众提供更多的文化活动场地。开展了为期 1 个月的农家书屋专项整治活动，对图书资料逐一进行清点，全力追回流失图

书、报刊等。在上级每年增补图书的基础上，各乡镇（街道）采取多种方式为农家书屋增补图书，确保每个书屋图书达2000册以上。依托农家书屋每季度开展1次"我最喜爱的一本书"等全民阅读活动，吸引更多的群众到书屋中来，激发群众读书热情，确保农家书屋充分发挥作用。五是全力解决图书馆资料过少、文化馆功能不完善等问题。将图书馆增补图书纳入财政预算，并做到逐年增加。年内拨付92万元用于购置新书，馆藏图书由2015年的6万册，增至目前的近20万册。同时，增设残障人阅览室、电子阅览室、少儿阅览室等功能区，满足各类人群阅读需求。积极开展图书进基层活动，在16个文化站设立图书分馆，配备电子借阅设备。在消防队、武警总队、看守所、中小学校、敬老院等处建成20余个馆外流动站，每站配送图书500册，每月交流和补充更新。下步拟与省以上图书馆对接，与全县农家书屋、校园图书室实行互联互通，力争打造一站式借阅平台，该项目正在如期推进。

二、下步工作计划

（一）以转变观念为抓手，大力开展思想教育工作

定期聘请专家讲座、开展座谈、专题研讨等方式，促进广大干部转观念、强意识、促成效，切实把文化"软实力"作为引领各行各业快速发展、长效发展的原动力，把握好、运用好、落实好。同时，积极探索拟订适合本地实际的文化法规、规章等，用制度约束个别领导干部认识到文化建设的必要性、引领性和关键性。

（二）加大资金投入，提高文化经费比重

在建设美丽乡村的进程中，针对乡镇（街道）下达关于公共文化建设经费投入数量的文件，年底核验落实情况，支出占比达不到要求的，进行一票否决。同时，将村级"三室一场"建设纳入县委县政府重点工作，加大督查力度，确保村村有文体活动室、图书室、共享工程基层服务点和文化广场。推进文化馆、图书馆总分馆制建设进度，力争10月底在各乡镇（街道）文化站全部完成分馆建设任务，在中小学校再建20个图书馆外流通站。11月底前，确保文化馆、图书馆已建成的分馆和馆外流通站投入使用。

（三）充分发挥文化协管员主力军作用，开展各类文化活动

在县级组织开展送戏曲、送文艺演出活动的基础上，对各乡镇（街道）下达开展文体活动的目标任务，明确活动的内容、数量和形式等，各文化协管员在组织开展群众文化活动的同时，积极挖掘、培育本村特色文化活动项目，力求达到一村一品，根据项目特点，拟定目标任务，明确责任单位。如

"六洲棋"、"抓子"、"丢窑"、"投大官"等深受大众喜欢的独具地方特色的传统体育项目，交由教育体育局负责；戏曲下乡或文艺演出由文广新局负责等，确保 11 月份完成每年每村送戏曲或文艺演出 3 场以上、文体活动 5 场以上。

（四）加大宣传力度，提高群众知晓率

在利用电台、电视台、手机报、报刊等媒体宣传的基础上，采取印发手提袋、宣传册、宣传画和开展有奖活动等多种手段，广泛宣传公共文化服务体系示范区建设工作，形成浓厚的舆论宣传氛围，9 月底前确保群众知晓率在 90% 以上。广泛宣传文化协管员在农村文化建设工作中的重要作用，进一步拉近群众与协管员之间的距离，变"群众找我"为"我找群众"，变"群众疏我"为"群众近我"，填平群众与文化协管员之间的"代沟"，畅通公共文化服务主渠道。

（五）发展文化产业，促进文化消费

县政府注册资金 2000 万元成立"兰考县兰仪文化旅游投资发展有限公司"，用于促进文化产业和旅游业发展。围绕国家供给侧改革的大思路，为文化创意界的人士提供创新、创意、创业的舞台，鼓励企业学会找准契机，找到商机，以自有资金对文化产业进行投资、控股，运营文化艺术活动交流策划，展览展示服务等，在政府的扶持下推动文化产业的转型升级。如："文化创意产业园"吸引文化娱乐业、音像业、演出业、艺术品经营业等文化类产业入住，为广大群众提供有偿文化服务，满足各类人群的不同文化需求；以堌阳镇乐器产业为龙头，进一步扩大文化产业的外延和内涵，带动包装装潢、KTV、咖啡屋等文化产业同步跟进，为城乡居民提供优质文化服务产品。通过"以文养文、以文补文"，提高现代公共文化服务体系建设进度。鼓励文化协管员每年定期组织开展"文化惠民"大合唱等各类文化消费活动，并以特定模式固定下来，在增进群众文化消费理念的同时，逐步让文化消费形成习惯，提升文化消费主体的幸福感和满足感。探索创新文化服务民生新模式，形成文化协管员服务企业、企业服务民众、民众拉动消费、消费促进文化企业发展的良性互动局面，进一步完善公共文化服务体系，为公共文化服务标准化、均等化奠定坚实基础。

多措并举　完善机制
全力做好非物质文化遗产保护传承工作

新疆维吾尔自治区博湖县文化体育广播影视局　张　立

近年来，博湖县十分重视非物质文化遗产保护传承工作，建立了博湖县新疆蒙古族非物质文化遗产传承保护中心，认真做好非物质文化遗产的普查、挖掘、保护、传承工作，截至目前，我县共整理县级非物质文化遗产保护项目 140 项，州级非物质文化遗产保护项目 93 项，其中成功申报国家级非物质文化遗产保护项目 4 项（"蒙古族服饰"、"蒙古族刺绣"、"蒙古族祝赞词"、"蒙古族萨吾尔登舞蹈"），自治区级非物质文化遗产保护项目 11 项（"新疆蒙古族托布秀尔音乐"、"蒙古包·制作工艺"、"新疆蒙古族短调民歌"、"新疆蒙古族托布秀制作技艺"、"蒙古族谚语"、"蒙医药浴"、"蒙医金烙术"等），列入国家级非物质文化遗产保护项目代表性传承人 2 人，自治区级非物质文化遗产保护项目代表性传承人 11 人，自治州级非物质文化遗产保护项目代表性传承人 145 人。

一、领导重视，健全机构完善制度

县人民政府成立了以分管文化工作的副县长为组长的县非物质文化遗产保护工作领导小组，出台了《关于加强非物质文化遗产保护工作意见》，坚持以"保护为主、抢救第一、合理利用、传承发展"的工作方针，以县文化馆为中心，全县五乡两镇文化站为立足点，全面开展非物质文化遗产保护项目的自查工作。2014 年，专门成立了工作机构——博湖县非物质文化遗产保护中心，从县文化馆调剂两个编制，专门从事非物质文化的传承保护工作，建立了传承基地和传承表演队，并制定了保护工作计划、规划，确保了非物质文化遗产保护工作的顺利开展。

二、大力宣传，营造浓厚氛围

一是多种形式宣传非物质文化遗产保护知识。采取展览、讲座、演出及广播电视宣传、悬挂横幅、发放宣传资料等形式，大力宣传《非物质文化遗产法》和非物质文化遗产保护知识，让各族群众自觉参与依法保护工作，在全县营造了良好的氛围。二是通过组织非物质文化遗产传承人进旅游景区演出，蒙古族刺绣和手工艺产品展销，加大非物质文化遗产保护项目的宣传力度，促进博湖文化、旅游产业的发展，提高非物质文化遗产的经济、社会效益。三是借助节庆活动加大对外宣传力度。利用我县每年举办的"四节三会"及"元旦"、"春节"、"祖鲁节"、"非物质文化遗产日"、"百日广场文化"等节庆节日活动，举办形式多样的蒙古族刺绣、民族服饰、萨吾尔登舞蹈等项目表演和比赛，并邀请中央电视台、内蒙古电视台、新疆电视台以及新疆日报等区内外媒体宣传报道，让群众更加了解和关注非物质文化遗产的保护和传承，更加了解博湖，扩大博湖对外影响力。

三、多措并举，全面开展保护工作

一是深入调查收集整理。县文化馆（县非物质文化遗产保护中心）工作人员深入全县 5 乡 2 镇，走访调查民间艺人 3600 余人次，收集蒙古族刺绣 300 余件，蒙古族服饰 50 余套，建立民间艺人档案 100 份、祝赞词 1 套，萨吾尔登舞蹈 8 种，同时召开普查座谈会 20 次，调查项目 130 余项，照片 2000 余张，搜集整理文字资料 8 册，音响资料 8 盒，电子资料 3（G）。二是采取措施重点保护。对挖掘和整理出的非物质文化遗产保护项目，确属具有重要历史、文化、科学价值而面临濒危消亡的，我们采取了拍摄音像资料、收集实物、派人专学等措施，及时进行抢救性收集和整理保护。三是全社会参与推广。通过与教育资源有机结合，在全县各中小学开办托布秀尔乐器、萨吾尔登舞蹈等非遗文化艺术特长班，加强对青少年培养。同时，由萨吾尔登舞蹈传承人将萨吾尔登舞蹈改编为萨吾尔登健身操，在学校、社区等广泛推广，使非物质文化遗产传承后继有人、代代相传。四是打造特色文化品牌。利用节庆活动开展"非遗"保护项目展演。2013 年 5 月，我县举办了首届萨吾尔登故乡文化艺术节，在 2 天的活动中，开展了"萨吾尔登"雕塑揭幕仪式、"萨吾尔登"、"托布秀尔"比赛、非物质文化遗产展示等活动，特别是开展的"万人同跳萨吾尔登"和"千人演奏托布秀尔"活动，荣获了上海大世界吉尼斯记录。积极参加"国际舞蹈节"和北京、内蒙古、甘肃及自治区、自治州举办的非物质文化演出交流活动，反响很大。我县自治区"托布秀尔"传承人得切，多次被邀请去内蒙古表演，并在内蒙古开办了"托布秀尔"培训班进行传承、培训；2013 年 8 月，组织传承人参加了内蒙古呼和浩特市举办的"全国少数民族地区民族服饰"展演，荣获"最佳组织奖"。参加在内

蒙古锡林浩特市举行的"中国蒙古服装服饰"邀请赛，获得一等奖。参加在甘肃省肃北蒙古自治县举行的中国西部那达慕暨中国蒙古族服饰模特大赛上，获得"中国蒙古族服饰模特大赛表演——最佳上镜奖"及"优秀表演奖"。2015年，组织两名自治区级非物质文化传承人，参加了由文化部、河南省人民政府共同举办的"第33届中国洛阳牡丹文化节"系列活动，我县民间艺人表演的"萨吾尔登舞蹈"和"托布秀尔演奏"技艺受到中外游客的好评。

四、多方筹资，加大投入力度

在非物质文化遗产专项资金使用方面实行严格管理，按照国家规定的使用范围做到专款专用。非物质文化遗产专项资金由县文化体育广播影视局统一管理，确保了资金安全使用。2010年以来，自治区文化厅陆续拨付非物质文化遗产专项资金53万余元，主要用于非遗保护宣传、传承人补助、开展活动及图书制作等。同时，我县在财力十分困难的情况下，自筹资金170余万元，开展非物质文化遗产保护工作。在2013年举办的首届萨吾尔登故乡文化艺术节上，我县一次就投入80余万元。2007年投资180余万元，建设了800多平米集表演、展示、传习、研究为一体的蒙古族非物质文化遗产传承保护中心，2010年投入73万元进行装修布展。该中心的建立对提高我县"非遗"保护工作水平，弘扬优秀民族民间文化，增强民族自信心和凝聚力，促进各民族的团结具有重要意义。2014年，我县设立了"博湖县非物质文化遗产保护项目代表性传承人基金"，县财政每年拿出10万元用于传承人服装、道具更新，组织传承人参观、考察，为传承人体检及表彰优秀传承人等。

五、创造条件，发展传承人队伍

我县不断加强国家级项目名录和代表性传承人的保护工作，采取多种形式为传承人创造条件，支持他们开展传承活动。每年举办"蒙古族服饰"、"蒙古族刺绣"、"祝赞词"、"萨吾尔登舞蹈"、"长调"等项目保护传承培训班，每年教授学徒200余人。近年来通过开展非物质文化遗产保护项目培训班，我县新增传承人105名。

基层文化部门引领公共文化建设的关键在服务

广东省汕头市澄海区文化广电新闻出版局 谢延平

党的十八大以来，各级对基层公共文化建设作出一系列重大决策部署，兴起了基层文化建设新高潮，开创了基层文化发展新局面。作为基层文化部门，承担基层文化建设的一线任务，对象直接面向基层一线群众，建设基层公共文化，工作的重点在推动落实，落实的关键在服务，只有把服务工作做好了，做到位了，基层群众才能对公共文化建设有直观感受，享受公共文化建设带来的真正实惠。

一、服务于基层，着力完善发展基层公共文化服务网络

澄海作为粤东西北经济欠发达地区，基层公共文化服务网络总体滞后，客观存在设施缺乏、资源分散、总量不足、布局不够合理等现实问题，制约影响着基层公共文化建设的科学健康发展。从 2011 年开始，我们着手实施澄海区基层公共文化服务网络建设五年规划，不断完善区、镇（街道）和村（社区）三级公共文化服务网络，破解基层文化建设难题。我区先后争取并投入 1128 万元专项资金用十三级网络建设，各级公共文化设施建设水平得到飞速提升，公共文化资源得到有效整合。我区图书馆、文化馆先后被评为国家（县级）一级馆和国家（县级）二级馆，70% 的镇（街道）综合文化站达到省二级以上标准，100% 的村（居）文化室实现"五个有"建设标准，全区文体广场数量从 105 个增加到 212 个，其中区级文体广场数量增加至 3 个，面积超过 7000 平方米。2014 年，澄海区顺利通过"全国先进文化区"复查验收，连续 17 年保持了全国文化先进单位荣誉称号。

二、服务于群众，不断丰富活跃广大群众精神文化生活

文化建设的根本任务，就是满足人民群众日益增长的精神文化需求。我区拥有近 80 万固定人口，随着经济水平的提高和生活水平的改善，群众精神文化需求已从基本需求向多样化、多层次、多方面发展，丰富活跃群众精神文化生活成为现实课题。我们注重发挥文化馆、图书馆、博物馆、艺术馆和基层文化站（室）等公益性文化场馆的主阵地作用，全部面向基层群众免费

开放，并不断扩展基本服务项目，主要场馆内部均提供有免费 WIFI 上网服务等内容，为广大群众在图书借阅、文化辅导、艺术鉴赏、知识涉猎、网上娱乐等方面提供便利支持。区图书馆年接待读者量达到 3 万人次，借阅图书超 5 万册次，并在 7 个重点企业建立"流动图书馆"，丰富人员密集企业职工业余文化生活。认真实施文化下基层工作，组织开展送书、送影、送戏"三下乡"活动，按时完成"一月一村一场"公益电影放映，年预计送书 6000 册、送影 1572 场、送戏 200 场。每年春节元宵等重大节日期间，组织开展"和谐澄海"、"幸福澄海"、"梦启红头船"等大型广场文化活动和文化进乡村系列活动，将文艺节目零距离送到百姓身边。全区现有潮乐、灯谜、书法、民间动物舞蹈等业余文艺队伍 160 余支，各镇（街道）年举办各门类文体活动 500 场（台）以上，极大丰富满足了广大群众精神文化生活需求。广泛开展文化志愿服务，不断提高文化志愿者比例，壮大志愿者队伍，我区注册文化志愿者人数居全市第一，每月至少一期潮剧唱腔、书法、摄影、灯谜、版画等免费培训，受到群众热烈欢迎。

三、服务于历史，确保文化遗产得到真正保护有效传承

澄海置县至今 400 余年，以潮汕文化为代表的区域文化源远流长，历史悠久，尤以侨乡文化和民间动物舞蹈广植群众日常生活，形成澄海独特的文化景观。现国家级非遗项目"澄海灯谜"、省级非遗项目"鳌鱼舞"和"蜈蚣舞"，包括澄海潮剧、澄海版画等已然成为澄海文化名片。面对历史文化遗产，我区不仅在建立完善传承体系和传承基地上下功夫，更加注重对外交流，让澄海文化走出去、活起来、亮起来。先后组织蜈蚣舞蹈参加广东省国际旅游节开幕式表演和新加坡第 41 届妆艺大游行、组织鳌鱼舞表演团队参加第五届粤东侨博会心连心大型文艺表演、组织澄海潮剧赴泰国曼谷参加"广东文化周"等大型活动，接待日本版画协会会员、日本美术家联盟会员泽冈泰子、日本大同大学校长长泽冈昭一行参观"澄海版画创作基地"。开展"活力非遗"灯谜论坛和"谜乡走亲"交流谜会等系列活动，组队赴福建、江苏、陕西等地参加全国性灯谜参事，参加并摘取 2015 年"第二届中华灯谜文化节·华山国际谜会"华山论剑团体争霸赛冠军，并经央视"新闻联播"报道，对澄海文化宣传起到了积极作用。同时，重视推动文物保护工作的深入开展，认真做好文物保护单位的申报、升级、修缮、管理工作，市级以上文保单位数量不断上升，占比 36%，全区 79 处不可移动文物点和 7000 余件（套）可移动文物连续 20 年无一安全事故发生。

四、服务于创作，催生优秀文艺作品带动文艺繁荣发展

习总书记指出，优秀文艺作品反映一个国家、一个民族的文化创造能力和水平。同样，优秀文艺作品也反映着一个地区的文化创造能力和水平。2012 年开始，澄海区委、区政府决定设立"澄海文艺奖"，每年投入 80 万元专项资金用于奖励澄海优秀文艺作品和优秀文艺人才，涌现出一大批新人新作，澄海的群文创作取得可喜成绩。2011 年至今，先后有 57 个作品获国家、省、市不同奖项，46 幅（件）美术书法摄影作品参加省、市美术书法摄影作品联展。村歌《千年程洋岗》获全国村歌十大金曲奖并入选"中国村歌精选100 首"，在人民大会堂进行了汇报演出，潮语电视连续剧《铨曹冰鉴唐伯元》获全国戏剧文化奖大型剧本铜奖，小品《你幸福吗》、小戏《招骂》、舞蹈《红头船之恋》等文艺原创节目获省多项殊荣，版画《太行·母亲》、《战士的鞋》等 4 件作品入选文化部、省文化厅举办的美术作品展。在市性各项赛事中，我区推荐和获奖作品均在全市名列前茅，我局多次获得"优秀组织奖"。每三年举办一届"乡音唱澄海"原创潮语歌曲大赛，2015 年第一届大赛评选出 12 首金曲和 16 首优秀歌曲，12 首金曲录制成 MV 并投放网络，引起强烈反响。

五、服务于经济，牵引助推本地文化产业建设快速发展

经营性文化产业尤其是玩具礼品业是澄海的传统支柱产业，全国五分之四的上市玩具企业，汇聚澄海区，澄海被誉为"中国玩具礼品之都"，是世界知名的玩具礼品生产基地。为助推以玩具礼品业为龙头的经营性文化产业发展，实现文化效益向经济效益的转变，我们重点以"三个一批"为牵引，即：力推一批有自主创新能力、有自主知识产权的文化企业列入文化部动漫制作和播放资格的认定，力助一批企业申报省级版权兴业示范基地，力争一批文化创意企业列入省的扶持，帮助文化创新企业增强自创品牌含金量，发挥示范辐射作用，推动澄海"动漫文化带动工程"全面发展。近年，通过服务引导，雅威、奥飞、小白龙、飞轮、鸿祺等 5 家企业先后获省版权局颁发的"广东省版权兴业示范基地"称号，奥飞、俊之美、骅威、小白龙、实丰、飞轮和乐吉儿等 7 家企业先后取得省广电局发放的《广播电视节目制作经营许可证》，飞轮科技实业有限公司"漂移少年"主角战车"飞炫号"产品设计被省版权局认定为"广东省最具价值版权产品"，奥飞动漫与好莱坞新摄政娱

乐公司达成长期战略合作关系。组织印刷企业开展诚信经营活动，广东宏达印务有限公司获得"广东省首届十大诚信印刷企业"称号。同时，认真开展以"扫黄打非"为重点为文化市场监管工作，以有效监管净化社会文化环境，正规文化市场秩序，保证文化市场健康发展。

作者简介：

谢延平，男，汉族，党员，1961年11月生，现任广东省汕头市澄海区区委宣传部副部长、文化广电新闻出版局局长。

先后参加广东省党校公共管理专业全日制本科学习和中山大学EMD硕士班公共管理专业在职教育，1987年参加工作，历任龙湖区坝头镇宣传统战委员、党政办主任、澄海区莲华镇副镇长、澄海区溪南镇副镇长、副书记、纪委书记、镇长、澄海区上华镇副书记、镇长，现任澄海区区委宣传部副部长、文化广电新闻出版局局长。

加强管理　开拓创新
推动文化事业快速发展

湖南省辰溪县文体旅游广电新闻出版局　郑朝晖　翟迟珍

半年来，在县委、县政府的正确领导下，在上级业务主管部门的悉心指导下，县文体旅广新局坚持以邓小平理论、三个代表重要思想、科学发展观和党的十八大、十八届三中、四中、五中全会精神为指导，紧紧围绕年初工作安排部署，深入扎实地开展了"两学一做"学习教育活动，充分发挥部门职能作用，突出重点，开拓创新，狠抓各项工作任务的落实，现将工作落实情况总结如下：

一、围绕文明县城创建工作，各项文化事业取得新成绩

（一）公共文化服务供给能力不断提高。一是加强公共文化服务设施建设

按照"美丽乡村·幸福家园"淳化工程建设要求，重点加强对船溪乡船溪村、火马冲镇麻家湾村、辰阳镇周家人村、柿溪乡溪口村、锦滨镇周家湾村、火马冲镇大桥村、上蒲溪瑶族乡五宝田村、小龙门乡肖家溪村8个示范村的文体基础设施建设，共购置8台电脑、8套电脑桌椅，建设了2个电子阅览室建设，发放体育健身路径8套、健身工程器材8套，送戏下乡8场，送电影下乡96场。实施了"四馆一中心"建设，目前文化馆、图书馆正在按国家一级馆标准建设；博物馆选址已明确，正在筹备建设之中；体育馆主体工程已完工，正在内部装修中；影剧中心9月份启动修缮及环境整治工程，2016年底前文化馆、图书馆、体育馆可正式投入使用。投入900余万元，对全县23个行政村实施综合服务中心示范点建设，目前已完成任务进度的50%。二是群众性文化活动广泛开展。先后组织举办了"文明辰溪"春节文艺汇演、五宝田篝火晚会、"山水修溪·醉美之旅"晚会、辰溪县庆祝建党95周年暨长征胜利80周年"红旗颂"大型合唱比赛、"欢乐潇湘·幸福辰溪"群众文化艺术汇演等二十余场大型群众文化活动，受益群众10余万人次。在怀化市庆祝建党95周年暨长征胜利80周年"红旗颂"大型合唱比赛中，我县荣获二等奖；男子小组唱《沅水放排》参加了中国艺术节湖南赛区的入选录制。

三是积极开展形式多样的全民阅读活动。开展了"4.23 世界读书日"系列读书活动、"全国图书服务宣传周"系列活动；组织举办了中老年电脑、少儿舞蹈、合唱艺术等各类培训班 5 期；举办了辰溪县首届"农信杯"迎春书画大展赛、元宵节"新春闹元宵.有奖猜灯谜"、大酉讲堂暨五月风文学讲座等活动，丰富了城乡群众的精神文化生活。四是做好文化惠民工作。组织高腔剧团、文化馆、图书馆、电影放映队等专业团队深入农村积极开展文化下乡活动。完成了"演绎惠民—送戏下乡"45 场次，农村公益电影放映 2903.8 场次，送图书下乡 3000 册次，送春联下乡 2000 余幅，有力地促进了新农村文化建设。五是做好三区人才支持计划工作。按照省市文化工作者的选派条件和县情实际，及时摸底确定了 19 名文化工作者和受援单位，通过培养文艺骨干，开展文艺活动，强化文化站、农家书屋管理制度等，有力地促进基层文化事业的发展。六是文艺创作推陈出新。根据独特的沅水文化资源，组织专家精心创作了男声小组唱《打硪号子.补天》，获"欢乐潇湘"辰溪赛区第一名，并代表辰溪参加市里决赛。创作的廉洁歌曲《中国共产党廉洁准则歌》，在全县广泛传唱。原创情景舞蹈《千里瑶乡颂警魂》荣获市政法委组织的法治怀化汇演第一名。

（二）文化遗产保护利用工作成效明显

一是文物保护工作不断加强，分别与五宝田古村落、船溪古村落等 13 个重点古建筑及存在消防安全隐患的文物保护单位所属的乡（镇）、村两级分别签订《文物保护单位保护责任书》；做好了"美丽乡村、幸福家园"文物点的前期调研工作；对锦岩塔文化遗产进行调研，发现了塔基所在，现正在启动重建前期工作；做好了雷公垴战国墓群考古发掘遗址现场保护方案立项工作；对五宝田"耕读所"瓦面及檐口进行了修缮；完成一普新增馆藏文物 5000 余件的登录及录入工作，普查队成员黎莹同志因工作突出被国家文物局评为"普查之星"；深入谭家场乡道光屯村，对红军长征经过辰溪的事迹进行了专题调查；配合县委、县政府做好老城棚户区改造相关工作。二是积极开展非物质文化遗产保护传承工作。报送了我县非遗项目"辰溪渔鼓"参加湖南省首届非遗展演的资料；加强非遗项目申报工作，社塘木偶戏被列入为湖南省第四批省级非物质文化遗产名录项目。三是加强文化遗产宣传力度。在 5.18 国博日期间，悬挂主题为"博物馆与文化景观"的宣传横幅，并在湘西剿匪胜利公园内隆重启动"一普"成果图片展。共展出图照 115 幅，从"普查流程"、"普查掠影"和"普查成果"三部分图文并茂地展出了不同时期、不同种类的珍贵文物，使群众众更加深入了解、保护、传承辰阳悠久灿烂的

历史文化遗存。在6.14"文化遗产日"期间，悬挂"让文化遗产融入现代生活"主题横幅，张贴宣传标语十余幅；在老年大学开展了丝弦艺术讲座，并教唱了辰溪丝弦新创剧目《辰河神韵》；组织开展了辰河高腔、社塘木偶戏等非遗项目展示展演活动；发放宣传资料3000余份等等。通过开展一系列宣传活动，累计吸引20000余群众参与，提高了全社会文化遗产保护意识，收到良好的社会效果。

（三）广电新闻出版工作稳步推进

一是实施了广播电视"户户通"工程，全年完成9024户建设任务；二是实施了农村广播"村村响"（23个乡镇、272个行政村）工程，4月份完成招投标，5月份~6月上旬完成设备采购，6月下旬开工建设，2016年10底前完成所有工程项目。三是加强广电行政管理，落实有奖举报制度，建立群防群治机制，完善对非法卫星接收设施和非法电台监测、预警、查处等各项制度和措施，切实做到及时发现、迅速查处。

（四）文化市场管理井然有序

坚持"一手抓繁荣，一手抓管理"的指导方针，加强文化市场管理。一是做好经营业主的培训工作。开展了对网吧、电子游戏经营场所、音像制品、印刷、书报刊经营业主和从业人员的法律法规、禁毒知识培训，共培训110多人，极大地提高了经营业主的守法经营意识。二是做好行政审批和年检换证工作。对文体旅广新行政审批事项、自由裁量权等进行认真梳理，共梳理出行政许可16项、行政处罚254项；换发新网络经营许可证78家；对16家出版物经营户、7家印刷业经营户、9家打字复印店进行了年检工作，确保了文化市场有序发展。三是开展了扫黄打非集中行动。半年来，全县组织开展了"净网"、"护苗"、"清源"三大专项行动，共制定下发各类通知16份，组织公安、工商、教育等部门开展联合检查四次，收缴各类非法盗版出版物212本，有效打击了非法经营行为。四是积极推进了政府软件正版化工作。年初制定了政府软件正版化工作使用方案，对软件正版化工作责任部门及责任人信息进行了登记，全县共有53家县机关1485台台式电脑安装了正版软件，其中安装操作系统367套，办公软件1485套，杀毒软件1485套。五是做好网吧、娱乐场所的监管工作。深入开展了网吧等互联网上网服务营业场所专项整治行动，对网吧接纳未成年人、未履行上网人员身份登记义务等违规行为严管重罚，坚持做到了发现一起，查处一起。6月24日，邀请县禁毒委员会专干在我局开展了一次娱乐场所禁毒知识培训，到会业主20余人，并于6月26日联合禁毒大队对娱乐场所进行禁毒专项检查，有力地维护了文化环境安

全稳定。积极推动网吧转型升级，2016 年 7 月 22 日受理一家，正在公示中。

（五）文化产业发展势头良好

半年来，通过深入挖掘特色文化资源，加大乡村旅游扶持力度，加快文化产业转型升级步伐。我县时代巨媒广告有限公司、小龙门穿岩湾生态文化旅游有限责任公司、辰溪县仙人湾生态文化旅游有限责任公司 3 家企业已成功申报为规模以上文化，有力地促进了我县经济的持续增长。目前我县共有 8 家规模以上文化产业企业。

二、积极开展全民健身活动，兼顾发展各项体育事业

（一）重点项目运行情况

2012 年启动了全民体育健身中心建设，该中心位于县城城东新区境内，占地面积 70.4 亩，总建筑面积 31558 ㎡，主要包括"体育馆"和"城东广场"两部分。其中体育馆占地 26.9 亩，设有室内篮球场、游泳馆等综合训练场；市民健身广场占地 43.5 亩，设有休闲广场、户外篮球场、羽毛球场、网球场、门球场、儿童游乐和路径健身等设施。城东广场于 2014 年 9 月份交付使用。目前，体育馆主体框架已完工，正在进行网架及室内外装饰工程的施工。

（二）群众体育活动不断丰富

为提高全民身体素质和健康水平，先后组织举办参与了一系列全民健身体育运动。一是 2016 年 3 月，在锦滨镇组织举办广场舞比赛，来自乡镇、企业和社区的 24 支广场舞队伍 1000 多人参赛。二是 4 月中旬，组织县门球协会参加湖南省第九届老年人运动会门球比赛，获得第团体第五名。4 月下旬，组织县门球协会参加第二届中韩门球争霸赛，辰溪县门球代表队作为湖南省唯一一支参赛代表队，经过激烈角逐，荣获第二届中韩门球争霸赛第 8 名的好成绩。这也是辰溪门球队第一次走出国门、走向世界。三是 5 月份，组织我县体育健儿参加怀化市男女汽排球比赛，男子组获得第三名，女子组获得第五名。同时，为继承和弘扬优秀传统文化，打造辰溪龙舟特色的全民健身品牌，组织火马冲镇大桥龙舟队代表辰溪队参加怀化市首届龙舟大赛，在全市 14 支参赛队伍中，荣获了第五名。

（三）竞技体育发展情况

做好对业余体校的办学指导，对教练员的业务指导和培训工作，不断提高教练员队伍综合素质；进一步加强对业余体校、训练基地、训练房的硬件建设，着力改善业余体校办公条件；提高体育后备人才的输送率，1～6 月，

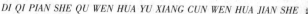

采取向上输送和外输培训的办法，向省、市体育部门输送了优秀、有发展前景的运动员苗子25名，将他们送到条件完善的基地进行训练，为他们的成长搭建良好的平台；同时，我们着力树立金牌意识，着力抓好2016年湖南省青少年赛艇锦标赛、湖南省青少年女子足球锦标赛的赛前训练工作，确保我县运动员在今年的省、市各项比赛中取得优异成绩，提升我县竞技体育综合竞争实力。

（四）健身设施建设日趋完善

按照市、县对我局绩效考核工作任务，把加强全民健身体育设施项目建设作为为民办实事的重要内容来抓，积极向上争取资金和项目。半年来，通过我局的努力，向上争取了89套农民健身器材、66套健身路径器材，其中已发放了60套农民健身器材、46套健身路径器材安装到有条件的村组。

（五）体育彩票发行稳步增长

按照省局体彩中心、怀化市分中心的工作要求，以今年的欧洲杯为契机，以竞彩玩法为切入点，健全管理体制，提升品牌形象，拓展销售渠道，建立专管员队伍，调整受益政策，抓好体育彩票基层基础性工作，充分调动了各方面发行体育彩票的积极性，体育"竞彩"和"数彩"销售工作取得显著成效。1~6月，已经完成517万元的体彩发行任务，占全年1710万元发行任务的30.2%。

三、实施重点项目建设，山水文化旅游产业不断发展

（一）抓重点项目建设

一是为配合老城区历史文化街区保护规划，现已完成了杨任故居、湘乡会馆、中共辰溪县委旧址、余家巷双眼井、柳树湾渔业村单眼井、锦岩塔等6处文物点的现状勘察设计，并与湖南星旺工程勘察设计公司签定了设计合同，预计9月将实施修缮和重建。二是五宝田历史文化名村保护方案立项报告已顺利通过省文物局审批，10月份前将完成古村文物保护现状勘察设计，年底前争取落实保护专项资金。三是江东浦口宋城旅游综合项目经与投资方湖南省华彩旅游规划有限公司多轮协商，已达成了初步意向协议。

（二）抓乡村旅游引导工作

今年乡村旅游来势较好。全县近两年新增了5家乡村旅游点：1、黄溪口镇双溪村去年成立了七姓瑶生态农业专业合作社，专门从事乡村生态旅游产业开发及旅游产品营销。2、仙人湾乡成立了辰溪县仙人湾生态文化旅游有限责任公司，去年渔业村举办了首届鳜鱼节，目前正在进行旅游基础设施建设。

3、小龙门中伙铺村成立了辰溪县龙门溪穿岩湾生态旅游休闲开发有限公司，目前游泳池、水上乐园、农家乐等项目正在建设之中。4、船溪毛坪村建设了馨月湖休闲农场，种植了大面积的金盏花和格桑花，开辟了人工湖，农家乐饭店等基础设施已部分建成。5、柿溪溪口农业观光休闲项目正在规划筹备中。

（三）抓旅游宣传促销工作

一是3月20日由县委宣传部牵头，与农业局一起策划实施了"三月油菜花芬芳，魅力安坪快乐行"活动，拓展乡村生态农业观光旅游产业。二是为积极推进瑶乡生态文化旅游项目的实施，4月16日至17日策划实施了"走进五宝田，美丽瑶乡行"旅游招募宣传活动。来自省、市、县媒体记者、摄影、书画、文学、自驾游爱好者、驴友团成员等200余人通过"布村、渔村掠影"、"走进五宝田"、"双溪迎宾"、"湖光山色罗子山"四个板块，开展了赏美景、听美声、尝美食等一系列活动，充分让省内外游客了解美丽瑶乡，达到了扩大该项目影响力的目的。

（四）抓旅游安全保障工作

一是做好节假日的值守工作。节假日是旅游高峰期，也是安全事故多发期，为确保节假日期间我县的旅游安全保障工作，加强节假日的值守工作，确保了我县在上半年节假日期间没有发生一起旅游安全事故。二是认真开展旅游市场秩序联合执法检查。4月28日联合县市场和质量监督管理局、县安监局、县公安局消防大队、县文化执法局成立了执法检查组，对我县燕子洞景区，2家三星级酒店，2个五星级乡村旅游点（农家乐）及5家旅行社驻辰门市部进行了联合执法检查。对发现的违规问题现场进行教育，责令整改，确保我县旅游市场秩序依法、依规运转。

四、下段工作计划

（一）大力开展文体活动。在全县城乡继续深入开展"天天舞、周周乐、月月庆"群众文化活动和全民健身运动，重点抓好重大节庆和传统节日文体活动开展。

（二）组织开展文化精品生产，力争创作一批市以上获大奖文艺作品，继续开展"三下乡"活动，为农村广大人民群众送去文化大餐。

（三）积极实施体育馆、文化馆、图书馆、博物馆、影剧中心、妇女儿童文体广电中心、"六位一体"村（社区）综合服务中心、"美丽乡村.幸福家园"淳化工程等文化重点建设项目，加强对23个乡镇综合文化站、434个农家书屋的后续管理工作，不断完善基层文化设施。

（四）继续做好文化遗产保护传承和项目申报、体育健身器材发放工作，全面完成演艺惠民—送戏下乡工作和5010场农村公益电影放映场次任务。

（五）进一步加强文化市场管理，规范文化经营行为，促进文化经营活动健康有序。

（六）继续抓好广电工作。完成广播电视"户户通"（9024户）、农村广播"村村响"（23个乡镇、272个行政村）、广播电视节目无线覆盖三大工程建设任务，推进全县公共文化服务均等化、标准化。

（七）继续抓好旅游重点项目建设、乡村旅游扶持引导及旅游宣传工作。

（八）抓好机关效能建设，加强干部队伍培训，提高业务工作水平。

菏泽文化工作呈现"四多"可喜局面

山东省菏泽市文化广电新闻出版局　陈庆勇　刘传伟

2016 年以来，市文广新局围绕市委、市政府中心工作，精心组织，狠抓落实，各项工作呈现出了成绩多、喜事多、亮点多、创新多的可喜局面。

一是成绩多。公共文化设施建设扎实推进。在第四次全国文化馆评估定级中，定陶区文化馆获评一级馆、曹县、单县文化馆获评二级馆。目前，成武、郓城、鄄城三县"两馆"建设稳步推进，室内装修基本完工，东明县"两馆"主体已经竣工。全市新建村级综合性文化服务中心 503 个、农村文体广场 702 个，总数分别达到 3176 个、3585 个，覆盖率分别达 57.6%、65%。新建文艺活动团体 124 个，总数达 4015 个，覆盖率达 72.8%。组织开展系列文化惠民活动 100 余场，送戏下乡 1218 场，放映公益电影 40280 场，为全市 200 余个福利机构放映电影 1200 余场。文化扶贫成效显著。为全市 855 个省扶贫工作重点村配齐音响设备，并为 53 个省扶贫工作重点村新建综合性文化活动室。中央广播电视节目无线数字化覆盖一期工程建设已基本完成，曹县、郓城、鄄城、巨野、东明已顺利开播。二期工程（定陶、成武）马上启动。无线覆盖区域的群众可以通过一次性购买收视设备，免费收看到 16 套的电视节目。专业艺术创作成果丰硕。新创、复排、加工提升《访化州》、《南下》、《春秋商圣》、《跑旱船》、《大汉英后》、《两架山》等剧目 10 余部。《南国之春》成功入选国家艺术基金 2016 年度大型舞台剧和作品创作资助项目。文化产业蓬勃发展。建立了《2016 年菏泽市文化产业重点项目库》，共征集文化产业重点项目 10 个。启动了 2016 菏泽市文化项目社会办活动，共征集公益文化项目 28 个，总投资 2108 万元，已向社会各界发出推介公告。向市政府提交了《关于打造赵王河文化景观带的建议》。菏泽市创意文化产业协会筹备工作已全部完成。制定了扶持发展郓城水浒小镇的实施方案。先后组织我市巨野农民书画企业和鄄城鲁锦企业参展义乌和深圳文博会。珠峰木艺被评选为 2015~2016 年度国家文化出口重点企业。鲁西南民俗文化记忆入选 2016 年山东省重点建设项目。恒达印务入围山东省新闻出版发展宏观调控专项资金项目库。曹普工艺等 7 家文化企业入选菏泽市第四批文化产业示范基地。新闻出版管理全面推进。开展新闻出版业年度核验工作，共审核印刷企业 275

家、报刊出版单位6家、出版物发行（批发）企业5家、新闻记者证材料518份。在全省"优秀农家书屋工作者"、"示范农家书屋"、"书香之村"和"书香农家"等"四个100"评选中，我市6名农家书屋工作者、6个示范书屋、6个书香之村、6个书香农家入选。为推动全民阅读活动的开展，我市组织开展"知识改变命运·读书创造未来"读书征文活动，目前正面向全市人民征稿。广播影视监管。开展打击治理"黑广播"、整治宾馆饭店卫星电视接收设施等专项行动，查处非法电台5起。净化声屏荧屏，组织全市各级广播电视播出机构开展了违规广告自查清理和频道频率排查工作。

二是喜事多。晋京演出深受好评。由郓城县山东梆子剧团与中国戏曲学院联合创排的国内首部戏曲动漫舞台剧《跑旱船》成功入选全国基层院团戏曲会演31个剧目名单，为我省唯一一部入选剧目，并于7月11日、12日在中国评剧剧院进行了为期两天的演出。中宣部副部长、文化部部长雒树刚，文化部副部长董伟，副省长季缃绮，省委宣传部副部长徐向红、王红勇，省文化厅副巡视员刘敏，市委常委、宣传部部长王永江等领导到场观看演出，并给予高度评价。赴港演出大放异彩。我市传统戏曲经典赴港演出取得圆满成功。应第七届"香港·中国戏曲节"组委会邀请，市地方戏曲传承研究院7月14日至16日赴港展演地方戏。其间，共奉献3场精彩的演出，并举办戏曲讲座。作为首次在香江集中亮相的山东地方戏，菏泽的地方剧种受到香港戏迷的普遍关注。我市精心准备了大弦子戏、枣梆、两夹弦、大平调、山东梆子5个剧种、8个折子戏，上演3台大戏，省文化艺术宣传推介工程首次派出记者跟团采访。我市传统戏曲的精彩演出深受香港观众欢迎，获得圆满成功。

三是亮点多。文博事业发展跨上新台阶。市文物局与中国文物信息咨询中心签订《博物馆文创产品研发战略合作协议》，携手共建中国文物信息咨询中心文创产业菏泽示范基地，共同推进我市文创产品研发。文博系统文化创意产品开发工作实现新突破。我市成为山东省上报国家文物局审批的文博创意产品开发5个试点单位中唯一一个地级市。省文物局批准可移动文物保护修复鲁西区域中心落户菏泽，为我市文物保护事业提供了新的契机。非物质文化遗产保护硕果累累。市政府常务会和市委常委会先后研究通过我局组织编写的《曹州文化生态保护区总体规划》，菏泽文化保护进入全新阶段。我市16个项目入选第四批省级非遗项目名录，总数达93项，继续位居全省第一。组织评选出第四批市级非遗传承人96名，并以市政府名义公布。市图书馆"曹州非遗大讲堂"入选全省非遗保护十大亮点。我市珠峰木艺、曹普工艺、

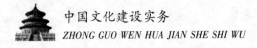

宇生动漫三家企业入围文化部 2016 年度中央财政文化产业发展专项资金扶持计划。

四是创新多。文物工作创造"菏泽模式"。我市文物工作者代表我省在全国第一次可移动文物普查工作会议做典型发言，编辑出版的《菏泽文物》系列丛书在会上受到国家文物局高度评价，"菏泽模式"被国家文物局在全国推广。民俗研究首开先河。鲁西南民俗博物馆联合市民俗学会启动了我市民俗研究五年发展规划编制工作，中国民俗学会副会长叶涛称赞此举开了我国民俗研究之先河。文化创新有章可循。起草《文化创新奖申报管理暂行办法》，为推进文化创新奖申报工作提供抓手和依据。文化宣传创新方式。邀请国家、省市等媒体对我市文化建设、文化扶贫等情况进行集中宣传报道，开创了文化宣传新局面。在《中国文化报》、《齐鲁晚报》等媒体上发表新闻报道 7 篇，在《菏泽日报》、《牡丹晚报》等媒体刊发报道 31 篇，在大众网、菏泽网和局门户网站、微信公众号等网络媒体上发表新闻报道 300 余篇，有力地宣传了菏泽人民昂扬向上的文化风貌。

资源集约化建设 服务特色化发展
江津区创建国家公共文化服务体系示范区新途径

重庆市江津区文化委员会 胡 林 邓正益 何慧敏

江津区建县 1500 余年，有厚重的历史文化底蕴和丰富的特色文化资源，区委、区政府高度重视文化强区建设，紧紧抓住创建第三批国家公共文化服务体系示范区的历史机遇，大胆改革创新，探索出一条既符合江津实际又具引领示范的文化发展新途径。

一、主要做法

（一）文化资源集约化建设

文化资源集约化建设，以社会效益为根本，对文化资源诸要素重组，运用现代管理模式与数字化手段，充分调动以人为本的积极效应，提高文化服务效能的文化建设方式。

1. 以优化整合为纲，完善文化设施网络化。区委、区政府出台《关于加快创建国家公共文化服务体系示范区的实施意见》等关键文件，统筹城乡公共文化设施布局，均衡配置城乡公共文化资源。强化区级文化设施建设，补充完善镇街、村（社区）基层综合性文化服务设施，加快城乡居民聚居点的文化中心户（文化大院）建设，形成以区级文化设施为龙头、镇街综合文化站为基础、村（社区）综合文化服务中心为延伸、文化中心户（文化大院）为末端的四级公共文化设施网络。完善农村应急广播覆盖体系，全面实施农村广播"村村响"、电视"户户通"工程；保障特殊群体基本文化权益，在工业园区、残疾人康复中心、特殊教育学校、老年公寓、廉租房、公租房建立文化体育服务设施。实现城市 10 分钟、农村半小时文化设施网络有效覆盖。

2. 以统筹协调为目，"三联模式"促均衡化。成立由区委、区政府主要领导任组长的创建国家公共文化服务体系示范区领导小组，建立江津区现代公共文化服务体系协调机制，加强统筹协调、整体设计，解决"各行其是，各自为阵"的局面。探索"三联模式"，促进文化发展均衡化。一是辖地单位联动。由宣传文化部门牵头，整合机关事业单位、大中型企业以及在津高校等力量，通过结对共建、合作共享、集团帮扶、爱心捐赠等形式参与公共文化服务体系建设。二是文化机构联盟。推动区"四馆两中心"建立"馆际联盟"、实施四大片区"文化演出联盟"、参与重庆公共文化物联网联盟，有效实现文化设施、信息、人才、产品共建共享，实施"菜单式"、"订单式"文化服务。三是文化商户联姻。由宣传文化部门牵头，文化商户参与，实施"文化惠民卡"项目。

3. 以服务效能为本，加强服务管理规范化。出台系列化实施标准和细则，强化服务、管理和监督，切实提高设施的运营效能。完善服务质量监测体系，制定公众满意度指标，建立群众评价与反馈机制和公共文化服务第三方评价机制，增强公共文化服务评价的客观性和科学性。加强公共文化服务人才队伍建设，确保镇街综合文化站、村（社区）人员编制，建立各级专兼职文化人员的专业培训长效机制，加强业余文化骨干队伍建设，培育和发展文化类社会组织。

4. 以科技融合为要，实施服务方式数字化。结合"宽带中国"、"智慧城市"建设江津区数字文化馆、图书馆、博物馆、数字资源库、公共文化数字化综合服务平台，促进"三网联合"，统筹推进公共文化服务自动化、网络化、数字化。在公共文化活动场所建设电子阅览室、有线电视双向网络，提供免费上网及无线WIFI服务，提供"一站式"综合性公共文化数字化服务。

5. 以大众参与为基，引导文化建设社会化。建设文化旅游产业引导投资基金，制定文化产业发展扶持政策，推动文化旅游融合发展，支持小微文化企业发展，支持社会力量通过多种方式参与公共文化服务体系建设。建立区级文化事业单位理事会制度，加强文化志愿者队伍建设，开展政府购买公共文化演出服务。

（二）文化服务特色化发展

文化服务特色化发展，是立足本地文化资源，着眼文化建设的社会责任和历史使命，使文化服务接地气、有生气。开展"特色文化创新发展与构建现代公共文化服务体系的研究"制度设计课题研究，各镇街开展"一节一品牌、一镇一特色"文化活动，建好一批有特色内涵的文化设施，提升一批群众文化活动品牌，打造一批民俗文化之乡，培育一批特色文艺精品，助推一批特色文化旅游路线，编制一张特色文化地图。

二、主要成效

（一）有效整合文化资源，实现了文化设施全覆盖

投资 2.5 亿元，新建区文化馆、图书馆、博物馆、科技馆、青少年活动中心、儿童活动中心并逐步投入使用。新投 400 万元，通过补充完善、整合利用的方式，利用闲置的公共设施和村（社区）便民服务中心，加强了基层综合性文化服务中心建设，已有 80% 镇街综合文化站达国家等级站建设标准，70% 的村（社区）文化服务中心基本建成。建好 274 个文化中心户（文化大院），德感、双福工业园区职工文体活动中心投入使用。

（二）以标准化促均衡化，保障了公民基本文化权益

出台《江津区基本公共文化服务具体实施标准》、《江津区公共文化设施运行管理和服务标准》、《江津区基层综合性文化服务中心建设标准》。在工业园区、老年公寓、廉租房、公租房等建有文化体育服务设施，新投 100 万元，实施了"文化惠民卡"项目，保障了特殊群体的基本文化权益。

（三）兴建数字化平台，拓展文化服务新途径

投资 300 余万的公共文化数字化建设全面启动。实施"三网融合"试点，双向改造广播电视网络用户 26 万余户；整合党员干部现代远程教育和文化信息资源共享工程资源，覆盖 29 个镇街道、272 个村（社区）。已建成数字图书馆，数字聂帅陈列馆，并建数字文化馆、数字博物馆和江津区公共文化数字化综合服务平台，建立区、镇街、村（社区）、文化中心户四级数字服务体系，在重点公共文化服务活动场所提供了有线上网和免费 WIFI 服务，安装电子阅报屏 200 余个。推行馆际数字化联盟，加盟重庆市公共文化物联网，建立群众文化需求反馈机制，开展"菜单式"、"订单式"服务 500 余场次。

（四）建立社会参与体系，激发了文化服务新活力

设立 30 亿元文化旅游产业引导投资基金，制定了文化产业发展扶持政策和社会资金参与公共文化服务体系建设实施细则。通过项目合作、投资或捐助设施设备、资助项目、赞助活动、提供产品和服务等方式建成了一批以"江公享堂文化大院"为代表的文化大院，开展了以"中山古镇千米长宴"为代表的群众文化活动，全力实施政府向社会购买公共文化服务机制，投入 200 余万实施政府购买文艺演出送基层服务，吸引了社会演出团队参与公共文化服务供给。通过规范化管理、专业化提升、项目化拉动、信息化支撑，壮大了文化志愿者队伍、增强了文化志愿者服务能力。

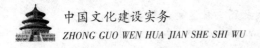
（五）创新服务管理机制，实现了文化建设规范化

出台了《江津区基本公共文化服务具体实施标准》、《江津区"三馆一站一中心"免费开放绩效考核实施办法》等系列标准和管理考核办法，规范了文化设施建设和文化服务管理。加强人才队伍建设，全区镇街综合文化站平均编制达 6.8 人，各工业园区设置了专职文化干部 1 名，村（社区）文化服务中心确定了 1 名文化兼职人员。强化"内涵"和"练内功"，建立健全各级文化单位专兼职从业人员参加学习培训的长效机制。设立 80 万元专项资金，加强业余文化骨干队伍建设，培育和发展文化类社会组织；设立 100 万元文化团队扶持项目基金，加强群众文化团队建设，扶持文艺精品创作，增强文化服务能力。

（六）探索特色文化创新，开启了文化发展新模式。以课题研究为先，强化制度设计创新

与重庆社科院合作开展"特色文化创新发展与构建现代公共文化服务体系的研究"的课题研究，深入挖掘江津区特色文化资源，比较国内外特色文化创新发展成果，探索在构建现代公共文化服务体系过程中融入特色文化创新发展的途径与方法，建立特色文化创新发展的体制机制，为国家层面提供可借鉴、可复制的制度创新。

以地方特色为源，培育特色文化品牌。江津有"古镇文化""楹联文化""长寿文化"品牌以及丰富的"红色文化""抗战文化""名人文化""爱情文化""民俗文化"资源。依托 3 个国家级历史文化名镇、2 个重庆市级史文化名镇、1 个重庆市级名街区资源，弘扬古镇民俗文化、发展文化产业，办好中山千米长宴、塘河龙舟赛、石蟆庙清源宫庙会、李市旱码头歌会、白沙闹元宵习俗、永兴吆喝、"川剧美品之乡"等品牌活动，加大投入做强"白沙·塘河影视基地"。深化已延续 19 年的"滨江之夏"全国特色群众文化广场活动和延续 15 年的四大片区"文艺演出联盟"。依托"中华楹联文化城市"和"联圣钟云舫"名片，培育楹联文化，推出一批楹联精品力作。依托"全国长寿之乡"培育长寿文化、推广孝道文化，推动长寿文化产业的发展。依托聂帅故居、陈独秀旧居、32111 英雄钻井队遗址等红色文化资源，做大红色文化品牌。

以文旅融合为体，提升文化旅游品质。做好"文化＋特色"这篇文章，推出"红色文化""古镇文化""美丽乡村·长寿文化""抗战文化""爱情文化""宗教文化"六条精品文化旅游线路。

团结拼搏　务实苦干
促进文化事业健康快速发展

云南省玉溪市江川区文化广电和体育局　何　俊

2016 年上半年，在区委、区政府的领导下，文化股紧紧围绕年初制定的目标，认真贯彻落实党的十八大和十八届三中、四中、五中全会精神及习近平总书记系列系列重要讲话和考察云南重要讲话精神，统一思想，提高认识，认真落实年初工作计划，团结拼搏，务实苦干，圆满完成了年初制定的各项工作任务，促进了我区文化事业的协调发展和整体推进，各项事业建设上了新的台阶。现将上半年工作情况总结如下：

一、主要工作

（一）群众文化活动蓬勃开展

1. 文艺演出方面。2016 年上半年由我局文化馆组织策划主办、或承办、协办的文艺演出 12 场次，其中惠民下乡演出 8 场次，节庆演出活动 4 场。演出文艺节目 216 个，受益群众 3.2 万，参与的演职人员 1400 余人次。1 月 25 日组织开展了安化"三下乡"文艺演出；过年期间老戏台文艺汇演并举行"江川县花灯、滇剧演出展示"；1 月 ~3 月期间，分别到九溪镇六十亩村、雄关文化站、江城镇黄营村、大街螺蛳铺村、前卫镇文化站和大街街道海浒村举行了以"防毒、禁爱、反邪教"为主题的法治文化建设专场慰问演出 6 场；3 月 6 日，深入到大街街道大营村委会龙泉村举办"文化下乡文化惠民演出"1 场；承办了"中国梦·劳动美·江川情"庆五一"劳动者之歌"主题文艺晚会，晚会由玉溪市江川区总工会主办，于 4 月 28 日在江川影剧院演出。这些文艺演出不仅丰富了人民群众的精神文化生活，也促进了我区文化事业的进一步繁荣。

2. 文艺辅导方面。半年来，我局文化馆根据年初制定目标，采取主动与应邀相结合的方式，全年辅导共涉及文艺团体 20 余个，指导排练节目 80 多个；灯光、音响免费为各类演出服务 8 场次。文艺室人员平均下乡 45 余天。

3. 文艺创作方面。采取广泛发动、重点邀约和培训辅导的方式鼓励创作，

共组织业余作者创作文艺节目 25 个，其中花灯剧表演唱 5 个、花灯小戏 5 个、小品 12 个、相声 3 个。

4. 文艺培训方面。上半年共举办文艺培训 5 期，培训学员 198 人次。馆内举办声乐、器乐长期培训班培训班 2 期，培训类别有钢琴、架子鼓、声乐、古筝，培训学员 56 人次。举办民族舞蹈培训 1 期，培训学员 80 人次；举办花灯舞蹈培训 1 期，培训学员 26 人次；举办文艺创作培训班 1 期，培训爱好者 36 人。

5. 农村电影放映方面。按年初计划，完成了全区 69 个村委会的农村电影放映计划，共放映故事片 414 场，科教片 210 场，观众 48000 余人。

（二）抓好非物质文化遗产的保护工作

我局文化馆按照省、市、县关于非物质文化遗产保护工作的安排部署，坚持"保护为主，抢救第一，合理利用，传承发展"的工作方针，逐步健全和完善保护机制，重点抢救濒危项目，狠抓省市县名录项目，不断强化措施，采取整体推进的方式，较好的完成了今年的非物质文化遗产的保护工作，取得了较好的成绩。

1. 以文化遗产日、重大节庆宣传活动为载体，开展对非物质文化遗产保护的宣传；通过举办展览等形式，让社会各界充分了解非物质文化遗产；充分利用大众传播媒介对非物质文化遗产及其保护工作加强宣传和展示，增强全民抢救保护意识，达成社会共识。半年来，悬挂宣传标语 3 条，张贴宣传海报 20 份，江川电视台播放宣传片一期，黑板报宣传 12 期，橱窗宣传 6 期。

2. 2016 年 2 月 4 日，组织举办"江川县非物质文化遗产大会"，全县省市县级传承人共 126 位参加。市文化局副局长钱彦富、副县长周福荣、文广体局原局长周瑜、原副局长何俊应邀参加会议并作出重要指示。通过会议的召开，较好的宣传和展示了优秀的非物质文化遗产，对非遗保护起到了较好的宣传作用。

3. 2016 年 4 月，组织省级非遗项目"铜器制作技艺"参加澄江县"立夏节非遗展示"活动，省级非遗传承人杨绍华携 68 件作品参加展示。

（三）进一步加强文物古建筑的安全和保护工作

1. 认真开展全县文物消防安全大检查工作。为认真贯彻国家有关文物消防安全的法律法规，深刻吸取火灾事故的沉痛教训，切实做好文物建筑的消防安全工作，根据上级文件精神，结合有关实际，一是于 2016 年 1 月，对全县的江川文庙、早街金甲阁等 7 个古建筑文物保护单位进行了文物消防安全大检查，针对存在的安全隐患问题，现场提出了整改意见，并撰写了自查报告上报上级有关部门；二是于 2016 年 5 月，联合市消防、文化部门及江川消防部门，对"省保"单位—江川文庙进行了文物建筑消防安全"一项一策"检查验收。通过检查，发现了一些问题和安全隐患，对问题和隐患及时提出了整改意见。

2. 圆满完成了《李家山古墓群文物保护总体规划》修编工作。李家山古墓群蕴藏着深厚的历史文化资源，传递着远古的历史文化信息，展现了历史上一个风格独特的青铜文化，是云南青铜文明的重要遗址之一。2001 年 6 月，李家山古墓群被国务院公布为第五批全国重点文物保护单位。为有效做好李家山古墓群的保护利用工作，2005 年 7 月，清华大学建筑设计研究院编制了《江川李家山古墓群保护与利用规划》。此规划于 2006 年 8 月 31 日通过专家组评审、2007 年 12 月 12 日经国家文物局审核通过。根据云南省文物局文件《云南省文物局转发国家文物局关于李家山古墓群保护规划的批复（云文物〔2008〕1 号）的要求，2016 年 5 月，清华大学建筑设计研究院再次对次规划进行有关内容修改，完成了《云南省江川李家山古墓群文物保护总体规划（终稿修改）》本，同时，编制了《李家山古墓群保护与利用工程立项报告》、《李家山古墓群保护规划修编立项报告》，两个立项报告目前已报上级有关部门进行审批。

3. 完成了路居甘棠箐遗址地质调勘工作。2016 年 1 月，配合省考古所、中科院完成了遗址地质调勘工作。由于遗址文化内涵丰富及多方努力，该遗址于 2016 年 5 月，被国家文物局评为"2015 全国十大考古新发现之一"。

4. 加强古建筑文物保护单位的修缮保护工作。一是加强文星阁的修缮保护工作。2016 年 1 月配合江城镇完成了《江城文星阁修缮工程方案》的编制工作；二是积极配合有关部门做好江川文庙主体建筑的修缮工作。文庙主体建筑修缮工作从 2015 年 12 月 25 日开工以来，修缮工作稳步推进、有效进行，目前，屋顶揭顶基本完成，屋顶修缮正在进行；三是配合有关部门积极做好曲焕章故居修缮、江城古镇复原、上营药王阁修缮的前期工作。

5. 加强重点文物保护单位及其它不可移动文物的保护和管理工作。对县级以上重点文物保护单位及其它不可移动文物的保护和管理工作，我们遵循"谁使用、谁管理、谁负责"以及"属地管理、分级负责"的原则；二是加强古建筑重点文物保护单位的消防安全工作。与有关单位签订了《消防安全责任书》，实行目标责任制管理。制定了《江川县各级重点文物保护单位消防安全方案》，并上报了上级有关部门；三是加强李家山古墓群和鲁子材墓地的安全保卫工作。多次召开安全保卫工作会议，制定了有关的管理制度和防火

防盗处置预案等。

（四）促进文博工作的进一步发展，提升服务质量

1. 目前，我区云南李家山青铜器博物馆有《李家山古滇青铜文化展》、《星抚渔韵——江川鱼文化展》等长期展览免费开放参观，为丰富了展览内容，举办临时展览4个。临时展览分别是《云南江川第十一届开渔节"鱼跃人欢"剪纸作品展》展出玉溪市民间民族剪纸工艺师玉溪市非物质文化传承人冯光祥剪纸作品36幅；《星抚铜韵——江川铜工艺精品展》展出江川本地企业和工匠艺人制造的众多铜工艺品中的代表性产品48件（套）；《张贵坤书法作品展》展出玉溪老干部诗书画协会会员张贵坤书法作品39幅；《辛希孟、方懿师生书法作品展》，展出辛希孟、方懿师生书法作品59幅。截止5月底共接待各类观众5.91万人次，其中青少年2.94万人次。

2. 2016年上半年，我区文化馆共举办展览4期，展出作品254件，参展人员136人次。分别为"迎新春书画作品展"、泥塑雕刻展、"少年儿童现场书画、诗词、楹联"比赛、庆"六一"少儿美术创意展。

3. 举办下乡进学校科普知识宣传2次。3月份到驻江川77216部队开展青铜知识讲座1次，展出《李家山古滇国文物图片展》展板20块；在第40个"5·18国际博物馆日"到来之际及科技活动周期间，博物馆组织职工到翠峰中学进行文化、文化等知识宣讲，展出展板40余块，发放5·18博物馆日、文物工作、博物馆参观指导等宣传资料共计1000余份，向在校同学捐赠学习用品400余份；并现场讲解了博物馆知识、李家山古滇青铜文化及其周边文化景观等。

4. 2016年上半年，博物馆针对场馆面积小，展厅数量少，展览单一的情况。腾出杂物堆放展厅，增设1个展厅。并对增设展厅进行整体装修，提升展厅环境；投资近10万设计制作现代铜工艺制品展览，展览新颖独特，受到广大观众的欢迎；制作固定展板17组、活动展板5组；投资3万余元对会议室、档案室进行线路、地面、墙面进行改造，改善档案存放环境，减少安全隐患。

5. 完善馆藏第一次可移动文物普查后续工作，对馆藏珍贵文物分门别类做好电子档案管理；严格按照文物外展移交手续，完成了《茶马古道——八省区文物特展》外展文物回馆工作；按照云南省文物局关于编撰《云南省国有馆藏珍贵文物大系》要求，组织文物保管部门工作人员完成馆藏珍贵文物548件的资料整理上报。

（五）做好图书服务工作，满足人民精神文化需求

1. 2016年上半年我区图书馆共接待读者2.4万人次，外借阅图书期刊4.1

万册次，更换新借书证1285个；投入资金6108元，采购图书227余册，现馆藏图书94464册。共开展活动7次，发放各类宣传单500余份，并通过购进数字图书馆数据库建立电子借阅机，既便利了读者，又促进了文化的发展。

2. 2016年上半年我区新华书店充分发挥了"文化宣传窗口"的作用。销售各类图书、电子产品67,275册（台）、销售码洋合计：1,001,968.50元。其中：销售各类图书67,168册、销售金额825,178.50元；销售电教产品107台、销售金额176,790.00元，为读者优惠让利48,626.14元，取得了较好的社会效益。

3. 认真做好政治学习材料、重点、热点等书籍的宣传征订发行工作。上门宣传征订各种政治学习材料及相关学习书籍32,212册、销售金额332,681.60元。确保及时满足了我区各级领导干部群众的学习用书需求，充分发挥了新华书店文化宣传窗口的作用。

（六）加强干部职工的日常培训，增强责任、安全意识

1. 定期组织干部职工进行政治学习，紧紧围绕党的各项方针、政策、理论、上级业务部门和区委、区政府的各种重要文件、决策部署、会议精神，统一思想，提高认识。

2. 组织博物馆全体职工到通海兴义贝丘遗址发掘现场实地业务培训学习，通过现实地查看，交流学习大家获益匪浅。不定期对讲解人员开展展厅现场讲解培训，现场点评，相互讨论，提高讲解技巧。同时定期开展讲解人员接待礼仪、仪容仪态训练，滇国青铜文化理论学习，整体提高接待服务水平，加强全馆职工工作纪律、工作作风教育。

二、存在不足

1. 经费短缺。一是办公业务经费短缺，许多业务工作难以开展；二是各级重点文物保护单位的专项保护经费一直为空白，致使各级重点文物保护单位的保护和管理工作严重滞后。

2. 文化专业人才紧缺，需进一步完善结构，充实力量。

3. 部分古建筑文物保护单位急需保护。一是部分古建筑文物保护单位墙壁破裂、木材老化、屋顶漏雨，成为濒危建筑，急需加以修缮保护；二是部分古建筑文物保护单位线路老化，缺乏简单的消防设备，火灾隐患较大，急需加以更换线路和配置消防设备。

3. 大部分不可移动文物无专人看守。大部分不可移动文物因无专人看守等原因，难以预防和控制文物盗窃及火灾事件的发生。

4. 图书场馆建盖已久，许多设施陈旧，空间格局以及使用已跟不上现图书馆发展的需求，对图书馆开展许多业务工作带来不便；无购书经费，藏书量远远达不到标准；数字图书宣传力度不足。

三、下半年工作计划

（一）统一思想，提高认识

1. 继续加强定期的政治学习，认真贯彻落实党的十八大和十八届三中、四中、五中全会精神及习近平总书记系列系列重要讲话和考察云南重要讲话精神及区委区政府重要文件精神，统一职工思想，提升凝聚力。

2. 进一步加强职工政治理论和业务知识技能的学习培训，提高职工综合素质能力水平。

（二）深入开展群众文化工作

1. 开展群众文化及"文化三下乡"活动，丰富群众文化生活。从服务基层、服务农村出发认真做好文化下乡工作，坚持开展送戏下乡活动与各乡镇文化站联动，力争文化常下乡工作有新突破。

2. 研究制定"第十二届开渔节"活动方案，努力打造社会文化品牌。

3. 继续做好"三馆一站"的免费开放工作，进一步完善各项制度，提高服务质量。

（三）文物保护工作进一步加强

1. 积极做好"国家考古遗址公园—李家山古墓群"的立项申报工作。

2. 继续加强文物古建筑保护单位的修缮保护工作。主要是继续加强江川文庙主体建筑修缮、江城文星阁修缮、曲焕章故居修缮、江城古镇复原、上营药王阁修缮等工作。

3. 做好路居甘棠箐遗址考古发掘报告的编写工作。

4. 继续加强各级重点文物保护单位和其它不可移动文物的保护和管理工作。

（四）立足文化基础，加大宣传力度

1. 继续开展科普下乡展览宣传工作，举办临时性展览 2~3 个，丰富展览内容。

2. 加强网络化资源建设。进一步做好数字图书的宣传工作，让更多的读者利用好这些便利的资源。

创新文化机制 构建公共文化服务体系

云南省富源县文化体育广播电视旅游局 方盛仙 舒 娟

开展公共文化服务体系建设，是全面贯彻中央公共文化服务体系建设战略部署的必然要求，是认真贯彻落实文化改革和发展规划纲要的重大举措，是统筹城乡文化发展、保障广大人民群众基本文化权益、推进全面健康社会建设的重要保证。为切实保障基层人民群众的基本文化权益，云南省富源县创新机制，加强设施管理，构建县、乡镇（街道）、村（社区）三级公共文化服务网络。

一、加强组织领导，完善体制机制

富源县坚持把文化事业发展纳入全县国民经济和社会发展总体规划，纳入干部政绩考核的重要内容。县委、政府专门成立了富源县深化文化体制改革繁荣文化事业发展文化产业领导小组，出台了《民族文化建设纲要》、《建设一文化三体系构建和谐社会的实施意见》、《进一步加强文化工作的意见》和《关于加强公共文化基础设施建设实施办法》等一系列文件，从政策、机构、编制、办公条件和资金等方面加大投入，全力扶持发展文化事业。每年均多次召开县委常委会和县政府常务会及专题会议，专门研究文化工作，解决工作中的实际困难和问题，出实招、办实事、解难题。制定出台了《中共富源县委关于贯彻落实＜关于加强地方县级和城乡基层宣传文化队伍建设的若干意见＞的实施意见》（富发［2013］19号），建立村级宣传文化员队伍，明确了工作职责。

二、加强阵地建设，完善公共文化服务体系

围绕加快建立和完善农村公共文化服务体系的目标，按照政府主导、社会参与、群众共建共享的原则和结构合理、网络健全、运行有效、惠及全民的要求，遵循"统一规划、合理布局、适度超前、永续利用"的原则，以县、乡公共文化基础设施建设为骨干，以村级文体活动室建设、广播电视"村村通"工程和农村电影放映"2131工程"建设为基础，以广大人民群众为服务对象，全力加快县、乡、村三级公共文化基础设施建设步伐。到目前为止，

全县先后投入各级补助资金 6000 余万元，改建了 2290 多平方米的县文化馆活动场地，被文化部评为国家一级文化馆；新建了 2900 多平方米县图书馆综合楼并整体规划升级，馆藏图书达 16 万册，先后被评为国家二级图书馆、全国文明图书馆、市级文明单位和全国百家期刊阅览室；加强了对中山礼堂、文庙、太和元气坊等古建筑及文庙前文化休闲广场的修复和重建；全县建成了 10 个乡镇综合文化站，1 个省内一流的乡镇图书馆，10 块灯光球场，10 个乡镇文化信息资源共享室、94 个村级农文网培分校、159 个行政村文化活动室及简易球场、167 个农家书屋、108 个文化小广场、33 个自然村文化活动室、3 个文化惠民示范村，覆盖城乡、结构合理、功能健全、实用高效的公共文化基础设施网络基本形成。

三、实施文化惠民工程，初步形成文化服务多元化格局

以群众需求为导向，广泛开展群众乐于参与、便于参与的文化活动，基本形成了多元化供给的公共文化服务格局。近几年来，积极响应送戏下乡号召，每年编排了大量优秀节目深入农村演出，观众达数十万人次，受到群众热烈欢迎。公益性电影放映在全省率先实现数字化，多次受到国家、省、市的表彰。县文化馆、图书馆内部公共空间设施场地进行免费开放。县文化馆在每年寒暑假举办少儿艺术免费培训班，培训人次达 1000 余人次/年。县图书馆电子阅览室免费开放时间 2780 小时/年，服务人次为 4.65 万人。全县 12 个乡镇（街道）目前已经有 10 个乡镇综合文化站多功能厅、展览厅（陈列厅）、辅导培训教室、计算机与网络教室等公共设施场地全部做到免费开放，书报刊借阅、时政法制科普教育、群众文艺演出活动、数字文化信息服务、公共文化资源配送和流动服务、体育健身、青少年校外活动等服务项目全部免费提供，公共文化服务组织支撑体系逐步健全。

四、鼓励创作，打造具有富源特色的文艺精品

近年来，在上级主管部门的关心和帮助下，富源县政府每年对优秀文艺作品进行一次奖励，激发文艺工作者的创作热情，鼓励广大文艺工作者以胜境文化及水族民族民间独有的文化为创作源泉，先后创作了水族音乐舞蹈诗《石头爹娘》、情景舞剧《桃花乡里人》参加云南省第十届、第十一届新剧（节）目展演分别荣获银奖、金奖；创作的水族风情变奏曲《贝侬叟哝》，被选送参加云南省第二届少数民族文艺会演。创作编排的《水族健身操》已被

曲靖市列为推广项目。

五、大力发展农村文化户（联合体），丰富群众文化生活

立足实际，挖掘提高传统文化艺术，引导和支持农民文艺演出，大力发展各类农村文化户（联合体），包括文艺表演（舞狮耍龙、唢呐表演）类、工艺美术制作（根雕、剪纸艺术）类、民族乐器制作类等。富源县有农村文化户（联合体）文艺表演类共147户，成员人数2788人，富源县文化体育广播电视旅游局重点辅导提高了中安"大众娱乐队"、墨红"好运来"文化联合体、马冲文化联合体、老厂文化联合体、古敢文化联合体等一大批文艺团体的文艺水平。农村文化户（联合体）立足于民族实际，积极挖掘整理传统文化，如古敢的20多支文艺演出队活跃在各村寨，排练演出本民族留传下来的歌舞，使几近失传的水族舞蹈《狮子灯》得以重现乡间舞台，《金钱棒》、《竹竿舞》、《糍粑舞》等舞蹈通过加工整理，在农村深受群众欢迎，得到了继承发扬；以节假日和农村红白喜事为活动载体，在积极搞好经济创收的同时，不仅排演了较多的群众喜闻乐见的文艺节目，还能积极配合党委政府的中心工作，自编自导节目宣传党的方针政策、新农村建设中涌现出的好人好事，以及计划生育、煤炭安全等内容，较好地发挥了文艺宣传的作用。

经过全县的共同努力，富源县形成了公共文化服务基础设施完善、公共文化服务活动内容丰富、公共文化服务保障措施得力的公共文化服务体系，为全县经济社会发展提供了强大的精神动力和智力支持。

新时期开展群众文体活动的思考

湖北省孝感市文化体育新闻出版广电局　宋明芳

广泛开展群众性文体活动，这是丰富人民业余生活、满足人民精神文化需求的重要途径，是文化小康的重要内容，对推动社会主义文化大发展大繁荣具有重要意义。近年来，国家高度重视群众文体活动的开展，人民群众对文体生活的需求与日俱增，积极满足广大人民群众生活新期待成为各级党委、政府工作目标的共同追求。当前，我市群众文化体育发展形势良好，在全市城乡广泛开展了寓教于乐、内容丰富、健康向上的群众文体活动，但从规模、水平和程度来看，都远远落后于经济、社会的发展，与武汉城市圈副中心城市的战略定位不相符，和人民群众对精神文化生活的需求不相适应。本文从现状分析入手，就如何克服和解决我市群众文化体育活动开展面临的困难和存在的问题，进行了一些探索，以期对进一步活跃我市群众文化体育生活有所裨益。

一、孝感市群众文化体育活动开展概况

改革开放以来，孝感市的文化体育事业发生了深刻的变化，为群众文化体育活动的开展打下了坚实的基础。

（一）政策和财政支持力度逐年加大

政策指导性日益趋强。市委、市政府高度重视包括群众文化体育在内的文化事业的发展，近年来出台了多个促进文体事业和产业发展、鼓励群众文体活动开展的政策性和指导性文件、实施办法。编制了《大力推进文化跨越，加快建设中华孝文化名城纲要》，将此战略目标作为全市推进"五个跨越"、建设"五个城市"发展战略的重要组成部分；印发了《孝感市全民健身计划（2011～2015）》，对我市"十二五"时期的全民健身事业发展做出了全面部署，将全民健身计划的实施与我市经济和社会发展规划协同推进；《孝感市文化体育新闻出版广电局"十三五"发展规划》即将正式行文，充分体现了文化与经济、社会协调发展、同步发展的愿景。

财政投入量逐步增大。市委、市政府对文体事业的高度重视，使财政资金逐年向文体基础设施建设倾斜，"十二五"期间，全市公共文化设施投资额

达 205740 万元，全市公共体育设施投资额达 30560 万元。持续加大文化事业经费财政保障力度，"十二五"以来，全市文化事业经费累计投入达到 8.6 亿元，年均增长 20%。

（二）群众文体活动阵地建设不断加强

近年来，孝感市文体基础设施建设实现历史性突破，基本形成了覆盖城乡的公共文化服务设施体系网络，服务能力和服务水平不断提高。

标志性文体设施建设加快推进。首个采用 PPP 模式，总投资 14 多亿元集十大功能于一体的孝感市文化中心年底前将竣工并投入使用；总投资近 8000 万元的市游泳馆开馆运营；投资 2000 万元将市体育中心改造成集竞赛、训练、健身、休闲于一体的体育休闲公园。

市县文化场馆更加完善。全市建有 8 个公共图书馆、12 个博物馆（纪念馆）、8 个文化馆（群艺馆）和 1 个美术馆，其中国家一级图书馆 1 个，二级图书馆 4 个；国家二级文化馆 2 个，三级文化馆 2 个；国家三级博物馆 2 个。

文体惠民工程全面推进。全市共建有 119 个乡镇综合文化站和 3163 家村级文化室，实现乡镇、村（社区）站室全覆盖；市、县、乡三级文化信息资源共享工程分中心全部建成，70% 的村建有共享服务点；全市乡镇行政村体育健身设施覆盖率达到 81.2%，城市社区体育健身设施实现全覆盖，县级以上主城区初步建成"15 分钟健身圈"。

（三）群众文体队伍建设成效显著

孝感市群众文化体育活动具有深厚的历史积淀和广泛的群众基础，"杨店高龙"、"杨河高跷"、"倒店连响"、"大唐竹马"和遍及城乡的"楚剧戏班"，声名远播，享誉全国。

群众文化体育队伍遍及城乡。目前，全市有群众文艺团队 476 个，孝之韵艺术团等 7 家社会文艺团队今年还被省文化厅命名表彰为湖北省百佳社会文艺团队。注册的群众体育协会有 13 家，职工体育俱乐部 1 家（天鹰篮球俱乐部，即将改为市篮协），青少年体育俱乐部 3 家。市本级和 7 个县市区均成立了社会体育指导员协会。

群众文化体育人才迅速成长。目前，全市受组织管理、从事基层文化工作的在职在岗人员有 795 人，其中"三馆"330 人，剧团 227 人，乡镇综合文化站 238 人。有民间剧团、乐队 263 个，共 2158 人。有国家级非物质文化遗产传承人 3 人，省级传承人 17 人和市级传承人 42 人。全市有各级社会体育指导员 9589 人，其中国家级 23 人，一级 581 人，二级 4081 人，三级 4904 人。

（四）群众文化体育活动蓬勃开展

基础设施建设的推进和群众文体队伍的壮大，极大调动了文体工作者、

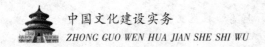

广大群众参与文体活动的热情，全市各级文化体育主管部门每年结合各自实际策划开展了各类大中型文体活动，城乡各类群众文化体育活动开展的有声有色。

打造文化活动品牌。落实免费开放政策，全市博物馆、纪念馆、美术馆、图书馆、文化馆（站）等基本性文化服务设施，全部实现对外免费开放。制定了《孝感市"三馆一站"免费开放专项资金管理办法和绩效考评办法》，建立健全了公共文化服务公示制度。打造文化服务品牌，市直图书馆开办的"澴川文化讲堂"、孝昌县图书馆举办的"书·时光"公益讲坛，在省内具有一定影响力。打造节庆文化品牌，安陆的国家李白文化旅游节、汉川的楹联艺术节、大悟的红色旅游节、云梦黄香文化节等主题文化节庆活动在全国全省有一定影响力。打造"一县一品"文化品牌，形成了市本级的孝文化、孝南的雕花剪纸、汉川的楹联、云梦的皮影艺术、安陆的水墨漫画、应城的膏盐文化、大悟的红色旅游、孝昌的书法等市县特色文化品牌。安陆的水墨漫画创作被文化部确定为重点扶持项目，云梦皮影多次代表湖北省进京演出，并多次出国进行文化交流。

打造精品群体赛事。近年来，我市全面贯彻落实《全民健身条例》和《湖北省全民健身条例》，认真实施《孝感市全民健身计划（2011～2015）》，以开展群众性体育活动为载体，将全民健身事业作为一项重要的民生工程来抓。充分发挥体育社团俱乐部的力量，以"全民健身月"、"全民健身日"为时间节点，在全市组织开展各类丰富多彩的群众性体育活动。常年坚持组织迎春长跑、足球联赛、篮球联赛、8·8全民健身日展示、"时尚假日"体育休闲、广场健身舞大赛等群众体育年度系列赛事，并引入民间资金成功举办了世界篮球明星赛（孝感站）、"武林风"WLF环球拳王争霸赛（孝感站）、城市乐跑、彩虹跑、槐荫河端午龙舟赛等深受大众喜爱的热门体育赛事。龙王恨集团成功申报湖北省钓鱼培训基地。孝南区荣获"全国群众体育先进单位"称号，应城市被省体育局命名为"湖北省篮球之乡"。

二、群众文体活动开展面临的困难与问题

与经济、社会的发展相比，孝感市文体事业发展还有较大差距，尤其是群众文体活动开展这一块，显得十分薄弱。

（一）群众文体活动的思维理念比较落后

对群众文体活动的认知观念亟需转变。孝感正处于人均GDP4500美元向10000美元跃升，由农业城市向工业城市转型的阶段，在社会经济结构和经济

增长方式转变过程中，群众文化体育的社会地位和功能日渐模糊，出现了简单的向大众化和娱乐化看齐的倾向，导致不重视群众文化体育的现象依然存在。一些领导干部对群众文化体育活动不愿抓，在思想上重经济建设，轻文化建设；重设施建设，轻活动开展；重产业经营，轻公共服务；重短期效应，轻长远利益；重城市活动，轻农村活动；在工作中被动式、应付式抓文化体育，缺乏积极性、主动性。同时，部分群众对人们在追求物质生活的同时追求精神文化生活不理解，甚或持有偏见，认为群众文化体育活动不过就是"吼几声、扭几哈"，"只出风头、没得看头"，"老来俏、跟到闹"，影响了群众文化体育活动的广泛深入开展。

对群众文体活动的组织理念亟待更新。新时期，群众的精神需求发生了较大变化和明显增强，群众文体活动形态呈现出新的发展趋势，很多群众从过去的被动接受发展为积极主动参与。群众乐于自我表演、自我欣赏、自我娱乐、自我教育。但一方面我们组织群众文体活动的理念相对陈旧，形式单一，内容枯燥；另一方面又基于对群众文体活动自发性的片面认识，使我们疏于对群众文体活动的组织和管理，所能提供的服务不能最大限度地满足群众的需求。所以我们必须积极转变群众文体工作理念与形式，遵循文体活动开展的客观规律，探究丰富文体活动的有效途径，认真组织与开展好群众文体活动。

（二）群众文体活动的质量水平有待提高

品牌不多，标识性符号有待形成。孝感文化底蕴深厚，是楚文化的发祥地之一，是全国唯一以"孝"命名的中等城市，但还没有很好地进行挖掘、开发和利用，又没有很好地对开展群众文体活动的形式、内容方面进行创新，跨地域、跨行业的交流融合也很不够，没有"形成合力办大事"。很多县市区的"一县一品"还停留在规划中、报告里、口头上，讲得多、做得少，像"中华孝文化旅游节"、"民间文化艺术节"、"楚剧展演"、"迎春长跑"等常年坚持打造的品牌活动寥寥无几。具有标识性的品牌活动缺失，严重局限了我市开展群众文化体育活动的影响力。

吸引力不足，群众参与面不广。调查显示，在群众文化体育活动的参与群体中，从年龄来看，主要以中老年人为主，很少有年轻人参与；从地区来看，又以城镇居民为多，农民群众享受公共文化体育服务不多。大多数馆站的阵地活动陈旧单一、枯燥乏味，缺乏吸引力。普遍存在重文化娱乐，轻教育引导的现象。很多群众文体活动的组织者缺乏对活动的充分策划与分析，活动内容陈旧，创新能力差，节目更新缓慢，一些活动仅有形式没有内容。

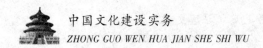

有些活动组织者以行政命令要求群众参与活动，使得群众的热情不高、参与率低，出现活动组织者"一人独舞"的局面，既不能满足群众的基本需要，也难以达到教育、引导群众的目的。

（三）群众文体活动的保障机制尚不健全

基础设施建设仍然落后。全市人均文体基础设施占有量偏低，"三馆"达标县市不多，目前只有应城图书馆被评为国家一级馆，新建和改扩建步伐跟不上人民群众对文化需求的增长速度。新建乡镇综合文化站自有产权占比偏低。体育场馆相对老化，人均体育场地面积离国家有关规定还有一定差距。

人才队伍建设亟待加强。市、县两级文化艺术单位专业干部青黄不接，专业人才严重缺乏；乡（镇、街道）综合文化站缺少专职干部，多数站长为兼职，且少有文艺特长，不能很好胜任基层文化工作。大多"非遗"传承技艺后继乏人。

活动经费保障投入不足。近年来，我市财政对文化事业的支出虽逐步加大，但受财政总收入的制约，基数仍显较小。按省统计局数据，2015年我市文化事业经费在全省17个地市州中排名第8，人均文化事业经费排第15。目前，市文体新广局组织开展孝文化系列大型活动基本无固定经费来源，如民间文艺大赛、省市广场舞展演及湖北艺术节等活动的组织、开展等。而县市区一级的基础设施建设、惠民工程运转，主要还是依靠中央、省、市文化体育项目资金，县财政在完成配套支持资金方面压力不小。而大部分乡镇财力并不宽裕，文体活动经费更捉襟见肘，仅能维持运转所需的管理、维护等日常费用，要使其发挥开展群众文化活动、丰富群众文化生活的作用，则只有靠自己各显神通，找米下锅。

（四）群众文体活动的管理体制存在弊端

孝感市群众文化体育管理体制历经多次改革、调整，形成了市、县、镇、村四级工作管理体制。目前来看，影响群众文体活动开展的体制性障碍还有不少，人事、劳动、分配制度等配套改革也还没有完全到位，政企不分、政事不分、管办不分、条块分割、多头管理、利益纠缠的现象突出。

从面上来看，市文体新广系统12个二级单位，仅从经费来源来看，全额拨款单位、差额拨款单位、自收自支单位都占齐了，利益的不平衡造成工作步调难以一致。人员编制也明显不够，进不来、出不去，人员老化、专业人才缺乏。

从纵向关系上看，作为各级文化体育活动管理单位的文体部门，与各乡镇综合文化站又并无直接的隶属领导关系，群众文化体育工作上对下以"指导"的名义布置，下对上以"协助"的形式开展，并无组织约束力。

从点上来看，群众文体工作的机构设置、人员队伍，越到基层越呈"弱化"态势。县市区一级都没有成立自己的体育总会，体育协会活动缺乏统筹，规模不大，没有影响力。乡镇综合文化站的负责人很多是兼职，文化体育工作并非主业，很多时候还是围绕乡镇中心工作转，专干不专。

群众文化体育工作具有广泛的社会性和基层性，其管理本身就是一项浩繁的社会系统工程，而体制与机制的缺陷与失效，直接影响到管理效能的发挥和活动的正常开展。

三、关于更好地开展我市群众文体活动的举措

（一）转变观念，提高全社会对开展群众文体活动的认识

一是要提高全市各级领导对开展群众文化体育活动的认识，促进自身观念转变、创新，增强自觉性和主动性，把群众文化体育活动由自发行为上升为组织行为，由部门行为上升到政府行为。二是要增强全社会参与群众文体活动的积极性和创造性，加大对发展和繁荣群众文化的宣传、教育力度，把群众文体活动打造成全社会、全体人民的行动，形成开展群众文体活动的浓厚氛围，最大限度的发挥文化引领风尚、教育人民、服务社会、推动发展的功能。三是要创新开展群众文体活动的思维理念，树立综合思维、社会思维、市场思维，充分调动地方政府和社会各方面的积极性，走政府扶持、依托社会、面向市场、自找发展的新路子。反过来，又通过开展群众文体活动来培育群众的文化体育消费能力，通过组织群众参加文体活动让他们参与到社会管理和公共服务中，并最大限度地满足人民群众多样化、多层次、多方面的精神文化需求。

（二）提高水平，增强我市群众文体活动的美誉度和影响力

更加注重统筹规划，夯实群众文化体育发展基石。一是要有高度。打造群众文体品牌活动，不仅是当前时代发展的需要，也是各级政府及文体部门必须思考的问题，务必要立足长远，将其可持续性作为一种发展战略，由政府主导，文体部门具体筹划，全市联动，充分调动社会各方面的积极性，把群众文体活动引向深入发展，不断由小做大、由弱做强，不断提高美誉度、知名度，形成社会各阶层广泛参与群众文体活动的格局，在惠民、利民、富民的同时，树立起自己的品牌。二是要有计划。各级政府要把组织开展群众文体活动当作义不容辞的职责，提上工作议程，统筹规划，使群众文体活动"年年有主题，季季有重点，月月有安排，天天有活动"；文体主管部门和相

关业务单位更是要"长计划、短安排",有目的、有组织、有计划地经常举办形式多样的各类群众文体活动。三是要有重点。要提升现有的周期性群众文体活动的档次和水平,比如"中华孝文化旅游节"、"楚剧展演"、"民间文化艺术节"、"迎春长跑"、"全民健身日展示"、"世界读书日"、"世界博物馆日"等。一个群众文体活动品牌活动形成后,不能一成不变,更不能一个模式管几年,在总结活动已有经验和做法的同时,结合中央、省、市要求,根据形势变化,不断创新活动内容和形式,坚持反映时代生活、体现时代精神,做到有部署、有落实,有评比、有奖励,确保活动强大的生命力、吸引力和感召力。

更加注重创新提质,提高群众文体活动组织水平。一是创新活动阵地。不仅要尽可能接纳更多的活动者,关键是要想方设法提高阵地活动的质量档次,将思想性、知识性、娱乐性于一体、档次较高、具有独特风格、社会扩散程度高的活动项目纳入日程,并随着项目不断革新、设备不断更新带动活动形式的不断更新,使阵地活动具有较强的示范性。特别是市文化中心、市游泳馆一批标志性文体活动阵地相继开放,更要高标准、高规格地策划各种群众文体活动,走出去请进来,完善功能布局,开拓思维创品牌。二是创新活动内容。要紧紧抓住社会主义核心价值体系这个灵魂,围绕群众的生产、生活,大力开展积极健康向上的群众文化体育活动,弘扬主旋律,倡导新文明。要结合重大节庆活动和民族传统节日,依托孝感历史、文化、生态资源,举办各种大型群众文化体育主题、专题活动,突出地域特点,展现孝感风貌。三是创新活动形式。要深入挖掘优秀的民间文化资源,积极利用具有浓郁地方特色的民间文艺形式开展活动,增强群众文体活动的趣味性和互动性。要紧扣群众的生产、生活,开发创新形式活泼,群众乐于参与、便于参与的文体活动。要丰富群众文体品牌活动的扶持引导方式,将扶持引导延伸到品牌打造的初级阶段,提前介入,重点支持,加大宣传,为群众文体品牌活动的打造提供坚强后盾。

更加注重资源整合,擦亮群众文体活动品牌。一是要积极探索群众文化活动与文化资源、文化产业结合的途径和形式,使孝感楚剧、孝南雕花剪纸、云梦皮影、汉川善书等民间文艺和技艺,既能融入群众文化生活中,满足群众的精神文化需要,又能走向群众物质生活中,满足群众的物质生活需要。二是要把开展群众文体活动与发展旅游业结合起来。依托孝感市丰富的人文历史、自然地理、文化习俗等旅游资源开展群众文化体育活动,在助推旅游业发展的同时,使群众文化体育活动本身也成为孝感市旅游业的一道亮丽风景。三是要推动全民健身活动与文化、教育、旅游、卫生、养老等行业的融合发展。丰富全民健身活动供给，支持引领各地组织开展以健身休闲为主要内容的绿色户外赛事活动，充分利用"互联网＋"模式来引导全民健身活动网络建设。

（三）增加投入，为群众文体活动开展提供全方位保障

完善公共文化体育服务网络。"十三五"期间，孝感市要在现有文化体育基础设施建设成就的基础上，进一步加大投入力度，统筹规划，完善公共文化服务设施建设，初步建成覆盖城乡、结构合理、功能健全、实用高效的公共文化体育服务体系。加大市本级和县市区文体新广重点项目推进力度。完成市文化中心、市体育中心改造等重大项目续建工程，规划建设一批县市区图书馆、博物馆、文化馆和体育场等公共文体设施和"非遗传习所"，全面完善乡镇综合文体站建设，大力推进社区文化活动室、农家书屋、行政村农民健身工程、社区体育健身路径等多项基层基础设施建设项目，基本建成标准化、均等化的文体服务基础设施。

加大对开展群众文体活动的经费投入。充分发挥市县乡三级文体新广机构的职能作用。强化文化体育属于公益性事业的认识，营造以政府财政投入为主导，广泛吸纳社会资金投入文体活动的氛围。扩展群众文化体育资金投入渠道，鼓励民间资金投资，建立良性多元的群众文化体育资金投入机制，实现投资主体多元化。

一方面是予以政策倾斜：

落实现有扶持政策。一是落实中央、省里的有关政策，逐年增加文化事业的刚性投入；二是依据相关政策，落实文化事业发展专项经费；三是加强对上级转移支付文化经费落实的监督，防止经费未能到达或挪作他用。

制定出台相关政策。一是继续出台鼓励扶持人才成长和专业人才引进的相关政策，调动文化人才积极性；二是依据上级政策出台文化体育设施建设与城市规划发展结合的政策，确保新规划用地必须按标准配套相关文体设施，确保居民住宅区配套的文体设施与居民住宅区主体工程同时设计、同时施工、同时投入使用。

另一方面是加大资金投入：

加大对公共文体设施维护、运行经费的投入。文体设施建设的目的是为了使用，不仅要建成建好，还要管好用好，充分发挥设施的功能。应在现有基础上，逐步增加城乡公共文体服务体系、特别是"免开"惠民工程的运行保障经费。

加大对群众文体活动的奖励扶持和引导力度。各级政府应加大对群众文体活动经费的投入，可考虑建立群众文体专项基金和群众文化体育活动补助金，对大型群众文体活动的组织和开展提供资金保障；对经常性的群众文体活动的开展给予资金支持；对已产生品牌效应的群众文体活动，设立"品牌基金"，鼓励其创新发展，做大做强，在全省乃至全国做出影响。

加大对文化体育事业单位自身建设的投入。打实核足事业经费，助其改造场馆、增添设备、购置图书、器械等基础设施，丰富其内涵，提升其服务群众的能力。

加强群众文化体育人才队伍建设。提升群众文化管理队伍水平。文化馆（站）、体育总会的文体干部既是群众文化体育工作的管理者、组织者，又是实践者，其管理水平、业务素质的高低，直接影响到群众文化体育活动的开展，业务主管部门应对其开展经常性地培训，努力提高干部的业务熟悉度和能力，形成一支会宣传、善组织、能服务的专门队伍。市文体新广局在加强市体育总会建设的同时，应积极协调各地成立各县市区的体育总会，逐步形成以体育俱乐部为点、体育协会为线、覆盖城乡的体育社团组织网络。

增强群众文化体育专业队伍素质。群众文化体育专业人才在引领群众文体活动开展、提升群众文体活动水平方面有着不可替代的作用。从长远来看，要优化政策环境，完善激励措施，形成有利于优秀文体人才成长的体制机制。立足当前，要调整文化体育单位的人员编制和人员配置，增加专业人员职数，保持合理的人才结构、人才梯队；严格文化体育单位人员进入门槛，增加专业考试，专业优先，注重特长；加大对现有专业人员的再培训力度，努力提高其专业素质。

夯实群众文体骨干队伍基础。群众文体骨干队伍活跃在最基层，是群众文体活动最热情的参与者、推动者。文化馆（站）要加大对基层文化骨干队伍的指导、培育和扶持力度，壮大群众文化人才队伍，充分发挥其群众文化活动的主力军作用。体育总会要积极发展新的社团组织，不断壮大体育社团队伍，建立一批面向大众、立足社区、乡镇、企业的体育协会，鼓励社会力量兴办和成立符合政策、自主性强、市场运作能力强的体育社团，着力我市推进体育社团组织网络建设。

（四）加强领导，理顺群众文化体育管理体制

要求各地将群众文体活动开展、公共文化服务等摆在全局工作重要位置，纳入整体规划和年度计划，把群众文体活动开展情况纳入各种社会事业考核评价体系；理顺文化体育事业单位的机构设置、人员配备、经费保障等，消

除"死角"，排除"断档"、"空档"；全面推广安陆"六位一体"文化站模式和孝昌"一个中心　五个支点"模式，同时积极探索建立乡镇综合文化站的双重考评机制，即乡镇文化事业的"以钱养事"考评由乡镇政府和县市区文体局共同完成，从而加强监督和制约，着力解决"管业务不管人"、"文体专干不专"等问题，真正实现群众文体工作有人干、有人管；有序推进各类体育协会改革发展，主动适应"去行政化"的新形势、新任务和新要求，积极融入政府体育公共服务的延伸性工作领域，有效承接政府资源、整合社会资源、拓展市场资源；创新工作机制，促进管理职能转变，统筹安排，分工协作，充分发挥各部门的积极作用，使群众文体工作有序推进、稳步发展。

作者简介：

　　宋明芳，男，汉族，1965年10月生，党员，1982年9月参加工作，大学学历。现任湖北省孝感市文化体育新闻出版广电局局长。

　　自参加工作曾历任：孝感县花园人民公社中心小学教师；县花园人民公社中心小学副教导主任；孝感市（县级）花园区八一小学副校长；孝南区广播电视局广盛公司副经理；孝南区广播电视局办公室副主任兼广盛公司副经理；市委宣传部宣传科干部；市委宣传部宣传科副科级干事；市委宣传部宣传科副科长；孝感市委宣传部新闻科科长；市委宣传部新闻科科长、《经济日报》孝感通联站站长；《经济日报》孝感通联站站长；市委宣传部副部长、孝感市纪委委员；兼任市委讲师团主任（正县级）。2015年9月至今任湖北省孝感市文化体育新闻出版广电局局长、党组书记。

务实创新 锐意进取
全面推进文化事业在创新中发展

甘肃省临夏回族自治州文化广播影视新闻出版局 马光才 马 莉

根据通知要求，州文广局对照相关规划，对"十二五"时期文广工作进行了认真梳理总结，对"十三五"工作思路作了进一步明确，现将相关情况汇报如下：

一、"十二五"工作开展情况

"十二五"期间及 2015 年，全州文化广播影视新闻出版工作在州委、州政府的正确领导和上级业务部门的帮助指导下，以邓小平理论和"三个代表"重要思想为指导，全面贯彻落实党的十八大精神，以项目建设为抓手，以繁荣城乡群众文化生活为目的，务实创新，锐意进取，真抓实干，各项工作在巩固中提高，在创新中发展，在促进中繁荣，呈现出良好的发展势头，取得了可喜的发展成绩。

1、公共文化服务体系建设成效显著。"十二五"以来，我们抢抓机遇，突出重点，加大项目建设力度，不断推进公共文化服务体系建设。

2、艺术事业不断繁荣。编排了"联村联户、为民富民"行动为题材的六场花儿剧《迎春花儿开》，该剧排练完成后于 2012 年 12 月、2013 年 1 月两次赴兰向省州领导成功汇报演出，得到了省、州领导的好评。

3、社会文化服务不断提升。我们以满足群众日益增长的精神文化需求为出发点和落脚点，不断创新思路，拓宽渠道，组织开展了一系列形式多样、健康向上、贴近生活的群众文化活动。

4、文化遗产得到有效保护。落实了文物安全目标责任制，每年逐级签订并完成了文物安全目标责任书，扎实开展全州文物安全大检查，先后破获了多起文物盗挖案件。开展了兰合铁路、"引黄济临"等工程建设中的文物遗址点现场勘查工作。组织开展了我州全国第一次可移动文物普查工作，文物信息采集登录完成率达 99.82% 以上。我州广河县半山遗址、积石山新庄坪遗址、康乐县边家林遗址和近现代重要史迹代表性建筑临夏市东公馆与蝴蝶楼成为全国重点文物保护单位。

5、文化市场监管进一步加强。加强新闻出版行业监管，每年组织开展连续性内部资料准印证的集中审核报批工作和全州其他印刷品、复印打印企业以及出版物发行单位年度核验工作。加强文化场所安全管理，开展了全州印刷企业、图书销售、打字复印等场所安全隐患专项大排查和网吧净网行动专项整治行动，每年签订《临夏州印刷企业守法经营责任书》和《互联网上网服务经营企业守法经营责任制》，对检查中发现有消防安全隐患的经营场所发放了《消防安全告知书》，采取措施、及时整改。

6、广播电视有效覆盖率不断扩大，安全优质播出得到保障。大力开展广播电视户户通工程建设，2012 年完成了 28 万套"户户通"设备的安装调试任务，基本实现了广播电视在全州农村的全覆盖，使全州近 34 万户农民群众能收听收看到中央和地方共 57 套电视节目和 43 套广播节目，全州广播电视综合覆盖率分别达到 95.9% 和 96.41%。安全播出是广播电视的生命线，我们以"高质量、不间断，既经济、又安全"为指导方针，强化责任意识，狠抓安全优质播出工作。

7、文广队伍整体素质进一步增强。近年来，通过公务员招考、事业单位招考等方式，多批次从大学毕业生中选拔了大量优秀人才充实到全州各级文化单位，尤其是乡镇综合文化站等基层文化服务岗位，有效改善了全州文化系统人员紧缺的问题；举办了文化专干培训班、基层非物质文化遗产工作人员培训班、执法人员培训班、基层文化工作者培训班、摄影技术培训班等各类培训班，对现有文化工作人员进行了多次培训，进一步提升了文广工作者业务素质和工作水平。

8、文化产业进一步繁荣。坚持把发展文化产业作为转方式、调结构、促进步的重要抓手，落实文化产业发展规划，催生新型文化业态，通过文化创意和文化旅游的深度融合，助推经济社会跨越式发展。依据《丝绸之路经济带黄金段盛世伊园（临夏）建设方案》和《临夏州华夏文明传承创新区实施方案》，高起点编制上报了《临夏州文化创意产业发展规划》、《关于推进文化创意和设计服务与相关产业融合发展的意见》、《关于加快发展对外文化贸易的意见》、《关于文化体制改革中经营性文化事业单位转制为企业和进一步支持文化企业发展的意见》，编制了中长期规划，储备了集观光、生产、展示、休闲旅游为一体的总投资 2 亿元的古河州婚庆文化创意产业园、永靖县文艺创作园、和政文化创意动漫旅游产业园等 53 个特色文化产业园区，努力打造具有浓郁地方特色的文化产业发展格局。

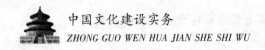
二、工作亮点

一是突出项目建设，进一步完善了城乡公共文化基础设施。特别是高水平、高标准建设了临夏州彩陶馆（博物馆）、文化馆图书馆综合大楼。重点打造主题鲜明的丝绸之路藏品馆、永靖恐龙化石博物馆等 9 家特色文化展馆，全方位展示了我州丰厚的历史文化资源、鲜明的民族文化风格。

二是突出文艺精品创作，充分彰显了临夏特色文化魅力。创作编排了"联村联户、为民富民"行动为题材的六场花儿剧《迎春花儿开》、大型花儿情景剧《乡情》等精品剧目，正在打造大型精准扶贫花儿剧《希望的田野》，恢复修排五场花儿剧《花海雪冤》，组织创作了一批摄影、美术、书法等优秀文化作品，弘扬了地域文化特色。

三是突出文化活动举办，极大地丰富了群众文化生活。成功举办了全国第七届民歌大赛、等大型文化旅游节会，组织举办全州花儿大奖赛、全州少儿舞蹈大赛、《临夏书画、观赏石、雕刻葫芦、花卉盆景艺术展》等全州性的群众文化示范活动，做到了群众文化活动经常化、多样化、特色化、品牌化。

四是突出农家书屋建设，成功探索实施了清真寺书屋项目。我州民族宗教氛围浓厚，清真寺人流量大、影响力强，为此，我州在省局大力支持下创新农家书屋工程建设思路，在省内率先探索建设了 20 个清真寺书屋，并获得成功。这一举措充分发挥了农家书屋工程的作用，同时为工程实施积累了宝贵经验。

五是突出体制机制创新，探索建立了文化市场监管长效机制。我们在新闻出版广播影视市场监管中创新工作方式，建立了两个长效机制：长效监管机制和长效保障机制。长效监管机制就是坚持新闻出版市场监管定期抓、经常抓、时时抓；长效保障机制就是对"扫黄打非"办、文化市场执法队伍配备必要的人员、车辆、设备，保证有人抓、有能力抓。

六是突出工作监督，提升了全系统工作效率。为了确保工作落实，我们每个月底召开一次全系统工作会议，通报各科、各单位当月重点工作完成情况，安排部署下月重点工作。通过这一措施，既做到了对工作抓主抓重，又保证了各项工作有安排、有进展、有落实。

三、存在的问题

1、资金投入仍然不足，文广基础设施仍显薄弱。一是公共文化服务设施建设投入不足。州博物馆、州文化馆图书馆综合楼项目资金缺口 4000 多万元。"1 + 17"精准扶贫方案要求实施的 8 县市未达标的 95 个乡镇综合文化站提升改造、560 个贫困村综合性文化服务中心项目经费缺口巨大；二是公共文化服务设施运转经费严重不足。各级财政未将文艺创作、文化遗产保护、文化市场综合执法、图书馆购书、文物征集、电视节目制作等专项经费列入预算。三是"三馆"建设达标率低，与人民群众日益增长的精神文化需求不相适应。

2、文化产业门类少，重点文化产品数量少、规模小、层次低，缺乏具有影响力大、产品附加值高、可持续发展能力强的文化品牌。文化产业市场资源配置不合理，社会资本投入的渠道不宽，金融财税政策支持不够，文化产业园区建设推进困难。

3、文化人才仍然匮乏。州直文化单位普遍存在缺编问题，特别是州博物馆新馆、州文化馆图书馆综合楼竣工后，工作量急剧增加，人员紧缺问题更加突出。现有人员学历整体偏低，业务素质普遍不高，无法开展高水平、高要求、专业性强的工作，阻碍了文化广播事业发展。

四、"十三五"时期目标任务

（一）工作思路

坚持以邓小平理论、"三个代表"重要思想和科学发展观为指导，深入贯彻落实党的十八大和十八届三中、四中全会精神，服从和服务于全州工作大局，牢牢把握先进文化的前进方向，着力实施文艺精品创作工程，加快公共文化服务体系建设步伐，加强文化遗产保护和文化市场监管，促进文化产业发展，增强舆论引导能力、广播影视传播能力，充分发挥文化广播影视新闻出版引导社会、教育人民、推动发展的功能，增强临夏文化软实力，不断满足人民群众日益增长的精神文化需求，为推动临夏经济社会又好又快发展提供强大的精神动力和良好的舆论氛围。

（二）主要目标

"十三五"期间我州新闻出版广播影视发展的主要目标是：紧紧围绕州委、州政府关于文广建设的战略部署，到"十三五"期末，建成覆盖州、县、乡、村的公共文化服务体系；文艺精品创作、广播电视自办节目特色更加突出，舆论导向能力进一步增强，基本实现有线电视数字化、双向化和地面无线数字广播电视覆盖，到 2020 年广播电视人口综合覆盖率达到 98%；文化遗产保护体系更加健全，文化市场监管更加规范；文化与旅游等相关产业深度融合发展，砖雕、地毯、民族服饰等传统民俗产业优势更加突出，报刊、有

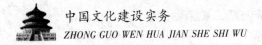

线电视等传统媒体产业和移动多媒体广播电视、网络广播电视、高清电视等新媒体产业快速发展，文化产业竞争力、影响力进一步增强；州级、省级优秀文广人才不断涌现，全州公共文化服务管理运行体系进一步健全，服务水平进一步提高。

（三）重点任务

1、艺术事业

始终把握正确的舆论导向，以正面宣传为主，坚持贴近实际、贴近生活、贴近群众推进文艺精品创作，充分体现民族特色、地域特色，努力实现思想性、艺术性和观赏性的有机统一。力争到"十三五"末期形成一批包括花儿剧、民族歌舞等各个门类的文艺精品。建立健全精品创作生产的科学机制，加大精品创作的扶持和激励力度，充分调动专业人员的积极性和创造性。通过组织参加新创剧目调演、群众性文化活动、大型书画展览及大型文艺晚会等系列文化文艺活动，促进艺术精品创作。

2、社会文化事业

加强"三馆"免费开放工作，积极开展面向农村基层的流动图书借阅、基层文艺骨干和专业技术人才培训等延伸服务，推动公共文化服务均等化。研究群众的具体文化需求和文化消费能力，不断创新公共文化服务方式，结合"乡村舞台"建设深入开展送文化下乡活动，组织开展丰富多彩的群众性文化活动。采取积极有效措施，鼓励和扶持群众自办文化。

3、文博事业

认真贯彻"保护为主，抢救第一，合理利用，加强管理"的工作方针，进一步落实文物保护"五纳入"工作，加大文物保护力度，理顺管理体制，明确执法地位，落实管理职能。提高安全技术防护能力，建立并完善田野文物安全防范体系。完善文物基础设施建设，建设完成重点文物保护单位综合管理体系，对其他文物保护单位建设完成基本管护设施，建立健全全州文物档案，积极组织申报各级文物保护单位，全面加强文物保护基础工作。以博物馆免费开放为重点，更新陈列展览内容，提升展示服务品位，加强安全保卫工作，提高综合管理水平，进一步推动博物馆体系建设，逐步建成具有地域文化特色，覆盖州、县、乡、村的地方文化遗产展示体系。做好基本建设中的抢救性考古发掘工作，健全地下埋藏文物保护管理机制和制度。加强文博干部队伍建设和人才培养工作，多层次、多渠道培养和吸纳人才，使文博人才总量稳步增长，文博人才队伍素质明显提高，不断促进全州文物事业不断蓬勃发展。稳步推进全州文物事业信息化建设，初步实现文物保护、抢救、

利用和管理工作信息化。加强文物利用和宣传工作，以体制机制创新为重点，抓好文物合理利用工作，加强宣传工作，繁荣文物事业，使发展成果惠及广大人民群众。

4、非物质文化遗产保护

按照"保护为主，抢救第一，合理利用，传承发展"的工作方针，加强非物质文化遗产保护工作，综合运用抢救性保护、整体性保护、生产性保护，对非物质文化遗产项目进行全面、系统、科学的保护。广泛开展非物质文化遗产宣传教育工作，努力营造人人关心非物质文化遗产保护的社会氛围，加大投入，形成政府主导、社会力量广泛参与的良性体制机制。组织开展国家级非物质文化遗产传统技艺展示活动，深入进行资源普查和挖掘整理，积极开展成果编纂，健全代表作名录，加强保护工作专业队伍和传承人队伍建设，构建非物质文化遗产的保护体系。加强传承基地建设，逐步建设一批非物质文化遗产传习所，推进非物质文化遗产的"活态"传承。开展各种宣传展示活动，拓展对外交流渠道，推进非物质文化遗产合理有效的开发利用。编辑出版一批非物质文化遗产系列丛书和光盘。

5、新闻出版事业

加大全州印刷复制企业结构调整力度，发展壮大出版物印刷和包装装潢印刷品印刷企业，规范控制其他印刷品印刷和打字复印企业，促使印刷复制企业向规范化、规模化、产业化、合理化经营发展。规范音像制品出租零售单位和民营书店等出版物市场经营秩序，促使出版物销售企业规范、依法、健康经营。大力保护知识产权，严厉打击侵权盗版，维护正版经营者的合法权益。进一步加强对非正式出版物的管理、审批和连续性内部资料的管理、审核，继续编撰出版临夏州民族民间文化系列丛书。

6、文化产业

紧紧围绕州委州政府总体发展思路，依托华夏文明传承创新区、丝绸之路经济带黄金段盛世伊园战略平台，结合全州城乡建设布局和规划，立足我州丰富的民族民俗文化、宗教历史文化、绿色生态文化、史前文化、物种演进文化资源，以政策为引导、项目建设为抓手，着力打响五张文化名片，促进文化与旅游深度融合，推动全州经济社会跨越发展。积极引导砖雕、葫芦雕刻、保安腰刀、民族地毯等传统文化产业做大做强，扶持发展一批重点文化企业，推动文化产业规模化、专业化、集约化发展。督促县市加快建设临夏民族民俗文化产业园、东公馆商贸历史文化街区、复兴厚中藏医药文化旅游产业园等在建项目，储备一批待建项目。提高文化创意水平，促进文化创意与清真食品、民族用品等工业和城市建设等其他相关产业融合发展；着力发展专业性、业余性各类文艺表演团体，创排花儿、河州贤孝等独具特色的文艺节目，在旅游景点开展文艺表演，加快推进古动物化石体验区、伊斯兰文化体验区、彩陶文化产业体验区建设，促进文化创意与旅游融合发展。认真做好文化产业统计工作，确保年底全面完成文化产业各项指标任务。

7、公共文化服务体系建设

继续提升州、县（市）"三馆"和基层文化设施建设水平。强化标准，保持投入，推进州、县（市）"三馆"提升改造，确保逐步达标。2015年至2017年，力争用三年时间，完成8县市未达标的95个乡镇综合文化站建设任务；完成560个贫困村综合性文化服务中心建设任务；进一步加大农村数字电影放映工程实施力度，支持有条件的县（市）利用乡镇综合文化站建立固定放映点，力争"十三五"末全州有一半的乡镇建立固定放映点，基本实现固定和流动数字化放映全覆盖，使农民群众能够看上电影、看好电影；继续深入推进农家书屋、"书香陇原"全民阅读工程，争取全面建设完成46个社区书屋、69个非藏区藏传佛教寺庙书屋、150个清真寺书屋；建立配套的文广设施运维体系，确保设施设备高效运转。加快推进广播电视台数字化、网络化建设。加快推进全州广播电视台数字化、网络化应用，实现节目采集、编辑、制作、存储、分配等系统的数字化和网络化。

8、文化队伍建设

加大文化人才资源开发力度，加快体制机制创新，积极营造培养人才、集聚人才、使用人才的良好环境，努力造就一支数量充足、结构合理、素质全面、引领潮流的高层次文化人才队伍。

五、意见建议

1、进一步加大对公共文化服务体系建设的支持力度。继续建立健全覆盖州、县、乡、村（社区）的公共文化服务体系是我州"十三五"时期的一项重点任务，公共文化服务设施建设、运转经费缺口巨大，建议省上将相关经费列入预算。同时，请求加大对项目的支持力度，将我州计划建设的临夏州非物质文化遗产中心等重点文广设施建设项目列入"十三五"规划，并帮助实施。

2、进一步加大对文艺创作的支持力度。文艺精品创作是我州文广事业的重头戏，目前州上正在编排以精准扶贫工作为背景的大型花儿剧《希望的田野》，而剧目创作、编排、演出经费十分奇缺，希望省上加大对重点剧目编排等文艺创作活动的经费支持。

推进文化建设　提升精神区位

湖北省十堰市文化体育新闻出版广电局　牛孝文

经济决定地位，文化决定未来。一个和谐进步的社会，不能只依靠经济增长的单兵突进，而应呈现经济与文化齐头并进的趋势。市委四届十次全体（扩大）会议明确提出"十三五"时期大力建设"生态十堰、人文十堰、创新十堰、开放十堰、幸福十堰"，与中央提出的"创新、协调、绿色、开放、共享"五大发展理念相统一，与全市上下大力推进的"外修生态、内修人文"发展战略一脉相承，不仅为十堰未来的发展指明了方向，也为十堰文化建设提供了遵循。

一、坚持文化惠民，增强十堰文化的保障力

全面小康不仅是"物质小康"，更重要的是"精神小康"。坚持文化惠民，必须不断完善公共文化服务体系，切实保障人民群众看电视、听广播、读书看报、进行公共文化鉴赏、参加大众文化活动等基本文化权益，提升群众在精神层面的幸福感和获得感。这是文化改革发展的根本目的，也是建设"幸福十堰"的重要内容。

丰富公共文化服务内容。坚持以"人民广场大家乐"、"欢欢喜喜过大年"等品牌文化活动为引领，广泛开展群众文化活动，培育积极健康、多姿多彩的社会文化形态。实施全民阅读能力提升计划，深入开展全民阅读活动，推进书香社会、书香单位、书香家庭、书香个人建设。支持各类文化单位、企业提供与公共文化服务相关联的教育培训、体育健身、演艺会展、旅游休闲等产品和服务，满足群众多层次、多元化的文化消费需求。

创新公共文化服务模式。制定与十堰经济社会发展水平相适应、具有地域特色的公共文化服务指导标准，指导图书馆、文化馆、博物馆等公共文化单位根据国家基本公共文化服务指导标准提供既有基本共性又有特色个性的服务，提高"三馆一站"免费开放质量和水平。鼓励党政机关、国有企事业单位和学校的各类文体设施向社会免费或优惠开放。组织开展文艺、电影、科技、法治等捆绑式服务，探索开展"菜单式"、"订单式"服务，强化文化惠民项目与群众文化需求有效对接。深入推进公共文化服务体系示范区创建

工作，大力开展流动服务，积极探索数字化服务，提升公共文化机构常态化、数字化水平。

畅通公共文化服务网络。切实改变基层文化设施匮乏、运行不畅的局面，引导乡镇（街道）综合文化站回归主业，加大村级（社区）综合文化服务中心建设、配套建设村级文化广场，完成广播电视"村村响"、"户户通"工程，大力培育群众性文化组织、群众性演艺团体，推进文化志愿服务队伍建设，打通基层公共文化服务"梗阻"，畅通公共文化服务"最后一公里"，让广大群众文化权益得到更好保障，文化需求得到更好满足。

二、弘扬传统文化，增强十堰文化的凝聚力

优秀传统文化是涵养社会主义核心价值观的重要源泉，也是推进社会主义和谐社会建设的坚实根基。弘扬传统文化，必须推动其倡导的主流价值走进群众、融入生活，让各界群众对十堰产生强烈的依恋感、认同感和归属感，传递正能量，凝聚向心力。这是文化改革发展的迫切要求，也是建设"人文十堰"的灵魂所在。目前，十堰市国家级、省级、市级非物质文化遗产代表性名录项目分别为10个、41个、106个，全国重点文物保护单位14处，省级文物保护单位51处，馆藏文物10万余件。他们是十堰优秀传统文化的代表，在引领核心价值、凝聚社会力量等方面发挥着不可替代的作用。

用传统节日渗透。充分利用春节、端午等传统节日，广泛开展"我们的节日"等传统民俗活动，引导群众感知传统、发掘民俗，激发群众"爱家乡、爱亲人、爱生活"的热情，让更多人群在肆意回味中记住乡愁，让更多人群主动担当传承和弘扬优秀传统文化的重任。

用主题活动造势。围绕国家级重点文物、非物质文化遗产项目，精心策划展览、展示、展演等主题活动，持续开展非物质文化遗产进校园、"十博讲堂"下基层等活动，巩固武当太极拳国际联谊大会、房县诗经文化节、竹山女娲文化节、郧西七夕文化节等以非物质文化遗产项目为主题的品牌活动成果，让广大群众坚守文化立场、传承文化基因、弘扬中国精神。

用媒体宣传推动。充分运用报纸、电视等传统媒体和微博、微信等新媒体，通过开办专栏、专题等形式，广泛宣传十堰丰富多彩的文化资源、文化现象和文化成就，面向社会征集、提炼十堰精神，让传统文化所倡导的思想理念和道德规范引导社会舆论、引领社会风尚。

三、壮大文化产业，增强十堰文化的竞争力

文化产业具有高科技、高智力、高收益和低消耗、低污染的特点，是绿色、健康、长久的朝阳产业。我市是文化资源大市，文化企业数量、从业人员、产值连续 5 年保持正增长，文化产业正值转型升级、爬坡上坎的关键时期。壮大文化产业，必须把握发展机遇，狠抓发展质量，提升综合效益，真正使资源优势转变为经济优势。这是文化改革发展的必然趋势，也是建设"绿色十堰"的有效途径。

高规格谋划。紧紧围绕武当山、丹江水、汽车城等优势资源及实力企业，进行研究论证、包装整合、宣传推介，规划建设一批具有资源规模、企业支撑和资金投入的特色文化产业园区和基地，在最有前景的领域进行突破，选最具潜力的项目进行攻坚，以科学规划引领文化产业健康、持续、快速发展。

高质量推进。建立健全以企业为主体、市场为导向、产学研相结合的文化创新体系，引导文化企业探索掌握一批具有自主知识产权的核心技术和关键共性技术，大力推进观念创新、内容创新、形式创新、传播手段创新、业态创新、科技创新，稳步发展文化娱乐、广告会展、艺术培训、图书报刊、文化设备生产销售等传统优势文化产业，大力发展文化创意、数字出版、影视动漫等战略性新兴产业，重点培育 3～5 家市场定位合理、地方特色明显、科技含量较高的本土骨干文化企业。

高效率服务。以文化体制改革为基础，强化政府监管职能，在行政审批、项目建设、政策扶持等环节给予必要支持，优化服务环境，提升行政效率。加强文化行业组织和中介机构建设，建立多层次文化产品和要素市场，提高文化消费规模和水平。完善文化市场监管体系，加大知识产权保护力度，严厉打击扰乱经济发展环境行为，为文化产业加快发展创造良好环境。

四、开展对外交流，增强十堰文化的影响力

随着社会的发展和改革的深入，文化在区域交流合作中的作用日益凸显，需要在更大范围、更宽领域、更高层次参与竞争与合作。开展文化交流，既要敢于借鉴外地文化建设的成功经验，更应充分发挥十堰文化的比较优势，开展"请进来"、"走出去"，不断提升十堰文化的名气、底气和豪气。这是文化改革发展的现实需要，也是建设"开放十堰"的努力方向。

建成一批文化地标。按照"外修生态，内修人文"的发展战略，抢抓北

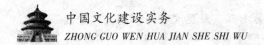

京十堰对口协作的大好机遇，优化文化设施布局，规划城市文化空间。建设丹江口库区大剧院、南水北调博物馆等一批具有地方文化元素和现代化的标志性文化设施，着力推进城区中心文化区、武当文化区、秦巴文化区、汽车文化区和汉水文化区等"五区"文化布局建设，擦亮文化名片，提升十堰在全国乃至世界的知名度和影响力。

推出一批文艺精品。以"中国梦"为创作主题，以"思想精深、艺术精湛、制作精良"为评判标准，创作一批思想性、艺术性、欣赏性俱佳的精品力作。组织开展文化艺术、影视作品、文化人才对外交流活动，推动郧剧《均州旧事》、郧阳二棚子戏《风雨塔灯岩》、山二黄剧《爹爹你挂墙头》等重点剧目走出去、拿大奖，全方位、多角度展示十堰丰富的文化形态和深厚的文化底蕴，推介十堰改革发展的巨大变化和锐意进取的精神风貌。

培育一批文化名人。以十堰市"民间艺术大师"为重点，积极推介本地草根明星参加各类大型演出、综艺节目，让他们接受历练、增长见识、扩大影响。跟踪推进文化体育领军人才培养计划、骨干人才培养计划、青年英才培养计划，引导他们恪守艺术理想和艺术良知，多出精品、多出成果。加强与十堰走出去的文艺界、演艺界名人明星的沟通联络，引导他们反哺家乡、回馈桑梓，为十堰鼓劲、为十堰代言。

五、推进文化创新，增强十堰文化的内动力

创新是事业发展的动力和源泉。推进文化创新，必须打破制约文化改革发展的条条框框，认清新形势、把握新机遇、探索新规律、想出新办法，努力把十堰建设成为区域文化强市。这是文化改革发展的必由之路，也是建设"创新十堰"的题中之义。

创新领导机制。坚持把文化建设纳入全市经济社会发展总体规划，与经济建设、政治建设、社会建设、生态文明建设一同部署、一同实施、一同推进、一同考核，真正做到思想上高度重视、组织上领导得力、工作上强力推进、政策上全力支持、考核上指标过硬。

创新投入机制。积极对接国家关于文化事业、文化产业发展的优惠政策，加快发展多元化、社会化的文化投融资机制，促进财政资金、金融资本、社会资本和文化资源有机对接，引导各类资金向文化艺术领域倾斜、向基层文化建设倾斜、向重点文化项目倾斜，撬动地方文化建设产生"裂变"效应。

创新管理机制。以单位合并重组为契机，进一步推进文化、体育、新闻出版、广电领域职能整合，着力推动管人管事管资产管导向相统一。指导各

县市区推进文化体育、新闻出版、广播影视等部门深化改革、理顺关系，形成责权明晰、职能明确、规范高效的管理体制。推动公共图书馆、博物馆、文化馆等单位建立法人治理结构，推动文化市场综合执法改革。

创新引才机制。坚持培养、引进并重，储备、使用并举，建立健全具有区域和行业特色、符合人才成长规律的人才引进体系，多途径开展文体新广人才队伍培训，全面提高从业人员素质，逐步实现人才规模扩大、人才结构优化的目标。

作者简介：

牛孝文，男，汉族，1957年3月生，1971年3月参加工作，大学学历。现任湖北省十堰市文化体育新闻出版广电局局长。

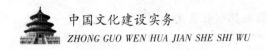

完善公共文化服务体系
推进文化惠民稳疆工程

新疆维吾尔自治区哈巴河县文体局　吴建华

近年来，县文化体育工作在县委、县政府的正确领导和大力支持下，在地区文体广新局的亲切指导下，紧紧围绕推动文化大繁荣大发展，促进文化惠民稳疆这一总体目标，坚持"贴近实际、贴近生活、贴近群众"的要求，按照"政府引导、群众自主、社会参与"的总体思路，遵循"自愿、普及、多样、灵活、节俭"的原则，挖掘县域文化特色，打造文化品牌，培育文化队伍，促进文化产业发展，深入开展文化惠民稳疆"八大工程"，发挥文化引领风尚、教育人民、服务社会、凝聚人心、推动发展的作用，为我县社会发展和长治久安提供有力保障。

一、基本情况

一年来，我局紧紧团结全县各类社会文化社团组织，以"文化引领、全民参与、凝心聚力、服务发展、促进和谐"为服务理念，以"敬业爱岗、团结协作、开拓创新、清廉为民、乐于奉献"为文体人精神，积极开展以"党旗引领创优秀，文化惠民促和谐"为主题的——"引领"党建服务品牌创建活动。今年以来，我县荣获"中国哈萨克族铁尔麦之乡"、自治区第十三次百日广场文化活动竞赛"先进县"、第七次乡村百日文体活动竞赛"先进县"等荣誉称号；我局荣获"自治区双拥模范单位"、自治区"全名阅读"活动先进单位、地区"群众文化、图书管理工作先进单位"等荣誉称号。

二、主要作法

（一）优化公共文化资源配置，大力推进"文化惠民"工程

全县基本形成了以县级公共文体设施为龙头，以乡镇社区文化站为重点，以村文体设施为重要组成的三级公共文化设施网络。通过争取国家"农牧民体育健身工程"、"东风工程"等项目和县委、县政府的大力支持，全县累计建有健身苑点216处，健身广场113个、建成农家书屋108个、村级阅报栏

114个、乡镇（社区）电子阅览室13个，县图书馆馆藏图书6.5万册，拥有1.5TB电子资源，乡村农家书屋藏书16.2万册等，使公共文化服务体系在基层逐步得到建立，成为文化惠民宣传党纪国策，丰富群众文化生活的的有效载体。

（二）打造文化活动品牌，大力推进"文化凝心"工程

围绕"欢乐家园 幸福生活"这一群众性文化活动品牌，各乡镇、村（社区）因地制宜，大力实施"一乡一队"、"一社区一队"宣传文化工程，积极开展群众喜闻乐见、寓教于乐的文体活动。

（三）建立城乡联动机制，大力推进"文化乐民"工程

以夏季百日广场文化、冬季百日文体竞赛为主线，以开展"农牧民主题文化周"活动为抓手，以重大节庆日、宣传月、活动日为载体，每季度确定一个主题，由县艺术团、文化馆、图书馆牵头组团深入各乡镇联合开展为期一周的送图书、送文化、送科技等活动，

（四）实施"十百千"培育引领工程，大力推进基层"文化能人培育"工程

根据县委《关于坚持以现代文化为引领推动文化大发展大繁荣的安排意见》，我们制定下发了《哈巴河县基层文化"十百千"培育引领工程实施方案》计划利用三年时间，培养10个特色文化精品村、100户文化中心户、1000名乡土文化能人和积极分子，实现从"送文化"到"种文化"的转变，努力构建以特色文化精品村、文化中心户、文化能人为骨干的县、乡、村三级一体多元文化堡垒。截至目前，已对全县所有的乡土文化能人和积极分子进行了摸底调查，并建档立卡。今年首批培养扶持的5个村、40户文化中心户和300余名乡村文化能人及群众文化活动积极分子的初评工作已完成。

（五）培育文体群众社会组织，大力推进"文化强体"工程

2015年，以体育总会为龙头，依托27个单项体育协会、俱乐部，积极组织开展全民健身活动和各类体育比赛活动。聘请木拉提、李群等19个体育老师作为业训教练员、李清立等17个社会指导员对乒乓球、羽毛球、门球等群众社会团体进行指导。

（六）加大民间文化艺术挖掘，大力推进优秀"文化增智"工程

成立文化工作室，建立健全以代表性传承人为核心，以学校为培训基地，以协会为组织的保护传承机制。2015年，评定30名非物质文化遗产项目代表性传承人，授予荣誉称号，给予一定补助；将萨尔塔木乡牧寄校、县初级中学等7个学校和县青少年宫作为非遗传承培训发展基地，成立阿肯、铁尔麦、刺绣、作家等协会组织，通过学校教育、协会内部交流和区内外交流展演，

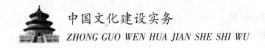

加大民族文化传承保护力度。

（七）积极扶持文化产业发展，大力推进"文化富民"工程

充分发挥我县民族刺绣、民族手工艺品、书画摄影、观赏石等文化项目优势，积极争取优惠政策帮扶，推动我县文化产业的发展。2015年，投入30万元资金，将原教育局办公楼改建为"文化产品交流展销中心"，集中展示展销摄影、书画、观赏石、民俗手工艺制品等各类文化产品，使其成为我县对外宣传、展示和文化交流的重要平台之一。

（八）依法加强文化市场监管，大力推进"文化净化"工程

一年来，我们以净化文化市场环境为主线，以市场管理执法为重点，已封堵、查缴政治性、宗教类非法出版物和文化市场集中整治为主要内容，坚持日常检查和集中整治相结合，独立执法和联合执法相结合，强力整治和人性化执法相结合，围绕重要节庆、重要时段，分阶段开展网吧市场、歌舞厅等文化娱乐场所专项整治行动7次，持续坚持"扫黄打非"，定期开展校园周边社会文化环境专项整治，坚决查处娱乐场所违规接纳未成年人的经营行为。

三、取得的成效

（一）群众性文化活动丰富多彩

以"欢乐家园、幸福生活"为品牌，相继开展了夏季百日广场文化、农牧民冬季文体竞赛、第六届城乡居民文艺汇演、军民春节联欢晚会、各类民族团结邻里融情活动、纳吾热孜节文艺晚会、"文化走亲"、"我们的节日"等各类活动上千场次，参与群众超过10万人次，举办冬不拉等培训班160多期。连续3年开展的"全民阅读"活动，通过图书漂流、读书比赛、阅读之星评选等形式让全民阅读走进千家万户，营造了浓厚的书香氛围。

（二）群众体育活动蓬勃发展

成功举办了哈巴河县第二届"金秋桦林"艺术节，活动内容包括阿肯阿依特斯大会、农牧民运动会、歌咏比赛、喜迎60年大庆图片展、油画展等8项大型活动，为庆祝自治区成立60周年营造了良好氛围。以农牧民冬季百日文体竞赛活动为载体，大力开展与农牧民生产生活息息相关的挤牛奶、剪毡子、手工编织马鞭子、毛线手工、手工搓玉米、古老毛皮滑雪、剪纸艺术等竞技的项目。10月10日，在街心公园组织开展"全民健身与冬运同行"主题系列全民健身活动启动仪式暨千人快乐健步走活动，为冬运会营造良好氛围。

（三）竞技体育成绩突出

2015 年，以学校体育为龙头，以群众社团组织为基础的竞技体育工作成绩突出。在自治区青少年拳击锦标赛中，我县选手获得 4 金 2 银 11 铜的好成绩；在阿勒泰市承办办的新疆 2015 第十一届哈萨克式摔跤亚洲锦标赛上我县 22 岁的高哈尔·夏克曼在 70 公斤级摔跤比赛中荣获铜牌；我县篮协代表地区出战伊犁承办的新疆维吾尔自治区青少年篮球年度赛取得甲组第四，乙组第三的好成绩，出战南疆巴楚县承办新疆维吾尔自治区少数民族农牧民运动会篮球赛中取得第 9 名，获得道德风尚奖；在阿勒泰地区第三届中学生篮球比赛中我县初级中学代表队荣获冠军，高级中学代表队荣获第四名的好成绩；在我县承办的阿勒泰地区"信合杯"篮球邀请赛中取得第三名的好成绩；阿勒泰地区"信合杯"乒乓球比赛中我县乒协代表队取得男子团体第二名，女子团体第三名的好成绩；在布尔津承办的阿勒泰地区门球比赛中，我县代表队取得第一名的好成绩。克子哈英小学女子足球队在伊犁赛区获得第四名的好成绩、我县骑行天下捷安特自行车俱乐部分别参加了阿勒泰市、富蕴举办的捷安特山地骑行赛中分别获得第 6 名和第 19 名的好成绩。

（四）公共文化服务体系不断健全

投入 230 余万元完成了文体中心 LED 大屏安装和灯光改造工程；投资 800 多万元的公共体育场已经竣工，并购置了 5.1 万元跳高、铅球等体育器材；投资 12 万对农牧民体育活动中心供电系统进行改造；为阿克齐镇 4 各社区配发了麻将桌，7 各社区配备了电脑桌、一体机电脑 48 套；依托"东风工程"、"万里文化长廊"项目为 2 个乡、6 个社区、4 个村配备了图书、投影等价值 140 多万元的图书及设备，截至目前我县已建有 12 个"万里文化长廊"服务点；启动了集博物馆、图书馆、文化馆、民俗展厅、影剧院等为一体的文博中心前期设计，使县、乡镇、村（社区）公共文化服务网络不断完善。

（五）文化产业实现新突破

先后邀请了 13 批次外地文艺名家与本县书法、摄影爱好者进行交流，各协会成员共创作发表了诗歌、散文、摄影、书法等作品 500 余件（幅）。

（六）挖掘保护县域特色文化有了新起色

我县是古老的中亚草原文明发源地之一，也是古代草原丝绸之路的必经之地，全国第三次文物普查发现有自治区文物保护单位 6 处，县级不可移动文物保护单位为 43 处，一般文物保护单位 35 处，从距今七八千年前的齐德哈仁细石器遗址，到四千年前的托干拜古墓群，再到汉晋时期的喀拉苏墓葬群，直至县城城西湿地的近代古城遗址，已经清楚地形成了一条哈巴河从古

至今的历史文化发展脉络。

四、存在的问题

（一）基层文化干部队伍不稳定

一是专业人才紧缺。乡镇文化站在编不在岗的问题比较严重，大多都是1个站长孤军奋战，县文体局、城镇文化专业人员仅占文化干部队伍总人数的17％、15％，由于缺少专业人员技术指导，使文化活动在质量与档次提升上有一定的难度。二是人员老化，业务素质低。县乡文体部门工作人员大多处于照顾性质调整到文体工作岗位上的，年龄偏大，不会电脑操作，不能很好的胜任当前工作。三是工资待遇底。由于艺术团演员待遇低招聘难，留人难，现有演员结构比例严重失调，人员严重短缺，舞蹈、编导需要花钱外聘；而城镇60％干部均为公益性岗位，他们承担着镇文化站及社区包括文化工作在内的多项工作，工作量大，而工资待遇相对偏低，因此，人员流动性强，直接影响基层文化工作的正常开展。

（二）基层文化工作经费不足

由于上级每年下拨的文化经费有限，难以满足正常文化活动开支。一是文体活动金费不足，随着全民健身活动的普及，县、乡镇、村（社区）均成立了各类文化队伍及协会组织，每年要开展大量形式多样的文化体育活动，但因经费短缺，在制作、租赁演出服装、道具等方面均受到困扰，很多活动只能因陋就简地开展，影响了质量和效果。二是文体设施薄弱，随着居民文化体育需求的日益增强，县城内没有室外开放的篮球场、羽毛球场等运动场地，仅有的一个文体中心场馆小，功能少，不能满足当前群众文化体育活动的需求；社区文化活动室及小区内现有的各类健身娱乐器材及设施在规模、数量等方面单一、有限和陈旧，不能满足群众需求。三是在音乐器材方面，各乡镇、村文化站（室）缺少音箱、录音等设备，各社区及器乐协会还缺少冬不拉、切热铁尔等乐器及相应的健身运动设备，远不能满足群众文化活动需要。

（三）基层文化活动阵地不宽敞

乡镇、村文化活动阵地狭小，一室多能，无法保证文化活动正常开展。尤其是城镇各社区只有棋牌室或多功能活动室，各项文化活动开展、居民日常娱乐健身及文体队伍演出排练等都共用同一个活动场所，出现开展活动交叉进行及相互冲突的现象，致使全镇文化活动的开展受场地和空间的制约。

（四）基层图书阵地书籍使用率不高

乡镇、村（社区）图书室及农家书屋虽然都配有书柜、书架、阅览桌等设施，由于无专人管理和图书收藏种类少，更新慢，哈文类图书匮乏等原因，致使图书室跟不上新形式和时代要求，不能很好地吸引居民眼球，图书借阅率低。

五、今后的打算及措施办法

紧紧维护社会稳定和长治久安这一目标，以保障文体民生为重点，以设施建设升级为依托，以繁荣特色文化为要务，以体育强县为动力，以发展公益文化事业、发展文化产业为抓手，不断巩固文化体育先进单位创建成果，提高哈巴河县文化体育综合实力，全面提高城乡文化生活品质，建立与县域经济社会发展水平相适应的公共文化体育服务体系。

（一）建立布局合理，全面覆盖的公共文化体育设施网络

进一步推进大型标志性文博中心和体育馆建设，健全乡镇村三级公共文化体育设施网络，增加全县文体设施资源总量，优化设施布局，提高设施品质。

（二）探索公共文化体育服务体系建设的长效机制

提高公共文化设施的承载力，发挥场地、资源、人才等方面的优势，明确工作定位，强化服务功能，进一步加强对基层文体骨干的培训与辅导，鼓励社会力量参与公共文化建设；强化文化市场监管，完善文化市场执法大队工作机制，提升工作效率。

（三）加强政府主导、民间参与的对外文化交流。

积极开展多层次、多渠道、多形式的对外文化交流活动；加大对优秀文化项目的包装（铁尔麦），形成品牌和具有吸引力的文化产品，鼓励、引导、支持"铁尔麦"等特色文化产品"走出去"；以文化产品（摔跤冠军赛力克）走出去带动文化哈巴河走出去，提高哈巴河文化的影响力和对经济的贡献力，同时积极引进省内外高质量的表演和展览，营造哈巴河特有的人文气质。

（四）构建科学有效、合理利用的文化遗产保护体系

推进托干拜2号墓遗址规划保护，建设托干拜古墓遗址公园；加强齐德哈仁细石器遗址、多尕特洞穴彩绘岩画群等文物的升级保护工作；完善为物质文化遗产名录体系，加强非物质文化遗产传承人保护。

（五）推进群众体育和竞技体育全面、协调、可持续发展

加强"一法一条例"宣传，普及全民健身科学知识，推进全民健身活动；

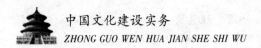

加强业训工作和群众团体工作，提升竞技体育水平；重点支持传统体育项目学校的发展，建立健全"资源共享、人才共育、责任共担、特色共建"的工作新机制，做强优势项目，培育优秀苗子，力争在自治区、地区运动会上继续保持优异成绩。

（六）加强基层文化队伍建设，提升专业素质水平

加强专业人才招聘力度，配齐配好县、乡镇、村（社区）文化工作力量，解决有人干事的问题；有计划地对乡镇综合文化站管理人员、社会体育指导员、教练员、村（社区）文化管理员等进行培训，提升队伍整体水平。

郫县构建公共文化服务体系实践

四川省郫县文化旅游体育广电新闻出版局 兰由玉

近年来我县按照全面建成小康社会的总体要求，紧密围绕"四个全面"的战略布局，以创新、协调、绿色、开放、共享为发展理念，以人民为中心，以提升文化惠民品质、提高社会文明程度为目标，以抓好创新驱动为主线，以夯实基层服务为重点，促进基本公共文化服务的标准化、均等化、社会化发展，构建体现时代发展要求、符合文化发展规律、适应郫县经济社会新常态发展要求、具有郫县特色的现代公共文化服务体系，为此荣获四川省首批"农村文化建设示范县"的称号。

一、突出"三化"建设，完善公共文化服务体系

一是"标准化"建设公共文化设施

大力推进城乡一体的公共文化设施网络建设，加快构建"15 分钟文化圈"，不断完善"县、镇、村"三位一体的公共文化服务体系，在县文化馆、图书馆达到国家 级馆标准的基础上，还启动了占地 50 多亩的郫县文化中心的建设：其中建筑面积为 10540 平方米的县图书图书馆已于 2015 年 4 月正式向群众开放，建筑面积 8000 多平方米的文体艺术中心将于近期投入使用。全县 14 个镇综合文化站、195 个村（社区）文化活动室标准化建设全面完成，免费向群众开放。团结、犀浦、郫筒等 4 镇文化站被评为成都市一级文化站，三道堰镇综合文化站被列为省级示范性综合文化站。成都历史文化名镇唐昌"梁家大院""大椿巷"和"崇宁县城墙"等 15 大文化地标建设完成。

在设施建设标准化基础上，我县制定了《郫县基本公共文化服务实施标准》，完善人员配备，同时县财政按照成都市基本公共文化服务实施标准，提供基本公共文化产品和开展基本公共文化服务所需资金，建立健全财政文化投入稳步增长机制，从各个方面切实保障公共文化服务阵地建设和运行。

二是"均等化"推进公共文化服务

1. 城乡一体化。把公共文化服务纳入郫县城乡统筹发展和新型城镇化建设布局中，以地标性场馆建设提档升级、图书馆与文化馆总分馆制建设为着力点，建立公共文化服务城乡一体化机制联动机制和城乡"结对子、种文化"

的常态化帮扶机制。建设郫县文化馆新馆、体育馆新馆、影视演艺中心等地标性场馆设施，提升其综合服务能力，发挥其外引内联的集聚力和辐射力。深化图书馆、文化馆总分馆制建设，逐步在全县范围内形成以区（市）县文化馆、图书馆为中心，依托乡镇文化站等各级各类阵地，有机结合阵地服务、流动服务、数字服务，实现公共图书馆—农家书屋服务体系与文化馆—文化站（中心）—文化院坝服务体系的"设施成网、资源共享、人员互通、服务联动"，促进公共文化资源向城乡基层延伸，打通公共文化服务"最后一公里"。

2. 区域均衡化。以行业联盟形式，开展与市级及其他县区的图书馆、文化馆等馆际合作，实施文化服务"一卡通"、公共文化巡展巡讲巡演，实现区域文化共建共享。按照文化精准扶贫的要求，以广播电视服务网络、数字文化服务、流动文化服务、农村留守妇女儿童文化帮扶、乡土人才培养等为重点，集中实施了一批文化扶贫项目，推进文化小康建设。广泛开展县域内乡镇（街道）、村（社区）的文化联动，在全县建立"文化走亲"的长效机制。

3. 人群均等化。增加对困难群众、弱势群体的文化关心，进一步完善综合文化站（中心）、文化院坝、公益电影院、乡村学校少年宫的服务功能，将老年人、未成年人、残疾人、农民工等特殊群体作为重点对象，量身打造文化服务品牌，实施公益演出、公益电影放映进养老院、敬老院、儿童福利院、建筑工地，在乡村学校少年宫开展青少年阅读主题活动等各类文化惠民工程。

三是"社会化"手段增强服务供给

1. 提升公共文化服务效能。建立群众表达文化需求的渠道，开展"菜单式"、"订单式"服务。建立郫县图书馆、郫县文化馆以及基层公共文化阵地的服务体系标准，从面对不同受众的不同需求，提供不同的供给内容以提高服务的质量。

2. 丰富文化产品供给。积极推动优秀文化遗产、高雅艺术进校园、进社区，推进送戏、送书、送电影下乡。以县图书馆、文化艺术中心、博物馆为载体，打造郫县"文创基地"，深入挖掘本县传统历史文化和地方文化资源，坚持以人民为中心的创作导向，坚持把社会效益放在首位，坚持思想性、艺术性、观赏性有机统一，加大文艺精品创作力度。积极利用郫县文化艺术培训学校课程，鼓励和引导文化艺术培训与非物质文化遗产传承项目及民间手工技艺项目相结合，打造特色化的文化惠民。

3. 多元化供给。通过与社会力量合作、组织文化志愿服务，为公共服务注入新能源，拓宽文化服务范围，大力推进社会化民办博物馆。

二、突出特色文化，打造地方文化品牌

一是提升传统群众文化品牌。切实加强古蜀文化、农耕文化、水乡文化、川菜文化、蜀绣文化等传统文化的研究传承，保护和利用好望丛祠、鹃城遗址等物质文化遗产和"望丛赛歌会""蜀绵蜀绣"等非物质文化遗产。为巩固望丛赛歌会作为汉民族地区唯一的传统赛歌节文化品牌，每年农历五月十五如期举办盛大的民俗活动。利用"国际非遗节"，连续4年举办"郫县豆瓣博览会"和"刺绣艺术节"，促进了特色产业快速发展。同时，积极编撰《郫县非物质文化遗产》系列丛书，完成《郫县民歌词集》《蜀风》编辑出版，开展"山歌代代传"进校园活动。

二是打造新的公共文化品牌。依托各类公共文化服务阵地，集中打造了"鹃城讲坛""四进社区"和"书香郫县·全民阅读"等一批新的公共文化服务品牌，使文化真正融入百姓日常生活。"鹃城讲坛"已开展各类公益性讲座20多期。郫县全民阅读指数名列成都市首位，被评为四川省"书香之城"，我县一家庭被评为"首届全国书香之家"。同时，我县还建起市民文化艺术学校，常年免费提供包括声乐、器乐、舞蹈、书画等在内的艺术培训，推出蜀绣、茶艺、剪纸、美容艺术、手工艺品制作等课程，使市民能够享受到实用的公共文化服务。

三是挖掘地方特色文化品牌。在打造全县性文化品牌的同时，深入开展特色文化镇村创建活动，积极推进文化"一镇一品"建设。三道堰镇龙舟会每年吸10余万群众；安靖镇"非遗节"分会场和刺绣艺术节，成为打造蜀绣之乡的重要载体；古城镇结合创建"三编之乡"，每年开展鸟笼制作比赛、棕编展示活动；红光镇每年举办纪念毛泽东视察红光的"3.16"朝会；团结镇的"府河放歌"、友爱镇一年一度的海棠节等活动，已成为当地群众文化生活的重要组成部分，吸引了不少外地群众参与。

三、突出文化惠民，培育壮大文化产业

一是扶持重大文化项目。认真贯彻落实国家及省、市文化产业发展政策，结合"西门口卫星城"和"大公园、大景区"建设，围绕"三线、三片、多点"布局，大力整合文化资源，实施项目带动战略。望丛文化园、川菜文化园、天府绵绣创意产业园加快建设，完成农科村、三道堰、望丛祠4A级旅游景区创建，策划包装了沙溪国际骑士俱乐部、文体活动中心、郫县博物馆等

项目，着力把文化旅游产业培育成全县支柱产业。编制实施《沱江河整治工程及文化产业发展总体策划》，打造出集生态、文化、休闲于一体的沱江河综合整治项目，荣获 2015 年中国人居环境范例奖，成为对外展现郫县城市形象的文化名片。

二是发展文化特色产业。围绕川菜、蜀绣、农家乐等特色文化品牌，构建特色鲜明、附加值高的文化产业体系。深入挖掘以"郫县豆瓣"为核心的川菜文化，打造出全国唯一以地方菜系命名川菜文化（文博）创意产业园，成功创建为国家 AAA 级综合性主题旅游景区。安靖镇文化中心利用"蜀绣之乡"金字招牌，建立了蜀绣艺术馆、大师工作室和七彩绣坊，聘请省级工艺美术大师、非物质文化遗产传承人培训"绣娘"，近 500 名绣娘取得职业技能资格证书，为蜀绣产业持续发展奠定了基础。充分利用"中国农家乐旅游发源地"品牌，大力发展生态休闲旅游，成功入选首批"中国民间文化遗产旅游示范区"。

三是拓展创客文化服务空间。充分利用县图书馆实体空间，打造"阅创空间"，为社会各界扫清创业创新面临信息不畅的障碍。为服务"大众创业、万众创新"，充分发挥青工文化驿站文化孵化器的功能，积极探索建立"一站多点"的青工文化延伸式服务。在菁蓉小镇建起 2600 ㎡ 创客驿站和 900 多亩清水河生态艺术公园，拓展创客文化服务承载空间，已引进光谷咖啡、成创空间等创新创业载体 15 个，签约入驻创业项目 721 个。充分发挥辖区 21 所高校 25 万师生的优势，以银杏酒店管理学院、五月花计算机学院、成都技师学院等为龙头，成功打造为成都职业教育培训基地，成为创客文化"加油站"。

四、创新体制机制，激发文化发展活力

一是创新管理体制。将功能相近的县文化馆、工会俱乐部、业余体校等整合为郫县文化体育艺术中心，实现县级文化服务集中供给。将县文化局、体育局、广电局、县旅游局等整合为县文旅体广新局，促进了文旅融合发展。同时，整合了各镇（街道）文化设施，提高公共服务阵地利用率。

二是健全动力机制。推进公共文化服务与科技融合发展。利用传统媒体及郫县文旅微信、微博、手机报等新媒体，宣传、教育和引导广大干部群众自觉地参与到人文郫县建设中来。深化 21 所驻地高校的合作，与四川大学锦城学院等高校签订了《校地合作协议书》《文献资源共建共享合作协议》等，在人才培养、资源共享等方面建立合作关系，为我县公共文化服务注入了新活力。同时，积极探索公益性培训的社会化合作，先后同 5 家社会力量办学

机构建立合作关系，由它们向市民提供基本的免费艺术培训。

三是创新投入机制。在强化人财物力保障的基础上，着力建立多元投入机制，努力拓宽投融资渠道。组建郫县文旅公司，搭建文化企业投融资平台，在川菜文化产业园建设中发挥了积极作用。鼓励民间资本以参股、合资、合作、独资、联营等多种方式进入文化产业领域。2015年"爱故乡年度人物"吴国先投资建起郫县民俗博物馆，已成为吸引各方"文人艺客"的"新磁场"。

四是加大阵地平台特色化建设机制。以评建"郫县基层公共文化服务示范点"为抓手，鼓励县域内各个基层公共文化服务中心创新发展思路，淡化县、乡镇（街道）、村（社区）三级行政体制限制，结合"幸福美丽新村"、"文化院坝"、"道德讲堂"、"乡村学校少年宫"建设，整合工人文化宫、妇女儿童活动中心、青少年课外活动场所、老年活动场所等设施和宣传、文化、教育、科技、体育等资源，协调基层综合性文化服务中心、文化志愿服务、市民文化艺术教育、普及性市民文化艺术培训等文化工作，建立县向镇（街道）下派文化员、村级文化专职管理员劳务购买机制，拓展文化惠民项目服务内容，实现基层综合性文化服务中心"小平台"承载"大功能"的服务功能。立足郫县全域，挖掘双创文化的潜能，深入推进菁蓉小镇"青工文化驿站"和县图书馆"阅创空间"建设，努力实现空间集聚力向品牌辐射力的转化，放大"创客文化"的影响效果，发挥文化事业为文化产业的服务功能。

五是深化公共文化服务管理体制创新。为防止文化设施"重建轻管"，结合"互联网＋文化"，在全国率先研发了"郫县公共文化数字服务与管理系统"，着手建立县—镇—村3级数字联动管理、服务、监督和考核体系。目前，该系统整合了国家和省市数字图书馆、文化馆、博物馆和文化信息资源共享工程等资源，链接了城乡居民的保险、水电气等日常生活查询缴费服务平台，已正常运行，满足了广大群众的基本公共服务。该系统参加了2015年中国文化馆博览会创新案例展示；《运用现代信息技术，服务基层群众文化——郫县文化服务管理数字化探索实践》收入《文化蓝皮书：中国公共文化服务发展报告（2014～2015）》。全面实现县、镇（街道）、村（社区）三级文化站室数字化联动管理，实现智能化考核评分、互动型视频监管、文化管理部门与基层群众的信息互动，带动基层文化阵地优质高效的开门服务、免费服务、优惠服务。

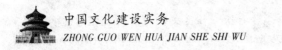

作者简介：

兰由玉，女，汉族，1971年7月生，党员，研究生学历，1994年8月参加工作。现任四川省郫县文旅体广新局党组书记、局长。

先后在郫县犀浦镇任镇长助理、纪委副书记；共青团郫县委员会书记、党组书记，县政协常委，县十五届人大常委，共青团成都市委委员；荣获四川省成都优秀共青团员称号；中共郫县县委宣传部副部长（其间：兼任郫县第一届文联副主席）；郫县花园镇副书记、镇长（主持工作），荣获郫县县委县政府招商引资先进个人。

攻坚克难 绽放异彩

四川省道孚县文化旅游和广播影视局 泽仁勒麦 格桑卓玛

2016 年是深入贯彻落实党的十八届五中全会、省委十届七次全会、州委十届八次全会、县委十一届六次全会精神，全面推进"一主三同步"、实施"三大战略"和打造"三个示范县"的关键之年。我局结合实际，克服困难，各项工作稳步推进。

一、康巴艺术节相关工作

2016 年 4 月 13 在康定召开了第九届康巴艺术节文艺活动协调会，我局认真贯彻落实会议精神，县委、县政府高度重视，出台了《中共道孚县委办公室 道孚县人民政府办公室关于参加第九届康巴艺术节的工作方案》（道委办发［2016］25 号），成立了以县委书记蒲永峰任组长、县长杨国清任常务副组长、分管副县长、宣传部长、组织部长为副组长，各乡镇、各部门为成员的康巴艺术节工作组，工作组下设综合协调、活动组织、宣传报道、后勤保障四个小组，对我县参加第九届康巴艺术节相关工作做了具体安排部署，拨付专项经费 20 万元。

四大赛事及开幕式嘛呢经舞表演推进情况：

1、积极筹备康巴藏族舞蹈大赛，抽调舞蹈演员 30 人，紧锣密鼓的开展排练工作，创编男女群舞《嘛呢经舞之嘛呢传说》、男子群舞《康巴魂》两个节目参加全州东路片区复赛。

2、于 5 月 20 日成功举办唱响道孚—青年歌手大奖赛，在全县选拔三名优秀青年歌手及推荐一个原创组合参加东路片区青年歌手复赛，参加复赛的四首歌曲中有三首均为原创作品。

3、创作一个关于包虫病防治的原创话剧——《小手拉大手》参加东路片区复赛。

4、在康巴艺术节开幕式上有我县 300 名女演员的嘛呢经舞表演，县委政府高度重视开幕式嘛呢经舞的表演工作，已作专门安排部署，由文化馆负责嘛呢经舞音乐、舞蹈动作、队形的编排，由县委组织部牵头，在全县各乡镇、各部门分配抽调名额，抽调 36 岁以下女干部 300 人，定于 7 月 3 日开始集中

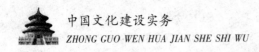
排练至开幕式。

5、康巴影视节目大赛，县电视台拟报送 2 个公益广告参选。其中一部以道孚县民族民间传习所积极实施免费传授为题材，倡导广大群众关注和参与民间特色文化保护与传承，该片已完成拍摄，正在进行后期制作；一部以社会文明为主题，正在筹备阶段。

二、文广重点工作

（一）加快重点继建项目建设步伐，确保项目按期完成建设

继续抓好重点项目建设，4 月份各项目施工方已进场开工建设，其中银恩乡省级文化示范站完成基础；灾后重建木茹、瓦日乡文化站和八美广电站完成基础一层；惠远寺灾后抢险维修完成总工程量的 90%；花园新区文化园区正在开展工程内外装饰，力争年内完成几大项目建设并组织验收。

17 个脱贫村文化室建设项目与组织部村级活动室打捆建设，目前已完成选址，正在开展项目设计工作，预计 6 月中旬开工建设。

（二）继续抓好文保、非遗项目保护和申报工作

第五批州级非遗项目、传承人文字、图片和视频等申报资料的整理、制作工作已进尾声，预计 5 月底完成并申报；启动了戏曲普查工作，成立戏曲普查领导小组，目前正在制定实施方案，同时开展收集、登记等前期工作，力争在年内完成道孚藏戏类戏曲的普查工作。正在开展第一次全国可移动文物图片、文字修改等后续工作，正待国家文物局的审核验收。

（三）规划和开发同步，加快文化产业发展步伐

1、力争启动我县民族文化产业规划编制工作

紧紧围绕建设"全域旅游统筹城乡"示范县契机，指导和加快我县文化产业发展步伐，拓展文化产业规模，探索文化产业发展新路子，正在争取州、县支持，力争启动我县文化产业规划编制工作，做好产业项目的梳理和储备工作。

2、积极打造民间文化产业品牌

围绕"一优先、二有序、三加快"的产业发展思路，积极开发、论证文化产业项目，进一步完善文化产业项目数据库，并积极向上争取资金支持，力争新开发 1 件市场化产品；积极扶持培育我县玉科、龙灯、协德藏戏团和龙灯石刻等生产企业，打造我县民族演艺事业和石刻等文化产业。

（四）管理和繁荣齐抓，确保文化市场安全有序发展

坚持抓好市场的监管与整治工作，确保文化市场的规范有序。今年已开

展市场执法活动 20 余次，并收缴非法出版物 68 件和 1 张海报，立案办理 1 起；整顿超范围经营户和安全通道不合格经营户 4 户；更换旧证和过期证件 2 家。

围绕"固边、清源、净网、护苗、秋风"等重点工作，开力开展"扫黄打非"市场检查，截止目前未发现通报的反宣品。

（五）交流和服务并重，完善公共文化服务

以丰富群众的文化生活，提升群众思想文化为目的，围绕建设"书香道孚"契机，大力实施文化馆、图书馆免费开放工作，开展"全民阅读"活动 1 次；继续深入区乡开展"送文化下乡活动"，现已累计演出 12 场次；举办摄影展 1 次、培训辅导班 1 次；积极组织举办"春节"游园会、春晚等节庆的文艺活动。

年初与各乡镇继续签订了《道孚县文化旅游工作目标责任书》，加强对乡村两级文化阵地、设施设备及人员管理；加强农家书屋、社区书屋、寺庙书屋、信息共享工程建设，自筹资金打造并建成军营书屋 1 个；下步将落实各类书屋标准化管理，完成书籍加盖印鉴、书籍增补配送等工作。完成 54 个文化阅报栏和三个中心书屋建设方案已通过省局审核，正待州、县局统一采购设施设备后完成建设。

（六）围绕精准扶贫，继续抓好广影事业发展

州县节目无线覆盖延伸建设工程，目前已完成基站建设，正在采购机顶盒；完成了《道孚县文化旅游和广播影视局广播电视精准扶贫专项方案》的审核，正待州局统一采购设施设备；完成中古村、先锋村两处固定电影放映点选址，进入前期筹备阶段；加快县城影院建设，正在大力实施新城影院的设备采购和内外装修；抓好农村寺庙公益电影放影工作，年内完成 600 余场次的放映任务。

（七）宣传和动员共推，版权登记工作有序推进

3 月 25 日，在州局召开了作品版权免费登记培训会，我局高度重视作品版权免费登记工作，成立由分管领导任组长和股室人员为成员的专项工作组；出台《道孚县文化旅游和广播影视局关于实行作品免费登记的工作方案》，召集相关企业和个人召开作品版权免费登记宣传和动员大会。目前正在面向社会收集唐卡、浮雕、摄影等优秀作品，待收集齐 50 件作品后统一进行免费登记工作，力争 6 月底前全面完成州局下达的作品版权免费登记任务。

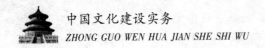

三、下一步工作计划

1、继续抓好文化重点项目和脱贫项目建设，严格按照项目建设程序，加强在建期间的质量、安全、经费等监管力度，确保项目按期完成建设。

2、继续有序推进文保、非遗、文化市场、作品版权免费登记、书屋建设等各项工作；全力抓好康巴艺术节舞蹈大赛、曲艺大赛、歌手大赛及开幕式300人嘛呢经舞参赛（演）活动的筹备工作，加快完成音乐的制作、人员的抽调、节目的编排等。

文化有缘耀边海 爱国固边惠民乐

广西壮族自治区防城港市文化委员会 许大俭

防城港市位于广西壮族自治区南部，地处中国大陆海岸线和陆地边境线的南端交汇处，是中国既沿海又沿边的地级市之一，也是中国唯一一个与东盟国家海陆相连的边境口岸城市。总面积 6222 平方公里，总人口约 100 万人。作为广西北部湾最具活力和开放度的新兴沿海城市，防城港市是 21 世纪"海上丝绸之路"的重要枢纽、中国—东盟自贸区的主门户、广西北部湾经济区的核心城市，东兴试验区列为国家级重点开发开放试验区。拥有世界唯一的金花茶自然保护区，被联合国环境署批准列入全球三大 GEF 红树林国际示范区，被国家有关机构授予"中国白鹭之乡"、"中国金花茶之乡"、"中国玉桂八角之乡"、"中国长寿之乡"、"中国氧都"、"中华诗词之市"等称号。2014年全市人均 GDP 就已经突破了 1 万美元大关，人均 GDP、规模以上工业产值、农民人均纯收入、港口吞吐量、进出口贸易总额以及空气质量等多项指标排广西前列。

夜幕降临，华灯初上。在防城港市港口区桃花湾广场，一场以"文化有缘"为主题的"欢乐西湾—群众文艺演出"正在上演，这里人山人海，歌声悠扬。

夜幕降临，华灯初上。在上思县城的明江河畔，一场名叫"明江之夜"的群众文艺汇演正在激情上演，这里舞姿撩人，掌声如潮。

已经几年过去了，这一场场特色鲜明、民族风情浓郁的演出活动被人们称为防城港市文化惠民活动的一艘"永不沉没的航空母舰"。

近年来，防城港市立足"边山海"特点，深入贯彻落实习近平总书记在文艺工作座谈会上的重要讲话精神，把中央《关于加快构建现代公共文化服务体系的意见》落到实处，以公共文化服务标准化、均等化、社会化、数字化、制度化建设为基础，以"文化有缘"为主题，充分利用防城港市与东盟国家之间"地缘相接、海缘相连、文缘相通、人缘相亲、城缘相交"的独特优势，全力推进全域公共文化服务体系建设，打造"海洋文化名市"，推动了全市经济持续健康发展，进一步提升了边境地区人民群众的幸福感。去年 7月，防城港市获得了全国第三批公共文化服务体系示范区创建资格。

一、高标准、严要求，科学谋划公共文化发展新思路

一是注重下好"先手棋"。及时研究制定了《关于加快建设海洋文化名市的实施意见》、《防城港市创建国家公共文化服务体系示范区规划（2015～2017）》、《防城港市创建国家公共文化服务体系示范区实施方案》，为公共文化事业发展繁荣提供必要保障。二是注重建好"小高地"。推出"聚才扬帆"计划，成立了广西地级市首个文艺人才小高地，公开引进一批了"白鹭型"急需紧缺高层次人才。开展文艺创作基地联建，把市作协创作基地向重点旅游景区、民俗集中带、商业流通带延伸，联建了20个作协创作基地。培养了一批基层文艺新秀，崛起了京族哈妹组合、京族人家独弦天籁艺术团等26个民间文艺团体。三是注重推出新机制。制定出台了《防城港市文学艺术奖励办法》，设立"金花茶文学艺术奖"，评选一批宣传文化系统"四个一批"人才、文化名家、德艺双馨中青年文艺工作者和优秀民间文化人才。实施文化名家培养工程，并启动"名家"工作室建设。同时全市还招募文化志愿者近千名，开展形式多样的志愿服务，形成了公共文化事业发展的长效机制。

二、横到底、纵到边，强力推进公共文化城乡一体化

一是抓硬件设施建设。先后投资近6亿元，新建市文化艺术中心等四大场馆，以及北部湾海洋文化公园海洋诗书苑、伏波文化公园等地标性主题文化公园。全市29个乡镇（街道）文化站80%达到国家三级馆标准。村级公共服务中心建设覆盖70%行政村居广西前列，农家书屋建设在广西率先实现100%覆盖。全市图书馆、群众艺术馆（文化馆）、文化站实现100%免费开放。广播综合覆盖率96.5%，电视综合覆盖率98.1%。打造了市、县、乡、村四级公共文化服务网络。二是抓文化传承工作。启动修缮提升刘永福故居、陈济棠公馆旧址、谦受图书馆等一批文物旧迹工程，打造了东兴镇江平镇、万尾村、簕山古渔村、东兴意景园等一批文化活动基地。三是抓网络平台建设。积极打造"北部湾文化港"数字文化平台，建成公共文化服务大数据采集分析系统。打造中央网络课堂，提供"订单式"、"菜单式"文化服务，进一步整合特色文化资源和信息资源。四是抓诗词教育。成功创建成为广西首个、全国第十个"中华诗词之市"。全市校园诗教覆盖率达100%，涵盖学校、机关、企业、社区和乡村领域，呈现出多层次、宽领域、年轻化态势。五是抓文艺精品。实施"十个一"工程，推出了一批防城港歌曲、一批防城

港画作、一批文化景区等。打造了音诗画《这里是中国》等一批爱国主义题材舞台文艺精品。长篇小说《福桥密码》、《西海斜阳》等一批作品深受社会广泛好评。组织拍摄电影《沉香山》，创编全国第一部京族音乐剧《过桥风吹》，推出了反映北部湾疍家生活的舞台剧《疍家秀》。六是抓文化培植。抓好"一城一品"，持续组织开展"欢乐西湾"、"明江之夜"、"边城欢歌"、"国门歌台"等广场文化活动，培植和活跃了广场文化。同时采用市场化运作模式，引进音乐剧、儿童剧等一批文化精品，进一步培育了市民文化消费意识的提高。七是抓财政保障。近年来市级财政文化支出平均每年1.2亿元，人均文化事业费支出为165.59元，均高于自治区标准。

三、抓特色、造典型，公共文化建设跃上新平台

一是积极推动文化"走出去"。充分利用防城港市与东盟国家之间"五缘"的优势，成功举办了中越边民大联欢、中越青年"界河对歌"、防城港市海上国际龙舟节、中国—东盟国际青少年足球邀请赛、中国—东南亚民间高端对话会文艺晚会、"魅力东盟 走入中国"文艺晚会、友好城市文化交流等多项活动，打造了中国与东盟国家经贸、文化、体育等方面往来的"新丝路"，推动了文化"走出去"。同时，弘扬优秀传统文化，把传统文化融入到春节、元宵节和壮族"三月三"、京族"哈节"、京族歌圩、瑶族盘王节等民俗节庆活动中来，民间文化交流日益形成常态化。

二是积极推动文化旅游融合发展。积极推进"边海经济带"建设，发挥"窗口"城市在"一带一路"战略中的文化先行示范效应，坚持文化与旅游高度融合，打造边海文化名城，形成一批可推广、可复制的工作经验和做法。文化旅游、经贸合作成果斐然。出境游人数连年攀升，跨境游成了近年来旅游增长的最大亮点，商贸旅游博览会签约金额年均超过90亿元。

三是坚持典型带动。坚持以"爱国固边"为抓手，大力培育和践行社会主义核心价值观，打造边境人民的文化标杆、精神标杆，先后推出"全国道德模范提名奖——南国界碑陆兰军"、"全国学雷锋标兵——十姐妹志愿服务队"、"桥兄弟——谭忠能、农本豪"、"中国好人——南网兄弟黄春强、黄春宁"、"最美女交警——王红霞"等先进典型。

四是坚持媒体融合。发挥传统媒体和新兴媒体互补作用，在宣传途径上"多头齐上"，在市级媒体上推出了边海文化建设、文化示范区创建等多个主题宣传。同时，利用公共文化场馆标识牌、文化墙、橱窗展板、手机报等形式大力开展公共文化宣传，定期报道公共文化服务体系建设情况，营造了浓

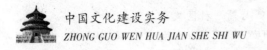
厚的创建氛围。

五是创新品牌效应。深化拓展滩散护界碑小分队品牌，边境一线已经成立了8个护碑小分队，参与人数达到上千人；在边海防地区实施"国旗工程"，使之成为一道亮丽的独特文化风景，带动了边境地区农村基层乡村文化、乡贤文化发展。

四、增投入、强服务，边疆稳定百姓乐

针对当前全市公共文化服务发展不平衡、不协调的问题，我市立足加大投入和资源整合，力争在"服务"上求得突破。

一是不断增加财政投入。市各级财政部门通过利用上级专项资金、市县配套资金等方式，努力筹措资金，不断提高文化支出占财政支出的比重，市级财政文化支出每年近1.2亿元，人均文化事业费支出（按常住人口计算）为165.59元，高于国家、自治区标准。

二是全面实行免费开放服务。实施"全民阅读"和"全民艺术普及"计划，各级图书馆、文化馆（站）全部实行免费开放，在现有开放基础上，设有针对老年人、未成年人、残疾人、农民工、农村留守妇女儿童、生活困难群众的公共文化服务项目。针对特殊群体组织活动每年不少于5场。各级图书馆设立少儿阅读区，老年人阅读区，增购盲文书籍。通过延长开放时间，拓展服务内容等进一步提升服务质量和效益。积极举办公益性培训、讲座、展览，丰富群众文化生活。

三是加强文化流动服务。推进"文缘号"流动服务品牌提升项目。建设一批"文缘号"流动服务车长年驶往壮乡瑶寨，流动服务船则长年开向打渔的码头渔家、京岛渔家，形成了具有特色的文化流动服务平台。

四是推动文化服务社会化。积极支持民办公益性文化机构的发展，鼓励民间建设图书馆、文化馆、博物馆等文化设施，促进公共文化服务方式的多元化、社会化。

五是推动文化志愿服务。全市招募文化志愿者近千名，开展形式多样的志愿服务，活跃了基层文化的开展。

六是推动文化资源共建共享。实施"文化惠民一卡通"。以"文化+"、"财政+"的形式，通过财政补贴，整合一批社会文化服务资源，推出"文化惠民卡"，开展"一卡通"文化惠民服务。计划整合全市机关、企事业单位、学校的文体活动场馆面向市民免费开放，让群众充分享受到公共文化服务体系建设的丰硕成果。

聚集优势　资源共享
推动文化事业繁荣发展

陕西省榆林市榆阳区文体事业局　杨志军　高岳飞

十二五以来，随着我区由过去的农业大区向能源大区的转变，以煤炭资源开采转化为主的能化工业急速发展，并由此带动经济社会取得长足发展与进步。文化旅游产业也不例外，基本获得稳步发展，取得一定成绩，并逐步迈入快车道。随着中办、国办系列文化产业扶持政策的出台，尤其是习总书记两次文艺座谈会讲话精神的贯彻落实，特别是我区《文化旅游发展总体规划》《关于加快文化产业发展的实施意见》《关于加快推进文化旅游重点工作的通知》系列文件的大力推进，我区文化旅游事业正在迎来转型升级、跨越发展的绝佳机遇。在全区经济社会各领域齐头并进转型升级的当下，我们沿着区委区政府文化先导、文化引领的强区战略，切实把文化旅游放在与能化产业、现代农业同等重要的位置，文化是灵魂，文化是方向，文化是催化剂、助长剂、膨人剂，文化是软实力、生产力。文化不仅是文明进步的标杆，更是经济社会发展的源动力。让文化真正融入到各行各业，让文化推动各个领域创新发展。

一、深化文化体制机制改革

创新公共文化服务运行机制，完善统一、开放、竞争、有序的现代文化市场体系，建立健全符合文化企业特点的国有文化资产管理体制和运行机制。加快完善版权法律政策体系，提高版权执法监管能力，严厉打击各类侵权盗版行为。

二、创新文化内容形式

立足传承优秀民族文化，借鉴世界文明成果，反映人民主体地位和现实生活，鼓励创作生产更多思想深刻、艺术精湛、群众喜闻乐见的文化精品，扶持体现榆阳区文化特色和国家水准的重大文化项目，逐步提高榆阳区奖励基金的覆盖面，进一步提高文化产品质量。

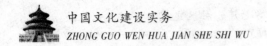
三、大力发展文化事业

增强公共文化产品和服务供给。十三五期间，榆阳区将加大力度建设公共博物馆、图书馆、文化馆、纪念馆、美术馆等公共文化设施，并将免费向社会开放。并注重满足残疾人等特殊人群的公共文化服务需求。建立健全公共文化服务体系。以农村基层和乡镇地区为重点，继续实施文化惠民工程。改善农村文化基础设施，支持榆阳区贫困地区建设和改造文化服务网络。完善城市社区文化设施，促进基层文化资源整合和综合利用。广泛开展群众性文化活动。加强重要新闻媒体建设，重视互联网等新兴媒体建设、运用、管理，把握正确舆论导向，提高传播能力。加强榆阳区文物、历史文化名城名镇名村、非物质文化遗产和自然遗产保护，拓展文化遗产传承利用途径。依法推进语言文字工作。

四、加快发展文化产业

推动文化产业成为国民经济支柱性产业，增强文化产业整体实力和竞争力。实施重大文化产业项目带动战略，围绕区委、区政府研究确定的30项文化旅游重点工作，明确工作职责，强化责任落实，攻坚克难，强力推进。加强文化产业基地和区域性特色文化产业群建设。推进文化产业转型升级，推进文化科技创新，研发制定文化产业技术标准，提高技术装备水平，改造提升传统产业，培育发展新兴文化产业。构建以优秀民族文化为主体、吸收外来有益文化的对外开放格局，积极开拓国际文化市场，创新文化"走出去"模式，增强中华文化国际竞争力和影响力，提升榆阳区文化软实力。

五、发展特色文化产业

即将榆阳区特色文化产业发展与特色文化城镇和乡村相结合，加强各类特色文化市场主体的扶持力度；文化产业与科技、互联网、金融、农业、工业、旅游、地产产业等的融合不断深化，成为了文化产业发展的核心支撑和重要引擎；区域融合不断推进。要立足经济社会发展实际，充分挖掘文化旅游资源，集中力量打造一批具有示范带动作用的文化旅游项目，逐步形成文化旅游产业快速发展的骨干支撑体系。要围绕历史古迹，加强保护，有序开发。重点对榆林古城、罗兀城、建安堡、木华黎墓、寨峁梁遗址等文物古迹以及青云山、黑龙潭、卧云山等著名宗教场所，进行维修保护和开发利用，充分挖掘历史价值，展示文化内涵。要依托自然资源，合理规划，充分展示。立足麻黄梁独特地理地貌、红石桥 50 里明沙、南部乡镇 15 万亩杏林、北部滩区万亩马铃薯种植基地等自然资源，充分调研论证，科学编制规划，完善基础设施，打造好麻黄梁摄影写生基地、红石桥乐沙戏水、古塔中国美丽田园和马铃薯观光等重点旅游景点景区，充分展示榆阳独特奇丽的自然风光。要围绕人文景观，精心打造，拓展延伸。重点打造季鸾公园、邓宝珊将军故居、补浪河女子民兵治沙连基地等人文景观，彰显人文精神，发展特色旅游。精心策划包装、积极引进项目，打造好农业园区主题公园、能源新都工业旅游项目和王圪堵水利风景旅游区等景点景区，不断拓宽文化旅游发展领域，展现塞上古城发展魅力。要依托黄崖窑、赵家峁、陈兴庄等新农村建设以及鱼河、芹河等文化旅游景点。

六、提升文化产业价值作为核心发展趋势

提升产业价值是文化产业发展核心。"十三五"期间，文化产业将呈现产业内部价值与外部价值反哺循环"双提升"趋势。一方面，文化产业内部价值得到提升，产品附加值不断增加，产业增长极不断多元，产业链条不断延伸。另一方面，随着文化产业集聚效益和规模效益的凸显，文化产业价值实现正向溢出，相关产业整体价值得到提升，文化产业发展实现从小产业向大产业跨越，文化大产业体系得以构建。针对未来中国文化产业的大发展与国家软实力提升的要求，如建设榆阳区文化实践基地、榆阳区艺术产业基地、3D 技术与影视动漫基地、网络文化产业基地、茶道文化产业基地、榆阳区工艺美术产业基地、榆阳区体育产业示范园区、时尚品牌文化产业基地等重点项目，实现品牌化、集聚化和规模化发展。新的规划应当注重规划项目对综合效益的促进。如创意、策划、企业集聚、产品研发、产业配套、营销、出口、广告、品牌授权、对外连锁经营、文化旅游、夜间娱乐、人才培训和本地产业升级等一体化的产业链的打造。例如，应将部分文化产业集聚园同时打造成为文化旅游的目的地，对已有的重点项目应当规划如何延长产业链，如何持续发展的发展思路。

七、产业融合作为产业发展的关键与趋势

产业融合是文化产业发展有力抓手。"十三五"期间，随着企业对利益最大化的追求、科技进步与技术创新、文化消费水平的提升及政府简政放权，

文化产业将呈现产业融合、经营管理融合和区域融合发展趋势。

其中，一方面，文化产业内部不断融合提升，广播出版、文化演艺、创意设计、动漫、影视、文化会展、文化艺术等实现多元渗透、融合，产业链条不断延伸，产业核心价值实现转移。

另一方面，文化产业与相关产业双向深度融合，以元素嫁接、技术嵌入为抓手，实现文化产业链条衍生、重组的纵深发展和市场的融合拓展，知识与能量不断溢出，实现小产业向大产业发展。"文化＋科技"做精产业，通过文化产业与互联网、传媒产业融合，影视、出版、艺术品等传统版权内容产业实现网络化全产业链跨界运营，广播电视、音像、印刷、舞台、文化遗产等产业不断整合、数字化、智慧化，网游、动漫等新兴产业大展拳脚；通过文化产业与旅游产业融合，传统"门票经济"模式将被创意旅游产业化运作取代，各类文化创意集聚条带、区域将引领中高端旅游市场；"文化＋工业"做强产业，通过文化产业与传统工业融合，创意设计将成为传统工业改进工艺、科技，提升产品附加值、实现产业转型升级的主要抓手；"文化＋农业"做特产业，通过文化产业与农业融合，创意元素的植入性"粉丝经济"运营将突破传统农业发展模式；"文化＋金融"做活产业，通过文化产业与金融产业融合，艺术银行、文化众筹、BOT、PPP、文化担保、文化基金等创新文化金融投融资市场将驱动新一轮文化资本市场发展。"文化＋地产"做新产业，通过文化产业与地产业融合，集文化交流、体验、娱乐、休闲、科研、商业住房等为一体的创意文化生态圈将成为地产开发新模式。"文化＋体育"做靓产业，通过文化产业与体育产业融合，主题化体育项目、体育动漫及体育产业场馆设施的文化创意化运作将创新传统体育产业发展格局。

随着"一带一路"战略的提出以及"文化产业带"概念的提出，文化产业区域融合趋势日臻凸显。陕西作为一带战略的核心区域，要拥抱新常态，引导陕西的企业积极走出去，开拓中亚等地的国际市场，推动陕西经济新的增长。作为榆林市经济发展较快的区域，榆阳区要紧抓机遇，大力发展文化旅游和相关产业，争取以西安为轴心，打造"丝绸之路经济带的新起点和桥头堡"，榆阳区争取搭建丝绸之路经济带沿线上的最强最大的区域经济架构。

八、民族灵魂的特色文化发展趋势

特色文化是行走在中国乡土大地的民族之魂。"十三五"期间，榆阳区文化产业将承启"特色驱动"模式。各乡、镇、村将协调和整合区域特色文化资源，总揽工艺品、演艺娱乐、文化旅游、特色节庆、特色展览，以地域民俗文化为魂，以创意创新为王，打造区域特点鲜明和民族特色彰显的文化产品和服务；立足新型城镇化，推进榆阳区文化产业一体化发展，拓展民俗特色文化产业发展空间，特色化打造特色文化产业示范区、特色文化产业集群、特色城镇、特色街区、特色文化产业项目，加快特色自主文化品牌培育和"创意城市"的建设。

九、加快文化资源共享工程和建设工作

以大美榆阳、城市个性、城市管理、公共服务、文物保护、创新驱动、产学研协同创新、智慧城市、信息共享与业务协同、人文城市、文化记忆、文化经营和文化供给，加快我区文化资源共享工程建设。按照我区《实施意见》和《通知》要求，到十三五末，要基本实现乡、镇、村，"两馆一站一室"建设目标，即乡、镇、村有文化馆、图书馆，街道有综合文化站，社区有文化中心。按照这一要求，未来几年内，我们还需加大文化基础设施建设力度，在榆阳区旧城改造和项目建设过程中，要统筹考虑、规划和建设区图书馆、文化馆、全民健身中心、榆阳区城市影院建设等文化体育设施，进一步完善公共文化服务网络，满足群众日益增长的文化需求。打造群众性文化活动品牌。加强对群众文化活动的指导，将群众自发、分散的文化活动，通过有效的组织、策划、包装，形成规模，聚集优势，突出品牌，通过品牌效应提升新城的文化自信，扩大新城文化的影响力，进一步拓展提升文化服务领域和服务内容。大力推行文体辅导员制度，建立文化志愿者队伍，统一调配、指导社区群众文体活动的开展。通过以奖代补的形式扶持社区业余艺术团队（班）发展壮大，使之活动经常化。开展文艺作品评选活动，鼓励广大群众主动参与，争取每年都有思想深刻、艺术性强、群众喜闻乐见的作品面世，扩大我区文化影响力。推动和整合我区高校、机关事业单位、工人文化宫、青少年宫、科技馆等文化资源服务功能和社会功能。大力推进机关文化、企业文化、校园文化、社区文化和家庭文化建设，夯实基层群众文化基础。

文化工作精彩纷呈

新疆维吾尔自治区塔城市文化体育广播影视局　黄晓斌　龚　瑞

近年来，塔城市文广局在市委、市政府的坚强领导下，深入学习贯彻党的十八大、十八届三中、四中全会和中央文艺工作座谈会精神，按照自治区文化厅和地、市委宣传思想文化工作会议的安排部署，以群众性文体活动为载体，以博物馆、群众文化宫建设为重点，以非物质文化遗产传承项目、文物修缮保护和创新广电节目为抓手，以净化文化市场为目标，加快推进塔城文广事业的发展。

一、文化活动丰富多彩

1、大型活动：2015 年，成功举办了"践行中国梦 重走丝绸路"——中国广播艺术团塔城欢乐之夜"文艺晚会，著名导演江平，著名演员巩汉林、金珠、赵保乐等参加了演出。邀请了上海青年歌舞团，"六一"期间在塔城文化中心举办了《三毛流浪记》、《卖火柴的小女孩》等 6 场次木偶剧；邀请了上海青年马戏团演出了魔幻儿童剧《魔法天下》；邀请了俄罗斯高加索格萨克歌舞团进行了专场演出。协助地区文广局举办了新疆爱乐乐团"七一"赴塔城慰问演出活动，成功举办了庆祝自治区成立 60 周年"琴·在塔城 塔城千人手风琴展演暨手风琴名家演奏会"，承办了塔城第六届蔬菜旅游文化节文艺演出活动；2016 年承办了大型情景歌舞剧"家园之恋"并在全疆十多个地州巡回展演；完成"塔城纳吾肉孜节文艺晚会"、"大型社火"等各类大型文艺演出 10 场/次；二是市文广局主办的"塔尔巴哈台之夜——塔城手风琴角"活动每周五、周六晚在广场举行；三是以"建设美丽塔城，共圆祖国梦想"为主题的百日广场文化活动，文艺演出达 21 多场/次；四是宣传、展览、绘画大赛、象棋大赛、文体等活动等 64 场/次；五是举行全民健身活动 600 场/次为塔城市各族群众奉献了一道道丰盛的文化艺术大餐。

2、对外文化交流方面。市歌舞团赴哈萨克斯坦阿斯塔纳市参加了中国驻哈国大使馆举办的春节招待会，为哈萨克斯坦的华人华侨带去了祖国的问候，为促进中哈友好和文化交流打下了坚实的基础。邀请哈萨克斯坦乌尔加县足球队、博州足球队、托里县足球队，举办了 2015 年塔城首届"班超杯"国际足球邀请赛。

二、手风琴和油画建设情况

1、成立塔城市手风琴协会。2015 年 5 月，注册成立了塔城市手风琴协会，已注册会员 30 人。其主要工作职能：一是对塔城市手风琴的发展进行认真的研究，收集整理能够反映塔城风土人情的、耳熟能详的曲子，编配成手风琴演奏的统一教材教程。目前，手风琴教材已经编制完成，手风琴光碟的制作正在积极筹备当中。二是制作手风琴纪录片，纪录塔城市手风琴发展的历史及现状，确保手风琴文化继承和发扬。

2、开展手风琴角活动。2015 年 7 月上旬至 10 月上旬，每周五、周六 21：30 至 23：00，在塔城文化广场开展了"塔尔巴哈台之夜·塔城手风琴角"文艺志愿活动，截止目前，已举办活动 40 余场，参加各族群众达 7 万余人。

3、举办塔城千人手风琴展演暨名家演奏会。为庆中华人民共和国成立 66 周年、新疆维吾尔自治区成立 60 周年，2015 年 9 月 28 日，塔城市成功举办"琴·在塔城 塔城千人手风琴展演暨手风琴名家演奏会"，来自塔城地区五县二市共 1020 余名手风琴演奏者参加了此次展演，参演人员由汉、哈、维吾尔等 17 个民族组成，其中：年龄最大的 70 岁，最小的 7 岁半。

4、2016 年 8 月 25 日来自塔城地区 1517 名手风琴手共同演奏了一曲《美丽的塔尔巴哈台》，时长 7 分钟，来自 7 个国家的手风琴冠军参加了本次活动，创造了手风琴吉尼斯世界纪录。

三、博物馆建设情况

1、已建设完工的博物馆

达斡尔民俗馆。位于阿西尔达斡尔民族乡，该馆依托乡文化站现有资源进行布展设计，总面积 400 平方米，总投资 100 万元。通过挖掘达斡尔民俗文化历史，征集达斡尔族民间文物来展示达斡尔民族传统生活场景，展现塔城达斡尔民族历史、文化的发展与变迁，该馆于 2014 年 8 月完工，截至目前，已累计接待观众万余人。

美食馆。位于塔城市也门路口新疆绿草原公司院内，该馆总面积 400 平方米，总投资 150 万元。采取由新疆绿草原公司认建展馆、市财政投资布展的方式进行建设。该馆于 2014 年完成布展工作。截至目前，已累计接待观众万余人。美食博物馆的建设，不仅充分展示了塔城市各民族丰富多彩的传统

美食，同时也展现了新疆绿草原的企业文化，达到了双赢的目的。

气象馆。该馆位于地区气象局院内，由塔城地区气象局进行筹建，依托地区气象局干部职工活动中心项目捆绑建设。气象博物馆总面积270平方米，总投资120万元，其中市财政补助资金20万元。2013年完成了工程主体建设工作和展馆展品的收集整理工作。2015年5月底，完成了展馆的布展工作。馆内主要展示塔城气象发展的历史及气象设备的变迁。

文化（俄罗斯）教育馆。位于塔城市第四中学院内，依托原莫洛托夫学校俄式建筑（市文物保护单位）进行修缮改建，总面积1800㎡，总投资预计1200万元，其中：修缮资金560万元、布展资金400万元、油画制作180万元、附属设施建设60万元。主要展示中国俄罗斯族的变迁、俄罗斯民俗文化、俄罗斯油画及塔城教育发展史。截止目前，已基本完成展馆的布展工作，该馆已于10月15日实施对外试开馆。

手风琴馆。位于塔城群众文化宫三楼，总面积260平方米，截止目前，已完成300架世界各地品牌的手风琴的布展工作，均为文物，其中最古老的一家手风琴已有100多年的历史。中国各种品牌的手风琴正在收集中，计划11月上旬全面完成展馆的布展工作，11月中旬实施对外免费开放。

口岸文化展示馆。位于巴克图口岸旅检大厅，主要展示口岸的发展历史及悠久的口岸文化。目前，布展工作正在紧张进行，预计11月月底前实施对外免费开放。

边境贸易博物馆。由塔城西部实业有限责任公司投资250万元，在国际商贸城建立了塔城市丝绸之路边境贸易博物馆，该馆将作为塔城市对外宣传的窗口、爱国主义教育基地和文化旅游景点实行免费开放。

2、正进行布展设计及施工建设的博物馆

防灾减灾馆。该馆主要由塔城地区民政局进行筹建，位于塔城市红楼街2号（地区民政局东侧），依托原有的俄式建筑进行修建，总建筑面积800平方米。该项目预算总投资300万元，其中市财政补助资金30万元。截止目前，俄式建筑内部修复和二层俄式建筑建设工作已全面完成，正在进行展品收集整理及展馆的布展设计工作。

戍边文化馆（烈士事迹陈列馆）。位于塔城市烈士陵园内，总面积2100平方米（两层），预算总造价1600万元，其中：建筑总投资预算900万元，文物实物收集及展馆布展计划投资700万元。展馆主要从边关明月、边关塔城、边防体制、边防装备和边防烈士等五个单元进行布展设计，充分展示塔城的戍边文化。该馆建筑主体工程已于2014年年底完成，目前正在进行地面装修。委托王金凯老师创作的巨幅油画（23平方米）《清代名将左宗棠收复新疆》，目前已完成创作。展馆布展设计及文物、实物征集工作已完成。

锡伯族民俗馆。位于塔城市喀拉哈巴克乡青冈村橡园，建筑总面积840平方米，预计总投资730万元，其中建筑投资380万元，展馆布展资金350万元。建筑风格与橡园的锡伯族纪念碑浑然一体，主要展示锡伯族的西迁精神和锡伯族在塔城发展中历史贡献、民俗文化和生活习俗。该馆建筑主体工程于2015年9月上旬完成，展馆布展设计工作已完成。

美术馆（塔城师范俄式建筑修缮工程）。位于塔城师范院内（市级文保单位），建筑总面积2400平方米，2014年自治区文保中心已组织相关专家对该俄式建筑进行鉴定，制定了修缮方案和施工设计。计划修缮总投资528万元，主要用作展示书画、油画，为疆内外知名书画家提供创作基地。目前，正在进行外墙级室内墙面修复，预计2016年5月底全面完成修缮工作。

四、体育赛事捷报频传

（一）足球队基本情况

塔城市为了参加两项杯赛于2016年7月初临时组建了"塔城市U13足球队"。队员从塔城市农牧团场、市区各学校选调的优秀足球运动员，共有来自哈萨克族、维吾尔族、柯尔克孜族的18名球员组成，年龄段在12～13岁之间。8月1日，塔城市U13足球队首次代表新疆塔城市赴沈阳参加"和平杯"、"哥德杯"两个赛事。本届"和平杯"由沈阳市人民政府主办，沈阳市和平区人民政府，沈阳奥美体育文化传播有限公司承办，范围广，影响力强，赛事组委会邀请来自巴西、西班牙、韩国、日本、俄罗斯、蒙古等16支世界各国青少年球队参赛，同时邀请到国内来自北京、上海、广东、新疆、青海、河南等20个省市50支球队，其中包括8支女子球队。在"和平杯"国际青少年足球邀请赛中塔城队表现出色，其中以8∶0成绩胜韩国，48∶1成绩胜日本。目前，塔城足球队已经提前收到2017年"和平杯"国际足球邀请赛的邀请函。

"哥德杯"国际青少年足球锦标赛是世界上规模最大的青少年足球锦标赛，赛事的主题是"不同的肤色，同一个世界"，其创办的初衷是为来自全世界喜爱足球的孩子们营造一个共同的大家庭。2016年的"哥德杯"世界青少年足球赛首次走出瑞典，于8月13日至8月19日在中国沈阳举办。8月14日，塔城市青少年U13足球队以18∶0战胜大连四十四中学足球队；8月15日，塔城市青少年U13足球队以38∶0战胜大连湾中学足球队；8月15日，塔城市青少年 U13 足球队以 28：0 战胜蒙古共和国足球队；8 月 17 日，塔城市青少年 U13 足球队以 28：1 战胜香港切尔西俱乐部足球队，经过激烈的比赛，塔城市青少年 U13 足球队最终获得"哥德杯"国际青少年足球锦标赛季军的好成绩。

（二）曲棍球队基本情况

2014 年底市文广局牵头组建阿西尔乡中心校男子青少年曲棍球队，选定 10 名队员，于 2015 年 1 月 11 日向国家体育总局曲棍球协会申请办理了注册运动员，1 月底曲棍球队正式成立，这是新疆历史上的第一支也是唯一的一支青少年曲棍球队。

2015 年 8 月这只训练仅仅 5 个月的队伍代表新疆维吾尔自治区参加了在北京举办的"2015 年全国青少年曲棍球锦标赛"，取得全国第三名的好成绩。2016 年 3 月从阿西尔乡中心校选拔出 8 名选手组建一只女子青少年曲棍球队。青少年曲棍球男子队和这只新组建的女子队于 2016 年 7 月一起代表新疆维吾尔自治区参加了国家体育总局在江苏常州市举办的为期 6 天的"2016 年全国青少年曲棍球锦标赛"，其中，男子青少年曲棍球队取得全国第一名的好成绩，女子青少年曲棍球队取得全国第七名的好成绩。常州赛事结束后，有三名曲棍球队员被选入"国家青少年曲棍球队"。

五、今后的打算

（一）工作思路

以党的十八大、十八届三中、四中全会精神为指导，全面贯彻落实自治区宣传文化体育工作会议、地委扩大会议及地区宣传思想工作会议精神，按照地区文广工作会议的工作部署，以丰富人民群众的精神文化生活，促进我市群众文化事业繁荣发展为目的，通过广泛开展以"相融共生，和谐家园"为主题的系列群众性文体活动，凝聚人心、弘扬正气、促进民族团结，引导群众在文化建设中自我表现、自我教育、自我服务，充分发挥文化"引领风尚、教育人民、服务社会、推动发展"的作用，全面展示群众文化成果，充分展示我市民族团结、社会和谐、相嵌一家的优势。

（二）主要任务

1、文化工作

一是广泛开展各类文化活动，营造良好文化氛围。依托"双百"竞赛活动深入开展系列群众文化活动，丰富群众精神文化生活。积极参加地区青年歌手大赛、老年合唱大赛、农牧民才艺大赛、"蓓蕾杯"少儿文体大赛等系列活动，争取取得优异成绩。

二是深入开展"两馆一站"免费开放工作，让群众享受发展成果。狠抓免费开放各项措施的落实，加强免费开放专项经费的管理和使用，确保专项经费落到实处、用到实处；加强文化站工作人员的管理和培训，积极与编办、乡镇场党委加强协作，确保乡镇文化站工作人员按编制配备到位并发挥作用。

三是扎实推进文化"六进"惠民工程。采取灵活多样的形式，积极开展文化"六进"活动，充分发挥文化活动愉悦心情、促进和谐的作用；同时，加大文化骨干培训力度，在开展各类文化赛事、展览等活动的同时，采取各种方式广泛开展各类培训和辅导，尤其是对基层文化站、企事业单位、中小学校、部队、社区的文艺骨干要加强培训力度，充分发挥基层文化带头人作用。继续实施好"政府购买演出惠民工程"。

四是继续做好非物质文化遗产保护和传承工作。依托项目专项保护资金，继续进行国家级项目《祭敖包（达斡尔族沃其贝）》资料的挖掘和整理。要加大可移动文物普查力度，继续实施好博物馆的建设任务，同时，要对已建成的博物馆进行规范管理。

五是认真筹备和谋划好第七届蔬菜旅游文化节的各项文化活动及对外文化交流活动。加强对外文化交流力度。要依托口岸，充分利用地缘优势，加强对外文化交流合作，要坚持开展与周边国家的文化艺术交流活动，将优秀的民族文化传播到国外，提高城市的知名度和影响力，

2、体育活动方面

认真组织好全市中小学生速度滑冰比赛、足球赛、兵乓球、篮球赛、象棋比赛；职工羽毛球赛、篮球赛、趣味运动会；举办塔城市第32届赛马运动会，积极争取承办塔城地区男子职工足球赛，认真谋划好国际足球邀请赛；成立女子曲棍球队，组织好男女曲棍球队的日常训练，积极备战全国青少年曲棍球竞标赛，争取取得更好的名次。

南岩乱弹成功申报国家级非物质文化遗产

河北省高邑县文化广电新闻出版局　贾瑞卿　宋问之

乱弹是流传在冀中、南一带的传统地方剧种。南岩乱弹是河北乱弹的正宗流派，保留清代乱弹原有的唱腔和板式，是国家级第四批非物质文化遗产代表性传承项目。南岩乱弹主要分布在东南岩、西南岩两村，属河北省石家庄市高邑县万城乡辖区，两村共有 3200 人。北距石家庄市 50 公里。属暖温带半湿润地区，四季分明。高邑县万城乡南岩乱弹剧团是全国唯一以集体所有制存在的村办剧团，属高邑县西南岩村民委员会。

南岩乱弹是流传在冀中、南一带的传统地方剧种之一。据《中国戏曲音乐集成·河北卷·河北乱弹》证实，乱弹在清乾隆、嘉庆年间传入河北，当时石家庄市的高邑、元氏、晋县、赵县、获鹿、藁城、赞皇以及邢台市的隆尧、平乡、巨鹿、任县、南和等县都有乱弹剧社。

南岩乱弹历史悠久，流派正宗。据《中国戏曲音乐集成》记载，乱弹剧种至今已有近二百年的历史，主要靠班社传播，南岩乱弹记载最早的是清咸丰年间由菅玉柱、菅玉堂兄弟创办的天兴奎科班。1911 年至 1936 年是乱弹的鼎盛时期。1937 年抗日战争爆发，戏班受挫，乱弹演出渐趋冷落。建国后，由村民集资成立了"群英乱弹剧团"，演出了大量剧目，培养了大批艺人。60 多年来，南岩乱弹虽有兴衰起落，但一直延续着一线生机。

我县目前现有省级非遗项目 5 个，市级 6 个，县级 42 个。2015 年在原有基础上成功申报了一项国家级非物质文化遗产，"南岩乱弹"国家级非遗项目申报成功实现了我县国家级非遗零的突破。在非遗工作中，我局坚持"深入民间，发动群众"的工作方针，和"一挖，两跑，三引导"的工作方法，深入到乡村、基层，全面掌握每一个地方风土人情，历史渊源，做到不放过一点线索，一头跑基层，一头跑省市非遗处，引导非遗项目走市场化，规模化和自我宣传意识。一方面不断加大宣传力度。今年利用特定节日，发放宣传图册 2000 多本，见缝插针，不放过任何可宣传的机会，利用大学生演讲赛，设立非遗展柜 4 个，展出我县猫头靴、活性炭、陶俑、烫画葫芦等非遗展品作品 200 多件，既是一次宣传又是一次展销，收到良好效果。2014 年，参加文化部举办的中国天津西岸非遗展览，展出我县 6 项非遗项目产品。参加石家庄市剪纸精品展，我县展出剪纸作品 21 幅，引来同行及市级文化部门瞩目。参江苏省文化厅举办的"白蛇传说"精品剪纸展，展出我县作品 10 余幅。目前，《高邑非物质文化遗产名录》一书进入编写收尾阶段，"名录"的编写出版将成为宣传高邑非遗的很好媒介。一方面引导合理利用。积极引导非遗走产业化，市场化道路，今年共为非遗传承人开展"市场中的非遗产品"专题培训会 2 次。为非遗产品销售搭建平台，利用网络，进驻淘宝网，建设网络非遗信息库等手段，逐步将我县精品非遗产品推向市场。

2014 年 12 月 3 日，非物质文化遗产司公布了国发〔2014〕59 号文《国务院关于公布第四批国家级非物质文化遗产代表性项目名录的通知》，我县"南岩乱弹"项目被列为全国第四批非遗项目，这标志着我县非物质文化遗产实现了国家级零的突破。近几年来，县委政府对非遗工作高度重视，县文广新局开展全县非遗项目大普查，在摸清底数的基础上，挖两头，带中间，多个非遗项目如雨后春笋破土而出，今年新增县级项目 50 多项。截止目前我县共有县级 90 多项，市级 6 项，省级 3 项，国家级 1 项。

南岩村乱弹久负盛名，清咸年代就成立了乱弹乡乐班。南岩乱弹是一个多声腔剧种，行当亦分生旦净末丑五大行，乐队体制，内行称三文四武。曲牌流传至今的尚有 100 多支。其中的"混牌子"主要来源于昆腔，一般都有唱词和锣经；"清牌子"分大唢呐曲牌、笛子曲牌、海笛曲牌 3 部分。

南岩乱弹音乐的用律，采用"纯律"，不同于其他地方剧种所用的"五度相生律"及"十二平均律"。其唱腔与伴奏采用"支声复调"的多声部音乐表现形式，每个声部在整体制约下独自进行，形成独特而微妙的色彩性对比效果。这在中国戏曲其它声腔中是绝无仅有的。

南岩乱弹历史价值重要，影响深远。其历史价值表现在：乱弹剧目不下 200 余出，以戏曲的形式链条式叙述了历朝历代的变迁，是中国历史发展的记录和再现。其文化价值表现在：乐队伴奏板式唱腔的特点是支声复调的形式。笛笙与唱念，在演唱和伴奏时，各自有各自的旋律，若即若离，从而呈现复调色彩。特别是在伴奏慢板时，乐队还可以在规定的板式结构框架中即兴发挥演奏技巧。〔梦曲〕是慢板的另一种形式，是乱弹戏中表现特定情绪的专用板式。有特制的七孔笛演奏此音，这也是乱弹剧种的特殊之处，这在中国戏曲声腔中是独一无二的。其社会价值表现在：如同电视永远代替不了电影一样，其他剧种也永远取代不了乱弹，有人喜欢京剧的韵味，有人喜欢越剧的委婉，而在冀中南一带，人们却是"宁舍一顿饭，乱弹必要看"。不论婚丧嫁娶还是逢年过节，唱戏必唱乱弹戏，请班必请乱弹班，人们听不烦、看不厌，如醉如痴，一往情深。

非遗文化 华光溢彩

四川省石渠县文化旅游和播影视局 郭 松 根 呷 王耘志

石渠县位于甘孜州北部。东接色达、甘孜县，南靠德格县，西连青海省玉树县，西南隔金沙江与西藏江达县相望，北与青海省称多、玛多、达日三县毗邻。面积 25141 平方公里。2015 年全县总人口 9.7712 万人 98% 为藏族居民。全县总牲畜存栏 427216 头（只、匹）。全县辖 23 个乡（镇、场），166 个行政村。

石渠，藏语名"扎曲卡瓦"，意即雅砻江源头。石渠系藏语"色须"译音，以境内建于清乾隆二十一年（1760）的黄教寺庙"色须贡巴"而得名。处川西北丘状高原山区，东北为巴颜喀拉山脉，西南为沙鲁里山北段，东缘吉根巴俄达者山峰海拔 5334 米，其北贡嘎拉者山峰海拔 5325 米，全县平均海拔 4200 米。属大陆性季风高原气候。气温低，日照长昼夜温差大，无绝对无霜期。暴风雪为主要灾害。全县以畜牧业经济为主，是四川省海拔最高面积最大的牧业县。有可利用草地面积 3317.13 万亩。

县域资源丰富，盛产虫草、贝母、鹿茸、麝香、大黄、羌活、知母、马勃等野生动植物药材。"石渠白菌"，享有盛誉。珍稀动物有羚羊、野牦牛、丹顶鹤等。还有鹿、盘羊、野马、獐、狐狸、水獭、旱獭等。

一、部落文化（查加部落）

查加部落在离县城 100 多公里的长须贡马乡境内，共有 60 多户牧民。据说查加人是草原上最古老的部落之一，上个世纪从雅砻江下游一个叫查加的地方迁来。由于是外来部落，他们与周围部落很少往来，处在相对封闭的状态，至今仍然保留着原始部落的一些戒规和习俗。比如，他们还在用最原始的方法提取酥油，他们将牛奶倒进羊皮口袋里，扎紧袋口用力滚动摔打，使牛奶和酥油分离，在查加部落无论男女都不沾烟酒，不与其他部落通婚，这是因为他们曾经有过血的教训，这是缘于一桩婚姻。那时，查加部落头人的女儿嫁给了另一个部落头人的儿子，因她多年没有生育遭到男方家人虐待，最终被赶出了家门。她的父亲带人前论理，反被羞辱了一顿，一气之下派人杀了男方家的两个儿子。为了躲避残酷的报复，查加人不得不远走他乡，并立下部规，决不允许女儿外嫁，男人也不可娶外部落的女人。几十年的自我繁衍，人口增长极为缓慢，还有一妻多夫、一夫多妻现象存在。

查加部落就像活化石一样，为人类了解和认识自己的历史提供了一个活样本。正因为如此，它在文化人类学方面的研究价值，已引起了有关学者的浓厚兴趣。

——查加部落的流动寺庙

逐水草而居的生活方式是游牧民族的自由天性，也使得他们不可能真正的定居下来，在潜意识里他们随时都准备着再一次的迁徙，就连在他们心目中视为神圣的寺庙，都可以驮上马背任意搬迁，这便是查加部落的一绝——帐篷寺庙。寺庙是建在帐篷里的，冬天它是一顶黑色的牛毛帐篷，夏天是一顶白布帐篷，由于帐篷较大（约100平方米），平时就把它拆成6块，分别由6家人保管，所有的法器摆设等都分散在牧民家里，需要的时候再把帐篷拼起来，把东西凑在一起。帐篷寺庙里的活佛和30几个扎巴都是本部落的人，虽然穿着袈纱，但平时都各回各家，只有做法事的时候才住在"寺庙"里。帐篷寺庙就在如此艰难的条件下存在，它一直是支撑查加人的精神天空，无论他们漂泊到那里，它都是他们心灵的避难所。

二、草原珍珠 ——格萨尔温泉

呷依格萨尔温泉位于县城西北，距县城102公里，藏语称为查曲卡温泉，又名八若温泉。相传很早以前此地为格萨尔王的行宫之一，八若温泉是格萨尔王和王妃珠姆以及手下30员大将沐浴之所。群山环绕的草坝中，大小温泉如镶嵌的绿宝石紧紧相连，宛如一串串绿宝石项链撒落在人间，泉眼多达35处。一般温泉都在40℃以上，有的泉池最高温度可达45℃左右。泉口终年水气腾氲、景象壮观、更衣沐浴、宛入仙境。且温泉水源充足，温度高，含硫、锂、锶等多种矿物元素，能治疗多种皮肤病和关节炎等，是保健、沐浴、观光的好去处。

三、神奇的利山巨石群

走进位于长须贡马乡境内，在这里你能看到一道神奇的景观：光秃秃的巨石，它仿佛从天而降，又像是从地下冒出来的，这就是"利"神山的山门，这里少有人来，且禁止放牧。漫山遍野的巨石，大似一幢楼房，小像一间小屋；奇形怪状，似动物，似人像，仔细一看，有的独立成峰，更多的却是由

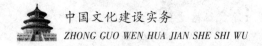

一些大小不等的石头像搭积木一样垒叠而成，其间类似于风动石，飞来石的景观比比皆是。这些石头究竟从何而来？是冰川遗迹还是大山溶岩？是自然形成还是有外力因素呢？当地人之所以把它尊为神山，是因为在当地人看来，只有神的魔力才能够完成如此神奇的巨作。据藏传佛教一经书记载，称此山为"胜乐慈悲神山"是观音菩萨、莲花大师等高僧大德的修行处。

四、色须寺

石渠县色须寺位于四川省石渠县扎多区俄多玛乡，距县城 36 公里。石渠县色须寺是境内最大的格鲁派寺庙，根据色须寺藏文资料记载，清乾隆二十五年（1760 年）噶举·洛绒曲登和随从一起到色须草原选址建寺，同时蒙古高僧格勒亚批也来到此地，吹响弥勒佛赐给他的法螺，声音传遍色须草原，高僧蜀绒郎加闻声而至，三高僧不谋而聚，选定寺址于色须部落所巴下色登。在德格第六代法王曲吉·登巴泽仁准许和扶持下，由噶举·洛绒曲登主持建寺，为纪念所巴下登建寺功绩，取名为色须寺。

色须寺我县最大的黄教寺院，占地总面积约 10000m²，座北朝南，中间为占地约 1000m² 的大经堂，四周是其他大小经堂和僧侣用房。

在大经堂的墙面上刻绘许多佛像和图文，经堂高约 20 米，在经堂内有宽约 1.5 米的墙体修筑的内堂，里面供有 7 尊高 2 米宽 1.5 米的佛像。

在色须寺供有藏区仅次于西藏扎什伦布寺的第二大铜塑镀金佛—强巴佛。寺内还珍藏有各种镀金佛像数千件，各类经文经书不计其数。

五、巴格嘛呢石经墙

巴格嘛呢石经墙位于四川省石渠县城约 50 公里左右，始建于公元 1640 年，由第一世巴格喇嘛桑登彭措堆建，距今已有三百六十多年历史，巴格嘛呢是世界上现存最长的嘛呢墙，全长 1.7 公里，宽 2～3 米，高 2.5～3.5 米。

2006 年被国务院公布为第六批全国重点文物保护单位。现墙体内有石刻佛像 4000 多尊，刻有藏文《甘珠尔》、《丹珠尔》各两部，《贤劫经》1600 部，《解脱部》6000 余部，还有数已亿计的大大小小嘛呢石。整个墙体全部用嘛呢石片垒砌而成，一年四季都有两三百名石刻工匠在巴格嘛呢石经墙附近雕刻经文和各种佛像，墙的两面还有几千个大大小小的"窗口"，每个"窗口"里都摆放着各式各样石刻彩绘的神像和佛像。

六、远古石刻长廊——穆日嘛呢石经墙

穆日玛尼石经墙位于四川省甘孜藏族自治州石渠县格蒙乡，距石渠县城55 公里，海拔 4300 米，座落在雅砻江岸的草地，始建于 7 ~ 8 世纪。1999 年被石渠县人民政府列为县级文物保护单位，2008 年被列为省级文物保护单位，2013 年被国务院列为第七批全国重点文物保护单位。是藏民族历史上最古老、规模最大的玛尼石经墙，具有极高的历史文物价值。

穆日玛尼石经墙由无数刻满各种佛教经典和各种佛菩萨等图案造像的石块堆积而成，石经墙全长 450 米，宽 9 ~ 15 米，高 2 ~ 2.5 米，墙体内有各种石刻千手千眼观音、度母、宗喀巴大师、莲花生大师等各种佛像近千尊，并刻有藏文《大藏经》、《贤劫经》、《解脱经》、《金刚经》等无数经文，还有其他数以亿计的大大小小玛尼石板。是藏民族刻绘艺术长廊，充分显示了古代藏民族雕刻艺术水平。

穆日玛尼石经墙始建于公元 7 ~ 8 世纪，最初被称为奔琼玉喀。在公元 10 ~ 11 世纪时的岭国时期，为岭国皇家供奉圣物，在当时就极负盛名，是藏族人民重要的朝圣之处。到十八世纪，得道高僧第一世穆日活佛仁增江措仁波切发大愿心维修、扩建此玛尼墙，将此玛尼墙建设得规模宏大。由于穆日活佛学识和修证极高，备受尊崇，人们为了表示对穆日活佛的敬重，将这座玛尼墙改称为穆日玛尼。经过后来历代穆日活佛的努力，穆日玛尼越修越长、规模越来越宏大。许多高僧都曾为穆日玛尼开过光，因此，穆日玛尼以其神圣和庄严，成为人们心中向往的朝圣处，名闻四方。

七、松格玛尼石经城

松格玛尼石经城距甘孜州石渠县县城约 80 公里，是一座四方形的石头城，高约 10 米，长 100 米见方，全由一块块的玛尼石随意堆砌而成，是当年格萨尔王领地上至今保留下来的遗迹之一，也是藏区历史上最雄伟的玛尼堆之一。

玛尼城正面有一道城门可以进出，里面是一圈圈的玛尼墙，中间有狭窄的通道。由于石头垒得太高，城体已开始下陷，玛尼城的地下部分和地上部分一样高。石渠曾是格萨尔王的领地，当时为了给阵亡的士兵超度亡魂，格萨尔王的将士们在此垒了一个玛尼堆。后来渐渐成了老百姓缅怀格萨尔王功绩的地方，整个石经城无任何框架支撑，也没有粘合剂的玛尼城历经千年巍

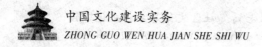

然不动，实在是一大奇迹。

八、石渠县须巴神山·唐蕃石刻群

石渠县须巴神山摩崖石刻群位于长沙干玛乡，这里共有各类佛像、经文十余处。石刻群中有反映吐蕃最为鼎盛时期的人物造像、佛像、供养人、飞鸟、古藏文字共13铺（尊）[其中：室外11铺（尊）、室内2铺（尊）)]，人物造像、佛像6铺（尊）、文字6铺、动物1铺。目前已知的人物造像、佛像有：大日如来佛，一铺（尊）赤松德赞"赞普"或佛像，在所刻的文字中有几处都提到"赞普"和供养人。在这批石刻群中主要雕刻工艺为阴线雕刻，只有一铺（尊）是浅浮雕。

九、唐蕃摩崖石刻照阿娜姆石刻

公元640年吐蕃王朝第三十二位松赞干布派遣使者到唐朝长安，向太宗求婚，将文成公主嫁于吐蕃法王松赞干布。唐朝愿与吐蕃建立友好关系，并同意公主远嫁吐蕃国王。公元640年唐朝宫中算选良晨吉日，公主带上嫁妆与众多吐蕃大将一同从长安至拉萨远行。

公主一行在经过青海玉树（现玉树文成公主庙址），下车休息时发现这里气候宜人，风景优美，是一块风水宝地，便在此扎营休息了2个月。期间为当地群众保平安、造福的心愿，在休息期间公主一行又在玉树邻近地区游玩，并在康区邓柯地区四周峭壁上刻了四种救世佛像：东方阴各村附近刻有三尊大日如来；南方志玛拉宫对面江边峭壁上刻了二十一尊度母像；西方白玛山脚下曲革龙大石壁上刻了一尊普贤菩萨像；北方龙绒沟路边立石峭壁上刻了三尊无量寿佛像。刻有无量寿像的大立石，人们称它为照阿娜姆，在石渠上刻的三尊佛像，中间大、两边小，中间的叫泽巴麦，意即长命，专司人间长命的菩萨右边的叫啪巴先了热，是念嘛呢的菩萨。左边的叫香郎多吉，是防止灾害保护平安的菩萨，佛像四周刻有藏古经文，但不解其意。此石刻佛像是文成公主请随行的汉族石匠雕刻而成，当地老百姓拜见公主时，看到公主美如天仙，人们将公主比作仙女，为纪念公主的功德，从此大立石称之照阿娜姆（仙女崖）。虽然这些雕刻在一千三百多年的岁月中，受日晒雨淋风吹霜打，受大自然的轻微破坏，但壁画的线条至今仍然清晰可见。从雕像的线条勾勒及身体装饰上与藏画唐卡等比较和分析，足以证明这些雕像是唐朝时期的雕像画。

十、帐篷文化

在 25141 平方公里的土地上，广大农牧民群众千百年来过着逐水草而居的游牧生活，为了流动方便，牧民最简单的住宿条件就是帐篷。石渠牧民最常用的是用粗牛毛编织而成的帐篷。牛毛帐篷具有很好的抗寒防风能力，且经久耐用，一般为手工编织。同时，广大农牧民还拥有夏季使用的白布帐篷。通常人们在白布帐篷上装饰绘画有"八宝"、"如意"等图案字样，在夏季和节假日搭建于绿色草地上，极为亮丽悦目。

十一、真达锅庄

锅庄即圆圈舞，其产生可追溯到一千多年前的吐番王国时期，源于民间祭祀活动，后经千百年演变和发展变化成为广大农牧民群众家喻户晓的民间文艺形式。

石渠锅庄主要分牧区锅庄和农区锅庄两大流派。牧区锅庄以西区锅庄为代表，其动作舒展奔放，具有热烈、活泼、开朗的特色。农区锅庄以真达锅庄为代表，其动作剽悍、雄健、粗犷，具有很强的动感。

十二、志玛拉宫

隆塘志玛拉宫位于四川省石渠县洛须镇，离石渠县城有 72 公里，平均海拔 3600 米。这里气候宜人，空气清净，四群周山环抱，树木成林，自古以来有"青稞之乡"的美称。志玛拉宫又名隆塘志玛拉宫，隆意为黄牛，塘是指坝子的意思，志玛拉宫意为度母庙。隆塘意为文成公主一行在白玛坝（洛须镇）用带来的黄牛进行耕种农田故而得名。据史书记载，隆塘志玛拉宫建于公元 640 年。吐蕃国王松赞干布遗言《柱间史》及《西藏王臣记》和其他史书记载：文成公主一行将抵拉萨后，松赞干布又尼泊尔赤尊公主取为王妃。赤尊公主曾拉萨修建寺庙之事商于赞普，赞普曰："何处为善，汝自择而建之可也"。赤尊公主已知文成公主天文地理挂算技能极高，始遣侍婢，持金沙一什，往求公主推算。文成公主帖卜、八十博唐数理图，详为挂算，其后语曰："此雪域地形如罗刹女仰卧之伏，其镇压风脉之术，先由王及主后三人前往机雪镇颇邦喀静坐做法。迨修致出现验相之时，才可修建庙宇。其次为镇压女妖肢体和肢节，所处之地，必建庙宇，方后可此拉萨修建寺庙为妙"。法王命赤尊按文成公主帖卜、卦算，镇压"女妖"肢体和肢节，各建一座庙宇——

康建隆塘志玛拉宫，以镇压罗刹女之右手心；建结楚寺于苯塘（今在不丹境内之苯塘地方，亦有称在巴卓者），以镇压罗刹女之左手心；建采日协绕卓玛寺，以镇压罗刹女之右脚心；建仓巴隆重嫩寺，以镇压罗刹女之左脚心。当时在吐蕃中部建立的四座大寺称四如寺，四如寺之外建立了四伏胜寺，四厌胜寺之外又建立了四再厌胜寺，佛教以印度和汉地传入吐蕃时，初次修建庙宇有十二座，隆塘志玛拉宫是其中之一。佛教史籍记载，它们是为了"制服藏地鬼怪，镇伏四方"而倡建的，其中并无僧人，只是一座庙中供一傅佛，与以后建立起来的寺院有出嫁僧人、有学经组织的寺院不同，人们称之为拉宫。隆重塘志玛拉宫的创建历史悠久，这里所收藏的文物也同样具有相当长的历史。据史书记载，该寺收藏的文物，驰名中外，价值连成的有三尊度母：①公主度母：是释迦牟尼在世时，亲自灌顶化缘加持按神所造，先是印度送礼与唐朝，随后由文成公主带往吐蕃时，公主贡献于国王松赞干布。相传此度母的铸造时间和材料与大昭寺释迦牟尼十二岁时的等身像的铸造时间相同，据史籍记载，到2004年为至此母度母已有2930年的历史。（释迦牟尼十二岁时的等身像和此度母一起文成公主从长安带至拉萨的）。康隆塘志玛拉宫修建时，松赞干布赐于隆塘志玛拉宫作镇压宝。②我行度母：是第五世达赖罗松嘉措公元1652年左右赐于隆墉志玛拉宫，此度母用青铜铸造而成，有八寸之高，在隆塘志玛拉宫已有352年的时间。③佳加玛：意即以前用一百箱茶叶购买的：此度母像是原收藏在郡王颇罗鼎·四郎多吉，后四郎多吉赐于康隆塘志玛拉宫，用青铜所铸造，有五寸之高，在隆塘志玛拉宫已有270年的时间。1992年被列为州级文物重点单位，现已申报为省级重点文物保护单位。

据史书记载，以上三尊度母都能语，若来人祈祷能解除八惧，送子财、圆心愿。隆塘志玛拉宫还有不尽其数的伏藏佛像及青铜佛像，镀金唐卡以及宗教活动所用的各种法器，均属无价之宝。隆塘志玛拉宫的各种佛像的壁画，生动亲近，栩栩如生，色彩鲜艳，配色独具风格，给人一种超脱红尘、宁静如空和永不褪色的感觉。

繁荣发展文艺事业 推进文化强县建设

山西省壶关县文化局 郑李艳

2014 年 10 月 15 日，中共中央在人民大会堂召开了文艺工作座谈会，习近平总书记在座谈会上发表了重要讲话。

习近平总书记提议召开、并亲自主持了这次文艺工作座谈会，表明了在实现中华民族伟大复兴中国梦的历史进程中，党对文艺工作的高度重视。总书记的讲话情真意切，字字珠玑，文采飞扬，黄钟大吕。既有大江东去的豪放，又有小桥流水的婉约，有高度，有深度，有温度。这是在努力实现中华民族伟大复兴中国梦新的历史时期，针对中国文艺的现状，为我们指明了中国特色社会主义文艺工作的发展方向。作为一名文艺工作者，我倍受鼓舞、信心百倍。下面，结合我县文化实际，就文艺繁荣发展谈几点粗浅的认识和体会。

一、文艺繁荣发展，是文化强县建设的重要内容

文艺发展是文化发展的重要组成部分。习近平总书记强调，文艺是时代前进的号角，最能代表一个时代的风貌，最能引领一个时代的风气。举精神之旗、立精神支柱、建精神家园，都离不开文艺。因此，实现文化强县建设目标，达到全县文化大发展大繁荣，需要我们准确把握文艺工作的重要地位和重要作用。我们要站在这样的角度和高度来看待繁荣文艺发展的重要性和紧迫性。推动我县文艺繁荣发展，是县委、县政府的要求，是全县人民的期盼，也是我县文艺工作者必须担当的历史责任。我们要认真贯彻落实《习近平总书记在文艺工作座谈会上的讲话》和《中共中央关于繁荣发展社会主义文艺的意见》精神，把繁荣发展文艺事业作为文化强县的重要内容，凝心聚力，开拓创新，把文艺工作抓好抓实抓出实效。

二、文艺繁荣发展，是摆在我们面前的一个重要课题

近年来，特别是党的十八大以来，我县文艺工作者和爱好者先后创作了以反映红色文化为主题的壶关秧歌剧目《酸枣泪》，以反映我县二仙真人神话故事的壶关秧歌剧目《二仙传》以及壶关鼓书《大山里的守护神》、壶关秧

歌小戏《舌尖上的教训》等。印刷出版了《壶关秧歌精品剧目集》。通过两年举办一届壶关秧歌大赛，一年举办一次农村群众文化专场文艺演出，经常举办书画、摄影等各类比赛，出新作出精品，取得了一些成绩，也丰富了群众的精神文化生活。但是与壶关深厚的文化底蕴、丰富的文化资源相比，与群众日益增长的文化需求相比，我们做的还远远不够。一是缺乏文艺人才，特别是文艺创作人才。近几年，我县的文艺人才老龄化严重，青黄不接，严重匮乏。就我县人民剧团来说，活跃在舞台上的演员大都50岁左右，年轻演员少，挑大梁的演员不多，从事壶关秧歌创作的人员更是寥寥无几。二是缺少有壶关特色的精品力作。近年来，我们创作了一些文艺作品，但是有特点的、真正叫好的、走得出去的文艺作品几乎没有。三是文艺工作者创新创造环境堪忧。面对多样性文化的发展，文艺创作市场的萎缩，文艺作品经济效益见效慢的情况，文艺从业者被冷落，青年人员不愿在文艺创作上下功夫、费力气，文艺工作者的创作环境堪忧。面临这么多现实原因，我县文艺发展还有一段长远的路要走，不能不引起我们的深思和作为一个重要课题来研究和探讨。

三、文艺繁荣发展，环境是基础，人才是关键

面对新形势和新挑战，繁荣我县文艺工作，需要做好几项工作：一是要加大对文艺工作的扶持力度。县委、县政府应高度重视文艺工作，把文艺工作纳入重要议事日程。每年县财政要预算一定的文艺专项经费，用于戏曲、文学、书法、美术、音乐舞蹈等重点文艺作品和重点艺术门类的投入。特别是对文艺方面重点项目要给予经济支持。同时要积极筹备设立县文艺创作基金，发动社会各界特别是民间资金、企业资金资助或投资文艺创作。二是要配备专业文艺人才。习近平总书记在讲话中强调，文艺是铸造灵魂的工程，文艺工作者是灵魂的工程师。繁荣文艺创作，推动文艺创新，必须有优秀的文艺人才为支撑。一方面要通过面向全省、全国公开招聘等形式引进优秀的青年人才，充实文艺工作队伍。一方面充分利用现有人才。对在文艺岗位上的人才，定期选派到文艺院校学习、深造，让他们在创作水平上有一个质的提高。同时，有计划的经常请一些名家到壶关演出和讲学，让本地文艺工作者有机会和名家近距离交流，提高文艺水平。通过多种形式加强文艺工作者的培训和教育。三是要建立文艺工作激励机制。出台文艺工作奖励制度，建设激励机制。对于在文艺创作、文艺表演等方面取得突出成绩的单位和个人予以表彰奖励，通过激励机制，调动文艺工作者和爱好者的积极性和主动性。

同时积极组织开展各类活动和比赛，通过活动和比赛，出精品、出人才。四是要加强文艺创作阵地建设。加大对文艺刊物和县属各文艺专业协会、县文化馆、县美术馆的支持力度，使其发挥功能、扩大影响，成为培养我县作家、艺术家的摇篮。积极发挥我县文体馆、美术馆等公益性场馆的作用，设立县文艺创作室，定期组织邀请专家辅导、讲课，定期组织召开创作研讨会，定期组织文艺创作骨干深入生活、深入群众、深入基层创作采风，为繁荣我县文艺提供必要的、良好的环境。

四、文艺繁荣发展，在讲话精神指引下一定会大有可为

在这个伟大的时代，在文化资源丰厚的壶关大地，我县文艺工作者大有用武之地。利用好、开发好、挖掘好壶关文化资源，是我们的共同责任。我们要增强做好文化工作的责任感、紧迫感，提高文化自觉，增强文化自信，在打造壶关精品力作上大有作为。首先，要坚持正确导向，服务大局。习近平总书记强调，中国精神是社会主义文艺的灵魂。文艺作品应当以弘扬社会主义核心价值观为主题，高歌社会主旋律，传播社会正能量。文艺工作者需要牢牢把握这个主题，摒弃浮躁，要在创作上把握方向，抓住格调，多创作向上、向善，具有正能量的文艺作品。第二，要扎根人民，接地气。接地气从根本上讲，就是"三贴近"，要贴近实际、贴近生活、贴近群众。著名的文艺精品，都来源于基层生活；文艺大家，都扎根于人民生活。就我们熟知的赵树理先生来说，他的创作源泉、创作灵感，大都来自人民，来自生活。打造文化壶关，正需要文艺工作者扎根基层，深入群众，寻找挖掘壶关现实题材、地域文化题材、旅游题材、红色文化等重大革命和历史题材，有的放矢，创作具有壶关特色的文艺作品。第三，要甘坐"艺术"冷板凳。习近平总书记在讲话中指出，凡是传世之作、千古名篇，必然是笃定恒心、倾注心血的作品。文艺成就都是厚积薄发、日积月累的成果。文艺工作者要耐得住寂寞，不断提升自己的学养、涵养、修养，潜心创作，以好的优秀作品赢得群众的喜爱。

总之，我们要深刻领会习近平总书记《在文艺工作座谈会上的讲话》精神，在习近平总书记系列重要讲话精神的指引下，认真贯彻落实十八届三中、四中、五中全会精神，牢记文艺工作的历史使命，勇于担当、自觉自信、同心协力，创作出无愧于时代、无愧于人民的精品力作，通过繁荣发展全县文艺事业，为实现文化强县作出应有的贡献。

强化措施 狠抓落实 全心全力打造文化强县

山西省蒲县文化局 王晓晖

为认真贯彻落实党的十八大、十八届三中、四中、五中全会精神和习近平总书记系列重要讲话精神，实现富民强省奋斗目标，促进我县社会主义文化事业大发展大繁荣，中共蒲县县委、县政府在创建省文化强县工作实施中，取得一些成绩，荣获了 2016 年山西省文化先进县、由中宣部文化部颁发的第六届全国服务农民、服务基层文化建设先进集体。也存在不足之处，特汇报如下，敬请批评指正。

一、文化优先、文化引领，全力打造文化强县

蒲县地处吕梁山南麓，是黄河根祖文化区的重要组成部分，境内薛关龙王庙新石器遗址、帝尧之师蒲伊子传说和活动遗址、始建于唐代元代重修的蒲县东岳庙、段云书艺馆、西戎纪念馆，见证了蒲县悠久的文脉和光荣的奋斗历程。近年来，蒲县县域经济社会各项事业都取得了长足发展，先后荣获全国绿化模范县、省级园林县等一批荣誉称号，县委、县政府把"文化兴县"工作放到全县发展战略位置，在县全委会和全县经济工作会议上提出"1243"奋斗目标，其中"2"就是生态环境优先、文化教育优先，把"文化兴县"作为引领全县创新、协调、绿色、开放、共享发展的引擎。

1、总体规划，全力保障。文化工作纳入全县十二五国民经济和社会发展总体规划，2011 年至 2015 年全面建设"一核四区"建设，促进文化旅游充分融合发展。文化工作纳入财政预算，文化设施建设纳入城乡建设整体规划，截止 2015 年相继建成蒲子文化宫、奥体中心等一批文化公共设施。文化工作纳入干部政绩考核的重要内容，每年年初建账，年底交账，县考核办把文化工作与经济工作同考核同奖惩，由人大代表、政协委员和群众代表进行测评，并作为干部升迁去留的依据。

2、采取积极措施，促进文化事业繁荣发展。出台了蒲宣发（2013）8 号《关于加快建设文化强县的实施意见》、蒲宣发（2014）11 号《关于坚持文化教育优先发展的实施意见》，建立了有效的公共文化服务协调机制，相继成立了蒲县文化优先发展领导组、蒲县扫黄打非工作领导小组、蒲县境外卫星电

视专项整治领导小组、县委常委、县政府党组成员、县委宣传部部长任组长，文化、财政、计划、公安、工商暨各乡镇主要负责人为成员的公共文化服务体系协调机制，共同推进基层基础工作。

3、政府大资金投入，建成一批大型文化基础设施。在全县财政吃紧的情况下，自2012年以来，县财政对文化事业的投入年均达到一亿元。其中经常性文化事业费达到2000余万元，人均200元，超过全省平均水平，基本建设投入巨大，仅2014年就达到1.5亿元，投资9922万元的奥体中心建成使用，蒲县东岳庙挽救性保护投资650万元，2015年又启动了蒲县东岳庙彩塑壁画保护项目总投资780万元，段云书艺馆改扩建工程437万元；2013年建成的蒲子文化宫总投资达9300万元，十三五规划拟投资建设高标准的蒲县博物馆。

4、加强基层文化建设，建立健全文化工作网络。县级重点抓好文化馆、图书馆、美术馆、影剧院的建设，乡村重点抓好文化站、文化广场、文化大院设施建设，健全了县乡村三级文化工作网络。文化馆位于蒲子文化宫，占地面积9610㎡，馆内设有娱乐厅、舞厅、音乐室、书法室、展厅等，每年举办美术、书法、摄影展览50余次，音乐、舞蹈、乐器、美术、书法培训班12期，举办大型歌舞晚会，青少年歌手大奖赛8次。目前，县文化馆正在申报部颁二级馆标准；图书馆达到部颁三级馆标准，藏书量11万册，达到全县人均1册，政府每年单列图书购置经费20万元，以年均增书7000余册速度快速增加馆藏量，在原馆面积1200平方米的基础上，2015年立项建设文化综合大厦，其中图书馆新设计2000余平方米；蒲县段云书艺馆和美术馆是两块牌子一套人马，利用著名书法家、诗人段云同志捐赠家乡的书画珍品，建成的全市第一家美术馆，占地面积2400平方米，馆藏书画1295件。举办培训10余次，展览13次。文化馆、图书馆、美术馆已成为双休日、节假日人们学习、休闲、娱乐的好去处。全县9个乡镇均建有综合文化站，9个乡镇全部建成文化广场，93个村委建成文化活动广场。做到了人员、设施、经费、活动四落实。目前全县文化站专职干部9人，2016年拟再从艺术类大学毕业生中招收9名文化员充实基层文化阵地。

二、强力落实专项资金，确保"三馆一站"免费开放和农村文化建设资金真正惠民

坚决贯彻公共文化事业标准化、普惠化要求，我县及时下拨"三馆一站"

免费开放资金，文化馆、图书馆、美术馆上级每年拨付 10 万元，县级配套 10 万元；每个乡镇综合文化馆上级每年拨付 2.5 万元，县级配套 2.5 万元，均全部足额由财政直接拨付资金使用单位。资金使用单位年初制定使用计划和活动预算，向财政逐笔申请使用，确保活动有计划、有保障、有成效。文化局及时监督使用，年初审核计划，年中检查，年尾考评，同时接受社会监督，确保高效使用。农村文化建设资金中央、省、市资金每村 7600 元，足额下拨，其中：县级配套 11.4 万元，从 2012 年起全部配套到位。为解决偏远农村看戏难问题决定统筹农村文化演出资金，由乡镇统一组织剧团和演艺人员深入各村巡回演出；其余远程教育、农家书屋体育活动三项资金交由村委自行组织，每年年初上级使用计划，向乡镇综合文化站提交资金使用申请，乡镇初审之后，由县级拨付，充分落实文化部"村级申请、乡镇初审、县级拨付"的使用精神，制定了严格的监管和拨付程序，确保高效安全标准普惠使用。

三、积极开展群众文化活动，丰富城乡人民精神文化生活

群众性文化活动繁荣活跃是保证文化事业充满活力，实现可持续发展的源泉和动力，认真抓好农村文化，企业文化、校园文化、广场文化、节日文化、家庭文化建设、逐步形成主流文化、高雅文化、民俗文化、商业文化、娱乐文化齐头并进的良好格局。

1、文化下乡工作经常化、职能化、制度化。县委、县政府始终把农村文化的繁荣和发展作为文化工作的重头戏来抓，每年拨出专款，组织艺术团体深入乡镇，村巡回演出，每年开展送戏下乡活动 200 场，送电影下乡 1188 场，送图书下乡 7000 余册。组织"鹿山昕水颂蒲风"文艺品牌服务 100 余次。由于文化下乡节目丰富多彩，贴近生活、贴近群众，不仅陶冶了群众情操，而且使农民在娱乐中受到教育，有力地促进了先进文化占领农村文化阵地。

2、节日文化活动久盛不衰。为满足县城广大干部群众节日文化需求，我县每年举办消夏月、元宵节社火、3.28 东岳会三大文化活动。每到这些时期，城区街头锣鼓声声、乐曲悠扬、人如潮涌，既有专业文艺团体的演出，也有戏曲、歌手的绝活，更有基层群众的互动参与。2013 年举办首届东岳杯诗词楹联大赛，向海内外 792 名诗词楹联家征集 3250 幅作品，为古老的蒲县东岳庙增添了光彩；2014 年举办蒲县第一届运动会开幕式、全民卡拉 OK 大赛；2015 年举办临汾市第四届运动会开幕式；每年举办青年歌手大奖赛等。

文化活动已成为蒲县城区文化活动的一道亮丽风景线，参加人数每年达 5 万余人。受到市、县领导的充分肯定。

3、社区文化蓬勃发展。社区文化的发展催生了如昕水健身队，平安中老年舞蹈队，五鹿社区、东岳社区表演健身队等多个艺术团体，这些团体中的群众文化活动骨干大都是退休职工、市民，他们自编自演，自弹自唱、自娱自乐，在广场、街头、乡村到处都留下了他们的足迹，2014 年举办大型百姓健康舞基层培训及汇报演出。

4、蒲县蒲剧团是我县具有代表意义的表演艺术团体，是蒲县的"流动名片"，在全市县级专业表演团体首屈一指。2013 年在全省第十四届杏花奖评比中，青年艺术家刘飞飞光荣获奖，新排剧目《赵氏孤儿》、《狸猫换太子》等十五本，远赴黄河金三角河南、陕西等省 100 余县，全年共演出 400 余场，表演艺术精湛，受到广大戏迷的好评。

四、切实加强文化市场管理，积极推进文化产业健康发展

县委、县政府坚持"一手抓繁荣、一手抓管理"的方针，大力加强文化市场管理，保证了文化市场繁荣有序发展。加强了文化执法队伍建设，2012 年组建了综合文化执法队，编制 8 名，人员工资均为财政供养，建立健全文化市场行政执法规章制度，加强对文化市场的管理，深入持久地开展"扫黄打非"工作，保证了文化市场的繁荣、健康、有序发展。几年来，共收缴非法音像制品 300 余张，非法出版物 2000 余册，停止整顿 3 家歌舞娱乐场所，停业整顿 5 家互联网上网服务营业场所。

五、推进文化创意和设计服务与相关产业融合发展

坚决贯彻县委县政府提出的"发掘蒲县文化内涵，壮大蒲县文化产业"的要求，坚持正确的文化产品创作生产方向，着力提升演艺、展览、书画艺术、民间手工艺、文学创作等文化产业各门类创意和设计水平及文化内涵，加快构建结构合理、门类齐全、科技含量高、富有创意、竞争力强的现代文化产业体系，推动文化产业快速发展。

1、公益性文化单位原创文化产品和服务。文化馆编排大型舞蹈《清风使者》、群舞《荷塘月色》、蒲县东岳庙传统古典舞蹈《踏歌》、舞蹈《太湖美》；歌曲《蒲子之歌》、《蒲子向前》、《蒲县第一届运动会会歌》，其中由蒲县文化馆音乐干部龙麦成创作的《同心共筑中国梦》在"中国梦·音乐情

——全国原创词曲创作展演活动"中，荣获三等奖；美术馆立足段云藏品这一独特的艺术宝库，推出段云诞辰一百周年《书画集》《段云书法集锦》（中央文献出版社）艺术精品；蒲县蒲剧团精心打造优秀艺术剧目《赵氏孤儿》，组织书画家、文化创意设计人员，将现代声光电与传统书画诗词融入蒲剧中，取得良好效果，赴省城参加周末剧场演出，获得观众好评。

2、打造新兴网络文化业态，创新新兴网络文化服务模式。文化局设立《文化蒲县》微信公众号，致力于及时传播蒲县文化活动讯息、文学艺术动态、优秀文艺作品推介等；涌现出一批蒲县本土文化微信平台，如：《蒲县文学艺术创作平台》、《蒲草》、《蒲县资讯》等；创作微电影《蒲县那些事》、《安全隐患》、《老李的觉醒》、《盖房风波》、《1 跟 0 的关系》、《诱惑》、《乐极生……》等系列。

3、加强舞美设计、舞台布景创意和舞台技术装备创新。在县委县政府的大力支持下，更新了舞台技术装备，新增 LED 灯光、线阵音响、调音台、笔记本电脑，在广场消夏月百姓卡拉 OK 大赛等文化演出中，营造了健康、和谐、美观、现代的艺术效果。

4、经营性文化企业和艺术家个人创作生产出一批传统手工艺品与现代科技和时代元素相融合的文化创意精品和工艺美术产品。一批书画作品在运用了新材料、新技术、新工艺的文化创意设计之后，形成了高档工艺品、礼品、纪念品；蒲县本土诗歌、小说、散文、古典诗词创作团队也创作了一批艺术精品，出版发行了李红英著《五鹿山传奇》、代冰洁著《樱桃红》、亢锁奎《涉世珍言》、王晓晖《浮世的漫游》等，封面装帧，内容编排等均体现了较高的文化创意和产品设计理念；国家级非遗晋作古典家具传承单位唐人居古典家具有限公司获得王晓晖创作的长篇歌行体诗歌《歌行唐人居》收藏使用权，增加了高档红木家具的文化内涵。

六、依法积极开展我县非物质文化遗产保护工作

为推进我县非物质文化遗产保护工作。按照上级要求，配合省、市专家，在全县范围内开展了详细的"非遗"普查活动。共 200 余人参加了此项工作。共收集整理非遗线索 1900 余条，上传省非遗数据库 1039 条。现我县共有国家级非遗项目一个，省级项目三个，市级项目 9 个，县级项目五个。其中"蒲县朝山会"经县、市、省、国家四级申报，于 2014 年 11 月 11 日被国务院正式公布为第四批国家级非物质文化遗产代表性项目名录。我县非物质文化遗产保护工作有序开展，经费纳入财政预算，广泛宣传，建章立制，动员

全社会共同参与和关注，取得了可喜的成果。

七、积极推进文化体制改革，切实加强文化人才队伍建设

一是加大文化单位改革力度。认真落实公益性文化单位人员编制和收入待遇，积极推行人员聘用制度和岗位管理制度，加大分配制度改革力度，形成单位能上能下，职工能进能出，分配能高能低的用人机制。县蒲剧团面对市场经济的冲击，改革经营方式，面向基层，面向群众，创编了一批群众喜闻乐见的剧目，在农村巡回演出，受到群众的欢迎和好评。县电影放映队坚持深化改革，推进竞争上岗，转换经营机制，充分调动了电影放映队的积极性，实现了社会效益与经济效益双丰收。二是加强文化人才队伍建设，县委、县政府高度重视文化人才队伍建设，积极支持乡土文化人才的成长。以县文化馆、图书馆、美术馆为阵地，常年举办舞蹈、音乐（声乐、二胡、钢琴等）、摄影、书法、美术培训班培养了一大批业余文艺人才。目前全县有国家书协会员1人，中华诗词学会会员3人，中国舞蹈家协会会员1人，中国音乐家协会会员2人，省书协会员8人，市书协会员32人，省摄影协会会员5人，省美协会员4人，全县书法、美术、摄影协会会员160余人。全县基本上建立起了一支素质高、业务能力强、有责任心的、稳定的专群结合的文化工作者队伍。

县委、县政府还高度重视公共文化场所的安全工作，严格落实责任制和责任追究制，全部做到安全预案管理，我县的公共文化场所从未发生过重大安全事故。

总之，省市文化部门的领导和关心下，经过全县上下的共同努力，我县文化事业取得了长足进步，也为全县经济社会发展提供了强大的精神动力和智力支持，我们将以这次省文化强县的申报活动为契机，进一步加强对文化工作的领导、强化措施、狠抓落实促进我县文化工作进一步上水平，上台阶，推动全县文化建设创新协调开放、绿色、共享发展。

后 记

经过六个月的准备、筹划，《中国文化建设实务》一书将于2016年9月正式出版发行，我们由衷地感到欣慰。

在本书的编撰过程中，部分章节的内容参考了已公开的学术成果和研究资料。希望各界从事文化事业发展的专家、学者能对此书的出版给予关注和支持，并提出宝贵意见。

最后，我们要感谢本书编委会的所有成员，是他们对文化事业发展的支持和踊跃来稿，才使此书能够圆满完成如期出版。

本书编委会

2016 年 8 月